Collana di Studi e Ricerche sul Sistema-Azienda
diretta da Giuseppe Paolone

Serie Aziendale – Vol. 2

Giuseppe Paolone - Luciano D'Amico
(*a cura di*)

I principi e i modelli de LA RAGIONERIA

G. Giappichelli Editore - Torino

VIA PO, 21 - TEL. 011-81.53.111 - FAX 011-81.25.100
http://www.giappichelli.it

ISBN/EAN 978-88-921-1759-4

Stampa: Stampatre s.r.l. - Torino

La *Serie Aziendale* si colloca nell'ambito della "Collana di Studi e Ricerche sul Sistema-Azienda" concorrendo a definire il quadro sistemico dei "principi" generali, propri delle discipline aziendalistiche.

Individuati, nell'ambito del sistema aziendale, il subsistema operativo – risultato della necessaria congiunzione degli aspetti organizzativi e gestionali – e quello informativo – preposto al controllo dell'operatività aziendale –, la "Serie" intende ricercare, nella sua prima parte, i *principi teoretici*, modificabili nella successione temporale in relazione al variare delle condizioni della realtà ambientale, non necessariamente condivisibili sul piano scientifico, ma certamente valutabili nella loro correlazione sistemica, nella loro applicabilità alle aziende (private e pubbliche, produttrici ed erogatrici), nella loro validità ad ogni regime socio-economico.

I principi riferibili alle varie discipline aziendalistiche, dall'economia aziendale alla ragioneria, a quelle specialistiche delle tecniche, dell'organizzazione, della finanza e delle altre, sono riunibili a sistema ed i principi di ciascuna di esse vanno visti nella loro correlabilità con i principi, sempre sistemici, delle altre, appartenenti all'intero ed ampio campo aziendale.

Così i legami instaurabili tra il subsistema operativo (organizzativo-gestionale), di cui si occupa l'economia aziendale, e quello informativo (o del controllo), di cui si occupa la ragioneria, comportano le interdipendenze tra i principi teoretici, legati da vincoli di unitarietà, che regolano, e ne controllano, il loro svolgimento.

Sempre nella prima parte della "Serie" si tende, pertanto, a ricercare e definire i principi dell'economia aziendale, quale scienza teorico-pura, che sono di gestione e di strutture organizzative.

Definiti i principi di generale accettabilità riferibili all'economia aziendale pura, si intende, nella seconda parte della "Serie", affrontare l'applicabilità degli stessi alle economie aziendali di settore, vale a dire alle sistemiche unità produttrici (di beni e servizi) ed erogatrici, operanti nei settori industriale, mercantile, bancario, assicurativo, agricolo, ecc.

La *Serie Aziendale* è, in definitiva, destinata ad accogliere contributi di docenti e ricercatori che consentano, una volta delineato il quadro dei principi teoretici di base, di studiare l'impresa concreta, dalla sua costituzione, durante il suo funzionamento, sino alla sua estinzione.

Giuseppe Paolone

Alla memoria del Prof. Aldo Amaduzzi

Introduzione

di Giuseppe Paolone

Nel volume 28 della "Collana" intitolato: *I principi e i modelli de l'Economia Aziendale*, a cura di G. Paolone-L. D'Amico, sono stati individuati ed analizzati i subsistemi (operativo ed informativo) che definiscono il sistema aziendale ed i principi parametrici (equilibrio, profili, autorigenerazione, conoscenza, intelligenza, comunicazione), riferibili ad un universo astratto.

L'Economia Aziendale, quale scienza pura o teoretica, si occupa dello studio del ramo operativo (organizzativo-gestionale) del sistema-azienda, da cui derivano determinati principi di gestione e di strutture organizzative, nonché le specializzazioni per tipi di operatività.

Tali principi rivestono il carattere della *universalità* (applicabilità a tutte le aziende), della *validità* (ad ogni regime socio-economico), della *discutibilità* (accettabilità o meno sul piano scientifico), della *variabilità* (in funzione del variare delle condizioni ambientali) e della *correlabilità* (con i principi di altre discipline aziendali).

I principi che definiscono il contenuto dell'*Economia Aziendale teoretica* vanno coordinati con quelli riguardanti la rilevazione dei dati e la loro elaborazione finalizzata alla conoscenza della gestione passata e di quella futura [1].

Tali ultimi principi segnano il contenuto della Ragioneria, quale scienza preposta allo studio del subsistema informativo (o del controllo), con il compito di controllare l'osservanza delle leggi di vita e di sviluppo dettate dall'Economia Aziendale.

---

[1] Affermava il Maestro Aldo Amaduzzi, in uno dei suoi ultimi articoli dal titolo *Il sistema degli studi aziendali sulla base di principii*, in *RIREA*, 1-2, 1990, p. 10: "I principi di economia aziendale devono avere un contenuto coordinabile con quello dei principi di ragioneria. L'esistenza di tale condizione è necessaria per la verifica della validità delle ricerche dell'una e dell'altra disciplina".

Il volume intende porre all'attenzione dei cultori di discipline ragioneristiche i principi della Ragioneria, riferibili alle diverse procedure di rilevazione con varie finalità di controllo.

Così la prima parte è dedicata alla presentazione del sistema dei principi, rinvenibili nella contabilità generale e nelle contabilità settorali; nel bilancio di esercizio, nel bilancio consolidato e nei bilanci straordinari; nell'analisi extracontabile dei dati per la determinazione dei costi aziendali; nella programmazione aziendale e nella pianificazione strategica; concludendosi con il legame di correlazione instaurabile con i due sistemi di principii, coordinati con quelli della teoria e del calcolo delle probabilità.

La parte seconda, dopo un primo capitolo dedicato ai caratteri ed alle finalità del sistema informativo aziendale, a cura di Giuseppe Paolone, analizza i modelli delle rilevazioni contabili ed extracontabili riferibili a:

– la contabilità generale e le contabilità settoriali, a cura di Francesco De Luca;
– il bilancio annuale di esercizio, a cura di Luciano D'Amico;
– la logica di riclassificazione e le analisi del bilancio di esercizio, a cura di Augusta Consorti;
– il bilancio consolidato, nella teoria e nei metodi di consolidamento, a cura di Michela Venditti;
– i bilanci straordinari relativi agli istituti della cessazione relativa ed assoluta, a cura di Claudia Salvatore;
– l'analisi dei dati per la determinazione dei costi aziendali, a cura di Riccardo Palumbo;
– la pianificazione strategica e la programmazione aziendale, a cura di Silvia Angeloni.

Si è voluto rinnovare la dedica, anche in questo libro, al compianto *Maestro Prof. Aldo Amaduzzi*, il quale ha da sempre attribuito piena autonomia alla Ragioneria, pur radicata nell'impianto dell'Economia Aziendale.

Parte Prima

Il sistema dei principi della Ragioneria

di Giuseppe Paolone *

* Straordinario di Economia Aziendale dell'Università Telematica Pegaso.

1. *L'Economia Aziendale e la Ragioneria nei loro contenuti disciplinari e nei rispettivi principi informatori*

La dottrina aziendalistica, particolarmente quella amaduzziana, si è in passato occupata dello studio dei modelli di vita, di impulso e di sviluppo delle aziende produttrici e di quelle erogatrici, evidenziando gli aspetti di concordanza e di divergenza desumibili dal confronto tra i due modelli.

Dalle interrelazioni instaurabili tra le prime e le seconde, è sostanzialmente ed univocamente emerso che la categoria delle unità produttive (imprese) risulta essere il fondamento dell'intera economia aziendale.

I non più recenti contributi di ricerca da parte di autorevoli aziendalisti hanno approfondito la concezione sistemica dell'azienda, completando l'enunciazione dei principi di base di ogni subsistema di supposta scomponibilità ed attribuendo alle varie discipline aziendali i campi di studio secondo un ordine logico.

Tali contributi sono stati il risultato dell'osservazione dei cambiamenti che si sono verificati negli ultimi decenni, con sorprendente variabilità, nell'economia aziendale.

In un clima di profonda incertezza nell'economia delle aziende che producono e in quelle delle aziende che consumano, mutevoli, con carattere di continuità, sono stati i rapporti tra economie interne ed economie esterne. Il processo dei cambiamenti socio-economici si caratterizza per i modi di ideare, progettare e produrre beni e servizi; per le propensioni umane a conseguire redditi, a consumare ed a risparmiare; per i modi di imporre tributi da parte dello Stato e degli enti pubblici; il tutto implicante una nuova e più complessa catena di azioni e reazioni.

Per pervenire alla costruzione di una teoria generale dell'economia aziendale che sia in grado di enucleare principi teoretici validi per l'accresciuta complessità e variabilità delle attività economiche, si richiede la preliminare conoscenza delle *condizioni di esistenza* e *di manifestazioni di vita* delle aziende, costituenti il fondamento della economia di un Paese con regime economico-sociale di libera concorrenza, in mercati che tendono ad essere nuovi, più vasti e rischiosi.

Appartenente alla classe dei sistemi socioeconomici, l'azienda si presenta come un *sistema aperto*, collegato al *sistema-ambiente* con il quale entra in contatto e nel quale è destinato ad operare ed a perdurare [1].

---

[1] Per *ambiente* si intende lo spazio fisico, i mercati nei quali l'azienda opera, le aspet-

Dal sistema-azienda si dipartono i *subsistemi* di vario ordine e grado, suscettibili di modifiche a causa di specializzazioni di studio o di individuazione di nuovi obiettivi. Essi sono tra loro interdipendenti, sia perché parti funzionali del sistema, sia perché agenti ed influenzabili tra di loro [2].

Il livello tradizionale di sottosistema è quello che enuncia gli aspetti dell'*organizzazione*, della *gestione* e della *rilevazione*.

Le ricerche basate sui progressi tecnologici e sui cambiamenti socioeconomici hanno evidenziato il maggior ruolo che, nella vita dell'impresa, ha assunto l'organizzazione, la quale è divenuta condizione essenziale per una razionale gestione [3].

Dalla integrazione del subsistema organizzativo con quello gestionale discende il *sottosistema operativo*, mentre la tradizionale rilevazione può essere più concretamente qualificata come *sottosistema informativo* o del *controllo* (del ramo operativo).

Ai due subsistemi (del ramo *operativo* e del suo *controllo*) corrispondono i contenuti teorici delle due discipline fondamentali degli studi aziendali: l'*economia aziendale*, preposta allo studio del subsistema operativo (organizzativo-gestionale) e la *ragioneria*, che studia il subsistema informativo (o del controllo del ramo operativo).

L'economia aziendale viene pertanto ad essere considerata quale ramo della scienza economica in fase di sviluppo, destinata ad evolversi come ogni scienza teoretica, specializzata per tipo di operatività, corrispondente alle varie tecniche di imprenditorialità (economie aziendali di settore) [4].

La ragioneria può essere invece considerata come scienza delle rilevazioni aziendali, specializzata per tipi di procedure di controllo e di analisi [5].

I contenuti delle due discipline a confronto sono sintetizzabili nella Figura 1 che segue:

---

tative dei soggetti da soddisfare, l'innovazione tecnologica e finanziaria, le leggi vigenti nello Stato e nelle comunità internazionali.

[2] Sul concetto di sistema aziendale e sulla sua supposta scomposizione di vario ordine e grado, si veda: G. PAOLONE-L. D'AMICO (a cura di), *I principi e i modelli de l'Economia Aziendale*, Giappichelli, Torino, 2017, p. 41 e segg.

[3] Il "gestore" è affiancato dall'"organizzatore" e viceversa; entrambi sono "operatori" aziendali.

[4] Imprese mercantili, industriali, bancarie, agrarie, di servizi, ecc.

[5] Riferibili alla contabilità generale ed a quelle speciali, alle situazioni ed ai bilanci, alle previsioni, alle analisi di costi e prezzi, ecc.

Figura 1 – **Contenuti disciplinari dell'Economia Aziendale e della Ragioneria**

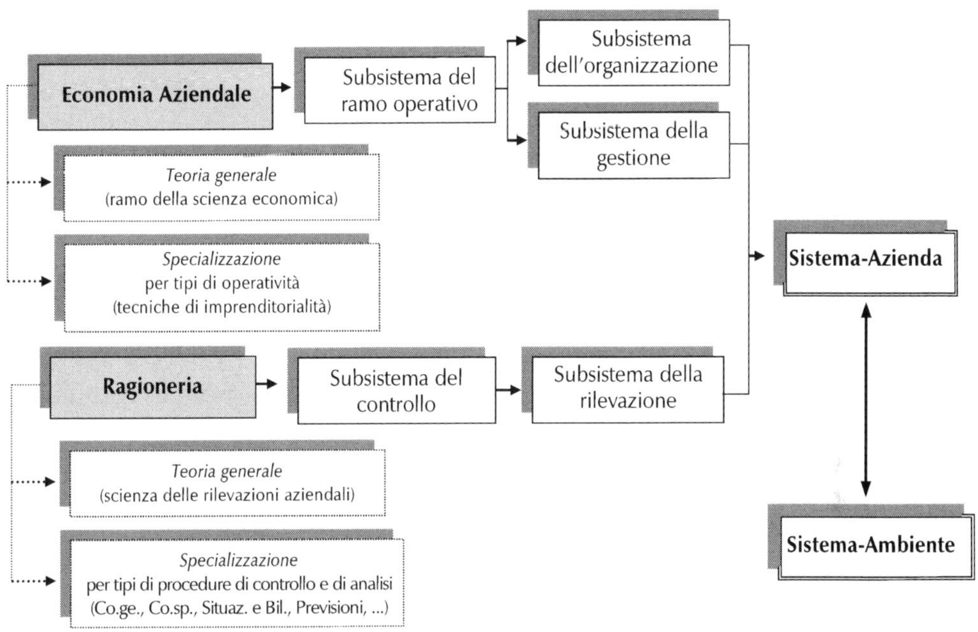

Dalla concezione sistemica dell'azienda traggono origine i *"principi"*, applicabili sia alle aziende che producono (imprese) che a quelle (private e pubbliche) che consumano, variabili in relazione alle mutevoli condizioni della realtà socio-economica, discutibili sul piano scientifico.

L'economia aziendale pura ha raggiunto la cognizione dei seguenti principi, indicati nell'ordine di tempo in cui sono stati ideati e diffusi[6], nonché riconosciuti validi e rispondenti all'attuale realtà imprenditoriale e politico-sociale:

1. il principio delle *condizioni di equilibrio prospettico*;
2. il principio dei *profili*, di supporto alle condizioni di equilibrio;
3. il principio dell'*autorigenerazione* dei processi produttivi;
4. il principio della *conoscenza profonda*, della *capacità di apprendimento*, dell'*intelligenza* e della *comunicazione*[7].

Il primo di essi – il tendenziale equilibrio prospettico – detta le condi-

[6] I primi tre dal Prof. ALDO AMADUZZI e raccolti nel suo scritto: *Il sistema degli studi aziendali sulla base di principii*, in *RIREA*, nn. 1-2 gennaio-febbraio, 1990.

[7] Per l'analisi dei restanti ordini di principii, si veda: G. PAOLONE-L. D'AMICO (a cura di), *I principi e i modelli de l'Economia Aziendale*, cit, p. 319 e segg.

zioni economiche, finanziarie e patrimoniali da verificare nella loro integrazione e da studiare per istituire l'impresa e farla convenientemente funzionare nella continuità temporale.

Il secondo ordine di principi – i profili – può concretamente qualificarsi come fattori di vita e di sviluppo (profili vantaggiosi) o fattori di crisi (profili critici) da ricondurre, rispettivamente, al favore o al disfavore di economie interne ed esterne. Essi esprimono gli elementi identificativi dell'azienda dalle sue origini e nelle sue manifestazioni di vita e rappresentano le linee di forza o di debolezza del sistema aziendale che tendono ad avvicinare l'unità ipotetica a quella reale.

Il terzo principio – la funzione autorigeneratrice – esprime la possibilità che investimenti produttivi possano essere, dalla gestione aziendale, rigenerati in nuove risorse da reinvestire, traducendosi così in una specifica e concreta analisi ulteriore delle condizioni da verificare per il tendenziale equilibrio prospettico.

Il quarto ordine di principi è connesso ad un lento e graduale processo accumulativo di potenzialità che trae origine dalla capacità di apprendimento e dalla conoscenza profonda, a cui va ad aggiungersi l'intelligenza emotiva, valorizzativa, sociale e manageriale, per concludersi con la comunicazione aziendale.

I quattro ordini di principi, che segnano il contenuto dell'economia aziendale pura, vanno riuniti a sistema e coordinati con altri principi, anch'essi riuniti a sistema, riguardanti l'elaborazione e la rilevazione dei dati provenienti dalla operatività aziendale; questi ultimi segnano il contenuto della *ragioneria*, preposta pertanto al controllo dell'osservanza delle leggi di vita e di sopravvivenza delle unità aziendali.

I principi della ragioneria sono riferibili alle varie procedure di rilevazione con diverse finalità di controllo e sono, allo stato, individuabili nei seguenti:

1. i principi della *contabilità generale* e delle *contabilità settoriali*;
2. i principi del *bilancio di esercizio* (con le relative analisi e con il controllo revisionale), del *bilancio consolidato* e dei *bilanci straordinari*;
3. i principi dell'*analisi extracontabile dei dati per la determinazione dei costi aziendali*;
4. i principi della *programmazione aziendale* e della *pianificazione strategica*.

Il quadro che segue (Figura 2) evidenzia l'analisi dei principi riferibili ai due subsistemi aziendali (di operatività e di rilevazione-controllo) rispettivamente oggetto di studio dell'economia aziendale e della ragioneria.

Figura 2 – **Quadro dei principi riferibili ai subsistemi aziendali**

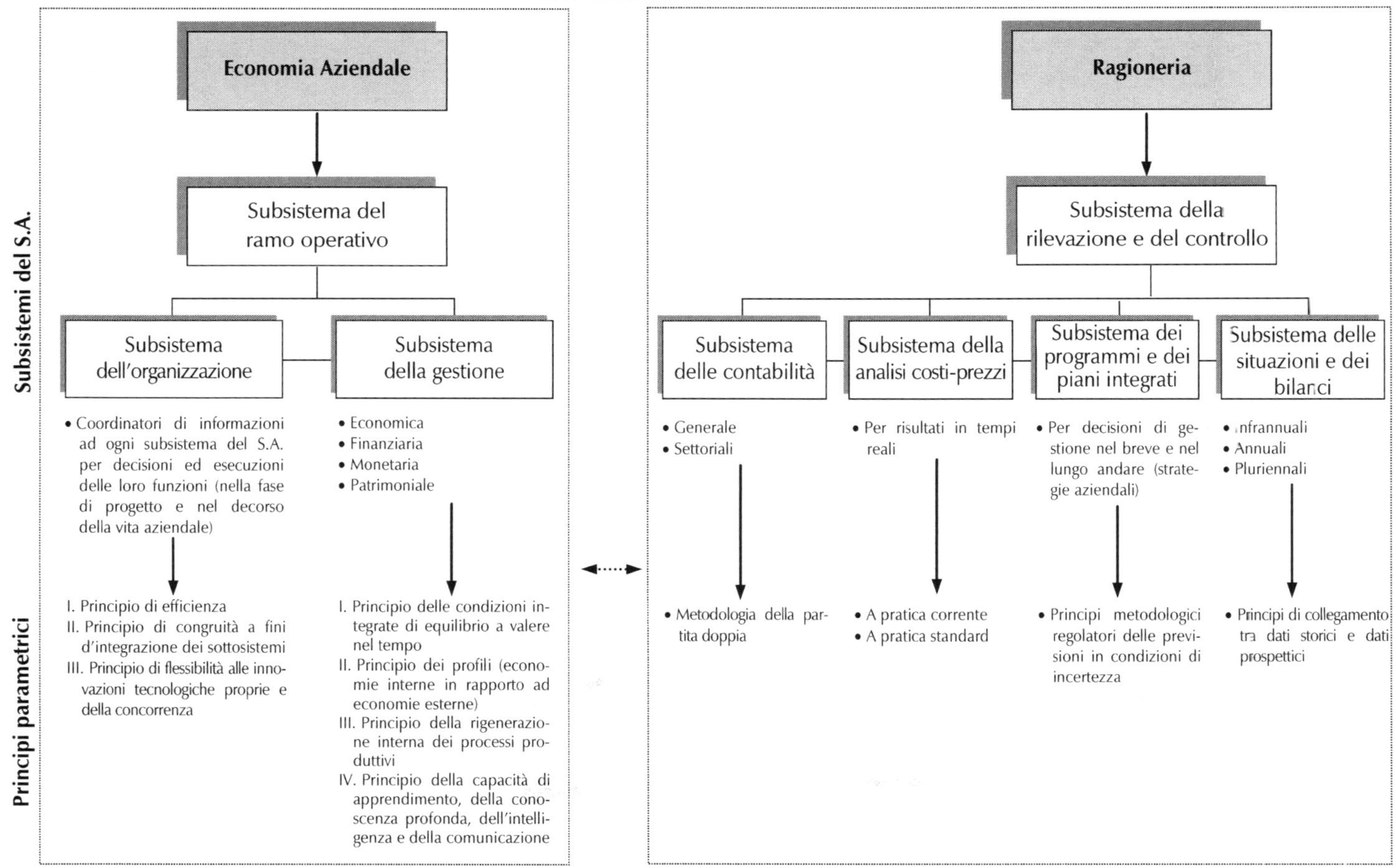

2. *Il sistema dei principi che segnano il contenuto della Ragioneria*

2.1. *Premessa*

La concezione dell'azienda come "sistema di forze economiche" ha consentito, come già detto, l'enunciazione di un sistema di principii, appartenenti all'economia aziendale pura, da cui deriva l'insieme delle leggi che disciplinano l'istituzione ed il buon funzionamento del complesso aziendale [8].

Nell'ambito ragioneristico, l'attività fondamentale consiste, come già detto, nella misurazione e nella rappresentazione degli accadimenti gestionali trascorsi e di quelli programmati, a fini di controllo.

Da qui l'elaborazione di un *sistema di principii* che dia la rappresentazione dei fenomeni aziendali attraverso procedimenti razionali di misurazione di valori che ne riducono l'elevato grado di eterogeneità; la sua applicazione consente così di predisporre un sistema informativo finalizzato alla fedele esposizione della situazione economica, finanziaria, monetaria e patrimoniale dell'azienda, capace di stabilire se le condizioni dei modelli teorici siano raggiungibili o siano state raggiunte [9].

I criteri di elaborazione dei dati aziendali, diversificabili a seconda dei vari aspetti del controllo, devono pertanto trovare rispondenza nei principi dell'economia aziendale.

Quest'ultima compone, infatti, principi riferibili ad un universo astratto facendo ricorso, per la sua dimostrazione, a metodi di logica formale e simbolica; la ragioneria elabora, invece, principi riferibili ad aziende realmente operanti, dimostrandoli con ricorso alla logica dell'aritmetica per il calcolo numerico.

Per la verifica della validità delle ricerche di entrambe le discipline è necessario che i rispettivi principi siano tra loro coordinabili nella individuazione del parallelismo logico tra quelli, astratti e parametrici, dell'economia aziendale pura, e quelli, applicabili alla realtà operativa, della ragioneria.

Il parallelismo si ottiene analizzando le reciproche relazioni instaurabili tra ogni principio parametrico dell'economia aziendale ed ogni principio della ragioneria e, quindi, tra il sistema dei principi dell'una ed il sistema dei principi dell'altra.

---

[8] La comprensione di tali leggi presuppone l'interpretazione sistemica dei principi per la loro universale validità; così la funzione di autorigenerazione dei processi produttivi è perseguibile mediante il raggiungimento delle condizioni di equilibrio, grazie all'azione favorevole del reticolo dei profili e del meccanismo dell'accumulo delle conoscenze, in presenza di un elevato livello di intelligenza e di un efficace processo comunicazionale.

[9] Da qui il necessario raccordo tra i principi ragioneristici e quelli dell'economia aziendale, configurandosi i primi come traduzione tecnica dei secondi.

Vengono, qui di seguito, presentati gli ordini dei principi della ragioneria, singolarmente sviluppati dai vari autori che hanno concorso alla definizione del presente volume, così come ideati e comunicati dalla scuola amaduzziana.

2.2. *I principi della contabilità generale e delle contabilità settoriali*

I principi della *contabilità generale* derivano dalla conoscenza strutturale del sistema aziendale basato sulla determinazione e sulla contrapposizione del settore finanziario (originario) con quello economico (derivato) della gestione, da cui discendono due serie di conti (finanziari ed economici) funzionanti con il metodo della partita doppia ed esprimenti oggetti legati da vincoli di mutua e reciproca dipendenza.

I criteri fondamentali che sovrintendono alla fissazione dei conti seriali ed alla composizione delle scritture sono i seguenti:

– le scritture sistematiche devono rilevare costi e ricavi misurati da variazioni finanziarie certe, assimilate o presunte;
– le scritture componibili durante l'esercizio, e disposte per un'efficace sintesi dei risultati, dovranno essere seguite da quelle di chiusura, finalizzate alla determinazione del reddito di periodo e del capitale finale;
– alla rilevazione di particolari settori dell'attività aziendale non provvedono le scritture sistematiche, ma scritturazioni affidabili ad altri ordini di contabilità ed ai dettagli che si uniscono ai bilanci.

La contabilità generale è quindi preposta, con un grado più o meno accentuato, al compimento della sintesi delle rilevazioni amministrative, mentre l'analisi è fornita dalle scritture elementari e dalle *contabilità settoriali* (o *speciali*). La prima è strutturata per la conoscenza dei risultati attribuibili all'esercizio; le seconde hanno lo scopo di fornire conoscenze analitiche su particolari specifici settori aziendali.

Tra queste ultime, particolare rilievo rivestono:

– la contabilità relativa alla gestione del *magazzino*, finalizzata alla rilevazione dei flussi fisici dei beni che lo compongono, eventualmente raggruppati in modo omogeneo, e del loro livello, a prestabilite date di riferimento;
– la contabilità del *personale*, preposto all'espletamento delle varie attività lavorative, con l'indicazione della qualifica e del relativo livello retributivo;
– la contabilità delle *immobilizzazioni materiali ed immateriali*, per la conoscenza della vicenda tecnica ed economica dei beni e delle utilità a fecondità ripetuta, dalla loro acquisizione alla loro eliminazione dal processo produttivo;
– la contabilità *finanziaria*, al fine di evidenziare le esposizioni nei con-

fronti delle istituzioni esterne al sistema aziendale, con le possibilità di darne adeguata copertura;

– le contabilità dei *clienti* e dei *fornitori*, idonee a fornire informazioni sulla posizione di ognuno di essi ed a valutare, in ultima analisi, le rispettive situazioni creditorie e debitorie.

Il sistema informativo è basato su una continua attività di rilevazione contabile dei dati e delle informazioni aziendali (che presuppone la conoscenza della tecnica delle scritture doppie), da cui desumere situazioni periodiche, utili per il controllo e per la verifica dei programmi aziendali.

Tale conoscenza rappresenta il presupposto di base per la composizione dei bilanci ordinari e straordinari che, opportunamente integrati con ulteriori analisi dei dati, devono trovare riscontro nei piani e nei programmi aziendali.

2.3. *I principi del bilancio di esercizio, del bilancio consolidato e dei bilanci straordinari*

Le situazioni contabili di fine periodo espongono dati della gestione passata desumibili dalla contabilità generale, nella sequenza interrelata di manifestazioni finanziarie ed economiche causate da scambi effettivi.

Tali situazioni contengono un insieme di numeri il cui significato economico dovrà essere determinato e ponderato sulla base del fine ultimo che l'azienda intende perseguire in futuro.

In ipotesi di normale funzionamento aziendale, il significato economico dei numeri va ricercato negli investimenti e nei finanziamenti che gli stessi sono in grado di esprimere, nonché negli effetti che tali componenti potranno produrre sulla gestione futura, in concorso con successive operazioni.

La redazione del *bilancio ordinario* di fine esercizio, inteso come strumento rappresentativo dello stato dell'azienda, presuppone che l'evidenziazione dei numeri con significato economico in esso contenuti trovi rispondenza nei principi parametrici dell'economia aziendale pura (tendenziale equilibrio, profili, funzione autorigeneratrice degli investimenti, capacità di apprendimento, intelligenza e comunicazione).

Tali principi vanno tradotti ed orientati verso la composizione del bilancio, nel perseguimento del suo principale fine che è quello di fornire una rappresentazione quanto più possibile veritiera della situazione aziendale.

Si perviene così al principio della *omogeneità* dei dati, intesa in senso monetario, vale a dire di utilizzo di un'unica moneta di conto misuratrice dei fenomeni aziendali e, in senso economico, presupponente la individuazione di una caratteristica che accomuni grandezze qualitativamente diverse.

Nella redazione del bilancio occorrerà classificare i dati relativi ai fatti gestionali in relazione al criterio della graduale omogeneità, pervenendo così alla formazione di gruppi di elementi via via omogenei, fino ad indicare grandezze, non sempre riunibili in gruppi che, viceversa, presentano un elevato grado di eterogeneità.

Il bilancio così composto verrà di conseguenza ad evidenziare valori riferibili a grandezze facenti parte dello stesso gruppo sistemico ma anche valori relativi ad elementi singoli. Al sistema dei valori di bilancio, si perviene a seguito della composizione unitaria e della omogeneizzazione dei subsistemi dei valori esprimenti raggruppamenti omogenei e degli elementi singoli.

Così il complesso dei "beni strumentali" appartenenti al capitale immobilizzato dell'azienda rappresenta un gruppo sistemico da rendere omogeneo all'interno e nei confronti del valore di altre grandezze, quale quello espresso, ad esempio, dai "risconti contabili" che rappresentano una voce a sé stante.

Il bilancio va pertanto predisposto secondo un grado di analiticità-sinteticità che consenta, da un lato, di esporre i vari elementi, riunibili o non in sistemi di categorie omogenee desunte in base al loro utilizzo economico; dall'altro, di fornire un significativo quadro informativo d'assieme per una visione immediata dei risultati gestionali e delle loro modalità di formazione.

L'applicazione del principio della *omogeneità* dei dati, nel rispetto di quello della *chiarezza*, comporta, di conseguenza, l'adozione del principio della *significatività* dei fatti economici da esporre in bilancio; della *costanza* di applicazione della classificazione adottata; della *comparabilità* dei bilanci nella sequenza spazio-temporale; della *periodicità* della misurazione dei risultati gestionali; della *neutralità*, che esclude l'utilizzo del bilancio al perseguimento di interessi particolari; della *prevalenza* della sostanza sulla forma; della *verità*, vale a dire delle corretta rappresentazione degli accadimenti aziendali; dell'*attendibilità*, quale capacità di avvicinamento al "vero" delle quantità stimate e congetturate; della *precisione*, nel senso di perfetta rispondenza tra valori e quantità oggettive e correttezza di valutazione per quelle soggettive; della *prudenza*, che richiede una anticipazione degli eventi sfavorevoli futuri; di altri principi.

Individuati i principi che sono alla base della redazione del bilancio d'esercizio, si passa alla considerazione dei principi di analisi dei dati che privilegiano singoli aspetti della gestione aziendale.

Tali gestioni particolari possono essere ricondotte nell'ambito della gestione operativa (o caratteristica), distinguendola da quella extracaratteristica (finanziaria e straordinaria); nell'ambito della gestione finanziaria e patrimoniale, distinguendola da quella della tesoreria e delle gestioni accessorie; e così, ulteriori successivi approfondimenti.

L'accertamento della regolarità scritturale per fatti amministrativi, accompagnato da un processo di analisi economico-aziendale finalizzato al controllo delle situazioni aziendali, è consentito dall'istituto della revisione aziendale che fa riferimento a modelli procedurali logici applicabili ad aziende di ogni tipo (private e pubbliche, produttrici od erogatrici).

Le procedure di revisione si concludono con un giudizio finale di attestazione; non possono essere esclusivamente applicate al bilancio e alle altre rilevazioni contabili, ma anche ai piani e ai programmi, nonché ai prospetti di analisi dei costi.

I principi enunciati per il bilancio d'esercizio valgono ovviamente anche per il *bilancio consolidato* che, al pari del primo, ha il compito di evidenziare la situazione economico-reddituale e finanziario-patrimoniale del "gruppo", risultante dalla unitaria composizione degli elementi che definiscono la struttura delle singole società; fornendo così utili indicazioni sulle condizioni storiche e prospettiche dell'intero gruppo, da rivolgere ad una pluralità di soggetti interessati alla conoscenza di dati e notizie che il documento unitario è in grado di fornire.

Diversi si presentano i *bilanci straordinari* riguardanti situazioni e finalità speciali di gestione. Si tratta di altri tipi di bilanci di imprese che, pur essendo basati su precedenti bilanci di esercizio e sul sistema di grandezze economiche da essi espresse, richiamano particolari principi strutturali evolutivi, richiesti dalla diversa finalità amministrativa.

I bilanci straordinari sono quelli componibili in ipotesi di cessazione aziendale, relativa od assoluta, riguardanti gli istituti della trasformazione, della fusione e della scissione, della cessione e del conferimento, delle attività liquidatorie, volontarie e concorsuali.

Bilanci di funzionamento e bilanci straordinari hanno il comune scopo di presentare strutture e valori ragionevolmente rispondenti al principio della economicità; possono peraltro differenziarsi in relazione ai tempi di formazione ed alla procedura di presentazione a coloro che hanno la facoltà e l'obbligo di controllarli ed approvarli.

I principi stessi vanno infine considerati nella loro coordinazione con quelli che sovrintendono al sistema dei programmi aziendali di breve periodo e dei piani strategici di lungo termine.

2.4. *I principi dell'analisi extracontabile dei dati per la determinazione dei costi aziendali*

In relazione agli scopi conoscitivi che si intendono perseguire, notevole importanza assumono anche le analisi dei dati per la determinazione preventiva e consuntiva dei costi, per il controllo ed il contenimento degli stessi, con ricorso per lo più allo strumento extracontabile.

La determinazione dei valori di costo non può avvenire nell'ambito della contabilità generale, strutturata per la conoscenza del risultato economico di periodo e del capitale di funzionamento; come anche non può essere svolta in modo saltuario ed occasionale, data la sua origine nell'attività estesa nel tempo e nello spazio.

Poiché l'amministrazione aziendale è orientata verso l'indagine prospettica basata sui programmi e sui piani, nonché sul controllo degli scostamenti tra *"budget"* ed *"actual"*, è necessaria l'elaborazione extracontabile dei dati e delle informazioni relativi ai consumi effettivi dei vari fattori da imputare ai vari *"centri di costo"*, individuabili nella struttura organizzativa dell'azienda.

Fissati gli obiettivi e le metodologie da adottare occorre, in via preliminare, definire i cicli e le fasi di lavorazione, la partecipazione degli impianti e delle attrezzature, i magazzini iniziali e finali; ciò al fine di operare la trasformazione tecnica dei "fattori" in "prodotti" (o "servizi").

Vanno, di seguito, definite le aree da assoggettare ad analisi e le informazioni necessarie per esperire i controlli previsti per il funzionamento coordinato e collegato del sistema contabile atto a rilevare i costi aziendali.

Questi ultimi risulteranno dalla somma dei valori dei fattori produttivi impiegabili per l'ottenimento del prodotto o del servizio, misurati, direttamente o indirettamente, da prezzi di scambio o d'uso.

La rilevazione dei costi si propone di comporre gradualmente i vari elementi in strati o configurazioni, pervenendo così ad una formula "polivalente" del costo da tenere presente in ogni ordine di rilevazione.

La formula del costo, componibile in relazione al crescente concorso di stime e congetture nel calcolo dei valori dei singoli elementi, consente di pervenire alla determinazione del costo totale e del costo economico-tecnico, configurazioni queste che, confrontate con il prezzo di vendita, stabiliscono la convenienza economica delle varie produzioni, nelle condizioni operative cui i dati di costo si riferiscono.

Le varie voci di costo possono essere considerate nel loro comportamento di variabilità rispetto al variare del volume della produzione totale.

Gli scopi che l'analisi dei costi si propone di perseguire possono variare a seconda che si considerino i *costi della produzione effettiva*, in via preventiva o consuntiva, ovvero si determinino i *costi standard*, corrispondenti al volume normale di produzione ed alle ordinarie prestazioni operative dei fattori produttivi.

Il principio dell'analisi dei costi assume, in definitiva, una rilevante importanza per controllare i fatti economici, per impostare una politica aziendale basata sul loro contenimento, al fine di una maggiore competitività sul mercato, per realizzare una efficace politica dei prezzi finalizzata all'incremento delle vendite.

La rilevazione dei costi può svolgersi anche con l'ausilio di tavole e prospetti; i dati degli elementi di costo, provenienti per lo più dalle varie contabilità settoriali attivate, sono di norma gli stessi della contabilità generale, ma possono anche essere diversi, avendo l'analisi il compito di calcolare il costo del prodotto per la fissazione del prezzo remuneratore, oltre che di effettuare il controllo per il loro contenimento.

In conclusione, il principio dell'analisi dei dati per il controllo dei costi presenta singolarità, con diversi gradi di libertà, sia per la sua specifica finalità, sia per la diversità dei tempi a cui i costi devono far riferimento.

2.5. *I principi della programmazione aziendale e della pianificazione strategica*

Un ruolo di crescente importanza nel processo di decisione-azione assume la *programmazione aziendale*, la cui affidabilità è legata alla compatibilità con la *pianificazione strategica*, caratterizzata dal contenuto di decisioni circa la destinazione delle risorse, dalla formulazione globale interessante l'intera area aziendale e dall'estensione temporale generalmente di lungo periodo.

Le previsioni *strategiche* devono avere la priorità rispetto a quelle *tattiche* caratterizzate, invece, dal contenuto delle disposizioni in merito all'utilizzo delle risorse già destinate, dall'estensione spaziale riguardante anche i singoli settori in cui l'attività globale dell'azienda viene ad articolarsi, dal lasso di tempo, normalmente breve, a cui esse fanno riferimento.

Dal punto di vista procedurale, si usa distinguere la fase in cui si programma il sistema di operazioni (*programmazione* propriamente detta) da quella, strettamente collegata, in cui avviene la sua traduzione nel sistema di valori (*pianificazione*).

La programmazione comporta la valutazione delle varie alternative a disposizione e degli effetti che la relativa scelta può produrre sull'economia dell'impresa; a questa farà seguito la formulazione del programma operativo, e del relativo piano di attuazione, e quindi la fase del controllo che, dal confronto tra operazioni compiute ed operazioni programmate, consentirà la revisione del programma attraverso appropriate rettifiche. La procedura di programmazione comporta inoltre la sua articolazione in programmi parziali fra loro correlati: si parla, così, di pianificazione integrata in senso spaziale e temporale, in relazione all'inquadramento dell'oggetto della procedura ed all'intervallo temporale di riferimento delle operazioni considerate.

In definitiva, ogni tipo di previsione (tattica, di breve periodo) deve essere compatibile con quella (strategica, di lungo periodo) definente la pianificazione integrata strategica, con il compito di formulare le prospezioni più lungimiranti e, quindi, più incerte, laddove i dati contenuti nei corrispondenti piani operativi saranno permeati da una dose piuttosto elevata di casualità.

3. *Il legame di correlazione instaurabile tra i due sistemi di principii ed il loro coordinamento con quelli della teoria e del calcolo delle probabilità*

Il sistema dei principi assume pieno significato se inteso quale insieme di *regole euristiche negative,* poste a temporaneo presidio delle asserzioni fondanti, e *positive*, volte ad indirizzare la ricerca scientifica verso un sentiero fecondo di sviluppo.

A temporanea difesa del nucleo fondamentale del programma di ricerca (euristica negativa) si interpreta la contrapposizione tra l'*economia aziendale pura* – che compone principi riferibili ad un universo astratto – e la *ragioneria* (e le altre discipline economico-aziendali) – che elabora principi riferibili ad aziende realmente operanti.

Si è più volte detto che l'economia aziendale detta le leggi di vita e di sopravvivenza dell'azienda, mentre la ragioneria ne controlla l'osservanza; i principi dell'una (equilibrio, profili, autorigenerazione, apprendimento, intelligenza e comunicazione) devono essere coordinabili con i principi dell'altra (contabilità, bilanci, analisi extracontabili, pianificazione).

Tale coordinamento consiste nella individuazione di parallelismi logici tra i principi parametrici ed astratti dell'economia aziendale pura e quelli applicabili alla realtà operativa della ragioneria (ad esempio, correlazione tra il principio dell'equilibrio tendenziale e quello della programmazione e della pianificazione integrate).

Si viene, in tal modo, a superare efficacemente il problema concernente il carattere positivo o normativo delle discipline economico-aziendali, poiché il raccordo interdisciplinare che si propone crea una perfetta reciproca correlazione tra asserti positivi e principi normativi.

Si tende così ad evitare che l'economia aziendale pura cada nell'"apriorismo", dissolvendosi i connotati di scienza empirica, mentre nello stesso tempo si impedisce alla ragioneria il ricorso ad un "convenzionalismo" estraneo agli studi economico-aziendali.

I diversi ordini di principii, riuniti in classi sistemiche, vanno pertanto interpretati alla luce dei loro rapporti di interdipendenza.

Si è già detto, al riguardo, che l'economia aziendale si occupa di elaborare modelli del sistema operativo aziendale, mentre la ragioneria fornisce gli strumenti per la rilevazione degli accadimenti e per la verifica della loro rispondenza ai parametri teorici.

L'applicazione così del sistema dei principi ragioneristici ai modelli economico-aziendali consente di disporre di un sistema informativo, basato principalmente sui piani e sui bilanci, con il compito di rappresentare fedelmente la situazione economica, quella finanziaria e quella patrimoniale dell'azienda.

Il sistema informativo dovrebbe, in altri termini, verificare se l'azienda si trovi nelle condizioni operative previste nei modelli teorici, vale a dire se sia riuscita a dotarsi di un favorevole reticolo di profili che consenta il raggiungimento delle integrate condizioni di equilibrio, l'espletamento della funzione autorigeneratrice e l'acquisizione di un soddisfacente livello di conoscenze.

Da qui la necessità di raccordare i principi parametrici teorici dell'economia aziendale con quelli applicativi della ragioneria.

Così, i principi informatori del bilancio aziendale dovranno ispirarsi alle leggi disciplinanti la vita e la sopravvivenza dell'azienda; anche quelli relativi alla programmazione ed alla pianificazione, finalizzati al raggiungimento delle condizioni di equilibrio, devono necessariamente trovare ispirazione nelle stesse leggi.

Più in generale, è la considerazione dei principi dell'economia aziendale – rappresentati, come più volte detto, dalle condizioni prospettiche di equilibrio, dai profili, dalla funzione autorigeneratrice, dalla capacità di apprendimento e conoscenza profonda, dall'intelligenza e dalla comunicazione –, che può dare contenuto ai principi ragioneristici che trovano nei piani e nei bilanci la loro massima espressione.

Anche per il principio ragioneristico dell'analisi dei dati per la determinazione dei costi aziendali valgono le stesse considerazioni. Così, il calcolo di classi di costi finalizzati alla fissazione del prezzo di vendita può, ad esempio, essere svolto applicando criteri aderenti ai modelli teorici dell'economia aziendale.

Da quanto brevemente detto, si evince l'importanza del rapporto di interdipendenza tra due ordini di principi nella loro costruzione sistemica.

Si riporta, qui di seguito (Figura 3), il quadro dei sistemi dei due ordini di principii, in stretta correlazione tra di loro.

Figura 3 – **I sistemi dei due ordini di principii a confronto**

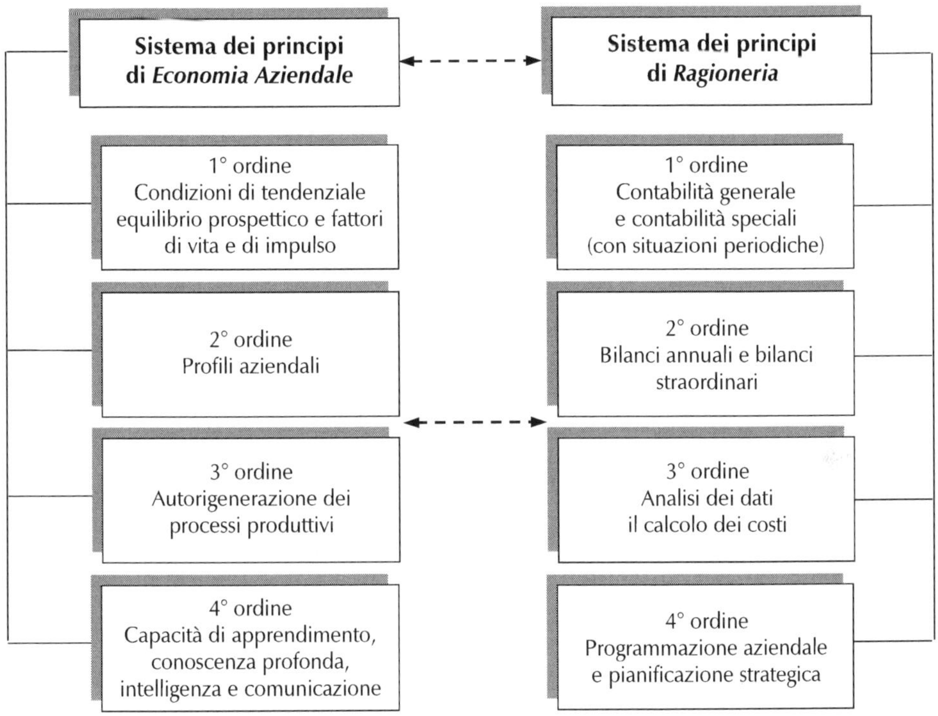

Negli scritti di economia aziendale e di ragioneria si fa spesso riferimento al "probabilismo" del verificarsi delle condizioni che vincolano la formazione di risorse aziendali destinate ad essere utilizzate in futuro.

I valori delle risorse, nella loro espressività numerica, sono considerati in subordine alla probabilità che si verifichino eventi futuri previsti e che sopravvengano eventi futuri non previsti [10].

In condizioni di incertezza si muovono le attività economiche: da qui la necessità di coordinare il pensiero economico-contabile con quello matematico [11].

L'attività imprenditoriale, in qualsiasi settore produttivo essa si svolga, è caratterizzata dalla raccolta di risorse finanziarie (capitale proprio e di pre-

---

[10] Le vigenti norme disciplinanti la materia delle "valutazioni di bilancio", nonché i principi contabili degli ordini professionali (nazionali ed internazionali) hanno riguardo alle condizioni di incertezza in cui i valori si formano per essere proiettati nel futuro.

[11] Cfr. ALDO AMADUZZI, *Valutazioni monetarie nella "logica dell'incerto"*, in *RIREA*, nn. 1-2 gennaio-febbraio, 1991 e B. DE FINETTI, *La logica dell'incerto*, "Il Saggiatore", Mondadori, Milano, 1989.

stito), dall'investimento in catene di cicli produttivi, dalla rigenerabilità degli investimenti con l'aggiunta di valore (reddito), dall'attuazione di nuovi cicli produttivi coordinabili temporalmente con cicli finanziari.

Gli scambi si attuano in una o più monete, rapportabili alla moneta con la quale si tengono conti e documenti; il numero esprime in unità monetarie la misura di grandezze economiche di natura diversa ed in tempi diversi (rivolta anche al futuro): esprime il valore dei beni ed è soggetto a variazioni in rapporto ai beni stessi con i quali viene realizzato lo scambio monetario.

Da qui la prima causa di "relativismo" e di "probabilismo" dei valori di conto e di bilancio.

L'unità di misura "numero" viene impiegata per esprimere valori economici di ogni attività aziendale, nella fase progettuale ed in quella decisionale.

I progetti si elaborano con numeri che esprimono grandezze sul probabilismo delle condizioni di incertezza dei valori, sia nel momento temporale in cui i progetti si formano, sia per la durata di tempo per la quale essi si progettano (per imprese già operanti).

Le condizioni di incertezza, oltre alla struttura del sistema progettato, si riferiscono ai mercati di acquisizione e di sbocco ed alla socio-economia degli ambienti implicati (per imprese di nuova istituzione).

In economia aziendale il tema della "probabilità" è fondamentalmente rinvenibile nel primo principio enunciato come "tendenziale equilibrio del sistema a valere nel tempo"; tendenziale, in quanto perturbato sia per la continua variabilità delle economie interne ed esterne, sia per il *probabilismo* che rende incerto ogni accadimento di operatività.

La teoria della probabilità è considerata parte della teoria della conoscenza, studiata, a scopo previsivo, da varie discipline, anche da quelle umanistiche di natura filosofica.

La probabilità che un evento abbia a verificarsi presuppone la sua conoscenza, il modo in cui si percepisce l'incertezza e quello in cui viene elaborato il rischio nei processi decisionali.

Il successo di un'azienda viene assai spesso giudicato sulla base dei risultati raggiunti, senza tener conto del ruolo della "fortuna" nel raggiungimento di tali risultati.

In assenza di casualità, le variabili aziendali agirebbero in modo deterministico sulle condizioni di equilibrio ed i flussi interni ed esterni di circolazione delle informazioni consentirebbero l'ottenimento di attendibili previsioni con risultati predeterminabili.

La *casualità*, logica conseguenza della *complessità*, a cui si accompagna la *caoticità*, rappresenta, in definitiva, una importante variabile nello studio dell'economia dell'impresa proiettata al perseguimento di obiettivi di equilibrio generale.

La ragioneria ha approfondito le tematiche riguardanti il relativismo numerico, la variabilità e il probabilismo della gestione, concependo fondate metodologie e moderni sistemi di rilevazione.

Gli studi matematici in materia probabilistica distinguono la *teoria* delle probabilità dal *calcolo* delle probabilità, laddove nella prima si considerano due tipi di probabilità: quella soggettiva e quella oggettiva.

La probabilità soggettiva è attribuibile alle persone che progettano e decidono accadimenti economici, pur sempre operando in condizioni di incertezza, nonché a coloro che agiscono affidandosi alla speranza (sorte) del verificarsi di dati accadimenti.

Nel campo economico, la probabilità soggettiva consiste nel grado di fiducia attribuito da persone (es. imprenditori) ai *dati di fatto* contenuti nel progetto che si apre al futuro; in quello extra-economico, la stessa probabilità si esplica attraverso il grado di fiducia che il soggetto, basandosi sull'osservazione della frequenza relativa verificatasi in passato, ripone sull'avvenimento sperato.

Secondo i matematici, anche i dati di fatto da cui parte un progetto economico sono soggetti alla incertezza della loro variabilità, per cui non possono essere ritenuti esenti da probabilismo, non costituendo una *conoscenza stabilita* [12].

La probabilità oggettiva in economia aziendale può essere oggetto di calcoli matematico-statistici; basti pensare al campo assicurativo nei vari rami che lo caratterizzano.

I principi dell'economia aziendale e della ragioneria, che si basano sulla logica dell'incerto e non del determinismo, sono avvalorati dalle proposizioni e dalle vedute riguardanti la teoria ed il calcolo delle probabilità [13].

In conclusione, i valori dei conti, dei bilanci, dei programmi operativi, dei piani integrati sono intrisi di relativismo e probabilismo, di cui occorre avere consapevolezza particolarmente nel momento in cui si è chiamati ad esprimere il grado di fiducia (probabilità soggettiva) ai valori contenuti nei *documenti* della vita aziendale e nei *bilanci* assembleari (da riponderare per avere base aggiornata a cui riferire i gradi di fiducia da assegnare ai valori di futura realizzazione).

Occorre inoltre revisionare continuamente le misurazioni dei valori, af-

---

[12] Così viene definita dal De Finetti nell'opera citata.

[13] Lo stesso Amaduzzi scriveva (ne: *L'Azienda, nel suo sistema e nei suoi principi*, Utet, Torino, 1992, p. 508): "Oggi in tutti i rami della conoscenza si è giunti alla constatazione dell'importanza che il futuro, l'ignoto, ha negli accadimenti, e la stessa matematica abbandona schemi deterministici, per i quali il domani può derivare dall'oggi, per riconoscere l'importanza dell'indeterminatezza, del fatto nuovo, del caso, dell'entelechia.

L'economia aziendale si amministra pertanto con una logica probabilistica, ove ci si affida – per effetto della scelta sopraddetta ed anche per necessità dell'operare – alla probabilità del verificarsi di fatti futuri.

Nello studio del rischio e nello sviluppo ultimo delle teorie economiche si distinguono i fatti il cui accadimento è certo ma ne è incerta la misura e il modo del comportarsi con le altre componenti, e cioè le incertezze, dai fatti nuovi di cui non si può prevedere il verificarsi (accidenti, perdite, vincite, ecc.)".

fiancandone i gradi di fiducia, in relazione alle variazioni delle condizioni interne ed esterne.

Occorre infine affrontare i rischi della variabilità e della probabilità dell'azione imprenditoriale, dando agli stessi adeguata copertura.

Non si può, da ultimo, non considerare la variabile "caso" che, indipendentemente dall'azione dei fattori che tendono a perturbare l'equilibrio aziendale può produrre effetti favorevoli (fortuna) o sfavorevoli (sfortuna) determinando il successo dell'azienda o, viceversa, l'insuccesso fino alla sua scomparsa.

Parte Seconda

Il sistema dei modelli delle rilevazioni contabili ed extracontabili

Capitolo I

Il sistema informativo aziendale nelle sue "rappresentazioni quantitative" e nelle sue "descrizioni qualitative"

di Giuseppe Paolone *

1. *Introduzione* [1]

Il *sistema informativo* riveste un ruolo fondamentale, informando e controllando il sistema operativo aziendale, consentendo a quest'ultimo di porre in essere atti organizzativi e gestionali rispondenti a principi di razionalità e di economicità.

La sua struttura si compone partendo dalla raccolta dei dati provenienti dalla fonte esterna e da quella interna, per completarsi con l'elaborazione delle informazioni, finalizzate al perseguimento del duplice obiettivo di tipo decisionale e di tipo comunicazionale.

I dati richiedono un certo tipo di trasformazione per essere qualificati come informazioni. Essi rappresentano la base conoscitiva, non correlata ai caratteri di validità in relazione a specifici processi decisionali, e si manifestano come rappresentazione di fenomeni economici predisposti all'attivazione del processo comunicazionale.

La realtà economica viene percepita ed esplicitata in termini quantitativo-monetari e in termini qualitativi, mentre i dati idonei a rappresentarla

* Straordinario di Economia Aziendale dell'Università Telematica Pegaso.

[1] I concetti contenuti in tale capitolo sono stati in gran parte ripresi dal volume *Il sistema informativo aziendale* di G. PAOLONE, in Collana di Studi Aziendali del Dipartimento di Economia Aziendale Università G. d'Annunzio di Chieti-Pescara, Maggioli, Santarcangelo di Romagna, 2012.

possono essere raccolti con forme e modalità diverse, all'interno ed all'esterno del sistema aziendale.

Il processo di conversione dei dati in informazioni ha origine dalla raccolta dei dati grezzi, opportunamente selezionati per trasformarsi in dati elaborati, i quali, una volta inseriti in procedimenti e trattati con strumenti di calcolo, danno origine ad informazioni grezze le quali, a loro volta selezionate e trattate, si trasformano in *informazioni elaborate*, atte ad alimentare processi decisionali e comunicazionali.

Il sistema informativo viene, pertanto, a costituire la base per l'attivazione di un razionale processo decisionale, in funzione dei vari centri operativi, e per la comunicazione dei flussi informativi all'esterno del sistema aziendale.

2. *I caratteri del sistema informativo aziendale e la sua scomposizione in relazione ai possibili linguaggi comunicazionali*

Da quanto detto, discende che il *sistema informativo* può essere definito come l'insieme coordinato di flussi informativi, derivanti dal processo di trasformazione dei dati originari, opportunamente selezionati ed orientati, aventi la duplice finalità di supporto all'attività decisionale e di comunicazione all'esterno. Esso ha, inoltre, la finalità di osservare le leggi economiche controllando in modo integrato l'operatività aziendale.

I caratteri fondamentali del sistema informativo sono, innanzi tutto, quello di essere, l'informazione, *dipendente* dalle esigenze dei vari centri decisionali, *sintetica* e *astratta* dai complessi fenomeni influenzanti l'attività decisionale; di avere, di seguito, il carattere della *complessità*, quello della *frequenza di utilizzazione*, quello della *forma di presentazione* e, in particolare, quello del *contenuto quali-quantitativo*.

In quanto condizioni produttive, le informazioni contribuiscono alla realizzazione dei processi decisionali e vanno definite nelle loro caratteristiche tipologiche, in relazione al rapporto tra il valore ad esse attribuibile e la sommatoria dei costi da sostenere per produrle.

Nella progettazione e nello studio del sistema informativo possono essere individuate varie fasi che vanno dall'analisi del subsistema operativo, a cui riferire le metodologie e gli strumenti più idonei alla relativa rappresentazione, alla individuazione e selezione dei dati elaborati in grado di alimentare flussi informativi, alla definizione del grado di integrazione realizzabile nei processi elaborativi e comunicazionali, fino alla valutazione dei costi del sistema rapportati al valore dell'utilità dell'informazione.

I requisiti di un sistema informativo, idoneo a supportare il processo decisionale e ad essere comunicato all'esterno, vanno ricercati nella *selettività*, vale a dire l'idoneità dei flussi informativi a servire un dato processo decisionale; nella *elasticità*, nel senso di essere pronto ad adattarsi ai cambiamenti del sistema decisionale; nella *affidabilità*, basata sui processi di trasmissione dei dati e sull'ampiezza delle informazioni elaborate; nella *convenienza*, valutabile in termini di rapporto costi-benefici; nella *accettabilità*, in termini di validità soggettiva delle informazioni ricevute e della loro efficacia oggettiva; nella *integrazione* delle informazioni, attraverso la quale si perviene alla massima efficacia dei processi comunicativi; nella *tempestività*, vale a dire nella sua disponibilità in tempo utile ad avviare il processo decisionale.

Un sistema informativo integrato ed avanzato concerne non solo la struttura delle elaborazioni ma anche il coordinamento dei contenuti. Per la sua realizzazione, occorre preliminarmente individuare i flussi informativi di ogni subsistema, definire i processi di elaborazione miranti a minimizzare i costi di trattamento dei dati, scegliere la dinamica di realizzazione dei processi facendo affidamento sulle risorse a disposizione e su una adeguata rete di comunicazioni.

Il processo verso l'integrazione delle informazioni è graduale e soggetto a revisione in relazione alle nuove esigenze informative ed ai progressi in campo tecnologico. La validità dei flussi informativi va valutata in relazione ai complementari processi di decisione, connessi all'andamento della generale combinazione produttiva.

* * * * *

Il sistema informativo aziendale può scomporsi in subsistemi di grado inferiore che presentano le stesse caratteristiche del sistema generale e che risultano fra loro integrati in termini di contenuti e di modalità di elaborazione.

Il primo subsistema, definibile *ambientale*, scaturisce dai collegamenti interrelati con l'ambiente esterno ed è caratterizzato da flussi informativi provenienti dalle fonti produttive, che forniscono i fattori occorrenti per l'espletamento dei processi di trasformazione, e da flussi che si dirigono verso le unità destinatarie dei prodotti finiti; da flussi informativi provenienti dalle unità che forniscono i mezzi finanziari richiesti dallo svolgimento del sistema operativo e da quelle da cui si ottengono le risorse umane occorrenti per lo stesso espletamento.

Il secondo subsistema, definibile della *logistica*, riguarda le decisioni connesse ai processi produttivi aziendali che vanno a comporre il sistema logistico caratterizzato dai subsistemi della produzione, degli approvvigionamenti, della vendita e della distribuzione, nonché delle relazioni fra di essi. Le informazioni di maggiore rilievo sono quelle che riguardano le previsioni dinamiche delle varie componenti e quelle di controllo degli andamenti dei flussi e dei livelli di scorta; esse sono caratterizzate dalle elaborazioni complesse dei dati e dalla frequenza di utilizzazione delle informazioni a contenuto prevalentemente quantitativo, con ricorso alle metodologie di ricerca operativa e, in particolare, a modelli matematici.

Il terzo subsistema, definibile *direzionale*, è rappresentato da flussi informativi orientati verso le decisioni direzionali tese al conseguimento dei risultati gestionali d'assieme e di quelli particolari richiesti dalla fissazione delle strategie aziendali; esso definisce le regole, le politiche e le procedure di svolgimento delle decisioni operative ed è caratterizzato da una notevole quantità di dati elementari, dalle elaborazioni piuttosto semplici, dalla loro forma documentale, dalla regolarità della frequenza di utilizzazione delle informazioni e del loro contenuto quali-quantitativo.

L'ultimo subsistema, definibile *strategico*, è rivolto a modificare le caratteristiche della generale combinazione produttiva e si compone di un limitato numero di dati, di elaborazioni complesse, di informazioni a contenuto qualitativo e quantitativo, con prevalente riferimento a fenomeni esterni e futuri.

Da ciò consegue che il subsistema informativo viene ad indicare quell'insieme di procedure contabili ed extracontabili, attuate con strumenti tecnologicamente avanzati, che contengono gli aspetti qualitativi e quantitativi degli accadimenti aziendali, venendo così a comprendere ogni fase delle rilevazioni economico-amministrative d'azienda. Esso segna un progresso rispetto alla concezione delle rilevazioni (o determinazioni quantitative) aziendali, in quanto è in grado di rappresentare non solo gli aspetti quali-quantitativi dei fenomeni, ma anche le qualità aziendali non traducibili, per loro natura, in determinazioni quantitative.

Il sistema informativo viene, di conseguenza, ad essere rappresentato dalle qualità quantizzabili e dalle qualità non traducibili in quantità, nell'ambito delle interrelazioni tra manifestazioni economiche, finanziarie, monetarie e patrimoniali; la sua impostazione investe, oltre al campo delle rilevazioni contabili, anche la metodologia matematico-statistica e quella della programmazione, per ciò che concerne la rappresentazione quantitativa delle qualità aziendali, nonché quello della comunicazione con linguaggio descrivibile per quanto riguarda gli aspetti qualitativi dei processi non quantizzabili.

La metodologia rilevativa di natura contabile investe la contabilità generale e le contabilità settoriali, la programmazione aziendale e la pianificazione strategica, le situazioni contabili e i bilanci ordinari e speciali; essa può essere integrata da procedimenti matematico-statistici, dando così origine ad un modello sistemico di informazione, che dovrà poi essere integrato con gli elementi qualitativi, non traducibili in quantità, dopo aver individuato le fonti originarie dei dati, i mezzi di trasmissione e la comunicazione dell'elaborazione.

* * * * *

Da quanto detto discende che il *sistema delle rilevazioni aziendali* (o *sistema delle rappresentazioni o determinazioni quantitative*) è parte (subsistema) del più ampio sistema informativo che, a usa volta, comprende, in integrazione con il primo, il subsistema dei dati qualitativi (non quantizzabili) che richiedono un diverso linguaggio (tipicamente verbale).

Viene in tal modo a rafforzarsi la reciproca dipendenza tra l'analisi quantitativa dei dati, oggetto di rilevazione aziendale, e quella qualitativa, oggetto di comunicazione verbale. I dati economici e finanziari, rilevabili con ricorso ai metodi quantitativi, non sono bastevoli per l'espletamento dell'attività di supporto al processo decisione-azione, con la conseguenza che hanno nel tempo acquisito sempre più rilevanza gli elementi quantitativi non monetari e quelli qualitativi non quantizzabili, concorrenti tutti a definire la struttura del sistema informativo aziendale.

Il sistema delle rilevazioni aziendali presuppone il ricorso al linguaggio contabile ed extracontabile. Del primo si occupa la *ragioneria*, il cui processo rilevativo fa riferimento non solo alla determinazione quali-quantitativa dei dati, ma anche alla loro classificazione, sistemazione e rappresentazione, fino all'interpretazione dei risultati ottenuti. Delle rilevazioni extracontabili, che non richiedono l'impiego di metodologie bilancianti, si occupano di regola la *matematica* e la *statistica*, con propri strumenti (non contabili) di rappresentazione dei fatti aziendali.

Le rilevazioni contabili tradizionali non consentono, da sole, di interpretare in maniera esaustiva gli accadimenti gestionali; da qui il necessario ricorso a strumenti extracontabili, e ad altri, che, unitamente a quelli contabili, tendono a elevare il sistema informativo aziendale, accrescendone la capacità di diffusione all'interno e di comunicazione all'esterno.

Altre discipline, quali la *filosofia*, la *sociologia* e la *psicologia*, anch'esse fornitrici di strumenti idonei ad arricchire il sistema informativo aziendale, colgono di regola, contrariamente alle precedenti, i soli aspetti qualitativi delle manifestazioni aziendali, non traducibili, per loro natura, in determinazioni quantitative.

Il sistema delle informazioni aziendali annovera, pertanto, un insieme integrato di rilevazioni, contabili ed extracontabili, accompagnate da descrizioni qualitative dei fenomeni aziendali che concorrono a rendere più visibile e più efficace la comunicazione economico-finanziaria, sociale e ambientale.

Tale sistema viene definito attraverso una serie di linguaggi, quali quelli contabile, matematico, statistico, verbale ed altri, che consentono di trasferire all'interno e all'esterno del sistema aziendale, messaggi comunicazionali necessari per avviare il processo di decisione-azione e per essere portati a conoscenza di terzi.

In Figura 1, segue il quadro evidenziante la supponibile scomposizione del sistema informativo aziendale in subsistemi tra loro interagibili ed integrabili.

Si è detto che le rilevazioni contabili (da fonte ragioneristica) non sono da sole sufficienti a rappresentare compiutamente i fatti aziendali; vanno pertanto integrate, innanzitutto, con le rilevazioni di natura statistica e matematica, utilizzabili, a supporto dello strumento contabile, per una corretta gestione aziendale, rivolgendosi allo scopo della materia da indagare.

Lo strumento statistico si occupa prevalentemente di rilevazioni quantitative rivolte ad esaminare la struttura, la dimensione e l'attività di un'azienda (statistiche *interne*), nonché l'ambiente circostante (statistiche *esterne*), servendosi di indici, grafici e tabelle in relazione alle diverse esigenze conoscitive.

Il metodo matematico è idoneo a dare una chiara rappresentazione dei fenomeni caratterizzati da nessi e da relazioni di interdipendenza, anche se presenta evidenti limiti legati a una logica deterministica che sfugge all'operatività delle aziende. Esso presenta comunque una utilità nelle determinazioni quantitative aziendali, evidenziando come i rapporti tra quantità e grandezze vadano impostati e valutati sulla base di una logica comune, quale è quella dettata dalla "teoria insiemistica", idonea a risolvere problemi di scelte economiche.

In definitiva, le relazioni tra qualità e quantità dei fatti oggetto di osservazione, possono essere espresse con ricorso al linguaggio ordinario, tipicamente verbale, al linguaggio contabile (ragioneristico), al linguaggio statistico, oppure al linguaggio matematico-geometrico. Tali strumenti quantitativi, non riuscendo pienamente a cogliere e trasferire gli elementi intangibili che configurano il capitale intellettuale, vengono sempre più integrati da strumenti qualitativi, tipici delle discipline filosofiche e socio-psicologiche.

Figura 1 – **Inquadramento e scomposizione del sistema informativo aziendale**

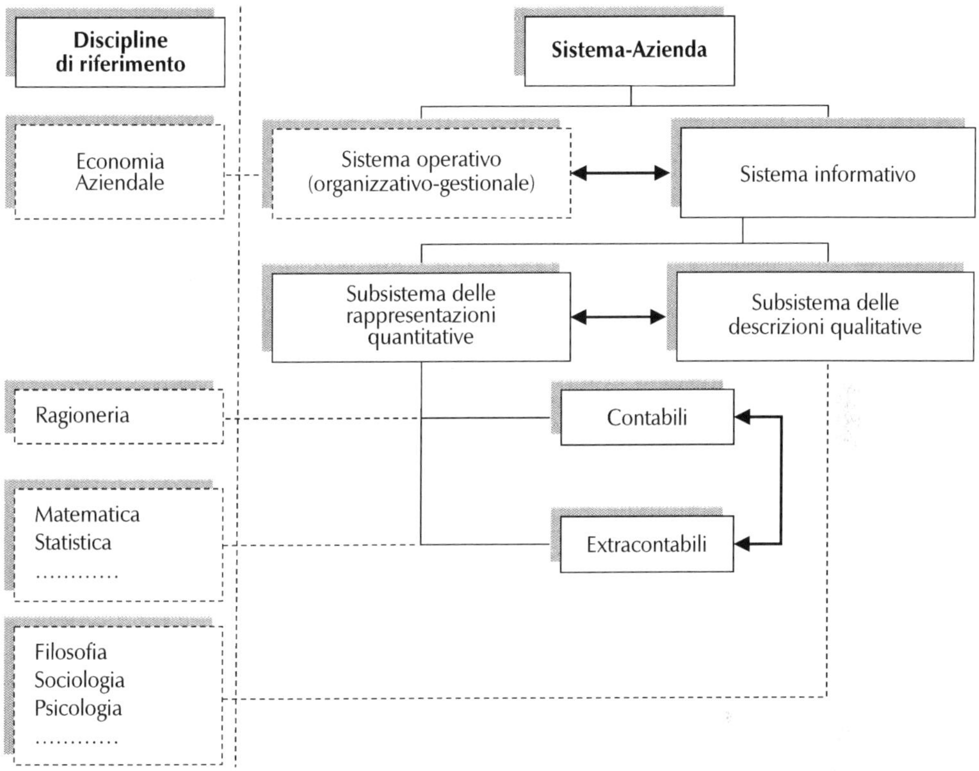

3. *Il subsistema delle rappresentazioni quantitative: le rilevazioni contabili (cenni)*

Il subsistema delle rilevazioni contabili, significativa parte del più ampio sistema informativo aziendale, comprende, come già detto, i procedimenti di rilevazione attuati con metodologia contabile, che investono la contabilità generale e le contabilità settoriali, la programmazione e la pianificazione integrata, il bilancio di esercizio ed i bilanci straordinari.

Per meglio precisare il campo di operatività delle rilevazioni contabili (oggetto di studio della ragioneria), occorre introdurre il concetto di "atto contabile", definibile come un'azione che pone un dato aziendale in un particolare ordine di rilevazione; e che esprime un giudizio di valore (atto economico), implicante una scelta tra possibili soluzioni, la cui decisione-esecuzione produce effetti sulla gestione operativa, suscitando determinati atti di gestione ed offrendo un quadro sulla base del quale verranno decisi successivi atti operativi.

L'influenza dell'atto contabile sulla gestione operativa suggerisce di studiare i vari aspetti di tale influenza e di proporre procedimenti atti a rappresentarli. L'atto di gestione prende le mosse dagli atti contabili, attraverso i quali viene puntualizzata la gestione trascorsa e previsionata la gestione futura.

In definitiva, l'atto contabile e l'atto di gestione sono entrambi atti operativi, in un reciproco rapporto di complementarietà (in quanto elementi di una classe sistemica), con la precisazione che il primo, unitamente agli altri strumenti di rilevazione, rappresenta un necessario supporto all'attività operativa aziendale.

Le rilevazioni contabili possono essere adeguatamente espletate dopo aver definito le procedure operative e le metodologie utilizzabili, vale a dire le modalità secondo le quali si deve procedere nelle diverse fasi del processo informativo e il metodo di rilevazione quantitativa da adottare (di tipo contabile e di tipo extracontabile).

Le rilevazioni contabili possono essere *originarie*, consistenti nella predisposizione di documenti che contengono dati costituenti il punto di partenza per successive rilevazioni ed elaborazioni; *elementari*, che si risolvono in semplici annotazioni di determinati fatti gestionali, di natura descrittiva con funzioni propedeutiche e classificatorie; *sistematiche*, relative alla determinazione e misurazione di un oggetto complesso con coordinamento sistemico (contabilità generale).

Come è noto, la *contabilità generale* investe l'intera gestione aziendale ed ha la finalità principale di rilevare sistematicamente il reddito attribuibile ad un dato esercizio ed il collegato capitale di funzionamento alla fine dello stesso; essa tende a soddisfare l'imprescindibile esigenza di pervenire alla determinazione del reddito di periodo ricorrendo all'applicazione di un prescelto sistema di interpretazione dei fatti gestionali, operandone una sistematica e ordinata rilevazione quantitativa ottenibile con l'applicazione di un predefinito metodo contabile.

Alla determinazione del reddito di periodo, si affianca la contestuale misurazione del capitale di funzionamento alla fine dello stesso, agendo la prima grandezza sull'entità della seconda che ne subirà un incremento o un decremento.

Attraverso la rilevazione dei fatti amministrativi in contabilità generale è possibile, altresì, soddisfare direttamente anche le esigenze conoscitive inerenti il continuo controllo dei movimenti finanziari e monetari della complessiva gestione aziendale.

Ma le rilevazioni di contabilità generale consentono di pervenire, in via subordinata, all'ottenimento di informazioni utili per successive elaborazioni orientate al soddisfacimento di esigenze conoscitive che esulano dall'ambito della contabilità generale.

La determinazione del reddito di periodo comporta, infatti, la specifica misurazione dei componenti positivi e negativi che vi concorrono, agevolando l'impianto di altri sistemi di rilevazione contabile, limitati nell'oggetto di riferimento, quali, ad esempio, quelli riguardanti il controllo dei costi, la determinazione dei costi di prodotto, l'individuazione analitica dei ricavi, ecc.

Questi altri sistemi contabili di rilevazione, che si affiancano alla contabilità generale, prendono il nome di *contabilità speciali esecutive*, che si caratterizzano, oltre che per una minore estensione dell'oggetto, anche per il perseguimento di finalità conoscitive particolari.

In tale ultimo ambito, viene ricondotta la *contabilità industriale*, il cui oggetto di osservazione è circoscritto ai processi produttivi, mentre le finalità conoscitive perseguite si limitano all'ottenimento di informazioni orientate al relativo processo decisionale e al controllo e contenimento dei costi aziendali. Tali ultime rilevazioni possono essere effettuate sia con ricorso allo strumento contabile che a quello extracontabile (matematico-statistico), caratterizzandosi secondo diverse modalità di collegamento con le rilevazioni di contabilità generale.

Altri esempi di contabilità speciali esecutive sono rappresentati dalla *contabilità di magazzino*, finalizzata alla rilevazione continua delle giacenze fisiche dei beni a fecondità semplice, dalla *contabilità finanziaria*, idonea a rilevare analiticamente i movimenti finanziari e monetari della complessiva gestione aziendale, dalla *contabilità del personale*, per la rilevazione delle posizioni correnti delle varie unità lavorative impegnate nei vari processi gestionali, dalla *contabilità dei beni ammortizzabili*, finalizzata alla rilevazione delle operazioni interessanti i fattori a fecondità ripetuta, dalla *contabilità fiscale*, imposta dalle vigenti disposizioni tributarie, e da altre.

4. *Il subsistema delle rappresentazioni quantitative (segue): le rilevazioni e i modelli extracontabili (cenni)*

Le *rilevazioni extracontabili* sono tutte quelle rilevazioni che non si avvalgono dello strumento rappresentato dal "conto", ma che elaborano i dati e le informazioni ("fuori conto") servendosi di strumenti matematico-statistici (numeri indici, medie, calcolo delle probabilità, tabelle, grafici, ricerca operativa, ecc.).

Tali elaborazioni vengono solitamente distinte in interne ed esterne: le prime riguardano direttamente l'organizzazione e la gestione aziendale e sono effettuate sulla base dei dati rilevati in azienda (statistiche sull'andamento delle vendite, controllo della qualità, analisi di bilancio, analisi costi-volumi-risultati, calcolo di indici, ecc.); le seconde sono quelle che studiano l'ambiente economico-sociale nel quale l'azienda opera: mercato, concorrenza, settori complementari (studi sull'andamento dei prezzi, sui consumi, sui risparmi, sul mercato finanziario e monetario, ecc.).

Le rilevazioni in oggetto vengono attuate sulla base di dati ricavabili da indagini effettuate direttamente dall'azienda o tramite istituti specializzati; oppure, come accade più frequentemente, resi disponibili da fonti esterne (riviste specializzate, pubblicazioni delle associazioni di categoria, bollettini di istituti statistici o di ricerca economica, ecc.).

Tra i due sistemi di rilevazione (contabili ed extracontabili), esiste una stretta interdipendenza, concorrendo entrambi a definire il *sistema delle rappresentazioni quantitative d'azienda*. I vincoli di complementarietà devono necessariamente sussistere sia in sede di attuazione delle rilevazioni, sia in sede di interpretazione dei risultati ottenuti per loro tramite.

Le rilevazioni extracontabili si presentano, in definitiva, estremamente versatili e costituiscono un imprescindibile strumento di conoscenza finalizzato ad integrare le rilevazioni contabili e, pertanto, ad evidenziare quegli aspetti che viceversa potrebbero restare inosservati.

Più precisamente, le rilevazioni extracontabili integrano, illustrano e rappresentano i fenomeni non rilevati dalla contabilità, allo scopo di fornire informazioni, effettuare controlli, fare previsioni. Esse hanno una larghissima estensione e presentano oggetti estremamente vari; risultano ordinate differentemente da azienda ad azienda in relazione alle diverse condizioni ed alle specifiche circostanze che valgono a qualificarla, quali la dimensione aziendale, il tipo di produzione e la struttura organizzativa prescelta.

Entrambe le rilevazioni riflettono aspetti diversi di una medesima realtà aziendale, nella quale classificano, elaborano e rilevano in modo diverso i dati elementari che la caratterizzano; le prime servono di base alle elaborazioni delle seconde, le quali ultime offrono ulteriori conoscenze quantitative finalizzate ad un più efficace controllo e ad una più efficiente amministrazione.

Le *rilevazioni contabili* risultano essere più appropriate a rilevare i risultati d'esercizio, le situazioni patrimoniali e tutti i movimenti finanziari ed economici che si servono dello strumento "conto" per la relativa rappresentazione; le *rilevazioni extracontabili* sono maggiormente proficue per la rappresentazione di specifici fatti, interni ed esterni all'azienda, e sono avvinte da mutue relazioni di complementarietà con le prime, concorrendo con le stesse a definire un sistema che tenda ad elevare il processo di conoscenza degli aspetti organizzativi e gestionali dell'operare aziendale.

Le rilevazioni quantitative dei fenomeni aziendali non sono, pertanto, limitate alle sole scritture contabili, ma sono estese alle rilevazioni extracontabili o statistiche, che concorrono, con le prime, a comporre un quadro informativo più esaustivo e maggiormente finalizzato ad una corretta gestione aziendale.

Mentre le rilevazioni contabili (oggetto di studio della ragioneria) sono nate e si sono sviluppate per rappresentare i fenomeni d'azienda, le rilevazioni extracontabili (oggetto di studio della matematica e della statistica) si sono formate al di fuori dell'azienda e sono chiamate a fornire i mezzi e gli strumenti necessari ed utili per completare il quadro delle rilevazioni quantitative d'azienda.

Le rilevazioni statistiche hanno un'ampia estensione e presentano una varietà di oggetti da rappresentare in ambito aziendale. Esse, come già detto, possono essere interne, se sono tese a rappresentare la struttura e l'attività di una data azienda; esterne, se rivolte ad esaminare l'ambiente con il quale l'azienda entra in contatto.

Tali rilevazioni perseguono l'obiettivo di rappresentare ed interpretare i dati aziendali a supporto delle rilevazioni contabili, al fine di migliorare la conoscenza degli andamenti gestionali e mercatistici, evidenziando fenomeni aziendali non rappresentabili dalle scritturazioni contabili.

Queste ultime non riescono da sole a soddisfare le molteplici esigenze dei flussi informativi utili alla gestione operativa dell'azienda; da qui l'utilità delle rilevazioni statistiche orientate a risolvere problemi riguardanti la rappresentazione dei dati relativi alla funzione commerciale, alla funzione produzione, alla funzione personale, alla funzione finanza, ecc.

Mentre le rilevazioni contabili, che adoperano il metodo della partita doppia, si servono dello strumento "conto" per rappresentare i fatti aziendali, le statistiche aziendali non sono legate a schemi preordinati, ma si avvalgono dei dati contabili illustrandoli ed interpretandoli. È evidente che l'interpretazione di tali dati deve essere necessariamente effettuata nei rapporti con i risultati emergenti dalle analisi contabili, in un nesso di reciproca integrazione.

Tutto ciò presuppone, però, una profonda conoscenza dell'economia aziendale, con i principi che la regolano, della ragioneria, con le metodiche che ne costituiscono l'essenza, e della statistica, con le sue metodologie applicative.

In definitiva, le rilevazioni contabili e quelle extracontabili di natura statistica utilizzano strumenti di indagine e di controllo che possono essere efficacemente applicati solo se si conosce in profondità l'oggetto da rilevare (l'azienda) nella sua concreta applicazione e nelle sue varie manifestazioni.

Le rilevazioni statistiche possono assumere in genere forme diverse, quali indici, tabelle e grafici, in relazione alle varie esigenze conoscitive e comunicazionali, e attingono dalla contabilità dati classificati secondo criteri omogenei, da ulteriormente elaborare per ampliare l'utilità del quadro delle conoscenze.

A questo punto si rende necessario coordinare le diverse quantità esprimenti i vari aspetti della vita aziendale, utilizzando il linguaggio matematico quale mezzo per mantenere la coerenza degli andamenti gestionali e fornire concretezza alla scienza aziendale. Così i procedimenti matematici, al pari di quelli statistici, possono costituire una valida integrazione delle rilevazioni contabili.

Una correlazione molto intima deve sussistere tra i principi delle discipline aziendalistiche (economia aziendale e ragioneria) e quelli delle discipline matematico-statistiche (teoria e calcolo delle probabilità). Le equazioni lineari, che descrivono il principio delle tendenziali e prospettiche condizioni di equilibrio, hanno trovato largo sviluppo nella metodologia matematica, con la ricerca operativa, la programmazione lineare, la teoria delle code, concorrendo ad avvalorare l'efficacia dei procedimenti e degli strumenti matematici in ambito aziendale.

L'impiego della matematica in economia aziendale presuppone il più ampio ambito di utilizzo per la formulazione e per la successiva comunicazione di una "teoria", non investendo il solo campo delle determinazioni quantitative del sistema informativo.

Sul punto della formulazione di una teoria economico-aziendale, la logica matematica viene utilizzata nella fase induttiva della ricerca, vale a dire in quella dell'osservazione della realtà e dei fenomeni reali da sottoporre di seguito ad elaborazioni; le informazioni che si traggono dall'osservazione della realtà possono, infatti, essere rielaborate attraverso la metodologia matematica che permette di ricercare, pur nella variabilità dei fenomeni osservati, degli andamenti costanti.

Sul punto della comunicazione di una teoria aziendalistica, si può far ricorso anche al linguaggio matematico, utilizzando equazioni con simboli matematici o con figure geometriche (rispettivamente linguaggio matematico-simbolico o linguaggio matematico-geometrico). La matematica viene così ad assolvere la funzione di un linguaggio che renda esplicite le relazioni individuabili tra le grandezze oggetto di attenzione. Ciononostante i modelli matematici non sono molto utilizzati nella comunicazione delle teorie economico-aziendali, in quanto i sistemi di equazioni non sono in grado di rappresentare unitariamente i fatti aziendali a causa della loro complessità e della imprevedibilità del loro verificarsi.

In sintesi, l'economia aziendale ha il compito di individuare le quantità del sistema aziendale per cogliere le relazioni tra le grandezze concorrenti a definire le condizioni di equilibrio; le rilevazioni contabili e quelle matematico-statistiche hanno il compito di effettuare le misurazioni delle quantità espresse dai fatti aziendali, ponendo in essere utili comparazioni tra le quantità rilevate, sempre al fine di valutare le condizioni di equilibrio; le comparazioni tra quantità possono essere effettuate sulla base della teoria degli insiemi tra grandezze omogenee appartenenti a classi logiche definite dall'economia aziendale.

I due metodi di rilevazione dei fatti aziendali (quello contabile e quello matematico-statistico) non vanno, pertanto, posti in contrapposizione, essendo in presenza della stessa logica di misurazione delle grandezze da quantizzare, ma vanno integrati, a dimostrazione della coesistenza di procedimenti diversi che adottano differenti strumenti di rilevazione, ma che sono regolati da una logica comune che si ispira ai principi dell'economia aziendale.

Da ciò consegue che la ragioneria, disciplina preposta alla rilevazione contabile dei fatti economico-aziendali, deve continuamente confrontarsi con la matematica e con la statistica, discipline idonee a fornire strumenti non contabili per la rilevazione degli stessi fatti aziendali, ed integrarsi tra di loro, assumendo a base di riferimento i principi dettati dalla scienza economico-aziendale. I modelli matematici (e quelli statistici) sono di grande ausilio nella programmazione e pianificazione aziendale, nella ricerca operativa e nelle ricerche di marketing, fornendo informazioni utili anche per impostare le strategie aziendali. Alcuni di essi consentono di superare i limiti informativi evidenziati dalle rilevazioni contabili, attraverso, in particolare, i modelli di programmazione lineare, idonei ad impostare il problema della ripartizione ottimale delle scarse risorse disponibili tra i vari processi produttivi a disposizione.

* * * * *

Le informazioni finalizzate alle attività decisionali si servono di modelli rappresentativi della realtà aziendale, che vengono costruiti sulla base dell'integrazione delle conoscenze ragioneristiche (rilevazioni contabili) e matematico-statistiche (rilevazioni extracontabili). I modelli vanno costruiti ricorrendo a vari linguaggi che permettono di semplificare la realtà indagata e di rappresentarla in modo da essere comprensibile ai vari soggetti chiamati ad espletare l'attività gestionale. Risulta, pertanto, importante la scelta del linguaggio idoneo a perseguire la finalità di comunicazione del pensiero (comprensibile) al destinatario.

Esistono, al riguardo, i *modelli verbali*, che usano il linguaggio ordinario memorizzabile in forma scritta o a mezzo audio; i *modelli figurativi*, che fanno ricorso a rappresentazioni grafiche; i *modelli matematici*, in cui gli elementi del sistema vengono espressi attraverso simboli; i *modelli statistici*, che, non essendo legati a schemi preordinati, assumono forme diverse in relazione ai fatti da rappresentare; i *modelli contabili*, che fanno ricorso allo strumento "conto" per rappresentare i fatti gestionali.

La comprensione dei fatti aziendali e la successiva comunicazione all'interno e all'esterno avviene, quindi, attraverso il ricorso a strumenti tipici delle discipline preposte all'attività rilevativa, usando linguaggi e simboli, e consentendo la costruzione di modelli contabili ed extracontabili.

L'impiego di questi ultimi ha indubbiamente contribuito ad elevare la conoscenza, la comprensione e la comunicazione degli accadimenti aziendali. Così, i modelli matematici (deduttivi) e quelli statistici (induttivi) vanno integrati con quelli contabili per fornire un quadro più esaustivo della situazione aziendale.

Nella costruzione del sistema informativo integrato, i dati provenienti dalla fonte esterna (ambientale) e da quella interna (aziendale) vengono organizzati ed elaborati attraverso procedimenti di rilevazione (preventiva e consuntiva) attuati con una appropriata metodologia (contabile e matematico-statistica). Così, un sistema informativo avanzato dovrebbe tendere a realizzare una integrazione degli strumenti di rilevazione disponibili e, nel contempo, ad organizzare le informazioni elaborate ricorrendo ai metodi contabili ed extracontabili.

Come più volte detto, il sistema informativo si estende ad un'area più ampia rispetto a quella delle determinazioni quantitative, in quanto comprende ogni fase del processo di raccolta e di elaborazione dei dati e delle informazioni, oltre alla loro valutazione critica ed alla loro trasmissione ai vari fruitori che alimentano il processo decisionale.

La "misurazione" della grandezze economiche è finalizzata all'ottenimento di un risultato esprimibile in termini quantitativo-monetari; il sistema delle determinazioni quantitative non riesce, con i propri strumenti di rilevazione, a fornire una esatta conoscenza degli accadimenti aziendali in quanto le grandezze non sono sempre quantizzabili in termini monetari.

Ma le informazioni non traducibili in quantità monetarie, derivanti tipicamente dalle ragioneria, dalla matematica e dalla statistica, assumono una importanza rilevante a fini decisionali e di comunicazione all'esterno. Da qui la presenza di informazioni di tipo qualitativo, di cui si dirà in seguito, la cui disponibilità è essenziale, pur con l'ausilio delle rilevazioni contabili integrate con quelle extracontabili.

5. *Le funzioni e i limiti delle rappresentazioni quantitative d'azienda*

La dottrina aziendalistica si è da sempre occupata di predisporre metodi e modelli finalizzati alla composizione di un *sistema di rilevazioni quantitative* orientato verso l'espletamento di un'attività decisionale all'interno dell'azienda, per formulare giudizi di convenienza, ed alla predisposizione di flussi informativi da comunicare all'esterno, per la necessaria conoscenza degli accadimenti aziendali da parte di soggetti terzi.

I modelli di rappresentazione dei fatti aziendali, per conservare la loro validità, devono essere modificati ed aggiornati in relazione all'evoluzione della dinamica interna ed esterna all'azienda.

Le rappresentazioni quantitative d'azienda si compongono attraverso valutazioni soggettive che tendono ad influenzare il quadro informativo generale, nell'ambito del quale i flussi informativi sono strumentali rispetto ai fini per i quali vengono elaborati. Il processo di misurazione, nella sua validità a valere nel tempo, è quindi fortemente condizionato dalla presenza di elementi soggettivi che rendono assai spesso poco attendibile il quadro informativo generale, alla cui composizione devono pertanto concorrere fattori di natura qualitativa che lo rendono meno soggettivo e più esaustivo.

Le quantità economiche, nell'ambito delle determinazioni quantitative d'azienda, esprimono valori raramente oggettivi, assai spesso stimati e congetturati; questi ultimi hanno assunto, rispetto ai primi, sempre maggiore rilievo, richiedendo così la formulazione di modelli analitici capaci di predisporre una corretta informativa, ancorché non esaustiva, e di svolgere un efficace controllo interno, in grado di garantire il perseguimento del duplice obiettivo (decisionale e comunicazionale).

Ma le determinazioni quantitative devono essere in grado di soddisfare diverse esigenze conoscitive, mutevoli nel tempo e nello spazio, ricorrendo a sistemi di rilevazione contabile ed extracontabile che siano strumentali rispetto alle finalità perseguibili di logica costruzione e di agevole comprensione.

Chiarita l'importanza che riveste la funzione informativa aziendale per la soddisfazione del bisogno di conoscenza e comprensione da parte dei soggetti interni ed esterni all'azienda, si evidenziano i limiti interpretativi dei relativi flussi, originati da una attenta elaborazione dei dati che ne condizionano l'efficacia e che presuppongono, di conseguenza, il ricorso ad altri strumenti integrativi, perlopiù di tipo descrittivo-qualitativo, idonei a fornire ai destinatari un quadro più completo ed efficace di informazioni elaborate.

Il primo limite è rappresentato dalla necessità di dover continuamente modificare i flussi informativi a causa delle sopravvenute modifiche ambientali e delle mutate condizioni di funzionalità aziendale. Così, ad esempio, occorrerà verificare la permanenza di circostanze che giustificano ancora gli investimenti effettuati per elevare la capacità produttiva dell'azienda, con le inevitabili conseguenze sulla struttura dei costi, su quella dei ricavi, sul patrimonio netto e, da ultimo, sulle fonti di copertura finanziaria; verificare, altresì, la permanenza o meno delle condizioni aziendali ed ambientali che consentono il ritorno economico e finanziario degli investimenti effettuati, al fine di garantire la continuità aziendale.

L'apporto della dottrina contabile, finalizzato alla rappresentazione della realtà aziendale attraverso appositi modelli di riferimento, è stato determinante per la soddisfazione delle mutevoli esigenze, pur nella preoccupazione di verificare continuamente la validità della metodologie e delle tecniche in adozione, con particolare riguardo alla valutazione dei beni componenti il patrimonio aziendale.

A tale riguardo, ulteriore limite all'informativa aziendale (particolarmente attraverso il documento bilancio) è rappresentato dall'ampia discrezionalità concessa ai valutatori delle sue componenti, i quali non sembra che siano in grado di fornire dell'azienda una rappresentazione vera e reale.

Per l'espletamento di una efficace funzione informativa appare, inoltre, indispensabile la possibilità di effettuare comparazioni spaziali e temporali tra realtà aziendali che operano in mercati ormai globalizzati. La comparabilità diventa, pertanto, una condizione imprescindibile per facilitare l'accesso di realtà aziendali di un Paese in realtà aziendali dello stesso Paese o di altri Paesi; ciò al fine di progettare lo sviluppo economico, per definire politiche finanziarie e fiscali garantendo la loro trasparenza, per elevare la fiducia degli operatori economici nel sistema in cui operano. Ciò nonostante, le difficoltà di confronto di realtà aziendali sono elevate e non facilmente eliminabili, o attenuabili, data la presenza di ostacoli che rendono difficile la fissazione di obiettivi e di politiche comuni.

Altro limite è rappresentato dalla cadenza temporale, normalmente non breve, di trasmissione dei messaggi informativi (annuale, se trattasi di bilancio), con ritardo, a volte sensibile, rispetto al momento di manifestazione degli eventi che hanno causato il flusso comunicazionale.

Ma il limite più significativo è rappresentato dalla difficoltà di evidenziare gli aspetti qualitativi della gestione aziendale, non traducibili in grandezze quantitative e, pertanto, non concorrenti alla composizione dei flussi ordinari di comunicazione: sono le cosiddette risorse "intangibili" o "invisibili", che presentano notevole importanza nella definizione di un quadro informativo che sia rappresentativo di una fedele realtà aziendale.

Le determinazioni quantitative, che si compongono nel quadro informativo aziendale, costituiscono, come più volte detto, un necessario strumento a fini decisionali. La finalità generale è quella di fornire informazioni elaborate, utili per le decisioni da assumere, analizzabili in relazione all'oggetto coincidente con l'utilizzo della risorse orientate al consumo o all'investimento. Le attese di conoscenza degli utilizzatori dell'informativa aziendale influenzano l'obiettivo e le caratteristiche dal sistema informativo, per essere utile per l'attività decisionale.

Ma i soggetti interessati all'informativa aziendale, per poter correttamente avviare il processo decisionale, evidenziano differenti bisogni di informazione che ne rendono difficile la loro riunione sistemica orientata alla soddisfazione generale di tutti i fruitori. In altri termini, questi ultimi presentano esigenze individuali e differenziate di flussi informativi, dipendenti in buona sostanza dalle diverse decisioni economiche che vanno ad assumere sulla base delle informazioni ricevute.

In tal senso, i soci capitalisti hanno bisogno di informazioni attendibili per decidere se mantenere o dismettere l'investimento effettuato, in relazione alla sua remunerazione periodica (dividendi), ai rischi di perdite, alla realizzazione di incrementi di valore (plusvalenze), alle opportunità più lucrative di investimenti alternativi; i finanziatori presentano, viceversa, bisogni di informazioni legate maggiormente ai rischi di recupero delle somme investite, alla previsione di riscossione degli interessi maturati, alla capacità di rimborso delle quote di capitale; i dipendenti sono interessati a ricevere informazioni sulla stabilità e sulla remunerazione del loro apporto lavorativo; i fornitori esprimono l'esigenza informativa in relazione alle prospettive di stabilità del rapporto commerciale, con particolare riguardo alle condizioni contrattuali stabilite ed alla valutazione del rischio di insolvenza e del grado di affidabilità dell'azienda; l'esigenza informativa dei clienti è quella di assicurarsi una continuità negli approvvigionamenti; le amministrazioni pubbliche presentano, infine, interessi differenziati in relazione al diverso ruolo che sono chiamati ad espletare (produzione di dati della contabilità nazionale, definizione della politiche fiscali e contributive, impostazione di programmi per la distribuzione delle risorse, emanazione di norme e regolamenti disciplinanti la varie attività aziendali).

Ma le informazioni elaborate desumibili dall'espletamento dell'attività aziendale non sono in grado, da sole, a soddisfare le legittime aspettative dei vari portatori di interesse; e ciò a causa delle loro caratteristiche riflettenti solo alcuni aspetti delle attività oggetto dell'informativa, della difficoltà di comprensione dei modelli rappresentativi e di interpretazione dei risultati da essi emergenti, delle caratteristiche dei soggetti decisionali e dei loro bisogni di informazione.

Tale bisogni, ancorché eterogenei e contrastanti, sono riconducibili ad una base comune utilizzabile da tutti coloro che evidenziano interessi confluenti sull'informativa aziendale. Il loro denominatore comune è rappresentato dall'apprezzamento della capacità di creare ricchezza all'interno dell'azienda, considerando i valori, i tempi e l'incertezza di tale generazione.

I fruitori dell'informativa aziendale devono essere messi nella condizione di valutare l'attitudine dell'azienda a remunerare nel lungo periodo i fattori della produzione, condizione necessaria per orientare le future scelte basate sulla conferma o sul ritiro delle risorse a vario titolo investite nell'azienda. La capacità di remunerare adeguatamente i fattori della produzione costituiscono la condizione fondamentale per far sopravvivere l'azienda, come anche per farla crescere e sviluppare. L'analisi degli equilibri raggiunti consente di valutare il grado di economicità dell'azienda, vale a dire le sue condizioni di equilibrio "a valere nel tempo".

In termini conclusivi, l'esigenza diffusa tra tutti i destinatari del sistema informativo aziendale è rappresentata dall'apprezzamento dell'attitudine ad accumulare ricchezza, rafforzarla e distribuirla nel tempo, in termini di flussi reddituali, patrimoniali e monetari.

Il documento che è in grado di fornire informazioni elaborate sugli accadimenti aziendali, finalizzate alla conoscenza dei risultati economici e patrimoniali e della dinamica finanziaria, nonché alla valutazione della economicità esprimibile attraverso la capacità di generare valore da potenziare con il recupero degli investimenti effettuati, è appunto il bilancio di esercizio da cui le informazioni derivano a seguito del processo di formazione e di misurazione dei dati in esso ospitati.

Ma questi ultimi sono impregnati da elementi di soggettività, in quanto fanno riferimento a grandezze che acquisiscono definitività (e, quindi, certezza) al termine del percorso di vita aziendale o al perseguimento dell'obiettivo per cui l'azienda è sorta. La costruzione del documento contabile è propria delle determinazioni (o rappresentazioni) quantitative d'azienda, coincidenti con l'individuazione e la verifica di un processo cognitivo delle grandezze economiche, finalizzato alla rilevazione del reddito di periodo e del capitale di funzionamento alla fine dello stesso.

Ma i fatti gestionali, oltre ad essere espressi dalle determinazioni quantitative, evidenziano importanti elementi qualitativi, di difficile traduzione in termini quantitativi, per lo più rappresentabili attraverso descrizioni e comunicabili con il ricorso al tipico linguaggio verbale. Sono proprio questi elementi non quantizzabili che forniscono il contributo più rilevante alla formazione del valore economico dell'azienda.

I limiti conoscitivi, che condizionano il significato dei processi di rappresentazione quantitativa dei fatti aziendali, sono rinvenibili nell'*errore*, nella *incertezza* e nella *indeterminazione*.

L'errore è la rappresentazione di fatti storici non conformi alla realtà, che tende a manifestarsi senza l'intenzionalità, oppure a seguito di scarsa preparazione dei redattori e dei controllori dei flussi informativi.

L'incertezza è un limite di conoscenza di imprevedibili fatti futuri che acquisiscono certezza solo al momento della loro effettiva manifestazione.

L'indeterminazione è conseguenza della impossibilità di assegnare un'unica misura agli aspetti quantitativi di un evento gestionale; essa fa pertanto riferimento alle modalità di misurazione delle grandezze economiche, conseguenza di fenomeni di errore e di incertezza presenti nella rilevazione e nella misurazione delle grandezze medesime.

Queste ultime si distinguono, come è noto, in *oggettive*, la cui misurazione si basa su una data unità di misura, e *soggettive*, collegabili a fatti di errore e a fenomeni di incertezza. La distinzione tra le diverse specie di valori soggettivi si estende dall'aspetto formale di classificazione dei valori a quello sostanziale di espressione di un giudizio sulla attendibilità della loro misura.

Nel lungo e tortuoso percorso che conduce alla formazione di nuova ricchezza, il peso delle risorse immateriali è sicuramente superiore al peso di quelle materiali; entrambe concorrono, pur in diversa misura, a realizzare quel vantaggio competitivo che sta alla base del successo aziendale.

Il sistema informativo aziendale, attraverso la sua sintetica espressione contabile (il bilancio), non riesce, se non marginalmente, a rappresentare fedelmente tali elementi che tendono, con differente peso, a mantenere e rafforzare l'equilibrio aziendale raggiunto.

Le risorse immateriali di cui trattasi, basate sulla conoscenza e sulle informazioni possedute, hanno il carattere della intangibilità, vale a dire della difficoltà di riproduzione da parte di altre aziende o della loro acquisizione attraverso transazioni di mercato; le stesse possono distinguersi in risorse visibili, regolarmente rilevabili dai documenti contabili, o invisibili, non rappresentabili nei medesimi.

Queste ultime si possono formare all'interno dell'azienda (cultura aziendale, capacità del *management*, abilità dell'imprenditore, ecc.); possono, inoltre, provenire da flussi informativi originati dall'ambiente di riferimento, generando risorse tecnologiche; possono, infine, essere dirette verso l'ambiente, trasmettendo la propria immagine. Tali risorse possono, ancora, incrementarsi in via autonoma rispetto al processo produttivo, con un'attività basata sulla conoscenza profonda e sulla capacità di apprendimento, accompagnate da una spiccata intelligenza emotiva e valorizzativa.

Tutte le risorse intangibili concorrono, in misura variabile, al perseguimento delle finalità aziendali, determinando, in modo disgiunto, una quota del valore economico dell'azienda. Ma la rilevazione quantitativa di tali risorse avviene nella sola ipotesi che sia stato sostenuto il relativo costo di acquisizione (o di produzione) e che sia attendibilmente valutabile il beneficio economico conseguente alla loro utilizzazione. Ne deriva che una importante mole di risorse intangibili formatesi all'interno dell'azienda non sono rilevabili, né valorizzabili; da qui il necessario ricorso alla descrizione qualitativa delle stesse a supporto della più ampia informativa aziendale.

6. *Il subsistema delle descrizioni qualitative nel processo di trasmissione delle informazioni*

Il quadro informativo aziendale risulta essere, per l'importante presenza nella gestione operativa delle risorse intangibili di cui sopra, fortemente carente e limitato, con conseguenza di parziale utilizzabilità (a volte distorta) dei flussi informativi, che da esso promanano, rivolti a tutti i destinatari, interni ed esterni all'azienda. Da qui la necessità di integrare il sistema informativo con una serie di ulteriori elementi di tipo descrittivo-qualitativo che concorrono a rafforzare tale sistema, rendendolo più esaustivo.

Tali elementi sono stati definiti da Aldo Amaduzzi i *profili* d'impresa, che consentono di identificare la stessa dalle sue origini e nelle sue manifestazioni di vita e che rappresentano i segni distintivi idonei a fornire informazioni attendibili sulla gestione trascorsa e su quella da trascorrere [2].

Ma per poter disporre di una serie di informazioni che vanno a comporre ed integrare il quadro generale di riferimento, occorre, in via preliminare, individuare i profili a più elevata capacità segnaletica, raggruppandoli in classi omogenee, opportunamente coordinate per elevare il livello di rappresentatività.

Il *sistema dei profili* concorre così a formulare giudizi di valore ricorrendo al linguaggio descrittivo che evidenzia gli aspetti qualitativi delle manifestazioni economiche. Il contributo di ognuno di essi va visto in correlazione con gli altri, e tutti vanno riuniti sistemicamente per pervenire all'espressione di un giudizio globale sul valore economico dell'azienda.

I profili vengono a rappresentare le linee di forza o di debolezza del sistema aziendale e contribuiscono alla formazione di giudizi di valore, necessari per verificare la validità della pianificazione strategica, grazie alla loro partecipazione congiunta alla gestione aziendale e, quindi, al raggiungimento del prospettico equilibrio.

Pur tuttavia, data la complessità dell'azienda e la variabilità nella numerosità dei profili in essa presenti, risulta non facile fornirne una idonea interpretazione e ricercare i legami che tra di essi si instaurano in un rapporto reciproco di causa-effetto.

Va comunque detto che tali profili costituiscono le cause promozionali della condizioni di equilibrio, da valere nei periodi successivi, in quanto riferibili ad un organismo economico (l'azienda) destinato a funzionare nel tempo. Essi vanno visti come linee di forza traducibili in flussi di reddito su cui basare il processo decisionale finalizzato al mantenimento-miglioramento della prospettiche condizioni di equilibrio (ma anche all'eventuale ripristino delle stesse).

Opportunamente riuniti in classi omogenee, i profili vanno analizzati attraverso la verifica dei fenomeni, di diversa natura e in stretta correlazione tra di loro, che agiscono sull'equilibrio generale, determinando il successo o l'insuccesso dell'azienda.

I profili, quali segni distintivi dell'azienda, rappresentano i parametri qualitativi del successo aziendale, concorrendo alla formulazione di giudizi di valore, non rappresentabili dai tradizionali strumenti di rilevazione quantitativa dei dati, inidonei ad esprimere gli aspetti qualitativi delle manifestazioni aziendali.

Va da sé che il successo dell'azienda presuppone che la stessa mantenga,

---

[2] Si veda, al riguardo: ALDO AMADUZZI, *Funzione autorigeneratrice dell'impresa ed evoluzione dei principi*, in *RIREA*, 1-2, 1989 e *Profili dell'impresa*, in *RIREA*, 1-2, 1988.

quanto meno, nel tempo le sue condizioni di equilibrio, con il carattere della naturale evoluzione, traducibile in termini di sviluppo e di crescita. Tale successo presuppone il consolidamento di un sistema di idee vincenti e la loro realizzazione in strategie impostate in continuo adattamento della struttura aziendale alle mutevoli esigenze del mercato.

L'esatta individuazione dei profili e la loro coordinazione in classi omogenee, rappresentano, pertanto, il presupposto fondamentale che, unitamente agli altri strumenti di rilevazione, consentono di intervenire sulle dinamiche ed instabili condizioni di equilibrio, puntando sul ripristino (in ipotesi di crisi) o sul mantenimento-miglioramento (in ipotesi di crescita-sviluppo).

I profili a più elevata capacità segnaletica che, unitamente alle altre fonti quantitative, sono idonei a fornire una più corretta rappresentazione del sistema aziendale, sono individuabili nei seguenti:

- le *origini* dell'impresa e le sue *successive trasformazioni*, miranti a definire la convenienza ad avviare un processo economico di trasformazione, riadattando i fattori della produzione attraverso successive modificazioni, finalizzato al più agevole ed economico inserimento dei beni prodotti sul mercato di collocamento;
- la *struttura* e la *dimensione* dell'azienda, da adattarsi continuamente alle mutevoli condizioni ambientali, in stretta correlazione tra di loro;
- la *sede territoriale*, che pone il problema della più conveniente localizzazione, interna ed esterna, e dell'eventuale ampliamento o trasferimento della sede;
- la *finalità originaria* e le finalità successive, coincidenti con il perseguimento della economicità ottenibile attraverso l'efficienza produttiva, la funzionalità organizzativa, la razionalità amministrativa, la penetrazione commerciale e l'autonomia finanziaria;
- la *creatività* dell'*imprenditore* e la *professionalità del manager*, a cui si accompagna il requisito della loro *onorabilità*;
- il *grado di libertà espansionistica*, presupponente lo studio di nuove forme di funzionamento dell'azienda nella dinamicità del suo operare;
- l'*autonomia* o il *collegamento* con altre unità aziendali, per il fine ultimo di pervenire al dominio e controllo del mercato con limitazioni della concorrenza, ricorrendo a forme di integrazione che possono spingersi fino ad ipotesi di fusione;
- le *covariabili economiche*, interne ed esterne, per l'impostazione di progetti di investimento che mirino ad ammodernare le strutture tecnico-produttive e ad innovare le condizioni di svolgimento dei processi gestionali.

In sintesi finale, il modello delle condizioni di equilibrio è già di per sé espressivo ricorrendo al linguaggio quantitativo (contabile e matematico-statistico) di piani e di bilanci; ma, per la formulazione di un giudizio globale, ancorché non del tutto esaustivo, occorre anche richiamare gli aspetti qualitativi dei fenomeni economico-aziendali attraverso l'individuazione, lo studio e l'esatta interpretazione dei *profili aziendali*, opportunamente classificati in modo omogeneo e coordinati tra di loro in modo da rappresentare una unità sistemica.

I "profili" vengono, in definitiva, a rappresentare una categoria di possibili elementi che valgono a dare una identità all'azienda considerata nella fase della sua costituzione e durante il suo funzionamento; coordinabili nella loro funzione segnaletica, essi hanno la finalità di informare attraverso quali specifiche caratteristiche l'azienda abbia in passato operato, tutt'ora operi e possa in futuro continuare ad operare. Occorre, in altri termini, conoscere, per il loro tramite, non solo che la data azienda operi osservando il principio delle tendenziali condizioni di equilibrio, ma anche con quali strutture e peculiarità la rendono unica, esista e raggiunga i risultati sperati.

Occorre però che i profili siano ordinati in classi affinché le segnalazioni consentano l'effettuazione di utili comparazioni tra l'andamento di aziende appartenenti ad un dato territorio o svolgenti lo stesso tipo di attività; le classi vanno ordinate secondo criteri di applicabilità a singoli problemi aziendali, a problemi di settore, di territori, di condizioni sociali, ecc.

Il primario scopo è quello di riportare l'impiego empirico dei profili alla loro utilizzazione per la conoscenza più approfondita dell'azienda, coordinando il significato dei singoli profili nella contestualità e nella successione temporale; si può così ottenere una serie di utili informazioni che si aggiungono a quelle fornite dalle fonti tradizionali, come conti, piani e bilanci.

Ma per dare un assetto logico al contributo che i profili sono in grado di esprimere all'elevazione del quadro informativo aziendale, le cause che promuovono il razionale vitalismo imprenditoriale sono classificabili riconducendole al criterio distintivo tra *economie interne* ed *economie esterne*. Tra le prime si possono annoverare la struttura organizzativa, la capacità imprenditoriale, manageriale e professionale, il grado di tecnologia, l'efficienza commerciale, la validità dei sistema informativo; tra le seconde, il comportamento delle aziende concorrenti, degli organismi pubblici, dei consumatori, delle associazioni di categoria, le normative nazionali ed internazionali.

La distinzione tra economie interne ed esterne va, inoltre, ricondotta alla interdipendenza tra le due classi: le economie interne influenzano, positivamente o negativamente, quelle esterne, e viceversa.

Una prima analitica scomposizione consente di individuare i seguenti profili derivanti da economie interne:

- la struttura aziendale e le sue interrelate funzioni;
- i risultati delle gestioni passate;
- il livello di professionalità delle risorse umane;

– il tipo di produzione;
– la pianificazione e gli obiettivi aziendali perseguibili.

Ciascuna classe può dare luogo ad ulteriori scomposizioni. Così, nell'ambito della struttura aziendale, è possibile individuare la dimensione della stessa, connessa sia alle condizioni interne che ai mercati di riferimento, la struttura tecnico-produttiva, la struttura finanziaria e quella amministrativa, la struttura commerciale, l'organizzazione della forza lavoro. La categoria dei profili derivanti dai risultati delle gestioni trascorse può ulteriormente scomporsi nel profilo delle origini, con la rappresentazione degli eventi che hanno dato soluzione ai problemi organizzativi presenti nella fase costitutiva dell'azienda, quali la convenienza economica, la localizzazione, la veste giuridica, ecc. Il profilo della qualificazione di tutte le risorse umane impegnate ai vari livelli della struttura organizzativa aziendale può scomporsi in relazione alle singole funzioni dalle stesse svolte all'interno e all'esterno del sistema aziendale. Dal profilo relativo al tipo di produzione possono derivare quello riguardante la produzione per commessa o per il magazzino, quella accentrata o decentrata, quella continua o stagionale, ecc. Il profilo della pianificazione e degli obiettivi aziendali può, da ultimo, scomporsi in relazione al periodo di riferimento degli obiettivi ed alla natura dei valori accolti nel processo di pianificazione.

I profili derivanti da economie esterne possono, viceversa, scomporsi nelle seguenti categorie:

– il posizionamento sui mercati di riferimento;
– il grado di autonomia aziendale;
– gli aspetti localizzativi ed infrastrutturali;
– le caratteristiche del settore di appartenenza.

La necessità di operare ulteriori scomposizioni conduce alla individuazione di ulteriori categorie di profili. Così, il profilo di posizionamento sui mercati può dar luogo alla scomposizione che consideri le caratteristiche del mercato monetario e finanziario, del mercato del lavoro, del mercato di acquisizione dei fattori della produzione e del mercato di collocamento dei beni e servizi. Il profilo del grado di autonomia può scomporsi avendo riguardo a quello dell'appartenenza a gruppi societari, all'esistenza di accordi collaborativi, ecc. Il profilo ubicazionale può dar luogo a scomposizioni in relazione alla possibilità di realizzare collegamenti con altre aziende del territorio dal punto di vista produttivo, di far ricorso ad infrastrutture presenti nel territorio di competenza, di realizzare sinergie di servizi erogabili nel medesimo insediamento produttivo, ecc. Il profilo delle caratteristiche del settore di appartenenza può, infine, scomporsi avendo riguardo allo stato della concorrenza, all'accesso ai mercati internazionali, alla capacità estensiva del settore, ecc.

In definitiva, i profili aziendali, riuniti a sistema, svolgono una funzione integrativa dello studio delle condizioni di equilibrio aziendale, effettuato in chiave storica e in chiave prospettica, desumibile dai dati quantitativi rilevabili dai piani, dai bilanci e dai prospetti esplicativi.

Il principio delle tendenziali condizioni di equilibrio, unitamente agli altri principi dell'economia aziendale, per poter essere applicato all'impresa concreta, al fine di conoscere il suo reale valore economico, ha bisogno della fruizione di una serie di informazioni di natura prevalentemente descrittivo-qualitativa, idonee a definire le sue caratteristiche e le sue peculiarità, ricorrendo ai "profili", riuniti a sistema e scomponibili in classi e sottoclassi, quali segni distintivi e cause promozionali delle prospettiche condizioni di equilibrio, in grado di fornire l'insopprimibile contributo al raggiungimento del fine ultimo dell'azienda: la vitalità, nel presente e nel futuro, e il suo valore economico come "complesso funzionante".

7. *L'integrazione dei due subsistemi informativi*

La limitata capacità del sistema informativo aziendale a segnalare lo stato di sanità o di crisi dell'azienda, deriva, come è noto, dall'incertezza del flusso degli investimenti realizzati, in attesa del loro recupero, e di quello dei finanziamenti destinati alla relativa copertura. La relatività del sistema informativo si eleva se la gestione operativa si caratterizza con processi produttivi basati sul principio dell'autorigenerazione, raggiungendo condizioni di equilibrio prospettico da mantenere nel tempo con possibilità di miglioramento.

Attraverso i "profili aziendali", la funzione informativa tende ad ampliarsi, raggiungendo così soddisfacenti livelli di rappresentazione e di comprensione degli elementi critici e di successo nei confronti di coloro che sono, direttamente o indirettamente, impegnati nel processo decisionale e in quello comunicazionale, orientati entrambi alla crescita ed allo sviluppo (o all'eliminazione della crisi) del sistema aziendale.

Posto che il fine ultimo del sistema aziendale è quello di conoscere il suo reale valore economico, di cui darne una credibile ed esaustiva rappresentazione, occorre arricchire il sistema informativo, espressione di dati quantitativi ottenibili dalla fonte contabile e da quella extracontabile, di ulteriori flussi informativi richiesti dai portatori di capitali di rischio e di credito, dai controllori di legalità, dalle associazioni di categoria, dai sindacati, dalla massa dei consumatori, ecc.

Da ciò traggono origine i "profili", coordinabili nella loro funzione segnaletica, che, concorrendo ad ampliare il quadro informativo, sono in grado di specificare le condizioni storiche, attuali e future di operatività aziendale. Non è infatti sufficiente, ancorché necessario, che la data azienda operi nel mercato di riferimento con efficienza, efficacia ed economicità, esprimendo adeguati e soddisfacenti margini di redditività; ma occorre anche conoscere con quali strutture e peculiarità essa riesca a raggiungere tali risultati.

Per una chiara e comprensibile rappresentazione, è necessario che i profili vengano riuniti a sistema (aperto) e siano scomponibili in subsistemi di vario ordine e grado, al fine di poter effettuare utili comparazioni temporali nello stesso ambito aziendale, come anche opportuni confronti con unità che svolgono la stessa attività o che la svolgono nello stesso territorio.

Operando in tal modo, si riesce ad ottenere un serie aggiuntiva di informazioni che, unitamente a quelle provenienti dalle fonti di rilevazione quantitativa (conti, piani e bilanci), concorrono a dare completezza ed esaustività al globale sistema informativo aziendale.

Si è detto che i profili rappresentano le "linee di forza" del sistema aziendale che concorrono, con le altre fonti che alimentano il processo informativo, ad aggiornare i principi ispiratori per la corretta ed attendibile valutazione economica del complesso aziendale, o di una parte sistemica di esso.

Per la loro corretta interpretazione, è necessario esaminare le conseguenze derivabili sulla teoria del valore; gli effetti positivi o negativi del loro coordinamento contribuisce alla verifica della validità o meno della pianificazione integrata e, quindi, delle prospettiche condizioni di tendenziale equilibrio. Si evidenzia, in tal modo, il contributo che i profili sono in grado di fornire, orientato al perseguimento del fine ultimo dell'azienda che è quello di determinare il suo valore economico.

In definitiva, il modello delle condizioni di equilibrio prospettico a valere nel tempo, rappresenta la dinamica delle grandezze movimentate dalla imprenditorialità. Per la sua espressività viene richiesto il ricorso al linguaggio quantitativo che consente parziali composizioni, antecedenti e conseguenti all'operatività aziendale, attraverso i conti, i piani e i bilanci.

I "profili", che mirano ad identificare una realtà oggetto di studio, contribuiscono a formulare giudizi di valore, ricorrendo al linguaggio comune o letterario, il che richiama come anche gli aspetti qualitativi delle manifestazioni aziendali rappresentino importanti requisiti di necessaria conoscenza nelle teorie di valore, con riferimento alla "variabilità" che domina l'economia delle aziende. I significati attribuibili ai singoli aspetti sono, infatti, variabili nel decorso del tempo, a seconda degli stati vigenti di operatività.

Il contributo che la singola identificazione è in grado di offrire richiede che il suo significato e i suoi effetti vengano interpretati non solo in coordinazione con quello di ogni altro profili con il quale coesiste, ma anche in ragionevole coordinazione, nel rispetto del grado di variabilità temporale di entrambi.

I profili, espressione di dati indicativi enunciati prevalentemente in modo descrittivo (descrizioni qualitative) e destinati comunque a giudizi di valore, valgono per strategie e tattiche della stessa azienda, ma anche per il giudizio economico e politico che di essa viene espresso da soggetti ed enti esterni ed estranei.

In estrema e conclusiva sintesi, i *profili*, per contribuire alla conoscenza del valore economico della data azienda, o di suoi significativi settori, nella variabilità strutturale e temporale, vanno interpretati nelle coordinate cause della loro enunciazione e nei loro coordinati effetti attitudinali.

Sosteneva Aldo Amaduzzi che, allo stato attuale delle ricerche (fine anni '80), i modelli di sistemi aziendali colgono correlazioni tra variazioni di grandezze economiche e finanziarie, secondo ipotesi di ragionevoli finalità, ma che nella realtà possono essere utilizzati solo come parametri di correlazioni, continuamente soggette a variazioni a causa della interferenze tra variabili interne ed esterne all'azienda.

Conti, piani e bilanci rilevano dati, *ex-ante* ed *ex-post*, per dare veste di approssimata realtà alle correlazioni segnalate dai modelli rappresentativi. I profili contribuiscono alla conoscenza di andamenti storici e prospettici dell'azienda nei limiti della loro razionale individuazione ed interpretazione di cause ed effetti.

In piena coordinazione ed integrazione, i piani, i bilanci, i modelli matematico-statistici e, in particolare, le categorie logiche di profili sono utili per dare consapevolezza alle scelte imprenditoriali che, una volta decise e rese operative, sono soggette a sopravvenute variazioni, che richiedono nuovi riferimenti a parametri.

"La razionalità deve vedersi nel dare termini logici di riferimento alla imprenditorialità, che deve invece necessariamente muoversi nell'insito probabilismo" [3].

Questi concetti, ancorché ideati ed espressi circa venticinque anni fa, sono ancora oggi attuali e all'attenzione di studiosi che intendono dare un contributo alla risoluzione dei problemi connessi alla limitata capacità del sistema informativo aziendale di fornire un quadro completo ed esaustivo.

Con riferimento alla funzione informativa svolta dal bilancio d'esercizio, l'espressività del modello delle condizioni di equilibrio raggiunte, richiede il ricorso al linguaggio quantitativo desumibile dal bilancio stesso (oltreché dai piani). Ma, ai fini della conoscenza del valore economico, occorre formulare giudizi di valutazione anche sugli aspetti qualitativi della manifestazioni aziendali, ricorrendo al comune linguaggio descrittivo; tale funzione viene svolta dai profili che tendono ad identificare l'azienda dalle sue origini e nelle sue manifestazioni di vita; tali profili vanno interpretati nelle

---

[3] Cfr.: ALDO AMADUZZI, *Profili dell'impresa*, cit.

coordinate cause della loro enunciazione e nei loro correlati effetti attitudinali.

Il livello di completezza ed esaustività delle informazioni offribili dal bilancio nella sua articolata composizione, tende, opportunamente integrato dal reticolo dei profili, ad elevare sensibilmente il livello cognitivo delle situazioni e dei risultati storici e quello previsivo delle situazioni prospettiche, da cui trae origine la conoscenza del valore economico unitario.

L'integrazione della informativa di bilancio con il quadro reticolare dei profili aziendali, può essere sinteticamente rappresentata dal quadro che segue:

– *Informazioni emergenti dagli schemi di bilancio* (S.P. e C.E.).
– *Informazioni di carattere esplicativo-integrativo desumibili* dalla Nota Integrativa.
– *Informazioni desumibili dalla Relazione sulla gestione.*
– *Informazioni* desumibili dalla Relazione dell'Organo di controllo.
– *Informazioni desumibili* dal Rendiconto finanziario.

In aggiunta alle informazioni integrate esposte in precedenza, si presentano le *Informazioni ottenibili dall'analisi dei "profili" derivanti da*:

1. *Economie interne*:
– Risultati delle gestioni trascorse (origini remote e recenti, grado più o meno elevato di economicità e di redditività, effetti positivi e negativi derivanti dalle passate gestioni);
– Struttura e funzioni aziendali (struttura finanziaria, amministrativa, commerciale e tecnico-produttiva, organigramma e funzionigramma del personale);
– Grado di qualificazione del personale (competenza e cultura manageriale, professionalità della forza lavoro);
– Tipo di produzione (per commessa, per il magazzino, articolata, accentrata, decentrata);
– Pianificazione e obiettivi aziendali (pianificazione strategica di lungo periodo e programmazione aziendale di breve periodo);

2. *Economie esterne*:
– Posizione sui mercati di riferimento (monetario e finanziario, del lavoro, di approvvigionamento e di sbocco);
– Grado di autonomia (appartenenza a gruppi societari, ad aggruppamenti, legami di collaborazione);
– Localizzazione (connessioni produttive, utilizzo infrastrutture, accesso ai mercati e ai servizi);
– Caratteristiche del settore di appartenenza (capacità espansiva, stato della concorrenza, apertura ai mercati internazionali).

8. *La comunicazione aziendale e i mezzi di trasmissione dei linguaggi* [4]

8.1. *L'inquadramento del processo comunicazionale nell'ambito dei principi di economia aziendale*

Come già accennato nella Parte Prima, dalla concezione sistemica dell'azienda traggono origine i "principi" dell'economia aziendale, riferibili sia alle aziende produttrici (imprese) che a quelle erogatrici, private e pubbliche, discutibili sul piano scientifico e variabili in relazione delle mutevolezze ambientali.

I "principi", riconosciuti validi e rispondenti alla realtà imprenditoriale e a quella politico-sociale, indicati nella sequenza temporale in cui si sono ideati e diffusi, sono, allo stato attuale, i seguenti:

- *principio dell'equilibrio aziendale;*
- *principio dei profili d'impresa;*
- *principio dell'autorigenerazione;*
- *principio dell'apprendimento e della conoscenza profonda;*
- *principio dell'intelligenza globale;*
- *principio della comunicazione aziendale.*

Il primo principio – *equilibrio prospettico* – esprime condizioni presunte di un moto futuro, caratterizzate dalla formulazione di previsioni concernenti i programmi della produzione e dei finanziamenti riferibili ad un periodo medio.

Con riferimento al sistema produttivo, le condizioni di equilibrio vanno continuamente verificate in funzione di dati previsivi, proiettabili nel futuro, finalizzati al mantenimento, miglioramento o ripristino di tali condizioni.

La teoria dell'equilibrio, ideata da Aldo Amaduzzi, ancora valida e attuale, considera previsioni di andamenti futuri e variabili, riferibili a vari periodi di tempo, di cui si esamina la capacità di assorbimento delle variazioni di tali dati, di origine endogena.

Lo stato di equilibrio del sistema è la risultante dell'integrazione delle condizioni particolari di singoli settori riunibili nell'equilibrio generale, la cui verificazione non esclude la possibilità che si realizzino gli equilibri settoriali; di converso, la verificazione degli equilibri particolari non può esimersi dalla possibilità di realizzare l'andamento generale.

Così, le condizioni fondamentali dell'equilibrio esprimono la previsione di costituire l'azienda e di farla convenientemente funzionare; le condizioni

---

[4] Questo paragrafo è stato integralmente ripreso dal volume *Il sistema informativo aziendale*, di G. PAOLONE, cit., p. 83 e segg.

particolari esprimono convenienze economiche e possibilità finanziarie di singoli settori di appartenenza.

Lo studio dell'equilibrio generale si articola, pertanto, nello studio degli equilibri particolari che nel primo si ricompongono: tali condizioni particolari possono essere ricercate indagando le singole parti del sistema, ciascuna delle quali riflette gli aspetti caratterizzanti i particolari in cui esso si scompone.

Si perviene, alla fine, alla definizione del "sistema delle condizioni di equilibrio", esprimibili con ricorso al linguaggio matematico (equazioni nelle loro reciproche influenze che si manifestano) e a quello tipicamente contabile (piani e bilanci).

Considerando il sistema delle equazioni rappresentativo di equilibri settoriali, vengono evidenziate le seguenti connessioni:

– il processo produttivo caratteristico influisce sulla determinazione del fabbisogno finanziario mediante la configurazione degli investimenti e del loro realizzo; le modalità di svolgimento del processo produttivo influiscono anche sulla formazione dei flussi di cassa;

– la copertura del fabbisogno finanziario produce oneri che concorrono alla formazione del reddito globale; l'equilibrio della struttura finanziaria prescelta deve trovare continua verificazione nelle condizioni monetarie e finanziarie;

– queste ultime influiscono sulle condizioni di equilibrio economico, concorrendo a minimizzare il costo dei finanziamenti attinti; esercitano anche una azione positiva agendo sulla ottimizzazione della struttura finanziaria.

Tali correlazioni risultano essere più chiare allorché si proceda a ricomporre in un quadro unitario i fattori che influiscono sull'attitudine a produrre reddito, attitudine che può essere assunta come indicatore dell'equilibrio generale del sistema.

Alla luce delle sintetiche considerazioni svolte, assume pieno significato la concezione sistemica dell'azienda, da cui trae origine il principio delle prospettiche condizioni di equilibrio (e gli altri principi) a valere nel tempo.

Il secondo ordine di principii – i *profili* – tende a rappresentare i fattori, vantaggiosi e critici, da ricondurre rispettivamente al favore o al disfavore di economie interne ed esterne.

Essi esprimono gli elementi identificativi dell'azienda, dalle sue origini e nelle sue più significative manifestazioni di vita, rappresentando le linee di forza o di debolezza che tendono ad avvicinare l'azienda ipotetica a quella reale.

Il reticolo dei profili consente di ampliare e di approfondire la conoscenza dell'impresa reale, concretamente operante, elevando il livello di imprenditorialità per pervenire al successo aziendale.

Se il fine ultimo dell'azienda è quello di pervenire alla determinazione del suo valore economico, i profili, svolgendo una funzione integrativa della funzione informativa dei bilanci seriali, consentono di individuare le specifiche caratteristiche attraverso le quali il sistema aziendale ha operato in passato e può operare in futuro. Rappresentano, in definitiva, i mezzi attraverso i quali si descrivono le qualità insite nei fenomeni aziendali, intervenendo ad integrare gli strumenti quantitativi (di varia natura) che rappresentano gli stessi fenomeni aziendali.

Il terzo ordine di principii – quello dell'*autorigenerazione* – consiste nella possibilità di rigenerare investimenti di risorse in nuove risorse da reinvestire.

Acquisite le risorse produttive, l'azienda dovrà combinarle nei processi di trasformazione, al fine di conseguire il ritorno dei valori utilizzati per poter attivare nuovi processi produttivi.

L'autorigenerazione deve consentire la possibilità di determinare la più corretta correlazione tra il sistema degli investimenti e quello dei finanziamenti; così l'azienda raccoglie, dalla duplice fonte (capitale proprio e capitale di credito), risorse, combinandole per l'espletamento di processi produttivi e puntando sul ritorno delle stesse investite per alimentare nuovi successivi processi produttivi.

La rigenerazione di questi ultimi condiziona nuovi volumi che potranno essere incrementati se il ritorno monetario sarà maggiore rispetto a quello inizialmente investito e se parte dei valori recuperati non sarà erogato.

Ulteriori incrementi di valore si possono ottenere dalla fonte di finanziamento esterna, se sarà riconosciuta alla base la condizione, da parte dell'azienda, di generare in futuro nuova ricchezza.

In definitiva, l'azienda esercita la sua funzione per rigenerare in modo autonomo processi produttivi; il che richiede un ordine di cause promozionali (profili) finalizzate alla verifica delle condizioni integrate di tendenziale equilibrio a valere nel tempo.

Le disponibilità di mezzi finanziari e di tecnologie avanzate si configurano come la conseguenza di un lento processo accumulativo di potenzialità che trae origine dalla dotazione della principale risorsa aziendale rappresentata dalla *capacità di apprendimento* e dalla *conoscenza profonda* (quarto principio dell'economia aziendale).

Il sistema aziendale non può ridurre il suo significato alla sola componente fisica, rappresentata dalle risorse materiali e da quelle finanziarie, ma assume la configurazione di un insieme di conoscenze o di risorse cognitive riferibili a singoli settori in cui esso si scompone. Sono proprio tali risorse che consentono di realizzare e consolidare un sistema di idee vincenti finalizzate al perseguimento di strategie di successo.

L'azienda viene, pertanto, ad essere definita, più che dal complesso dei beni materiali e finanziari, dal patrimonio di conoscenze che ha accumulato nel tempo con la capacità di indirizzarlo verso formule che ne definiscono la strategia vincente. Essa si trasforma in un fenomeno cognitivo, poiché la capacità di reazione e di proazione viene in via esclusiva a dipendere dalla quantità di conoscenza di cui essa dispone, che si esplicita in modelli cognitivi e domini linguistici, configurandosi quale unica vera risorsa aziendale.

In altri termini, il patrimonio cognitivo accumulato nel tempo rappresenta una importante ricchezza che concorre, attraverso appropriate descrizioni qualitative, ad elevare sensibilmente il quadro informativo a disposizione dell'organo decisionale. L'accumulo di conoscenza e la capacità di apprendimento, fattori promozionali che si traducono in parametri tecnico-qualitativi, possono in definitiva essere considerati un vero e proprio *"genoma aziendale"*.

Il processo di cambiamento, orientato alla crescita ed allo sviluppo, può essere accelerato immettendo nel "circuito" i germi idonei a coagulare energie necessarie al perseguimento di tale obiettivo. Etica, cultura, senso di responsabilità, apprendimento e conoscenza sono i catalizzatori del processo di sviluppo di un sistema aziendale.

Il quinto principio – quello dell'*intelligenza globale* – è il risultato di differenti qualità, limitate nel numero e interagibili tra di loro, quali quella linguistica, quella spaziale, quelle autocognitiva, quella logico-matematica, quella intuitiva e quella emotiva.

In relazione a quest'ultima qualità – *intelligenza emotiva* – gli ambiti in cui essa trova la sua estensione vanno ricercati nella capacità di riconoscere un sentimento nel momento in cui si manifesta (autoconsapevolezza); nella capacità di controllare le emozioni per il perseguimento di prefissati obiettivi; nella capacità di concentrazione dell'attenzione e di ricerca delle motivazioni; nella capacità di riconoscere e dominare le altrui emozioni (empatia); nella capacità, in ultima analisi, di attivare con efficacia relazioni interpersonali. In sintesi, essa esprime il movimento dei sentimenti fondamentali che spinge a rappresentare le potenzialità e gli obiettivi dando libero corso ai valori ed alle aspirazioni più recondite.

Un'altra dimensione di intelligenza orientata a valorizzare le risorse aziendali è quella dell'*intelligenza valorizzativa*, che consiste nella capacità di percepire il potenziale positivo e generativo; nella capacità di scoprire e far emergere le positività insite in modo latente nei soggetti; nella capacità di intuire le cose positive e quelle risolvibili.

Essa si compone di tre elementi riuniti in modo unitario: la ricontestualizzazione, l'apprezzamento del positivo e la visione della derivazione del futuro dal presente. Un soggetto che sia in grado di comporre ad unità tali elementi sarà desideroso di perseverare e di credere che le proprie azioni conducono ad un risultato positivo; possono gestire l'incertezza e sono capaci di riprendersi da una situazione difficile.

L'intelligenza valorizzativa genera conoscenze e competenze necessarie ad elevare i livelli di redditività aziendale, come anche a trasformare situazioni di criticità in andamenti favorevoli. Essa ha un potenziale impatto sulla sopravvivenza e sulla longevità delle aziende, con innegabili vantaggi positivi sulla loro posizione nei mercati di riferimento, sull'efficacia delle loro organizzazioni, sulla più agevole reperibilità di risorse finanziarie, sulla disponibilità di risorse umane in grado di esprimere competenze che consentano di dare soluzione positiva a qualsiasi problema.

Dall'intelligenza emotiva discende *l'intelligenza sociale*, definibile come la capacità di capire e gestire le persone e, più in generale, come la qualità propria di un individuo intelligente non solo riguardo alle relazioni, ma anche all'interno di esse.

Il passaggio dall'intelligenza emotiva a quella sociale consente di evidenziare dati che tendono ad arricchire i rapporti personali, quali l'empatia e la considerazione verso gli altri. L'intelligenza sociale chiama in causa capacità non verbali, intuitive, che si manifestano più velocemente di quanto la mente impieghi a formare un pensiero.

Un tipo particolare di intelligenza che distingue i leader dell'area manageriale è *l'intelligenza manageriale*, caratterizzata da un insieme di attitudini consistenti nell'abilità di confrontarsi con gli altri e di valutare se stessi.

Alcuni soggetti sono dotati di particolari attitudini cognitive che determinano il loro successo; sono queste attitudini che rappresentano l'intelligenza manageriale, consentendo di operare in contesti aziendali evidenziando le abilità cognitive ed individuando i relativi strumenti di misurazione.

I soggetti dotati di elevata intelligenza manageriale sono quelli che dimostrano di avere competenza nel fissare i compiti da assolvere, nel collaborare con altri soggetti e nel presentare una buona capacità di autovalutazione, riconoscendo i propri errori e apportando i dovuti aggiustamenti.

Attraverso tale tipo di intelligenza vengono sviluppate strategie di successo realizzate attraverso mirati piani operativi, flessibili e modificabili in relazione alle imprevedibili perturbazioni ambientali.

La misurazione dell'intelligenza manageriale dipende dalla comprensione delle differenze esistenti tra conoscenza e intelligenza, laddove la prima si riferisce alle informazioni che un soggetto è in grado mentalmente di ritenere in relazione ad un determinato fatto; la seconda è correlata alla capacità di utilizzare e finalizzare quelle informazioni per il raggiungimento di un dato obiettivo.

La conoscenza continua e profonda tende a trasformarsi in competenza che, unitamente all'intelligenza, concorre a definire e valutare ogni situazione che si presenta all'attenzione del soggetto che è chiamato a decidere.

L'intelligenza manageriale è, in definitiva, caratterizzata da un insieme correlato di capacità che investono l'area relativa all'assunzione delle iniziative da gestire con successo; quella relativa a forme di collaborazione con altri soggetti della stessa struttura; quella riguardante la capacità di autovalutazione con possibilità di correzione dei propri errori.

In conclusione, la riunione delle intelligenze descritte sinteticamente nell'intelligenza globale consente al soggetto dotato di essere in possesso di eccellenti abilità cognitive per effetto delle quali è possibile operare con successo nei vari contesti aziendali.

L'ultimo principio – della *comunicazione aziendale* – viene definito di norma come l'insieme dei processi aventi la finalità di rendere circolabili i messaggi all'interno del sistema aziendale e all'esterno di esso, al fine di garantire l'efficienza e il suo corretto funzionamento.

La comunicazione è interna quando la circolazione dei messaggi avviene tra i soggetti interni alla struttura e i flussi informativi sono strumentali all'attività operativa e di controllo; è esterna quando i messaggi, esprimibili in forma sintetica, sono destinati all'esterno della struttura a vantaggio di soggetti che possono, direttamente o indirettamente, influenzare l'immagine dell'azienda, elevandola o abbassandola fino a decretarne il successo o la crisi.

L'evoluzione tecnologica, le disposizioni normative, il livello più elevato di istruzione degli operatori, l'internazionalizzazione dei mercati ed altri, hanno sensibilmente ampliato le difficoltà insite nella comunicazione, sia quella interna che quella esterna.

In ambito aziendale, la comunicazione presuppone un sistema di relazioni e riveste un ruolo fondamentale nell'integrazione di un soggetto, consentendogli di esprimersi con creatività all'interno del gruppo di cui fa parte.

Lo sviluppo di un processo comunicazionale dipende, in gran parte, dall'efficacia espressiva e dalle motivazioni psicologiche. Per interpretare il proprio e l'altrui comportamento nei diversi momenti e scenari del rapporto di comunicazione, rivestono particolare importanza le discipline a contenuto socio-psicologico. Tale rapporto viene favorito quando è scientemente consentito il controllo razionale del proprio comportamento e un atteggiamento di comprensione verso altri soggetti.

L'efficienza dell'organizzazione aziendale è legata alla coesistenza della validità del circuito informativo ed all'integrazione delle risorse impegnate. L'emissione e la ricezione del messaggio possono produrre effetti positivi in presenza di motivazione e responsabilizzazione dei soggetti coinvolti, a vari livelli, nel processo comunicazionale; il che presuppone la conoscenza completa e tempestiva dell'informazione da trasmettere, alla quale hanno concorso, in diversa misura, le *rappresentazioni quantitative* e le *descrizioni qualitative*.

Il circuito informativo si presenta come una realtà oggettiva, per il concorso dei vari membri dell'organizzazione; l'integrazione di questi ultimi rappresenta il risultato di una realtà razionale non determinata dalla qualità e dalla quantità delle informazioni ricevute.

Il processo interrelato di comunicazione riveste un'importanza rilevante, tale da farlo assurgere a "principio" dell'economia aziendale e da assegnarle un ruolo di preminenza rispetto agli altri principi, concorrente, con gli altri, a definire un quadro sistemico che dà impulso al sistema informativo aziendale dotandolo di strumenti quali-quantitativi che siano in grado di pervenire ad un livello di soddisfacente esaustività.

Va, alla fine, precisato che il successo di un'azienda viene di regola giudicato sulla base dei risultati economici raggiunti e sulla base delle consistenze patrimoniali accumulate, nel rispetto dell'equilibrio monetario e finanziario; senza considerare, dandole il giusto peso e la giusta considerazione, il ruolo che giuoca la fortuna, spesso in modo decisivo, nel raggiungimento dei predetti risultati.

Tale variabile viene ad innescare un circuito virtuoso, ma, in caso di evento negativo dovuto al caso fortuito, può dare inizio ad una dinamica contraria avviando un circuito vizioso.

La qualità della conoscenza accumulata nel tempo non può però non tener conto del peso di casualità insito nella sua graduale costruzione e continua rivisitazione. Inoltre, le variabili economiche che hanno in passato determinato il successo di un'azienda, potrebbero aver funzionato per puro caso, con la conseguenza che è stata la casualità ad incidere in misura elevata sul successo aziendale.

In assenza di casualità, le variabili economiche agirebbero in modo deterministico sulle condizioni di equilibrio e i flussi di informazione che circolano all'interno dell'azienda consentirebbero di fare attendibili previsioni. Anche se la casualità fosse presente in forma nota, è possibile fare programmi e previsioni abbastanza attendibili, basandosi sui risultati pregressi. Ma il problema risiede nel fatto che non è dato conoscere la forma della casualità, con la conseguenza che i risultati storici possono essere talvolta rilevanti, altre volte inutili, o addirittura fuorvianti.

Il livello di conoscenza in ambito aziendale si eleva con l'aumentare dei flussi di informazioni che circolano all'interno e che possono provenire anche da fonte esterna: è questo il fondamento del determinismo (e dell'inferenza statistica) che mira ad innalzare il grado di attendibilità delle previsioni aziendali. Potrebbe essere così se non agisse nel campo previsivo la *casualità* che produce effetti sulle mutevoli condizioni di equilibrio prospettico.

Da quanto detto, discende l'importanza che assume la casualità, concorrente, insieme ad altre variabili, alla determinazione del successo aziendale o, al contrario, dell'insuccesso fino alla crisi. La variabile "caso", anche se gli altri fattori agiscono positivamente sull'equilibrio aziendale, può quindi condurre all'insuccesso, attestando così il rilevante peso che essa produce, sovvertendo ogni azione positiva espressa dagli altri fattori. Un'azienda solida che produce reddito e che è dotata di una elevata consistenza patrimoniale, può entrare in crisi per l'azione negativa di un evento casuale; di contro, la casualità può agire sulle azienda in crisi ripristinando condizioni di funzionalità perse e di difficile recupero.

In sintesi, gli eventi casuali concorrono, con gli altri fattori agenti sull'equilibrio, ma anche in modo disgiunto da questi, a determinare il successo dell'azienda, e delle componenti che di essa fanno parte, o l'insuccesso, fino alla disgregazione di tali componenti attraverso processi di tipo liquidatorio.

8.2. *Gli strumenti di informazione ed i relativi messaggi comunicazionali*

Tra i principi dell'economia aziendale, la *comunicazione*, interna ed esterna, svolge un ruolo importante, unitamente al flusso di informazioni da diffondere e trasmettere, ricorrendo a diverse forme e a differenti linguaggi.

Riguardo ai mezzi di comunicazione, si è passati dal modello cartaceo a quello elettronico, fino alla comunicazione di tipo verbale. Tali mezzi presentano caratteristiche diverse sia dal punto di vista della forma che dal punto di vista del contenuto; dalla forma tradizionale si passa a quella innovativa; dal contenuto sintetico e limitato si passa al contenuto analitico ed ampio.

Si è detto che il quadro informativo aziendale si completa se alla comunicazione di tipo quantitativo, incentrata prevalentemente su dati contabili e su dati di natura matematico-statistica, si accompagna la comunicazione di tipo descrittivo-qualitativa. Maggiore attenzione deve essere al giorno d'oggi posta sugli aspetti qualitativi dei fenomeni aziendali e sulla possibilità di rappresentarli rendendo disponibili e reperibili le informazioni da essi desumibili.

Per migliorare il processo comunicazionale è necessario comprendere l'importanza della integrazione delle informazioni di tipo economico-finanziario con altre informazioni provenienti da diverse fonti; è importante, in altri termini, rafforzare la fonte informativa rappresentata dal bilancio con ulteriori informazioni idonee a completare il "quadro" per renderlo più aderente alla realtà attuale.

La limitata capacità informativa del bilancio, derivante dalla sua natura di documento disciplinato da specifiche disposizioni di legge, non riesce pienamente a soddisfare le esigenze degli utilizzatori finali che hanno necessità di conoscenza dello stato di salute dell'azienda proiettata nel suo prospettico andamento; da qui la necessità di integrare i dati quantitativi con le informazioni di natura qualitativa.

Si deduce, ancora una volta, che il fine principale del sistema informativo integrato è quello di conoscere la realtà aziendale utilizzando informazioni elaborate sulla base di dati quantitativi e di descrizioni qualitative.

Ma non è facile valutare e controllare realmente le attività più rappresentative del sistema aziendale; per cui occorre selezionare le informazioni che efficacemente consentono di perseguire tale obiettivo. Ne consegue che la gestione della informazioni da inserire nel processo comunicazionale è diventata un fenomeno complesso, anche per la presenza di fruitori finali che evidenziano esigenze differenziate.

La giustificazione economica che un sistema aziendale è in grado di fornire viene così ad essere supportata da altre forme di comunicazione che privilegiano gli aspetti qualitativi dei fenomeni aziendali rispetto a quelli di natura quantitativa.

Ma occorre fornire anche una giustificazione sociale al funzionamento dell'azienda utilizzando strumenti diversi rispetto a quelli tradizionali rappresentati principalmente dal bilancio economico; tali strumenti hanno il compito di informare gli utilizzatori finali sul ruolo sociale che svolge l'azienda nell'espletamento della sua attività. Sta acquisendo sempre più importanza, infatti, l'informazione sulla sostenibilità ambientale e sulla responsabilità sociale dell'azienda, proiettata comunque al perseguimento di finalità di tipo economico.

È evidente che il bilancio d'esercizio, pur rappresentando il principale strumento rappresentativo del sistema informativo aziendale, costituisce solo una parte dello stesso, dovendo necessariamente arricchire tale importante fonte conoscitiva con ulteriori e, a volte, più significative informazioni, in modo da mettere l'organo decisorio nelle condizioni di effettuare oculate scelte di investimento.

Ma anche la tempestività della comunicazione esterna rappresenta un problema importante, in parte risolvibile attraverso comunicazioni periodiche, tipicamente infrannuali a cadenza ciclica, che siano rappresentate dalla integrazione di dati tradotti in informazioni quali-quantitative.

Occorre, pertanto, produrre e comunicare flussi informativi differenti ed aggiuntivi rispetto a quelli offribili dalla comunicazione obbligatoria delle informazioni desumibili dal bilancio d'esercizio. Si pensi, ad esempio, alle informazioni integrative richieste dai soggetti finanziatori e a quelle imposte dalla legislazione fiscale.

All'interno del sistema aziendale, il processo comunicazionale mira ad elevare la capacità dei soggetti di interagire tra di loro, ma anche la capacità degli stessi a recepire e comprendere le informazioni circolanti all'interno del sistema e a svolgere processi innovativi che fanno crescere e sviluppare le *performance* aziendali.

Diversi sono gli strumenti e le modalità di comunicazione interna al sistema aziendale, avente come obiettivo quello di regolare e trasmettere i flussi informativi utilizzando un messaggio semplice e comprensibile, in modo che la massa dei fruitori sia la più ampia possibile, distinguendo coloro che, da tale processo, traggono solo informazioni per la mera conoscenza dei fatti, da coloro che, viceversa, sono coinvolti, direttamente o indirettamente, nel processo decisionale.

Emerge, da quanto detto, sempre più l'esigenza di adottare in azienda non solo forme diverse di comunicazione, più adatte alla realtà economica moderna, ma anche differenti linguaggi con diverso significato, di tipo quali-quantitativo, che, integrati tra di loro, consentono di migliorare il processo comunicazionale dei fatti aziendali, orientato verso l'esterno, per attività, volontaria od obbligatoria, di informazione; o verso l'interno, per l'espletamento dell'attività decisionale.

La comunicazione economico-finanziaria, realizzabile attraverso il bilancio di esercizio, nella sua funzione informativa, si è nel tempo modificata, interessando inizialmente un documento interno, di carattere privato, per poi divenire uno strumento di tutela di varie categorie di soggetti interessati con finalità di carattere pubblico.

Ma, come più volte detto, il bilancio di esercizio non è in grado, da solo, di soddisfare a pieno le esigenze informative espresse da tutti i soggetti che, assai spesso, evidenziano interessi non collimanti; per cui si rende necessario integrare tale strumento di informazione quantitativa dei dati in esso accolti con altre informazioni che descrivono, con linguaggio di tipo descrittivo, gli andamenti gestionali trascorsi e quelli di prevedibile prospettazione.

L'adeguatezza del linguaggio-comunicazione deve necessariamente rispondere ai fondamentali requisiti di economicità e di immediata disponibilità dei dati e delle informazioni; con la conseguenza che i prospetti contabili di bilancio sono integrati da altri documenti non contabili (rilevazioni statistiche) ed infine da documenti che assumono la forma descrittivo-narrativa o verbale.

Il flusso delle informazioni, posto ad integrazione di quello desumibile dai documenti contabili, tende così a soddisfare le attese di conoscenza dei potenziali destinatari dopo aver selezionato la tipologia di informazioni da fornire, il migliore linguaggio da utilizzare, il mezzo di trasmissione e la sede di comunicazione.

In estrema sintesi, l'uso appropriato dei vari strumenti comunicazionali a disposizione può rendere il messaggio adeguato a rappresentare un quadro informativo esaustivo e pienamente rispondente alle esigenze avvertite dalla variegata massa di fruitori finali.

Nella comunicazione aziendale il linguaggio assume una importanza rilevante, non tanto per ciò che esso riesce ad esprimere ma per ciò che viene inteso e intuito senza averlo manifestato. Il linguaggio amministrativo si svolge quasi esclusivamente attraverso i segni *simbolici* (e, a volte, *iconici*), vale a dire quei segni che identificano l'oggetto attraverso un rinvio astratto e convenzionale (i simboli), che possono contribuire a sottolineare riferimenti a termini ed a relazioni, arricchendo il linguaggio orientato verso la comunicazione esterna.

Si pensi, ad esempio, alle analisi di bilancio, laddove le varie classi di investimenti e di finanziamenti sono rappresentate da segmenti proporzionali alla loro intensità (segni simbolici); come anche ai prospetti extracontabili in cui l'istogramma è rappresentato su una cartina idonea ad illustrare la distribuzione di un dato fenomeno (segni iconici).

Ne consegue che il linguaggio amministrativo può essere scomposto in due linguaggi: quello *contabile* e quello *statistico*. Il primo linguaggio, che usa il conto come strumento di rilevazione, è senza dubbio quello maggiormente più significativo; il secondo, che fa riferimento ai diagrammi e agli istogrammi, tende ad integrare e supportare il primo linguaggio e, insieme, concorrono a definire il processo comunicazionale delle determinazioni quantitative.

Non vanno, in tale ambito, sottaciuti i vari progressi che la letteratura filosofica ha raggiunto in questi ultimi anni: il significato delle espressioni linguistiche (*semantica*), gli usi e le funzioni del linguaggio (*rapporto tra i segni e le relative interpretazioni*), la combinabilità dei segni (*sintattica*).

Vi è da aggiungere che il linguaggio umano è tendenzialmente ambiguo, non facilmente comprensibile e variamente interpretabile.

Nella ricerca dei linguaggi idonei a dotare il processo comunicazionale di flussi informativi agevolmente comprensibili, appare fondamentale la riflessione sul rapporto instaurabile tra l'azienda e i soggetti con cui la stessa entra in contatto. Ne consegue che l'azienda è alla continua ricerca di linguaggi accessibili e comprensibili per consentire di instaurare un durevole rapporto con i soggetti interni ed esterni ad essa. Ma la riflessione riveste il carattere dell'urgenza anche sulla sostanza del discorso cognitivo che si nasconde dietro al linguaggio stesso; ciò significa dare autenticità ai messaggi che si veicolano attraverso la comunicazione aziendale.

Il sistema informativo aziendale, di conseguenza, rappresenta sempre più un processo attraverso cui è possibile rinvenire gli effetti che gli andamenti gestionali producono sul sistema dei valori economici, sociali, ambientali, politici, ecc., nonché ricercare ed addossare le responsabilità dei/ai soggetti coinvolti nei processi aziendali.

Il linguaggio del sistema informativo non è, pertanto, un linguaggio soltanto contabile di natura quantitativa, ma va integrato con un linguaggio statistico e matematico e maggiormente rafforzato da un linguaggio qualitativo o verbale. A meglio definire e rappresentare il sistema informativo aziendale concorrono, quindi, esperti della contabilità, della statistica, della matematica, dei computer, ma tali personalità, per consentire i migliori risultati ottenibili da un quadro informativo chiaro ed esaustivo, devono essere conoscitori dell'economia aziendale e dei principi che la regolano.

Il processo comunicazionale deve costituire un atteggiamento che investe ogni momento della vita operativa aziendale, trasmettendo flussi informativi, derivanti dalla elaborazione di dati provenienti dall'interno e/o dall'esterno, ricchi di comprensibili significati, di percezioni, di intuizioni.

8.3. *I possibili linguaggi richiesti per la trasmissione dei messaggi*

Si è detto che concorrono a definire il sistema informativo aziendale le procedure contabili e matematico-statistiche, tutte quantitative, che uniscono tra di loro le analisi e le determinazioni quali-quantitative relative all'impostazione ed alla risoluzione di problemi che emergono dall'operare aziendale. Da qui il concorso congiunto dei vari linguaggi espressione quantitativa degli andamenti aziendali, a cui va ad aggiungersi il linguaggio verbale che va assumendo sempre più una importanza rilevante, sia a livello descrittivo-chiarificatorio che a livello descrittivo-integrativo.

Il *linguaggio contabile* trova la sua origine nella contabilità aziendale, intesa come teoria che sovrintende all'uso della scritturazione contabile, nonché ai metodi di rilevazione adottabili in piena coordinazione. Dalla sua analisi è emerso il graduale perfezionamento dei contenuti e della espressività delle rilevazioni contabili.

Ma l'approccio contabile, limitato alla mera rappresentazione dei fatti gestionali nei relativi aspetti economico-reddituali e finanziario-patrimoniali, risulta essere riduttivo e insufficiente ad esprimere il valore economico, reale dell'azienda. Il linguaggio contabile tende a svilupparsi per diventare anche un linguaggio sociale, mirante a soddisfare le legittime aspettative di tutti i soggetti che, direttamente o indirettamente, partecipano alla vita dell'azienda.

Lo strumento contabile per eccellenza, il bilancio d'esercizio, perviene a risultati che devono essere sottoposti ad indagine interpretativa per attribuire l'esatto significato al "linguaggio dei numeri". Ma tale linguaggio, pur essendo espresso in cifre, non ha nulla di assoluto e definitivo, in quanto le qualità che essi numericamente rappresentano non hanno un grado di determinatezza.

L'interpretazione rappresenta quindi un limite al bilancio d'esercizio: innanzi tutto, per la non facile comprensione del linguaggio dei numeri accessibile solo a coloro che sono in grado di conoscere la materia contabile; in secondo luogo, per il significato delle espressioni quantitative in rapporto alla attendibilità dei risultati; in terzo luogo, per il coordinamento dei risultati con i fatti gestionali, al fine di trarre indici segnaletici sui caratteri dell'azienda.

Nonostante i suoi limiti, le rilevazioni contabili, che vanno a sfociare nel documento sintetico del bilancio, rappresentano comunque uno strumento efficace per dimostrare le vicende economico-finanziarie dell'azienda che si presentano sempre più irte di complessità. I dati emergenti dalle scritture contabili costituiscono la base per successive elaborazioni matematico-statistiche, atte all'acquisizione di informazioni necessarie per l'assunzione di decisioni e per la comunicazione a terzi.

A seguito del contributo incisivo della matematica e della statistica, le metodologie contabili si sono nel tempo sempre più perfezionate, ma hanno comunque bisogno di ulteriori integrazioni, non avendo ancora raggiunto un soddisfacente grado di maturità per la rappresentazione della realtà aziendale basata sui numeri e sulle descrizioni qualitative, non quantizzabili, dei fenomeni aziendali.

Il *linguaggio statistico*, riferibile al sistema aziendale, è in grado di fornire, disgiuntamente o congiuntamente, utili informazioni sulle dinamiche gestionali e su quelle socio-economiche. Attraverso la statistica (e l'econometria), è possibile fornire giudizi fondati su una realtà complessa, non pienamente conosciuta e dominata, come anche formulare previsioni su eventi futuri.

La disciplina statistica, con i propri strumenti di rilevazione, ha, nel processo comunicazionale, la sua importanza, sia per l'elaborazione dei dati grezzi da inserire nella metodologia contabile, sia per l'analisi delle sintesi contabili di bilancio che, se correttamente interpretate, forniscono utili informazioni sugli aspetti riguardanti la gestione trascorsa e quella prospettica.

La metodologia statistica, in quanto appartenente alle discipline empiriche, non mira a individuare connessioni deterministiche assolute tra i fenomeni aziendali, ma ricorre a leggi probabilistiche per la specificazione delle cause più probabili che originano investigazioni scientifiche. I suoi processi devono essere proporzionati ai diversi settori di indagine, per poter disporre di conoscenze atte ad interpretare la realtà trascorsa e a prevedere quelle prospettica.

Lo sviluppo del linguaggio statistico in ambito aziendale è attestato dai calcoli sul valore atteso, dalle tecniche di campionamento, dal controllo statistico di qualità e dalle altre tecniche finalizzate alle decisioni operative.

Ma la statistica non è studiata soltanto come scienza degli aggregati numerici, ma si occupa (attraverso la teoria dei giochi) anche dei processi decisionali in condizioni di incertezza.

Il linguaggio statistico si serve prevalentemente delle rappresentazioni grafiche che descrivono le tavole numeriche finalizzate alla rappresentazione degli aspetti quali-quantitativi della gestione aziendale. I grafici statistici rispondono all'importante finalità di tradurre i dati in immagini, con la conseguenza di una più accessibile ricezione, i cui risultati consentono di intervenire sulle variabili in essi contenuti al fine di modificarne i risultati nella direzione desiderata.

In sintesi, la statistica, in tutte le sue forme e con tutti i suoi strumenti di rilevazione, fornisce un importante contributo alla gestione operativa, con la funzione di raccogliere, coordinare e confrontare dati ed informazioni ricorrendo allo strumento grafico per la comunicazione all'esterno.

Il *linguaggio matematico* ha il principale scopo di abituare la mente umana a ragionare con una visione logica e chiara sui problemi che sorgono durante il complesso iter gestionale, cercando di semplificarlo per renderlo più accessibile ad una utenza sempre più interessata e orientata alla loro risoluzione.

Alla base della scienza matematica vi è la "logica dell'incerto", che riguarda le regole da seguire per ragionare ed agire in condizioni di incertezza, dettate dalla incompletezza delle informazioni che non consente una predisposizione certa del futuro. La logica è pertanto la scienza che insegna a ragionare, deducendo da certe preposizioni note altre preposizioni ignote. La matematica è uno strumento affinato che consente di effettuare ragionamenti complessi e delicati, pervenendo a risultati fondati e stabilendo con rigore una conclusione certa o impossibile.

La matematica fornisce, inoltre, il suo importante contributo alla fantasia creatrice, insegnando a non limitare l'indagine solo a ciò che risulta essere possibile e a prendere perfettamente coscienza di ciò che si suppone. Essa appare uno strumento in grado di fornire indicazioni da portare in sintesi economica; così gli strumenti di matematica finanziaria possono essere utili per il confronto di flussi finanziari distribuibili in diversi lassi temporali, per predisporre contratti in cui una prestazione monetaria immediata viene scambiata con un'altra di futura manifestazione, per la valutazione di progetti futuri in concorrenza tra di loro.

Il linguaggio matematico risulta essere complementare al linguaggio statistico ed entrambi svolgono una importante funzione integrativa dei flussi informativi forniti dal linguaggio contabile.

In conclusione, le informazioni da inoltrare, in perfetta integrazione tra di loro, agli utilizzatori finali, interni ed esterni all'azienda, derivano preliminarmente dalla elaborazione e rilevazione di dati quantitativi che si basano sulla applicazione di strumenti contabili ed extracontabili (matematico-statistici), idonei a fornire una prima parziale rappresentazione della realtà aziendale e del suo valore economico che gli stessi sono in grado di esprimere.

L'informativa aziendale richiede, per la sua rappresentazione, il concorso di vari linguaggi, non essendo solo limitata all'aspetto economico-finanziario, ma esteso anche a quello sociale e a quello ambientale. Così il linguaggio contabile deve essere necessariamente integrato dal linguaggio statistico e da quello matematico, tutti di natura prevalentemente quantitativa, ai quali va aggiunto il linguaggio verbale di cui si dirà nel successivo capitolo.

8.4. *Il linguaggio verbale e la sua importanza nel processo di trasmissione dei fatti aziendali*

Il *linguaggio verbale* svolge una importante funzione integrativa dei vari linguaggi quantitativi in quanto concorre a rendere più chiaro ed efficace il processo decisionale interno e quello comunicazionale esterno.

Tale linguaggio, esprimendosi sia in forma orale che scritta, permette, meglio degli altri, di esplicitare concetti e fatti, non facilmente rappresentabili con ricorso ai linguaggi quantitativi, facilitando la comunicazione di reciproche informazioni e la loro comprensibilità, tra i soggetti riceventi e quelli trasmittenti.

La comunicazione orale presenta il vantaggio del riscontro immediato del livello di comprensione del messaggio trasmesso, ma il limite della istintività e dell'immediatezza del pensiero, assai spesso a scapito della veridicità e del grado più o meno elevato di attendibilità. Il soggetto trasmittente deve inoltre conoscere il soggetto ricevente e tenere conto delle sue competenze, nonché della sua capacità di comprendere le informazioni trasmesse. Ciò non accade con la comunicazione scritta che tende ad eliminare le discrasie verificabili tra il messaggio trasmesso e il significato che si vuole allo stesso attribuire. In entrambi i casi, il linguaggio deve essere semplice, chiaro e comprensibile, e non si deve prestare a varie interpretazioni che possono deviare il significato che il trasmittente ha inteso assegnare al messaggio.

La comunicazione aziendale riveste, pertanto, un'importanza fondamentale nel facilitare il processo di integrazione tra i soggetti impegnati nella trasmissione del messaggio; il suo sviluppo dipende, inoltre, dall'efficacia espressiva e dalle motivazioni psicologiche, al fine di poter interpretare il comportamento dei vari attori impegnati nel processo comunicazionale.

Da quanto detto, si comprende l'importanza che ha assunto l'informativa di tipo qualitativo che ricorre all'utilizzo del linguaggio verbale; e ciò a seguito della crescente complessità del sistema aziendale, operante in un contesto economico-sociale caratterizzato da un esasperato dinamismo.

Il linguaggio verbale viene anche usato per l'informativa di bilancio, derivante dalla volontà dell'azienda di integrare l'informativa stessa prevista da specifiche leggi, con dati e notizie trasmissibili con ricorso alla comunicazione scritta.

Tale strumento di comunicazione deve essere in grado di valutare la dimensione sociale dell'azienda e l'impatto ambientale della stessa, in aggiunta all'obiettivo economico perseguibile preliminarmente, quale presupposto basilare per soddisfare le legittime aspettative dei soggetti che, all'interno e dall'esterno, concorrono a determinare il successo dell'azienda.

L'integrazione tra i linguaggi quantitativi ed il linguaggio verbale appare, a questo punto, necessaria in quanto consente di superare i rispettivi limiti coincidenti nella difficoltà di comprendere entrambi.

Si è detto che i "profili" rappresentano i punti di forza o di debolezza del sistema aziendale; essi vengono espressi attraverso il linguaggio verbale o attraverso quello lessicale, laddove il primo, ricorrendo agli studi di ordine socio-psicologico e filosofico, concorre a superare i limiti che i linguaggi contabili ed extracontabili presentano. Tali discipline, infatti, forniscono gli strumenti idonei ad elevare il livello di esaustività del quadro informativo aziendale.

In sintesi, la comunicazione aziendale è un processo che consente la trasmissione dei flussi informativi ricorrendo, in aggiunta agli strumenti di rilevazione quantitativa dei dati, al linguaggio verbale, sia in forma orale ma maggiormente in forma scritta, aumentando la chiarezza e limitando la soggettiva interpretazione degli stessi flussi.

8.5. *Il ruolo strategico del processo di integrazione tra gli strumenti di rilevazione degli accadimenti aziendali*

In ambito aziendale, il processo decisionale si espleta assumendo a base una serie di informazioni, derivanti dalla traduzione di dati elaborati, di natura contabile ed extracontabile, che fanno ricorso a conti, indici, grafici e tabelle. Anche la comunicazione orientata verso l'esterno si serve di dati quantitativi che utilizzano gli stessi strumenti rappresentativi.

Non ci si può, in altri termini, limitare ad operare scelte aziendali basandosi esclusivamente sui relativi aspetti razionali; occorre anche comprendere le proprietà ed i limiti dei meccanismi umani che hanno attratto l'attenzione di esperti dell'area socio-psicologica e di quella filosofica.

Per determinare il successo aziendale, o per prevenire/risolvere la crisi d'azienda, è necessario fare ricorso agli strumenti integrati di rilevazione, riuniti a sistema, tutti concorrenti a meglio definire e rappresentare il quadro informativo utilizzabile a fini decisionali e comunicazionali.

Lo studioso di economia aziendale deve, al riguardo, oltre che dominare ed applicare gli strumenti contabili tipici della ragioneria, comprendere ed utilizzare misure ed inferenze quantitative tipiche della matematica e della statistica.

Ma non basta; occorre anche che utilizzi il linguaggio verbale per le descrizioni qualitative dei fenomeni aziendali, presupposto fondamentale di integrazione del sistema informativo, che viene così a disporre di strumenti integrativi idonei a rappresentare con chiarezza ed incisività gli accadimenti gestionali, finalizzati alla conoscenza del valore economico dell'azienda.

È importante, in proposito, valutare le implicazioni dei vari linguaggi nel processo comunicazionale e la loro utilità nella trasmissione dei messaggi, al fine anche di osservare gli effetti che essi producono sull'economia dell'impresa.

L'integrazione degli strumenti rilevativi, a vantaggio della elevazione della qualità dei flussi informativi, consente di cogliere e dominare i diversi aspetti, anche quelli di difficile rilevazione, degli accadimenti aziendali, con conseguente capacità agevolata di acquisire risorse a costi più contenuti, elevando così l'immagine dell'azienda nel sistema ambientale di riferimento.

Gli indicatori di *performance* economico-finanziaria, pur rappresentando un importante strumento in grado di tradurre gli obiettivi strategici in fasi operative capaci di cogliere la dimensione materiale ed immateriale dell'azienda, hanno da sempre ignorato alcuni elementi intangibili che hanno recentemente assunto un rilevante peso nelle decisioni aziendali, a tal punto da costituire motivo di successo, come anche di crisi più o meno sanabile.

Si tratta, pertanto, di impostare un sistema informativo che sia in grado di arricchire le misure economico-finanziarie con altre informazioni che siano l'espressione diretta degli aspetti immateriali e qualitativi e che svolgano anche la funzione di anticipare, per quanto possibile, i futuri accadimenti aziendali finalizzati al perseguimento di obiettivi strategici.

Nonostante ci sia stata nel tempo una significativa evoluzione delle rilevazioni contabili ed extracontabili, che hanno ampliato il sistema informativo e quello relazionale, c'è sempre più bisogno di flussi informativi particolari che svolgono una funzione integrativa degli strumenti tradizionali e che, insieme ad essi, concorrono a definire e completare il quadro sistemico delle informazioni aziendali.

Il sistema-azienda, a continuo contatto con il sistema-ambiente dal quale subisce i condizionamenti che tendono a limitarne l'attività gestionale, ha bisogno sempre più di conoscenze specialistiche attingibili dal mondo della sociologia, per quanto riguarda l'analisi dei rapporti dinamici tra i gruppi; da quello della psicologia, per ciò che concerne il comportamento delle risorse umane impegnate nei vari processi lavorativi; da quello della politica, in relazione all'evoluzione dei rapporti di potere; da quello dell'ordinamento giuridico, per quanto riguarda l'acquisizione di conoscenze relative al contesto legislativo e a quello regolamentare.

Da quanto detto, discende che l'economia aziendale tende ad ampliare la sua sfera di azione, avendo bisogno che il sistema informativo sia chiaro e rappresentativo di una realtà aziendale in continuo dinamico funzionamento, basando la sua azione sui tradizionali strumenti contabili, di competenza della ragioneria, e su quelli extracontabili, tipici della matematica e della statistica. Ma occorre integrare i tradizionali strumenti di rilevazione dei fatti aziendali con la descrizione qualitativa degli stessi, per lo più evidenziabili con il ricorso al linguaggio verbale, scritto e orale.

8.6. *Considerazioni conclusive*

Il sistema informativo aziendale viene studiato da diverse discipline che concorrono a fornire un quadro più rappresentativo della realtà aziendale. Oltre a quelle di natura quantitativa (la ragioneria, la matematica e la statistica), che si servono dei tradizionali strumenti di rilevazione, forniscono il loro finalizzato contributo le discipline (la sociologia, la psicologia e la filosofia) che mirano a dare del sistema aziendale una descrizione qualitativa. Ai modelli contabili ed extracontabili si affiancano, pertanto, le descrizioni qualitative dei fenomeni aziendali che, unitamente, concorrono a definire il sistema degli strumenti integrati di rilevazione aziendale.

I modelli contabili sono di fondamentale importanza nel processo cognitivo e comunicazionale dei fatti aziendali, ma è altrettanto importante servirsi, a fini rilevativi, anche di altri strumenti, tipicamente extracontabili, non legati a schemi preordinati.

Così la statistica offre, attraverso i propri strumenti di rilevazione, la possibilità di integrare le rappresentazioni contabili per interpretare i dati che sono il risultato della costruzione di indici di natura extracontabile. Anche la matematica può intervenire nella ricerca di andamenti costanti, fornendo strumenti atti ad indagare la mutevole realtà aziendale e a risolvere problemi che da essa continuamente emergono.

I linguaggi di comunicazione degli accadimenti aziendali idonei a svolgere l'attività di rilevazione attraverso vari strumenti integrati, sono molteplici e diversi tra di loro; ma tutti concorrono congiuntamente a dare del sistema informativo aziendale una rappresentazione più vicina alla realtà che è chiamata ad individuare, scrutare, interpretare e, in ultima analisi, a correttamente valutare.

Grande importanza, come più volte detto, rivestono le discipline qualitative, chiamate a fornire il loro contributo alla conoscenza dei fenomeni aziendali, sia, e principalmente, per alimentare il processo decisionale interno, sia per comunicare all'esterno le informazioni essenziali per la piena conoscenza dei fatti gestionali.

Da qui l'importanza dell'integrazione tra gli strumenti di rappresentazione quantitativa e di descrizione qualitativa degli accadimenti aziendali che, con diverso peso e differente incisività, concorrono ad elevare il livello di conoscenza e di comprensione, lasciando poco spazio alla immaginazione e al casualismo, che rappresentano, comunque, elementi importanti per decretare il successo aziendale.

Capitolo II

Le rilevazioni in contabilità generale e nelle contabilità settoriali

di Francesco De Luca *

1. *Introduzione*

La concezione sistemica dell'azienda e la sua presupposta scomponibilità nei subsistemi di ordine inferiore organizzativo, gestionale ed informativo, promuove lo studio delle peculiari attività che attengono il funzionamento di ogni subsistema.

In particolare, il subsistema *informativo* ha il compito di stabilire i metodi e le modalità per la misurazione e la valorizzazione in termini quantitativi e qualitativi degli accadimenti aziendali al fine di ottenere un flusso informativo efficace che sia in grado di costituire un valido supporto alle decisioni intraprese nei subsistemi organizzativo e gestionale [1], di fornire nota del grado di raggiungimento degli obiettivi istituzionali dell'azienda e di fornire comunicazione all'esterno.

Al sistema informativo compete, in estrema sintesi, la comprensione e la realizzazione di flussi di informazioni finalizzati a rendere le decisioni più rispondenti ai principi di economicità e viene strutturato in modo da provvedere alla raccolta dei dati grezzi per ottenere, in ultima analisi, le informazioni elaborate finalizzate al perseguimento del duplice obiettivo

---

* Associato di Economia Aziendale dell'Università degli Studi "G. d'Annunzio" di Chieti-Pescara.

[1] I subsistemi organizzativo e gestionale considerati congiuntamente definiscono il subsistema operativo. Sulle relazioni instaurabili tra il subsistema operativo e quello informativo (o del controllo) si veda per tutti: G. PAOLONE-L. D'AMICO (a cura di), *I principi e i modelli de l'Economia Aziendale*, Giappichelli, Torino, 2017, p. 41 e segg.

di decisione-azione, all'interno, e di comunicazione, all'esterno [2].

Per l'ottenimento di informazioni è necessario raccogliere i dati relativi alla rappresentazione della realtà sia in termini quantitativo-monetari, sia di carattere prevalentemente qualitativo: tali *dati*, qualificabili come *grezzi*, devono essere opportunamente selezionati per dare origine ai *dati elaborati*, i quali, inseriti in procedimenti attuati con metodologia contabile ed extracontabile e trattati con strumenti di calcolo, danno origine a *informazioni grezze*, alle quali, mediante ulteriore processo di selezione e trattamento, fanno seguito le *informazioni elaborate*, atte a supportare il processo di decisione-azione e a confluire nel canale comunicazionale verso l'esterno [3].

Poiché la realtà oggetto di rappresentazione mediante il flusso informativo è costituita dagli accadimenti organizzativi e gestionali (sistema operativo), è necessario che la strutturazione del sistema informativo avvenga in aderenza alle caratteristiche del sistema operativo. Ne consegue che la selezione dei dati e delle informazioni sarà coerente con le caratteristiche dell'azienda e con le esigenze informative manifestate dai diversi *stakeholder* a vario titolo interessati alla conoscenza del grado di equilibrio generale e particolare entro cui si svolgono i processi aziendali [4]. Resta inteso che la progettazione del sistema informativo tenga conto, altresì, del rapporto tra costi sostenuti per la produzione di informazioni ed i benefici che da queste possono trarsi.

Le informazioni alimentano, dunque, il procedimento di controllo preventivo, concomitante e susseguente dell'attività del subsistema operativo, in tal modo supportandone il processo decisionale e fornendone adeguata

---

[2] Sul punto: G. PAOLONE-F. DE LUCA, *Le rilevazioni sistematiche in contabilità generale*, Franco Angeli, Milano, 2010, pp. 13-14.

[3] Si veda in proposito l'approfondimento fornito in: *ibidem*, pp. 5-6.

[4] Sul tema dell'equilibrio aziendale si vedano tra gli altri: A. AMADUZZI, *L'impresa nelle condizioni prospettiche del suo equilibrio*, Bozzi, Genova, 1948; A. AMADUZZI, *L'azienda, nel suo sistema e nell'ordine delle sue rilevazioni*, Utet, Torino, 1978; A. AMADUZZI, *Il sistema degli studi aziendali sulla base di princìpi*, in *RIREA*, 1-2, 1990; S. BRANCIARI, *Riflessioni sull'equilibrio economico dell'impresa: le ragioni di un possibile allargamento del concetto*, in *RIREA*, settembre-ottobre 1991, p. 489; E. GIANNESSI, *Le aziende di produzione originaria*, vol. I, *Le aziende agricole*, Colombo Cursi, Pisa, 1960, pp. 72-73; F. RANALLI, *Considerazioni sul tema dell'economicità aziendale*, Clua, Pescara, 1988, pp. 19-29; F. DE LUCA, *La Corporate Governance*, in G. PAOLONE-G. AITA (a cura di), *Governance, adeguatezza e funzionamento organizzativo delle imprese. I doveri degli organi delegati e del collegio sindacale*, Franco Angeli, Milano, 2008, p. 19 e segg.

Sulle diverse accezioni del concetto di economicità in funzione dei diversi paradigmi aziendali si veda: G. PAOLONE-L. D'AMICO (a cura di), *I principi e i modelli de l'Economia Aziendale*, cit., pp. 140 e segg. e 271 e segg.

rappresentazione a terzi. A tale scopo il sistema informativo deve presentare i seguenti requisiti [5]:

• *economicità*, intesa quale capacità di produrre un flusso informativo nei limiti di un accettabile rapporto costi-benefici;
• *efficacia* e *selettività*, intese quali capacità di produrre ed inviare le sole informazioni utili alle diverse aree operative con tempestività per supportare il processo decisionale;
• *affidabilità*, da intendersi come attendibilità unitamente ad un soddisfacente grado di completezza;
• *flessibilità* ed *elasticità* nell'adattamento alle diverse configurazioni del sistema operativo ed alle condizioni interne ed esterne all'azienda.

Il sistema informativo, pertanto, quale insieme di procedure contabili e matematico-statistiche, aventi ad oggetto sia gli aspetti qualitativi che quelli quantitativi dell'analisi degli accadimenti aziendali, viene a comprendere ogni fase della tradizionale "rilevazione" o "determinazione quantitativa", orientata in base alle finalità conoscitive ad essa attribuite [6], ovvero quella di disporre delle informazioni necessarie per l'*azione amministrativa* e quella della comunicazione all'esterno, per effettuare il *controllo, di merito e di legalità* sull'azienda.

In tale più ampio contenuto, il sistema delle informazioni segna un progresso rispetto alla concezione tradizionale delle rilevazioni aziendali (o delle determinazioni quantitative), in quanto riesce a rappresentare congiuntamente gli aspetti quali-quantitativi dei fenomeni aziendali e quelli qualitativi, non traducibili per la loro natura in determinazioni quantitative, e, pertanto, precluse al sistema delle rilevazioni (o determinazioni quantitative).

Il subsistema informativo assume un contenuto che comprende i procedimenti di rilevazione, tipicamente attuabili con metodologia contabile, della contabilità generale e di quelle settoriali, del bilancio di esercizio e dei bilanci straordinari, della programmazione e della pianificazione aziendale. Tali procedimenti possono essere attuati con l'integrazione di una metodologia extracontabile, ad esempio di carattere matematico-statistico, formando un sistema integrato di rilevazione che contribuisce a rappresentare il quadro sistemico delle informazioni aziendali grazie all'adeguata considerazione che viene riservata agli elementi qualitativi e quantitativi non monetari che con crescente rilevanza incidono sui processi di creazione del valore da parte delle aziende concretamente operanti.

---

[5] G. Paolone-F. De Luca, *Le rilevazioni sistematiche in contabilità generale*, cit., pp. 15-16.

[6] *Ibidem*, p. 17.

La Ragioneria è la disciplina scientifica che si occupa delle rilevazioni quantitative e, più in generale, del sistema informativo aziendale; l'Economia Aziendale, invece, è rivolta allo studio del sistema operativo, ovvero degli aspetti organizzativi e gestionali dei fenomeni aziendali [7].

Il procedimento di rilevazione e di determinazione dei valori, proprio della Ragioneria dunque, non può prescindere dall'individuazione dell'origine dei valori e dell'aspetto economico delle manifestazioni aziendali, prima di procedere al loro inserimento nei conti e nei bilanci ovvero alla loro rielaborazione mediante analisi dei costi e redazione di piani e programmi.

2. *La contabilità generale e le contabilità settoriali*

Il procedimento di rilevazione, così come sopra definito, presuppone la definizione delle procedure operative, rivolte alla progettazione ed al successivo adeguamento del sistema informativo, e delle metodologie utilizzabili classificabili in:

- *metodi contabili*, basati sull'utilizzo del *conto* quale *strumento di rilevazione*;
- *metodi extra-contabili*, che si caratterizzano per l'impiego di *strumenti matematico-statistici*.

Le rilevazioni operate con metodo contabile, inoltre, sono articolate in:

- *rilevazioni originarie*, relative alla predisposizione dei dati oggetto di successive rilevazioni ed elaborazioni (ad esempio l'emissione delle fatture, degli ordini di acquisto, ecc.);
- *rilevazioni elementari*, a carattere prevalentemente descrittivo e relative ad annotazioni di determinati fatti gestionali (come ad esempio la compilazione della prima nota, la redazione dell'inventario, ecc.);
- *rilevazioni sistematiche*, che con coordinazione sistemica, sono rivolte alla determinazione e misurazione di un oggetto complesso (ad esempio, la *contabilità generale*).

Le *rilevazioni matematico-statistiche*, invece, rivolte alla selezione ed elaborazione dei dati grezzi e di quelli ottenuti dalle diverse tipologie di rilevazione per il successivo trattamento con metodi statistici, possono essere distinte *in interne*, se riguardano fenomeni aziendali (ad esempio, l'elaborazione di tabelle, di numeri ed indici relativi alla produzione o ai rendi-

---

[7] G. PAOLONE-L. D'AMICO (a cura di), *I principi e i modelli de l'Economia Aziendale*, cit., p. X.

menti dei fattori, ecc.), ed *esterne*, se collegate a fenomeni ambientali (ad esempio, la rappresentazione degli andamenti dei prezzi, le previsioni di mercato, ecc.).

La *contabilità generale* compenetra l'intera gestione aziendale in quanto è un insieme di rilevazioni sistematiche orientato alla determinazione analitica del *reddito attribuibile* ad un periodo amministrativo e del collegato *capitale netto di funzionamento*: le singole operazioni sono dunque interpretate secondo sistemi di analisi predefiniti ed i relativi valori sono rilevati con metodologie contabili.

Il linguaggio contabile, che consente l'attuazione delle rilevazioni quantitative, deve comunque fondarsi su un predefinito *sistema di interpretazione dei fatti gestionali* che consente di individuare la comune origine economica di molteplici e diversificati accadimenti aziendali determinandone e misurandone gli effetti sulle principali grandezze aziendali ovvero *reddito di periodo* e *capitale netto di funzionamento* di fine periodo. L'estensione del periodo temporale con riferimento al quale viene operata una sistematica ed ordinata rilevazione quantitativa con il *metodo contabile*, coincide generalmente con l'anno solare che viene identificato come esercizio amministrativo.

Ne consegue che, attraverso le rilevazioni di contabilità generale è possibile pervenire alla *conoscenza* ed al *controllo* dei *movimenti monetari e finanziari* della gestione. Gli elementi aventi natura finanziaria, infatti, tipicamente denaro, crediti e debiti, compongono il capitale netto di funzionamento ed il loro costante monitoraggio, mediante rilevazioni di contabilità generale, supporta anche il processo decisionale in tema di politiche finanziarie.

Le rilevazioni di contabilità generale, inoltre, consentono l'ottenimento di informazioni che, grazie ad elaborazioni successive, sono utili ai fini di determinazioni analitiche quali i costi di prodotto, l'analisi dei costi, la ripartizione dei ricavi per aree settoriali o geografiche, ecc.

Tali ulteriori sistemi di rilevazione contabile si qualificano come *contabilità speciali* esecutive e si distinguono per una minore estensione dell'oggetto guidata da esigenze conoscitive particolari.

Rientra in tale ambito la *contabilità industriale* [8], il cui oggetto di osservazione è circoscritto ai processi produttivi, mentre gli obiettivi conoscitivi risiedono nell'ottenimento di informazioni a supporto del relativo processo decisionale ed al controllo dei costi. Altri esempi di contabilità speciali esecutive sono rappresentati dalla *contabilità di magazzino*, finalizzata al continuo controllo delle giacenze di beni, dalla *contabilità finanziaria*, ecc.

---

[8] "Le rilevazioni di contabilità industriale possono essere operate sia contabilmente che extracontabilmente, caratterizzandosi secondo diverse modalità di collegamento con quelle di contabilità generale": G. PAOLONE-F. DE LUCA, *Le rilevazioni sistematiche in contabilità generale*, cit., p. 21.

In alcuni casi, infine, le disposizioni legislative, ad esempio quelle di carattere fiscale, possono imporre l'attivazione di alcune contabilità speciali esecutive per la tenuta di particolari registri contabili, quali tra le altre, la *contabilità iva*, la *contabilità dei cespiti ammortizzabili*, la *contabilità del personale* ecc.

3. *Il sistema di interpretazione dei fatti aziendali*

3.1. *La costruzione dello schema globale dell'attività dell'impresa*

Affinché si possa procedere alla raccolta ed alla rilevazione dei dati per la produzione di informazioni, si è detto in precedenza, è necessario definire un criterio generale per articolare i dati in gruppi omogenei e dunque pervenire alla determinazione delle principali grandezze che rappresentano l'obiettivo del sistema informativo.

Ne consegue che, nel caso delle rilevazioni di contabilità generale, finalizzate alla determinazione del reddito attribuibile al periodo e del collegato capitale netto di funzionamento, oltre che provvedere al continuo controllo della situazione finanziaria, occorre individuare la natura dei valori che concorrono a formare le grandezze da rilevare, definendone i caratteri distintivi e articolandoli in molteplici classi internamente omogenee[9].

Le operazioni attraverso cui si esplica l'attività dell'impresa, seppur apparentemente diversificate, sono ordinate teleologicamente al raggiungimento del predeterminato fine che consiste, in ultima analisi, nella produzione di nuova ricchezza. L'apparente difformità delle modalità di manifestazione degli accadimenti gestionali può essere rimossa solo individuandone l'aspetto accomunante e ciò al fine di operarne una ordinata rilevazione. In altre parole, occorre elaborare un sistema di interpretazione che possa consentire una chiara ed immediata individuazione degli aspetti omogenei che caratterizzano le operazioni aziendali e che assumono rilevanza ai fini degli obiettivi perseguibili.

L'intera attività dell'azienda di produzione può essere, dunque, ricondotta a tre principali gruppi, o cicli, di operazioni omogenee entro cui ricomprendere tutti i fatti di gestione i cui effetti possono essere descritti con linguaggio che ne consenta la misurazione e la traduzione in grandezze comparabili. Tali cicli, ordinati in sequenza logica, sono i seguenti:

---

[9] È compito dell'Economia Aziendale definire la natura dei valori e ricondurne le variazioni ad uno schema globale rappresentativo dell'attività d'impresa. La Ragioneria dunque si occupa dell'accensione di conti atti ad esprimere tali valori e variazioni.

- ciclo dei *finanziamenti attinti* a titolo di prestito e/o a titolo di proprietà;
- ciclo della *produzione*;
- ciclo dei *finanziamenti concessi*.

Il reperimento delle risorse finanziare può avvenire nella duplice specie del titolo della proprietà, ovvero con il vincolo del rischio, e del titolo di prestito, ovvero con accensione di debiti. In entrambi i casi si possono distinguere tre momenti: il reperimento delle risorse, il loro impiego ed, infine, la restituzione delle risorse originariamente attinte che normalmente avviene in misura superiore rispetto a quanto inizialmente attinto.

Il conferimento delle risorse all'azienda può avvenire in denaro, oppure in beni momentaneamente sostitutivi del denaro (tipicamente crediti di funzionamento), ovvero mediante apporti di beni specifici, disgiunti (singoli beni da impiegare nel processo produttivo o da scambiare sui mercati) o congiunti (insiemi di beni avvinti da vincoli di complementarietà produttiva che configurano complessi o rami aziendali).

In ipotesi di conferimento di denaro, è possibile schematizzare l'andamento dei due cicli attraverso le Figure 1 e 2, laddove vengono individuati due distinti settori: finanziario ed economico. Nel primo sono ricondotte le variazioni del denaro, dei crediti e dei debiti di finanziamento (derivanti direttamente da operazioni di erogazione o reperimento di risorse finanziarie con il vincolo del prestito); in quello economico sono, invece, ricondotte le variazioni del capitale di proprietà e quelle aventi la natura di costo o di ricavo. I simboli E (entrate) e U (uscite) esprimono rispettivamente l'afflusso ed il deflusso delle risorse finanziarie.

Figura 1 – **Ciclo dei finanziamenti attinti a titolo di proprietà**

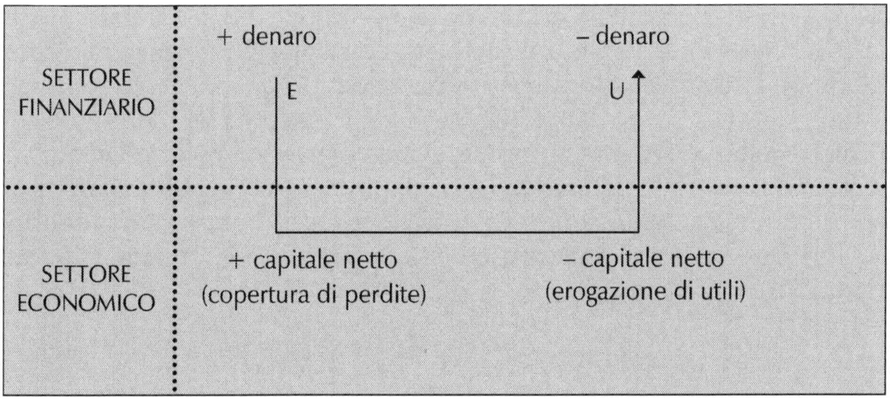

Figura 2 – **Ciclo dei finanziamenti attinti a titolo di prestito**

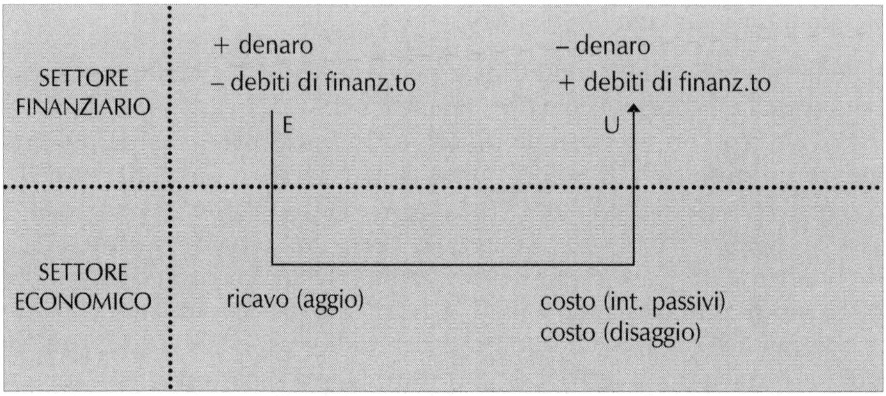

Nel caso di conferimento di capitale di proprietà, il ciclo prende avvio dall'apporto di risorse finanziarie (+ denaro) cui corrisponde simultaneamente un incremento di capitale proprio (+ capitale netto); successivamente, dopo aver utilizzato le risorse reperite per alimentare gli investimenti e dopo averle rigenerate, il ciclo si chiude con la restituzione, totale (in ipotesi di liquidazione dell'azienda) o parziale (per erogazione di utili o per la restituzione della parte eccedente dei mezzi propri), delle risorse originariamente ottenute mediante un deflusso di grandezze finanziarie (– denaro) cui corrisponde contestualmente una diminuzione di capitale netto (– capitale netto).

Allo stesso modo, il ciclo dei finanziamenti attinti con il vincolo del prestito prende avvio dalle entrate, con l'afflusso di risorse finanziarie (+ denaro) e la contestuale accensione del debito (+ debiti di fin.)[10], per concludersi nelle uscite (– denaro), con il deflusso di risorse finanziarie, l'estinzione del debito e l'insorgere di un costo (int. passivi) per maggiore somma rimborsata.

Il ciclo della produzione, prende avvio, normalmente, dall'acquisizione dei fattori produttivi per concludersi, dopo la loro combinazione nel processo di trasformazione, con la vendita dei prodotti e/o servizi ottenuti; volendo fornire una relativa rappresentazione grafica, si perviene alla seguente Figura 3.

[10] Nel caso di reperimento di finanziamenti con il vincolo del prestito, l'eventuale differenza tra somma ricevuta e valore nominale del prestito, costituisce disaggio di emissione (costo), se negativa, ovvero al contrario, aggio di emissione (ricavo), se positiva.

Figura 3 – **Ciclo della produzione**

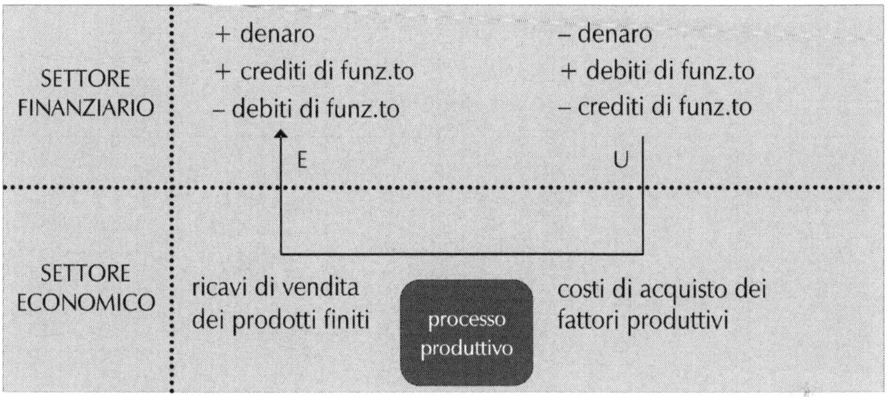

Nel caso in cui il circuito della produzione prenda avvio dal conseguimento anticipato dei ricavi, si assiste dapprima alla manifestazione delle entrate, misuratrici del flusso dei ricavi, e il ciclo si conclude con le uscite e con il sostenimento dei relativi costi.

Da ultimo, la realizzazione delle operazioni aziendali riconducibili al ciclo dei finanziamenti concessi trova la propria ragion d'essere nell'esigenza di impiegare in modo remunerativo le risorse finanziarie momentaneamente non utilizzate nella gestione produttiva caratteristica: tali operazioni, infatti, rientrano nella gestione ordinaria, ma, diversamente da quelle della gestione caratteristica, appartengono nella cosiddetta *gestione accessoria* (o patrimoniale). La Figura 4 fornisce una rappresentazione grafica di tale ciclo.

Figura 4 – **Ciclo dei finanziamenti concessi**

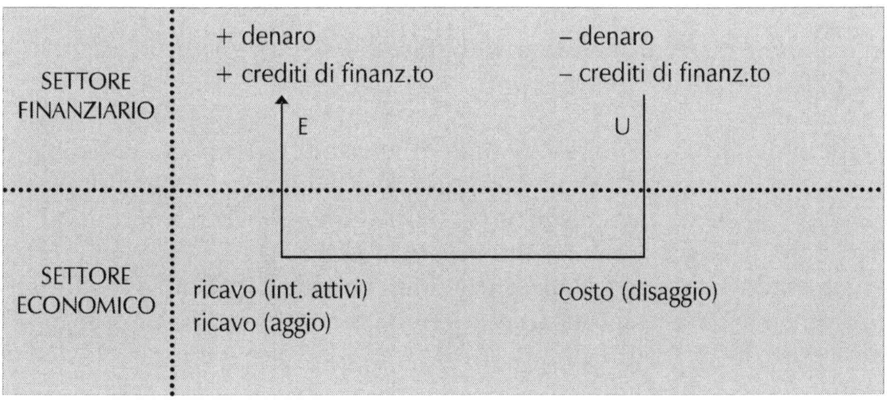

È possibile, a questo punto, fornire una rappresentazione grafica complessiva dei tre cicli esaminati quale schema generale dell'intera attività dell'impresa, pervenendo alla seguente Figura 5.

Figura 5 – **Schema globale dell'attività dell'impresa**

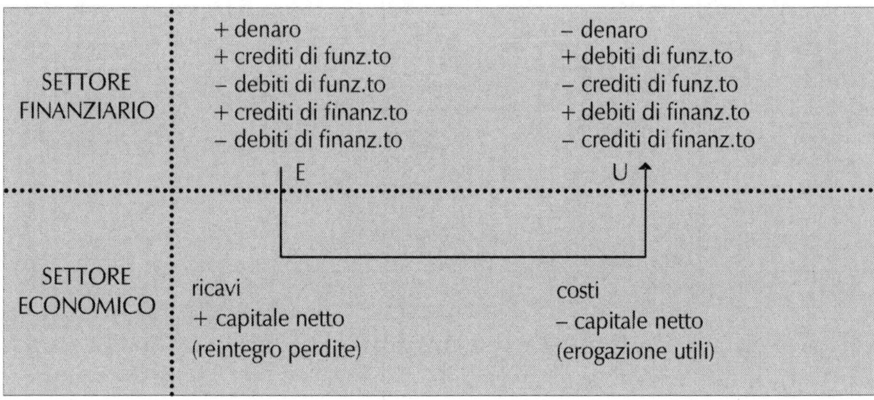

È possibile notare come lo schema generale si fonda sulla distinzione tra due settori, *finanziario* ed *economico*, a cui si riferiscono le variazioni aumentative e diminutive delle grandezze esaminate; i valori finanziari sono relativi al denaro, ai crediti ed ai debiti di funzionamento, ai crediti ed ai debiti di finanziamento; i valori economici, invece, sono i costi, i ricavi e le variazioni di capitale netto (o di proprietà).

In altre parole, i valori posso essere di due *generi*, finanziari ed economici, mentre gli oggetti cui tali valori si riferiscono sono articolati in diverse *specie* (denaro, crediti, debiti, costi, ricavi e capitale di proprietà).

3.2. *Il sistema del capitale e del risultato economico: la natura dei valori*

L'adozione di uno schema globale di attività dell'impresa consente di interpretare qualsiasi fatto di gestione esterna sulla base delle variazioni prodotte, caratterizzate da una propria natura (finanziaria/economica) e definita in base all'oggetto che risulta movimentato.

Il possibile verificarsi delle variazioni prodotte dai fatti gestionali può essere schematizzato sinteticamente individuando i quattro raggruppamenti rappresentati in Figura 6.

Figura 6 – **Quadro di sintesi delle variazioni finanziarie ed economiche**

Variazioni finanziarie positive	*Variazioni finanziarie negative*
+ denaro	– denaro
+ crediti di funz.	– crediti di funz.
– debiti di funz.	+ debiti di funz.
+ crediti di fin.	– crediti di fin.
– debiti di fin.	+ debiti di fin.

Variazioni economiche positive	*Variazioni economiche negative*
ricavi	costi
+ capitale netto (copertura perdite)	– capitale netto (erogazione utili)

Poiché ogni accadimento gestionale produce almeno due variazioni simultanee, è opportuno esaminare le diverse fattispecie di combinazione tra le conseguenti variazioni. Si perviene dunque alla seguente classificazione:

- variazioni della stessa natura, ma di segno opposto;
- variazioni di natura diversa, ma dello stesso segno;
- variazioni di natura finanziaria che in parte si compensano tra di loro (ed hanno segno opposto) e che, per la parte restante, misurano variazioni di natura economica dello stesso segno.

Schematicamente si perviene alla rappresentazione grafica in Figura 7.

Figura 7 – **Schema delle variazioni**

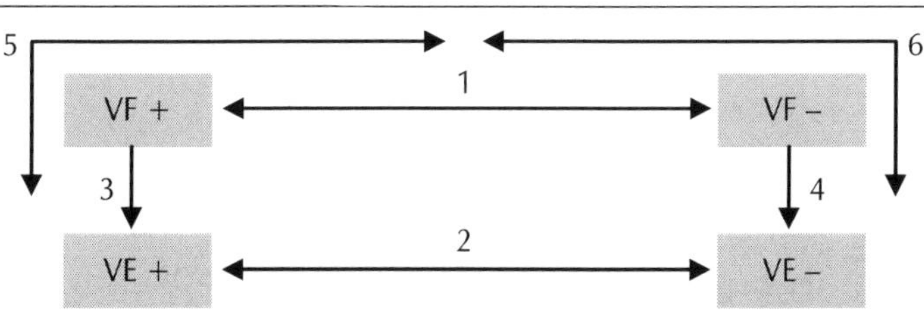

Nello schema vengono evidenziate sei possibili tipologie basilari di operazioni:

1. *compensazione finanziaria*, in cui variazioni della stessa natura finanziaria ma di segno opposto si compensano interamente tra di loro [11];
2. *compensazione economica*, in cui variazioni della stessa natura economica ma di segno opposto si compensano interamente tra di loro [12];
3. *misurazione positiva*, in cui una variazione di natura finanziaria di segno positivo misura interamente una variazione di natura economica dello stesso segno [13];
4. *misurazione negativa*, in cui una variazione di natura finanziaria di segno negativo misura interamente una variazione di natura economica dello stesso segno [14];
5. *operazione mista positiva*, in cui una variazione di natura finanziaria di segno positivo in parte si compensa con una variazione finanziaria negativa e, per la parte restante, misura una variazione di natura economica di segno positivo [15];
6. *operazione mista negativa*, in cui una variazione di natura finanziaria di segno negativo in parte si compensa con una variazione finanziaria positiva e, per la parte restante, misura una variazione di natura economica di segno negativo [16].

L'esame dello schema globale dell'attività dell'impresa, e di quello riepilogativo delle variazioni, pone in evidenza la contrapposizione tra il settore finanziario e quello economico tra i quali viene a crearsi uno stretto collegamento di tipo *strumentale*, laddove le variazioni originate dal settore finanziario sono *misuratrici* di quelle ricomprese nel settore economico; è chiaro, infatti, che un qualsiasi valore di natura economica può trovare una propria quantificazione solo nella misura in cui viene espresso in termini finanziari.

In tal senso il settore finanziario viene definito anche come settore *misuratore* o, con qualche approssimazione, *originario*, mentre il settore economico ne diviene l'oggetto *misurato* o *derivato*.

Tale sistema di interpretazione degli accadimenti aziendali, infine, viene definito *sistema del capitale e del risultato economico* e si caratterizza per la contrapposizione di grandezze in base alla loro natura (finanziaria/economica).

---

[11] Per esempio: accensione di un debito di finanziamento al valore nominale, estinzione di un credito di finanziamento sempre al valore nominale, ecc.

[12] Ad esempio, apporto di un bene in contropartita dell'incremento del capitale netto.

[13] Ad esempio, vendita di prodotti finiti.

[14] Ad esempio, acquisto di fattori della produzione.

[15] Ad esempio, accensione di un debito di finanziamento ad un valore superiore al nominale.

[16] Ad esempio, concessione di un credito di finanziamento ad un valore superiore al nominale.

La distinzione sulla natura dei valori peraltro si basa sulla considerazione degli effetti che le grandezze finanziarie ed economiche esercitano sulla formazione del reddito e sulla configurazione del capitale.

La differenza fondamentale tra i due settori, infatti, risiede nei seguenti assunti:

- i valori di natura economica concorrono direttamente alla formazione del reddito (ricavi e costi), ovvero alla determinazione del capitale di proprietà (variazioni di capitale netto);
- i valori di natura finanziaria, al contrario, non influiscono direttamente sulla formazione del reddito ovvero sulla determinazione del capitale, ma solo indirettamente e nella misura in cui provocano variazioni di natura economica (ad esempio, un credito di finanziamento concorre alla formazione del reddito solo attraverso il ricavo – gli interessi attivi maturati – da esso provocato, ossia attraverso una variazione di natura economica).

L'utilizzo dello schema delle variazioni per l'interpretazione dei cicli di operazioni aziendale sopra riportati, consente di pervenire alle seguenti rappresentazioni esemplificative:

- ciclo del capitale di proprietà (conferimento di denaro, successiva restituzione e erogazione di utili);

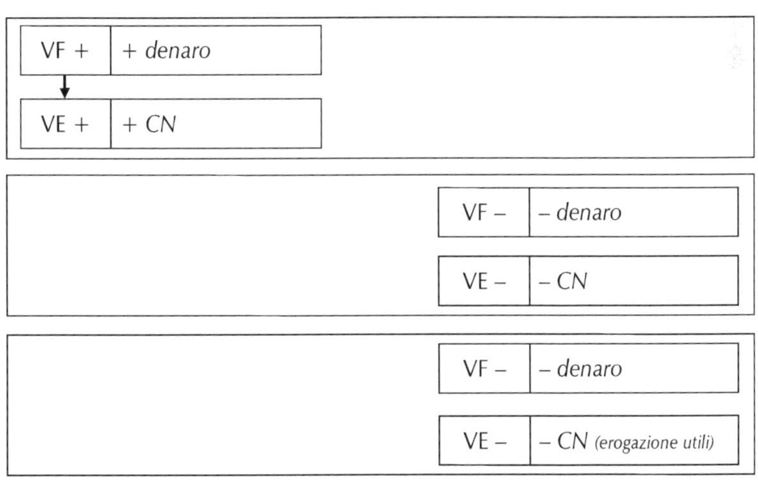

- ciclo del capitale di prestito (conferimento di denaro, successiva restituzione e corresponsione di interessi passivi);

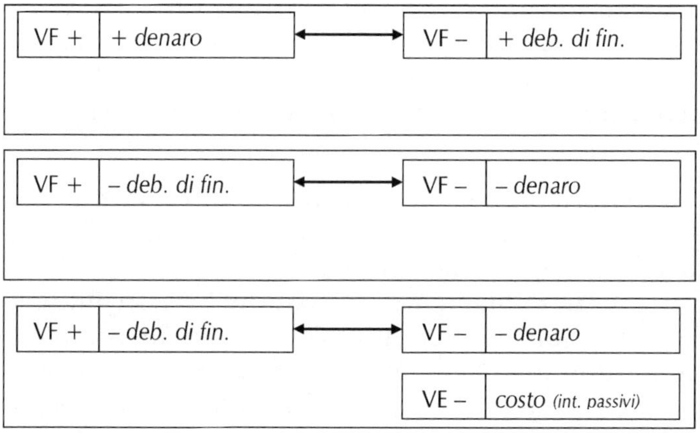

• ciclo della produzione (acquisto di fattori della produzione e vendita di prodotti finiti);

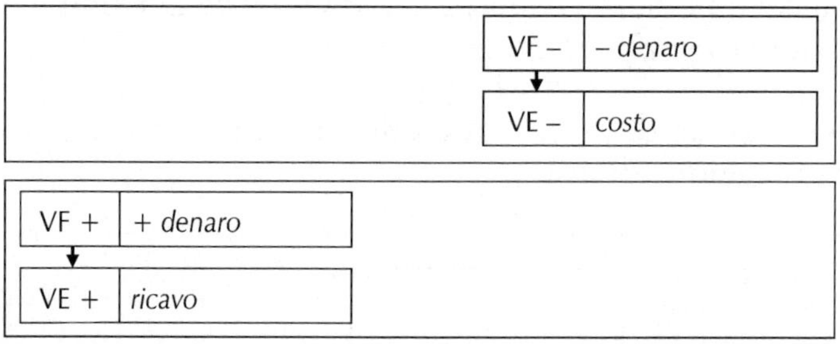

• ciclo della finanziamenti concessi (accensione del credito e successiva riscossione con imputazione di interessi attivi);

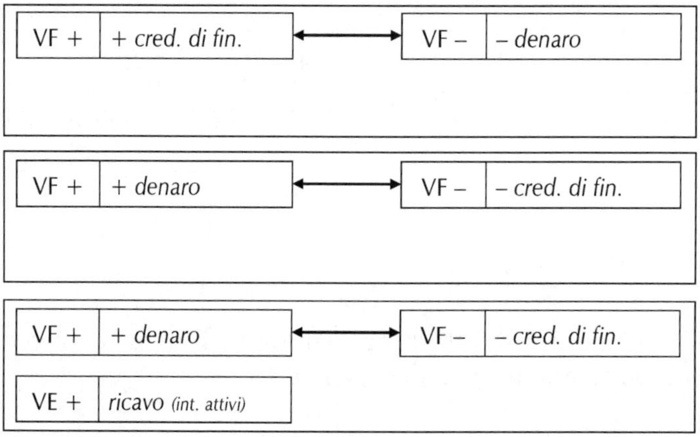

3.3. *Gli altri sistemi di interpretazione dei fatti aziendali: il sistema del reddito e il sistema patrimoniale*

La dottrina aziendalistica e contabile italiana ha elaborato i seguenti sistemi di interpretazione dei fatti aziendali:

- il *sistema patrimoniale* (di Fabio Besta), avente ad oggetto il patrimonio e le sue modificazioni;
- il *sistema del reddito* (di Gino Zappa), applicabile alle aziende di produzione, ma estensibile anche a quelle erogatrici;
- il *sistema del capitale e del risultato economico* (di Aldo Amaduzzi), detto anche genericamente sistema delle operazioni aziendali.

Il sistema del capitale e del risultato economico, oggetto di approfondimento nel precedente paragrafo, deriva da una rielaborazione del sistema del reddito, contenente anch'esso un criterio generale di interpretazione dei fatti gestionali.

Il sistema del reddito distingue le variazioni relative al continuo processo di investimenti e di recuperi, che caratterizza e definisce l'operare aziendale, e le variazioni, strumentali alle precedenti, che sono provocate dall'inclusione dell'azienda in un sistema economico basato su scambi monetari.

In tal senso, infatti, il sistema prevede un *settore numerario*, che accoglie denaro, crediti e debiti di funzionamento, contrapposto ad un *settore degli investimenti e dei recuperi*, che ricomprende ricavi, costi, capitale netto ed anche crediti e debiti di finanziamento (considerati come costi e ricavi primi).

Ne conseguono differenze specifiche con il sistema del capitale e del risultato economico nelle operazioni di reperimento dei finanziamenti con il vincolo del prestito ed in quelle relative alla concessione di crediti di finanziamento a terzi. In particolare, nel sistema del reddito, l'operazione di accensione di un debito di finanziamento produce un ricavo pari all'importo delle risorse ottenute; al contrario, l'estinzione del prestito provoca un costo pari all'importo delle risorse restituite (mentre viene considerata separatamente l'osservazione degli interessi maturati); analogamente, l'operazione relativa alla concessione di un credito di finanziamento provoca il sorgere di un costo per un importo pari alla somma erogata (inteso proprio quale investimento), mentre l'estinzione del credito genera un ricavo per un importo pari alla somma riscossa quale realizzo dell'investimento precedentemente effettuato [17].

---

[17] Si veda: G. Paolone-F. De Luca, *Le rilevazioni sistematiche in contabilità generale*, cit., p. 29; R. Palumbo, *Il subsistema gestionale (o decisionale) nell'individuazione dei suoi collegati aspetti e dei relativi modelli rappresentativi*, in G. Paolone-L. D'Amico (a cura di), *I principi e i modelli de l'Economia Aziendale*, cit., p. 129 e segg.

Indubbiamente il sistema del reddito presenta un maggiore rigore formale nell'interpretare gli accadimenti gestionali, ma certamente esso risulta meno agevole nelle applicazioni finalizzate alla rilevazione quantitativa dei fatti gestionali per le difficoltà operative nella distinzione dei crediti e debiti di funzionamento da quelli di finanziamento, oltre che per la complessità nella rilevazione di questi ultimi.

Si è ritenuto di far riferimento, pertanto, al sistema del capitale e del risultato economico, che sembra essere più funzionale ai fini della rilevazione quantitativa.

Il sistema patrimoniale, infine, si fonda su un approccio sensibilmente differente da quelli posti alla base dei sistemi esaminati.

In estrema sintesi, nel sistema patrimoniale, vengono osservati tutti i fatti di gestione, che sono considerati alla luce degli effetti che provocano sui singoli elementi del patrimonio aziendale, ovvero sul patrimonio netto.

Ne deriva che i fatti gestionali che provocano le c.d. *mutazioni* possono essere di tre tipi:

- *permutativi*, qualora un fatto gestionale produce una modifica di un elemento patrimoniale, perfettamente bilanciata da una modifica opposta di un altro elemento patrimoniale [18];
- *modificativi*, qualora un fatto gestionale comporta una mutazione, attiva o passiva, di un elemento patrimoniale che, non trovando una modificazione opposta in un altro elemento patrimoniale, provoca una variazione del patrimonio netto [19];
- *misti*, o *permutativo-modificativi*, qualora un fatto gestionale comporta una mutazione, attiva o passiva, di un elemento patrimoniale che in parte si accompagna ad una mutazione di segno opposto di un altro elemento patrimoniale, nel mentre per la parte restante trova corrispondenza in una mutazione netta del patrimonio aziendale [20].

---

[18] Si ipotizzi, ad esempio, l'estinzione di un credito commerciale per l'importo di 50 che provoca una mutazione attiva (Ma = + denaro 50) accompagnata da una mutazione passiva (Mp = – crediti 50) di pari importo, per cui il fatto gestionale si risolve in una semplice sostituzione di un elemento patrimoniale con un altro elemento patrimoniale.

[19] Si ipotizzi, ad esempio, la riscossione di un fitto attivo per 50: si avrà una mutazione attiva (Ma = + denaro 50) di un elemento patrimoniale non accompagnata da una mutazione passiva di un altro elemento patrimoniale, bensì da una mutazione attiva netta del patrimonio netto (Man = fitti attivi 50).

[20] Si ipotizzi, ad esempio, la vendita di merci (il cui costo di acquisto è pari a 100) al prezzo di 120 con incasso in contanti, il che provoca una mutazione attiva del denaro (Ma = + denaro 120) che in parte si contrappone ad una mutazione passiva delle merci (Mp = – merci 100) e per la parte restante trova corrispondenza in una mutazione attiva netta del patrimonio aziendale (Man = utili su merci 20).

Il sistema patrimoniale, ha progressivamente visto restringersi la propria diffusione principalmente per due ordini di motivi: in primo luogo perché esso si basa sull'ipotesi di poter misurare distintamente il risultato economico delle singole operazioni (attraverso la rilevazione delle mutazioni nette), disconoscendo, in tal modo, l'unitarietà della gestione; in secondo luogo perché l'osservazione anche dei fatti di gestione interna ne rende particolarmente macchinosa l'applicazione ai fini della rilevazione quantitativa.

Inoltre, vi è da rilevare un insieme di incoerenze logiche interne al sistema, quali quelle relative alla presunta scindibilità, ad esempio, nelle operazioni di vendita, tra il costo delle merci vendute (mutazione passiva) e l'utile attribuibile all'operazione (mutazione attiva netta).

4. *I modelli contabili di rilevazione dei fatti gestionali e la classificazione delle scritture*[21]

4.1. *Considerazioni introduttive*

L'individuazione del sistema di rilevazione dei fatti gestionali nel cosiddetto sistema del capitale e del risultato economico, di matrice zappiana nella rivisitazione proposta da Aldo Amaduzzi[22], ha condotto la prospettiva di analisi dell'attività d'impresa verso la conoscenza e la determinazione del *reddito*, quale grandezza aziendale fondamentale, e di quella del *capitale*, solo in qualità di fondo di valori da cui il reddito prende origine.

Lo schema globale dell'attività d'impresa, si è detto nel precedente paragrafo, consente di interpretare nella suddetta logica qualsiasi accadimento gestionale riconducendolo ad un modello unitario in base alle variazioni economiche e finanziarie prodotte. Si rende necessario, altresì, ai fini di un concreto accoglimento e di una corretta valutazione delle quantità oggetto di misurazione, individuare anche un *metodo di rilevazione*, nonché uno strumento operativo adeguato a tale scopo.

Ogni scambio effettuato nella continuità della gestione aziendale viene osservato sotto una *duplicità* di aspetti, ovvero di quello *finanziario* (origi-

---

[21] Il contenuto di tale paragrafo è frutto dell'aggiornamento di: F. De Luca, *I modelli contabili di rilevazione dei fatti gestionali e la classificazione delle scritture*, in AA.VV., *Il sistema delle rilevazioni contabili nelle imprese in funzionamento*, Sistemi Editoriali, Napoli, 2005, pp. 37-56.

[22] Si vedano: Aldo Amaduzzi, *L'azienda, nel suo sistema e nell'ordine delle sue rilevazioni*, cit.; G. Paolone-L. D'Amico (a cura di), *L'economia aziendale nei suoi principi parametrici e modelli applicativi*, cit.

nario o misuratore) e di quello *economico* (derivato o misurato). Tale osservazione deve essere effettuata nel rispetto di un metodo di rilevazione che consenta di esplicitare e di valorizzare l'operazione al fine di far confluire ogni determinazione nel documento di bilancio, rappresentazione di sintesi della dinamica dei flussi positivi e negativi di reddito, correlati in base al principio della competenza economica, e della composizione quali-quantitativa del capitale di bilancio.

Indipendentemente dal metodo adottato, il *conto* rappresenta lo strumento adeguato per qualsiasi rilevazione quantitativa e si concretizza in un prospetto dedicato all'accoglimento delle quantità relative ad un singolo oggetto di riferimento. Esso, come di seguito specificato, può essere definito l'insieme delle movimentazioni quantitative relative ad un determinato oggetto: ogni fatto gestionale, pertanto, è annotato in uno o più conti che ne misurano il valore.

4.2. *Il conto ed i metodi di rilevazione contabile: la partita doppia*

Il *metodo della partita doppia* rappresenta la metodologia per la determinazione delle grandezze aziendali rappresentate dal reddito e dal capitale di funzionamento.

Lo strumento elementare di rilevazione attuativo di tale metodo, il *conto*, è costituito da un prospetto i cui elementi identificativi sono i seguenti:

- l'*oggetto* della rilevazione;
- la *denominazione* dell'oggetto.

Il conto consente di conoscere in ogni momento l'ammontare complessivo di un determinato oggetto di misurazione in funzione delle variazioni ad esso correlate e di inserire tale informazione all'interno di un più ampio sistema di valori e ciò in quanto accoglie tutte le variazioni nelle quantità relative ad un oggetto per effetto del succedersi degli accadimenti gestionali.

Il conto viene acceso (ovvero aperto) per seguire le variazioni di determinate operazioni (l'oggetto di conto). A tal fine esso può articolarsi in una o più *sezioni*. Nel suo percorso evolutivo il conto è stato dapprima tipicamente *unisezionale*, per poi acquisire la forma grafica *bisezionale* attraverso la semplice sovrapposizione di due conti *unisezionali*. I primi esempi di conti *bisezionali* (a sezioni divise e contrapposte) sono riscontrabili nella rilevazione delle posizioni creditorie e debitorie: in particolare, nel caso di crediti vantati dall'azienda, intestando il conto di riferimento al soggetto debitore, in una sezione venivano annotate le somme che questi doveva corrispondere (*dare*) all'azienda, nell'altra quelle già corrisposte (*avute*); viceversa nel caso di debiti dell'azienda, mediante intestazione di un conto al soggetto creditore, in una sezione venivano indicate le somme che questi doveva ricevere (*avere*), nell'altra quelle già corrisposte (*dare*).

Da tale impostazione è derivata l'articolazione dei conti bisezionali in due sezioni denominate rispettivamente *dare*, a sinistra, e *avere*, a destra. Nel contesto attuale tale distinzione ha perso il significato originario [23], avendo convenzionalmente la sola funzione di individuare la relativa sezione del conto.

L'applicazione del *metodo della partita doppia* all'interno del *sistema del capitale e del risultato economico*, si è già visto, comporta la distinzione tra variazioni finanziarie e variazioni economiche, fra loro correlate, che sono accolte in distinte serie di conti.

L'utilizzo dei conti in coerenza con il metodo della partita doppia si esplica attraverso alcune modalità operative che prevedono di:

- *accendere* o *aprire* un conto, ovvero intestare un conto ad un determinato oggetto e procedere alla rilevazione della prima variazione ad esso relativa;
- *tenere* o *movimentare* un conto, attraverso le successive rilevazioni relative al medesimo oggetto;
- *addebitare* un conto, ovvero iscrivere un valore nella rispettiva sezione dare;
- *accreditare* un conto, ovvero iscrivere un valore nella rispettiva sezione avere [24].

Una volta acceso, il conto presenterà:

- dei *totali di sezione*, quale somma delle variazioni iscritte nella sezione dare o in quella avere;
- un *saldo*, quale differenza tra totale dare e totale avere delle variazioni relative ad un determinato oggetto di conto;
- un *saldo dare*, nel momento in cui il totale dare delle variazioni di un determinato oggetto di conto è superiore al totale avere del medesimo conto;
- un *saldo avere*, nel momento in cui il totale avere delle variazioni di un determinato oggetto di conto risulta superiore al totale dare.

Con le operazioni di *giroconto* si trasferisce il saldo di un conto ad un conto intestato ad un oggetto diverso, e con le operazioni di *chiusura*, dopo

---

[23] Tipica di un sistema di gestione personalistica dei conti, come ad esempio quello logismografico ad opera di Giuseppe Cerboni. Si veda in merito l'approfondimento contenuto in: G. PAOLONE-L. D'AMICO (a cura di), *I principi e i modelli de l'Economia Aziendale*, cit., p. 13 e segg.

[24] Pertanto addebitare o accreditare un conto non ha alcun significato se non iscrivere un importo rispettivamente nella sezione dare o in quella avere di un conto.

aver determinato il saldo di un conto, il relativo ammontare viene iscritto nella sezione opposta in modo da bilanciare il totale delle due sezioni come ultima scrittura di conto.

Un conto, inoltre, può essere:

- *spento*, nel momento in cui presenta un saldo nullo senza possibilità di riattivazione;
- di *contropartita*, quale conto movimentato contemporaneamente a quello in cui si registra la variazione, ma nella sezione opposta;
- *unifase*, qualora la rilevazione delle variazioni dell'oggetto relativo avviene sempre nella medesima sezione;
- *bifase*, qualora la rilevazione delle variazioni dell'oggetto relativo avviene in entrambe le sezioni.

Il conto viene convenzionalmente rappresentato, nella sua struttura sintetica, come segue (Figura 8):

Figura 8 – **Rappresentazione sintetica della struttura del conto**

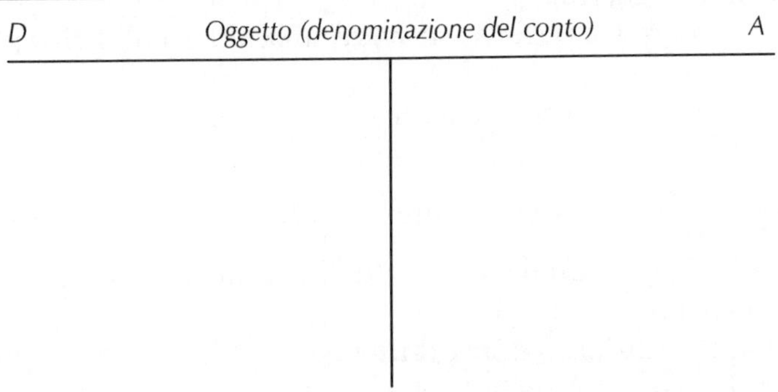

L'evoluzione della tecnica contabile e della pratica informatica, però, ha comportato l'adozione, all'interno dei sistemi formali di rilevazione, di conti a struttura complessa, definiti *schede contabili* che, oltre alla tradizionale articolazione in due sezioni, presentano una descrizione dell'operazione e possono avere forma scalare e ciò fa sì che la su esposta rappresentazione del conto abbia esclusiva valenza didattica.

Dall'esame di una scheda contabile è possibile conoscere il saldo di un conto e verificare il susseguirsi delle operazioni che hanno interessato quel conto.

Il conto può pertanto assumere la forma a sezioni divise e contrapposte, come segue (Figura 9).

Figura 9 – **Conto a sezioni divise e contrapposte**

Dare	c/...					Avere
Data	Descrizione	Valori		Data	Descrizione	Valori
../../..	...	...		../../..	...	...

Il conto può inoltre assumere la forma a sezioni divise e accostate che si differenzia dalla precedente poiché la parte descrittiva è comune alle due sezioni che risultano affiancate (Figura 10).

Figura 10 – **Conto a sezioni divise e accostate**

c/...			
Data	Descrizione	Valori	
		Dare	Avere
../../..	...	...	
../../..	...		...

A tale struttura di conto può essere aggiunta una ulteriore colonna in cui riportare progressivamente il saldo, ottenendo in tal modo il conto a *sezioni divise e accostate a saldi* (Figura 11).

Figura 11 – **Conto a sezioni divise e accostate con saldi periodici**

c/...				
Data	Descrizione	Valori		Saldo
		Dare	Avere	
../../..	...	...		
../../..	...		...	...

Unendo, infine, le colonne dei valori, si perviene al conto in *forma scalare*, in cui le colonne dei valori sono unificate mentre una colonna specifica il segno contabile della variazione (dare o avere), calcolando il saldo al termine di ogni operazione (Figura 12).

Figura 12 – **Conto a forma scalare**

c/...			
Data	Descrizione	Segno	Valori
../../..	...	D	...
../../..	...	A	...
		D	...

I sistemi contabili informatizzati, il più delle volte, adottano il conto a sezioni divise ed accostate, e ancor più quello a sezioni divise e accostate a saldi, anche in considerazione della possibilità di avere sempre disponibile il saldo del singolo conto.

Con riferimento al sistema del capitale e del risultato economico, si è detto, i conti possono essere classificati, in funzione della loro natura, in due categorie, ovvero quella dei *conti economici* e quella dei *conti finanziari*. Generalmente i conti accesi ad oggetti di natura economica seguono un funzionamento unifase; viceversa sono bifase tutti i conti accesi ad oggetti di natura finanziaria.

In funzione del grado di analiticità dell'oggetto cui il conto viene acceso e movimentato è possibile, inoltre, distinguere tra conti di *gruppo*, se accesi ad oggetti ulteriormente scomponibili, e conti di *sviluppo*, se accesi ad oggetti risultanti dalla scomposizione dei primi.

Se il conto è il principale strumento di rilevazione contabile, è necessario il riferimento ad un *metodo* che possa consentire una ordinata attività di rilevazione, in coerenza con i presupposti del sistema di interpretazione dei fatti gestionali che si è detto essere quello del capitale e del risultato economico.

A tal proposito tra i molteplici *metodi di rilevazione contabile* (denominati *partite*) quello che meglio risponde alle esigenze conoscitive perseguite con le rilevazioni contabili è il *metodo della partita doppia*.

Esso si basa sul concetto generale che ogni operazione aziendale presenta un duplice aspetto in modo che per ognuna di esse si possano interessare due o più conti del sistema in sezioni contrapposte.

In particolare, il metodo della partita doppia si fonda su quattro regole fondamentali:

1. è necessario effettuare sempre una doppia rilevazione di ogni singolo fatto gestionale, per cui qualsiasi quantità oggetto di scritturazione deve es-

sere rilevata simultaneamente due volte; tale presupposto individua il cosiddetto principio *dualistico*, in base al quale ciascun oggetto di rilevazione deve poter essere osservato sotto due aspetti, l'uno originario e l'altro derivato, la cui manifestazione deve essere simultanea;

2. la rilevazione contabile deve essere effettuata in due conti diversi;
3. le sezioni dei due conti devono accogliere le movimentazioni in maniera antitetica (ovvero in sezioni opposte);
4. i valori non possono mai assumere segno algebrico, ma solo segno contabile (dare o avere) in modo che una qualsiasi sottrazione o rettifica di un valore addebitato può essere operata solo con un accreditamento e, viceversa, la variazione di un valore accreditato può essere eseguita solo con un addebitamento.

Le caratteristiche strutturali della partita doppia sono tali da permettere una serie di controlli automatici la cui mancata verifica consente l'individuazione di eventuali errori di rilevazione. Dalle regole generali, infatti, derivano il *teorema fondamentale della partita doppia* ed i suoi *corollari*:

1. l'esecuzione delle rilevazioni contabili sistematiche deve avvenire in modo tale da realizzare in qualsiasi momento l'uguaglianza fra le variazioni iscritte nella sezione dare e quelle iscritte nella sezione avere dei conti movimentati per effetto della rilevazione di un certo fatto gestionale;
2. il totale di tutti i saldi dei conti dare deve coincidere con il totale di tutti i saldi dei conti avere;
3. la somma dei saldi di una serie di conti è uguale, ma di segno opposto, alla somma dei saldi della restante serie di conti.

4.3. *Il metodo della partita doppia applicato al sistema del capitale e del risultato economico*

Il *metodo* si occupa di comporre le scritture secondo determinate *norme* riguardanti l'*ordine*, la *forma* ed il *collegamento*, laddove l'insieme delle scritture relative ad un determinato oggetto complesso rappresenta il contenuto in coerenza con il sistema di interpretazione (il sistema del capitale e del risultato economico).

Il metodo della partita doppia deve, pertanto, essere applicato al sistema del capitale e del risultato economico in modo da assicurare una rilevazione ordinata dei fatti gestionali.

Lo schema globale delle variazioni derivante dall'interpretazione dei fatti gestionali secondo il sistema del capitale e del risultato economico propone, come già detto, una classificazione dei valori secondo natura procedendo a contrapporre all'aspetto *finanziario*, originario o misuratore, quello *economico*, derivato o misurato.

In tale distinzione di aspetti trova supporto il principio *dualistico* delle scritture doppie: in altre parole la prima regola di funzionamento del metodo della partita doppia, consistente nella duplice e simultanea osservazione dei fatti gestionali, risulta coerente con l'individuazione dei due aspetti, finanziario ed economico, nell'ambito del sistema di interpretazione prescelto.

La seconda regola della partita doppia, consistente nella rilevazione in due conti diversi, conduce all'individuazione di due serie di conti distinte in funzione della natura degli oggetti da rilevare: in tal modo alla prima serie di conti finanziari si contrapporrà una seconda serie di conti di natura economica.

In base alla terza regola della partita doppia, inoltre, le due serie di conti funzioneranno in modo antitetico. Le variazioni vengono rilevate nella sezione dare o nella sezione avere dei conti accesi agli specifici oggetti di misurazione economica e finanziaria, in base a regole convenzionali proprie del metodo: in tal modo le sezioni indicheranno anche il segno contabile delle variazioni non potendosi procedere all'applicazione del segno algebrico.

Il processo di rilevazione muove dalla preventiva individuazione delle variazioni finanziarie e dalla contemporanea individuazione di quelle economiche, quale misura delle grandezze di reddito e del correlato capitale di funzionamento.

Al fine di perfezionare la rilevazione contabile è necessario individuare la sezione del conto in cui iscrivere la variazione e ciò avviene in base alle regole convenzionali cui si accennava sopra. In particolare, si stabilisce che i conti accesi agli oggetti di natura finanziaria funzionino in modo da accogliere in dare le variazioni aumentative ed in avere quelle diminutive, mentre per quelli accesi ad oggetti di natura economica si prevede, all'opposto, che le variazioni incrementative siano accolte in avere e quelle diminutive in dare.

Quanto detto finora è valido per tutte quelle operazioni, definite di misurazione, per cui una variazione finanziaria, positiva o negativa, misura sempre una variazione economica dello stesso segno.

Nel caso in cui, invece, le operazioni di gestione determinano variazioni simultanee e contrapposte in oggetti di conto della stessa specie, definite operazioni di compensazione, si procede applicando il principio dualistico alla contrapposizione del segno contabile, operando quindi movimentazioni in sezioni opposte di conti diversi, ma comunque aventi la medesima natura.

Si osservi, nella Figura 13, lo schema convenzionale generale di funzionamento dei conti.

Figura 13 – **Schema generale di funzionamento dei conti**

D c/finanziari	A	D c/economici	A
VF +	VF –	VE –	VE +
+ denaro + crediti fun. – debiti fun. + crediti fin – debiti fin.	– denaro + debiti fun. – crediti fun. + debiti fin – crediti fin.	costi (rettif. di ricavi) – capitale netto	ricavi (rettif. di costi) + capitale netto

È possibile a questo punto individuare i seguenti gruppi di operazioni aziendali in funzione delle combinazioni di variazioni all'interno dello stesso settore o in settori diversi:

1. operazioni che investono esclusivamente il settore finanziario (*compensazione finanziaria*), rilevabili mediante l'addebitamento e l'accreditamento di due conti finanziari diversi esprimenti variazioni finanziarie di segno opposto. Schematicamente si avrà:

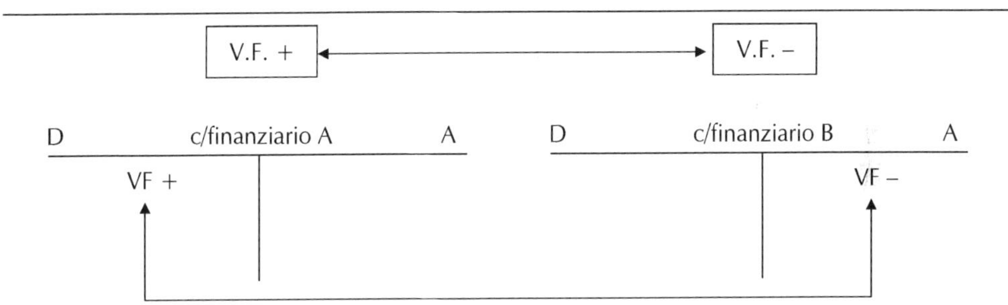

2. operazioni che esauriscono il loro effetto esclusivamente nel settore economico (*compensazione economica*), rilevabili mediante addebitamento e accreditamento di due conti diversi aventi entrambi natura economica. Si veda il seguente schema:

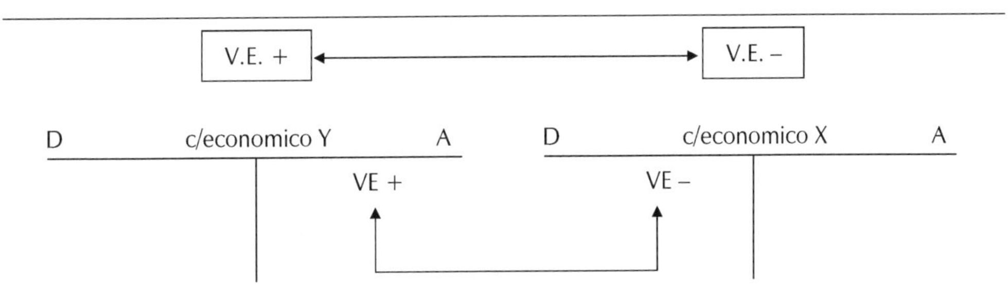

3. operazioni di *misurazione positiva*, riconducibili ad una variazione finanziaria positiva che misura una variazione economica dello stesso segno, rilevabili mediante addebitamento in un conto finanziario del valore e accreditando in corrispondenza un conto di natura economica dello stesso valore. Si veda il seguente schema:

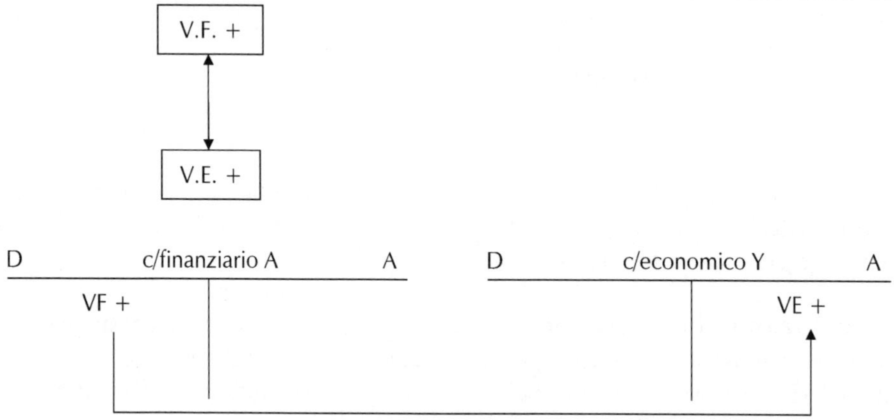

4. operazioni di *misurazione negativa*, riconducibili ad una variazione finanziaria negativa che misura una variazione economica dello stesso segno, rilevabili mediante accreditamento in un conto finanziario del valore e addebitando in corrispondenza un conto di natura economica dello stesso valore. Si veda il seguente schema:

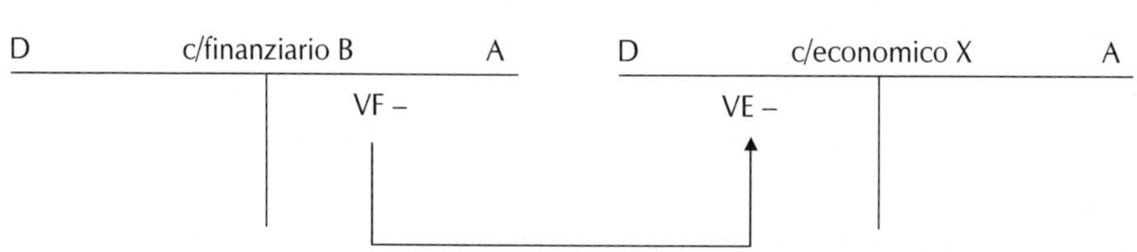

5. operazioni *miste positive*, rilevabili mediante addebitamento e accreditamento di conti finanziari esprimenti variazioni finanziarie di segno opposto e di importo diverso, con ulteriore accredito di conti economici espri-

menti variazioni economiche di segno positivo. Si veda il seguente schema:

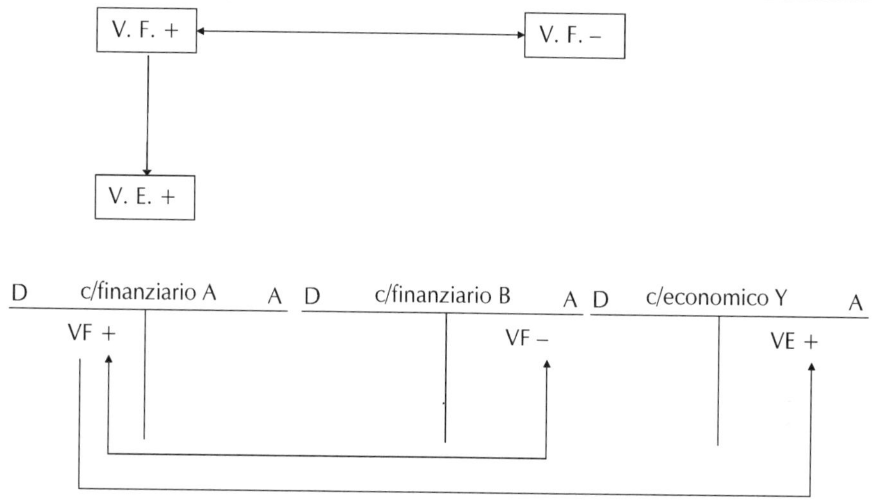

6. operazioni *miste negative*, rilevabili mediante addebitamento e accreditamento di conti finanziari esprimenti variazioni finanziarie di segno opposto e di importo diverso, con ulteriore addebito di conti economici esprimenti variazioni economiche di segno negativo. Si veda lo schema seguente:

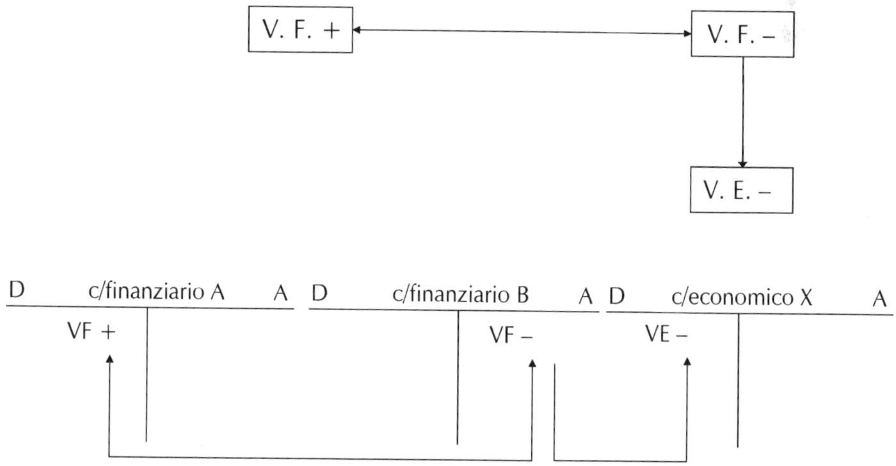

Riepilogando le possibili movimentazioni dei conti in uno schema generale si perviene alla seguente rappresentazione di sintesi (Figura 14):

Figura 14 – **Quadro di sintesi delle variazioni e funzionamento dei conti**

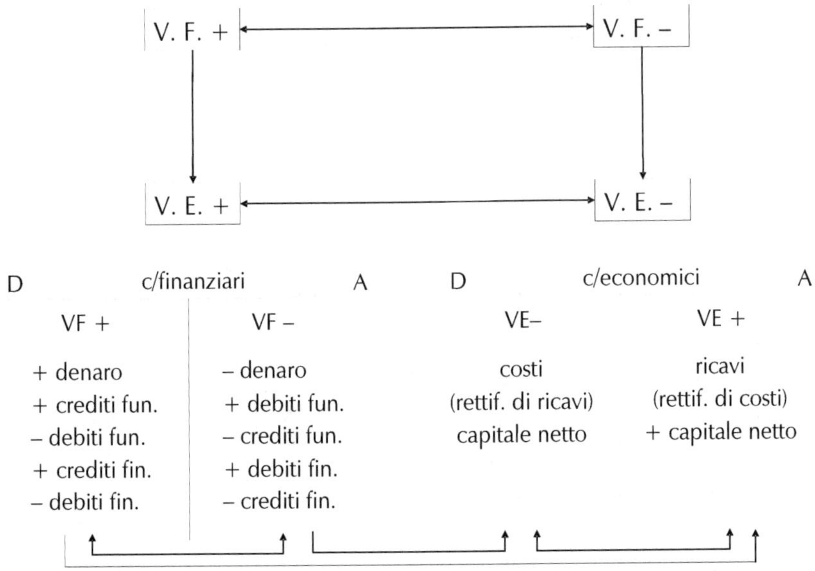

Lo schema riepilogativo evidenzia come ad ogni singolo addebitamento corrisponda un accreditamento di pari importo, in coerenza con quanto previsto dalle tre proprietà del metodo della partita doppia su esposte. Nella realtà degli accadimenti aziendali, inoltre, si possono riscontrare operazioni che determinano variazioni di oggetti di diversa specie, ma della stessa natura, nel qual caso la dualità degli aspetti rimane valida, pur in presenza di movimentazione di un maggior numero di conti.

4.4. *L'ordinamento cronologico e sistematico delle rilevazioni contabili*

L'applicazione del metodo della partita doppia alla rilevazione contabile richiede che questa sia *sistematica* e *cronologica*.

Secondo il criterio sistematico, le variazioni dei singoli oggetti, finanziari ed economici, vengono rilevate e classificate con rigidi criteri di omogeneità nei corrispondenti conti ad essi intestati. Con il criterio cronologico, le operazioni vengono rilevate in base al succedersi temporale del loro svolgimento.

Tali criteri di rilevazione consentono di osservare tutte le operazioni di gestione che in ordine cronologico hanno comportato scambi con l'esterno nell'arco di un determinato periodo di tempo, escludendo eventuali errori o duplicazione nelle rilevazioni. Attraverso l'elaborazione di informazioni aggregate circa gli oggetti di conto, inoltre, è possibile pervenire in ultima istanza alle sintesi di periodo.

L'ordinamento cronologico si realizza con le registrazioni sul *libro giornale*, quello sistematico con le registrazioni sul *libro mastro*.

Nella sua forma classica il libro giornale è strutturato come segue (Figura 15).

Figura 15 – **Libro giornale**

				4			
1	2	3	7	a	8	5	6

I numeri indicano rispettivamente:

1. la colonna in cui viene indicato il numero progressivo della registrazione;
2. la colonna in cui viene annotato il codice del conto, o dei conti, da addebitare;
3. la colonna in cui viene annotato il codice del conto, o dei conti, da accreditare;
4. lo spazio in cui viene riportata la data dell'operazione;
5. la colonna dei valori parziali;
6. la colonna dei valori totali;
7. la parte descrittiva in cui vengono riportate le denominazioni dei conti da addebitare;
8. la parte descrittiva in cui vengono riportate le denominazioni dei conti da accreditare che viene tradizionalmente preceduta dalla preposizione "a".

Le singole registrazioni prendono il nome di *articoli* o *scritture* e vengono separate tra loro da barre orizzontali sia nella parte descrittiva che in quella numerica.

Gli articoli sul libro giornale possono distinguersi in *semplici*, qualora ad un solo conto da addebitare corrisponda un solo conto da accreditare, ovvero in *composti*, nel caso in cui ad un solo conto da addebitare corrispondono due o più conti da accreditare, oppure a due o più conti da addebitare corrisponde un solo conto da accreditare, ovvero in *complessi*, qualora a due o più conti da addebitare corrispondono due o più conti da accreditare.

L'ordinamento sistematico delle rilevazioni viene realizzato nel *libro ma-*

stro che raggruppa tutti i conti (detti anche mastri o mastrini), movimentati con le registrazioni contabili.

Sia il libro giornale che il libro mastro possono assumere diverse configurazioni in funzione delle varie tecniche di rilevazione. L'intervento delle tecniche di rilevazione informatiche ha soppiantato la tenuta manuale della contabilità, legata al mantenimento dei due libri strutturati come visto in precedenza, ottenendo così giornali stampati con l'impiego di elaboratori elettronici. Nella contabilità automatizzata, infatti, il giornale assume una configurazione riconducibile a quella classica mentre il mastro utilizza conti descrittivo-numerici a sezioni divise ed accostate e a saldi. Il vantaggio della contabilità automatizzata si riscontra in una gestione integrata dei dati immessi producendo sia la registrazione degli articoli sul giornale che quella sul mastro.

4.5. *I sistemi minori (o supplementari)*

L'articolazione degli accadimenti gestionali nell'ambito dell'attività d'impresa presenta operazioni dalle quali non discendono direttamente registrazioni contabili coerenti con il sistema di interpretazione principale (il sistema del capitale e del risultato economico). Ciò implica che tali operazioni particolari non determinano il sorgere di variazioni, né finanziarie né economiche, non avendo nessun effetto diretto sulle grandezze di reddito e di capitale d'impresa, ma consistono in operazioni non ancora realizzate ovvero in corso di perfezionamento. In particolare, esse possono:

- comportare per l'azienda l'assunzione di *impegni* e/o di *rischi*;
- essere relative all'utilizzo, e/o alla trasformazione, di *beni di proprietà di terzi*;
- essere relative alla cessione in uso, o in c/lavorazione, *di beni aziendali a terzi*.

Risulta evidente la rilevanza di tali operazioni sulla generale economia dell'impresa pur non comportando effetti diretti sulle principali grandezze aziendali. Per tale motivo, in coerenza con il generale principio bilancistico della chiarezza[25], in virtù delle conseguenze che ne derivano o che ne potrebbero derivare, è necessario che tali operazioni siano comunque rilevate.

L'impossibilità di ricorrere al sistema d'interpretazione principale, però, impone il ricorso ai cosiddetti *sistemi minori* (o *impropri*, o *supplementari*) che consentono la rilevazione di alcuni aspetti relativi alle singole operazioni in specifici conti denominati *conti d'ordine*.

---

[25] Nonché in coerenza con il postulato generale della rilevanza delle informazioni, statuito dai principi contabili nazionali (OIC 11) e da quelli internazionali (*Framework*; IAS 1).

A tal proposito, se in precedenza il codice civile prevedeva espressamente all'art. 2424, comma 3, l'inserimento dei conti d'ordine nel bilancio in calce allo stato patrimoniale, per effetto dell'intervenuto D.Lgs. n. 139/2015, che ha abrogato tale comma, le informazioni che prima andavano indicate in tali conti d'ordine, vanno attualmente indicate in nota integrativa al n. 9, comma 1 dell'art. 2427 c.c.[26]. L'art. 2427, comma 1, n. 22 *ter*, c.c., prevede altresì l'esplicitazione dei cosiddetti accordi fuori bilancio, ovvero accordi o altri atti, anche collegati tra loro, i cui effetti non risultano dallo stato patrimoniale ma che possono esporre la società a rischi o generare per la stessa benefici significativi la cui conoscenza è utile per i destinatari dell'informativa di bilancio.

Per la loro rilevazione in itinere, comunque, anche al sistema dei conti d'ordine viene applicato il metodo della partita doppia fondato sul principio dualistico. A tal proposito la duplicità degli aspetti di osservazione viene garantita individuando, quale aspetto originario dell'operazione, quello relativo all'*oggetto* di essa e, quale aspetto derivato, quello inerente il *soggetto* con cui l'operazione viene posta in essere.

In tal modo, la contabilizzazione dei conti d'ordine avviene secondo la seguente convenzione che prende in considerazione primariamente la dinamica dell'oggetto[27]:

- i conti all'oggetto sono movimentati in "dare" nel caso di acquisizione o acquisibilità dell'oggetto (bene, diritto, rischio), mentre sono movimentati in "avere" in caso di cessione o trasferimento del medesimo oggetto;
- i conti al soggetto hanno un funzionamento evidentemente antitetico, laddove l'ingresso del soggetto nel rapporto con l'azienda determina una movimentazione in "avere", mentre il venir meno del soggetto medesimo dal rapporto viene riportata in "dare".

La chiusura del conto d'ordine avverrà al venir meno del presupposto che ne ha provocato l'accensione e comporterà la registrazione della scrittura di storno.

I conti d'ordine relativi agli *impegni* evidenziano contabilmente i principali impegni assunti dall'azienda nei confronti dei terzi in merito, ad esem-

---

[26] Il cui testo recita: *"la nota integrativa deve indicare, oltre a quanto stabilito da altre disposizioni: (...) l'importo complessivo degli impegni, delle garanzie e delle passività potenziali non risultanti dallo stato patrimoniale, con indicazione della natura delle garanzie reali prestate; gli impegni esistenti in materia di trattamento di quiescenza e simili, nonché gli impegni assunti nei confronti di imprese controllate, collegate, nonché controllanti e imprese sottoposte al controllo di quest'ultime sono distintamente indicati"*. In coerenza a ciò, il precedente principio contabile OIC 22 specificamentre dedicato ai conti d'ordine è stato abrogato e l'informativa in essi contenuta è ora diciplinata dall'OIC 12 che ne stabilisce appunto l'inserimento in nota integrativa.

[27] Si tratta comunque di una "forzatura" contabile, cui si ricorre esclusivamente al fine di rispettare i presupposti teorici della partita doppia e mantenere bilanciante l'intero sistema delle rilevazioni.

pio, a contratti di compravendita ad esecuzione differita, a finanziamenti accordati da erogare, ecc.

Ad esempio, supponendo che una società riceva fideiussioni a garanzia di un prestito per l'importo di 100.000 €, sul libro giornale si riporta il seguente articolo:

			../../..		
			Fideiussioni ricevute da terzi a Creditori per fideiussioni		100.000

Sul libro mastro si riportano di conseguenza le relative movimentazioni accendendo due conti intestati rispettivamente all'oggetto (Fideiussioni ricevute da terzi) ed al soggetto (Creditori per fideiussioni) dell'operazione.

Al momento dell'estinzione del prestito garantito si procede a rilevare la cessazione dell'impegno mediante scrittura di storno.

Mediante il sistema dei *rischi* è possibile rilevare quelle operazioni dalle quali potrebbe derivare un rischio per l'azienda, non rientranti nelle garanzie e negli impegni. Esempi tipici di tale fattispecie sono rappresentati dal rischio di regresso sugli effetti scontati e riscontati, costituito dall'eventualità di dover rimborsare il credito, ovvero dalle garanzie prestate a terzi.

Ad esempio, si ipotizza che una società abbia presentato allo sconto effetti commerciali per un valore di 5.000 €; sul libro giornale si riporta il seguente articolo:

			../../..		
			Rischi di regresso su effetti scontati a Banca XY c/effetti scontati		5.000

Sul libro mastro si riportano di conseguenza le relative movimentazioni accendendo due conti intestati rispettivamente all'oggetto (Rischi di regresso su effetti scontati) ed al soggetto (Banca XY c/effetti scontati) dell'operazione.

Accertato il buon esito degli effetti si provvede alla cancellazione del rischio con la scrittura inversa.

Con il sistema dei *beni dell'impresa presso terzi* si effettua la contabilizzazione del trasferimento di beni, ad esempio, per lavorazioni, in garanzia, per concessione in leasing, ecc.

Se, ad esempio, una società trasferisce un lotto di semilavorati, del valore di 10.000 € ad un'altra impresa per l'effettuazione di una fase del processo produttivo, sul libro giornale si riporterà il seguente articolo:

			../../..		
			Fornitori c/semilavorati in lavorazione a Semilavorati presso terzi		10.000

Sul libro mastro si riportano di conseguenza le relative movimentazioni accendendo due conti intestati rispettivamente all'oggetto (Semilavorati presso terzi) ed al soggetto (Fornitori c/semilavorati in lavorazione) dell'operazione.

Al momento della restituzione dei semilavorati sul libro giornale viene effettuata la scrittura di storno.

Mediante il sistema dei *beni di terzi* si procede alla contabilizzazione del valore dei beni che, a vario titolo, sono depositati presso l'azienda. La loro indicazione in bilancio evidenzia il rischio che l'impresa si accolla per effetto della custodia, nonché gli eventuali oneri che potrebbero derivarne. Le motivazioni per le quali i beni di terzi sono nella disponibilità dell'impresa possono essere, ad esempio, il deposito, la cauzione, il pegno, la tentata vendita, il comodato, la lavorazione e la locazione.

Si supponga, ad esempio, che una società riceva una partita di merci del valore di 12.000 € da un'altra impresa al fine di effettuare una specifica lavorazione; sul libro giornale si riporta il seguente articolo:

			../../..		
			Merci di terzi in lavorazione a Clienti c/merci in lavorazione		12.000

Sul libro mastro si riportano di conseguenza le relative movimentazioni accendendo due conti intestati rispettivamente all'oggetto (Merci di terzi in lavorazione) ed al soggetto (Clienti c/merci in lavorazione) dell'operazione.

Al completamento della fase di lavorazione i semilavorati verranno restituiti al cliente e, cessando il rapporto, sul libro giornale verrà effettuata la relativa scrittura di storno.

4.6. *Il piano dei conti*

L'ordinata tenuta della contabilità nell'ambito dell'attività dell'impresa prevede che tutti gli accadimenti gestionali vengano rilevati ricorrendo alla movimentazione dei conti accesi ai diversi oggetti interessati dalle molteplici operazioni aziendali. L'individuazione preventiva degli oggetti dei quali si intende rilevare le relative variazioni consente di costituire una struttura logica di articolazione e di suddivisione funzionale del sistema dei conti ai prestabiliti obiettivi conoscitivi.

In prima approssimazione, l'articolazione del sistema dei conti rispecchia il sistema di interpretazione dei fatti gestionali, in modo che, nel caso del sistema del capitale e del risultato economico, propone la distinzione tra una prima serie di conti riferibile ad oggetti aventi natura finanziaria, quali il denaro, i crediti ed i debiti, ed una seconda serie riferibile ad oggetti aventi natura economica, quali costi, ricavi e capitale netto.

L'articolazione del sistema dei conti deve però prevedere un livello di analiticità maggiore, in virtù delle specifiche esigenze informative. A tal proposito il *piano dei conti* definisce i livelli di raggruppamento dei conti in coerenza con criteri di ragionevole omogeneità ed i principi ispiratori delle suddivisioni e dei collegamenti al suo interno da porre alla base delle rilevazioni sistematiche.

In mancanza di una specifica previsione legislativa, civile e fiscale, la singola azienda può definire la struttura del piano dei conti da adottare in funzione delle proprie esigenze conoscitive, optando per determinati livelli di analiticità e per particolari criteri di classificazione [28].

Il piano dei conti, infatti, potrà essere coerente con la struttura organizzativa esistente e potrà rilevare, ad esempio, costi e ricavi per reparto produttivo ovvero per area funzionale. Potrà altresì rispondere alle esigenze di un sistema di contabilità industriale proponendo una prima articolazione dei costi secondo determinati criteri, oppure rispondere alle esigenze derivanti da ulteriori rilevazioni contabili ed extracontabili quali le contabilità speciali esecutive o l'analisi di bilancio per indici e per flussi.

Il livello di analiticità del piano dei conti deve, quindi, consentire una agevole ed oggettiva imputazione delle variazioni rilevate nei rispettivi conti riducendo eventuali incertezze interpretative ed imputazioni soggettive.

Tali esigenze possono essere contemperate predisponendo un piano dei conti che presenti differenti livelli di analiticità ed una opportuna codificazione, soprattutto in presenza di procedure automatizzate di rilevazione [29].

Supponendo, ad esempio, un piano dei conti strutturato su quattro livelli di analiticità, l'individuazione del conto accogliente il costo di acquisto di un impianto XY avverrebbe come segue:

---

[28] È fondamentale comunque che il piano dei conti presenti un contenuto minimale coerente con gli schemi di bilancio ed i prospetti richiesti dalle normative civilistica e fiscale, i quali di fatto già propongono un livello minimo di analiticità a cui esso deve necessariamente conformarsi.

[29] La graduazione del livello di analiticità sarà coerente con la struttura organizzativa esistente e le esigenze conoscitive specifiche e potrà agevolare il collegamento dei dati ottenibili con quelli utili per le altre rilevazioni contabili, come quelle relative alle contabilità speciali esecutive, e per quelle extracontabili.

Mastro: 02 IMMOBILIZZAZIONI
Sottomastro: 02 *IMMOBILIZZAZIONI MATERIALI*
Conto: 02 Impianti e Macchinario
Sottoconto: 001 *Impianto XY*

Il costo di acquisto dell'impianto XY verrebbe accolto nel sottoconto 02.02.02.001 "Impianto XY". Il conto "Impianti e macchinario" accoglierebbe, invece, il valore cumulativo di tutti gli impianti ed i macchinari acquisiti dall'impresa. Il sottomastro "Immobilizzazioni materiali" riporterebbe il valore complessivo di tutte le immobilizzazioni materiali, mentre nel mastro "Immobilizzazioni" confluirebbe il valore complessivo di tutti i beni immobilizzati di proprietà dell'impresa.

La corretta progettazione del piano dei conti, pertanto, è presupposto fondamentale per la redazione di un bilancio di esercizio chiaro, veritiero e corretto, poiché consente di comprendere l'articolazione del sistema contabile, nonché di stabilire la correlazione fra i conti analitici e i conti sintetici che a diversi livelli li riepilogano.

Resta inteso che il piano dei conti è uno strumento per sua natura flessibile, in grado di adattarsi all'evolversi delle condizioni di vita e di sviluppo dell'azienda.

Si propone di seguito un possibile schema di piano dei conti articolato su tre livelli, e coerente con le esigenze informative di un'impresa industriale nel pieno rispetto della normativa disciplinante la materia degli schemi di bilancio.

Piano dei conti di un'impresa con veste giuridica di S.p.A.

- 01. Crediti v/ soci per versamenti ancora dovuti
  - 01.01. Crediti v/soci per quota da liberare
  - 01.02. Crediti v/soci per quota richiamata
- 02. Immobilizzazioni
  - 02.01. Immobilizzazioni immateriali
    - 02.01.1. Costi di impianto e di ampliamento
    - 02.01.2. Costi di sviluppo
    - 02.01.3. Diritti di brevetto ind.le e dir. di utilizz. delle opere di ing.
    - 02.01.4. Concessioni, licenze, marchi e diritti simili
    - 02.01.5. Avviamento
    - 02.01.6. Immobilizzazioni in corso e acconti
    - 02.01.7. Altre immobilizzazioni immateriali
  - 02.02. Immobilizzazioni materiali
    - 02.02.1. Terreni
    - 02.02.2. Fabbricati
    - 02.02.3. F.do ammortamento fabbricati
    - 02.02.4. Impianti e macchinari
    - 02.02.5. F.do ammortamento impianti e macchinari
    - 02.02.6. Attrezzature industriali e commerciali
    - 02.02.7. F.do amm.to attrezzature ind.li e commerciali
    - 02.02.8. Altri beni

02.02.9. F.do ammortamento altri beni
02.02.10. Immobilizzazioni in corso e acconti
02.03. Immobilizzazioni finanziarie
02.03.1. Partecipazioni in imprese controllate
02.03.2. Partecipazioni in imprese collegate
02.03.3. Partecipazioni in imprese controllanti
02.03.4. Partecipazione in imprese sottoposte al controllo delle controllanti
02.03.5. Partecipazioni in altre imprese
02.03.6. Crediti v/imprese controllate
02.03.7. Crediti v/imprese collegate
02.03.8. Crediti v/controllanti
02.03.9. Crediti v/imprese sottoposte al controllo delle controllanti
02.03.10. Crediti v/altri
02.03.11. Altri titoli
02.03.12. Strumenti finanziari derivati attivi
03. Attivo circolante
03.01. Rimanenze
03.01.1. Rim. finali di mat. prime, sussid. e di consumo
03.01.2. Rim. finali di prod. in corso di lavoraz. e semilav.
03.01.3. Rim. finali di lavori in corso su ordinazione
03.01.4. Rim. finali di prodotti finiti e merci
03.01.5. Acconti
03.02. Crediti
03.02.1. Crediti v/clienti
03.02.2. Crediti v/imprese controllate
03.02.3. Crediti v/imprese collegate
03.02.4. Crediti v/controllanti
03.02.5. Crediti v/imprese sottoposte al controllo delle controllanti
03.02.6. Crediti tributari
03.02.7. Imposte anticipate
03.02.8. Altri crediti
03.02.9. F.do svalutazione crediti
03.03. Attività finanziarie non immobilizzate
03.03.1. Partecipazioni in imprese controllate
03.03.2. Partecipazioni in imprese collegate
03.03.3. Partecipazioni in imprese controllanti
03.03.4. Partecipazioni in imprese sottoposte al controllo delle controllanti
03.03.5. Altre partecipazioni
03.03.6. Strumenti finanziari derivati attivi
03.03.7. Altri titoli
03.04. Disponibilità liquide
03.04.1. Depositi bancari e postali
03.04.2. Assegni
03.04.3. Denaro e valori in cassa
04. Ratei e risconti attivi
04.01. Ratei attivi
04.02. Risconti attivi e costi anticipati
05. Patrimonio netto
05.01. Capitale sociale

05.02. Riserva da sovrapprezzo azioni
05.03. Riserva di rivalutazione
05.04. Riserva legale
05.05. Riserve statutarie
05.06. Altre riserve
05.07. Riserva per operazioni di copertura dei flussi finanziari attesi
05.08. Utile portato a nuovo
05.09. Perdita portata a nuovo
05.10. Utile dell'esercizio precedente
05.11. Perdita dell'esercizio precedente
05.12. Utile dell'esercizio
05.13. Perdita dell'esercizio
05.14. Riserva negativa per azioni proprie in portafoglio

06. Fondi per rischi ed oneri
06.01. Fondo per trattamento di quiescenza ed obblighi simili
06.02. Fondo per imposte, anche differite
06.03. Fondo per strumenti derivati passivi
06.04. Altri

07. Trattamento di fine rapporto di lavoro subordinato
07.01. Trattamento di fine rapporto per dipendenti
07.02. Trattamento di fine rapporto per dirigenti

08. Debiti
08.01. Obbligazioni
08.02. Obbligazioni convertibili
08.03. Debiti v/soci per finanziamenti
08.04. Debiti v/banche
08.05. Debiti v/altri finanziatori
08.06. Acconti
08.07. Debiti v/fornitori
08.08. Debiti rappresentati da titoli di credito
08.09. Debiti v/imprese controllate
08.10. Debiti v/imprese collegate
08.11. Debiti v/controllanti
08.12. Debiti v/imprese sottoposte al controllo delle controllanti
08.13. Debiti tributari
08.14. Debiti v/istituti di previdenza e di sicurezza sociale
08.15. Altri debiti

09. Ratei e risconti passivi
09.01. Ratei attivi
09.02. Risconti passivi e ricavi anticipati

10. Valore della produzione
10.01. Ricavi delle vendite e delle prestazioni
10.01.1. Ricavi di vendita di beni
10.01.2. Rettifiche di ricavi di vendita
10.01.3. Ricavi di prestazione di servizi
10.02. Variazioni delle rimanenze
10.02.1. Prodotti in corso di lavorazione e semilavorati c/Rim. iniziali
10.02.2. Prodotti in corso di lavorazione e semilavorati c/Rim. finali
10.02.3. Prodotti finiti c/Rimanenze iniziali
10.02.4. Prodotti finiti c/Rimanenze finali
10.03. Variazione dei lavori in corso su ordinazione

- 10.03.1. Lavori in corso su ordinazione c/Rimanenze iniziali
- 10.03.2. Lavori in corso su ordinazione c/Rimanenze finali

10.04. Incrementi di immobilizzazioni per lavori interni
- 10.04.1. Valore iniziale immobilizzazioni in economia
- 10.04.2. Valore finale immobilizzazioni in economia

10.05. Altri ricavi e proventi
- 10.05.1. Ricavi e proventi vari
- 10.05.2. Contributi in conto esercizio
- 10.05.3 Sopravvenienze attive
- 10.05.4 Plusvalenze
- 10.05.5. Altri proventi straordinari

11. Costi della produzione

11.01. Acquisto di materie prime, sussidiarie, di consumo e merci
- 11.01.1. Acquisto di materie prime
- 11.01.2. Acquisto di materie sussidiarie
- 11.01.3. Acquisto di semilavorati
- 11.01.4. Acquisto di prodotti finiti
- 11.01.5. Acquisto di materie di consumo
- 11.01.6. Acquisto di merci

11.02. Acquisto di servizi
- 11.02.1. Lavorazioni interne
- 11.02.2. Utenze varie
- 11.02.3. Licenze d'uso
- 11.02.4. Consulenze professionali
- 11.02.5. Manutenzioni e riparazioni
- 11.02.6. Pubblicità
- 11.02.7. Provvigioni passive
- 11.02.8. Assicurazioni
- 11.02.9. Altri costi

11.03. Costi per il godimento di beni di terzi
- 11.03.1. Fitti passivi e locazioni
- 11.03.2. Locazioni finanziarie

11.04. Costi per il personale dipendente
- 11.04.1. Salari e stipendi
- 11.04.2. Oneri sociali
- 11.04.3. Trattamento di fine rapporto
- 11.04.4. Trattamento di quiescenza ed obblighi simili
- 11.04.5. Altri costi del personale

11.05. Ammortamenti e svalutazioni
- 11.05.1. Amm.to delle immobilizzazioni immateriali
- 11.05.2. Amm.to delle immobilizzazioni materiali
- 11.05.3. Altre svalutazioni delle immobilizzazioni
- 11.05.4. Svalutazione dei crediti compresi nell'attivo circolante e delle disponibilità liquide

11.06. Variazione delle rimanenze di materie prime, sussidiarie, di consumo e merci
- 11.06.1. Materie prime c/Rimanenze iniziali
- 11.06.2. Materie prime c/Rimanenze finali
- 11.06.3. Materie sussidiarie c/Rimanenze iniziali
- 11.06.4. Materie sussidiarie c/Rimanenze finali
- 11.06.5. Materie di consumo c/Rimanenze iniziali

11.06.6. Materie di consumo c/Rimanenze finali
11.06.7. Merci c/Rimanenze iniziali
11.06.8. Merci c/Rimanenze finali
11.07. Accantonamenti per rischi
11.08. Altri accantonamenti
11.09. Oneri diversi di gestione
11.09.1. Imposte e tasse varie
11.09.2. Oneri diversi
11.09.3. Minusvalenze passive
11.09.4 Sopravvenienze passive
11.09.5 Minusvalenze
11.09.6. Altri oneri straordinari
12. Proventi ed oneri finanziari
12.01. Proventi da partecipazioni
12.01.1. Proventi da partecipazioni in imprese controllate
12.01.2. Proventi da partecipazioni in imprese collegate
12.01.3. Proventi da partecipazioni in imprese controllanti
12.01.4. Proventi da partecipazioni in imprese sottoposte al controllo delle controllanti
12.01.5. Proventi da altre partecipazioni
12.02. Altri proventi finanziari
12.02.1. Proventi da crediti iscritti nelle immobilizzazioni v/imprese controllate
12.02.2. Proventi da crediti iscritti nelle immobilizzazioni v/imprese collegate
12.02.3. Proventi da crediti iscritti nelle immobilizzazioni v/imprese controllanti
12.02.4. Proventi da crediti iscritti nelle immobilizzazioni v/imprese sottoposte al controllo delle controllanti
12.02.5. Proventi da titoli iscritti nelle immobilizzazioni che non costituiscono partecipazioni
12.02.6. Proventi da titoli iscritti nell'attivo circolante che non costituiscono partecipazioni
12.02.7. Altri proventi finanziari
12.02.8. Interessi attivi su crediti v/ clienti
12.02.9. Interessi attivi su depositi bancari
12.02.10. Interessi attivi diversi
12.03. Interessi e altri oneri finanziari
12.03.1. Interessi su debiti v/imprese controllate
12.03.2. Interessi su debiti v/imprese collegate
12.03.3. Interessi su debiti v/imprese controllanti
12.03.4 Interessi su debiti v/imprese sottoposte al controllo delle controllanti
12.03.5. Interessi passivi e oneri su prestiti obbligazionari
12.03.6. Interessi passivi e oneri su finanziamenti
12.03.7. Interessi passivi su debiti v/ fornitori
12.03.8. Interessi passivi su debiti v/ banche
12.03.9. Interessi passivi diversi
12.04. Utili e perdite su cambi
13. Rettifiche di valore di attività e passività finanziarie
13.01. Rivalutazioni
13.01.1. Rivalutazioni di partecipazioni

13.01.2. Rivalutazioni di immobilizzazioni finanziarie che non costituiscono partecipazioni
13.01.3. Rivalutazioni di titoli iscritti all'attivo circolante che non costituiscono partecipazioni;
13.01.4. Rivalutazioni di strumenti finanziari derivati
13.02. Svalutazioni
13.02.1. Svalutazioni di partecipazioni
13.02.2. Svalutazioni di immobilizzazioni finanziarie che non costituiscono partecipazioni
13.02.3. Svalutazioni di titoli iscritti nell'attivo circolante che non costituiscono partecipazioni
13.02.4. Svalutazioni di strumenti finanziari derivati
14. Imposte sul reddito dell'esercizio
14.01. Imposte sul reddito
14.01.1. Imposte correnti IRAP
14.01.2. Imposte correnti IRES
14.01.3. Imposte anticipate IRAP
14.01.4. Imposte anticipate IRES
14.01.5. Imposte differite IRAP
14.01.6. Imposte differite IRES
15. Conti di sintesi
15.01. Stato patrimoniale iniziale
15.02. Stato patrimoniale finale
15.03. Conto economico

4.7. *I criteri di classificazione delle scritture*

Nonostante l'eterogeneità degli accadimenti aziendali, come sottolineato in precedenza, è possibile procedere alla loro rilevazione sistematica ricorrendo ad un sistema di interpretazione degli stessi (il sistema del capitale e del risultato economico), ad un metodo di rilevazione (la partita doppia) e ad uno strumento elementare di rilevazione (il conto). Le rilevazioni contabili risultanti si concretizzano nelle correlate scritture, che possono essere variamente classificate.

Una prima distinzione, ad esempio, può essere operata tra scritture *elementari*, relative ad un singolo oggetto di rilevazione non raccordate a sistema (per es. la tenuta del libro dei beni ammortizzabili) e scritture *sistematiche*, riguardanti più oggetti di rilevazione, riconducibili a sistema nel momento in cui si determinano e rilevano oggetti complessi (per es. la contabilità generale che consente di pervenire alla determinazione del reddito di periodo e del capitale netto di funzionamento).

Altra distinzione può operarsi tra scritture *propedeutiche* e scritture *completive*: le prime hanno un compito meramente preparatorio delle seconde (per es. le scritture in prima nota che consentono lo svolgimento delle scritture completive di contabilità generale).

Sulla base della variabile temporale, inoltre, si può procedere, in contabilità generale, alla distinzione tra scritture *antecedenti*, riguardanti la redazione di piani e programmi preventivi, scritture *concomitanti*, relative alla rilevazione dei fatti di gestione nel momento in cui si verificano e scritture *susseguenti*, generalmente riguardanti la redazione di bilanci e conti consuntivi da cui derivare la valorizzazione di grandezze la cui formazione è già avvenuta (per es. il reddito di periodo).

Il criterio di classificazione delle scritture di maggiore rilevanza è legato alla funzione svolta dalle operazioni nell'arco dell'intero esercizio gestionale. In tal modo le scritture sono distinte in tre gruppi principali:

- *scritture iniziali*, che possono essere a loro volta di *costituzione*, se effettuate al momento dell'avvio dell'attività d'impresa, ovvero di *apertura*, se rilevate all'inizio dell'esercizio amministrativo al fine di riaprire tutti i conti accesi agli elementi patrimoniali derivanti dallo stato patrimoniale redatto al termine dell'esercizio precedente;
- *scritture di gestione*, o *continuative*, ordinate alla rilevazione di tutti gli accadimenti gestionali nel corso dell'esercizio in ossequio al principio della competenza finanziaria, per cui tutte le operazioni aziendali sono rilevate contabilmente nel momento in cui si realizza la loro manifestazione finanziaria;
- *scritture finali*, che a loro volta possono essere di *cessazione*, qualora l'attività aziendale viene a cessare in maniera relativa (in caso di fusione, scissione, trasformazione, cessione), ovvero assoluta (liquidazione) e di *chiusura*, se finalizzate alla redazione del bilancio di esercizio.

Le scritture di chiusura sono a loro volta ulteriormente scomponibili come segue:

- *scritture di assestamento*, rilevate in ossequio al principio di competenza economica, distinte tra scritture di completamento, destinate alla rilevazione di fatti gestionali verificatisi economicamente nel periodo per i quali, però, non si è ancora realizzata la manifestazione finanziaria, e scritture di determinazione delle competenze, destinate al rinvio a futuri esercizi di costi e ricavi, rilevati nell'ambito delle scritture continuative ma non di competenza dell'esercizio in chiusura, ed alla rilevazione dei costi presunti futuri;
- scritture di *epilogo*, mediante cui si procede al trasferimento dei saldi dei conti accesi a componenti positivi e negativi di reddito al conto economico;
- scritture di *chiusura in senso stretto*, mediante cui si trasferiscono i saldi dei conti accesi ad elementi di natura patrimoniale allo stato patrimoniale del bilancio.

La seguente rappresentazione sintetizza graficamente l'articolazione delle scritture contabili (Figura 16).

Figura 16 – **La classificazione delle scritture**

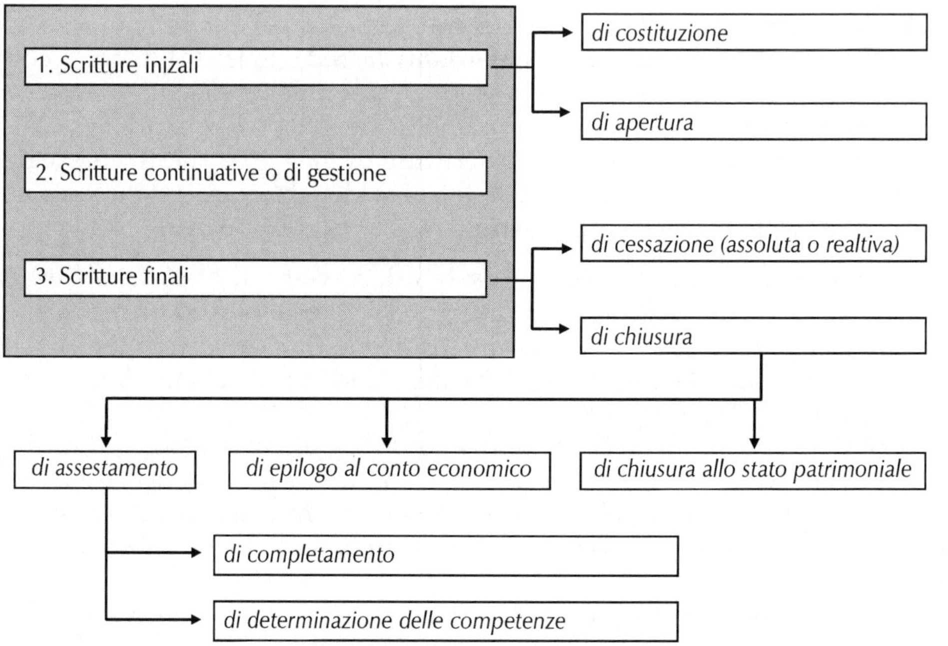

4.8. *Le scritture iniziali, di costituzione e di apertura*

Le *scritture iniziali* si riferiscono al momento in cui si *costituisce* l'azienda [30], a struttura individuale o societaria, ovvero all'inizio del periodo amministrativo in sede di *apertura* dei conti, a seguito della chiusura degli stessi alla fine dell'esercizio precedente.

La scrittura relativa alla costituzione, qualora la veste giuridica dell'azienda sia quella dell'impresa *individuale*, da riportare sul libro giornale (tralasciando i codici dei conti), sarà la seguente:

				20/06/xx				
			Cassa o Banca c/c	a	Patrimonio Netto			

cui farà seguito la movimentazione dei relativi mastri sul libro mastro.

In caso di costituzione di impresa societaria, sul libro giornale, si procederà come di seguito:

[30] Tale operazione rientra nel ciclo dei *finanziamenti attinti con il vincolo della proprietà*.

		01/06/xx				
≠	a	Capitale Sociale				
Socio A c/Sottoscrizione						
Socio B c/Sottoscrizione						

Ipotizzando il contestuale versamento nel c/c bancario intestato all'impresa, a liberazione dell'impegno di sottoscrizione da parte dei soci, si procede alla seguente scrittura:

	01/06/xx			
Banca c/c	a	≠		
	a	Socio A c/Sottoscrizione		
	a	Socio B c/Sottoscrizione		

Sul libro mastro risulta la chiusura dei mastrini accesi ai crediti verso i soci A e B.

Le scritture di *apertura*, redatte all'inizio del periodo amministrativo, hanno la funzione di riaprire tutti i conti che, alla fine dell'esercizio precedente, sono stati chiusi nello stato patrimoniale. La scrittura può essere rilevata con la simultanea riapertura di tutti i conti sia con saldo dare che con saldo avere, come rappresentato di seguito:

	../../..			
≠		≠		
Cassa			... ...	
Clienti			... ...	
Effetti attivi			... ...	
Banca c/c attivo			... ...	
Ratei attivi			... ...	
Fatture da emettere			... ...	
....			... ...	
Terreni			... ...	
Fabbricati			... ...	
Macchinari			... ...	
Risconti attivi			... ...	
....			... ...	... ...
	a	Fornitori	... ...	
	a	Effetti passivi	... ...	
	a	Ratei passivi	... ...	
	a	Fattura da ricevere	... ...	
	a	Fondo TFR	... ...	
	a	Fondo svalutaz. crediti	... ...	
	a	Fondi di amm.to	... ...	
	a	Risconti passivi	... ...	
	a	....	... ...	
		Capitale sociale	... ...	

4.9. *Le scritture continuative o di gestione*

A seguito della loro manifestazione finanziaria, vengono rilevati nel corso dell'esercizio tutti i fatti gestionali. In estrema sintesi, si procede all'elencazione delle principali scritture di gestione articolate coerentemente allo svolgimento dei cicli operativi confluenti nello schema globale dell'attività dell'impresa [31].

Il *reperimento dei finanziamenti con il vincolo del prestito* viene rilevato sul libro giornale come segue:

____________	../../..	____________
Cassa o Banca c/c	a	Debiti di finanz.

L'*acquisto dei fattori della produzione*, a fecondità semplice o ripetuta, ed il relativo regolamento vengono rilevati sul libro giornale con le seguenti scritture esemplificative [32] cui faranno seguito le relative movimentazioni sul libro mastro:

____________	../../..	____________
≠	a	Fornitori
Macchinari XY		
IVA c/Acquisti		

____________	../../..	____________
≠	a	Fornitori
Materie prime c/Acq.		
IVA c/Acquisti		

____________	../../..	____________
Fornitori	a	Cassa o Banca c/c

La rilevazione delle *operazioni di vendita* di prodotti finiti e di erogazione di servizi, con relativo regolamento contestuale o a scadenze diverse, avviene mediante le seguenti scritture sul libro giornale [33]:

---

[31] Si tratta di una esemplificazione parziale e sintetica delle possibili scritture sul libro giornale. Per una visione più ampia ed approfondita delle stesse e per l'analisi delle relative variazioni, si rinvia alla Parte applicativa di: G. PAOLONE-F. DE LUCA, *Le rilevazioni sistematiche in contabilità generale*, cit.

[32] L'operazione che determina il momento rilevativo per gli acquisti di fattori della produzione è il ricevimento della fattura da parte del fornitore. Il regolamento per cassa o banca può avvenire contestualmente ovvero a scadenza successiva se l'acquirente può usufruire di una dilazione di pagamento.

[33] La rilevazione del ricavo per la vendita dei prodotti o erogazione di servizi viene effettuata al momento dell'emissione della fattura a clienti.

	../../..	
Clienti	a	≠
	a	Prod. finiti c/Vendite
	a	IVA c/Vendite

	../../..	
Cassa o Banca c/c	a	Clienti

La rilevazione relativa al ciclo dei finanziamenti concessi avviene mediante la seguente scrittura:

	../../..	
Crediti di finanz.	a	Cassa o Banca c/c

Di seguito si procede alla rilevazione di diverse operazioni, tutte rientranti nell'attività gestionale dell'impresa, articolate in base a principali fattispecie operative.

Le scritture per la rilevazione del *costo del lavoro* sono le seguenti[34]:

	../../..	
≠	a	≠
Salari e Stipendi		
Oneri Sociali		
	a	Dipendenti c/Retrib.
	a	Debiti v/Enti Prev.

	../../..	
Dipendenti c/Retribuz.	a	≠
	a	Debiti v/Enti prev.
	a	Er. c/Irpef lav. dip.
	a	Banca c/c

	../../..	
Debiti v/Enti prev.	a	Banca c/c

	../../..	
Erario c/Irpef lav. dip.	a	Banca c/c

La scrittura per la rilevazione del *versamento del saldo periodico IVA* è la seguente:

[34] Articolate secondo i tre momenti della liquidazione del costo, del pagamento e del versamento delle trattenute a titolo previdenziale e di prelievo fiscale.

	../../..	
Erario c/IVA	a	Banca c/c

La scrittura per la rilevazione dell'*aumento di capitale sociale con sovrapprezzo* (nelle società a base azionaria) è la seguente:

	../../..	
Azionisti c/Sottoscr.	a	≠
	a	Capitale sociale
	a	F. sovrappr. azioni

La scrittura per la rilevazione dell'*emissione di un prestito obbligazionario sopra la pari* (nelle società a base azionaria che non applicano il criterio del costo ammortizzato[35]) è la seguente:

	../../..	
Obbligaz. c/Sottoscriz.	a	≠
	a	Obbligaz. c/Capitale
	a	Aggio di emissione

La scrittura per la rilevazione del *versamento dei dividendi* è la seguente:

	../../..	
Utile dell'esercizio preced.	a	≠
	a	Riserva legale
	a	Riserva statutaria
	a	Azionisti c/Dividendi

Le scritture per la rilevazione del *versamento dell'acconto per le imposte dirette*, dell'*accantonamento delle imposte di competenza dell'esercizio* e del *versamento del saldo* sono le seguenti:

	30/11/20xx	
Erario c/Acc. II.DD.	a	Banca c/c

	31/12/20xx	
Imposte sul reddito d'esercizio	a	Debiti tributari

[35] Ipotesi valida nel caso di società che redige il bilancio in forma abbreviata. In caso contrario, l'applicazione del costo ammortizzato non consente la rilevazione dell'aggio o del disaggio di emissione (in caso di emissione sotto la pari), bensì impone il calcolo del tasso di interesse effettivo con conseguente rilevazione a conto economico degli interessi così determinati e rideterminazione del valore residuo del debito alla fine di ogni esercizio per effetto della differenza di valore tra interesse effettivo e cedola corrisposta (si veda in proposito l'OIC 20 sul trattamento contabile dei titoli di debito).

	20/06/20xx+1		
Debiti tributari	a	≠	
	a	Erario c/Acc. II.DD.	
	a	Banca c/c	

4.10. *Le scritture finali di chiusura*[36]

Nell'arco del periodo amministrativo la rilevazione di tutte le operazioni di gestione consente di ottemperare agli obblighi di legge e, nel contempo, di ottenere informazioni sull'andamento dell'impresa dal punto di vista economico, finanziario e patrimoniale.

La semplice riepilogazione dei saldi dei conti accesi ai costi ed ai ricavi, però, non è rappresentativa del risultato economico d'esercizio e del correlato capitale di funzionamento: in sede di chiusura, infatti, esistono una serie di operazioni e di processi ancora in corso di svolgimento che necessitano di scritture apposite per permettere la *chiusura* dell'esercizio e tracciare una *separazione* tra i due periodi amministrativi consecutivi.

La sequenza di rilevazioni da effettuare per giungere alla determinazione dei valori di fine esercizio è la seguente:

- scritture di *assestamento*;
- scritture di *epilogo al conto economico*;
- scritture di *chiusura allo stato patrimoniale*.

L'importanza di tali rilevazioni è data dalla necessità di disporre di una corretta visione d'assieme dell'attività aziendale per la predisposizione del bilancio d'esercizio.

La gestione d'impresa si svolge senza soluzione di continuità, ma la necessità di ottenere informazioni sull'andamento economico, finanziario e patrimoniale con riferimento al singolo periodo amministrativo, impone l'uso di tecniche contabili che possano permettere di individuare valori significativi riferibili esclusivamente al singolo esercizio.

Le scritture di *assestamento* hanno un ruolo determinante ai fini della compiuta rappresentazione dei fatti aziendali relativi al singolo periodo amministrativo ed una rilevanza fondamentale per la redazione del bilancio d'esercizio: esse consentono di giungere alla determinazione della competenza dei componenti positivi e negativi determinanti il risultato economico e degli elementi del patrimonio. Il rispetto del principio di *competenza economica* fa si che si attribuiscano e si rilevino contabilmente nell'esercizio solo gli effetti

---

[36] Per l'analisi delle scritture di chiusura di cessazione (assoluta e relativa) si rinvia al Capitolo VI della presente opera relativo ai bilanci straordinari.

di quelle operazioni che si riferiscono all'esercizio stesso, indipendentemente da quello in cui si realizzano le variazioni finanziarie.

Le scritture di assestamento possono a loro volta essere suddivise in:

- scritture di *completamento*;
- scritture per la *determinazione delle competenze*.

Tali operazioni consentono un *aggiustamento* della contabilità provvedendo a integrare ed a rettificare valori rispettivamente da rilevare in sede di chiusura e già rilevati durante l'esercizio [37].

---

[37] Si è detto in precedenza che l'attività di rilevazione concomitante allo svolgimento della gestione prende avvio a seguito del verificarsi della manifestazione finanziaria di ogni operazione. Ne consegue che all'esercizio amministrativo (tipicamente l'anno solare) vengono in tal modo riferiti tutti quegli accadimenti che nel medesimo intervallo temporale hanno avuto verificazione. Presupponendo che la determinazione del reddito di periodo, quale principale grandezza economica, rappresentativa del risultato complessivo della gestione, debba discendere dalla considerazione del nesso di causalità tra investimenti (costi) e realizzi (ricavi) indipendentemente dalla loro manifestazione finanziaria, sorge un'evidente difficoltà di determinazione laddove l'impresa, nel periodo considerato, probabilmente, avrà:

1. utilizzato fattori produttivi disponibili all'inizio del periodo ed acquisiti in periodi precedenti, nel corso dei quali sarà stato rilevato il relativo costo di acquisto;

2. portato a compimento cicli e/o processi produttivi, sostenendo nel periodo i relativi costi, i cui ricavi potranno essere stati conseguiti, in tutto o in parte, in via anticipata nei periodi precedenti, nel corso dei quali saranno stati rilevati;

3. acquisito fattori produttivi, rilevandone il relativo costo, che al termine del periodo non saranno stati utilizzati, in tutto o in parte, e la cui utilità verrà pertanto trasferita nei periodi futuri;

4. conseguito in via anticipata dei ricavi relativi ad operazioni non conclusesi nel periodo, la cui ultimazione comporterà il sostenimento di ulteriori costi nei periodi successivi;

5. realizzato, infine, dei cicli e/o dei processi produttivi che, sebbene conclusisi nel periodo, potranno presumibilmente ancora produrre nel corso di periodi futuri il sostenimento di costi (ad es., interventi di garanzia, rischi di insoluti, ecc.) economicamente afferenti al periodo presente.

Il raffronto tra i soli costi sostenuti ed i ricavi conseguiti nel periodo in esame, dunque, conduce all'ottenimento di un risultato privo di qualsiasi significato economico, mentre il reddito attribuibile al periodo deriva non dalla differenza tra il totale dei ricavi conseguiti ed il totale dei costi sostenuti, bensì dalla differenza tra i primi ed i secondi di *competenza economica*, laddove i ricavi di competenza sono quelli originati da operazioni conclusesi nel periodo, mentre i costi di competenza sono quelli ad essi afferenti.

Definito in modo diverso, il totale dei ricavi di competenza è dato dalla somma tra:

1. i ricavi provenienti da periodi passati, nel corso dei quali erano stati conseguiti in via anticipata, relativi ad operazioni economiche che nel periodo corrente sono state portate a termine;

2. i ricavi conseguiti nel periodo;

al netto dei:

3. ricavi conseguiti in via anticipata e rinviabili al futuro, relativi cioè ad operazioni non ancora conclusesi a fine periodo.

Viceversa, il totale dei costi di competenza del periodo è dato dalla somma tra:

Nel corso dell'esercizio le singole operazioni vengono rilevate in seguito alla loro manifestazione finanziaria. In sede di chiusura di esercizio, invece, assumono notevole importanza anche quei fatti gestionali che, pur rimandando la loro manifestazione finanziaria ad esercizi futuri, *completano* l'insieme degli accadimenti relativi al periodo amministrativo in coerenza con il principio di competenza economica. Le scritture di completamento, quindi, riguardano la contabilizzazione di:

- operazioni di *importo sconosciuto* o non ancora definito a causa della mancanza dei relativi documenti contabili;
- operazioni *con scadenza a fine esercizio* che si concludono solo in data di chiusura;
- operazioni *con scadenza nel successivo esercizio* che si sviluppano fra la fine di un periodo amministrativo e l'inizio di un altro.

Alla prima fattispecie appartengono i costi d'acquisto e i ricavi di vendita relativi a merci acquistate e già ricevute e merci vendute e già uscite dal magazzino, le cui fatture non sono ancora rispettivamente pervenute o emesse. Attraverso le variazioni finanziarie presunte, quindi, vengono rilevati i costi e i ricavi di competenza che avranno una manifestazione finanziaria certa in esercizi futuri [38]. Le scritture tipiche sono le seguenti:

				31/12/xx			
			Merci c/Acquisti	a	Fatture da ricevere		

				31/12/xx			
			Fattura da emettere	a	Prod. finiti c/Vendite		

1. i costi provenienti da periodi precedenti nel corso dei quali erano stati acquisiti i fattori produttivi non ancora utilizzati, in tutto o in parte, esistenti all'inizio del periodo;
2. i costi sostenuti nel periodo, ivi compresi quelli relativi all'utilizzo dei fattori a fecondità ripetuta individuati dalla quota di ammortamento;
3. i costi presunti futuri relativi alla probabilità che in futuro si verifichino degli eventi economici sfavorevoli inerenti ad operazioni del periodo;

al netto dei:

4. costi relativi all'acquisizione dei fattori produttivi in tutto o in parte non ancora utilizzati ed il cui impiego avverrà nei futuri esercizi (ossia a fronte dei quali non figurano i relativi ricavi).

Sul punto: G. Paolone-F. De Luca, *Le rilevazioni sistematiche in contabilità generale*, cit., p. 31 e segg.; G. Paolone-L. D'Amico (a cura di), G. Paolone-L. Amico (a cura di), *I principi e i modelli de l'Economia Aziendale*, cit., p. 129 e segg.

[38] Nel successivo esercizio, a seguito della ricezione della fattura da parte del fornitore, il debito certo viene rilevato stornando il conto del debito presunto "Fatture da ricevere", e registrando, contestualmente, il credito IVA, mentre, a seguito dell'emissione della fattura al cliente, il credito certo viene rilevato stornando il conto del credito presunto "Fatture da emettere" e registrando, contestualmente, il debito IVA.

Nell'ambito delle operazioni *con scadenza a fine esercizio* rientrano quelle relative alla rilevazione degli interessi su conto corrente bancario e della quota di trattamento di fine rapporto. Le scritture di riferimento sono:

	../../..	
Interessi passivi bancari	a	Banca c/c

	../../..	
Quota accantonamento TFR	a	TFR

Nella terza fattispecie rientrano le operazioni in corso alla fine dell'esercizio che vengono trascurate nelle scritture continuative di gestione. Per tutte quelle operazioni *con scadenza nel futuro esercizio* è necessario introdurre delle poste "integrative" per rilevare la presenza e l'influenza economica che tali operazioni hanno sul periodo amministrativo preso in considerazione. Per procedere alla corretta rilevazione di tali operazioni, è necessario definire il concetto di *rateo*: il rateo è un valore finanziario che permette di rilevare quote di costo (*ratei passivi*) o di ricavo (*ratei attivi*) di competenza economica dell'esercizio, la cui manifestazione finanziaria è posticipata rispetto all'esercizio in chiusura.

Il rateo completa la determinazione del valore del capitale netto aggiungendosi quale elemento del passivo o dell'attivo, a seconda che rilevi rispettivamente un debito presunto (per il costo) o un credito presunto (per il ricavo).

Ipotizzando la fattispecie di un ricavo per fitti attivi incassato posticipatamente, ovvero quella di un costo per fitti passivi liquidati posticipatamente al periodo di godimento, le scritture saranno rispettivamente:

	../../..	
Ratei attivi	a	Fitti attivi

	../../..	
Fitti passivi	a	Ratei passivi

Le scritture *per la determinazione delle competenze*, precedute da quelle di completamento e seguite dalla riepilogazione dei conti, riguardano una serie di operazioni che presentano uno sfasamento temporale tra il momento finanziario (entrata/uscita) e il momento economico (costi/ricavi), per le quali si rende necessario individuare i costi e i ricavi che concorrono alla formazione del risultato economico dell'esercizio e di rimandare al futuro valori relativi ad esercizi successivi.

Si introduce, dunque, il concetto di *risconto* quale valore economico relativo a costi e proventi rispettivamente sostenuti e percepiti entro la chiusura dell'esercizio, ma di competenza di esercizi successivi. Attraverso l'utilizzo del risconto si accresce o si diminuisce il risultato d'esercizio a seconda che il rinvio riguardi, rispettivamente, un costo o un ricavo.

Ipotizzando la fattispecie di un ricavo per fitti attivi incassato anticipatamente (è quindi già contabilizzato per competenza temporale nell'ambito delle scritture continuative), ovvero quella di un costo per fitti passivi liquidati anticipatamente al periodo di godimento (è quindi già contabilizzato per competenza temporale nell'ambito delle scritture continuative), le scritture saranno rispettivamente:

				../../..			
			Fitti attivi	a	Risconti passivi		

				../../..			
			Risconti attivi	a	Fitti passivi		

Nell'ambito delle scritture di assestamento per la determinazione delle competenze, rientra anche la rilevazione delle *rimanenze finali*. Mentre nel corso dell'esercizio, infatti, i fattori produttivi e i beni sono oggetto di operazioni di acquisto e vendita, in sede di chiusura, il loro assestamento vede la movimentazione di conti accesi alle rimanenze finali. Dopo la determinazione delle reali quantità in giacenza, suddivise per le diverse classi (materie prime, merci, prodotti finiti, ecc.), si procede alla loro valorizzazione e alla relativa contabilizzazione come di seguito riportato:

				../../..			
			Rimanenze finali di materie prime	a	Materie prime c/rimanenze finali		

L'analisi delle scritture di determinazione delle competenze comprende anche la rilevazione delle *scritture d'ammortamento*, la cui rilevazione viene di regola effettuata a fine anno e serve ad imputare all'esercizio in chiusura, la quota di costo di competenza e la contestuale rettifica dell'intero costo pluriennale associato all'immobilizzazione[39]. La scrittura tipica è la seguente:

---

[39] Il legislatore si è espresso in materia di ammortamento imponendo la sistematicità della ripartizione del costo di acquisto o di produzione dell'immobilizzazione in relazione alla residua possibilità di utilizzo della stessa all'interno dell'attività aziendale. Il Codice Civile (art. 2426), dunque, prevede la predisposizione di un piano d'ammortamento e la verifica, di esercizio in esercizio, della vita utile residua di ciascuna immobilizzazione.

	../../..	
Quota ammortamento macchinario	a	Fondo ammortamento macchinario

Nelle scritture di determinazione delle competenze rientrano, da ultimo, le operazioni che hanno lo scopo di anticipare al presente *costi presunti futuri*. Tali scritture vengono effettuate nell'esercizio, oltre che per il principio di competenza economica, per il principio di prudenza che impone la rilevazione di costi che, anche se non ancora sostenuti, traggono origine da operazioni di pertinenza del periodo amministrativo in chiusura. Ad esempio la scrittura per la rilevazione della svalutazione di un credito rispetto al suo valore nominale, sarà la seguente:

	../../..	
Quota accantonamento svalutazione crediti	a	Fondo svalutazione crediti

Una volta compiute tutte le operazioni di assestamento dei conti si procede alla sintesi dei risultati. Se durante l'esercizio l'interesse dell'attività d'impresa si focalizza sulle diverse operazioni di gestione rilevate in contabilità generale, alla fine dell'esercizio diviene determinante giungere alla definizione del reddito e del capitale netto di funzionamento. Le *scritture di epilogo* servono a far confluire i conti economici accesi nell'esercizio, ed alla fine dello stesso, in un prospetto riassuntivo di costi e ricavi che mette in evidenza il processo di formazione del risultato di periodo [40].

[40] È utile riproporre in questa sede l'articolazione della struttura del reddito di un periodo intermedio (G. PAOLONE-F. DE LUCA, *Le rilevazioni sistematiche in contabilità generale*, cit., p. 34):

	Componenti negativi di reddito		*Componenti positivi di reddito*
1	**Costi provenienti dal passato** rimanenze iniziali attive: • fattori produttivi a fecondità semplice • prodotti semilavorati ed in corso di lavorazione • prodotti finiti • altri costi provenienti dal passato	1	**Ricavi provenienti dal passato** rimanenze iniziali passive: • ricavi anticipati iniziali
2	**Costi sostenuti nel periodo** • fattori produttivi a fecondità semplice • quote di ammortamento	2	**Ricavi conseguiti nel periodo**
3	**Ricavi da rinviare al futuro** rimanenze finali passive: • ricavi conseguiti in via anticipata	3	**Costi da rinviare al futuro** rimanenze finali attive: • prodotti semilavorati ed in corso di lavorazione • fattori produttivi a fecondità semplice • prodotti finiti • altri costi da rinviare al futuro
4	**Costi presunti futuri**		
	Reddito positivo (Utile)		**Reddito negativo (Perdita)**

Le scritture che verranno effettuate rileveranno nella sezione "dare" tutti i componenti negativi e nella sezione "avere" tutti i componenti positivi di reddito in modo che il rispettivo saldo determinerà il risultato d'esercizio: che si qualificherà quale *utile*, se positivo, ovvero *perdita*, se negativo. Valgano in proposito le seguenti scritture:

	31/12/xx	
Conto Economico	a	≠
	a	… … …

con cui si chiudono tutti i conti accesi ai costi d'esercizio,

	31/12/xx	
≠	a	Conto Economico
… … …		

con cui si chiudono tutti i conti accesi ai componenti positivi d'esercizio,

	31/12/xx	
Conto Economico	a	Utile d'Esercizio

se il totale "avere" è maggiore del totale "dare", ovvero:

	31/12/xx	
Perdita d'Esercizio	a	Conto Economico

se il totale "dare" è maggiore del totale "avere".

La chiusura generale dei conti termina con le *scritture di chiusura allo stato patrimoniale* che coinvolgono tutte quelle poste che concorrono alla determinazione del patrimonio netto finale[41].

[41] Le rilevazioni effettuate per l'epilogo al Conto Economico e quelle di chiusura allo Stato Patrimoniale rappresentano due momenti distinti ma fortemente legati fra loro: la perdita o l'utile d'esercizio risultante dal confronto delle componenti positive e negative di reddito confluiscono rispettivamente fra le attività o le passività rilevate nelle scritture di chiusura, a rappresentare rispettivamente il decremento o l'incremento del valore del patrimonio netto per effetto della gestione. È utile in questa sede richiamare la struttura del capitale al termine del periodo intermedio di vita dell'impresa (G. PAOLONE-F. DE LUCA, *Le rilevazioni sistematiche in contabilità generale*, cit., p. 35):

I saldi dei conti patrimoniali confluiranno nel prospetto dello stato patrimoniale attraverso una duplice registrazione contabile; la prima avrà in dare l'insieme delle passività e in avere il conto "Stato Patrimoniale" e si presenta nel seguente modo:

				31/12/xx			
			≠ … … …	a	Stato Patrimoniale		

la seconda contrappone al conto "Stato Patrimoniale", l'insieme delle attività, come segue:

				31/12/xx			
			Stato Patrimoniale	a a	≠ … … …		

Dopo aver rilevato tutte le scritture di assestamento, di epilogo e di chiusura è possibile procedere alla predisposizione del bilancio d'esercizio secondo quanto stabilito dal codice civile.

	ATTIVITÀ		*PASSIVITÀ*
	Attività finanziarie		***Passività finanziarie***
1	**Denaro**		
2	**Crediti**	*1*	**Debiti**
	Attività economiche		***Passività economiche***
3	**Costi sospesi dalla form. del reddito** rimanenze finali attive: • fattori produttivi a fecondità semplice • fattori produttivi a fecondità ripetuta • prodotti semilavorati ed in corso di lavorazione • prodotti finiti • altri costi sospesi	*2*	**Ricavi sospesi dalla form. del reddito** rimanenze finali passive: • Ricavi conseguiti in via anticipata
		3	***Capitale netto***
			Capitale al tempo t_x + utile di periodo **(– perdita di periodo)**

È importante osservare che i conti di natura patrimoniale, oggetto delle scritture di chiusura, comprendono:

- i conti di natura finanziaria sia attivi che passivi;
- i conti accesi ai costi e ricavi sospesi;
- i conti relativi a quote ideali di patrimonio netto;
- i conti economici che riguardano i costi pluriennali e le rispettive rettifiche attraverso i fondi.

5. *Le contabilità settoriali*

Le contabilità settoriali (o speciali), si è anticipato in precedenza, hanno lo scopo di fornire conoscenze analitiche su particolari settori in cui può essere scomposta la gestione aziendale e si qualificano per la propria autonomia rispetto alla contabilità generale, anche se a quest'ultima collegate e integrabili soprattutto in caso di utilizzo di supporti informatizzati.

Le contabilità settoriale più diffuse sono riconducibili alle seguenti [42]:

- contabilità di *magazzino*;
- contabilità del *personale*;
- contabilità delle *immobilizzazioni materiali* ed *immateriali*;
- contabilità *finanziaria*;
- contabilità *clienti* e *fornitori*.

Mediante la *contabilità di magazzino* è possibile effettuare un controllo consuntivo sulle quantità fisiche in giacenza per rilevare tempestivamente dispersioni o ammanchi, garantire una gestione efficiente del processo produttivo evitando rallentamenti della produzione come pure l'immobilizzazione dei capitali, agevolare la redazione dell'inventario e la valutazione delle giacenze di fine periodo nell'ottica della valorizzazione delle rispettive poste in bilancio ovvero ai fini del controllo dei costi della produzione.

Le rilevazioni relative al magazzino, dunque, possono essere concomitanti o susseguenti e riferirsi alle sole quantità fisiche, come pure alla valorizzazione, dei beni per singole categorie merceologiche. Il ciclo del magazzino si svolge partendo dalla consistenza iniziale, le entrate (*carichi*), le uscite (*scarichi*), per concludersi con la determinazione delle giacenze finali (Figura 17) [43].

---

[42] Per approfondimento si veda: G. PAOLONE, *Il bilancio di esercizio delle imprese in funzionamento e dei gruppi societari*, IV ed. riveduta ed ampliata, Giappichelli, Torino, 1998, p. 26.

[43] Dove: MP = materie prime; MS = materie sussidiarie; LC = prodotti in corso di lavorazione; SL = semilavorati; PF = prodotti finiti. Lo schema di sintesi è adattato da: G. PAOLONE-L. D'AMICO (a cura di), *La Ragioneria nei suoi principi applicativi e modelli contabili*, Giappichelli, Torino, 2002, p. 96.

Figura 17 – **Sintesi grafica delle movimentazioni di magazzino**

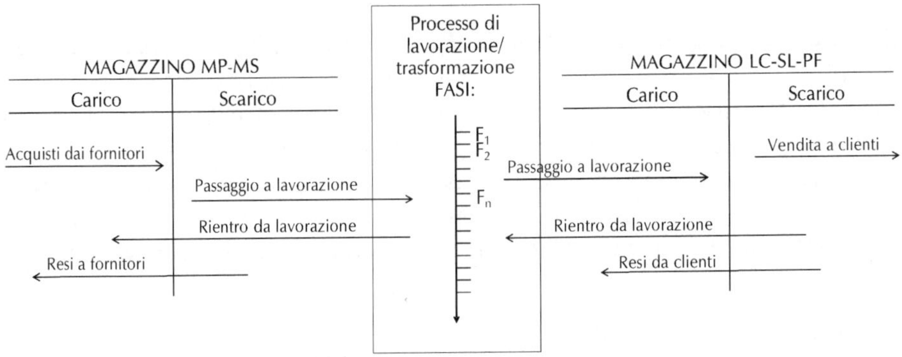

Al fine di un efficiente funzionamento del sistema informativo connesso alla gestione del magazzino, è necessario che al movimento fisico dei beni si accompagni un'attività di rilevazione (anche con strumenti informatizzati) atta a monitorare e descrivere tutte le caratteristiche tecnico-qualitative dei beni acquisiti dai fornitori in modo da tracciarne il movimento all'interno del processo produttivo (tramite ad esempio le *bolle di carico*). L'ingresso delle materie prime e sussidiarie, ovvero delle merci, dopo il relativo collaudo, viene in tal modo registrato sul *giornale di magazzino*, sinteticamente rappresentato nella Figura 18.

Figura 18 – **Il giornale di magazzino**

Data	*N. progr.*	*N. docum.*	*Descrizione*	*Bene x*		*Bene y*		*Bene z*		*Bene ...*	
				Carico	Scarico	Carico	Scarico	Carico	Scarico	Carico	Scarico

La fase successiva, consistente nell'impiego delle materie prime e sussidiarie nel processo produttivo, per le aziende industriali, ovvero nella vendita, per le aziende commerciali, viene monitorata grazie all'emissione, rispettivamente, di *buoni di prelievo* e di *buoni di scarico*.

A seguito della rilevazione cronologica, è opportuno proporre altresì una classificazione sistematica delle rilevazioni per oggetto di riferimento. In tal caso verrà compilata la cosiddetta *scheda di magazzino* (Figura 19).

Figura 19 – **La scheda di magazzino**

Intestazione della scheda: oggetto x						
Data	*N. progr.*	*N. docum.*	*Descrizione*	*Carico*	*Scarico*	*Osservazioni*

Altra questione rilevante ai fini della contabilità di magazzino risiede nella valorizzazione delle quantità fisiche. In tal caso è opportuno distinguere tra la valorizzazione delle quantità caricate da quella delle quantità scaricate.

Nel primo caso, *carichi di magazzino*, qualora si tratti di beni acquisiti da fornitori, la valorizzazione avverrà sulla base del costo documentato dalla fattura ricevuta con eventuale imputazione di oneri accessori direttamente riferibili[44]; se il carico avviene, invece da un processo "a monte" in-

[44] Si pensi ad esempio delle spese di trasporto, di imballaggio, ecc.

terno alla stessa azienda, la valorizzazione verrà effettuata sulla base del valore di *scarico* di tale processo antecedente.

Nel secondo caso, *scarichi di magazzino*, qualora si tratti di beni destinati alla vendita a terze economie, il valore verrà determinato sulla base dei prezzi-ricavo concordati e documentati dalla fattura emessa. Qualora si tratti invece di trasferimenti interni per successive fasi lavorative, la valorizzazione viene effettuata al costo, se il bene è univocamente individuabile e riconducibile ad un acquisto da fornitore [45], ovvero, in caso di impossibilità all'individuazione univoca, si procede con le seguenti metodologie [46]:

- metodo del *costo medio ponderato*, che considera le unità di un bene acquistato o prodotto a date diverse ed a diversi costi come facenti parte di un insieme, in cui i singoli acquisti e le singole produzioni non sono più identificabili ma sono tutti ugualmente disponibili. La ponderazione avviene sulla base delle quantità che compongono i lotti medesimi;
- metodo LIFO (*last in first out*), che assume che le quantità acquistate o prodotte più recentemente siano le prime ad essere vendute od utilizzate in produzione; per cui restano in magazzino le quantità relative agli acquisti o alle produzioni più remote;
- metodo FIFO (*first in first out*), che assume che le quantità acquistate o prodotte in epoca più remota siano le prime ad essere vendute od utilizzate in produzione; per cui restano in magazzino le quantità relative agli acquisti o alle produzioni più recenti;
- metodo NIFO (*next in first out*), con il quale, nell'ipotesi che le prime unità ad uscire siano quelle di prossima acquisizione, lo scarico viene valutato al prezzo di mercato o costo di produzione del momento in cui si effettua l'uscita;
- metodo HIFO (*highest in first out*), con il quale, nell'ipotesi che le prime unità ad uscire siano quelle per le quali sia stato sostenuto il maggior prezzo-costo, si perviene alla minimizzazione del valore delle giacenze;
- metodo del *costo standard*, con cui il valore da attribuire, per ragioni di tempestività e semplificazione delle determinazioni, è predeterminato tramite l'uso di specifiche tecniche, elenchi materiali, ore normali di lavoro, in condizioni normali o predeterminate di utilizzo della capacità produttiva degli impianti.

---

[45] Ad esempio perché il bene è dotato di una matricola o di un codice a barre che ne consentano l'identificazione fisica in ogni passaggio del processo produttivo.

[46] Si ricorda che ai fini della redazione del bilancio di esercizio, la valorizzazione delle giacenze di magazzino deve rispettare i criteri previsti dall'art. 2426 c.c., come pure dai principi contabili nazionali (OIC 13). Per la determinazione della base imponibile a fini fiscali, invece, è necessario valorizzare le rimanenze in base a quanto stabilito dal TUIR.

La *contabilità del personale* è preposta alla rilevazione di tutti i dati rilevanti relativi ai dipendenti, quali, ad esempio, la data di assunzione, le mansioni svolte, le presenze, le retribuzioni, i premi, la data di cessazione del rapporto di lavoro.

In proposito, Il D.L. n. 112/2008, convertito in legge n. 133/2008 [47] ha istituito il *Libro Unico del Lavoro*, che sostituisce i precedenti *libro paga* e *libro matricola* e che ha la funzione di documentare ad ogni singolo lavoratore lo stato effettivo del proprio rapporto di lavoro e agli organi di vigilanza lo stato occupazionale dell'impresa. Tale libro deve riportare per ogni lavoratore, i dati anagrafici e fiscali, la retribuzione base, l'anzianità in servizio, le posizioni assicurative, le somme corrisposte a titolo di rimborso spese, l'eventuale retribuzione in natura, le trattenute e le detrazioni, gli assegni nucleo familiare e le prestazioni ricevute da enti ed istituiti previdenziali. Deve altresì contenere un calendario presenze in cui risultino il numero delle ore di lavoro, il numero delle ore di straordinario, le eventuali assenze (anche se non retribuite), le ferie ed i permessi.

La *contabilità delle immobilizzazioni materiali ed immateriali* è orientata a monitorare l'andamento tecnico ed economico dei fattori produttivi a fecondità ripetuta, dalla loro acquisizione alla loro dismissione dal processo produttivo.

Le scritture relative alle immobilizzazioni materiali si distinguono, dunque, in due classi distinte:

- scritture finalizzate a mettere in rilievo la *consistenza* delle immobilizzazioni;
- scritture finalizzate a mettere in rilievo il *funzionamento* e l'*uso* delle immobilizzazioni.

Nel primo gruppo, rientrano le rilevazioni relative alla gestione *anagrafica* delle immobilizzazioni mediante *libri* o *schedari degli impianti* (o delle macchine) e riguardano – in un ordinamento sistematico – i seguenti elementi:

- la denominazione tecnica ed il nominativo del produttore/fornitore;
- le caratteristiche tecniche;
- la data di acquisto o di ultimazione della costruzione interna;
- il costo storico;
- costi sostenuti per manutenzioni ordinarie e la relativa data;

---

[47] Entrato in vigore dal 18 agosto 2008 ed attuato con il D.M. 9 luglio 2008. Nel 2015 inoltre, è intervenuto il legislatore che con l'art. 15 del D.Lgs. n. 151/2015 dispone che a partire dal 1° gennaio 2017, il Libro unico del lavoro sia tenuto in modalità telematica presso il Ministero del lavoro e delle politiche sociali.

- i costi sostenuti per manutenzioni straordinarie [48] (capitalizzati) e relativa data;
- gli ammortamenti effettuati (con distinzione tra valori rilevanti ai fini civilistici e valori rilevanti ai fini fiscali);
- il valore residuo contabile (con distinzione tra valori rilevanti ai fini civilistici e valori rilevanti ai fini fiscali).

Al secondo gruppo appartengono le rilevazioni, a cura dei reparti produttivi, riportate nei *cartellini* o nelle *schede macchina* che risultano indispensabili per le misurazioni proprie del controllo di gestione e che riguardano principalmente i seguenti elementi:

- gli orari di inizio e termine delle lavorazioni con i nominativi degli addetti al funzionamento;
- le ore di funzionamento e le interruzioni;
- le manutenzioni eseguite;
- la tipologia delle lavorazioni eseguite.

La *contabilità finanziaria* è finalizzata ad evidenziare le posizioni creditorie e debitorie nei confronti di terzi soggetti e, per queste ultime, la possibilità di darne adeguata copertura.

A tal fine vengono attivate contabilità settoriali relative a tutti i valori finanziari, siano essi monetari, crediti e debiti di funzionamento crediti e debiti di finanziamento.

Il *libro cassa* accoglie le rilevazioni relative ai valori monetari per cui vengono annotati, cronologicamente, i movimenti in entrata ed in uscita di denaro con l'aggiornamento del saldo, la data e la causale del pagamento o della riscossione.

Gli *estratti-conto* periodici rappresentano lo strumento per il monitoraggio dei rapporti creditori e/o debitori con terzi soggetti, ivi incluse le banche, quando esistano situazioni di conto corrente, allo scopo di mettere in evidenza il saldo iniziale, i movimenti, il saldo finale, il calcolo degli interessi e delle altre spese connesse al rapporto [49].

I rapporti di natura commerciale con creditori e fornitori sono monitorati, da ultimo, mediante la *contabilità clienti e fornitori*, finalizzata a mettere in evidenza rapporti creditori e debitori di origine commerciale particolarmente rilevanti; a tal fine, vengono accesi tanti *partitari* quanti sono i

---

[48] Sono generalmente quelli volti a prolungare la vita economica del bene o ad accrescerne la capacità produttiva.

[49] La periodicità di rilevazione può divenire anche giornaliera qualora, in presenza di numerosi conti correnti bancari, si compila una situazione riepilogativa con i totali degli accreditamenti e degli addebitamenti a quel giorno, i movimenti del giorno, i saldi di fine giornata.

clienti e i fornitori sui quali si desidera operare un controllo contabile.

I partitari, dunque, riporteranno i dati relativi al cliente o al fornitore (ditta o ragione sociale, indirizzo, partita IVA, dati bancari, ecc.) oltre a quelli relativi alla data, al numero e alla causale dell'operazione nonché all'importo addebitato o accreditato e al saldo.

La gestione degli incassi e dei pagamenti, poi, passa per la redazione di appositi *scadenziari* in cui, in ordine temporale, vengono riportate le scadenze per l'estinzione delle posizioni passive e per la riscossione di quelle attive.

Capitolo III

Il bilancio di esercizio, principi e criteri di valutazione

di Luciano D'Amico*

1. *Premessa*

A partire dal D.Lgs. 9 aprile 1991, n. 127, fino alle più recenti riforme normative in tema di bilancio operate con il D.Lgs. n. 139/2015 e con il D.Lgs. n. 254/2016, l'intervento del legislatore è stato prevalentemente da un lato, al recepimento di direttive comunitarie europee che, in coerenza con il percorso di armonizzazione delle discipline di bilancio dei paesi membri, hanno progressivamente inteso incrementare i livelli di tutela della qualità e della significatività dell'informazione che attrae una sempre più ampia categoria di soggetti interessati, attesa la natura della funzione imprenditoriale non limitata solo alla dimensione economica ma estesa anche all'aspetto etico-sociale [1]; dall'altro, a definire un quadro giuridico le cui norme disciplinano il contenuto minimale del bilancio d'esercizio, fissando schemi obbligatori di Stato Patrimoniale e di Conto Economico, istituendo la nota integrativa in grado di fornire le informazioni utili per il rispetto del principio della chiarezza e della rappresentazione veritiera e corretta, prevedendo una serie di allegati a corredo della funzione informativa, stabilendo criteri di valutazione delle principali voci di bilancio ispirati a quello base del costo, di acquisizione o di produzione.

---

* Ordinario di Economia Aziendale dell'Università degli Studi di Teramo.

[1] Da qui il significato di bilancio d'esercizio, quale documento evidenziante gli aspetti sociali della gestione aziendale. Si veda, in particolare: G. PAOLONE, *Il bilancio di esercizio delle imprese in funzionamento e dei gruppi societari*, Giappichelli, Torino, 1998, pp. 351-359.

Sia la dottrina giuridica che quella aziendale [2], nell'esigenza di tutelare il diritto di informativa dei soci e dei terzi interessati alla gestione aziendale,

---

[2] Tra i giuristi e gli aziendalisti che si sono maggiormente occupati della materia del "bilancio comunitario", si citano i seguenti: AA.VV. (a cura di M. BUSSOLETTI), *La nuova disciplina dei bilanci delle società*, Giappichelli, Torino, 1993; M. ALLEGRINI, *L'informativa di periodo nella comunicazione economico-finanziaria*, Giuffrè, Milano, 2003; P. ANDREI, *Valori storici e valori correnti nel bilancio di esercizio*, Giuffrè, Milano, 2004; AA.VV., *Il bilancio secondo i principi contabili internazionali IAS/*IFRS, Giappichelli, Torino, 2010; G.F. CAMPOBASSO, *Diritto commerciale*, II, *Diritto delle società*, in AA.VV., *Il sistema giuridico italiano*, Utet, Torino, 2000; P. CAPALDO, *La contabilità delle imprese e la IV Direttiva CEE*, Etas Libri, Milano, 1980; G.E. COLOMBO-G.B. PORTALE (a cura di), *Trattato delle società per azioni*, Utet, Torino, 1994; G. COTTINO, *Diritto commerciale*, Cedam, Padova, 1994; F. DI SABATO, *Manuale delle società*, Utet, Torino, 1992; F. FERRARA-F. CORSI, *Imprenditori e società*, Giuffrè, Milano, 1994; S. FORTUNATO, *Bilancio e contabilità d'impresa in Europa*, Cacucci, Bari, 1993; V. SALAFIA-R. RIZZARDI-C. ONETO, *Il nuovo bilancio d'esercizio. Principi civilistici, aspetti contabili e profili fiscali*, IST, Bologna, 1992; M. SORDINI, *Il bilancio di esercizio delle imprese secondo la IV direttiva CEE*, Giuffrè, Milano, 1983; G. TANTINI, *Il bilancio d'esercizio*, Cedam, Padova, 1994; AA.VV., *Il bilancio d'esercizio – I principi di formazione secondo la nuova disciplina del codice civile*, Giuffrè, Milano, 1992; AA.VV., *Il bilancio di esercizio nell'informativa esterna d'impresa*, Giuffrè, Milano, 1993; AA.VV., *Il bilancio delle società – Principi aziendali, aspetti civilistici e tributari*, Giuffrè, Milano, 1993; S. AZZALI, *Il sistema delle informazioni di bilancio nelle aziende di produzione – Il modello dell'International Accounting Standards Commitee*, Giuffrè, Milano, 1996; P. BASTIA, *Il nuovo bilancio di esercizio – Attuazione della IV direttiva CEE*, Clueb, Bologna, 1993; G. BRUNETTI, *Contabilità e bilancio d'esercizio*, Etas, Milano, 1995; C. CARAMIELLO, *Il bilancio di esercizio, ieri e oggi: brevi note per un confronto*, Giuffrè, Milano, 1994; M. CATTANEO-P. MANZONETTO, *Il bilancio di esercizio – Profili teorici e istituzionali negli anni novanta*, Etas, Milano, 1992; COOPERS & LYBRAND, *Il bilancio delle imprese – La nuova disciplina secondo le norme d'attuazione delle direttive europee*, Il Sole 24 Ore, Milano, 1992; F. DEZZANI-P. PISONI-L. PUDDU, *Il nuovo bilancio d'esercizio*, Giuffrè, Milano, 1993; N. DI CAGNO, *Il bilancio d'esercizio*, Cacucci, Bari, 1994; R. D'ORIANO, *I conti del nuovo bilancio d'esercizio*, Cedam, Padova, 1995; G. FERRERO-F. DEZZANI, *Contabilità e bilancio di esercizio*, Giuffrè, Milano, 1992; G. FIORI, *Il principio della "rappresentazione veritiera e corretta" nella redazione del bilancio di esercizio – Considerazioni critiche e profili evolutivi dell'informazione societaria*, Giuffrè, Milano, 1999; A. INCOLLINGO, *L'applicazione del principio di* "true and fair view" *nel bilancio di esercizio*, Giuffrè, Milano, 1999; F. LIZZA, *Il bilancio in forma abbreviata*, Clua, Ancona, 1993; F. MANCA, *I fini del bilancio nella normativa italiana e nei principi contabili*, Cedam, Padova, 1996; A. MATACENA, *Il bilancio di esercizio – strutture formali, logiche sostanziali e principi generali*, Clueb, Bologna, 1993; A. PALMA, *Il bilancio di esercizio e il bilancio consolidato*, Giuffrè, Milano, 1996; M. PINI, *I principi del nuovo bilancio d'esercizio – Le logiche di redazione secondo il D.Lgs. 127/91 in attuazione della IV Direttiva Cee*, Etas, Milano, 1993; C. PRIVITERA, *Manuale di tecnica e analisi di bilancio per giuristi d'impresa*, Giuffrè, Milano, 1993; D.M. SALVIONI, *Il bilancio d'esercizio nella comunicazione integrata d'impresa*, Giappichelli, Torino, 1992; E. SANTESSO, *Valutazioni di bilancio – Aspetti economico-aziendali e giuridici*, Giappichelli, Torino, 1994; F. SUPERTI FURGA, *Il bilancio di esercizio italiano secondo la normativa europea*, Giuffrè, Milano, 1994; S. TERZANI, *Introduzione al bilancio di esercizio*, Cedam, Padova, 1995; M. TIEGHI, *Il bilancio di esercizio – Teoria e prassi*, Clueb, Bologna, 1992; R. TIZZANO, *Sulla derivazione scritturale del nuovo bilancio d'esercizio*, Liguori, Napoli, 1993; E. VIGANÒ, *Contenuto e finalità del bilancio*, Cedam, Padova, 2007.

attribuiscono al bilancio d'esercizio il significato di strumento di comunicazione in grado di esprimere un flusso informativo minimale finalizzato alla conoscenza dei risultati conseguiti nell'esercizio trascorso ed alla formulazione di giudizi sulle capacità prospettiche dell'azienda destinata a perdurare nel tempo.

Ma il documento bilancio rappresenta anche un importante strumento di programmazione aziendale, essendo l'unico di sintesi di cui dispongono, alla fine di ciascun esercizio, tutte le imprese che pongono in essere un sistema di controllo interno finalizzato all'analisi dei risultati gestionali emergenti dal bilancio stesso.

Da qui la duplice finalità del bilancio d'esercizio, quale documento idoneo a soddisfare gli interessi interni ed esterni che su di esso confluiscono [3] e, nel contempo, quale strumento idoneo ad esprimere un giudizio sulla capacità dell'impresa a svolgere la gestione secondo linee programmate riguardanti la produzione-distribuzione di nuova ricchezza.

In sintesi, il bilancio d'esercizio tende a perseguire la finalità di trasferire all'esterno dati ed informazioni sui risultati conseguenti all'espletamento della gestione annuale trascorsa e, nel contempo, a fornire informazioni idonee ad alimentare il processo decisionale interno.

La disciplina codicistica in tema di bilancio di esercizio è incentrata sulla sovraordinazione di una clausola generale rispetto ai principi redazionali ed ai criteri di rappresentazione delle strutture ed ai criteri di valutazione delle poste patrimoniali.

Così, l'art. 2423, comma 1, c.c., si occupa della composizione del bilancio; il comma 2 dello stesso articolo, dell'oggetto del bilancio e della clausola generale; l'art. 2423 *bis*, dei principi redazionali del bilancio; gli artt. 2423 *ter*, 2424, 2424 *bis*, 2425 e 2425 *bis*, dei criteri di rappresentazione dei prospetti di Stato Patrimoniale e di Conto Economico; l'art. 2425 *ter* del contenuto del prospetto di Rendiconto Finanziario; l'art. 2426 dei criteri di valutazione delle voci di bilancio.

A definire il sistema informativo di bilancio, orientato al perseguimento della duplice finalità su descritta, concorrono un flusso di dati e di informazioni da esso desumibili, regolato da un sistema di norme, di regole e di principi strettamente interdipendenti.

Il legislatore nazionale ha così orientato la scelta verso un processo obbligatorio di unificazione contabile per la generalità dell'aziende, finalizzato a trasmettere un flusso continuo di informazioni a favore del processo decisione-azione espletabile all'interno e della categoria dei soggetti interessati dall'esterno.

---

[3] Tali interessi tendono ad ottenere prevalentemente un'informazione sulla misura del reddito e del capitale. Sul punto: G. Paolone-F. De Luca, *Il bilancio d'esercizio. Principi, procedure, valutazioni*, Franco Angeli, Milano, 2011, p. 40 e segg.

Il bilancio di esercizio disciplinato dal codice civile nella sua attuale conformazione, ha l'obiettivo di rappresentare in modo veritiero e corretto la situazione patrimoniale e finanziaria della società ed il risultato economico dell'esercizio, attraverso la disponibilità di dati quantitativo-monetari presenti nello Stato Patrimoniale, nel Conto Economico e nel Rendiconto Finanziario e di elementi descrittivi contenuti nella nota integrativa esplicante la funzione complementare di rendere più comprensibile i contenuti tabellari, mediante informazioni aggiuntive idonee a fornire la conoscenza dei risultati d'esercizio.

Fa inoltre parte del sistema informativo di bilancio, la relazione sulla gestione, a cui è demandata la funzione di rendere più intelligibile il bilancio, enunciando le modalità di svolgimento della gestione riferita all'esercizio trascorso, esprimente i fatti più salienti verificatesi dopo la chiusura dell'esercizio, evidenziandone la prevedibile evoluzione, nonché fornendo una analisi dei principali rischi cui l'azienda è sottoposta per effetto delle proprie scelte gestionali e dei rapporti con i mercati.

Corredano il documento bilancio, gli altri allegati rappresentati dal rapporto dei sindaci, dalla relazione di revisione (per le società azionarie quotate e per quelle sottoposte a tale obbligo), dalla relazione semestrale (sempre per le società quotate) e da altri allegati esprimenti l'informativa supplementare (quale ad esempio quella di carattere non finanziario disciplinata dal D.Lgs. n. 254/2016 dedicato alle grandi imprese).

2. *La funzione informativa del bilancio di esercizio nella sua evoluzione legislativa*

L'evoluzione della funzione informativa del bilancio di esercizio[4] si è sviluppata attraverso un percorso lungo e discontinuo che ha risentito sia

[4] Le origini del bilancio coincidono con la nascita delle rilevazioni contabili e ne definiscono una funzione *inventariale*, intesa quale esposizione ordinata di cose (*inventa*) costituenti il patrimonio (*arium*), che per lungo tempo ne determinerà modalità di redazione e potenzialità informativa. Il progressivo passaggio dall'*inventarium* al *rendiconto* e l'affiancamento al conto del patrimonio di un prospetto variamente definito (*Pro e Danno, Lucra et Perditae*, ecc.) si realizza a partire dalla *Summa* pacioliana che, nel sistematizzare un primo compiuto modello di rilevazioni contabili, configura indirettamente un processo di gestione di cui diviene opportuno prender nota e misurarne il risultato per orientare l'attività del mercante. Con l'affermarsi in Italia della teoria patrimonialista si perviene a una prima completa visione del documento raccordandone organicamente le finalità con il collegato sistema contabile: il bilancio, inteso quale *ristretto degli inventari*, assume la funzione di prospetto dimostrativo della consistenza del patrimonio, sia nella sua derivazione contabile, sia nella sua derivazione inventariale extra-contabile. È solo con l'approfondimento delle problematiche connesse alle stime

delle modifiche del contesto economico e normativo, sia del succedersi dei modelli e delle teorie contabili, sia del processo di graduale convergenza verso principi e norme comuni nell'Unione Europea, sia, infine, della crescente globalizzazione dei mercati finanziari e della conseguente necessità di adeguamento degli strumenti di comunicazione societaria.

In tal senso, è possibile definire alcune trasformazioni radicali[5] che in Italia trovano nel passaggio dal sistema patrimonialista bestano al sistema redditualista zappiano un criterio di lettura del succedersi delle norme e delle disposizioni codicistiche distinguendo un primo periodo che, tralasciando il primo codice unitario del 1865[6] che non contiene alcuna disposizione in materia di bilancio, prende avvio con il codice di commercio del 1882 e si conclude definitivamente nel 1974 con la legge n. 216, e un secondo periodo che prende avvio dalle modifiche introdotte dalla ricordata legge e giunge fino ad oggi.

Il codice di commercio del 1882 contiene le prime disposizioni in materia di bilancio e in 7 articoli ne stabilisce l'obbligo di redazione (*"Gli amministratori devono presentare ai sindaci, almeno un mese avanti il giorno fissato per l'assemblea che deve discuterlo, il bilancio dell'esercizio precedente, coi documenti giustificativi ..."*, art. 176, comma 1), l'indicazione obbligatoria di 2 voci (*"... indicando in esso distintamente: 1° il capitale sociale realmente esistente; 2° la somma dei versamenti effettuati e di quelli in ritardo"*, art. 176, comma 1), il principio della *evidenza e verità* (*"Il bilancio deve dimostrare con evidenza e verità gli utili realmente conseguiti e le perdite sofferte"*, art. 176, comma 2), il modello previsto per le *società che hanno per principale oggetto l'esercizio del credito* ... [e] ... *le* assicurazioni (art. 177), la procedura di controllo sindacale (art. 178), di deposito (art. 179) e di pubblicazione (art. 180), il divieto di distribuzione dei dividendi se *non per utili realmente conseguiti* (art. 181) e, infine, la costituzione della riserva legale (art. 182).

Il codice civile del 1942 ha disciplinato la materia del bilancio emanan-

necessarie per la definizione dei valori di bilancio si perviene alla concezione *redditualista* (*dinamico-numeraria* in Germania) in cui diviene preponderante l'aspetto economico-reddituale e il documento si amplia nella parte tabellare con l'inserimento del Conto economico.

[5] Un cenno sulla previgente disciplina si rinviene nel codice di commercio del 1865 e del 1882, laddove, in quest'ultimo, venivano dettate disposizioni in tema di redazione del bilancio, senza fornire indicazioni sulla forma dello Stato Patrimoniale e del conto profitti e perdite, né sul tipo di contabilità da adottare.

[6] Sull'evoluzione storica, in campo aziendale e in quello legislativo e giurisprudenziale, si veda, in particolare: A. CONSORTI, *L'evoluzione della funzione informativa del bilancio d'esercizio, dal conto del patrimonio al sistema delle informazioni*, Giappichelli, Torino, 2001, p. 87 e segg.

do, agli artt. 2424 e 2425, disposizioni concernenti il contenuto dello Stato Patrimoniale ed i criteri di valutazione, la cui redazione era ispirata ai principi della "chiarezza" e della "precisione" (art. 2423).

La funzione informativa del bilancio (inteso come Stato Patrimoniale) si elevò limitatamente alle poste che obbligatoriamente dovevano comparire nella componente patrimoniale; conservò i suoi limiti riguardo al conto profitti e perdite che il legislatore dell'epoca non intese disciplinare, relegandolo a semplice allegato eventualmente accompagnato anche dal conto esercizio.

L'art. 2424 c.c. stabiliva il contenuto minimale dello Stato Patrimoniale, elencando le voci che vi dovevano comparire, apertamente criticate dalla dottrina giuridica ed aziendalistica circa la loro indicazione, spesso disorganica, e la loro rappresentazione, spesso carente.

Analoghe critiche sono state rivolte anche ai criteri di valutazione elencati nel successivo art. 2425 c.c., con particolare riguardo alla valutazione dei beni materiali immobilizzati, ispirata la principio del non ben precisato costo, ed a quella delle scorte, rientranti in un intervallo piuttosto ampio di possibili valori, entrambi lasciati alla discrezionalità degli amministratori.

Appare del tutto evidente come in questa prima fase il sistema di riferimento è quello patrimonialista: il bilancio coincide con lo Stato Patrimoniale e i criteri di valutazione indicati sono atomistici e molto prossimi al concetto di *valore vero* su cui è costruita tutta la teoresi bestana, mentre l'aspetto economico-reddituale è del tutto assente non solo per la marginalità del conto profitti e perdite, ma anche per la natura di quest'ultimo conto che esponendo i risultati lordi veniva ad assumere il limitato ruolo di integrare l'informazione sulle variazioni delle voci del patrimonio.

Con la legge 7 giugno 1974, n. 216, il legislatore ha emanato precise norme disciplinanti il contenuto del Conto Economico – erroneamente definito ancora conto dei profitti e delle perdite – (art. 2425 *bis* c.c.) e la relazione degli amministratori (art. 2429 *bis* c.c.); ha altresì emanato disposizioni in tema di società di revisione iscritte all'albo tenuto dalla Commissione nazionale per le società e la borsa (Consob).

Giudizio certamente non positivo è stato espresso da parte della dottrina sul contributo offerto dalla nuova struttura di Conto Economico, mirante ad individuare un contenuto minimale con classificazione di conti abbastanza disorganica, molto analitica, in alcuni casi, troppo sintetica, in altri.

È tuttavia indubbio che, attraverso la previsione di un conto profitti e perdite dal contenuto di Conto Economico, con la legge n. 216 il legislatore ha inteso abbandonare la logica patrimonialista e introdurre nella normativa il modello reddituale opportunamente integrato, negli aspetti valutativi, da un approccio prudenziale.

In tal senso, la relazione degli amministratori ha colmato una carenza legislativa, in quanto con essa si tendeva ad illustrare l'andamento della gestione trascorsa nei vari settori di attività nonché i fatti più salienti verificatesi dopo la chiusura dell'esercizio [7].

Un ulteriore momento di rilievo nell'evoluzione della disciplina di bilancio è ravvisabile nella legge 19 marzo 1983, n. 72, meglio conosciuta come *legge Visentini bis*, che nell'art. 9 introduce il concetto di *quadro fedele*. Infatti, l'emanazione della IV Direttiva CEE del 25 luglio 1978 e la necessità di avviarne il recepimento, avevano indotto il legislatore ad affiancare ai principi della "chiarezza" e della "precisione" (art. 2423 all'epoca vigente) un criterio interpretativo delle *speciali ragioni* di deroga ai criteri di valutazione del codice civile [8] che, di fatto, introduce nell'ordinamento nazionale il principio cardine della Direttiva comunitaria (*"I conti annuali devono dare un quadro fedele della situazione patrimoniale, di quella finanziaria nonché del risultato economico della società"*, art. 2, comma 3) attraverso il ricorso al concetto di *quadro fedele*, producendo un avvicinamento ai principi.

Con l'emanazione del D.Lgs. 9 aprile 1991, n. 127, si realizza una ampia riforma contenente una serie di norme innovative riguardanti, come già accennato, l'introduzione della clausola generale e dei principi di redazione del bilancio, l'individuazione di schemi obbligatori di Stato Patrimoniale e di Conto Economico, l'introduzione della nota integrativa, l'ampliamento dei criteri di valutazione delle poste patrimoniali, l'allargamento della relazione degli amministratori sulla gestione aziendale.

Sono state altresì accolte deroghe obbligatorie, nei casi di violazione dei principi contenuti nella clausola generale e, facoltative, alla modifica dei criteri di valutazione.

La funzione informativa, a seguito di tale riforma, viene ad essere sensibilmente ampliata e riconosciuta come obiettivo primario da perseguire.

Il D.Lgs. 24 febbraio 1998, n. 58 (noto come Testo Unico sulla Finanza – TUF) sulla "corporate governance" ha apportato rilevanti novità sulla disciplina delle società quotate ed, in particolare, sulla formulazione del nuovo giudizio (non solo certificatorio) che le società iscritte all'albo Consob sono chiamate ad esprimere sul bilancio, attraverso la predisposizione di apposite relazioni sottoscritte dal responsabile della revisione.

Nel 2003, con l'approvazione della riforma del diritto societario, con

---

[7] Manca l'aspetto importante della prevedibile evoluzione della gestione.

[8] Così recita l'art. 9 della legge n. 72/1983: *"L'articolo 2425, comma terzo, del codice civile è da intendersi nel senso che può derogarsi ai criteri di valutazione dettati dalla legge, quando l'applicazione di tali criteri contrasta con l'esigenza che il bilancio e la relazione diano un quadro fedele della situazione patrimoniale, di quella finanziaria nonché del risultato economico della società. Gli amministratori e il collegio sindacale devono indicare e giustificare le singole deroghe nelle loro relazioni all'assemblea. Le norme contenute nel presente articolo si applicano a partire dal bilancio relativo all'esercizio chiuso al 31 dicembre 1983"*.

l'obiettivo di favorire la nascita, la crescita e la competitività delle aziende puntando sulla estensione degli attuali contenuti statutari e sulla semplificazione della disciplina giuridica delle società di capitali e delle cooperative[9], sono state introdotte numerose integrazioni e modifiche, fra cui: l'introduzione del principio della *prevalenza della sostanza sulla forma* (art. 2423 *bis*), l'adeguamento degli schemi di Stato Patrimoniale (artt. 2424 e 2424 *bis*) e Conto Economico (artt. 2425 e 2425 *bis*) in riferimento alla rappresentazione della fiscalità differita, della contabilizzazione delle operazioni in valuta e delle operazioni di *pronti contro termine*, l'integrazione dei criteri di valutazione per la contabilizzazione delle operazioni in valuta (art. 2426), l'integrazione del contenuto della nota integrativa con particolare riferimento alle operazioni di locazione finanziaria (art. 2427) e, infine, le semplificazioni in materia di bilancio in forma abbreviata (art. 2435 *bis*).

Ancora, con il D.Lgs. 28 febbraio 2005, n. 38, è stato recepito il Regolamento CE 19 luglio 2002, n. 1606, con la previsione dell'obbligo per il bilancio di esercizio e consolidato (per le società con azioni o altri strumenti finanziari quotati in mercati regolamenti dell'Unione europea, nonché per le banche, le società di assicurazione e le società di intermediazione finanziaria e mobiliare) ovvero la facoltà (per le società che redigono un bilancio consolidato oppure sono incluse nel perimetro di consolidamento di altra società obbligata purché diverse da quelle che possono redigere il bilancio in forma abbreviata) di adozione dei *principi contabili internazionali*, principi che vengono individuati nel Regolamento e nel decreto in quelli emanati dall'*International Accounting Standard Board (IASB)* denominati *International Accounting Standard* per quelli approvati fino al 1° aprile 2001 e *International Financial Reporting Standard (IFRS)* per quelli approvati successivamente.

Con il ricorso al regolamento europeo, infatti, il legislatore comunitario, ha nel frattempo affiancato al percorso di armonizzazione contabile un'azione di *standardizzazione* contabile immediatamente operativa nei Paesi membri mediante l'obbligo di adozione del *corpus* di principi contabili internazionali IAS/IFRS così come *omologati* dagli organi comunitari appositamente delegati.

Nel contempo l'avanzamento del percorso di armonizzazione contabile a livello europeo ha portato all'emanazione delle Direttive n. 65/2001 e n. 51/2003 recepite in Italia rispettivamente con D.Lgs. n. 394/2003 e D.Lgs. n. 32/2007. Il primo decreto ha inserito l'obbligo per le società che detengono strumenti finanziari di fornire informazioni sulla loro valutazione con il criterio del *fair value* in nota integrativa (introducendo l'art. 2427 *bis* c.c.) e nella relazione sulla gestione (nuovo punto 6 *bis* dell'art. 2428, comma 2,

---

[9] Con inclusione anche della disciplina degli illeciti penali ed amministrativi per le società commerciali.

c.c.). Il secondo decreto ha ampliato il contenuto informativo della relazione sulla gestione mediante l'analisi dell'andamento economico e finanziario con l'utilizzo di indicatori e indici (nuova formulazione del comma 1 dell'art. 2428), nonché la descrizione dei principali rischi e incertezze relativi alla gestione.

La Direttiva europea n. 46/2006, poi, recepita con D.Lgs. n. 173/2008, ha apportato limitate modifiche alla disciplina civilistica in tema di bilancio in particolare rivedendo al rialzo i limiti per la redazione del bilancio in forma abbreviata e inserendo i punti 22 *bis* e 22 *ter* all'art. 2427, sul contenuto della nota integrativa, relativi all'obbligo di fornire informazioni sulle operazioni intraprese dalla società con le parti correlate e sulla natura e l'obiettivo economico di accordi non risultanti dallo stato patrimoniale, con indicazione del loro effetto patrimoniale, finanziario e economico.

Con l'obiettivo di ridurre la distanza tra il modello di bilancio dedicato alle società ed ai gruppi sottoposti per obbligo o facoltà all'adozione degli standard IAS/IFRS, nel 2013 è stata emanata la Direttiva n. 34/2013/CE recante modifica della Direttiva 2006/43/CE e abrogazione delle Direttive n. 78/660/CEE e n. 83/349/CEE. Nel condividere il presupposto che le direttive contabili sono spesso molto gravose per le piccole e medie imprese, in particolare per le micro-entità, la legislazione contabile dell'Unione è stata orientata con la Direttiva n. 34/2013 a perseguire un opportuno equilibrio tra gli interessi dei destinatari dei bilanci e l'interesse delle imprese a non essere eccessivamente gravate da obblighi in materia di informativa. In tal senso, la direttiva ha inteso rivedere la definizione dei requisiti dimensionali delle imprese al fine di distinguere le imprese di piccole dimensioni e le cosiddette micro-imprese. Ha inteso altresì rivedere i principi generali e redazionali del bilancio, rendere obbligatorio il rendiconto finanziario almeno per le imprese di dimensioni non piccole, modificare ed integrare i criteri di valutazione favorendo l'opzione per regimi valutativi mutuati dalle prassi internazionali e dagli IAS/IFRS. È agevole comprendere come la motivazione iniziale di tali scelte normative è evidentemente rivolta a favorire il confronto tra i bilanci redatti da imprese dei paesi membri non obbligate all'adozione degli IAS/IFRS e bilanci di imprese che per dimensioni, settore di attività, accesso ai mercati finanziari, per facoltà o opzione, adottano gli IAS/IFRS.

La Direttiva n. 34/2013 è stata recepita in Italia con il D.Lgs. n. 139/2015 il cui intervento modificativo, in estrema sintesi, ha interessato: 1) i principi di redazione del bilancio; 2) l'introduzione dell'obbligo del Rendiconto finanziario; 3) modifiche agli schemi di bilancio ordinario; 4) i criteri di valutazione; 5) il contenuto della Nota integrativa; 6) gli schemi di bilancio e nota integrativa per le imprese che redigono il bilancio in forma abbreviata; 7) l'introduzione della categoria delle micro-imprese. Le nuove disposizioni sono entrate in vigore dal 1° gennaio 2016 con applicazione ai bilanci relativi agli esercizi con inizio a partire da tale data.

Con riferimento ai principi di redazione del bilancio, le modifiche attengono agli artt. 2423 [10] e 2423 *bis* c.c. In particolare, all'art. 2423 c.c. viene introdotto un nuovo comma 4 che prevede la possibilità di non rispettare gli obblighi di rilevazione, valutazione, presentazione e informativa quando la loro osservanza abbia effetti *irrilevanti*.

Il nuovo numero 1 *bis* dell'art. 2423 *bis* c.c. prevede, invece, che la rilevazione e la presentazione delle voci venga fatta tenendo conto della *sostanza* dell'operazione o del contratto. Viene così eliminato il riferimento alla funzione economica dell'elemento dell'attivo e del passivo.

Come già accennato la riforma conferma la previsione dell'obbligo di redazione (per le imprese di maggiori dimensioni) del Rendiconto finanziario, il cui contenuto è disciplinato con l'introduzione dell'art. 2425 *ter*, dove si precisa che da tale prospetto devono risultare, per l'esercizio a cui è riferito e per quello precedente: 1) l'ammontare e la composizione delle disponibilità liquide, e 2) i flussi finanziari derivanti dall'attività operativa, di investimento e di finanziamento, ivi comprese, con autonoma indicazione, le operazioni con i soci.

Come si vedrà più avanti, inoltre, la riforma ha comportato anche modifiche agli schemi di bilancio ed ai criteri di valutazione di cui si parlerà diffusamente più avanti.

Infine, oltre alla sostanziale conferma della normativa semplificata per le imprese rientranti nei requisiti per la redazione del bilancio in forma abbreviata, la riforma del 2015, in coerenza con il dettato europeo, ha introdotto il nuovo art. 2435 *ter* c.c. recante una disciplina di bilancio ulteriormente semplificata per le cosiddette micro-imprese. In tal caso, infatti, le micro-imprese sono esonerate dalla redazione del rendiconto finanziario, della nota integrativa [11] e della relazione sulla gestione [12]. Alle micro-imprese non sono inoltre applicabili le disposizioni relative alla *deroga prevista per i casi eccezionali ex* art. 2423, comma 5, c.c. [13], e quelle relative agli strumenti derivati *ex* art. 2426, comma 1, n. 11 *bis* [14].

---

[10] Il nuovo dettato dell'art. 2423 introduce l'obbligo di redazione del rendiconto finanziario: *"Gli amministratori devono redigere il bilancio di esercizio, costituito dallo stato patrimoniale, dal conto economico, dal rendiconto finanziario e dalla nota integrativa"*.

[11] Quando in calce allo stato patrimoniale risultino le informazioni previste dal primo comma dell'art. 2427, n. 9) e 16).

[12] Quando in calce allo stato patrimoniale risultino le informazioni richieste dai n. 3 e 4 dell'art. 2428.

[13] *"Se, in casi eccezionali, l'applicazione di una disposizione [...] è incompatibile con la rappresentazione veritiera e corretta, la disposizione non deve essere applicata [...]"*.

[14] Ai sensi del quale *"gli strumenti finanziari derivati, anche se incorporati in altri strumenti finanziari, sono iscritti al fair value [...]"*.

3. *Il bilancio di esercizio per l'attività decisionale interna e per la comunicazione a terzi*

Le informazioni che il bilancio di esercizio, nella nuova formulazione giuridica, è in grado di produrre rappresentano, innanzi tutto, uno strumento utile per le decisioni aziendali interne, basate anche sulla conoscenza dei risultati economici e patrimoniali e della dinamica finanziaria che il documento contabile è chiamato ad esporre.

Nel perseguimento di tale obiettivo, l'informazione esprime utilità in quanto consente di valutare ed apprezzare i risultati della gestione passata, di verificare la coerenza tra questi ultimi e gli obiettivi prefissati, di controllare gli effetti prodotti da decisioni assunte nell'attività gestionale pregressa.

Ma l'utilità dell'informativa di bilancio a fini decisionali può essere altresì vista in relazione alle future decisioni economiche, attraverso la previsione di fenomeni che probabilmente si verificheranno con determinate caratteristiche.

Da qui la duplice utilità, complementare ed interdipendente, del bilancio a fini di controllo e di previsione, la cui informativa mantiene la funzione di verifica dei risultati storici e di controllo dell'attività trascorsa, finalizzati però all'assunzione di decisioni economiche.

In relazione alla specie delle informazioni che il bilancio di esercizio è chiamato a rappresentare, quelle riguardanti la composizione del patrimonio alla fine dell'esercizio, il flusso di reddito conseguito nell'intervallo di tempo considerato e la dinamica finanziaria dello stesso periodo [15], vanno finalizzate al perseguimento dell'obiettivo ultimo che è quello di fornire informazioni utili per l'assunzione di decisioni economiche e per l'apprezzamento delle condizioni di economicità dell'azienda.

Tale apprezzamento deve essere effettuato sulla base di una visione unitaria (sistemica) dell'informativa di bilancio, essendo le informazioni da esso desumibili strettamente interrelate, riflettenti diversi aspetti di una unitaria attività economica svolta dall'azienda in un dato lasso di tempo, tipicamente annuale. L'utilizzo delle informazioni deve pertanto avvenire in modo integrato e complementare.

Ma il documento bilancio svolge anche la funzione di comunicazione all'esterno, a vantaggio di una vasta categoria di soggetti (esterni) interessati, per lo più rappresentati dagli investitori (attuali e potenziali) a pieno rischio, dai componenti il capitale di prestito, dai lavoratori dipendenti ai vari livelli della struttura organizzativa, dai clienti e dai fornitori, dalla pubblica amministrazione, dalla collettività [16].

---

[15] Informazioni fornite rispettivamente dallo Stato Patrimoniale, dal Conto Economico e dal Rendiconto finanziario.

[16] Sulla individuazione degli interessi dei soggetti influenzati dal bilancio di eserci-

Le fonti di informazione da cui essi attingono possono riguardare il solo bilancio, ed i documenti ad esso allegati (o allegabili), ma anche altre fonti informative, che si aggiungono a quelle ottenibili dal documento contabile e che vanno a completare il quadro informativo globale a disposizione dei vari utilizzatori finali.

I soggetti esterni al soggetto aziendale, per assumere le loro decisioni economiche, presentano varie esigenze informative. Così, gli investitori sul capitale di rischio hanno bisogno di informazioni desumibili dall'interno e provenienti dall'ambiente per decidere sul mantenimento e sulla elevazione del proprio investimento o sulla dismissione dello stesso; i conferenti il capitale di prestito presenteranno un'esigenza informativa finalizzata alla concessione o alla revoca dei finanziamenti, per la valutazione delle condizioni da praticare [17] e dei rischi di insolvenza; i lavoratori dipendenti sono interessati ad informazioni relative alla capacità dell'azienda di regolare con continuità le retribuzioni ed alla conoscenza delle prospettive occupazionali che la stessa è in grado di offrire; i fornitori ed i clienti hanno attese di conoscenza rispettivamente in ragione alle prospettive di stabilità del rapporto commerciale e di sicurezza negli approvvigionamenti di beni aventi determinate caratteristiche; la pubblica amministrazione utilizza le informazioni per il perseguimento di interessi pubblici e generali, collegati al ruolo socio-economico che le aziende svolgono nell'economia.

Ma le caratteristiche del bilancio di esercizio e dei soggetti decisionali evidenzianti bisogni di informativa non riescono a formare un quadro esaustivo di informazioni necessarie ed utili per i fruitori finali.

Esiste comunque una base comune ai vari destinatari rappresentata dalla capacità che l'azienda di generare ricchezza, traducibile in termini di moneta o di equivalenti della moneta [18]. È sulla base di tale capacità che l'azienda sarà in grado di remunerare gli investitori istituzionali con quote di utili, i creditori con flussi di interesse, i dipendenti con le retribuzioni, lo Stato con le imposte.

Il bisogno di informazione comune ai vari utilizzatori finali è pertanto rappresentato dall'apprezzamento delle condizioni aziendali di economicità, vale a dire dall'attitudine dell'azienda di remunerare, nel medio-lungo periodo, i fattori della produzione e le convergenti condizioni produttive.

---

zio, si veda, in particolare: A. AMADUZZI, *Conflitto ed equilibrio di interessi nel bilancio dell'impresa*, Cacucci, Bari, 1949 e, sulla possibilità di loro conciliazione con quelli oggettivi dettati dal mantenimento-miglioramento (o dal ripristino) delle condizioni di equilibrio, si veda, in particolare: G. PAOLONE-F. DE LUCA, *Il bilancio d'esercizio*, cit., p. 40 e segg.

[17] In termini di entità di capitale maturato, di durata, di tasso d'interesse, di rimborso, di garanzie prestate.

[18] Si veda, in proposito: S. AZZALI, *Il sistema delle informazioni di bilancio delle aziende di produzione*, Giuffrè, Milano, 1996, p. 133 e segg.

Il bilancio di esercizio, nella sua attuale disciplina giuridica [19], è in grado di fornire dati ed informazioni per poter giudicare sulla economicità dell'azienda destinata a perdurare nel tempo operando come strumento economico.

La rappresentazione dei risultati conseguiti è una essenziale premessa per consentire ai suoi fruitori di valutare le condizioni prospettiche di equilibrio aziendale, e di apprezzare pertanto la capacità di produrre e distribuire ricchezza, pur nei limiti informativi dettati dalla natura del documento contabile e degli imprevedibili andamenti futuri.

4. *La clausola generale, i principi di redazione ed i principi contabili*

4.1. *La chiarezza e la rappresentazione veritiera e corretta come clausole generali*

Il comma 2 dell'art. 2423 c.c. enuncia i principi che vanno a definire la clausola generale stabilendo che "... *il bilancio deve essere redatto con chiarezza e deve rappresentare in modo* veritiero e corretto *la situazione patrimoniale e finanziaria della società e il risultato economico dell'esercizio*" [20].

Il principio della *chiarezza* (o della *trasparenza*) rientra, al pari della *verità* e della *correttezza*, nella regola generale dell'informativa di bilancio rivolta in modo "comprensibile" ai soggetti interessati alla conoscenza della situazione aziendale.

La "chiarezza" richiesta dal documento contabile riguarda sia le parti tabellari che concorrono a definirlo, sia la nota integrativa posta a chiarimento delle stesse, sia gli altri documenti accompagnatori che forniscono informazioni supplementari comunque utili, se presentate in forma ordinata, esauriente e facilmente comprensibile.

Il contenuto normativo interessante il principio della chiarezza trova sostanziale applicazione nel rispetto degli schemi di bilancio, nel senso che non possono conglobarsi voci indicate distintamente dal legislatore [21], che le voci stesse devono essere inserite in modo ordinato, che occorre fornire informazioni supplementari se le stesse richieste da singole norme di legge

---

[19] Ed in quella di prossima emanazione attraverso i decreti delegati della riforma del diritto societario recentemente approvata.

[20] Il nuovo testo civilistico attribuisce pertanto a tali principi la funzione di regola (o clausola) generale, dominante l'intera materia del bilancio.

[21] Detto esplicitamente sia negli artt. 2424, 2425 e 2425 *ter* ("*deve essere redatto in conformità al seguente schema*") che nel secondo comma dell'art. 2323 *ter* che stabilisce le modalità di raggruppamento di voci in casi limitati.

non sono sufficienti a rappresentare in modo vero e corretto i risultati di bilancio.

Ne consegue che il principio della chiarezza acquista rilievo, in considerazione della rigidità degli schemi di bilancio, per quanto attiene le modalità di redazione della nota integrativa, per la quale si impone l'esigenza di una formulazione ordinata, comprensibile ed esauriente.

Il principio della rappresentazione dei risultati in modo veritiero e corretto si rinviene nella regola del "quadro fedele" [22], dalla quale trae origine la norma comunitaria.

Riguardo al concetto di "rappresentazione veritiera" si ricorda che i valori che il bilancio esprime non sono mai "veri" in quanto alla loro formazione concorrono giudizi soggettivi e discrezionali da parte degli amministratori chiamati ad interpretare gli andamenti gestionali collegando le certezze dei fatti economici conclusisi con i probabilismi degli eventi insiti negli accadimenti futuri.

Gli stessi amministratori dovranno comunque redigere un bilancio "attendibile" che rispecchi la realtà gestionale e che dia coerenza alla gestione prospettica legata a quella trascorsa [23].

La rappresentazione veritiera non esclude la relatività del risultato e delle valutazioni che concorrono a definirlo e che trovano il proprio limite nella neutrale ricerca del valore più attendibile al fine della redazione del bilancio ed ai criteri legalmente imposti [24].

La "rappresentazione corretta" sta a significare il dover fare riferimento a criteri tecnicamente corretti ed il dover trasmettere i dati in modo non deviante, soprattutto nella nota integrativa dove si richiedono spiegazioni e motivazioni ai dati ed ai valori di bilancio.

Il principio della rappresentazione corretta viene quindi a connettersi a quello della verità, per quanto riguarda la ricerca e la determinazione dei valori, ed a quello della chiarezza per quanto concerne l'esposizione dei dati.

I termini chiarezza, verità e correttezza vanno pertanto visti nella loro correlazione, concorrendo sistematicamente a definire la "clausola generale" sovraordinata rispetto alle norme sui principi redazionali, sugli schemi di bilancio e sui criteri valutativi.

L'intervento normativo operato con il D.Lgs. n. 139/2015 ha peraltro in-

---

[22] Traduzione dell'espressione inglese *"true and fair view"*.

[23] Il bilancio non potrà pertanto mai essere "vero", ma "veritiero" nel senso che dovrà esprimere con attendibilità i risultati della gestione passata proiettabili nel futuro.

[24] Sul significato di tale principio si veda, in particolare: G.E. COLOMBO, *Dalla chiarezza e precisione alla rappresentazione veritiera e corretta*, in A. PALMA (a cura di), *Il bilancio di esercizio e il bilancio consolidato*, Giuffrè, Milano, 1999, p. 14 e segg.

trodotto il nuovo comma 4 all'art. 2423, che recepisce il cosiddetto principio della rilevanza (*materiality*), laddove dispone che *"non occorre rispettare gli obblighi in tema di rilevazione, valutazione, presentazione e informativa quando la loro osservanza abbia effetti irrilevanti al fine di dare una rappresentazione veritiera e corretta"*.

4.2. *I principi redazionali, quale esplicazione della clausola generale*

I principi di redazione del bilancio di esercizio sono disciplinati dall'art. 2423 *bis* c.c. ed identificano regole che si pongono a livello inferiore rispetto alla clausola generale di cui all'art. 2423 c.c. e superiore rispetto ai principi applicativi riguardanti le singole voci di bilancio.

Tali principi, posti tutti sullo stesso piano, sono descritti nei sei punti del menzionato articolo, il primo dei quali contiene il principio della *prudenza* e quello della *continuazione dell'attività* nonché, a seguito delle integrazioni della riforma *ex* D.Lgs. n. 139/2015, il principio della *prevalenza della sostanza sulla forma*.

Quello della *prudenza*, applicato alle valutazioni degli elementi che compongono il patrimonio aziendale, mira ad evitare sopravvalutazioni ma anche arbitrarie riduzioni e si sostanzia in una imposizione di comportamento che gli amministratori devono rispettare nel determinare con cautela il risultato economico dell'esercizio.

Tale principio viene rispettato attraverso l'accoglimento di alcuni precetti contenuti nello stesso articolo e riguardanti l'indicazione dei soli utili realizzati alla chiusura dell'esercizio, la considerazione dei rischi e delle perdite di competenza dell'esercizio, anche se conosciuti in epoca successiva, e dei deprezzamenti, qualunque sia il risultato economico dell'esercizio.

Tale principio viene così ad essere subordinato a quello della rappresentazione veritiera e corretta e collegato a quello della competenza e della neutralità od imparzialità.

In stretta connessione con il principio della prudenza, viene enunciato quello della *continuazione dell'attività*, intendendo per essa l'insieme delle condizioni che attribuiscono all'azienda in carattere di istituto economico destinato a perdurare nel tempo.

È opinione comune che per continuazione di attività debba intendersi quella ordinaria che prevede l'applicazione di criteri valutativi in sede di formazione di bilancio d'esercizio, con esclusione pertanto di ipotesi di redazione di bilanci straordinari o speciali.

I criteri di valutazione delle poste di bilancio saranno quindi correttamente applicati se faranno riferimento al futuro svolgimento dell'attività aziendale, particolarmente per quei beni i cui valori da assegnare sono comuni a più esercizi in virtù del fatto che i cicli produttivi non si sono conclusi alla data di riferimento del bilancio [25].

Infine, si riscontra l'inserimento del nuovo comma 1 *bis* per effetto del D.Lgs. n. 139/2015 che supera il precedente riferimento alla *"funzione economica dell'elemento dell'attivo o del passivo considerato"* nel processo valutativo delle voci di bilancio [26] e dispone invece che *"la rilevazione e la presentazione delle voci è effettuata tenendo conto della sostanza dell'operazione o del contratto"* come peraltro richiesto dalla dottrina aziendalistica, applicato nella prassi internazionale e previsto nel Principio contabile nazionale n. 11 revisionato nel 2018 (*Finalità e postulati del bilancio d'esercizio, par. 17*).

Al punto 3 dell'art. 2423 *bis* è enunciato il principio della *competenza* economica che prevede l'imputazione di operazioni aziendali all'esercizio a cui si riferiscono e non a quello in cui andranno a manifestarsi i movimenti monetari di incassi e di pagamenti.

Il risultato economico dell'esercizio è pertanto espressione della identificazione e correlazione dei ricavi e dei costi assegnabili all'esercizio di competenza, indipendentemente dai flussi monetari che li hanno generati.

I primi sono di competenza del periodo ad avvenuto scambio e passaggio di proprietà del bene che corrisponde alla spedizione ed alla fatturazione [27]; i costi, certi o presunti, devono essere correlati ai primi in relazione di causa-effetto e tale correlazione può realizzarsi per associazione, analitica o diretta, o per ripartizione dell'utilità pluriennale su basi razionali, oppure per imputazione diretta al Conto Economico [28].

Il successivo punto 5 del medesimo articolo sancisce il principio della *valutazione separata* delle singole voci di bilancio, che si sostanzia nella valutazione distinta per categorie merceologiche od economico-tecniche di tutti gli elementi reddituali e patrimoniali, a rafforzamento del principio della chiarezza e di quello della prudenza.

La norma tende ad impedire che, tramite una valutazione globale delle voci (o gruppi di voci) del bilancio, le perdite presunte connesse a determinati eventi gestionali (da rilevare obbligatoriamente) si compensino con utili presunti legati ad altri eventi (da rinviare per essere contabilizzati al momento della loro concreta verificazione).

---

[25] Il riferimento va in particolare alle immobilizzazioni ed alle scorte valutabili tenendo conto delle residue utilità future (valore d'uso), escludendo così ipotesi di valutazioni al valore di scambio basate sul concetto di staticità, tipico di un processo liquidatorio e non continuativo di azienda.

[26] Tale previsione nella norma era avvenuta con il D.Lgs. n. 6/2003.

[27] Per la prestazione dei servizi, il momento viene convenzionalmente indicato nella conclusione degli stessi.

[28] O perché associati al decorrere del tempo, o perché è venuta meno l'utilità del costo (un bene immateriale dismesso in corso di ammortamento).

L'ultimo punto dell'art. 2423 *bis* sancisce il principio della *costanza dei criteri di valutazione* che realizza il postulato della comparabilità dei bilanci.

Il principio ha lo scopo di evitare che, attraverso il cambiamento dei criteri di valutazione [29], si possano generare fenomeni di occultamento dei reali risultati conseguiti.

Da ultimo, il decreto legislativo in esame ha recepito il *sistema delle deroghe* che prevede l'*obbligo* di derogare in casi eccezionali a tutte le disposizioni disciplinanti la materia del bilancio qualora l'applicazione sia incompatibile con la rappresentazione veritiera e corretta e la *facoltà*, sempre in casi eccezionali, di derogare al principio della immodificabilità dei criteri di valutazione da un esercizio al successivo.

Aspetti comuni alle due deroghe – la prima obbligatoria, la seconda facoltativa – sono l'eccezionalità [30], l'obbligo di indicare le singole deroghe nella nota integrativa e l'esposizione dei motivi e delle loro influenze sulla rappresentazione della situazione patrimoniale e finanziaria e del risultato economico dell'esercizio.

In aggiunta ai principi enunciati dall'art. 2423 *bis*, ve ne sono altri rinvenibili in altri articoli della disciplina del bilancio d'esercizio e nei principi contabili evidenziati nel successivo paragrafo.

Così il principio della *periodicità* è implicito nella definizione del bilancio annuale; quello della *omogeneità*, nella scelta dell'espressione dei valori in unità di moneta di conto; quello della *significatività* e *rilevanza* dai fatti economici, nell'art. 2423 *ter*, dove si consente il raggruppamento di voci o si impone l'integrazione degli schemi con l'inserimento di ulteriori voci; quello della *utilità*, nella correlazione con l'*attendibilità* e l'*imparzialità*, dei dati esposti in bilancio; quello della *comparabilità*, nell'obbligo della rappresentazione accostata delle singole voci di bilancio e nella costanza dei criteri di valutazione; quello della *verificabilità* dell'informazione, nella effettuazione del controllo da parte del collegio sindacale e delle società di revisione [31]; da ultimo, il principio del *costo*, presente all'art. 2426 c.c.

4.3. *I principi contabili nazionali: caratteri e tipologie*

Il procedimento di formazione del bilancio di esercizio si basa su corretti principi contabili, idonei a fornire un'informazione attendibile, ancorché non esaustiva, sui risultati di fine periodo.

---

[29] Peraltro verificabile in casi eccezionali con conseguente indicazione nella nota integrativa della relativa motivazione e dell'influenza sulla rappresentazione dei risultati di fine esercizio.

[30] La cui natura deve essere necessariamente individuata.

[31] Ove è presente per legge la revisione legale.

Tali principi rappresentano pertanto, nella loro corretta applicazione, il presupposto necessario per la costruzione del bilancio annuale e per l'espressione di un giudizio sul risultato economico e sul patrimonio aziendale.

I principi contabili consistono in un insieme ordinato di regole che fissano i modi di contabilizzazione delle operazioni aziendali, le forme di rappresentazione dei dati di bilancio, i criteri di valutazione degli elementi patrimoniali [32].

Essi sono stati enunciati in una prima serie dalla *Commissione per la Statuizione dei Principi Contabili* istituita dal Consiglio Nazionale dei Dottori Commercialisti e dal Consiglio Nazionale dei Ragionieri fino alla costituzione avvenuta nel 2001 dell'*Organismo Italiano di Contabilità (OIC)* che ha emesso una nuova serie di principi ed ha nel contempo progressivamente revisionato i documenti emanati in precedenza per adeguarli alle modifiche operate dai vari interventi normativi.

I "documenti" pubblicati sono stati predisposti per considerare, oltre che le disposizioni di legge disciplinanti la materia del bilancio (di esercizio e consolidato), le elaborazioni contenute nei principi contabili internazionali emanate dallo IASB (International Accounting Standards Board) che è il più autorevole organismo in tema di emanazione di principi contabili internazionali adottati in numerosi paesi del mondo.

La loro funzione è quella di interpretazione delle norme codicistiche sul bilancio e di integrazione di quelle che non disciplinano particolari settori di attività.

I principi contabili nazionali devono, innanzitutto, essere di generale diffusione ed accettabilità, esprimendo concetti facilmente comprensibili e facilitando la capacità di apprendimento dei soggetti interessati. Devono, inoltre, possedere il requisito della attendibilità, nella fedele rappresentazione della realtà aziendale, e della analiticità per consentire l'applicazione diversificata per ambiti produttivi e dimensionali.

Devono, infine, rivestire il carattere della applicabilità alle realtà aziendali e della riscontrabilità da parte degli organi preposti al controllo interno ed alla revisione esterna.

Riguardo alla fonte di derivazione, i principi contabili possono provenire, oltre che dalle fonti legislative di natura civile e fiscale, da associazioni professionali indipendenti, le prime di carattere normativo-impositivo, le seconde di orientamento interpretativo ed integrativo delle prime su basi non pubblicistiche e quindi non impositive.

---

[32] Sull'esame dei principi contabili nazionali ed internazionali (nonché dei principi di revisione), si vedano tra gli altri: G. Paolone-F. De Luca, *Il bilancio d'esercizio*, cit.; A. Consorti, *I principi contabili ed i principi di revisione*, parte seconda del volume di G. Paolone-L. D'Amico-A. Consorti, *La revisione aziendale – Fondamenti, principi e procedure*, Giappichelli, Torino, 2000, p. 71 e segg.

Il documento che contiene i riferimenti fondamentali per la formazione del bilancio d'esercizio e che ne indica le finalità ed i postulati secondo corretti principi contabili è il n. 11 che si applica alle generalità delle imprese ed ha subito una recente revisione per essere coerente al dettato civilistico post D.Lgs. n. 139/2015 [33].

Secondo tali principi, le finalità del bilancio annuale sono quelle di fornire una conoscenza attendibile del risultato economico e della composizione del patrimonio, nonché di fornire elementi informativi essenziali affinché il bilancio possa correttamente svolgere la sua funzione.

I postulati del bilancio, alcuni dei quali contenuti nell'art. 2423 *bis* c.c., sono i seguenti:

- *prudenza*, considerando solo gli utili realmente conseguiti ed includendo le perdite anche se non definitivamente sopportate;
- *prospettiva della continuità aziendale,* nell'applicazione dei principi contabili ed in particolare dei criteri di valutazione (condizione essenziale per la comparabilità dei bilanci);
- *prevalenza* degli aspetti sostanziali degli accadimenti aziendali su quelli formali;
- *competenza*, che presuppone la diretta imputazione dei costi e dei ricavi nel momento in cui vengono rispettivamente sostenuti e conseguiti, e non in quello in cui si verificano i relativi movimenti finanziari;
- *costanza dei criteri di valutazione*, al fine ottenere una omogenea misurazione dei risultati della società nel susseguirsi degli esercizi;
- *rilevanza*, laddove il bilancio deve includere solo le informazioni rilevanti ovvero quelle la cui omissione o errata indicazione potrebbe ragionevolmente influenzare le decisioni prese dai destinatari primari dell'informazione di bilancio sulla base del bilancio della società;
- *comparabilità*, temporale tra bilanci della stessa impresa e spaziale (più complessa) tra bilanci di imprese diverse;

Gli altri documenti OIC si occupano di disciplinare la composizione e gli schemi di bilancio, la redazione del rendiconto finanziario, il significato ed al contenuto delle singole voci con la proposizione dei relativi criteri di valutazione, il trattamento delle imposte sul reddito, la contabilizzazione delle operazioni straordinarie ed altro.

4.4. *I principi contabili internazionali: procedimento di elaborazione*

Da più parti è stata avvertita l'esigenza di adottare un unitario complesso di principi per la formazione del bilancio (particolarmente di quello

---

[33] OIC 11, *"Bilancio di esercizio: finalità e postulati"*, 2018.

consolidato), cercando di armonizzarlo per pervenire al riconoscimento di un sistema di principi contabili accolti dai vari Paesi in sostituzione di quelli applicabili da ciascuno di essi, conseguendo così il risultato di comparazione dei bilanci di imprese di nazionalità diversa.

Allo sviluppo dei principi contabili internazionali (*International Accounting Standard – IAS*) è stato inizialmente preposto lo *IASC (International Accounting Standards Committee) costituito nel 1973* con il compito di predisporre un piano di intervento che fissi i principi a cui le imprese appartenenti a diversi Paesi dovranno ispirarsi per la composizione dei propri bilanci annuali e di quelli consolidati.

Per l'approvazione definitiva degli IAS da parte dello IASC e per la loro adozione occorreva avviare un processo di elaborazione, le cui fasi sono riassumibili nelle seguenti:

– esame degli aspetti contabili dell'argomento oggetto di studio con l'individuazione dei punti da segnalare;
– predisposizione dei una bozza di principi su cui si basa la costruzione del principio contabile e successiva sua pubblicazione per acquisire pareri e commenti;
– revisione del documento e successiva approvazione e pubblicazione per ricevere osservazioni utili, richieste per la redazione di una nuova bozza di principi;
– pubblicazione definitiva, ad ottenuta approvazione, del principio contabile internazionale (IAS) a cui i bilanci delle imprese dovranno ispirarsi ed uniformarsi.

Durante il procedimento poteva essere richiesto un supplemento di indagine o l'emissione di un documento da discutere su specifiche tematiche, come anche poteva essere richiesta l'emissione di ulteriori bozze.

Si venivano così ad eliminare i trattamenti contabili alternativi, indicandone due, di cui il primo di riferimento (ritenuto il più appropriato), il secondo alternativo consentito (risultato di una prassi consolidata).

La scelta tra i vari possibili trattamenti contabili veniva fatta tenendo conto della tendenza dei principi nazionali, della conformità ai principi generali dello IASC, della coerenza di un principio contabile internazionale nei confronti degli altri principi internazionali.

Si perveniva, in tal modo, alla formazione di un *framework* (quadro sistematico) per la composizione e presentazione del bilancio d'esercizio, elaborato per revisionare i principi esistenti; per facilitare l'attivazione di nuovi principi contabili; per consentire, in ultima analisi, una migliore interpretazione dei bilanci da parte degli utilizzatori finali.

I principi base di riferimento per la composizione del bilancio d'esercizio nell'esperienza dello IASC erano i seguenti:

– *quadro fedele* e *conformità*, nel senso che i bilanci devono rappresentare in modo veritiero e corretto i fatti gestionali così da esporre con attendibilità i risultati dell'esercizio;

– *continuità operativa*, nel senso che i bilanci devono essere redatti nel presupposto che un'impresa continui a funzionare, evidenziando tutti gli elementi utili riguardanti i futuri andamenti gestionali;

– *competenza*, nel senso che i bilanci devono rappresentare i fatti al loro manifestarsi, indipendentemente dagli incassi e dai pagamenti;

– *costanza di applicazione*, nel senso che la struttura e la classificazione delle voci di bilancio devono essere mantenute nel tempo;

– *rilevanza* ed *aggregazione*, nel senso che le voci significative di bilancio devono essere esposte in modo chiaro, mentre quelle i cui valori sono irrilevanti vanno aggregate;

– *compensazione*, nel senso che c'è divieto di compensare voci dell'attivo con quelle del passivo e voci di costo con voci di ricavo;

– *informazioni comparative*, nel senso che vanno forniti tutti gli elementi, anche quelli in forma descrittiva, inclusi nel bilancio.

La riforma dello IASC ha condotto alla creazione nel 2001 dell'*International Accounting Standard Board (IASB)* retto da una Fondazione (*Foundation*) con un Consiglio di garanti (*Trustees*) che provvede alla nomina dei componenti le istituzioni che provvedono alla statuizione dei principi contabili, ossia: il *Board (IASB)*, che provvede all'emanazione dei principi contabili, ora denominati *International Financial Reporting Standard (IFRS)* a voler rimarcare l'ampliamento delle finalità informative non più circoscritte agli aspetti contabili; l'*International Financial Reporting Comittee (IFRIC)*, preposto all'interpretazione dei principi contabili statuiti; lo *SME Implementation Group*, focalizzato sui principi riferibili alle piccole e medie imprese. La Fondazione IFRS provvede anche alla nomina dei membri dello *IFRS Advisory Council*, che provvede al raccordo delle attività con le esigenze manifestate dalle diverse organizzazioni interessate.

La procedura di emanazione degli IFRS, definita oggi *due process*, prende avvio dalla proposta istruita dal *Technical Staff* in raccordo con il *Framework* che viene inserita nei programmi IASB dopo aver acquisito il parere dell'*Advisory Council* e affidata a *Working Group* per essere trasformata in un *Discussion Paper* con cui elaborare una prima bozza (*Exposure Draft*) che una volta divulgata e dopo aver acquisito pareri e osservazioni viene discussa nello IASB ed emanato quale principio contabile (IFRS).

Il Regolamento CE 19 luglio 2002, n. 1606, recepito in Italia con il D.Lgs. 28 febbraio 2005, n. 38, ha reso obbligatoria l'adozione degli IAS/IFRS nella redazione del bilancio di esercizio e consolidato per le società con azioni o altri strumenti finanziari quotati in mercati regolamenti dell'Unione europea, nonché per le banche, le società di assicurazione e le società di intermediazione finanziaria e mobiliare, prevedendo invece la facoltà di adozione per le società che redigono un bilancio consolidato oppure sono incluse nel perimetro di consolidamento di altra società obbligata purché diverse da quelle che possono redigere il bilancio in forma abbreviata.

Lo stesso regolamento, nel recepire gli IAS/IFRS quali principi contabili internazionali, ne ha previsto una procedura di *endorsement* per le integrazioni e implementazioni basata sull'intervento di 3 organismi: l'*European Financial Reporting Advisory Group (EFRAG)*, quale organismo tecnico di verifica di compatibilità dei singoli IAS/IFRS con la normativa comunitaria in tema di bilancio; l'*Accounting Regulatory Comittee (ARC)*, quale organismo politico chiamato a pronunciarsi sull'opportunità dell'accoglimento delle modifiche e implementazioni; lo *Standard Advisory Review Group (SARG)*, organismo preposto alla verifica di obiettività e neutralità delle attività svolte dall'EFRAG.

Il processo di adozione di un nuovo principio contabile IAS/IFRS si conclude con la pubblicazione sulla gazzetta ufficiale europea, previa approvazione del Parlamento europeo.

Il D.Lgs. n. 38/2005 ha stabilito infine l'obbligatorietà di adozione dei principi IAS/IFRS a partire dall'esercizio chiuso o in corso al 31 dicembre 2006, per la redazione dei:

- bilanci di esercizio delle società quotate e delle relative controllate;
- bilanci di esercizio e consolidati delle società emittenti strumenti finanziari, banche e altri intermediari finanziari;
- bilanci consolidati delle società assicuratrici quotate e non e dei bilanci di esercizio limitatamente alle società quotate che non redigono il consolidato.

5. *Gli schemi di Stato Patrimoniale e di Conto Economico: peculiarità e caratteristiche*

5.1. *Le peculiarità degli schemi obbligatori previsti dal decreto attuativo della Direttiva comunitaria*

Tra le soluzioni di standardizzare le norme in materia di informativa di bilancio e quelle di coordinare le disposizioni nazionali riguardanti la struttura ed il contenuto dei conti annuali, il legislatore comunitario ha scelto la seconda, consentendo a quello nazionale di operare la scelta tra due schemi di Stato Patrimoniale e quattro di Conto Economico [34]. Medesima scelta è

---

[34] Meglio sarebbe stato se il legislatore comunitario avesse a monte prescritto l'adozione di uniformi "piani dei conti".

stata operata con la più recente Direttiva n. 34/2013 (recepita con il D.Lgs. n. 139/2015) che ha ulteriormente dato impulso agli Stati membri per la modifica degli schemi di bilancio e l'introduzione del rendiconto finanziario quale documento di bilancio obbligatorio.

La scelta dello schema più idoneo a rappresentare i risultati gestionali va fatta per migliorare l'informazione, in quanto l'esatta collocazione di una voce ne chiarisce il significato, come anche il raggruppamento di voci affini consente di apprezzare l'incidenza del "gruppo" in relazione alle altre voci, anch'esse eventualmente raggruppate, evidenziate nel bilancio [35].

La scelta va anche finalizzata ad una migliore lettura del documento contabile ed alla possibilità di effettuare utili comparazioni spazio-temporali, agevolate dall'impostazione rigida di cui è caratterizzato il nuovo bilancio che, all'art. 2423 *ter*, dispone che le voci in esso contenute devono essere inserite "separatamente e nell'ordine indicato" nei successivi artt. 2424 e 2425.

Riguardo al criterio di classificazione, la norma prevede quattro livelli di voci, in ordine crescente di analiticità, contraddistinti da lettere maiuscole dell'alfabeto, da numeri romani, da numeri arabi e da lettere minuscole dell'alfabeto (A-I-1-a); nel Conto Economico, i livelli sono tre, mancando i numeri romani (A-1-a). In entrambi gli schemi di bilancio vi sono poi totali o differenze non preceduti da numeri o da lettere.

Le voci contraddistinte da numeri arabi possono essere ulteriormente suddivise, raggruppate o adattate alla luce di certe regole.

Infatti, la suddivisione è consentita a condizione che venga mantenuta anche la voce complessiva e l'importo corrispondente; il raggruppamento delle voci è consentito quando esso è irrilevante ai fini della chiarezza e della rappresentazione veritiera e corretta o quando viene favorita la chiarezza del bilancio; l'adattamento è imposto quando lo esige la natura dell'attività esercitata.

5.2. *Le caratteristiche dello schema di Stato Patrimoniale ed il bilancio in forma abbreviata*

Nell'ambito degli schemi proposti dagli artt. 9 e 10 della IV Direttiva comunitaria (rispettivamente a sezioni divise e a forma scalare), il legislatore italiano ha adottato, per lo Stato Patrimoniale, il primo dei due (a sezioni divise), rispettando la previgente normativa civilistica e la traduzione contabile italiana.

---

[35] Al riguardo, appare importante indicare l'ordine e l'articolazione delle singole voci di bilancio.

Lo schema di sintesi che individua i raggruppamenti delle voci dell'attivo e del passivo contraddistinte dalle lettere maiuscole e dai numeri romani (i primi due livelli dei conti) è il seguente [36]:

SCHEMA DI STATO PATRIMONIALE

ATTIVO	PASSIVO
A) *Crediti v/soci per versamenti ancora dovuti*	A) *Patrimonio netto*
B) *Immobilizzazioni*	B) *Fondi per rischi ed oneri*
I) Immobilizzazioni immateriali	C) *Trattamento di fine rapporto di lavoro subordinato*
II) Immobilizzazioni materiali	
III) Immobilizzazioni finanziarie	D) *Debiti*
C) *Attivo circolante*	E) *Ratei e risconti (passivi)*
I) Rimanenze	
II) Crediti	
III) Attività finanziarie	
IV) Disponibilità liquide	
D) *Ratei e risconti (attivi)*	

Nell'aspetto strutturale, le attività dello Stato Patrimoniale sono divise in quattro gruppi: crediti verso soci, immobilizzazioni, attivo circolante, ratei e risconti.

La distinzione fondamentale è indubbiamente tra "immobilizzazioni" (B) e "attivo circolante" (C), il cui criterio discriminante sembra essere quello della destinazione dei beni ad essere durevolmente utilizzati (i primi) o ad essere destinati alla vendita (i secondi) [37].

Se poi per alcuni beni appartenenti ai due gruppi (B e C) può risultare semplice l'assegnazione ad uno di essi, per altri (ad es. le partecipazioni) può risultare difficile l'imputazione, lasciata alla libera discrezionalità dei redattori del bilancio.

Nelle analisi di tipo finanziario viene ad essere privilegiato il momento in cui i fatti aziendali si manifestano dal punto di vista monetario; con la conseguenza che uno Stato Patrimoniale basato sulla classificazione tra immobilizzazioni e disponibilità (o tra attività fisse e circolanti) richiede opportune riclassificazioni per esprimere indagini di tipo finanziario [38].

Non è pertanto pensabile di redigere uno Stato Patrimoniale secondo puri criteri finanziari, ma si può prevedere l'inserimento in esso di informazioni di

---

[36] Così come dettato dall'art. 2424 c.c.

[37] Anche se il criterio dovrebbe condurre a distinguere le immobilizzazioni dalle disponibilità (e non dall'attivo circolante), come sostiene la dottrina contabile italiana.

[38] Così le attività vengono a distinguersi in: liquidità immediate, liquidità differite (crediti), disponibilità (scorte) ed impieghi fissi; le passività in: debiti a breve, debiti consolidati e mezzi propri.

tipo finanziario, atte a facilitare le successive eventuali riclassificazioni [39].

Ne consegue che l'indicazione espressa dal legislatore, sulla base della quale il bilancio deve rappresentare anche la situazione finanziaria non può essere pienamente soddisfatta, non essendo il documento ispirato a meri criteri finanziari. Si rendono pertanto necessarie, a tal fine, opportune rielaborazioni di voci, peraltro agevolate dalle scomposizioni obbligatoriamente previste per esse in relazione ai tempi di esigibilità (entro ed oltre l'esercizio successivo).

Dall'analisi dello schema riguardante la componente patrimoniale dell'azienda, emergono alcune considerazioni.

Innanzitutto, si evince una chiara identificazione dell'origine tipologica dell'investimento e della corrispondente fonte di finanziamento.

Di seguito sono chiaramente rilevati i rapporti di partecipazione e finanziari all'interno del gruppo [40] e sono correttamente separate le rimanenze nell'ambito dell'attivo circolante.

Tra i fondi per rischi ed oneri, si rilevano separatamente il "fondo per imposte, anche differite", esprimente passività per imposte probabili o di importo indeterminato [41], e il "fondo per trattamento di quiescenza e obblighi simili" contenente obblighi connessi a trattamenti pensionistici integrativi, di negoziazione contrattuale interna all'azienda [42].

Tra i conti del patrimonio netto, manca la voce specifica riguardante le riserve di origine fiscale, comunque rilevabili tra le "altre riserve" distintamente elencate.

Tra le passività dello Stato Patrimoniale mancano poi i fondi rettificativi dell'attivo, quali i fondi di ammortamento ed il fondo svalutazione crediti, con la conseguenza che le immobilizzazioni ed i crediti esprimono valori netti.

Tra le innovazioni previste dal nuovo schema, vi è, da ultimo, l'indicazione distinta degli acconti versati, tra le immobilizzazioni (immateriali e materiali) e tra le rimanenze, invece che tra i crediti, intendendo così il legislatore dare rilevanza all'aspetto economico dell'operazione di versamento dell'acconto; di contro, gli acconti ricevuti vanno distintamente indicati tra i debiti.

* * *

L'art. 2435 *bis* c.c. consente agli amministratori di redigere il *bilancio in*

---

[39] Tale informativa può ottenersi componendo alcune voci (es. crediti e debiti): in parte corrente e parte immobilizzata.

[40] Anche se manca l'auspicata distinzione tra valori di origine finanziaria e valori originati da rapporti di compra-vendita.

[41] Mentre il debito per imposte certe va rilevato nella voce debiti tributari (D-11).

[42] Mentre il debito certo va rilevato nella voce "trattamento di fine rapporto di lavoro subordinato" (C).

forma abbreviata quando per due esercizi consecutivi non vengono superati due dei limiti costituiti dal totale dell'attivo dello Stato Patrimoniale, dai ricavi delle vendite e delle prestazioni e dal numero dei dipendenti occupati in media durante l'esercizio.

Tale documento sintetico presenta, con riferimento alla componente patrimoniale, le seguenti caratteristiche:

– sono presenti le sole voci contraddistinte da lettere maiuscole dell'alfabeto e da numeri romani e le voci A (Crediti verso soci) e D (ratei e risconti) dell'attivo possono essere comprese nella voce C II (Crediti);

– dalle immobilizzazioni immateriali (B I) e materiali (B II) devono essere detratti esplicitamente gli ammortamenti e le svalutazioni;

– la voce E del passivo (ratei e risconti) può essere compresa nella voce D (Debiti);

– tra i debiti (D) ed i crediti (C II) devono essere indicati separatamente gli importi esigibili oltre l'esercizio successivo.

All'estrema sinteticità dello schema di Stato Patrimoniale abbreviato corrisponde una struttura di Conto Economico che, secondo le previsioni di cui all'art. 2425 c.c., può prevedere raggruppamenti di voci.

Semplificazioni sono previste anche per la nota integrativa con possibilità di esonero dalla redazione della relazione sulla gestione [43].

Infine, oltre alla sostanziale conferma della normativa semplificata per le imprese rientranti nei requisiti per la redazione del bilancio in forma abbreviata, la riforma del 2015, in coerenza con il dettato europeo, ha introdotto il nuovo art. 2435 *ter* c.c. recante una disciplina di bilancio ulteriormente semplificata per le cosiddette micro-imprese. In tal caso, infatti, le micro-imprese sono esonerate dalla redazione del rendiconto finanziario, della nota integrativa [44] e della relazione sulla gestione [45]. Alle micro-imprese non sono inoltre applicabili le disposizioni relative alla *deroga prevista per i casi eccezionali ex* art. 2423, comma 5, c.c. [46], e quelle relative agli strumenti derivati *ex* art. 2426, comma 1, n. 11 *bis* [47].

---

[43] Tale esonero è previsto a condizione che vengano riportate nella "nota" le indicazioni riguardanti l'eventuale possesso e la movimentazione di azioni proprie o di società controllanti.

[44] Quando in calce allo stato patrimoniale risultino le informazioni previste dal comma 1 dell'art. 2427, n. 9 e 16.

[45] Quando in calce allo stato patrimoniale risultino le informazioni richieste dai n. 3) e 4) dell'art. 2428.

[46] *"Se, in casi eccezionali, l'applicazione di una disposizione [...] è incompatibile con la rappresentazione veritiera e corretta, la disposizione non deve essere applicata [...]"*.

[47] Ai sensi del quale *"gli strumenti finanziari derivati, anche se incorporati in altri strumenti finanziari, sono iscritti al fair value [...]"*.

5.3. *Le caratteristiche dello schema di Conto Economico*

Dei quattro schemi di Conto Economico proposti dal legislatore comunitario, la Commissione ministeriale ha optato per la struttura a forma scalare che prevede la classificazione dei costi "per natura" [48].

La forma scalare consente di apprezzare l'andamento gestionale nelle varie aree di supposta scomposizione, fornendo una serie graduale di risultati parziali che ne esaltano il contenuto informativo.

Lo schema di sintesi che consente di evidenziare tali risultati parziali, in ossequio all'art. 2425 c.c., così come ulteriormente modificato per effetto del D.Lgs. n. 139/2015, risulta essere il seguente:

SCHEMA DI CONTO ECONOMICO

A) VALORE DELLA PRODUZIONE
Vendite e prestazioni
Variazioni delle rimanenze di prodotti in corso di lavorazione, semilavorati e finiti

B) COSTI DELLA PRODUZIONE
Per le materie e le merci
Per i servizi
Per il godimento di beni di terzi
Per il personale
Ammortamenti e svalutazioni
Variazione delle rimanenze di materie prime, sussidiarie, di consumo e merci
Accantonamenti

(A – B) Differenza tra valore e costi della produzione

C) PROVENTI E ONERI FINANZIARI

D) RETTIFICHE DI VALORE DI ATTIVITÀ E PASSIVITÀ FINANZIARIE

Risultato prima delle imposte
Imposte sul reddito dell'esercizio
Utile (perdita) dell'esercizio

---

[48] La classificazione "per natura" dei costi presenta maggiore semplicità di elaborazione, mentre quella "per destinazione" richiede il supporto di un sistema di contabilità analitica per poter attribuire i costi comuni alle varie aree.

Tale schema risulta così strutturato per porre in chiara evidenza, attraverso la rappresentazione di risultati parziali, il saldo della gestione tipica, distinto da quella extracaratteristica (finanziaria e legata alle rettifiche di valore di attività/passività), ed il risultato economico finale dopo l'accantonamento delle imposte sul reddito di periodo.

Al suo interno, è possibile operare suddivisioni di voci, come anche raggruppamenti, aggiunte ad adattamenti; per ognuna di esse deve essere indicato l'importo della voce corrispondente dell'esercizio trascorso, da adattarsi, nei casi di incomparabilità, con la voce dell'esercizio in chiusura.

Nella struttura redatta nel rispetto dell'art. 2425 c.c., il Conto Economico evidenzia quindi due grandi gruppi: il valore della produzione (A) ed i costi della produzione (B), dal cui confronto emerge una differenza positiva o negativa (A-B), non ben definibile in considerazione della eterogeneità e molteplicità dei valori che concorrono a definire i due gruppi [49].

Il primo aggregato fornisce una misura approssimata del reale "valore della produzione" che verrebbe a coincidere con i "ricavi" delle vendite e delle prestazioni solo nel caso in cui non vi siano le rimanenze (di prodotti e di semilavorati) che agiscono sulla sua composizione.

Concorrono a definire il valore della produzione, allontanando ancor più tale concetto da quello dei ricavi, anche altri elementi economici, quali: la variazione dei lavori in corso su ordinazione, gli incrementi di immobilizzazioni per lavori interni, gli altri ricavi e proventi.

L'altro grande aggregato previsto nello schema di Conto Economico è costituito dai "costi della produzione"; alla cui formazione concorrono: i consumi di materie (o di merci) ottenuti accostando i dati disaggregati relativi ai costi di acquisto ed alla variazione delle rimanenze (di materie o di merci); i costi per servizi, inerenti agli acquisti, alle lavorazioni interne ed esterne, alle attività commerciali ed a quelle amministrative, ecc.; i costi per godimento di beni di terzi, quali, ad esempio, i canoni di locazione e di leasing; i costi per il personale, ripartiti in salari e stipendi, oneri sociali, trattamento di fine rapporto, trattamento di quiescenza e simili, altri costi; gli ammortamenti e le svalutazioni, opportunamente riportati in varie sotto-categorie; gli accantonamenti per rischi, gli altri accantonamenti e gli oneri diversi di gestione.

La differenza tra i due aggregati (A-B) esprime il reddito operativo lordo [50] che, nello schema di Conto Economico non ha una specifica denominazione.

Proseguendo nella determinazione del risultato finale, si evidenziano

---

[49] Alcuni autori la definiscono "reddito operativo lordo".

[50] La dizione non è appropriata perché alla "differenza" (A-B) si fanno partecipare componenti di carattere eccezionale e di carattere residuale (come gli oneri diversi di gestione).

componenti appartenenti alla gestione finanziaria (proventi da partecipazioni, altri proventi finanziari, interessi ed altri oneri finanziari), ivi comprese le rivalutazioni e le svalutazioni di attività e passività finanziarie. Il reddito lordo così determinato (risultato ante imposte), per il concorso delle imposte sul reddito dell'esercizio, si trasforma in reddito di periodo (utile o perdita dell'esercizio). Da evidenziare che per effetto del D.Lgs. n. 139/2015 è stata eliminata la macroclasse E) relativa ai proventi e oneri straordinari che dunque, se significativi, devono trovare collocazione in altre voci di ricavo o costo, con conseguente esplicitazione in sede di nota integrativa.

6. *Il contenuto delle voci dello Stato Patrimoniale e del Conto Economico*

6.1. *Introduzione*

Il modello di Stato Patrimoniale previsto dall'art. 2424 c.c. accoglie valori classificati secondo il criterio della destinazione economica, per quanto concerne l'attivo, e secondo la natura delle fonti di finanziamento, per quanto riguarda il passivo.

Tale schema è finalizzato a soddisfare le attese informative che convergono sulla consistenza e sulla composizione qualitativa degli investimenti realizzati e delle relative fonti finanziarie di copertura, nonché sulle connessioni esistenti tra sottosistemi parziali di valori.

Stabilendo che la componente patrimoniale deve rappresentare – con chiarezza, verità e correttezza – la situazione del patrimonio e quella finanziaria alla chiusura dell'esercizio, il legislatore ha stabilito una priorità della prima sulla seconda, al fine di evidenziare l'attitudine degli investimenti a generare flussi finanziari in entrata, l'attitudine delle passività a generare flussi finanziari in uscita, le correlazioni tra i due flussi.

Lo schema di Conto Economico previsto dall'art. 2425 c.c. è definito a "valore della produzione", in quanto tende a rappresentare alcuni aggregati di classi economiche, significativi per apprezzare le modalità di formazione del risultato d'esercizio, tra cui assumono particolare rilievo, come già detto, il valore dei beni e dei servizi prodotti nel periodo di riferimento ed i costi sostenuti per realizzare quei beni e per prestare quei servizi.

Prima di analizzare gli elementi contenuti nella componente patrimoniale ed in quella economica, si riportano, qui di seguito, le due parti del bilancio d'esercizio (Stato Patrimoniale e Conto Economico), così come dettati dalla normativa civilistica che ne disciplina il relativo contenuto.

SCHEMA DELLO STATO PATRIMONIALE (ART. 2424 C.C.)

ATTIVO:

A) CREDITI VERSO SOCI PER VERSAMENTI ANCORA DOVUTI, CON SEPARATA INDICAZIONE DELLA PARTE GIÀ RICHIAMATA.

B) IMMOBILIZZAZIONI, CON SEPARATA INDICAZIONE DI QUELLE CONCESSE IN LOCAZIONE FINANZIARIA:

I. *Immobilizzazioni immateriali*:
1) costi di impianto e di ampliamento;
2) costi di sviluppo;
3) diritti di brevetto industriale e diritti di utilizzazione delle opere dell'ingegno;
4) concessioni, licenze, marchi e diritti simili;
5) avviamento;
6) immobilizzazioni in corso ed acconti;
7) altre.
Totale.

II. *Immobilizzazioni materiali*:
1) terreni e fabbricati;
2) impianti e macchinario;
3) attrezzature industriali e commerciali;
4) altri beni;
5) immobilizzazioni in corso ed acconti.
Totale.

III. *Immobilizzazioni finanziarie,* con separata indicazione, per ciascuna voce dei crediti, degli importi esigibili entro l'esercizio successivo:
1) partecipazioni in:
a) imprese controllate;
b) imprese collegate;
c) imprese controllanti;
d) imprese sottoposte al controllo delle controllanti;
d-bis) altre imprese;
2) crediti:
a) verso imprese controllate;
b) verso imprese collegate;
c) verso controllanti;
d) verso imprese sottoposte al controllo delle controllanti;
d-bis) verso altri;
3) altri titoli;
4) strumenti finanziari derivati attivi.
Totale.
Totale immobilizzazioni (B).

C) ATTIVO CIRCOLANTE:
I. *Rimanenze*:
1) materie prime, sussidiarie e di consumo;

segue

2) prodotti in corso di lavorazione e semilavorati;
3) lavori in corso su ordinazione;
4) prodotti finiti e merci;
5) acconti.
Totale.

II. *Crediti*, con separata indicazione, per ciascuna voce, degli importi esigibili oltre l'esercizio successivo:
1) verso clienti;
2) verso imprese controllate;
3) verso imprese collegate;
4) verso controllanti;
5) verso imprese sottoposte al controllo delle controllanti;
5-bis) crediti tributari;
5-ter) imposte anticipate;
5-quater) verso altri;
Totale.

III. *Attività finanziarie* che non costituiscono immobilizzazioni:
1) partecipazioni in imprese controllate;
2) partecipazioni in imprese collegate;
3) partecipazioni in imprese controllanti;
3-bis) partecipazioni in imprese sottoposte al controllo delle controllanti;
4) altre partecipazioni;
5) strumenti finanziari derivati attivi;
6) altri titoli.
Totale.

IV. *Disponibilità liquide*:
1) depositi bancari e postali;
2) assegni;
3) denaro e valori in cassa.
Totale.
Totale attivo circolante (C).

D) RATEI E RISCONTI.

PASSIVO:

A) PATRIMONIO NETTO:

I. *capitale*
II. *riserva da sovrapprezzo delle azioni*
III. *riserve di rivalutazione*
IV. *riserva legale*
V. *riserve statutarie*
VI. *altre riserve, distintamente indicate*
VII. *riserva per operazioni di copertura dei flussi finanziari attesi*
VIII. *utili (perdite) portati a nuovo*
IX. *utile (perdita) d'esercizio*
X. *riserva negativa per azioni proprie in portafoglio*
Totale.

segue

B) FONDI PER RISCHI ED ONERI:

1) per trattamento di quiescenza e obblighi simili;
2) per imposte, anche differite;
3) altri.
Totale.

C) TRATTAMENTO DI FINE RAPPORTO DI LAVORO SUBORDINATO.

D) DEBITI, CON SEPARATA INDICAZIONE, PER CIASCUNA VOCE, DEGLI IMPORTI ESIGIBILI OLTRE L'ESERCIZIO SUCCESSIVO:

1) obbligazioni;
2) obbligazioni convertibili;
3) debiti verso soci per finanziamenti;
4) debiti verso banche;
5) debiti verso altri finanziatori;
6) acconti;
7) debiti verso fornitori;
8) debiti rappresentati da titoli di credito;
9) debiti verso imprese controllate;
10) debiti verso imprese collegate;
11) debiti verso controllanti;
11-bis) debiti verso imprese sottoposte al controllo delle controllanti;
12) debiti tributari;
13) debiti verso istituti di previdenza e di sicurezza sociale;
14) altri debiti.
Totale.

E) RATEI E RISCONTI.

Il D.Lgs. n. 139/2015 ha altresì eliminato la previsione delle informazioni che in precedenza erano riportate in calce allo Stato Patrimoniale relative alle garanzie prestate direttamente o indirettamente, distinte tra fideiussioni, avalli, altre garanzie personali e garanzie reali, garanzie prestate a favore di imprese controllate e collegate, nonché di controllanti e di imprese sottoposte al controllo di queste ultime ed altri conti d'ordine. Tali informazioni infatti sono ora riportate nell'ambito della nota integrativa.

SCHEMA DEL CONTO ECONOMICO (ART. 2425 C.C.)

A) *Valore della produzione*:
1) ricavi delle vendite e delle prestazioni;
2) variazioni delle rimanenze di prodotti in corso di lavorazione, semilavorati e finiti;
3) variazioni dei lavori in corso su ordinazione;
4) incrementi di immobilizzazioni per lavori interni;
5) altri ricavi e proventi, con separata indicazione dei contributi in conto esercizio.
Totale.

segue

B) *Costi della produzione*:
6) per materie prime, sussidiarie, di consumo e di merci;
7) per servizi;
8) per godimento di beni di terzi,
9) per il personale:
a) salari e stipendi;
b) oneri sociali;
c) trattamento di fine rapporto;
d) trattamento di quiescenza e simili,
e) altri costi;
10) ammortamenti e svalutazioni:
a) ammortamento delle immobilizzazioni immateriali;
b) ammortamento delle immobilizzazioni materiali;
c) altre svalutazioni delle immobilizzazioni;
d) svalutazioni dei crediti compresi nell'attivo circolante e delle disponibilità liquide;
11) variazioni delle rimanenze di materie prime, sussidiarie, di consumo e merci;
12) accantonamenti per rischi;
13) altri accantonamenti,
14) oneri diversi di gestione.
Totale.
Differenza tra valore e costi della produzione (A – B).

C) *Proventi e oneri finanziari*:
15) proventi da partecipazioni, con separata indicazione di quelli relativi ad imprese controllate e collegate e di quelli relativi a controllanti e a imprese sottoposte al controllo di queste ultime;
16) altri proventi finanziari.
a) da crediti iscritti nelle immobilizzazioni, con separata indicazione di quelli da imprese controllate e collegate e di quelli da controllanti e da imprese sottoposte al controllo di queste ultime;
b) da titoli iscritti nelle immobilizzazioni che non costituiscono partecipazioni;
c) da titoli iscritti nell'attivo circolante che non costituiscono partecipazioni;
d) proventi diversi dai precedenti, con separata indicazione di quelli da imprese controllate e collegate e di quelli da controllanti e da imprese sottoposte al controllo di queste ultime;
17) interessi e altri oneri finanziari, con separata indicazione di quelli verso imprese controllate e collegate e verso controllanti;
17 *bis*) utili e perdite su cambi.
Totale (15 + 16 + 17 ± 17 *bis*).

D) *Rettifiche di valore di attività e passività finanziarie*:
18) rivalutazioni:
a) di partecipazioni;
b) di immobilizzazioni finanziarie che non costituiscono partecipazioni;
c) di titoli iscritti all'attivo circolante che non costituiscono partecipazioni;
d) di strumenti finanziari derivati
19) svalutazioni:
a) di partecipazioni;
b) di immobilizzazioni finanziarie che non costituiscono partecipazioni;
c) di titoli iscritti nell'attivo circolante che non costituiscono partecipazioni;

segue

d) di strumenti finanziari derivati
Totale delle rettifiche (18 – 19).

Risultato prima delle imposte (A – B ± C ± D);
20) imposte sul reddito dell'esercizio;
21) utile (perdita) dell'esercizio.

6.2. *Gli elementi dell'attivo patrimoniale*

L'attivo patrimoniale si compone di quattro classi contraddistinte da lettere maiuscole, a loro volta ripartibili in sottoclassi e conti, in modo da formare tre livelli, ulteriormente scomponibili in relazione alla natura ed alla dimensione dell'impresa.

La prima classe di valori è costituita dai *crediti verso soci per versamenti ancora dovuti, con separata indicazione della parte già richiamata* (lett. A).

Si tratta di crediti vantati dalla società nei confronti dei soci alla data di chiusura dell'esercizio per quote od azioni sottoscritte e non ancora versate. Quale ulteriore informazione di natura finanziaria, la norma impone l'indicazione della quota già richiamata che, secondo alcuni aziendalisti, dovrebbe trovare più logica collocazione nell'attivo circolante [51].

La seconda classe (lett. B) è rappresentata dalle *immobilizzazioni*, scomponibili nelle seguenti sottoclassi:

– *immobilizzazioni immateriali* (B-I);
– *immobilizzazioni materiali* (B-II);
– *immobilizzazioni finanziarie* (B-III).

Appartengono alla sottoclasse delle *immobilizzazioni immateriali* (B-I) le seguenti voci:

1) *costi di impianto e di ampliamento*, riguardanti spese di costituzione societaria o di modifica (quali: imposta di registro, spese notarili, ecc.), nonché spese per avviamento di nuove produzioni o di nuovi impianti;

2) *costi di sviluppo*, costi sostenuti per l'applicazione dei risultati della ricerca di base o di altre conoscenze possedute o acquisite in un piano o in un progetto per la produzione di materiali, dispositivi, processi, sistemi o servizi, nuovi o sostanzialmente migliorati, prima dell'inizio della produzione commerciale o dell'utilizzazione. A tal proposito, il D.Lgs. n. 139/2015 ha previsto inoltre che i costi di ricerca e di pubblicità non fossero capitalizzabili e pertanto imputati al conto economico. Per quanto concerne lo "svi-

[51] Mentre la parte non richiamata, secondo gli stessi autori, dovrebbe essere inclusa tra le "immobilizzazioni finanziarie".

luppo", è da intendersi, in aggiunta a quello riguardante il prodotto o il processo produttivo, anche quello del patrimonio cognitivo di cui l'impresa si avvale nella propria gestione;

3) *diritti di brevetto industriale e diritti di utilizzazione delle opere dell'ingegno*, riguardanti il sostenimento di costi per l'acquisizione di brevetti che consentono di disporre in via esclusiva di un patrimonio di conoscenze tutelate giuridicamente, nonché per lo sfruttamento di un'opera intellettuale con conseguenti vantaggi economici;

4) *concessioni, licenze, marchi e diritti simili*, esprimenti le concessioni rilasciate dalle autorità amministrative, le autorizzazioni per l'esercizio di un diritto o di un potere, i segni distintivi dei beni prodotti e/o commercializzati ed altri diritti disciplinanti rapporti giuridici diversi;

5) *avviamento*, corrispondente alla maggiore somma pagata a seguito dell'acquisizione di un'azienda, o di un ramo di essa, o di partecipazioni societarie;

6) *immobilizzazioni in corso e acconti* comprendenti, rispettivamente, i beni immateriali producibili all'interno in fase di realizzazione e gli acconti dati a fornitori per l'acquisizione di quelli esterni;

7) *altre* immobilizzazioni non previste nei punti precedenti, che comprendono le quote di indennità di anzianità capitalizzate, i costi di manutenzione e riparazione da ammortizzare, le spese di pubblicità e quelle di rappresentanza capitalizzate, ecc.

La sottoclasse delle *immobilizzazioni materiali* (B-II) è articolata nelle seguenti voci:

1) *terreni e fabbricati*, comprendenti il suolo di proprietà dell'azienda, gli immobili civili e quelli industriali e commerciali, ivi comprese le costruzioni leggere;

2) *impianti e macchinario*, comprendenti gli impianti generici e quelli specifici, nonché i macchinari automatici e quelli non automatici;

3) *attrezzature industriali e commerciali*, destinate ad accogliere le attrezzature in senso stretto, utilizzabili per l'attività di officina, di laboratorio, ed altro;

4) *altri beni*, che accolgono quelli non rientranti in una delle voci precedenti, quali i mobili e gli arredi, le macchine d'ufficio, gli automezzi, ecc.;

5) *immobilizzazioni in corso ed acconti*, comprendenti sia i beni di produzione interna in fase di costruzione che gli acconti dati a fornitori per l'acquisto dall'esterno di beni materiali.

La sottoclasse delle *immobilizzazioni finanziarie* comprende le seguenti voci:

1) *partecipazioni in*:

a) *imprese controllate*, quando la capogruppo esercita il controllo sulle partecipate per effetto della detenzione della maggioranza dei voti, dell'influenza dominante, dell'esistenza di vincoli contrattuali;

b) *imprese collegate*, quando trattasi di influenza notevole che si presume esercitabile con il venti per cento dei voti assembleari (dieci per cento nel caso di società con azioni quotate);

c) *imprese controllanti*;

d) imprese sottoposte al controllo delle controllanti [52];

d-bis) *altre imprese*, comprendenti quelle partecipazioni che non raggiungono il livello minimo per essere di controllo o di collegamento;

2) *crediti* (con separata indicazione di quelli esigibili entro l'esercizio successivo):

a) *verso società controllate*;

b) *verso società collegate*;

c) *verso controllanti*;

d) *verso imprese sottoposte al controllo delle controllanti*;

d-*bis*) *verso altri*;

3) *altri titoli*, comprendenti titoli, diversi dalle azioni, con caratteristica di investimento durevole (es. titoli a cauzione o a garanzia);

4) *strumenti finanziari derivati attivi*.

La terza classe dell'attivo patrimoniale (lettera C), costituita dall'*attivo circolante*, si scompone nelle seguenti sottoclassi:

- *rimanenze* (C-I);
- *crediti* (C-II);
- *attività finanziarie che non costituiscono immobilizzazioni* (C-III);
- *disponibilità liquide* (C-IV).

Appartengono alla sottoclasse delle *rimanenze* (C-I), le seguenti voci:

1) *materie prime, sussidiarie e di consumo*, costituite da beni destinati ad alimentare l'avvio del processo produttivo;

2) *prodotti in corso di lavorazioni e semilavorati*, esprimenti beni che trovansi in una fase intermedia del processo di trasformazione economico-tecnica;

3) *lavori in corso su ordinazione*, esprimenti processi produttivi che interessano più periodi amministrativi (es. commesse relative a costruzioni infrastrutturali che richiedono un lungo periodo per la realizzazione);

4) *prodotti finiti e merci*, costituiti rispettivamente da beni che risultano

---

[52] Tale dicitura, prevista anche per altre voci di stato patrimoniale e di conto economico, fa riferimento al concetto delle cosiddette società "sorelle". Tale concetto, introdotto dal D.Lgs. n. 139/2015 e fondato sulla nozione di parti correlate, si basa sulla rilevanza informativa che tali poste di bilancio esplicitamente rappresentate possono avere nei confronti degli stakeholders.

dall'esaurimento del processo produttivo e da beni acquistati per essere venduti;

5) *acconti*, esprimenti somme date in anticipo a fornitori di beni a fecondità semplice.

La sottoclasse dei *crediti* (C-II) è distinta per categorie di soggetti debitori con la separata indicazione, per ciascuna di essi, degli importi esigibili oltre l'esercizio successivo; le voci che compongono tale categoria sono le seguenti:

1) *verso clienti*, sorgibili a seguito di normali operazioni commerciali;
2) *verso imprese controllate*, di natura commerciale e finanziaria;
3) *verso imprese collegate*, di natura commerciale e finanziaria;
4) *verso controllanti*, di natura commerciale e finanziaria;
5) *verso imprese sottoposte al controllo delle controllanti*;
5 *bis) crediti tributari*;
5 *ter) imposte anticipate*;
5 *quater) verso altri*.

La sottoclasse delle *attività finanziarie che non costituiscono immobilizzazioni*, comprende tutti quei titoli che non sono destinati ad essere durevolmente investiti nell'impresa e che quindi appartengono al settore del "circolante"; fanno parte di tale categoria le seguenti voci:

1) *partecipazioni in imprese controllate*;
2) *partecipazioni in imprese collegate*;
3) *partecipazioni in imprese controllanti*;
3 bis) *partecipazioni in imprese sottoposte al controllo delle controllanti*;
4) *altre partecipazioni*;
5) *strumenti finanziari derivati attivi*;
6) *altri titoli* (obbligazioni, titoli di stato, ecc.).

L'ultimo sottogruppo dell'attivo circolante – le *disponibilità liquide* (C-IV) – comprende le seguenti voci:

1) *depositi bancari e postali*, comprensivi degli interessi maturati alla data di chiusura dell'esercizio;

2) *assegni*, bancari e circolari giacenti in cassa alla data di chiusura dell'esercizio;

3) *denaro e valori in cassa*, come biglietti e monete, nazionali ed estere, e valori bollati.

La quarta ed ultima classe dell'attivo patrimoniale è costituita dai *ratei e risconti* (attivi) (lett. D) che, come è noto, identificano rispettivamente quote di ricavo di competenza dell'esercizio che avranno manifestazione numeraria in un successivo esercizio ovvero quote di costo che hanno già avuto manifestazione numeraria ma che risultano in parte di competenza di esercizi successivi. Trattasi pertanto di accogliere il criterio temporale, estensibile a due o più esercizi, di ripartizione della competenza.

6.3. *Gli elementi del patrimonio netto e del passivo patrimoniale*

La prima classe di valori appartenente alla sezione del passivo, è rappresentata dal *patrimonio netto* (lett. A), che risulta articolata nelle seguenti voci:

I) *capitale*, ove trova iscrizione l'importo nominale delle azioni o delle quote sottoscritte dai soci, suddivisibile, per quanto riguarda il capitale azionario, in relazione al tipo di azioni (ordinarie, privilegiate, di risparmio);

II) *riserva da sovrapprezzo delle azioni*, conseguenza della emissione di nuove azioni al di sopra del valore nominale;

III) *riserve di rivalutazione*; nell'ambito delle quali vanno ricomprese sia la riserva conseguente agli utili ottenibili dalla deroga al principio della rappresentazione veritiera e corretta (ai sensi dell'ultimo comma dell'art. 2423 c.c.), sia quella concernente le plusvalenze da partecipazioni in imprese controllate e collegate che derivano dall'applicazione del metodo del patrimonio netto rispetto al valore indicato nel bilancio dell'esercizio precedente (ai sensi del punto 4 dell'art. 2426 c.c.);

IV) *riserva legale*, costituita per legge ed alimentata dagli utili annuali nella misura corrispondente almeno alla ventesima parte di essi fino al raggiungimento di un quinto del capitale sociale (ai sensi dell'art. 2430 c.c.);

V) *riserve statutarie*, quali riserve di utili da costituirsi ed utilizzarsi nel rispetto delle condizioni e dei limiti prescritti dallo statuto societario;

VI) *altre riserve, distintamente indicate*, che comprendono i versamenti in conto capitale effettuati dai soci, le eventuali riserve da fusione, le riserve formatesi in dipendenza di provvedimenti fiscali, ecc.;

VII) *riserva per operazioni di copertura dei flussi finanziari attesi*, che accoglie le variazioni di *fair value* degli strumenti finanziari derivati generatesi nell'ambito di coperture di flussi finanziari attesi, al netto degli eventuali effetti fiscali differiti;

VIII) *utili (perdite) portati a nuovo*, rappresentanti rispettivamente gli utili non distribuiti in precedenti esercizi o le perdite di precedenti esercizi di cui è stata rinviata la relativa copertura;

IX) *utile (perdita) dell'esercizio*, che esprime il risultato economico, positivo o negativo, della gestione trascorsa, collegabile con la voce 21 dello schema di Conto Economico;

X) *riserva negativa per azioni proprie in portafoglio*, accoglie, in detrazione del patrimonio netto, il costo di acquisto delle azioni proprie secondo quanto disciplinato dall'art. 2357 *ter* c.c.

Alla classe B) del passivo patrimoniale appartengono i *fondi per rischi e oneri* derivanti da accantonamenti consentiti per coprire perdite o debiti di natura determinata, di esistenza certa o probabile, il cui ammontare o la data di sopravvenienza sono indeterminati; tale classe si distingue nei seguenti fondi:

1) *per trattamento di quiescenza e obblighi simili*, che accolgono valori relativi a fondi interni di previdenza integrativa, il cui importo risulta indeterminato ma ragionevolmente stimato, oltreché quelli relativi a fondi per la cessazione dei rapporti di collaborazione coordinata e continuativa, a fondi per la corresponsione di indennità per la cessazione di rapporti di agenzia, ecc.;
2) *per imposte*, che accolgono il fondo per imposte differite, relativo al differimento dall'imposizione diretta di alcune componenti reddituali, ed il fondo per imposte in contenzioso, destinato a coprire i rischi connessi ad eventuali pretese dell'amministrazione finanziaria;
3) *altri*, laddove il passivo comprende il "fondo rischi su cambi", il "fondo per operazioni e concorsi a premio", il "fondo garanzia prodotti", il "fondo controversie legali", il "fondo per ristrutturazioni aziendali", ecc.

Alla classe C) appartiene l'unica voce denominata *trattamento di fine rapporto di lavoro subordinato*, che accoglie l'accantonamento a fronte di un debito certo da estinguere al momento della cessazione del rapporto di lavoro subordinato, fronteggiabile anche con ricorso a forme assicurative per la copertura, totale o parziale, delle indennità da liquidare.

Alla classe D) dei *debiti* (con separata indicazione degli importi esigibili entro l'esercizio successivo) appartengono le seguenti voci:

1) *obbligazioni*, comprendente tutte le tipologie di prestiti obbligazionari, quali, ad esempio, quelle ordinarie, indicizzate, senza cedole ed altre;
2) *obbligazioni convertibili*, che offrono al sottoscrittore la possibilità di scegliere, all'atto della estrazione del titolo, il rimborso oppure la conversione in titoli azionari, seguendo particolari procedure;
3) *debiti verso soci per finanziamenti*;
4) *debiti verso banche*, comprendente sia i debiti verso gli istituti di credito ordinario che quelli verso gli istituti di credito speciale, sia i debiti garantiti da pegno od ipoteca che quelli non garantiti;
5) *debiti verso altri finanziatori*, diversi dagli istituti di credito;
6) *acconti*, comprendente gli anticipi corrisposti da clienti espressi in moneta nazionale od estera;
7) *debiti verso fornitori*, che sorgono in concomitanza all'acquisto di beni, a fecondità semplice o ripetuta, e di servizi;
8) *debiti rappresentati da titoli di credito*, di natura commerciale o di natura finanziaria;

9) *debiti verso imprese controllate*, sorti a seguito di fornitura di beni o di servizi, ovvero a seguito di finanziamenti;

10) *debiti verso imprese collegate*, di natura commerciale o finanziaria;

11) *debiti verso controllanti*, di fornitura o finanziari;

11-bis) *debiti verso imprese sottoposte al controllo delle controllanti*, di fornitura o finanziari;

12) *debiti tributari*, comprendente i debiti certi relativi all'iva, alle imposte sul reddito, alle ritenute operate alla fonte, alle altre imposte;

13) *debiti verso istituti di previdenza e di sicurezza sociale*, comprendenti i debiti maturati per oneri sociali a carico dell'impresa e per ritenute effettuate a carico dei dipendenti;

14) *altri debiti*, comprendenti i debiti non inclusi nelle precedenti voci, quali i debiti verso soci per dividendi, verso professionisti per compensi, verso amministratori e verso sindaci per emolumenti, verso dipendenti per retribuzioni, ecc.

L'ultima classe (E) accoglie i *ratei e risconti* (passivi), per i quali valgono le stesse considerazioni viste per quelli attivi, basate sul concetto di valore comune a due o più esercizi.

6.4. *Impegni, garanzie, passività potenziali e accordi fuori bilancio non risultanti dallo Stato Patrimoniale*

Come è noto, nel bilancio non trovano iscrizione i contratti a prestazioni corrispettive non ancora eseguiti alla data di chiusura dell'esercizio e gli effetti dei negozi che comportano un eventuale esborso futuro, normalmente bilanciato da una controprestazione.

I due gruppi di operazioni definiscono le due classi degli "impegni" e dei "rischi" che, unitamente ai "beni di terzi" ed ai "beni presso terzi", prima dell'intervento del D.Lgs. n. 139/2015, trovavano la loro evidenziazione nei *conti d'ordine*, annotati in calce allo Stato Patrimoniale. E ciò in considerazione del fatto che i valori relativi traggono origine da operazioni che non incidono sulla formazione del reddito e del capitale.

Il suddetto decreto ha abrogato i conti d'ordine ed ha previsto l'inserimento delle relative informazioni nell'ambito del punto n. 9 dell'art. 2427 c.c. che appunto prevede l'obbligo di indicare in nota integrativa gli impegni non risultanti dallo Stato Patrimoniale, nonché tutte le notizie sulla composizione e la natura di tali impegni, utili per valutare la situazione finanziario-patrimoniale della società.

Sul piano applicativo, il postulato generale della chiarezza impone l'accoglimento tra le operazioni "fuori bilancio" di tutti i conti d'ordine evidenzianti rischi ed impegni e beni propri e di terzi, o quanto meno la loro analitica individuazione nella nota integrativa.

L'art. 2427, comma 1, n. 22 *ter*, c.c., prevede altresì l'esplicitazione dei cosiddetti accordi fuori bilancio. Questi ultimi sono accordi, od altri atti, anche collegati tra loro, i cui effetti non risultano dallo Stato Patrimoniale ma che possono esporre la società a rischi o generare per la stessa benefici significativi la cui conoscenza è utile per una valutazione della situazione patrimoniale e finanziaria e del risultato economico della società, nonché del gruppo di eventuale appartenenza [53].

La dottrina contabile individua quattro gruppi di sistemi esprimenti conti d'ordine relativi alle varie categorie di operazioni, e rinvenibili nei seguenti:

– *sistema dei beni di terzi*, che comprende l'insieme di beni di proprietà di terzi soggetti che trovansi, a qualsiasi titolo (garanzia, deposito, ecc.), presso l'impresa;
– *sistema dei beni presso terzi*, che comprende, viceversa, l'insieme di beni di proprietà dell'impresa che si trovano, per le stesse ragioni, presso terzi soggetti;
– *sistema degli impegni*, evidenziante gli impegni assunti dall'impresa nei confronti di terzi, quali, ad esempio, la consegna od il ritiro di beni, l'emissione o la ricezione di garanzie fidejussorie, ecc.;
– *sistema dei rischi*, esprimente i rischi specifici che l'impresa si assume nello svolgimento dei vari atti di gestione.

Ne consegue che tali categorie, a seconda della specifica natura, andranno ricondotte alle informazioni da inserire in nota integrativa al punto 9 ovvero al punto 22 *ter*.

6.5. *Gli elementi che concorrono a definire il Conto Economico*

Come già detto, lo schema di Conto Economico disciplinato dall'art. 2425 c.c. si articola in classi di valori, contraddistinte da lettere maiuscole dell'alfabeto, a cui fanno seguito la distinzione di voci (con numeri romani) e di sottovoci (con lettere minuscole dell'alfabeto). Tale articolazione tende ad aggregare le componenti reddituali riconducibili alle diverse aree nelle quali può convenzionalmente suddividersi l'unitaria gestione aziendale.

La prima classe economica (lett. A) è costituita dal *valore della produzione*, quale risultato della somma algebrica delle vendite e delle prestazioni, delle variazioni (aumentative e diminutive) delle rimanenze di prodotti in corso di lavorazione, di semilavorati e di prodotti finiti, dei lavori in corso su ordinazione, degli incrementi di immobilizzazioni per lavori in corso, degli altri ricavi e proventi.

---

[53] Sul punto anche l'OIC 12, *Composizione e schemi di bilancio*, 2017, par. 128.

Tale classe viene pertanto a scomporsi nelle seguenti voci:

1) *ricavi delle vendite e delle prestazioni*, da iscriversi al netto di resi, sconti, abbuoni e premi, che comprendono i corrispettivi delle cessioni di beni e delle prestazioni di servizi alla cui produzione o al cui scambio è diretta l'attività dell'impresa;

2) *variazione delle rimanenze di prodotti in corso di lavorazione, semilavorati e finiti*, che accoglie la differenza, positiva o negativa, tra il valore delle rimanenze finali e quello delle rimanenze iniziali, da sommarsi (o da sottrarsi) al (o dal) valore della produzione;

3) *variazione dei lavori in corso su ordinazione*, che comprende le variazioni intervenute dal confronto (positivo o negativo) tra le rimanenze finali e le esistenze iniziali dei lavori in corso su ordinazione;

4) *incrementi di immobilizzazioni per lavori interni*, che esprime il valore dei beni materiali ed immateriali realizzati all'interno dell'impresa, i cui costi di acquisto, per la parte di fattori produttivi utilizzati per la lavorazione interna, devono essere capitalizzati;

5) *altri ricavi e proventi*, con separata indicazione dei contributi in conto esercizio, comprendenti i componenti positivi non rientranti nell'attività caratteristica dell'impresa, quali le provvigioni attive, i proventi immobiliari, le royalties, ecc.

La seconda classe (lett. B) è rappresentata dai *costi della produzione* ed include le seguenti voci e sottovoci:

6) *per materie prime, sussidiarie, di consumo e di merci*, che includono i valori relativi agli acquisti di beni, comprensivi delle spese accessorie, da trasformarsi e/o da commercializzare. Collegata con le variazioni delle rimanenze, tale voce dà origine al *consumo* delle materie, nelle imprese industriali, o al *costo del venduto*, nelle imprese mercantili;

7) *per servizi*, comprendenti i servizi per acquisti, i servizi industriali, i servizi commerciali e quelli amministrativi;

8) *per godimento di beni di terzi*, comprendenti gli oneri per l'utilizzo di beni di proprietà di terzi, a prescindere dalla forma contrattuale sulla base della quale tale utilizzo è regolato (noleggio, affitto, leasing, ecc.);

9) *per il personale*, comprendente il costo totale del lavoro, ivi inclusi gli oneri sociali e gli accantonamenti, come dallo stesso articolo distinti nel seguente modo:

a) *salari e stipendi*;

b) *oneri sociali*;

c) *trattamento di fine rapporto*;

d) *trattamento di quiescenza e simili*;

e) *altri costi*;

10) *ammortamenti e svalutazioni*, quali voci che trovano giustificazione

nei criteri civilistici di valutazione, finalizzati alla raffigurazione veritiera e corretta del risultato di periodo, e che vengono ulteriormente ripartiti nelle seguenti:

a) *ammortamento delle immobilizzazioni immateriali*;

b) *ammortamento delle immobilizzazioni materiali*;

c) *altre svalutazioni delle immobilizzazioni*;

d) *svalutazioni dei crediti compresi nell'attivo circolante e delle disponibilità liquide*;

11) *variazione delle rimanenze di materie prime, sussidiarie, di consumo e merci*, esprimente la differenza, positiva o negativa, tra le rimanenze finali e quelle iniziali che partecipano al processo di trasformazione (materie) o di commercializzazione (merci);

12) *accantonamenti per rischi*, che accolgono gli accantonamenti atti a fronteggiare determinati rischi aziendali, quali quelli su rischi, su cambi, per controversie legali, ecc.;

13) *altri accantonamenti*, comprendenti gli stanziamenti operati a fronte di spese ed oneri futuri, quali quelli per la manutenzione e la revisione delle navi e degli aeromobili, quelli per il ripristino dei beni gratuitamente devolvibili, quelli per operazioni e concorsi a premio, ecc.;

14) *oneri diversi di gestione*, contenenti tutti quei componenti che non trovano collocazione nelle voci del gruppo di appartenenza, quali i compensi ad amministratori e sindaci, i contributi associativi, gli oneri di utilità sociale, ecc.

La classe (C) dei *proventi e oneri finanziari* comprende i proventi da partecipazioni e gli altri proventi finanziari, nonché gli interessi e gli altri oneri finanziari. Le voci che danno contenuto a tale classe sono pertanto:

15) *proventi da partecipazioni*, con separata indicazione di quelli relativi ad imprese controllate e collegate e di quelli relativi a controllanti e a imprese sottoposte al controllo di queste ultime, quali i dividendi da partecipazioni di società nazionali ed estere;

16) *altri proventi finanziari*:

a) *da crediti iscritti nelle immobilizzazioni* con separata indicazione di quelli da imprese controllate e collegate e di quelli da controllanti e da imprese sottoposte al controllo di queste ultime;

b) *da titoli iscritti nelle immobilizzazioni* che non costituiscono partecipazioni;

c) *da titoli iscritti nell'attivo circolante* che non costituiscono partecipazioni;

d) *proventi diversi dai precedenti*, con separata indicazione di quelli da imprese controllate e collegate e di quelli da controllanti e da imprese sottoposte al controllo di queste ultime;

17) *interessi e altri oneri finanziari*, con separata indicazione di quelli

verso imprese controllate e collegate e verso controllanti, quali gli interessi su debiti obbligazionari, su debiti bancari, su debiti rappresentati da titoli, su debiti v/società controllate, collegate e controllanti, ecc.;

17 *bis*) *utili e perdite su cambi.*

La classe (D) delle *rettifiche di valore di attività e passività finanziarie* comprende le rivalutazioni e le svalutazioni riferibili alle partecipazioni, alle immobilizzazioni finanziarie ed ai titoli iscritti nell'attivo circolante. Comprende altresì le variazioni al *fair value* positive e negative degli strumenti finanziari derivati attivi e passivi come disciplinato dai paragrafi 32-34 dell'OIC 32 [54]. La scomposizione di tale classe è la seguente:

18) *rivalutazioni*:
a) *di partecipazioni*;
b) *di immobilizzazioni finanziarie* che non costituiscono partecipazioni;
c) *di titoli iscritti nell'attivo circolante* che non costituiscono partecipazioni;
d) *di strumenti finanziari derivati.*
19) *svalutazioni*:
a) *di partecipazioni*;
b) *di immobilizzazioni finanziarie* che non costituiscono partecipazioni;
c) *di titoli iscritti nell'attivo circolante* che non costituiscono partecipazioni;
d) *di strumenti finanziari derivati.*

L'ultima classe (E) prevista dal testo civilistico ante riforma *ex* D.Lgs. n. 139/2015 era relativa ai *proventi e oneri straordinari* e comprendeva i seguenti elementi:

20) *proventi*, con separata indicazione delle plusvalenze da alienazioni, i cui ricavi non sono iscrivibili al n. 5;
21) *oneri*, con separata indicazione delle minusvalenze da alienazioni, i cui effetti contabili non sono iscrivibili al n. 14, e delle imposte relative a esercizi precedenti.

L'eliminazione di tale classe come voce esplicita dallo schema di conto economico ha comportato la ricollocazione degli oneri e proventi straordinari nelle voci di conto economico ritenute appropriate. Per gli oneri e proventi straordinari per cui non è stato possibile identificare *ex ante* una classificazione sarà il redattore del bilancio, sulla base della sua analisi della tipologia di evento che ha generato il costo o il ricavo, ad individuare la corretta classificazione.

Dalla somma algebrica delle classi precedenti (A – B ± C ± D) discende il

---

[54] Si veda in proposito: OIC 32, *Strumenti finanziari derivati*, 2017.

risultato prima delle imposte che, a seguito dell'azione delle *imposte sul reddito dell'esercizio*, consente di determinare l'*utile (perdita) dell'esercizio*.

7. *I criteri civilistici di valutazione degli elementi patrimoniali*

7.1. *Il criterio base di valutazione e le principali deroghe ed eccezioni*

Il criterio da assumere a base per le valutazioni di bilancio di un'impresa in normale funzionamento è, secondo la previsione dell'art. 2426 c.c., quello del *costo*, di acquisizione o di produzione, scelto per semplicità di applicazione e perché lascia limitati spazi di discrezionalità agli amministratori. Lo stesso articolo ha, inoltre, previsto alcune deroghe al criterio del costo, limitatamente ad alcune voci di bilancio [55].

La norma in esame stabilisce, inoltre, come in concreto il costo debba essere determinato, individuando due figure: quello d'*acquisto*, rappresentato dall'importo della fattura aumentato degli oneri accessori, e quello di *produzione*, determinato dalla sommatoria degli oneri richiesti per la costruzione dei beni all'interno dell'impresa, ivi includendo anche eventualmente gli oneri finanziari.

Il legislatore prevede, nel contempo, per le rimanenze di beni fungibili (materie, merci, titoli della stessa specie), la possibilità di adottare, ai fini della concreta determinazione del costo, metodi di calcolo noti con le espressioni costo medio ponderato, LIFO, FIFO.

Il criterio del costo può rappresentare, per alcuni elementi patrimoniali, il limite *massimo* di valutazione; per altri, il limite *minimo* [56].

I criteri, obbligatori o facoltativi, che possono essere assunti in sostituzione a quello del costo, sono:

– per le scorte, i titoli e le attività finanziarie non immobilizzate, il *valore di realizzo* desumibile dall'andamento del mercato alla chiusura dell'esercizio (il costo rappresenta il limite massimo);

– per i lavori in corso su ordinazione, il criterio del *presunto ricavo*, quale corrispettivo imputabile in proporzione all'esercizio con ragionevole certezza sulla base dei lavori eseguiti (il costo rappresenta il limite minimo);

---

[55] Il legislatore italiano ha ritenuto di non recepire le opzioni contenute nell'art. 33 della precedente IV Direttiva comunitaria, quali l'utilizzo della contabilità per l'inflazione, l'applicazione del valore di sostituzione per le immobilizzazioni materiali ad utilizzazione limitata nel tempo e per le rimanenze, la possibilità di effettuare rivalutazioni economiche per le immobilizzazioni materiali e per quelle finanziarie.

[56] Per le partecipazioni, il criterio equivalente al costo è rappresentato dal patrimonio netto della partecipata.

– per le partecipazioni in società controllate e collegate, il metodo del patrimonio netto in alternativa al costo;

– per gli strumenti finanziari derivati, anche se incorporati in altri strumenti finanziari, il criterio del *fair value*. Le variazioni del *fair value* sono imputate al conto economico oppure, se lo strumento copre il rischio di variazione dei flussi finanziari attesi di un altro strumento finanziario o di un'operazione programmata, direttamente ad una riserva positiva o negativa di patrimonio netto.

Per le immobilizzazioni (materiali ed immateriali), il costo rappresenta l'unico criterio di valutazione adottabile; esso deve essere rettificato sulla base di un processo di ammortamento che prevede la determinazione di quote calcolate in relazione alla residua possibilità di utilizzazione prospettica del bene. Per le immobilizzazioni immateriali, la normativa in esame detta specifici criteri di calcolo dell'ammortamento.

In sintesi, le principali *eccezioni* rispetto al criterio base del costo riguardano le immobilizzazioni (da svalutare quando il valore è inferiore al costo), le partecipazioni (valutazione, alternativa al costo, al patrimonio netto), i crediti (valutazione al presunto realizzo), l'attivo circolante (minor valore tra costo e valore di mercato), i lavori in corso su ordinazione (metodo dello stato di avanzamento dei lavori), gli strumenti finanziari (al *fair value*).

Ulteriori principi di valutazione sono fissati dalle disposizioni civilistiche e riguardano:

– il divieto inderogabile di effettuare rivalutazioni monetarie;

– il divieto di effettuare rivalutazioni economiche, fatti salvi i casi eccezionali [57];

– l'obbligo di iscrivere separatamente in bilancio le minusvalenze da valutazione;

– l'obbligo di indicare nella nota integrativa informazioni sugli strumenti finanziari e, in particolare, il loro *fair value* (art. 2427 *bis*).

Da ultimo, per le attrezzature industriali e commerciali e per le materie prime, sussidiarie e di consumo, è prevista la possibilità di mantenere inalterato nel tempo il criterio di valutazione adottato; ciò a condizione che i beni devono essere soggetti ad un costante rinnovo, devono essere di scarsa rilevanza rispetto all'attività svolta e non devono presentare sensibili mutamenti da un esercizio all'altro in termini quali-quantitativi.

---

[57] Da motivare nella nota integrativa, indicando l'influenza sulla rappresentazione della situazione finanziario-patrimoniale e del risultato economico.

7.2. *La valutazione delle immobilizzazioni immateriali*

Le *immobilizzazioni immateriali* rappresentano costi effettivamente sostenuti per acquisire fattori complementari di beni materiali volti alla produzione; essi esprimono valori comuni a più esercizi e privi di consistenza fisica.

Per poterli iscrivere nell'attivo patrimoniale è necessario che siano stati sostenuti i relativi costi, reintegrabili attraverso i ricavi dei prodotti e dei servizi, che la loro utilità economica sia estensibile in via autonoma.

La partecipazione di tali costi alla formazione del reddito di periodo avviene, nel rispetto dei principi della consapevolezza e della prudenza, attraverso la procedura dell'ammortamento per quote annuali, per lo più costanti, in un numero limitato di periodi; tali quote vanno direttamente detratte dal valore dei corrispondenti beni immateriali.

Il legislatore italiano ha previsto, all'art. 2424 c.c., la seguente classificazione delle *immobilizzazioni immateriali* (B-I dell'attivo patrimoniale):

1) costi di impianto e di ampliamento;
2) costi di sviluppo;
3) diritti di brevetto industriale e diritti di utilizzazione delle opere dell'ingegno;
4) concessioni, licenze, marchi e diritti simili;
5) avviamento;
6) immobilizzazioni in corso e acconti;
7) altre.

I *costi di impianto e di ampliamento* indicano il valore dei servizi acquisiti dall'impresa in sede di costituzione o in occasione del suo ampliamento e sono per lo più rappresentati da spese legali, imposte di registro, spese per la pubblica sottoscrizione, spese notarili, ecc.

L'art. 2426 c.c. stabilisce, al punto 5, che *"i costi di impianto e di ampliamento ... possono essere iscritte nell'attivo con il consenso del collegio sindacale e devono essere ammortizzati entro un periodo non superiore a cinque anni"*.

La facoltà di iscrivere tale voce nell'attivo patrimoniale trova giustificazione nel fatto che la totale imputazione al periodo di sostenimento dei relativi costi, andrebbe a falsare i risultati economici conseguiti.

La capitalizzazione dei costi di impianto e di ampliamento determina un regime di indisponibilità degli utili da distribuire, fino al loro completo ammortamento o fino a che la parte non ammortizzata non sia coperta da riserve di utili disponibili.

La seconda parte del punto 5 del medesimo articolo dispone, infatti, che *"fino a che l'ammortamento non è completato possono essere distribuiti dividendi solo se residuano riserve disponibili sufficienti a coprire l'ammontare dei costi non ammortizzati"*.

Da ultimo, la composizione di tali costi e le ragioni della iscrizione con il rispettivo criterio di ammortamento devono essere indicate nella nota integrativa.

I *costi di sviluppo*, sono costi non ricorrenti e derivano dall'attività destinata a tradurre le scoperte scientifiche in prodotti e processi utili ad incrementare le prospettive di ricavo dell'azienda. In tal senso, per essere capitalizzabili, i costi di sviluppo devono essere relativi ad un prodotto o processo chiaramente definito e realizzabile, nonché identificabili, misurabili e recuperabili attraverso i flussi di ricavo attesi.

Al contrario, per effetto delle modifiche apportate dal D.Lgs. n. 139/2015, i costi sostenuti per la *ricerca di base* (l'attività rivolta ad acquisire nuove conoscenze scientifiche e tecnologiche) e quelli di *ricerca applicata* (l'attività di approfondimento di tali conoscenze) sono costi di periodo e sono addebitati al conto economico dell'esercizio in cui sono sostenuti, poiché rientrano nella ricorrente operatività dell'impresa e sono, nella sostanza, di supporto ordinario all'attività imprenditoriale della stessa. Medesimo ragionamento per i costi di *pubblicità* che pertanto non sono capitalizzabili e vengono dunque imputati al conto economico.

La disciplina valutativa di tali beni è la stessa di quella riguardante i costi di impianto e di ampliamento, per cui la facoltà di iscrizione nell'attivo patrimoniale è subordinata al parere favorevole del collegio sindacale mentre l'ammortamento è effettuato secondo la loro vita utile e, se questa non è determinabile, sono ammortizzati in un periodo non superiore a cinque anni, con il divieto di distribuire dividendi se non residuano riserve disponibili sufficienti a coprire la parte non ammortizzata di tali costi.

I *diritti di brevetto industriale* e i *diritti di utilizzazione delle opere dell'ingegno* rappresentano rispettivamente metodologie produttive utilizzate in via esclusiva dall'impresa per un periodo coincidente all'arco di tempo di utilizzazione e opere dell'ingegno a carattere creativo o formule o processi industriali da sfruttarsi economicamente entro un prestabilito lasso di tempo.

Essi vanno iscritti in bilancio al costo di acquisto, comprensivo degli oneri accessori, o al costo di produzione, comprendente tutti i costi ad esso direttamente imputabili [58].

Il costo di tali beni, la cui utilizzazione è limitata nel tempo, deve essere ammortizzato in ogni esercizio in relazione alla loro residua possibilità di utilizzazione.

Se alla fine dell'esercizio, il valore del bene risulta essere inferiore a quello determinato secondo il criterio stabilito dal codice, esso deve essere iscritto a tale minor valore, che non può essere mantenuto nei successivi

---

[58] Può comprendere anche altri costi, per la quota ragionevolmente imputabile, nonché gli oneri relativi al finanziamento occorrente per realizzazione.

bilanci se sono venuti meno i motivi della rettifica effettuata.

Le *concessioni*, le *licenze*, i *marchi* ed i *diritti simili*, dando origine a costi ad utilizzazione pluriennale [59], costituiscono, al pari dei precedenti, beni immateriali ammortizzabili.

Le *concessioni* esprimono autorizzazioni amministrative che attribuiscono l'esercizio di attività di carattere pubblico o privato [60], mentre le *licenze* consistono in provvedimenti autorizzativi emessi dalla pubblica amministrazione per lo svolgimento di determinate attività.

I *marchi* rappresentano i segni distintivi di una produzione o di un prodotto sottoposti a tutela giuridica.

Mentre le concessioni e le licenze, se capitalizzate, vanno iscritte in bilancio al costo di acquisto, compresi gli oneri accessori, i marchi di fabbrica vanno iscritti al costo di acquisto o di produzione. Per tutti valgono gli stessi criteri di valutazione visti in precedenza (residua possibilità di utilizzazione).

L'*avviamento* esprime l'attitudine dell'impresa a produrre reddito e la sua capacità competitiva sul mercato.

Esso può essere iscritto nell'attivo patrimoniale, con il consenso del collegio sindacale e nei limiti del costo sostenuto, nel caso di acquisto di azienda (o di rami) o di partecipazioni a titolo oneroso, se il prezzo corrisposto supera il valore netto contabile.

L'ammortamento del costo di avviamento deve avvenire sulla base della sua via utile e, se questa non è attendibilmente stimabile, entro un periodo massimo di dieci anni, con l'obbligo di specificare il criterio adottato nella nota integrativa.

Nel caso di acquisto di partecipazioni, la norma stabilisce che la parte del costo di acquisto eccedente la frazione del patrimonio netto può essere iscritta nell'attivo, indicando le ragioni nella nota integrativa; la differenza per la parte attribuibile all'avviamento deve essere ammortizzata.

Per quanto riguarda le *altre* immobilizzazioni immateriali, la norma non fornisce alcuna indicazione in merito al loro trattamento contabile, limitandosi a prevedere solo l'iscrizione in bilancio.

7.3. *La valutazione delle immobilizzazioni materiali*

Le *immobilizzazioni materiali* rappresentano investimenti durevoli, a durata limitata nel tempo, composti da beni il cui costo non può essere attribuito interamente all'esercizio, ma ripartito in più periodi in cui essi partecipano al processo produttivo.

---

[59] Potrebbero, viceversa, essere totalmente imputati all'esercizio, comportando così oneri annuali.

[60] Sottoposto, quest'ultimo a controllo pubblico, come le farmacie.

Per la formazione e la determinazione del costo di tali beni, occorre far riferimento ai vari modi di acquisizione, tra cui: l'acquisto a titolo oneroso, la costruzione in economia, l'apporto in costituendi o costituiti organismi societari, la fusione per incorporazione, la scissione di rami aziendali, la permuta, la donazione ed altri.

Le categorie di *immobilizzazioni materiali* indicate dal legislatore nello schema di Stato Patrimoniale previsto dall'art. 2424 c.c. sono le seguenti (B-II dell'attivo patrimoniale):

1) terreni e fabbricati;
2) impianti e macchinario;
3) attrezzature industriali e commerciali;
4) altri beni;
5) immobilizzazioni in corso e acconti.

L'art. 2426, punto 1, c.c. stabilisce che tali beni vanno iscritti in bilancio al loro *costo*, di acquisto o di produzione.

La determinazione del *costo di acquisto*, che comprende anche gli oneri accessori direttamente riferibili ed esso, non presenta particolari difficoltà, dovendo far riferimento al prezzo indicato in fattura, al netto dell'iva se detraibile.

Nel relativo calcolo non vanno considerati i costi generali, né quelli che si sostengono in epoca successiva all'acquisto; vanno invece inclusi quelli originati in via esclusiva all'acquisto, quali i costi di progettazione, di stipula dell'atto notarile, per imposte di registro ed altri, per i beni immobili; i costi di trasporto, di installazione ed altri, per i beni mobili.

Possono altresì essere considerati valori incrementativi gli oneri finanziari scaturiti da capitali presi a prestito per finanziare l'acquisizione del cespite.

Il secondo modo di acquisizione di tali beni immobilizzati previsto dalla disciplina civilistica, è rappresentato dal *costo di produzione*, che include tutti i costi direttamente imputabili al prodotto, potendo altresì comprendere una quota ragionevolmente imputabile di altri costi sostenuti nel periodo di fabbricazione, nonché gli oneri relativi al finanziamento occorrente per loro realizzazione.

Il punto 2 del medesimo art. 2426 definisce l'ammortamento di tali beni, stabilendo che *"il costo delle immobilizzazioni, materiali (e immateriali), la cui utilizzazione è limitata nel tempo, deve essere sistematicamente ammortizzato in ogni esercizio in relazione con la loro residua possibilità di utilizzazione ..."*.

Il valore originario del bene viene in tal modo rettificato annualmente per tutto il periodo di sua utilizzazione, di guisa che il valore netto contabile coincide con quello di futura utilizzazione economica.

Il concetto di "ammortamento sistematico" introdotto dal decreto presuppone la costruzione di un piano di ammortamento a quote costanti, modificabile periodicamente in funzione della residua possibilità di utilizzazione di tali beni.

La quota di ammortamento va imputata in ogni esercizio di utilizzo del bene e non può essere omessa, anche se i risultati economici espressi dai bilanci sono negativi, per motivi di legittimità e di ragionevole accettazione economica.

Il punto 3 dell'art. 2426 prevede infine che, qualora il valore del bene alla data di chiusura dell'esercizio risulti essere decisamente inferiore a quello risultante dall'applicazione dei criteri civilistici descritti nei punti precedenti, esso deve essere iscritto a tale minor valore, il quale non può essere mantenuto nei successivi bilanci se sono venuti meno i motivi della rettifica effettuata.

Nella determinazione del valore da ammortizzare, un problema che si pone in epoca successiva alla prima iscrizione in bilancio del bene, riguarda la capitalizzazione dei *costi di manutenzione*, non esplicitamente disciplinata dalla normativa civilistica.

In assenza di riferimento di legge, si usa nella pratica distinguere le manutenzioni ordinarie, costituite da spese di natura ricorrente che si sostengono per mantenere in efficienza il bene e che gravano nell'esercizio in cui sono sorte, da quelle straordinarie, costituite viceversa da costi capitalizzabili che comportano un significativo aumento di produttività o di vita utile del bene a cui fanno riferimento.

* * *

L'impresa può possedere beni in virtù di un atto di concessione stipulato con un ente pubblico, al quale i beni stessi dovranno essere devoluti al termine della concessione a titolo gratuito (*beni gratuitamente devolvibili*).

Tali beni sono soggetti a due tipi di *ammortamento*: quello *ordinario*, che tende a misurare il loro consumo e deperimento e ad ottenere, attraverso il conseguimento dei ricavi d'esercizio, la copertura dei costi necessari per la manutenzione, la riparazione e l'eventuale rinnovo, e quello *finanziario*, mirante a misurare i costi che devono essere coperti per fornire alla concessionaria i mezzi finanziari occorrenti per il rimborso del capitale investito nelle opere gratuitamente devolvibili alla scadenza.

Dal punto di vista contabile, a fronte della posta "beni gratuitamente devolvibili" dell'attivo patrimoniale, occorrerà accendere, nel passivo, un "fondo ammortamento ordinario dei beni devolvibili" e un "fondo ammortamento finanziario", mentre nel Conto Economico compariranno rispettivamente le quote di ammortamento ordinario e finanziario.

7.4. *La valutazione delle immobilizzazioni finanziarie*

Il principio generale di valutazione del *costo* è applicabile anche alle *immobilizzazioni finanziarie*, anche se non è del tutto rispondente ai postulati della verità e della correttezza per i valori discordanti che esse assumono dopo il periodo dell'investimento [61].

Le immobilizzazioni consistenti in *partecipazioni* in imprese controllate e collegate possono essere, secondo la previsione normativa, valutate al costo ovvero al patrimonio netto, corrispondente, quest'ultimo, all'iscrizione per un importo pari alla frazione del patrimonio netto dell'ultimo bilancio delle imprese partecipate [62].

Se tale ultimo criterio è applicato per la prima volta, è possibile iscrivere nell'attivo patrimoniale il costo della partecipazione superiore alla porzione del capitale netto, indicando le ragioni dell'iscrizione nella nota integrativa.

Per la parte del costo che trovasse giustificazione nel maggior valore di beni ammortizzabili o nel valore di avviamento della partecipata, occorrerà procedere all'ammortamento.

La differenza positiva tra il valore calcolato sulla base del patrimonio netto e quello di iscrizione nel bilancio dell'esercizio precedente, va iscritta in una apposita riserva non distribuibile.

I *crediti* e i *debiti* sono rilevati in bilancio secondo il criterio del *costo ammortizzato*, tenendo conto del fattore temporale [63] e, per quanto riguarda i crediti, del valore di presumibile realizzo. Stesso trattamento per il disaggio e l'aggio sui prestiti che non sono più esplicitati nelle voci relative ai ratei e risconti rispettivamente attivi e passivi.

Le valutazioni dei *crediti* verso imprese controllate, collegate e controllanti ed altre, iscritti in bilancio al netto delle poste rettificative, deve avvenire sulla base del valore di presumibile realizzazione, che può coincidere o meno con il valore nominale.

I *titoli* diversi dalle azioni vanno parimenti iscritti al costo di acquisto e vengono svalutati a seguito di durevoli perdite di valore.

---

[61] Particolarmente per le partecipazioni e per gli investimenti effettuati a titolo speculativo, a causa delle continue modificazioni delle condizioni economiche delle imprese partecipate e delle variazioni repentine dei prezzi di mercato.

[62] Dopo aver detratto i dividendi ed operato le necessarie verifiche di valore.

[63] Sul punto l'OIC 15, *Crediti*, 2016, par. 16, fornisce una definizione del criterio del costo ammortizzato: *"Il costo ammortizzato di un'attività o passività finanziaria è il valore a cui l'attività o la passività finanziaria è stata valutata al momento della rilevazione iniziale al netto dei rimborsi di capitale, aumentato o diminuito dall'ammortamento cumulato utilizzando il criterio dell'interesse effettivo su qualsiasi differenza tra il valore iniziale e quello a scadenza e dedotta qualsiasi riduzione (operata direttamente o attraverso l'uso di un accantonamento) a seguito di una riduzione di valore o di irrecuperabilità"*.

7.5. *La valutazione delle categorie di beni appartenenti all'attivo circolante*

La prima sottoclasse dell'attivo circolante (C-I) è rappresentata dalle *rimanenze*, la cui valutazione è ispirata a diversi criteri contenuti nei punti 9 e 10 dell'art. 2426, che influenzano in modo differente il risultato dell'esercizio.

Le rimanenze possono così essere valutate al *costo d'acquisto*, comprensivo degli oneri accessori, o al *costo di produzione*, comprendente tutti i costi direttamente imputabili al bene, ovvero, se minore, al *valore di realizzazione* desumibile dall'andamento del mercato.

Il costo dei beni fungibili può inoltre essere calcolato con il metodo della *media aritmetica ponderata*, ovvero con il metodo *LIFO* (ultimo dentro, primo fuori) [64] e *FIFO* (primo dentro, primo fuori) [65].

Le materie prime, sussidiarie e di consumo possono, infine, essere iscritte ad un valore costante se rinnovate sistematicamente e se di scarsa rilevanza rispetto al totale delle attività.

Un discorso a parte va fatto per i *lavori in corso su ordinazione* riguardanti le opere, le forniture ed i servizi connessi alla stipula di contratti di appalto, di somministrazione e simili, e caratterizzati dai corrispettivi liquidabili a titolo provvisorio o definitivo, dalle maggiorazioni di prezzo e dagli acconti.

Il punto 11 dell'art. 2426 c.c. dispone che tali "lavori" possono essere iscritti sulla base dei corrispettivi contrattuali maturati con ragionevole certezza. La valutazione può pertanto avvenire al *costo* o sulla base dei *corrispettivi contrattuali*.

Con il primo metodo, l'imputazione dell'utile sulla commessa avviene nell'esercizio in cui sono conseguite le opere od ultimati i servizi; il secondo metodo si basa sui ricavi comprensivi di una parte dell'utile e sullo stato di avanzamento dei lavori.

Per i *titoli* e per le *attività finanziarie* che non costituiscono immobilizzazioni, la norma stabilisce, come per le rimanenze, un valore coincidente con il minore tra il valore di acquisto o di costo e quello desumibile dall'andamento del mercato, consentendo, per i beni fungibili, di applicare il metodo della media ponderata o il metodo LIFO o FIFO.

Il nuovo punto 11 *bis* dell'art. 2426, infine, disciplina la rilevazione degli strumenti finanziari derivati e, come in precedenza accennato, prevede che essi sono iscritti al *fair value*. Le variazioni del *fair value* sono imputate al

---

[64] Sulla base del quale, le rimanenze vengono valutate con riferimento ai prezzi di acquisto o di produzione più remoti.

[65] In applicazione del quale, la valutazione delle rimanenze viene fatta sulla base del prezzo degli ultimi acquisti.

conto economico oppure, se lo strumento copre il rischio di variazione dei flussi finanziari attesi di un altro strumento finanziario o di un'operazione programmata, direttamente ad una riserva positiva o negativa di patrimonio netto. Il medesimo punto specifica altresì che gli utili che derivano dalla valutazione al *fair value* degli strumenti finanziari derivati non utilizzati o non necessari per la copertura non sono distribuibili. Le riserve di patrimonio derivanti dalla valutazione al *fair value* di derivati utilizzati a copertura dei flussi finanziari attesi di un altro strumento finanziario o di un'operazione programmata non sono considerate nel computo del patrimonio netto per le finalità di cui agli artt. 2412, 2433, 2442, 2446 e 2447 e, se positive, non sono disponibili e non sono utilizzabili a copertura delle perdite.

8. *La nota integrativa, nella sua funzione e nel suo utilizzo ai fini della comprensione del bilancio d'esercizio*

La nota integrativa, unitamente ai documenti contabili costituiti dallo Stato Patrimoniale e dal Conto Economico, fa parte integrante del bilancio d'esercizio, che viene così a rappresentare un sistema informativo unitario ed inscindibile; essa è disciplinato dall'art. 2427 c.c. e da una serie di ulteriori disposizioni che, a vario titolo, ne richiamano il contenuto.

La nota integrativa è un documento di tipo descrittivo, a carattere esplicativo-integrativo, che si propone il fine di dare informazioni aggiuntive alle voci contenute nelle parti tabellari, fornendo spiegazioni sulla loro natura e significato e sul tipo di operazioni gestionali espresse, ed indicazioni sui criteri di valutazione adottati.

La nota integrativa produce, inoltre, la sua utilità per la conoscenza delle modalità di formazione dei valori di bilancio (con particolare riguardo ai criteri di classificazione e di valutazione) e delle operazioni che le singole voci di bilancio esprimono; per la formulazione di un giudizio globale sul perseguimento delle condizioni di equilibrio aziendale, ne risulta invece coinvolto l'intero sistema informativo di bilancio, ivi compresa la nota integrativa.

Oltre a quanto stabilito da altre disposizioni di legge, quest'ultima, ai sensi dell'art. 2427 c.c. deve indicare:

1) i criteri applicati nella valutazione delle voci del bilancio, nelle rettifiche di valore e nella conversione dei valori non espressi all'origine in moneta avente corso legale nello Stato;

2) i movimenti delle immobilizzazioni, specificando per ciascuna voce: il costo; le precedenti rivalutazioni, ammortamenti e svalutazioni; le acquisi-

zioni, gli spostamenti da una ad altra voce, le alienazioni avvenuti nell'esercizio; il totale delle rivalutazioni riguardanti le immobilizzazioni esistenti alla chiusura dell'esercizio;

3) la composizione delle voci "costi di impianto e di ampliamento" e "costi di sviluppo", nonché le ragioni della iscrizione ed i rispettivi criteri di ammortamento;

3 *bis*) la misura e le motivazioni delle riduzioni di valore applicate alle immobilizzazioni materiali e immateriali, facendo a tal fine esplicito riferimento al loro concorso alla futura produzione di risultati economici, alla loro prevedibile durata utile e, per quanto rilevante, al loro valore di mercato, segnalando altresì le differenze rispetto a quelle operate negli esercizi precedenti ed evidenziando la loro influenza sui risultati economici dell'esercizio;

4) le variazioni intervenute nella consistenza delle altre voci dell'attivo e del passivo, in particolare, per le voci di patrimonio netto, per i fondi e per il trattamento di fine rapporto, la formazione e le utilizzazioni;

5) l'elenco delle partecipazioni, possedute direttamente o per tramite di società fiduciaria o per interposta persona, in imprese controllate e collegate, indicando per ciascuna la denominazione, la sede, il capitale, l'importo del patrimonio netto, l'utile o la perdita dell'ultimo esercizio, la quota posseduta e il valore attribuito in bilancio o il corrispondente credito;

6) distintamente per ciascuna voce, l'ammontare dei crediti e dei debiti di durata residua superiore a cinque anni, e dei debiti assistiti da garanzie reali su beni sociali, con specifica indicazione della natura delle garanzie;

6 *bis*) eventuali effetti significativi delle variazioni nei cambi valutari verificatisi successivamente alla chiusura dell'esercizio;

6 *ter*) distintamente per ciascuna voce, l'ammontare dei crediti e dei debiti relativi ad operazioni che prevedono l'obbligo per l'acquirente di retrocessione a termine;

7) la composizione delle voci "ratei e risconti attivi" e "ratei e risconti passivi" e della voce "altri fondi" dello Stato Patrimoniale, nonché la composizione della voce "altre riserve";

7 *bis*) le voci di patrimonio netto devono essere analiticamente indicate, con specificazione in appositi prospetti della loro origine, possibilità di utilizzazione e distribuibilità, nonché della loro avvenuta utilizzazione nei precedenti esercizi;

8) l'ammontare degli oneri finanziari imputati nell'esercizio ai valori iscritti nell'attivo dello Stato Patrimoniale, distintamente per ogni voce;

9) l'importo complessivo degli impegni, delle garanzie e delle passività potenziali non risultanti dallo stato patrimoniale, con indicazione della natura delle garanzie reali prestate; gli impegni esistenti in materia di trattamento di quiescenza e simili, nonché gli impegni assunti nei confronti di

imprese controllate, collegate, nonché controllanti e imprese sottoposte al controllo di quest'ultime sono distintamente indicati;

10) se significativa, la ripartizione dei ricavi delle vendite e delle prestazioni secondo categorie di attività e secondo aree geografiche;

11) l'ammontare dei proventi da partecipazioni, indicati nell'art. 2425, n. 15, diversi dai dividendi;

12) la suddivisione degli interessi ed altri oneri finanziari, indicati nell'art. 2425, n. 17, relativi a prestiti obbligazionari, a debiti verso banche, e altri;

13) l'importo e la natura dei singoli elementi di ricavo o di costo di entità o incidenza eccezionali;

14) un apposito prospetto contenente: a) la descrizione delle differenze temporanee che hanno comportato la rilevazione di imposte differite e anticipate, specificando l'aliquota applicata e le variazioni rispetto all'esercizio precedente, gli importi accreditati o addebitati a conto economico oppure a patrimonio netto, le voci escluse dal computo e le relative motivazioni; b) l'ammontare delle imposte anticipate contabilizzato in bilancio attinenti a perdite dell'esercizio o di esercizi precedenti e le motivazioni dell'iscrizione, l'ammontare non ancora contabilizzato e le motivazioni della mancata iscrizione;

15) il numero medio dei dipendenti, ripartito per categoria;

16) l'ammontare dei compensi spettanti agli amministratori ed ai sindaci, cumulativamente per ciascuna categoria, precisando il tasso d'interesse, le principali condizioni e gli importi eventualmente rimborsati, cancellati o oggetto di rinuncia, nonché gli impegni assunti per loro conto per effetto di garanzie di qualsiasi tipo prestate, precisando il totale per ciascuna categoria;

16 *bis*) salvo che la società sia inclusa in un ambito di consolidamento e le informazioni siano contenute nella nota integrativa del relativo bilancio consolidato, l'importo totale dei corrispettivi spettanti al revisore legale o alla società di revisione legale per la revisione legale dei conti annuali, l'importo totale dei corrispettivi di competenza per gli altri servizi di verifica svolti, l'importo totale dei corrispettivi di competenza per i servizi di consulenza fiscale e l'importo totale dei corrispettivi di competenza per altri servizi diversi dalla revisione contabile;

17) il numero e il valore nominale di ciascuna categoria di azioni della società e il numero e il valore nominale delle nuove azioni della società sottoscritte durante l'esercizio;

18) le azioni di godimento, le obbligazioni convertibili in azioni, i warrants, le opzioni e i titoli o valori simili emessi dalla società, specificando il loro numero e i diritti che essi attribuiscono;

19) il numero e le caratteristiche degli altri strumenti finanziari emessi dalla società, con l'indicazione dei diritti patrimoniali e partecipativi che conferiscono e delle principali caratteristiche delle operazioni relative;

19 *bis*) i finanziamenti effettuati dai soci alla società, ripartiti per scadenze e con la separata indicazione di quelli con clausola di postergazione rispetto agli altri creditori;

20) i dati richiesti dal comma 3 dell'art. 2447 *septies* con riferimento ai patrimoni destinati ad uno specifico affare ai sensi della lett. a) del comma 1 dell'art. 2447 *bis*;

21) i dati richiesti dall'art. 2447 *decies*, comma 8;

22) le operazioni di locazione finanziaria che comportano il trasferimento al locatario della parte prevalente dei rischi e dei benefici inerenti ai beni che ne costituiscono oggetto, sulla base di un apposito prospetto dal quale risulti il valore attuale delle rate di canone non scadute quale determinato utilizzando tassi di interesse pari all'onere finanziario effettivo inerenti i singoli contratti, l'onere finanziario effettivo attribuibile ad essi e riferibile all'esercizio, l'ammontare complessivo al quale i beni oggetto di locazione sarebbero stati iscritti alla data di chiusura dell'esercizio qualora fossero stati considerati immobilizzazioni, con separata indicazione di ammortamenti, rettifiche e riprese di valore che sarebbero stati inerenti all'esercizio;

22 *bis*) le operazioni realizzate con parti correlate, precisando l'importo, la natura del rapporto e ogni altra informazione necessaria per la comprensione del bilancio relativa a tali operazioni, qualora le stesse non siano state concluse a normali condizioni di mercato. Le informazioni relative alle singole operazioni possono essere aggregate secondo la loro natura, salvo quando la loro separata evidenziazione sia necessaria per comprendere gli effetti delle operazioni medesime sulla situazione patrimoniale e finanziaria e sul risultato economico della società;

22 *ter*) la natura e l'obiettivo economico di accordi non risultanti dallo stato patrimoniale, con indicazione del loro effetto patrimoniale, finanziario ed economico, a condizione che i rischi e i benefici da essi derivanti siano significativi e l'indicazione degli stessi sia necessaria per valutare la situazione patrimoniale e finanziaria e il risultato economico della società;

22 *quater*) la natura e l'effetto patrimoniale, finanziario ed economico dei fatti di rilievo avvenuti dopo la chiusura dell'esercizio;

22 *quinquies*) il nome e la sede legale dell'impresa che redige il bilancio consolidato dell'insieme più grande di imprese di cui l'impresa fa parte in quanto impresa controllata, nonché il luogo in cui è disponibile la copia del bilancio consolidato;

22 *sexies*) il nome e la sede legale dell'impresa che redige il bilancio consolidato dell'insieme più piccolo di imprese di cui l'impresa fa parte in quanto impresa controllata nonché il luogo in cui è disponibile la copia del bilancio consolidato;

22 *septies*) la proposta di destinazione degli utili o di copertura delle perdite.

Per quanto concerne i *criteri di valutazione*, l'obbligo è esteso a tutte le voci di bilancio e comprende anche i criteri di conversione in moneta di conto dei valori espressi in moneta estera. Con la loro indicazione, si tende a dimostrare la corretta derivazione delle modalità di svolgimento della gestione trascorsa e delle ipotesi riguardanti quella prospettica, in modo da fornire un'informazione sintetica, ma esaustiva.

I *movimenti delle immobilizzazioni* consentono di conoscere il modo di formazione nel tempo di ciascuna voce appartenente a tale categoria, attraverso l'indicazione del costo originario, delle rivalutazioni, delle svalutazioni, degli ammortamenti, delle alienazioni e di quant'altro.

Delle voci *costi di impianto e di ampliamento* e *costi di sviluppo*, occorre fornire, oltre che la loro composizione analitica, le motivazioni della loro capitalizzazione ed i relativi criteri di ammortamento.

Delle altre voci dello Stato Patrimoniale, ivi comprese quelle componenti il patrimonio netto ed escluse le immobilizzazioni, occorre indicare le *variazioni nella consistenza*, consentendo così di ottenere una serie di informazioni utili sulla dinamica finanziaria e sulle cause che hanno determinato le variazioni più significative.

L'*elenco delle partecipazioni* tende a fornire al lettore del bilancio una mappa completa delle società controllate e collegate, con l'indicazione della loro consistenza (capitale, patrimonio netto, risultato dell'esercizio) e del loro grado partecipativo (quota posseduta, valore attribuito in bilancio o corrispondente credito).

L'indicazione dei *crediti e debiti di durata residua superiore a cinque anni* nonché dei *debiti assistiti da garanzia reale* consente al lettore di avere conoscenza delle posizioni debitorie e creditorie a lungo termine (superiore al quinquennio), nonché delle garanzie, specificate nella loro natura, che assistono i debiti.

La composizione delle voci *ratei e risconti*, *altri fondi* e *altre riserve*, qualora il dettaglio non fosse già avvenuto nella parte tabellare del patrimonio aziendale, consente di fornire maggiore chiarezza a queste importanti voci di bilancio.

L'ammontare degli *oneri finanziari capitalizzati*, distintamente per ciascuna voce, si collega, in tema di informativa di bilancio, sulla capitalizzazione degli altri costi e sui criteri di valutazione adottati.

Gli *impegni non risultanti dallo Stato Patrimoniale* vanno evidenziati solo quando la loro conoscenza è utile per giudicare la situazione finanziaria e patrimoniale della società. Da illustrare sono anche i rischi insiti negli impegni stessi e gli altri conti d'ordine.

La *ripartizione dei ricavi* secondo categorie di attività e secondo aree geografiche, va fatta solo se significativa e giudicata utile per valutare i punti di forza e di debolezza dell'impresa, la sua capacità di penetrazione nei mercati di vendita e la sua struttura e dimensione distributiva.

L'indicazione dei *proventi da partecipazioni*, diversi dai dividendi, consente di conoscere l'ammontare dei primi (per lo più rappresentati da diritti di opzione, da plusvalenze da vendite di partecipazioni) ma anche, per differenza, l'entità dei dividendi.

La *suddivisione degli interessi e degli altri oneri finanziari* va vista in relazione alla natura del soggetto finanziatore, rappresentato dall'istituto di credito, dall'obbligazionista e da altri.

L'analisi delle *componenti* di natura o entità *eccezionale* fa riferimento è ai "proventi straordinari" e "oneri straordinari" che non sono più esplicitati nella abrogata classe E) del conto economico.

L'indicazione dei motivi delle *rettifiche di valore* e degli *accantonamenti eseguiti in applicazione di norme tributarie*, con i relativi importi, si inquadra nel più ampio contesto dell'informativa tributaria che impone il commento delle imposte sul reddito, delle passività per imposte differite, delle attività per imposte anticipate e delle perdite fiscali ripartibili nel tempo.

L'indicazione distinta, pur cumulata per ciascuna categoria, dell'ammontare dei *compensi spettanti agli amministratori ed ai sindaci*, introduce un principio di trasparenza in tema di emolumenti corrisposti agli amministratori ed ai sindaci, anche sotto forma di partecipazione agli utili, distinguendo altresì le indennità corrisposte ai primi investiti di particolari cariche ed i gettoni di presenza riconosciuti ad entrambe le categorie.

Il *numero* ed il *valore nominale* di ciascuna categoria di azioni e delle nuove azioni sottoscritte durante l'esercizio, fanno riferimento alla consistenza di fine periodo (la prima parte), ad integrazione della voce di bilancio rappresentata dal capitale sociale, ed ai movimenti verificatisi nell'esercizio (la seconda parte), prevedendo esplicitamente solo l'indicazione delle variazioni incrementative e non di quelle decrementative conseguenti ad eventuali riduzioni del capitale sociale.

Il quadro dell'informazione offribile dalla nota integrativa si completa con la distinta indicazione delle *azioni di godimento*, delle *obbligazioni convertibili* ed i *titoli emessi*, specificando il loro numero ed i diritti che essi attribuiscono.

Il contenuto della nota integrativa è completato dalle altre disposizioni del codice, rinvenibili nell'art. 2423, comma 3 (richiesta di informazioni supplementari riguardanti qualsiasi aspetto della gestione aziendale) e comma 4 (obbligo di deroga nei casi di incompatibilità con la rappresentazione veritiera e corretta); nell'art. 2423 *bis* (deroghe al principio della costanza dei criteri di valutazione); nell'art. 2423 *ter* (incomparabilità, adattamento o impossibilità di confronto tra poste di due esercizi successivi); nell'art. 2424 (appartenenza di elementi dell'attivo e del passivo che ricadono sotto più voci); nell'art. 2426 (indicazione e motivazione del cambiamento dei criteri di ammortamento, le ragioni dell'iscrizione delle partecipazioni, la motivazione dello spostamento temporale dell'ammortamento dell'avviamento al di là del quinquennio, ecc.); nell'art. 2427 *bis* (Informazioni relative al *fair value* degli strumenti finanziari).

9. *Il rendiconto finanziario*

In sede di recepimento della Direttiva europea n. 34/2013, il legislatore nazionale con il D.Lgs. n. 139/2015, ha ritenuto di rendere obbligatoria la redazione del rendiconto finanziario quale ulteriore schema del bilancio di esercizio. A tal proposito ha formulato il nuovo art. 2425 *ter* c.c. il quale prevede che "*dal rendiconto finanziario risultano, per l'esercizio a cui è riferito il bilancio e per quello precedente, l'ammontare e la composizione delle disponibilità liquide, all'inizio e alla fine dell'esercizio, ed i flussi finanziari dell'esercizio derivanti dall'attività operativa, da quella di investimento, da quella di finanziamento, ivi comprese, le operazioni con soci*".

Nel rendiconto finanziario i singoli flussi finanziari sono presentati distintamente in una delle seguenti categorie nel rispetto della sequenza riportata:

a) attività operativa;
b) attività di investimento;
c) attività di finanziamento.

Nell'ambito dell'attività *operativa* rientrano i flussi finanziari che derivano dall'acquisizione, produzione e distribuzione di beni e dalla fornitura di servizi, anche se riferibili a gestioni accessorie, e gli altri flussi non ricompresi nell'attività di investimento e di finanziamento.

La metodologia per la determinazione del flusso finanziario derivante dall'attività operativa è quella *indiretta* [66] in base alla quale l'utile (o la perdita) dell'esercizio, oppure l'utile (o la perdita) prima delle imposte, è rettificato per tenere conto degli elementi di natura non monetaria, delle variazioni del capitale circolante netto connesse ai costi o ricavi dell'attività operativa, delle operazioni i cui effetti sono ricompresi tra i flussi derivanti dall'attività di investimento e finanziamento. Mediante tali rettifiche i componenti positivi e negativi di reddito vengono tradotti in incassi e pagamenti, ovvero in variazioni di disponibilità liquide.

I flussi finanziari dell'attività di *investimento* comprendono i flussi che derivano dall'acquisto e dalla vendita o dismissione delle immobilizzazioni materiali, immateriali e finanziarie e delle attività finanziarie non immobi-

---

[66] Si veda: OIC 10, *Rendiconto finanziario*, 2016, par. 29. È comunque previsto in alternativa anche il metodo *diretto* che considera direttamente i flussi finanziari positivi e negativi lordi derivanti dalle operazioni incluse nell'attività operativa.

lizzate. Tali flussi sono presentati distintamente, a seconda delle diverse classi di immobilizzazioni (immateriali, materiali e finanziarie), indicando separatamente le attività finanziarie non immobilizzate.

I flussi finanziari dell'attività di *finanziamento*, da ultimo, comprendono i flussi che derivano dall'ottenimento o dalla restituzione di disponibilità liquide sotto forma di capitale di rischio o di capitale di debito, rappresentati separatamente in base all'attività di finanziamento e distinguendo i flussi finanziari derivanti dal capitale di rischio da quelli del capitale di debito.

Si configura in tal modo un prospetto del rendiconto espresso in termini di liquidità, che rileva i flussi di liquidità che si originano dalle variazioni nella situazione finanziaria e patrimoniale dell'azienda, classificati in funzione della tipologia o della natura delle operazioni che li hanno originati.

10. *Le relazioni accompagnatorie al bilancio d'esercizio*

10.1. *La relazione sulla gestione*

La relazione sulla gestione, pur non rappresentando una componente del bilancio ma un mero documento accompagnatorio, costituisce parte integrante del sistema informativo in quanto concorre a completare il processo esplicativo-integrativo avviato con la nota integrativa.

Disciplinata dall'art. 2428 c.c., essa assume il carattere di documento finalizzato ad illustrare la situazione della società e gli andamenti gestionali, nel suo complesso e nei vari settori in cui essa opera; evidenziare le politiche e le strategie aziendali; a collegare gli accadimenti trascorsi con quelli prospettici.

Si riporta, qui di seguito, il testo dell'art. 2428 c.c., secondo cui:

"Il bilancio deve essere corredato da una relazione degli amministratori contenente un'analisi fedele, equilibrata ed esauriente della situazione della società e dell'andamento e del risultato della gestione, nel suo complesso e nei vari settori in cui essa ha operato, anche attraverso imprese controllate, con particolare riguardo ai costi, ai ricavi e agli investimenti, nonché una descrizione dei principali rischi e incertezze cui la società è esposta.

L'analisi di cui al primo comma è coerente con l'entità e la complessità degli affari della società e contiene, nella misura necessaria alla comprensione della situazione della società e dell'andamento e del risultato della sua gestione, gli indicatori di risultato finanziari e, se del caso, quelli non finanziari pertinenti all'attività specifica della società, comprese le informazioni attinenti all'ambiente e al personale. L'analisi contiene, ove opportuno, riferimenti agli importi riportati nel bilancio e chiarimenti aggiuntivi su di essi.

Dalla relazione devono in ogni caso risultare:
1. le attività di ricerca e di sviluppo;
2. i rapporti con imprese controllate, collegate, controllanti e imprese sottoposte al controllo di queste ultime;
3. il numero e il valore nominale sia delle azioni proprie sia delle azioni o quote di società controllanti possedute dalla società, anche per tramite di società fiduciaria o per interposta persona, con l'indicazione della parte di capitale corrispondente;
4. il numero e il valore nominale sia delle azioni proprie sia delle azioni o quote di società controllanti acquistate o alienate dalla società, nel corso dell'esercizio, anche per tramite di società fiduciaria o per interposta persona, con l'indicazione della corrispondente parte di capitale, dei corrispettivi e dei motivi degli acquisti e delle alienazioni;
5. (abrogato);
6. l'evoluzione prevedibile della gestione;
6 bis. in relazione all'uso da parte della società di strumenti finanziari e se rilevanti per la valutazione della situazione patrimoniale e finanziaria e del risultato economico dell'esercizio:
a) gli obiettivi e le politiche della società in materia di gestione del rischio finanziario, compresa la politica di copertura per ciascuna principale categoria delle operazioni previste;
b) l'esposizione della società al rischio di prezzo, al rischio di credito, al rischio di liquidità e al rischio di variazione dei flussi finanziari.".

L'illustrazione dei fatti aziendali nei vari settori di attività, presuppone la scomposizione del flusso di ricavi per le varie "aree" in modo da evidenziare i settori che hanno originato risultati economici positivi e quelli che, viceversa, hanno determinato perdite.

Particolare attenzione va rivolta al flusso informativo concernente i *costi*, con l'indicazione delle principali categorie relative alla gestione tipica ed a quella extracaratteristica; i *ricavi*, con l'indicazione distinta dei volumi di vendita e dei prezzi dei beni venduti o dei servizi prestati; gli *investimenti*, indicando le politiche programmate e quelle attuate nei vari settori operativi.

Tale analisi impone il ricorso a indicatori finanziari fondamentali di prestazione ovvero a indicatori non finanziari pertinenti per l'attività specifica della società, comprese informazioni attinenti all'ambiente e al personale. La norma, pertanto, intende avviare un'attività di obiettiva investigazione attuale e prospettica della realtà dell'impresa, anche tenendo conto delle esigenze degli stakeholder che a seconda dei casi e delle tipologie di imprese manifestano esigenze informativa specifiche. In tal senso si spiega la necessità di dare evidenza non tanto alle variabili di successo, quanto a quelle di rischio, ai risultati storici e a quelli prospettici, nella misura in cui risultino idonei ad assicurare la corretta percezione della situazione aziendale.

L'utilizzo degli indicatori di equilibrio patrimoniale, finanziario e reddituale risulta la migliore soluzione operativa al raggiungimento della suddetta finalità. La relazione sulla gestione diviene quindi documento di autovalutazione in grado, cioè, di fornire tutti quegli strumenti e quei dati necessari per una corretta valutazione della capacità dell'impresa di mantenere le proprie condizioni di equilibrio a valere nel tempo.

Con la *evoluzione prevedibile della gestione*, si rafforza dunque il contenuto prospettico dell'informativa di bilancio, diretta conseguenza del principio della continuità aziendale [67] ed inevitabile collegamento con il principio generale di illustrazione della situazione aziendale e degli andamenti gestionali. Il comma 2 dell'art. 2428 c.c. prevede una serie di informazioni specifiche che assumono carattere integrativo delle disposizioni contenute nella prima parte del medesimo articolo e, più in generale, dell'intero quadro informativo del bilancio.

Al riguardo, la "relazione" deve preliminarmente illustrare le *attività di ricerca e sviluppo* [68], indicando il loro peso quantitativo-monetario sulla formazione del reddito di periodo, nonché i risultati di tali attività in chiave storica e prospettica.

Occorre, di seguito, chiarire la natura dei rapporti con le *imprese di gruppo*, vale a dire se consistenti in forniture di beni (o prestazioni di servizi) ovvero in finanziamenti, al fine di valutare l'incidenza delle operazioni di gruppo sulla gestione aziendale e la correttezza delle operazioni infragruppo. Occorre, inoltre, chiarire il ruolo che l'impresa è chiamata a svolgere nell'ambito del gruppo e le conseguenti opportunità e vincoli che ne derivano.

Si chiede ancora di fornire la consistenza del *numero e valore nominale delle azioni* proprie e delle azioni o quote di società controllanti, possedute alla chiusura dell'esercizio, con l'indicazione della corrispondente parte di capitale (punto 3), nonché l'indicazione motivata degli acquisti e delle vendite di tali azioni, della corrispondente parte di capitale e dei relativi corrispettivi (punto 4).

Tentando ora di delineare uno schema logico di contenuto della relazione sulla gestione, che costituisce un punto di riferimento metodologico, ed adottando un criterio temporale, si perviene a distinguere la gestione trascorsa da quella prospettica.

Riguardo alla prima, un'adeguata informazione può ottenersi dalle con-

---

[67] Azienda destinata a vivere ed a perdurare nel tempo.

[68] La cui composizione, unitamente alle ragioni della capitalizzazione dei relativi costi (di sviluppo) ed ai criteri di ammortamento, deve essere indicata nella nota integrativa.

dizioni ambientali e mercantistiche in cui l'impresa ha operato; dall'esame delle condizioni interne che hanno influito sulla gestione e che possono riguardare i processi di ristrutturazione, i cambiamenti strutturali nel sistema organizzativo ed in quello gestionale, le manifestazioni verificatesi nelle tecnologie produttive, ecc.; dai profili economico-reddituale e finanziario-patrimoniale emergenti dall'esame della gestione trascorsa.

Passando all'aspetto prospettico dell'informativa di bilancio, il contenuto della "relazione" risulta essere coerente con il principio dell'unitarietà della gestione ed idoneo a dare informazioni sull'evoluzione degli accadimenti gestionali nella loro futura manifestazione.

Il destinatario dell'informativa contabile può così essere messo nelle condizioni di esprimere un giudizio sull'attitudine dell'impresa a perseguire in futuro condizioni di equilibrio nell'ambito delle prefissate strategie e delle linee di programmazione operativa che investono l'intera sfera aziendale e singoli settori di essa.

10.2. *La relazione dei sindaci*

L'art. 2403 c.c., in tema di funzioni dell'organo di controllo, dispone che i sindaci devono:

- vigilare sull'osservanza della legge e dello statuto;
- vigilare sul rispetto dei princìpi di corretta amministrazione ed in particolare sull'adeguatezza dell'assetto organizzativo, amministrativo e contabile adottato dalla società e sul suo concreto funzionamento;
- esercitare inoltre il controllo legale dei conti nel caso previsto dall'art. 2409-*bis*, comma 2 [69].

I sindaci sono altresì chiamati ad esprimere il loro consenso sulla iscrizione nell'attivo dei costi di impianto ed ampliamento, nonché su quelli di sviluppo.

Devono, da ultimo, condividere con gli amministratori il criterio di ripartizione temporale dei ratei e dei risconti, nel rispetto del principio della competenza economica.

L'art. 2429 c.c. definisce la relazione dell'organo di controllo, occupandosi anche del deposito del bilancio. Il suo testo è il seguente:

"Il bilancio deve essere comunicato dagli amministratori al collegio sindacale, e al soggetto incaricato della revisione legale dei conti, con la relazione, almeno trenta giorni prima di quello fissato per l'assemblea che deve discuterlo.

---

[69] Le modalità attraverso cui tale controllo si esplica nonché i contanuti della relazione di revisione ed il giudizio sul bilancio di esercizio sono disciplinate dal D.Lgs. 27 gennaio 2010, n. 39.

Il collegio sindacale deve riferire all'assemblea sui risultati dell'esercizio sociale e sull'attività svolta nell'adempimento dei propri doveri, e fare le osservazioni e le proposte in ordine al bilancio e alla sua approvazione, con particolare riferimento all'esercizio della deroga di cui all'art. 2423, co. 4.

Il bilancio, con le copie integrali dell'ultimo bilancio delle società controllate e un prospetto riepilogativo dei dati essenziali dell'ultimo bilancio delle società collegate, deve restare depositato in copia nella sede della società, insieme con le relazioni degli amministratori, dei sindaci e del soggetto incaricato della revisione legale dei conti, durante i quindici giorni che precedono l'assemblea, e finché sia approvato. I soci possono prenderne visione.

Il deposito delle copie dell'ultimo bilancio delle società controllate prescritto dal comma precedente può essere sostituito, per quelle incluse nel consolidamento, dal deposito di un prospetto riepilogativo dei dati essenziali dell'ultimo bilancio delle medesime".

La norma stabilisce che il bilancio, unitamente alla relazione accompagnatoria degli amministratori, deve essere da questi ultimi trasmesso ai sindaci almeno trenta giorni prima di quello fissato dall'assemblea che dovrà approvarlo.

Il collegio sindacale è chiamato, inoltre, a riferire all'assemblea sui risultati dell'esercizio sociale e sulla tenuta della contabilità, facendo le osservazioni e le proposte in ordine al bilancio ed alla sua approvazione. È chiamato, infine, ad osservare l'esercizio della deroga qualora l'applicazione delle disposizioni di legge impedisca una rappresentazione veritiera e corretta della situazione aziendale.

11. *Gli altri allegati al bilancio d'esercizio*

11.1. *La relazione della società di revisione*

Il D.Lgs. 27 gennaio 2010, n. 39 ha profondamento rivisto la disciplina della revisione legale dei conti definendo quest'ultima come la revisione dei bilanci di esercizio o dei bilanci consolidati effettuata in conformità alle disposizioni del codice civile e del medesimo decreto legislativo.

Tale attività consiste dunque nella verifica nel corso dell'esercizio della regolare tenuta della contabilità sociale e della corretta rilevazione dei fatti di gestione nelle scritture contabili.

La società di revisione preposta a tale verifica, il revisore unico, ovvero il collegio sindacale se incaricato anche della revisione legale dei conti, hanno diritto di chiedere agli amministratori della "società indagata" notizie e documenti utili, procedendo, se del caso, ad accertamenti, controlli ed esame di atti e documentazione, anche autorizzati dalla Consob (nel caso di società quotate).

Nella propria relazione di revisione il revisore legale[70] esprime un giudizio sul bilancio di esercizio e sul bilancio consolidato, ove redatto ed illustrano i risultati della revisione legale e della propria attività di verifica.

La relazione, redatta in conformità ai principi di revisione[71] comprende:

a) un paragrafo introduttivo che identifica il bilancio di esercizio o consolidato sottoposto a revisione legale e il quadro normativo sull'informazione finanziaria applicato alla sua redazione;

b) una descrizione della portata della revisione legale svolta con l'indicazione dei principi di revisione osservati;

c) un giudizio sul bilancio che indica chiaramente se questo è conforme alle norme che ne disciplinano la redazione e se rappresenta in modo veritiero e corretto la situazione patrimoniale e finanziaria e il risultato economico dell'esercizio;

d) eventuali richiami di informativa che il revisore sottopone all'attenzione dei destinatari del bilancio, senza che essi costituiscano rilievi;

e) un giudizio sulla coerenza della relazione sulla gestione con il bilancio e sulla sua conformità alle norme di legge. Il giudizio contiene altresì una dichiarazione rilasciata sulla base delle conoscenze e della comprensione dell'impresa e del relativo contesto acquisite nel corso dell'attività di revisione legale, circa l'eventuale identificazione di errori significativi nella relazione sulla gestione, nel qual caso sono fornite indicazioni sulla natura di tali errori;

f) una dichiarazione su eventuali incertezze significative relative a eventi o a circostanze che potrebbero sollevare dubbi significativi sulla capacità della società sottoposta a revisione di mantenere la continuità aziendale;

g) l'indicazione della sede del revisore legale o della società di revisione legale.

Per la relazione di revisione, si osservano i termini e le modalità di deposito di cui agli artt. 2429, comma 3, e 2435, comma 1, c.c.

---

[70] Ovvero nella propria relazione unitaria se la revisione legale è esercitata dal collegio sindacale.

[71] Si tratta dei principi di revisione internazionali adottati dalla Commissione europea ai sensi dell'art. 26, par. 3 della Direttiva 2006/43/CE, come modificata dalla Direttiva 2014/56/UE. Fino all'adozione di tali principi da parte della Commissione europea, la revisione legale è svolta in conformità ai principi di revisione elaborati, tenendo conto dei principi di revisione internazionali, da associazioni e ordini professionali congiuntamente al Ministero dell'economia e delle finanze e alla Consob e adottati dal Ministero dell'economia e delle finanze, sentita la Consob.

11.2. *La relazione semestrale delle società*

Ai sensi dell'art. 2381, comma 3, c.c. *"il consiglio di amministrazione (...) sulla base delle informazioni ricevute valuta l'adeguatezza dell'assetto organizzativo, amministrativo e contabile della società; quando elaborati, esamina i piani strategici, industriali e finanziari della società; valuta, sulla base della relazione degli organi delegati, il generale andamento della gestione"*.

Inoltre, ai sensi del comma 5 del medesimo articolo, *"gli organi delegati curano che l'assetto organizzativo, amministrativo e contabile sia adeguato alla natura e alle dimensioni dell'impresa e riferiscono al consiglio di amministrazione e al collegio sindacale, con la periodicità fissata dallo statuto e in ogni caso almeno ogni sei mesi, sul generale andamento della gestione e sulla sua prevedibile evoluzione nonché sulle operazioni di maggior rilievo, per le loro dimensioni o caratteristiche, effettuate dalla società e dalle sue controllate"*.

La disposizione sopra menzionata è prevista esclusivamente per le Spa, ma può essere volontariamente estesa anche alle Srl.

L'informativa semestrale deve generalmente essere accompagnata dalla presentazione di una situazione economico-patrimoniale, pur senza la necessità di predisporre un vero e proprio bilancio infrannuale. È opportuno dunque che nella compilazione della relazione semestrale vadano applicati gli schemi del bilancio d'esercizio (Stato Patrimoniale e Conto Economico) ed i criteri di valutazione delle poste in esso contenute[72].

Al fine di rendere più immediata l'informativa della relazione semestrale, è consentito omettere le sottovoci precedute da numeri arabi e quelle contrassegnate da lettere maiuscole, rispettivamente dalla situazione patrimoniale e dal Conto Economico. Accanto ad ogni dato devono, inoltre, comparire quello del corrispondente periodo dell'esercizio precedente, oltre a quello di chiusura.

Il commento alla relazione semestrale deve contenere le informazioni necessarie ed utili per consentire di formulare un giudizio sull'evoluzione dell'attività in svolgimento e sui risultati raggiunti, evidenziando tutti i fattori che hanno influito su tale attività e sui relativi risultati, confrontati con quelli del periodo precedente.

È altresì indispensabile che il commento riporti i fatti di rilievo che sono intervenuti dopo la fine del semestre e la prevedibile evoluzione della gestione del successivo periodo semestrale, così come contenuto nella relazione accompagnatoria dei conti annuali.

Il codice non fissa le formalità con cui gli organi delegati devono fornire l'informativa; in tal senso si rileva che essa può essere formalizzata come documento inviato ai componenti del consiglio di amministrazione e del

---

[72] Per i bilanci consolidati, i principi di consolidamento ed i criteri di determinazione dell'area di consolidamento.

collegio sindacale, oppure resa in forma scritta o verbale, nel corso di adunanze consiliari (o del collegio sindacale, in caso di amministratore unico).

Il D.Lgs. 15 febbraio 2016, n. 25, infine nel recepire la Direttiva 2013/50/UE (di modifica della Direttiva 2004/109/CE, c.d. Direttiva Transparency), ha abrogato l'obbligo di pubblicazione dei resoconti intermedi di gestione – conosciuti anche come relazioni finanziarie trimestrali – da parte degli emittenti quotati aventi l'Italia come Stato membro d'origine.

Il sopra richiamato decreto legislativo ha quindi modificato, tra l'altro, l'art. 154 *ter*, comma 5 del Testo Unico della Finanza (TUF), che prevedeva la pubblicazione dei resoconti intermedi di gestione entro quarantacinque giorni dalla chiusura del primo e del terzo trimestre dell'esercizio. Pertanto, i predetti emittenti avranno solo la facoltà di comunicare al pubblico, su base volontaria e in conformità ai principi e criteri applicativi del nuovo art. 82-ter del regolamento adottato con delibera della Consob n. 11971 del 14 maggio 1999 in materia di emittenti, le "informazioni finanziarie periodiche aggiuntive" rispetto alla relazione finanziaria annuale e semestrale.

11.3. *L'informativa supplementare*

A completare il quadro informativo concorrono altri documenti da allegare al bilancio rappresentati dal *prospetto delle variazioni dei conti del patrimonio netto*, tendente ad evidenziare i movimenti che hanno interessato le diverse voci del patrimonio netto riguardo all'ultimo esercizio, nonché, ai sensi del comma 3 dell'art. 2429 c.c., le copie integrali dell'ultimo bilancio delle società controllate ed un prospetto riepilogativo dei dati essenziali dell'ultimo bilancio delle società collegate.

Il deposito delle copie dell'ultimo bilancio delle società controllate può essere, ai sensi dell'ultimo comma del medesimo articolo, sostituito, per quelle incluse nel consolidamento, dal deposito di un prospetto riepilogativo dei dati essenziali rinvenibili dall'esame del loro ultimo bilancio.

Di contro, per le società collegate, al posto del prospetto riepilogativo contenente i dati essenziali dell'ultimo loro bilancio, è possibile allegare i bilanci integrali.

12. *Il bilancio d'esercizio come base per la determinazione del reddito imponibile (cenni)*

Il bilancio redatto a fini civilistici influenza la determinazione del reddito imponibile, assumendo, i valori in esso iscritti, una connotazione fiscale.

Il D.P.R. 22 dicembre 1986, n. 917 (noto come Testo Unico delle Imposte sui Redditi – TUIR), stabilisce, all'art. 83, che il reddito d'impresa da assoggettare a tassazione è determinato apportando al risultato, positivo o negativo, desumibile dal Conto Economico, le variazioni diminutive e/o aumentative conseguenti all'applicazione dei criteri stabiliti nelle disposizioni del Capo II, Sez. I.

Il principio enunciato nell'art. 83, quale base per la determinazione del reddito d'impresa, è quello della *derivazione rafforzata* [73] dal risultato emergente dal Conto Economico redatto secondo i criteri civilistici, nel senso che l'utile (o la perdita) civilistico (a) rappresenta la base di partenza per il calcolo del reddito imponibile.

Le norme fiscali fissano valori minimi, per gli elementi positivi di reddito, e valori massimi, per quelli negativi; i primi indicano una variazione aumentativa del reddito civilistico, in presenza di minori ricavi imputati al Conto Economico; i secondi implicano una variazione aumentativa del reddito quando vengono imputati valori superiori a quelli fiscalmente riconosciuti [74].

Al fine di evitare il rinvio o l'anticipazione di elementi reddituali, la normativa fiscale ha stabilito il principio della *competenza* basato sulla *certezza* dell'esistenza del singolo elemento reddituale e sulla *determinabilità* del relativo importo (art. 109, commi 1 e 2, TUIR).

Tale principio non collima con quello enunciato dalla normativa civilistica (e dai principi contabili) che considera imputabili i componenti positivi quando siano di esistenza certa e di importo attendibile; mentre quelli negativi sono imputabili anche se incerti ed indeterminabili, purché di probabile verificazione.

Sotto l'aspetto fiscale, invece, l'imputazione degli uni e degli altri avviene con maggior rigidità, sostenendo la norma che i corrispettivi delle cessioni ed i relativi costi si considerano rispettivamente conseguiti e sostenuti alla data di consegna, o di spedizione, dei beni mobili; a quello della stipula dell'atto pubblico, per i beni immobili ovvero, se successivo, alla data di verificazione dell'effetto traslativo o costitutivo della proprietà.

---

[73] Tale principio implica il pieno riconoscimento della rappresentazione del bilancio, anche in deroga alle disposizioni del TUIR. Quindi, assumono rilevanza fiscale i criteri di qualificazione e i correlati criteri di imputazione temporale e classificazione in bilancio; la certezza e la determinabilità dei componenti reddituali sono identificate sulla base dei principi contabili (principio della prevalenza della sostanza sulla forma) piuttosto che in funzione di quelli di matrice giuridico-formale di cui art. 109 TUIR. La derivazione rafforzata però non trova attuazione nel caso di disposizioni fiscali del TUIR che: circoscrivono la rilevanza dei componenti valutativi (es. ammortamenti, accantonamenti, rettifiche di valore); differiscono o limitano il riconoscimento degli oneri o dei proventi (es. l'inerenza dei costi, il principio di cassa su talune componenti, ecc.); riguardano disposizioni specifiche esentative quali la PEX e i dividendi.

[74] Se le imputazioni vengono fatte in misura inferiore, non è ammessa la riduzione del reddito.

La norma fiscale definisce, inoltre, il principio della *inerenza*, sulla base del quale la deducibilità dei costi è ammessa solo se si riferiscono ad attività o beni da cui derivano ricavi che concorrono a formare il reddito imponibile (art. 109, comma 5, TUIR).

Riguardo poi alla valutazione dei componenti reddituali a fini fiscali, le norme generali indicano che il costo dei beni è assunto al lordo delle quote di ammortamento già dedotte e che si comprendono gli oneri di diretta imputazione, con esclusione degli interessi e delle spese generali; il costo dei beni rivalutati non si intende comprensivo delle plusvalenze iscritte, fatta esclusione per quelle che concorrono a formare il reddito per disposizioni di legge.

Per valore normale si intende, inoltre, il prezzo o corrispettivo mediamente praticato per i beni e i servizi della stessa specie, in condizioni di libera concorrenza, nel tempo e luogo ove sono state acquistati o prestati.

Nel proporre criteri alternativi di determinazione del reddito, la normativa fiscale consente di operare scelte che possono far variare, anche sensibilmente, il reddito da assoggettare ad imposizione.

Si è detto che il passaggio dal reddito civilistico a quello fiscale deve sottostare ad una serie di rettifiche in aumento e/o in diminuzione, miranti a neutralizzare, da un lato, ricavi esenti, soggetti a tassazione separata, a ritenute alla fonte, ecc.; dall'altro, ad impedire la deducibilità di alcuni costi, oltre che a neutralizzare svalutazioni, accantonamenti ed ammortamenti eccedenti le misure di detraibilità fiscale.

Sull'interferenza fiscale, le attuali norme fiscali ed il principio di derivazione rafforzata, sono tesi ad eliminare le interferenze prodotte nel bilancio dalla normativa fiscale, stabilendo le modalità con le quali, nel rispetto del principio della competenza, occorre tener conto degli effetti della fiscalità differita.

Capitolo IV

Gli strumenti per l'analisi del bilancio d'esercizio

di Augusta Consorti *

1. *Premessa*

La valutazione delle *performance* muove, come noto, dalla necessità di verificare il grado di realizzazione degli obiettivi strategici e viene declinata in relazione alle motivazioni conoscitive che ne sono alla base.

Tale processo di verifica ha come *focus* l'indagine delle grandezze economico-finanziarie che sono la rappresentazione numerica delle operazioni di gestione ordinaria e straordinaria, la cui analisi consente di migliorare la comprensione e l'interpretazione di tali grandezze indicate nel bilancio di esercizio.

La normativa vigente in materia di bilancio di esercizio, alla luce del D.Lgs n. 139/2015 che ha recepito la Direttiva n. 34/2013, ha apportato importanti modifiche per una più chiara interpretazione delle informazioni contenute: tra le più importanti è opportuno menzionare l'introduzione del Rendiconto Finanziario come prospetto obbligatorio per l'analisi della dinamica finanziaria e l'eliminazione dell'area straordinaria nel prospetto di conto economico che ha causato non poche problematiche valutative ai fine della riclassificazione e dell'analisi di bilancio [1]; pur tuttavia, alcuni aspetti necessitano di ulteriori chiarimenti e approfondimenti, per cui si fa ricorso a modelli e strumenti di analisi che agevolino l'interpretazione dei

* Ordinario di Economia Aziendale dell'Università degli Studi G. d'Annunzio di Chieti-Pescara.

[1] Si noti che il rendiconto finanziario è stato reso obbligatorio per tutte le società, ad eccezione per le micro imprese e per le società che redigono il bilancio in forma abbreviata.

dati contenuti in prospetti standardizzati che, per loro natura, non consentono una agevole comprensione della realtà fattuale delle singole aziende.

Come è noto, le analisi di bilancio sono finalizzate ad individuare i fattori che hanno generato quei valori contenuti nel bilancio stesso e, quindi, attraverso la valutazione della gestione passata, a trarre informazioni utili sulle potenzialità di sviluppo dell'azienda.

Altro elemento da considerare riguarda le differenti motivazioni da cui originano le analisi, strettamente collegate agli specifici interessi perseguiti dai soggetti interessati all'informativa: è come dire che la realtà indagata è la stessa ma differenti sono le prospettive assunte nell'indagine, perché differenti, e spesso confliggenti, sono gli interessi che confluiscono sull'azienda.

Più in particolare, l'originaria finalità assegnata al bilancio d'esercizio, focalizzata sulla determinazione del reddito e sulla consistenza del patrimonio, ha subito nel tempo una notevole amplificazione. Le attese di conoscenza si sono progressivamente dilatate, tanto che la predisposizione del bilancio, basata su una sistematica attività di rilevazione, perlopiù contabile, delle informazioni e dei dati aziendali, ha richiesto sempre più estese elaborazioni ed integrazioni con i risultati emergenti dai dati, al fine del riscontro delle ipotesi assunte nella programmazione strategica.

In tal modo, dopo aver ricercato i principi ispiratori dei bilanci di esercizio, disciplinanti l'unitario fenomeno della produzione delle informazioni (le contabilità, generale e settoriali), vengono individuati i principi di analisi dei dati che, raccordati a quelli informatori della programmazione strategica, consentono di pervenire alla predisposizione di un sistema informativo da cui desumere compiutamente la situazione economico-reddituale e finanziario-patrimoniale dell'azienda; tale sistema informativo consente di stabilire se l'azienda abbia acquisito, o meno, le condizioni operative previste nei modelli teorici.

Il tema delle analisi dei dati di bilancio ha portato all'elaborazione di diverse metodologie, più o meno sofisticate, che hanno riguardato un vastissimo campo di applicazione, tanto da renderne difficoltosa l'individuazione di un approccio comune generalmente condiviso.

Tuttavia, all'interno di questa pluralità di modalità tecniche utilizzate per condurre l'analisi, l'elemento unificatore ed ispiratore è quello che privilegia la dimensione unitaria della gestione finalizzata al superamento di un approccio basato su sterili tecnicismi che conducono ad una visione frammentaria ed episodica della vita aziendale. Uno schema di analisi risultante da una visione unitaria che possa consentire di porsi in una prospettiva che privilegi, alternativamente, un aspetto di natura economica o finanziaria o patrimoniale, ma che si ispiri ad una logica comune che è quella dell'unitario "ragionamento economico" [2].

---

[2] L'argomento, seppure con diverse modalità di approccio, è stato ampiamente svi-

Il sistema di valutazione delle performance, attraverso le analisi dei bilanci, si avvale di strumenti e metodi che presentano elementi di natura soggettiva che attengono essenzialmente alla possibilità degli analisti di accedere ai dati e alla loro capacità di interpretarli, ed elementi di natura oggettiva che riguardano le modalità e gli strumenti generalmente utilizzati nell'analisi degli indicatori o dei flussi finanziari. Chiaramente gli aspetti oggettivi e soggettivi sono strettamente collegati poiché, se è vero che vi è la necessità di misurare la capacità dell'azienda di creare valore, è altrettanto vero che è imprescindibile la corretta e attenta descrizione di ciò che si vuole misurare.

L'elaborazione di schemi di analisi ha come punto di partenza la chiara individuazione delle cause che determinano il raggiungimento di condizioni di equilibrio aziendale e, ancor più, la puntuale definizione delle modalità con cui possono essere ricercati i fattori che ne sono alla base. A partire dalle informazioni economico-finanziarie contenute nel bilancio, il significato attribuibile a tali valori verrà trasposto nei risultati emergenti dall'analisi su di esso condotta[3]. A tale riguardo, appare chiara la rilevanza del rap-

---

luppato in Dottrina; per una trattazione esauriente, tra i tanti, si rinvia a: A. AMADUZZI, *L'analisi dei sistemi per le rilevazioni aziendali*, Cacucci, Bari, 1970; G. BRUGGER, *L'analisi della dinamica finanziaria dell'impresa*, Giuffrè, Milano, 1980; A. BUBBIO, *Il sistema degli indici di bilancio e i flussi finanziari. Due strumenti a supporto dell'alta direzione*, Unicopli, Milano, 1984; B. CAMPEDELLI, *Le analisi di bilancio per la revisione aziendale*, Giappichelli, Torino, 1995; C. CARAMIELLO, *Indici di bilancio – Strumenti per l'analisi della gestione aziendale*, Giuffrè, Milano, 1993; C. CARAMIELLO-F. DI LAZZARO-G. FIORI, *Indici di bilancio: strumenti per l'analisi della gestione aziendale*, Giuffrè, Milano, 2003; M.A. CATTANEO, *Analisi finanziaria e di bilancio*, Etas, Milano, 1973; V. CODA, *Gli indici significativi della misura e della composizione dei flussi finanziari*, in AA.VV., *Il bilancio d'esercizio delle aziende di credito*, Iceb, Milano, 1982; V. CODA, *Quozienti e flussi nella programmazione della gestione*, in AA.VV., *Indici di bilancio e flussi finanziari*, Etas, Milano, 1977; V. CODA-G. BRUNETTI-M. BERGAMIN BARBATO, *Indici di bilancio e flussi finanziari. Strumenti per l'analisi della gestione*, Etas, Milano, 1993; A. CORTESI, *L'interpretazione del bilancio di esercizio. Guida all'analisi dei risultati d'impresa*, Egea, Milano, 1996; A. CRUSCA, *Analisi e interpretazione del bilancio*, Pirola, Milano, 1972; C. DE VECCHI (a cura di), *Analisi di bilancio*, Giappichelli, Torino, 1993; L. FADDA-F. FONTANA-R. GARELLI, *Analisi di bilancio*, Giappichelli, Torino, 2008; C.A. FERRANDINI-E.M. GABBINI, *L'analisi del bilancio*, Franco Angeli, Milano, 1977; G. FERRERO, *Le analisi di bilancio*, Giuffrè, Milano, 1966; G. FERRERO-F. DEZZANI-P. PISONI-L. PUDDU, *Le analisi di bilancio, Indici e flussi*, III ed., Giuffrè, Milano, 2003; F. GIUNTA, *Analisi di bilancio. Riclassificazione, indici e flussi*, Centro Stampa Il Prato, Firenze, 2004; F. LUPPI, *Analisi dei bilanci aziendali*, Giuffrè, Milano, 1994; O. PAGANELLI, *Analisi di bilancio. Indici e flussi*, Utet, Torino, 1986; P. PISONI-L. PUDDU, *Analisi di bilancio*, Giappichelli, Torino, 1992; F. PODDIGHE (a cura di), *Analisi di bilancio per indici. Aspetti operativi*, Cedam, Padova, 2001; U. SOSTERO-P. FERRARESE, *Analisi di bilancio*, Giuffrè, Milano, 2000; C. TEODORI, *L'analisi di bilancio*, Giappichelli, Torino, 2008.

[3] Ferrero e Dezzani individuano due fasi che danno contenuto alla tecnica delle analisi di bilancio: 1) interpretazione dei dati di bilancio; 2) analisi del bilancio. Tali analisi sono finalizzate alla raccolta di elementi di sintesi necessari alla valutazione economica

porto di derivazione dei principi che sono alla base della redazione del bilancio, dai principi che definiscono l'equilibrio aziendale.

Ciascun accadimento gestionale presenta una propria dimensione collegata ai diversi aspetti particolari; ad esempio, qualsiasi ciclo investimento/realizzo presenta aspetti connessi all'efficienza tecnica nell'utilizzo dei fattori, all'economicità che deriva dai risultati e all'utilizzo ottimale degli strumenti di copertura del fabbisogno finanziario generato.

Risulta evidente che ciascuna dimensione, sia economico-tecnica che finanziaria, è strettamente correlata con le altre: nell'esempio ricordato le scelte tecniche sono alla base dell'economicità e determinano l'andamento del fabbisogno finanziario, così come le condizioni di economicità influiscono sull'assetto tecnico produttivo e sulle scelte finanziarie ed, infine, la scelta della struttura finanziaria esprime una onerosità che si riflette sulla economicità e influisce sulla scelta delle alternative combinazioni tecniche attraverso cui si realizza il processo produttivo.

Pertanto, pur considerando che ciascun accadimento può consentire una chiara interpretazione dei suoi aspetti economici, finanziari e patrimoniali solo se sviluppato nel contesto unitario della gestione, può essere proposta una osservazione che privilegi, di volta in volta, i singoli aspetti della gestione; infatti, la sua complessità può essere più efficacemente investigata strutturando l'analisi in modo da ordinare le relazioni che avvincono i singoli accadimenti secondo schemi polarizzati sulla natura delle operazioni, nonché sulle conseguenze che da esse derivano; va da sé che la ricomposizione degli schemi parziali non può risolversi in un loro semplice "accostamento", ma richiede l'esame e l'esplicitazione di altre e sovraordinate relazioni sistemiche.

Le singole gestioni particolari in cui può astrattamente distinguersi l'unitaria gestione aziendale, come noto, possono essere ricondotte nell'ambito della *gestione caratteristica* (o *operativa*) – distinguendo al suo interno l'area dell'*efficienza tecnica* dall'area dell'*economicità* –; della *gestione finanziaria* – distinguendo al suo interno l'area della *struttura finanziaria* dall'area della *gestione di tesoreria* –; e delle *gestioni accessorie* [4].

La misurazione dei livelli di efficienza tecnica avviene attraverso l'elaborazione di un sistema di indicatori espressi necessariamente "a quantità" e non "a valore".

Attraverso la valorizzazione degli indicatori "a quantità" si passa dall'area dell'efficienza tecnica a quella dell'economicità, introducendo nell'analisi una variabile fondamentale rappresentata dalle "ragioni di scambio", attra-

---

e finanziaria della gestione aziendale. G. FERRERO-F. DEZZANI-P. PISONI-L. PUDDU, *Le analisi di bilancio, Indici e flussi*, cit., p. 3.

[4] Sull'argomento si rinvia a: A. CONSORTI, *La dimensione economico-reddituale e la dinamica finanziaria dell'azienda: schemi di analisi per indici e per flussi*, Giappichelli, Torino, 2001.

verso cui l'ambiente esterno[5] esprime il proprio giudizio sulla combinazione produttiva prescelta dall'impresa, consentendo in tal modo la oggettiva misurazione delle risorse assorbite, rigenerate ed autogenerate per effetto della gestione.

Gli indici di economicità, pertanto, risulteranno espressi tipicamente in termini di rapporti ricavi/costi e rappresenteranno l'assorbimento dei primi a copertura dei secondi, esprimendo il grado di efficacia economica della combinazione produttiva.

Nell'ambito della gestione caratteristica, pertanto, l'analisi dell'efficienza tecnica e l'analisi dell'economicità risultano finalizzate a verificare se l'azienda "sa far bene ciò che fa", e se il mercato "premia" la sua combinazione produttiva.

L'analisi della gestione finanziaria ha per oggetto la verifica quali/quantitativa dell'adeguatezza della struttura finanziaria prescelta e di compatibilità del grado di onerosità della struttura stessa con la gestione economica.

Da ultimo, l'analisi delle gestioni accessorie, patrimoniale e straordinaria, è di scarso rilievo poiché la prima, per sua natura, ha un ruolo marginale, la seconda non è controllabile né prevedibile.

Il modello analitico presenta un carattere multidimensionale derivante, così come detto, dalla necessità di scomporre l'unitarietà della gestione in aree diverse che presentano una differente ampiezza spazio/temporale; lo schema di analisi fa sì che, alternativamente, si possa privilegiare l'osservazione di un aspetto, piuttosto che di un altro e si possano utilizzare tecniche diverse nell'interpretare i dati di bilancio; tuttavia, va ribadita la necessità di ricomporre e integrare i diversi aspetti da cui derivano le "qualità emergenti" del sistema gestionale.

2. *La logica di riclassificazione dei valori patrimoniali*

2.1. *La struttura finanziaria*

Le disposizioni del codice civile impongono che il bilancio sia finalizzato, per quanto riguarda lo Stato Patrimoniale, alla rappresentazione – chiara, veritiera e corretta – della situazione patrimoniale e finanziaria dell'azienda.

A tale finalità si è giunti attraverso un progressivo slittamento dalla sua originaria funzione, che era quella di informare sulla consistenza del patrimonio e sui diritti che i terzi finanziatori vantavano su di esso, alla esigenza di fornire informazioni sull'andamento economico della gestione e sulla di-

---

[5] Rappresentato dai mercati di incetta dei fattori e da quelli di sbocco dei prodotti.

namica finanziaria, così come può risultare dalla rappresentazione "fotografica" dei valori alla fine dell'esercizio comparativamente con quelli della data di chiusura dell'esercizio precedente, ovvero dal rendiconto finanziario.

Lo schema di Stato Patrimoniale previsto nell'art. 2424 c.c. è ispirato in parte a criteri finanziari di rappresentazione[6] e, in parte, a criteri tesi ad evidenziare la natura di particolari valori che si ritiene abbiano una importanza rilevante per i terzi[7].

L'esigenza di fornire ai terzi informazioni sulla consistenza del patrimonio aziendale introduce, pertanto, delle distorsioni nella logica finanziaria di esposizione dei valori che, oltre ad emergere dallo schema di Stato Patrimoniale, agiscono anche attraverso l'utilizzo dei criteri di valutazione che risultano fortemente ispirati alla prudenza e agli altri principi connessi.

Pertanto, nello Stato Patrimoniale civilistico si trova una esposizione, ed una connessa valorizzazione, di investimenti in attesa di realizzo, oltre che di valori numerari, per quanto riguarda l'attivo; di debiti, fondi e capitale netto, per quanto riguarda il passivo. Ulteriori classificazioni, unitamente alle indicazioni contenute nella nota integrativa, forniscono limitate informazioni di natura più strettamente finanziaria che, tuttavia, risultano sotto-ordinate rispetto a quelle prioritarie appena ricordate.

È necessario rimuovere, pur rimanendo nell'ambito dei limiti consentiti, le finalità collegate "alla tutela dei terzi" che renderebbero eccessivamente spuria l'analisi finanziaria e, conseguentemente, trasformare l'esposizione dei valori contenuti nello schema civilistico di Stato Patrimoniale.

L'analisi finanziaria sui dati di bilancio è orientata ad individuare le criticità e le potenzialità che possono attivarsi nel raccordo tra andamento del fabbisogno finanziario e andamento delle fonti di copertura; in tal senso, il fabbisogno finanziario va osservato secondo una prospettiva che privilegi la destinazione che l'impresa attribuisce ai suoi componenti elementari, eliminando qualsiasi interferenza che dovesse derivare dalla considerazione della loro natura; analogamente, la copertura offerta al fabbisogno deve essere analizzata secondo la prospettiva centrata sugli aspetti di permanenza e di durabilità all'interno dell'azienda, senza considerare la natura dei vincoli di acquisizione delle singole risorse.

Per una analisi più compiuta ed efficace occorre però accogliere nuove categorie logiche che, partendo dall'impostazione concettuale che vede l'attivo patrimoniale distinto in investimenti in attesa di realizzo, crediti e valori monetari, perviene alla logica basata sul concetto di *impieghi* di risorse

---

[6] Si pensi, ad esempio, alle macroclassi dell'attivo immobilizzato e dell'attivo circolante.

[7] Si pensi, ad esempio, alla voce «*A) Crediti verso soci per versamenti ancora dovuti, con separata indicazione della parte già richiamata*», che chiaramente è finalizzata a dare informazioni a terzi sulla reale consistenza del capitale di rischio.

finanziarie[8]; analogamente, rimosse le categorizzazioni ispirate alla natura del vincolo di acquisizione, il passivo ed il netto patrimoniale devono essere diversamente aggregati per *fonti di finanziamento* cui l'azienda ha fatto ricorso e viene utilizzato un criterio che, ignorando del tutto la natura formale del vincolo di acquisizione, privilegia la contestuale osservazione dei due aspetti legati al grado di permanenza delle risorse acquisite all'interno dell'azienda e al grado di onerosità, esplicita o implicita, che le caratterizza.

La costruzione di uno schema di analisi, dunque, prevede la trasformazione dello stato patrimoniale in struttura finanziaria attraverso la riclassificazione dei valori dell'attivo, del passivo e del netto patrimoniale in impieghi e fonti di finanziamento.

Il processo di riclassificazione non rappresenta una ridenominazione dei valori perché è basata sulla sostituzione di categorie concettuali; per questo è necessaria una conversione lessicale orientata alla diversa logica dell'analisi. Si rende necessaria, pertanto, la disponibilità di informazioni aggiuntive rispetto a quelle già contenute nel bilancio di esercizio e nei suoi prospetti allegati; poiché da esse viene a dipendere la significatività e l'attendibilità dei risultati dell'analisi.

2.2. *I criteri di riclassificazione*

La riclassificazione dei valori dell'attivo è finalizzata alla individuazione di due macroclassi: gli impieghi di risorse finanziarie che si convertiranno in liquidità nel breve periodo, ovvero il *capitale circolante lordo* (o *attivo corrente*) e gli impieghi di risorse finanziarie che si convertiranno in liquidità solo nel medio-lungo periodo, ovvero l'*attivo immobilizzato*.

Procedendo nell'analisi, ciascuna macroclasse viene ulteriormente dettagliata in modo che il capitale circolante lordo viene a sua volta scomposto in categorie caratterizzate da un grado di liquidità decrescente; in tal senso si definiscono *liquidità immediate*, tutti gli impieghi già in forma liquida o, comunque, immediatamente trasformabili in liquidità[9]; *liquidità differite*, tutti gli impieghi che mostrano l'attitudine di trasformarsi in liquidità nel brevissimo periodo[10]; *disponibilità*, tutti gli impieghi che mo-

---

[8] Con il termine *investimento* si fa riferimento al solo utilizzo di risorse finanziarie che verranno rigenerate attraverso operazioni di realizzo. Con il termine *impiego*, invece, si vuole intendere un qualsiasi utilizzo di risorse finanziarie non necessariamente o direttamente finalizzato ad operazioni di realizzo, come nel caso di copertura della perdita di esercizio, o anche non finalizzato affatto ad operazioni di realizzo, come nel caso di utilizzo di risorse finanziarie per rimborsare il debito precedentemente contratto.

[9] Si fa riferimento a denaro contante e a valori assimilabili, ad esempio: il denaro in cassa, le disponibilità giacenti sul conto corrente bancario, i titoli di Stato.

[10] Si fa riferimento alle poste dell'attivo che presumibilmente saranno incassate entro

strano l'attitudine a trasformarsi in liquidità nel breve periodo [11].

Analogamente, per disaggregare l'attivo immobilizzato in categorie di dettaglio, viene utilizzato un diverso criterio che solo indirettamente è riferibile al grado di liquidità; vengono così ricondotti nelle *immobilizzazioni tecniche* tutti i fattori produttivi a fecondità ripetuta, ossia a lento realizzo; nelle *immobilizzazioni economiche* tutti i fattori produttivi immateriali, anch'essi a lento realizzo [12]; da ultimo, nelle *immobilizzazioni finanziarie*, vengono ricompresi sia i crediti a lunga scadenza, sia le partecipazioni assunte in altre imprese.

La riclassificazione dei valori del passivo è finalizzata, oltre che alla individuazione di macroclassi omogenee rispetto al grado di permanenza delle risorse finanziarie all'interno dell'impresa, anche alla individuazione del grado e del tipo di onerosità connesso con le singole risorse finanziarie.

Lo schema di analisi conduce alla definizione del *capitale netto*, che ricomprende il capitale di pieno rischio sia conferito che risultante dalla mancata distribuzione degli utili (e rettificato per le perdite non coperte), e dell'*indebitamento*, che comprende tutte le risorse finanziarie acquisite, pur con diverse modalità tecniche, con il vincolo del prestito; quest'ultima macroclasse viene a sua volta distinta secondo il criterio della prevista scadenza in *debiti a breve*, con scadenza ravvicinata, e in *debiti consolidati*, con scadenza nel medio-lungo termine.

Se si considera l'attitudine del capitale netto alla permanenza nell'azienda, dalla semplice somma del capitale netto e dei debiti consolidati si desume la macroclasse delle *fonti consolidate*, che risulta essere contrapposta a quella delle *fonti a breve* costituita dal solo indebitamento di breve periodo.

La logica illustrata conduce alla costruzione di uno schema di analisi dei valori di bilancio organizzato per macroclassi che rappresentano lo strumento su cui poggia l'analisi della situazione finanziaria [13].

Tale schema di analisi richiede alcune puntualizzazioni sia riguardo al metro temporale di misurazione, sia al criterio di osservazione per stabilire il grado di liquidità/esigibilità degli impieghi e delle fonti di finanziamento.

Riguardo all'individuazione del parametro a cui rapportare la misurazione del tempo, è evidente la relatività del riferimento poiché ciascuna

---

i successivi dodici mesi, si tratta essenzialmente di crediti commerciali, crediti nei confronti di dipendenti, crediti fiscali, ecc.

[11] Si fa riferimento alle giacenze di magazzino di materie o prodotti finiti, o il magazzino contabile costituito dai risconti e da altri costi sostenuti in via anticipata.

[12] Si fa riferimento ai beni intangibili come ad esempio, i marchi, i brevetti, l'avviamento, ecc.

[13] G. Ferrero-F. Dezzani-P. Pisoni-L. Puddu, *Le analisi di bilancio, Indici e flussi*, cit., p. 129 e segg.

azienda ne ha uno proprio che rappresenta il *tempo economico* scandito dai cicli economici e produttivi [14].

Tuttavia, il concetto di tempo economico, pur rendendo l'analisi molto più significativa, ne inficia l'attendibilità per i forti elementi di soggettività, tanto da indurre all'utilizzo del criterio del *tempo fisico* che, seppure meno significativo, è certamente di più semplice applicazione; più precisamente, si fa riferimento al tipico esercizio amministrativo di durata annuale, con la conseguenza che tutto ciò che è inferiore all'anno viene considerato di breve periodo, tutto ciò che è superiore viene inteso come medio-lungo periodo.

In merito al criterio di osservazione con cui le singole grandezze vengono ricondotte all'interno delle macroclassi considerate, esso si risolve nella scelta tra due modalità alternative: *per natura* dei valori, *per destinazione* ad essi assegnata dall'impresa.

L'osservazione *per natura* dei valori, seppure basata su criteri oggettivi, risulta essere di limitata significatività poiché ciascun elemento dell'attivo e ciascun elemento del passivo vengono osservati e ricondotti, in base al loro astratto grado di liquidità/esigibilità, all'interno delle macroclassi individuate.

Tale criterio di riclassificazione, pur essendo agevolmente applicabile e pur presentando un elevato grado di oggettività, non riesce a perseguire pienamente la finalità di individuare in modo chiaro gli andamenti degli impieghi e delle fonti di finanziamento, vale a dire del fabbisogno finanziario e della relativa copertura. Da qui l'importanza della considerazione della *destinazione* ad essi assegnabile, in grado di definire più efficacemente la disponibilità reale delle risorse finanziarie ottenibili dal realizzo degli impieghi.

In altri termini, il solo grado di liquidità/esigibilità non riesce ad esprimere compiutamente la dinamica degli impieghi e delle fonti, non considerando la necessità di reiterare alcune forme di impiego, ovvero di rinnovare il ricorso a talune fonti di finanziamento [15].

In sintesi, mentre l'utilizzo del criterio di riclassificazione *per natura* presenta il pregio di una più immediata ed oggettiva applicabilità, quello di riclassificazione *per destinazione* tende ad elevare il grado di attendibilità e di significatività.

---

[14] Il concetto di tempo economico è stato ampiamente sviluppato in dottrina. Tra i numerosi scritti, si veda per tutti: P. CAPALDO, *Reddito, capitale e bilancio di esercizio. Una introduzione*, cit.; ID., *Qualche riflessione sull'informazione esterna d'impresa*, in *Riv. dott. comm.*, 5, 1975; L. CINQUINI, *La dimensione "tempo" e il sistema dei valori aziendali*, Giuffrè, Milano, 1994.

[15] Così, ad esempio, la necessità di vincolare una giacenza di denaro per mantenere un livello minimo di cassa, annulla la concreta possibilità di utilizzare le risorse liquide, trasformando il denaro in vera e propria immobilizzazione. Ed ancora, si pensi al mutuo passivo, appartenente alla categoria dei debiti di medio-lungo termine che, relativamente alle rate di prossima scadenza, si trasforma in debito a breve termine.

2.3. *La correlazione tra le classi degli impieghi e delle fonti di finanziamento*

Partendo dalla riclassificazione dello stato patrimoniale redatto nel rispetto delle norme codicistiche, seguendo i criteri precedentemente esposti, si perviene alla costruzione della seguente struttura finanziaria (Figura 1)

Figura 1 – **Struttura finanziaria**

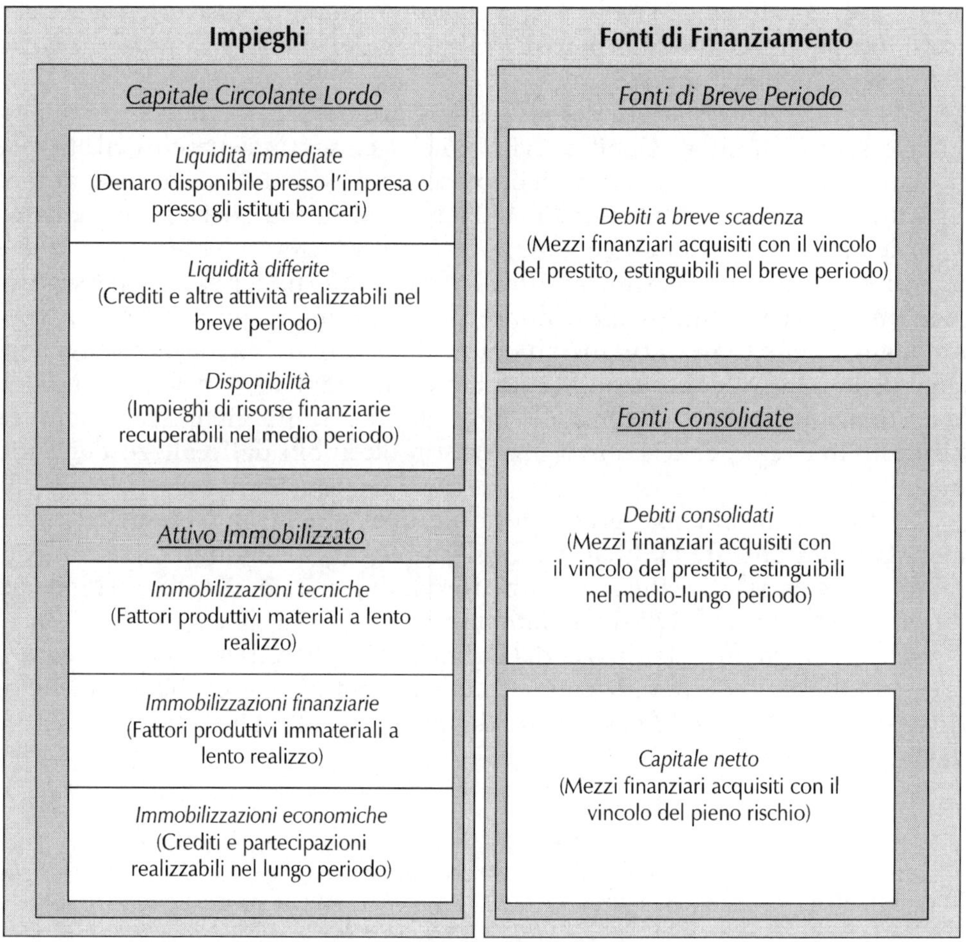

L'analisi della struttura finanziaria consente di confrontare le caratteristiche delle singole classi di investimento, in termini di durata temporale e di fluttuabilità del relativo fabbisogno finanziario generato, e le classi delle singole fonti di finanziamento, in riferimento al vincolo di acquisizione ed alla programmata permanenza all'interno dell'impresa secondo un diverso grado di elasticità.

Si perviene, in tal modo, alla individuazione delle condizioni di equilibrio finanziario derivante dalla ricerca di una giusta correlazione tra "fabbisogno" generato dagli investimenti e copertura, cercando al contempo, di contenerne l'onerosità entro valori che siano compatibili con la gestione.

In estrema sintesi, occorre rendere compatibili la struttura dei finanziamenti con quella degli investimenti attraverso la ricerca della ottimale correlazione tra le dinamiche inerenti le due categorie di valori

Partendo dall'analisi del fabbisogno, è nota la distinzione tra *fabbisogno durevole* comprendente gli impieghi di lunga durata, e *fabbisogno variabile* comprendente gli investimenti prontamente realizzabili; conseguentemente, al fabbisogno durevole bisognerebbe offrire copertura con fonti consolidate, mentre al fabbisogno variabile con fonti fortemente elastiche.

Per le ragioni suesposte, la definizione dei due fabbisogni dovrebbe essere ispirata al criterio della *destinazione*, potendo quello per *natura* condurre a rilevanti distorsioni [16].

L'analisi della dinamica finanziaria pone in chiara evidenza come l'andamento del fabbisogno finanziario netto (e della conseguente copertura) viene determinato dalle peculiarità del processo produttivo svolto dalla singola azienda; da ciò ne consegue che esso viene a dipendere dal grado di coordinazione temporale che l'azienda può convenientemente ricercare tra i processi di investimento ed i processi di realizzo poiché, come è noto, il fabbisogno finanziario netto è la risultante della somma algebrica tra l'andamento del fabbisogno finanziario lordo e quello dell'endofinanziamento provocato dalla gestione.

Dalle considerazioni suesposte consegue che la costruzione di una ottimale struttura finanziaria sarà il risultato di un articolato processo che trova un primo fondamentale momento nella "*coordinazione* dei processi di investimento con quelli di realizzo" e successivamente nella "*sincronizzazione* dei processi di investimento/realizzo con quelli di approvvigionamento delle risorse finanziarie".

---

[16] Ad esempio, l'investimento in un macchinario rappresenta tipicamente un impiego immobilizzato per l'impresa che usa tale macchinario per la fabbricazione dei propri prodotti, mentre diventa un caratteristico impiego a rapido realizzo per l'azienda mercantile che vende tali macchinari; ed ancora, un fabbricato rappresenta certamente una immobilizzazione per l'impresa che ne fa uso nel proprio processo produttivo, ma diviene un impiego a rapido realizzo per l'impresa edile che tale fabbricato realizza.

Da ultimo, l'acquisizione di risorse finanziarie di origine esterna con cui offrire copertura al fabbisogno viene a dipendere da molteplici fattori, aziendali ed ambientali; tra i primi, tipicamente influiscono la veste giuridica prescelta, la composizione del soggetto economico, la tipologia dell'attività svolta; tra quelli di origine esterna, risultano determinanti la situazione e la struttura dei mercati finanziari con i quali l'impresa entra in contatto.

L'insieme di questi fattori, unitariamente considerati, consente di rappresentare strutture finanziarie diversificate a parità di fabbisogno, con la conseguenza che la ricerca di un equilibrio ottimale deve innanzitutto considerare gli aspetti qualitativi e, di seguito, quelli quantitativi [17].

Per le diverse tipologie aziendali occorre, pertanto, applicare criteri diversificati di analisi finanziaria [18].

3. *La logica di riclassificazione dei valori economici*

3.1. *I criteri di riclassificazione*

Come è noto, il bilancio civilistico utilizza schemi espositivi che possono consentire l'emissione di un flusso di informazioni orientato al soddisfacimento di innumerevoli esigenze conoscitive. Tuttavia, la forma scalare di conto economico, che permette l'evidenziazione di risultati parziali, pur avendo un rilevante valore informativo, non è utile per l'analisi del-

---

[17] Così, ad esempio, a parità di fabbisogno finanziario, una impresa manifatturiera cercherà una copertura di fabbisogno totalmente diversa rispetto a quella che verrà ricercata da una impresa edile. Infatti, nell'impresa manifatturiera, la prevalenza del fabbisogno durevole (derivante da investimenti in fabbricati industriali, macchinari, impianti, scorte minimo-tecniche, credito mercantile continuamente rigenerato, ecc.) tenderà a configurare quest'ultimo come elevato, fortemente costante e protratto nel tempo e si farà necessariamente ricorso a fonti di finanziamento fortemente consolidate, tipicamente capitale netto e mutui a lunga scadenza; di contro, nell'impresa edile, dato che il fabbisogno durevole inteso in senso stretto è estremamente limitato (sostanzialmente investimenti di cantiere), si cercherà una limitata copertura di fonti consolidate, mentre diverrà prevalente la ricerca di mezzi finanziari per offrire copertura al fabbisogno variabile, la cui particolare configurazione indurrà tipicamente all'acquisizione di risorse con il vincolo del prestito sia nelle tradizionali forme di apertura di credito in conto corrente, sia nell'accensione di mutui a breve-media scadenza (per il tempo necessario alla realizzazione dell'opera) o di lunga scadenza (prevedendo di trasferire tali mutui unitamente alla vendita delle opere realizzate).

[18] Una impresa manifatturiera che risultasse finanziata secondo i parametri di un'azienda edile risulterebbe fortemente squilibrata, così come risulterebbe del tutto errato un giudizio di valore sulla struttura finanziaria di un'impresa edile formulato sulla base di criteri riferiti ad un'azienda manifatturiera.

la gestione poiché, nella sua sintetica espressione, necessita di una ricomposizione dei valori secondo diversi criteri e di un maggior grado di analiticità.

Ai fini di una efficace analisi gestionale, occorre procedere alla disaggregazione delle classi di valori esposti per natura nel conto economico civilistico, ricomponendole in nuove categorie omogenee, con eventuali integrazioni ed esplicitazioni [19].

I valori disaggregati vengono di seguito riaccorpati ispirandosi al principio della "destinazione" dei fattori e dell'"origine" dei realizzi, derivante logicamente dalla scomposizione dell'unitaria gestione aziendale nelle singole gestioni particolari (caratteristica, finanziaria, patrimoniale e straordinaria) [20].

Per quanto riguarda, in particolare, la gestione finanziaria si osserva che è ampiamente condivisa la tesi secondo la quale la gestione finanziaria ricomprenda tutti gli oneri provocati dall'acquisizione dei finanziamenti e tutti i proventi finanziari derivanti dalle posizioni creditorie dell'azienda [21].

Poiché il fine dell'analisi condotta è quello di separare il risultato della gestione caratteristica dagli altri, si ritiene di annoverare all'interno della gestione finanziaria i soli oneri derivanti dai finanziamenti attinti a titolo di prestito, immettendo i proventi finanziari nell'area della gestione patrimoniale, con conseguente ampliamento di quest'ultima [22].

---

[19] Alcuni Autori suggeriscono interessanti integrazioni ed esplicitazioni; così, Pisoni-Puddu suggeriscono l'eplicitazione degli oneri finanziari impliciti compresi nei costi di acquisto dei fattori: "... a determinare il reddito operativo possono intervenire componenti di reddito che comprendono due elementi distinti: a) valore del fattore acquisito; b) costo della dilazione di pagamento, che sarà tanto più elevata quanto più il pagamento medesimo risulterà differito nel tempo ...; occorre apportare allo schema di conto economico visto in precedenza le correzioni seguenti: a) sottrazione dell'importo degli 'oneri finanziari impliciti' dal valore del 'costo della produzione'; b) addizione degli individuati 'oneri finanziari impliciti' agli oneri della gestione finanziaria", P. PISONI-L. PUDDU, *Analisi di bilancio*, cit., pp. 15-16.

[20] La definizione dei confini delle diverse aree gestionali, in particolare la distinzione tra quella caratteristica e quella patrimoniale, deve essere operata in considerazione della tipicità e delle peculiarità della gestione svolta dall'azienda.

[21] Per tutti, si consideri quanto afferma Caramiello: "L'**area finanziaria**, invece, comprende i valori (costi e ricavi) relativi al finanziamento della produzione. I suoi componenti sono rappresentati, dalla parte dei costi, dagli **oneri finanziari** relativi ai finanziamenti ottenuti e, dalla parte dei ricavi, dai **proventi finanziari** relativi all'impiego delle disponibilità liquide (generalmente nei depositi bancari o, secondariamente, in altri investimenti temporanei di "liquidità"). Dalla somma algebrica delle due suddette serie di valori contrapposti scaturisce il **saldo dell'area finanziaria** ...", C. CARAMIELLO, *Indici di bilancio. Strumenti per l'analisi della gestione aziendale*, cit., p. 131.

[22] In tal senso, Paganelli afferma: "Il contributo degli investimenti accessori ('gestioni

Le esigenze conoscitive perseguite conducono ad una riclassificazione dei valori di conto economico per aree gestionali, da cui derivano tre principali schemi di riferimento, qui di seguito esposti.

3.2. *Lo schema a "costo del prodotto venduto"*

Tale schema di riclassificazione[23] si basa sulla riesposizione dei valori ricompresi nell'ambito della gestione caratteristica, secondo un criterio *funzionale*.

Dopo aver enucleato dal conto economico i costi e i ricavi tipici, si procede ad operare un prima distinzione all'interno della catena del valore tra attività primarie e le altre funzioni accessorie, al fine di poter attribuire distintamente a ciascuna di esse i propri componenti negativi di reddito.

Vengono così ricondotti all'interno della macro-classe costituita dal costo del prodotto venduto (CPV) tutte le attività primarie, ossia tutti i costi sostenuti per l'acquisizione dei fattori della produzione, mentre i restanti costi sostenuti per le attività di supporto alla produzione vengono ricondotti in categorie di dettaglio relative alle specifiche funzioni.
Come è agevole osservare nella Figura 2 di seguito esposta, la determinazione del costo del prodotto venduto prevede una ulteriore classificazione di dettaglio dei costi operata sulla base della "natura" dei fattori.

---

accessorie') è rappresentato dai proventi derivanti dagli impieghi in immobili civili, in partecipazioni e titoli, in prestiti vari concessi a terzi e così via (fitti, dividendi, interessi, ecc.) al netto degli oneri specifici ad essi relativi"; mentre, nel definire la gestione finanziaria e ricomprendere in essa i soli oneri finanziari, afferma: "Gli *oneri finanziari* esprimono il costo dei finanziamenti a titolo di credito. Come giustamente è stato osservato, questi oneri non vengono inclusi nel calcolo del risultato operativo globale per il fatto che essi non hanno diretta attinenza con l'attività produttiva in senso stretto, bensì con il finanziamento di tale attività"; O. PAGANELLI, *Analisi di bilancio. Indici e flussi*, cit., p. 27.

[23] La sua applicazione risulta particolarmente efficace per le analisi delle aziende manifatturiere e mercantili.

Figura 2 – **Conto economico riclassificato secondo lo schema a "costo del venduto"**

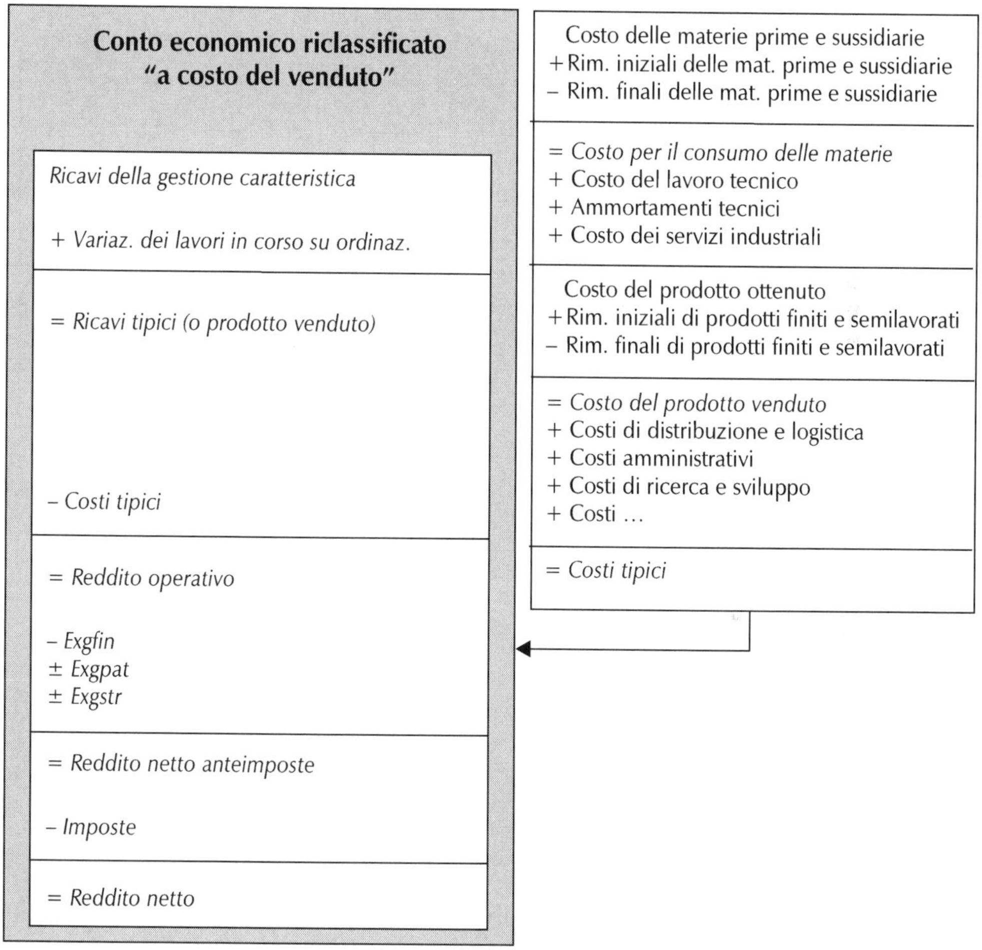

3.3. *Lo schema a "margine lordo di contribuzione"*

Tale schema, alternativo a quello del "costo del venduto", si basa sulla classificazione dei costi nelle due macrocategorie dei costi fissi e dei costi variabili, evidenziando risultati reddituali intermedi prima della determinazione del reddito operativo (Figura 3).

Figura 3 – **Conto economico riclassificato secondo lo schema a "margine lordo di contribuzione"**

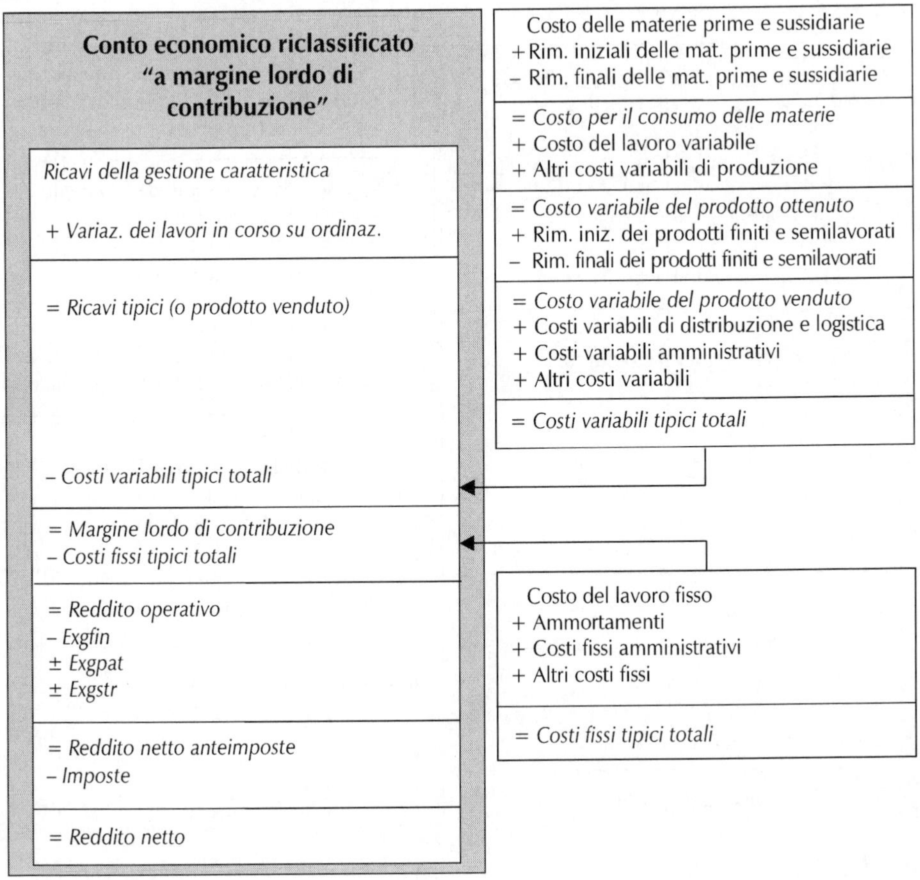

Tale procedimento ispirato ad una logica "marginalistica" è utile a far emergere con chiarezza l'effetto provocato dalle variazioni dei volumi sul flusso reddituale e, attraverso l'analisi del punto di equilibrio, è possibile pervenire all'individuazione dei volumi minimi di produzione necessari per evitare risultati reddituali negativi.

Tuttavia è da evidenziare che la logica marginalistica, basata sulle risultanze del conto economico a "margine lordo di contribuzione", presuppone una invariabilità delle condizioni operative interne d'azienda; ne consegue che le assunzioni di decisioni aziendali possono risultare valide solo se riferite ad un breve periodo poiché, se si considera un orizzonte temporale di lungo periodo in cui si apportano delle sostanziali modifiche alla combinazione produttiva, viene ad annullarsi la distinzione netta tra costi fissi e costi variabili.

3.4. *Lo schema a "valore della produzione e valore aggiunto"*

Tale schema di riclassificazione del conto economico è finalizzato ad evidenziare il valore creato dall'azienda, ossia il maggior valore che viene riconosciuto dai mercati di sbocco rispetto al valore dei fattori acquisiti, per ciò detto "valore aggiunto", ed a stabilire la destinazione che l'azienda intende dare a tale "valore" (Figura 4).

Figura 4 – **Conto economico riclassificato secondo lo schema a "valore della produzione e valore aggiunto"**

Conto economico riclassificato "a valore della produzione e valore aggiunto"
Ricavi della gestione caratteristica + *Variaz. dei lavori in corso su ordinaz.*
= *Ricavi tipici (o prodotto venduto)* – *Costi tipici esterni*
= *Valore aggiunto* – *Costo del lavoro*
= *Margine operativo lordo* – *Ammortamenti e svalutazioni* – *Accantonamenti*
= *Reddito operativo* – *Exgfin* ± *Exgpat* ± *Exgstr*
= *Reddito netto anteimposte* – *Imposte*
= *Reddito netto*

Costo delle materie prime e sussidiarie + Costi per materiale di consumo + Rim. iniz. di mat. prime, mat. suss., mat. di cons. – Rim. fin. di mat. prime, mat. suss., mat. di cons. + Costi per servizi esterni + Canoni di leasing e fitti passivi + Altri costi esterni
= *Costi tipici esterni*

La classificazione dei costi proposta nello schema consente di evidenziare il processo di creazione di valore e la destinazione che l'azienda intende dare a tale valore. Tale classificazione dei costi evidenzia l'origine dei fattori[24] e permette la determinazione del "valore aggiunto" rappresentato dal maggior valore riconosciuto dai mercati di sbocco dei prodotti rispetto al valore che l'azienda riconosce ai prodotti acquisiti.

4. *Le analisi di bilancio per aree aziendali*

4.1. *L'analisi dell'area finanziaria: i margini e gli indici di struttura*

La riclassificazione dello stato patrimoniale consente di pervenire ad una prima rappresentazione di sintesi circa la composizione degli impieghi e quella delle fonti di finanziamento, mettendo a confronto grandezze interne delle singole categorie che siano in grado di rappresentare efficacemente il grado di rigidità/elasticità.

La composizione degli impieghi esprime il complessivo *capitale investito* risultante all'istante cui è riferita l'analisi. La prima informazione che ne emerge è quella ottenibile rapportando, alternativamente, il capitale circolante lordo e l'attivo immobilizzato al complessivo capitale investito.

Si perviene ai seguenti indici:

– *Ccl/Ci*, esprimente l'incidenza dell'attivo corrente sul totale degli impieghi;

– *Ai/Ci*, esprimente l'incidenza dell'attivo immobilizzato sul totale degli impieghi.

L'informazione sul grado di elasticità/rigidità degli impieghi può essere arricchita attraverso analisi di dettaglio delle singole categorie che compongono il totale capitale investito, nelle sue componenti rappresentati dal capitale circolante lordo e dall'attivo immobilizzato.

I due gruppi di indici così composti risultano essere i seguenti:

1° gruppo

– *Li/Ccl*, esprimente l'incidenza delle liquidità immediate sul totale attivo corrente;

– *Ld/Ccl*, esprimente l'incidenza delle liquidità differite sul totale attivo corrente;

– *D/Ccl*, esprimente l'incidenza delle disponibilità sul totale attivo corrente.

2° gruppo

– *It/Ai*, esprimente l'incidenza delle immobilizzazioni tecniche sul totale dell'attivo immobilizzato;

---

[24] Vengono distinti i fattori produttivi interni (manodopera, beni strumentali e capitale) dai fattori produttivi esterni (materie e servizi).

– *If/Ai*, esprimente l'incidenza delle immobilizzazioni finanziarie sul totale dell'attivo immobilizzato;
– *Ie/Ai*, esprimente l'incidenza delle immobilizzazioni economiche sul totale dell'attivo immobilizzato.

Procedendo in modo analogo, per quanto attiene le fonti di finanziamento, e considerando che il loro valore complessivo esprime il capitale acquisito dall'azienda all'istante di riferimento dell'analisi, è possibile pervenire ai seguenti indicatori:

– *Db/Ca*, esprimente l'incidenza dei debiti a breve sul capitale acquisito;
– *Dc/Ca*, esprimente l'incidenza dei debiti consolidati sul capitale acquisito;
– *Cn/Ca*, esprimente l'incidenza del capitale netto sul capitale acquisito;
– *Fc/Ca*, esprimente l'incidenza delle fonti di finanziamento consolidate sul capitale acquisito.

Al pari di quanto visto per gli indici di composizione degli impieghi, gli indici di composizione delle fonti esprimono il grado di rigidità/elasticità del capitale acquisito.
La loro congiunta considerazione consente di ottenere utili indicazioni sul grado di correlazione espresso in termini di elasticità/rigidità del capitale investito e del capitale acquisito.

Dal confronto tra singole classi di fonti con singole classi di impieghi, si perviene alla determinazione di valori segnaletici "assoluti", detti *margini finanziario-patrimoniali*.

Un primo margine da analizzare, di elevato valore segnaletico, lo si ottiene dal confronto tra attivo realizzabile (capitale circolante lordo) e debiti a breve scadenza:

Capitale circolante lordo – debiti a breve = capitale circolante netto (Ccn), esprimente la capacità dell'impresa di far fronte ai propri immediati impegni.
Esso può essere ulteriormente dettagliato ricorrendo ai c.d. *margini di tesoreria* come nel modo seguente:

(liquidità immediate + liquidità differite) – debiti a breve = margine di tesoreria secondario, esprimente la capacità dell'azienda di far fronte agli impegni a breve, facendo ricorso alle sole liquidità totali.

Da ultimo, un margine che generalmente assume uno scarso rilievo è rappresentato da:

(liquidità immediate – debiti a breve) = margine di tesoreria primario, esprimente la capacità di fronteggiare le scadenze di breve periodo attingendo dai soli impieghi già liquidi.

Un margine del tutto speculare al capitale circolante netto è ottenibile nel modo seguente:

(capitale netto + debiti consolidati) – attivo immobilizzato = fondo di rotazione, esprimente la capacità dell'azienda di offrire una copertura al fabbisogno finanziario durevole facendo appropriatamente ricorso a fonti di finanziamento consolidate. Il valore del fondo di rotazione coinciderà sempre con quello del capitale circolante netto.

Infine, ulteriori margini significativi per rappresentare la struttura finanziaria sono ottenibili nel modo seguente:

capitale netto – attivo immobilizzato = margine di struttura, esprimente la capacità di copertura del fabbisogno finanziario durevole con il ricorso al solo capitale di rischio.

La rappresentazione grafica dei margini finanziari, così come descritti, conduce al seguente schema (Figura 5):

Figura 5 – **Struttura finanziaria con margini**

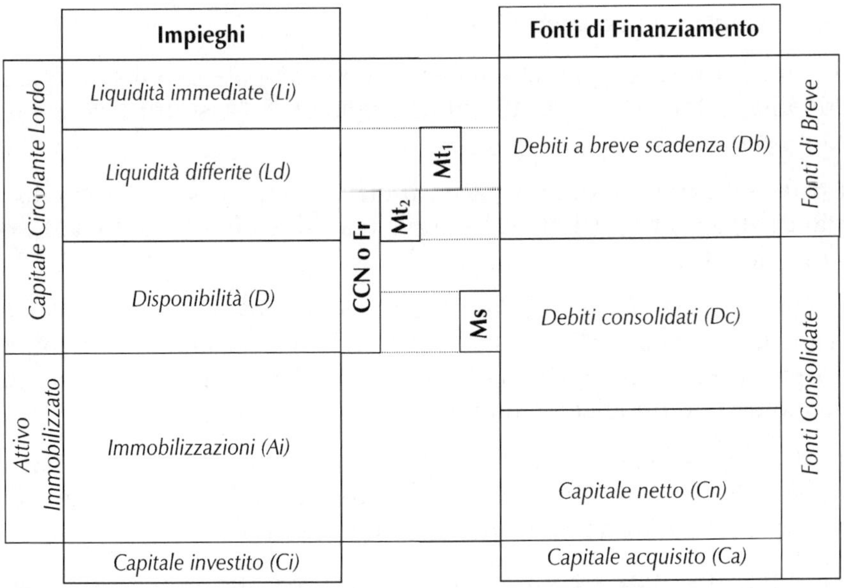

I margini finanziari risentono del limite rappresentato dall'essere espressi in valore assoluto e, conseguentemente, dall'assumere piena significatività solo se congiuntamente esaminati con i valori globali degli impieghi [25].

Il superamento dei limiti informativi dei margini finanziari avviene attraverso la "ponderazione" dei valori assoluti e la conseguente riformulazione dei margini in termini di rapporti, o quozienti, che possono così essere convenientemente elaborati:

– *Ccl/Db = rapporto corrente* (o *current ratio*), che esprime più efficacemente rispetto al capitale circolante netto il rapporto venutosi a determinare tra l'attivo corrente ed il passivo a breve scadenza;

– *(Li + Ld)/Db = prova acida* (o *acid test*), che esprime più efficacemente rispetto al margine di tesoreria secondario la capacità di fronteggiare le scadenze del passivo corrente facendo ricorso alle sole liquidità totali senza dover smobilizzare le disponibilità;

– *Li/Db = indice di liquidità immediata* (o *quick ratio*), che esprime più efficacemente, rispetto al margine di tesoreria primario, la possibilità di fronteggiare le scadenze di breve periodo con le sole liquidità immediate;

– *(Cn + Dc)/Ai = grado di copertura dell'attivo immobilizzato* con fonti di finanziamento durevoli, che esprime più efficacemente rispetto al fondo di rotazione la correlazione fra fabbisogno durevole e fonti consolidate;

– *Ci/Cn = rapporto di indebitamento*, che non trova un analogo corrispondente margine, e che esprime con immediatezza il rapporto che viene a crearsi tra il capitale di rischio e il totale capitale investito, ovvero acquisito; esso esprime indirettamente, ma efficacemente, la relazione che viene a crearsi tra indebitamento e capitale di rischio e fornisce una prima indicazione di rischio finanziario;

– *Cn/Ci = grado di autonomia aziendale*, che esprime il grado di dipendenza dall'indebitamento nella copertura del fabbisogno finanziario.

Viene proposta una rappresentazione sintetica e complessiva degli indici di composizione degli impieghi, degli indici di composizione delle fonti e degli indici di struttura finanziaria, nella Figura 6 che segue:

---

[25] Ad esempio, un capitale circolante netto positivo di 100.000 € assume un diverso significato se riferito ad un capitale circolante lordo di 101.000 €, derivandone un indebitamento a breve di soli 1.000 € e, quindi, una situazione squilibrata per un eccessivo ricorso alle fonti di finanziamento consolidate, piuttosto che ad un capitale circolante lordo di 600.000 €, derivandone un indebitamento a breve di 500.000 € e, conseguentemente, un congruo margine di attivo corrente per fronteggiare le scadenze di breve periodo.

Figura 6 – **Schema globale degli indici di composizione degli impieghi, delle fonti di finanziamento e di struttura finanziaria**

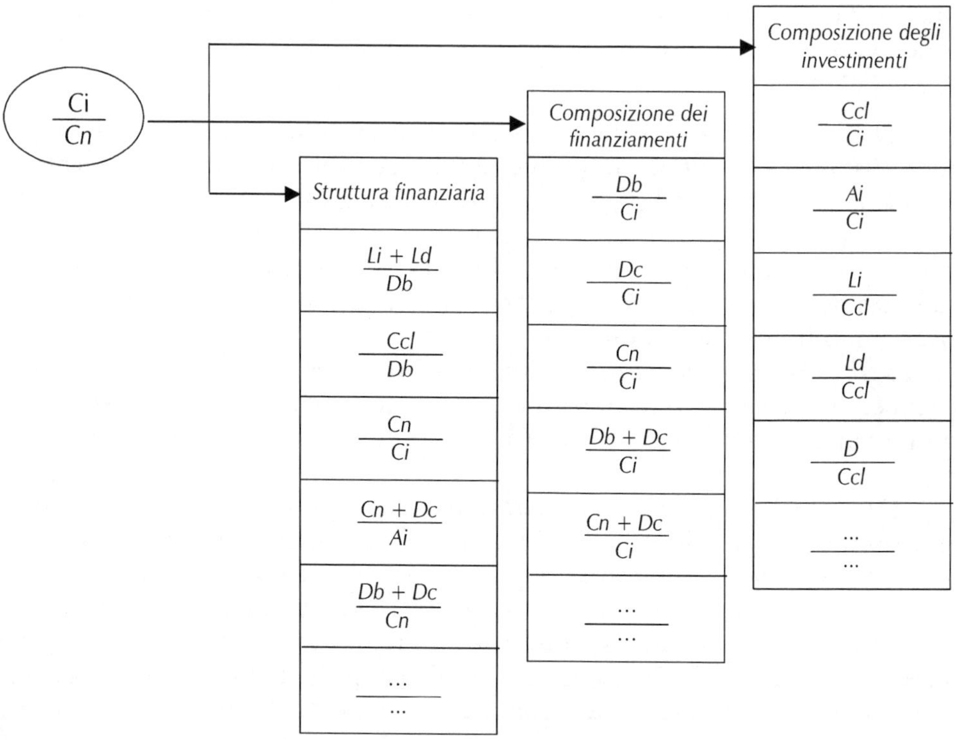

4.2. *L'analisi dell'area finanziaria (segue): la gestione di tesoreria*

Una parte fondamentale dell'equilibrio finanziario è rappresentata dalla gestione di tesoreria[26], ossia dalla capacità di alimentare con continuità il flusso dei pagamenti evitando ingiustificate giacenze di denaro.

[26] Per un esaustivo inquadramento delle problematiche connesse alla gestione di tesoreria si rinvia, fra le altre opere, a: F. ALOI, *Il capitale circolante: un approccio strategico*, in *Amm. & Fin.*, 7, 1990; E. BERLAI-M. DE PADOVA-D. GRAZIOLI, *La tesoreria nelle imprese industriali*, Etas Libri, Milano, 1993; M. BINI, *La funzione di tesoreria nelle imprese industriali e bancarie – Principi e strumenti*, Giuffrè, Milano, 1984; G. BRUGGER (a cura di), *La gestione del capitale circolante*, Egea, Milano, 1992; F. REALI, *Il controllo di gestione della funzione tesoreria nell'impresa industriale*, Cedam, Padova, 1995; G. TROINA, *Auditing alla gestione di tesoreria nelle grandi imprese e nei gruppi*, Giappichelli, Torino, 1991; C. VERGARA, *Le determinazioni del capitale circolante*, Giuffrè, Milano, 1984.

Infatti, qualora le entrate di denaro mostrassero una eccedenza patologica sulle uscite si formerebbe una eccessiva giacenza monetaria; ciò sarebbe la chiara dimostrazione del ricorso a scorrette fonti di finanziamento anelastiche e difficilmente comprimibili, ovvero l'incapacità di effettuare investimenti incrementali. Al contrario, se le uscite di denaro mostrassero una eccedenza patologica sulle entrate, verrebbe a manifestarsi una rapida erosione delle scorte monetarie iniziali che, unitamente alla eventuale impossibilità di acquisire ulteriori finanziamenti, comporterebbe una grave situazione di illiquidità che potrebbe compromettere il normale svolgimento della gestione.

L'esame della gestione di tesoreria, per la sua evidente natura dinamica, non può essere condotto su valori riferiti ad uno o più determinati istanti, ma vanno considerati nei flussi di cassa (*cash flow*) generabili dall'attività operativa e da quella extragestionale.

Ne discendono i seguenti quattro aggregati:

– *inflow operativo*, originato dai movimenti della gestione caratteristica;
– *inflow extragestione*, provocato dalle restanti operazioni, ossia dalla acquisizione di nuovi finanziamenti (di rischio e di prestito) e da disinvestimenti delle immobilizzazioni;
– *outflow operativo*, speculare al relativo *inflow*, originato dalla gestione caratteristica;
– *outflow extragestione*, anch'esso speculare al relativo *inflow* e, quindi, provocato dal rimborso dei finanziamenti (di rischio e di prestito) e dagli investimenti nelle immobilizzazioni.

La composizione dei diversi flussi tende ad evidenziare una situazione di:

– *equilibrio nella gestione di tesoreria* quando l'*inflow* operativo è in grado di alimentare sia l'*outflow* operativo che quello extragestione; il verificarsi di questa situazione denota la capacità della gestione tipica di rigenerare ed autogenerare le risorse finanziarie originariamente investite, alimentando quindi nuovi cicli di investimenti, e rendendo disponibili mezzi finanziari per rimborsare finanziamenti precedentemente acquisiti [27], come può evincersi dalla Figura 7 di seguito esposta:

[27] Questa situazione si verifica frequentemente, ad esempio, nella fase di normale funzionamento dell'azienda in assenza di nuovi investimenti, ossia nella fase di completamento dei progetti nell'impresa edile che, vendendo i fabbricati, rigenera gli investimenti effettuati in precedenza.

Figura 7 – **1° schema di composizione dei flussi monetari**

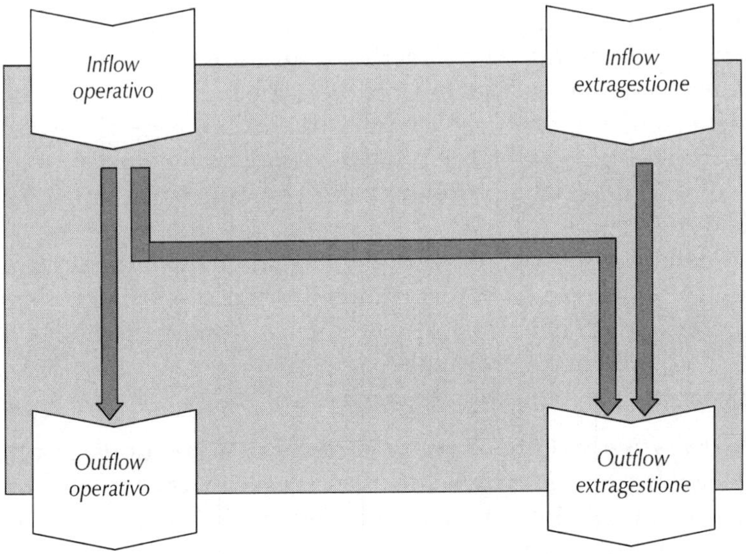

– *disequilibrio nella gestione di tesoreria* quando l'*inflow* extragestione alimenta, non solo l'*inflow* extragestione, ma anche l'*outflow* operativo, a dimostrazione della incapacità della gestione caratteristica anche solo a rigenerare le risorse originariamente investite; è questa la situazione in cui l'impresa ricorre con continuità all'acquisizione di nuove risorse finanziarie (capitale proprio, debiti di finanziamento), ovvero generate dallo smobilizzo di investimenti pregressi[28] necessitando con continuità dell'apporto di nuovi mezzi finanziari, sia sotto forma di debiti che sotto forma di capitale di rischio, come può evincersi dalla Figura 8 di seguito esposta:

[28] Questa situazione è fisiologica quando, ad esempio, si verifica nella fase di avvio di nuovi investimenti quale quella in cui si realizza un nuovo stabilimento nell'impresa manifatturiera, ossia si aprono nuovi cantieri nell'impresa edile. Diviene patologica negli altri casi.

Figura 8 – **2° schema di composizione dei flussi monetari**

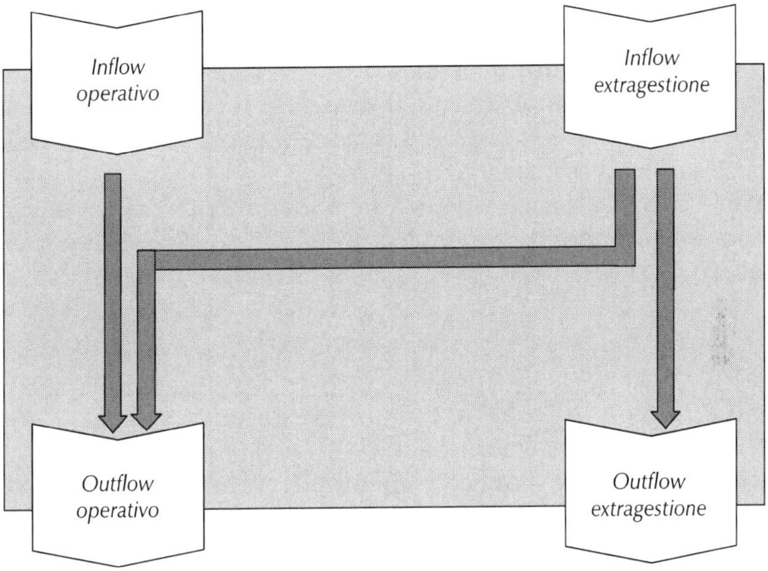

4.3. *L'analisi dell'area economica: gli indici di economicità*

La riclassificazione del conto economico ha permesso l'enucleazione delle operazioni gestionali da ricondurre all'interno della gestione caratteristica. È possibile, in tal modo, dal confronto tra i ricavi tipici (*Rt*) ed i costi tipici (*Ct*), ottenere un primo indicatore di massima, il reddito operativo (*Ro*), il cui limite è rappresentato dalla sua espressione in valore assoluto [29]. Si ricorre, quindi, alla ponderazione del reddito operativo con un'altra grandezza che possa consentirne una espressione in termini relativi. In tal senso la grandezza che più di ogni altra può ponderare il reddito generato dalla gestione caratteristica, è certamente rappresentata dal valore degli investimenti effettuati per il suo svolgimento, ossia il capitale investito (*Ci*) nella gestione caratteristica.

Procedendo in tal modo si perviene alla determinazione di un indice di *redditività operativa (Return On Investment – ROI)*, rappresentabile nel modo seguente:

---

[29] Il limite espressivo del valore assoluto del reddito operativo è analogo a quello dei margini finanziari.

$$\text{ROI} = \frac{Ro}{Ci}$$

L'indice ROI assume maggiore significatività rispetto al reddito operativo; esso esprime, in termini percentuali, il grado di redditività degli investimenti nella gestione caratteristica [30].

Tra i fattori che incidono su tale indice vanno ricercate l'attitudine degli investimenti a rigenerare le risorse assorbite attraverso i realizzi e l'idoneità a produrre risorse autogenerate.

Nel primo caso, assume rilevanza la velocità di circolazione degli investimenti rappresentata dal seguente rapporto (dove Rt = ricavi tipici e Ci = investimenti):

$$V = \frac{Rt}{Ci},$$

esprimente il numero di volte in cui gli investimenti ritornano in forma liquida attraverso i ricavi caratteristici.

Nel secondo caso, la capacità di autogenerare le risorse può essere espressa rapportando il reddito operativo (*Ro*) ai ricavi tipici (*Rt*) dando origine alla redditività delle vendite (ROS):

$$\text{ROS} = \frac{Ro}{Rt}$$

Il prodotto dei due sudescritti indici dà come risultato il ROI; infatti:

$$V \times \text{ROS} = \frac{Rt}{Ci} \times \frac{Ro}{Rt} = \frac{Ro}{Ci} = \text{ROI}$$

Il rapporto tra singole categorie di costi tipici ed il totale dei ricavi tipici potrà evidenziare dettagliatamente le modalità con cui si rigenerano ed autogenerano le risorse, come appare evidente nello schema riportato in Figura 9 e costruito sulla base del conto economico riclassificato "a costo del venduto".

---

[30] Per un'analisi delle diverse possibili configurazioni del ROI si veda: I. FACCHINETTI, *Le analisi di bilancio. Logica e metodologia delle analisi per margini, indici e flussi per la conoscenza della realtà aziendale*, IV ed., Il Sole 24 Ore, Milano, 2004, pp. 198-199.

Figura 9 – **Schema globale degli indici di economicità**

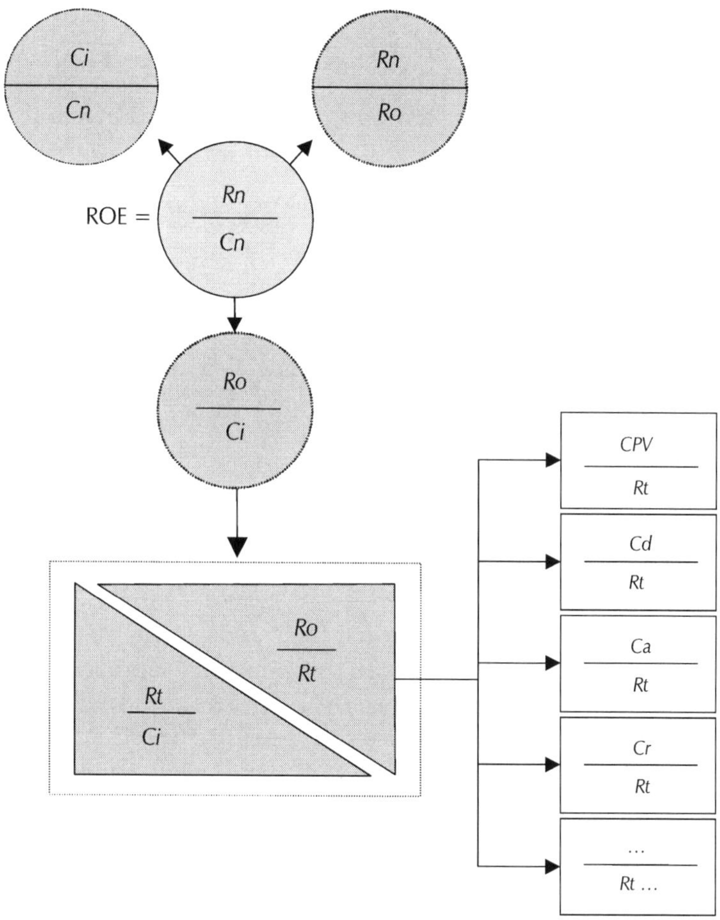

Appare evidente come i rapporti espressivi dell'economicità aziendale assumano valori collegati alle quantità dei fattori produttivi impiegati e alle quantità di prodotti finiti ottenuti, di cui i costi ed i ricavi rappresentano l'espressione "a valore". I rapporti espressi in quantità tra *input* utilizzati e *output* ottenuti, vengono a dipendere dal *grado di efficienza tecnica* che caratterizza lo svolgimento del processo produttivo [31].

[31] Ad esempio, la riduzione degli scarti di lavorazione, l'ottimizzazione dei tempi di produzione ed altri miglioramenti del processo produttivo consentiranno l'ottenimento di un adeguato livello di rendimento dei fattori produttivi che provocherà benefici sull'economicità aziendale.

Appare altresì evidente come, indipendentemente dal livello di efficienza tecnica raggiunto, la valorizzazione dei fattori produttivi attraverso i prezzi di acquisto, i c.d. *prezzi-costo*, e dei prodotti finiti ottenuti attraverso i prezzi di vendita, i c.d. *prezzi-ricavo*, influisce in modo determinante sulla configurazione degli indici di economicità.

In altri termini, anche indipendentemente dal livello di efficienza tecnica raggiunto, i livelli di economicità sono la risultante dei rapporti che vengono a instaurarsi tra le ragioni di scambio [32].

Il collegamento tra l'efficienza tecnica e le ragioni di scambio da cui deriva l'economicità aziendale appare evidente laddove si consideri che il prodotto dei rapporti che li esprimono conduce alla formazione degli indici di economicità; infatti:

$$\frac{\text{Q.tà di } \textit{input}}{\text{Q.tà di } \textit{output}} \times \frac{\text{Prezzi di acquisto}}{\text{Prezzi di vendita}} = \frac{\text{Costi tipici}}{\text{Ricavi tipici}}$$

Condizioni di economicità aziendale in grado di permanere nel lungo periodo sono solo quelle derivanti dall'azione positiva congiunta di entrambe le categorie di fattori. Viene a delinearsi, in questo caso, una economicità di natura strutturale che evidenzia una situazione in cui si creano le premesse per far si che le condizioni favorevoli possano essere ragionevolmente mantenute e rafforzate.

Infatti, l'economicità risultante prevalentemente da elevati livelli di efficienza tecnica deriva dall'azione di variabili interne su cui l'azienda può esercitare azioni tese al loro mantenimento e al loro miglioramento; inoltre, essa generalmente deriva da fattori non episodici o momentanei, ma, al contrario, strutturali e di lenta e progressiva acquisizione.

Analogamente, risulta difficile difendere l'economicità derivante da ragioni di scambio premianti poiché il livello dei prezzi è influenzato da variabili di origine esterna su cui l'azienda, generalmente, non può esercitare una influenza apprezzabile; inoltre, l'elevato livello dei prezzi di vendita e la diffusione della tecnologia di produzione indurrebbero molti competitori ad entrare nel mercato, innescando una forte concorrenza sul prezzo che inevitabilmente tenderebbe a ridursi.

4.4. *L'analisi dell'area economica (segue): la leva economica*

Nel considerare le determinanti che influiscono sulla formazione della

---

[32] Alcuni Autori definiscono l'azione esercitata dalle ragioni di scambio in termini di *efficienza esterna*, contrapposta all'*efficienza interna*, intesa quest'ultima quale efficienza tecnica del processo produttivo.

economicità, si propone normalmente uno schema di analisi (del *punto di equilibrio*) che prende avvio dalla distinzione tra costi fissi e costi variabili.

Ne consegue una rappresentazione *lineare*, basata sull'ipotesi di una chiara definizione dei costi fissi e di quelli variabili e di un flusso di ricavi totali che assumono lo stesso valore dei costi totali (Figura 10).

Figura 10 – **Analisi lineare del punto di equilibrio**

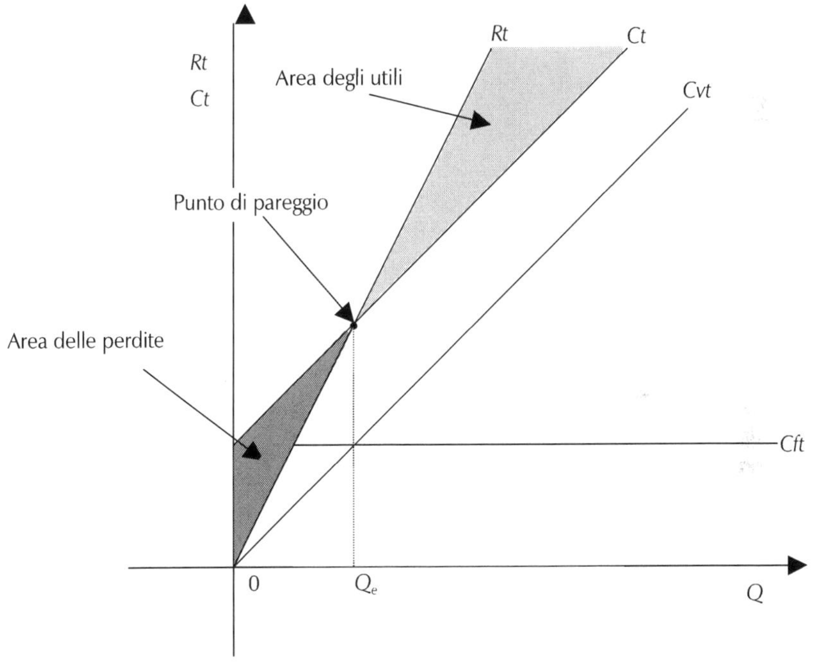

Ma considerando la multiforme variabilità dei costi e, inoltre, che il processo tecnico-produttivo presenta rendimenti invariati all'aumentare dei volumi prodotti, si perviene ad uno schema *non lineare* del punto di equilibrio (Figura 11).

Figura 11 – **Analisi non lineare del punto di equilibrio**

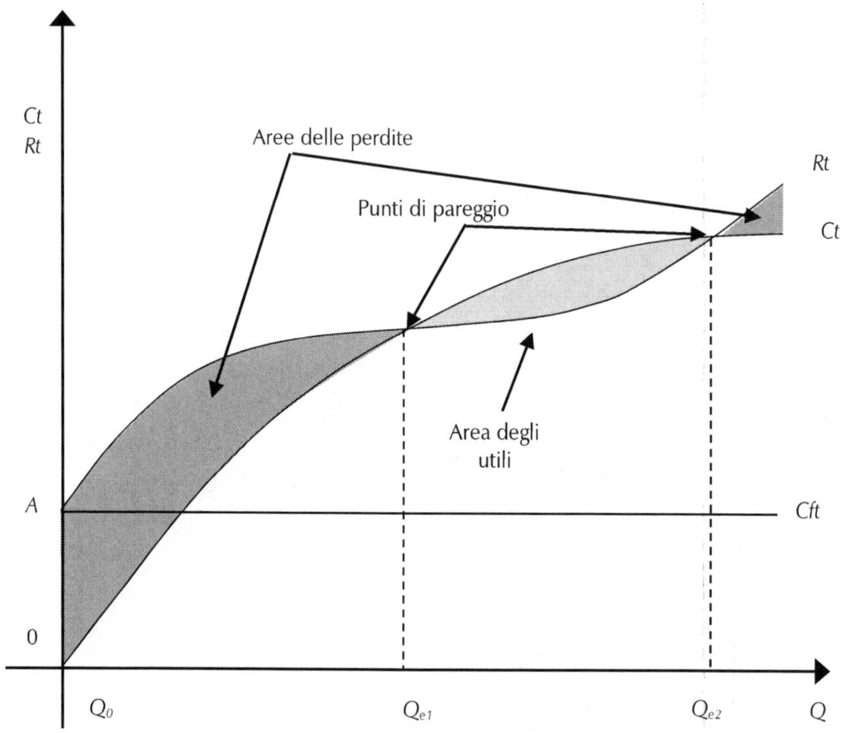

Tale analisi è finalizzata ad individuare i volumi produttivi necessari per dare copertura a tutti i costi e a raggiungere determinati livelli di reddito; risulta, inoltre, particolarmente utile per definire l'effetto di *leva economica*, esprimente il grado di variabilità del reddito operativo in dipendenza della variazione della quantità di produzione, vale a dire l'elasticità del reddito operativo al variare dei livelli quantitativi di produzione.

L'effetto di leva economica si collega con l'analisi degli indici di economicità. Infatti, poiché la variazione dei volumi produttivi viene esaminata nell'ipotesi di invarianza della combinazione produttiva, l'incremento delle quantità prodotte si traduce in un più intenso utilizzo dei fattori che generano costi fissi e, conseguentemente, in una loro migliore copertura. A differenza dei costi variabili che incidono in misura fissa sui singoli prodotti ottenuti all'aumentare della produzione, i primi vedono ridurre la propria incidenza unitaria, come si può agevolmente osservare dalla Figura 12.

Figura 12 – **Incidenza unitaria dei costi fissi al variare delle quantità di produzione**

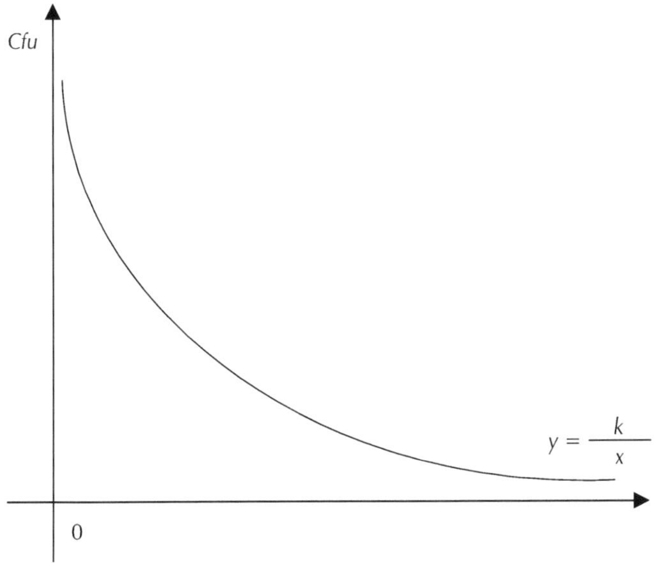

Pertanto, all'aumentare delle quantità prodotte, permanendo inalterato il valore dei costi fissi, ovvero la riduzione della loro incidenza unitaria, si produce un miglioramento degli indici di economicità che rapportano tali costi ai ricavi di vendita e, a parità di altre condizioni, un miglioramento della redditività delle vendite, ossia dell'economicità aziendale.

4.5. *Gli indicatori dell'area dell'efficienza tecnica*

La distinzione che viene effettuata all'interno della gestione caratteristica tra l'area dell'efficienza tecnica e quella dell'economicità è strumentale all'analisi condotta sugli aspetti economico-tecnici.

Si è già detto che possono verificarsi situazioni in cui ad elevati livelli di efficienza tecnica non corrispondono altrettanti elevati livelli di economicità, così come, viceversa, può accadere che ad uno scarso livello di efficienza tecnica può corrispondere un elevato livello di economicità. Nel breve periodo, il flusso reddituale mostrerà una attitudine a permanere nel tempo solo se trova la sua origine "strutturale" nella gestione caratteristica e deriva da un efficiente utilizzo dei fattori della produzione.

L'efficienza interna esprime la capacità di ottenere determinati volumi di produzione attraverso la minimizzazione dei fattori impiegati, ovvero la capacità di massimizzare il valore di produzione a parità di fattori impiegati.

Il livello di efficienza tecnica raggiunto non può essere valutato seguendo i tradizionali sistemi contabili; si ricorre pertanto a strumenti statistici di rilevazione grazie ai quali si perviene alla determinazione degli indicatori di efficienza tecnica, detti anche *indici di rendimento* [33]. Tali indicatori sono espressi in quantità e si riferiscono ad un determinato intervallo della vita aziendale che consente di effettuare dei raffronti, sia spazio/temporali, sia con obiettivi prefissati.

Dalla misurazione di tali indicatori di rendimento è possibile ottenere tutte le informazioni necessarie per razionalizzare l'impiego del singolo fattore produttivo. Tali informazioni sono utili per la programmazione delle produzioni in sede di pianificazione operativa e, seppure si riferiscono al singolo fattore produttivo, vanno analizzate ed interpretate secondo una prospettiva sistemica.

I tre principali indicatori di rendimento cui generalmente si fa riferimento, riguardano la manodopera diretta, le materie prime e le immobilizzazioni tecniche.

L'*indice di rendimento della manodopera diretta* è espresso dal seguente rapporto:

$$\text{Indici di rendimento manodopera} = \frac{\text{Quantità di prodotti ottenuti}}{\text{Ore di manodopera diretta impiegata}}$$

La misurazione di tali indicatori va eseguita individuandoli per processo, per centro, per gruppo di operai; inoltre, l'utilità dei dati presuppone, oltre che l'esattezza del calcolo, anche una loro corretta interpretazione [34].

Un altro indicatore molto utilizzato è l'*indice di rendimento delle materie prime* che viene espresso dal rapporto che segue:

$$\text{Indici di rendimento materie prime} = \frac{\text{Quantità prodotti ottenuti}}{\text{Quantità materie impiegate}}$$

Anche in questo caso, oltre all'esattezza del calcolo, occorre dare la giusta interpretazione ai risultati; si pensi al fatto che per ottenere un qualunque prodotto vengono impiegate diverse materie prime che, per essere espresse con la stessa unità di misura, devono essere rese omogenee. Si utilizzano, a tal fine, dei coefficienti di conversione che ne rendono possibile la misurazione.

---

[33] Si ricordano, ad esempio, le analisi dei tempi di lavoro, gli scarti di materie e di prodotti, i tempi di utilizzazione e quelli di inattività (con individuazione delle cause) dei singoli macchinari, ecc.

[34] Ad esempio, non sempre un miglioramento dell'indice è espressivo di un maggior rendimento della forza lavoro, come nel caso in cui un miglioramento del rapporto dipende dal miglioramento della qualità delle materie impiegate ed è assolutamente indipendente dal rendimento della manodopera.

Un altro *indice* è quello che esprime il *rendimento degli impianti* così determinato:

$$\text{Indici di rendimento impianti} = \frac{\text{Quantità prodotti ottenuti}}{\text{Ore macchinario lavorate}}$$

Anche nel calcolo di tale indice ci sono problemi analoghi a quelli evidenziati precedentemente poiché, soprattutto nel caso di processi produttivi complessi, si impiegano macchinari con caratteristiche tecniche e destinazioni differenti. Non potendo semplicemente sommare le ore lavorative dei diversi impianti si ricorre, anche in questo caso, ai coefficienti di conversione, oppure si fa riferimento a gruppi di impianti aventi caratteristiche tecniche e destinazione comuni.

Oltre agli indicatori di rendimento ottenuti considerando i singoli fattori produttivi, si utilizzano anche degli indicatori di natura statistica, in particolare nella misurazione dell'efficienza nell'ambito dell'area della produzione. Si pensi all'indice di impiego della manodopera, calcolato rapportando il numero di ore necessarie alla produzione e il numero di ore di manodopera effettivamente prestate dal personale tecnico nel periodo considerato; si pensi all'indice di impiego dei macchinari espresso dal rapporto tra il numero delle ore necessarie per la produzione e il numero delle ore disponibili. Un altro indicatore che viene utilizzato, oltre che per la misurazione del livello di efficienza tecnica, anche per effettuare dei confronti con altri competitori, è quello che esprime il *valore aggiunto per addetto*, risultante dal rapporto tra valore aggiunto e numero degli addetti. L'utilità segnaletica di quest'ultimo indicatore si amplifica notevolmente se l'analisi si sviluppa considerando un *trend* evolutivo.

In estrema sintesi, la misurazione dell'economicità si ottiene trasformando la misurazione fisica dei fattori acquisiti e dei prodotti ottenuti in misurazione economica delle utilità contenute nei fattori produttivi e nei prodotti finiti. L'analisi del processo produttivo secondo una prospettiva economica comporta il confronto tra gli aspetti tecnici e quelli economici. Si potrebbe affermare che le condizioni di equilibrio economico fondano le proprie radici nel raggiungimento di livelli ottimali di efficienza tecnica.

Si è visto come, anche nella determinazione degli indici di rendimento, per agevolare l'analisi si introducono dei forti elementi di astrazione nel momento in cui si considera il rendimento di ciascun fattore; tuttavia, nella realtà operativa esistono dei vincoli di complementarietà tra tutti i fattori utilizzati nel processo produttivo che impongono, necessariamente, una logica sistemica di interpretazione dei diversi indicatori.

Facendo riferimento a tale logica unitaria, di seguito, si propone (Figura 13) uno schema sintetico di indicatori di efficienza tecnica.

Figura 13 – **Schema degli indicatori di efficienza tecnica**

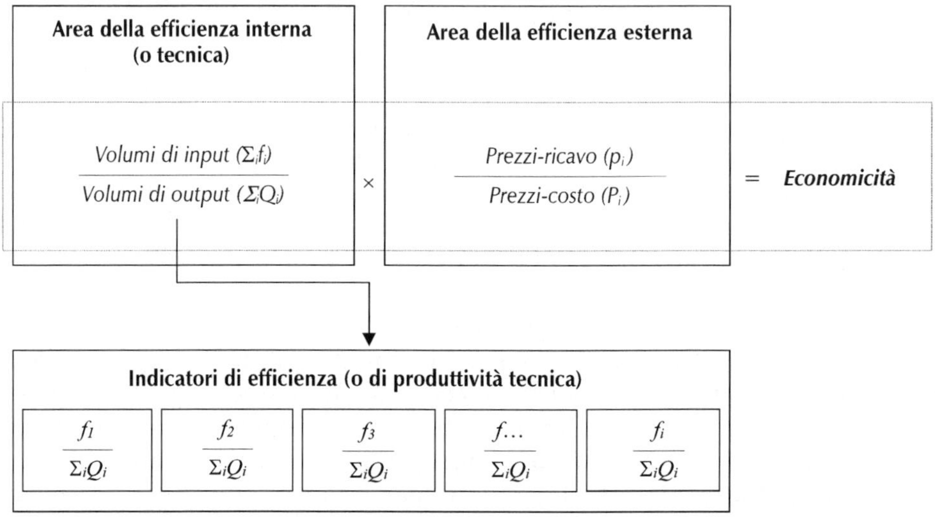

5. *La ricomposizione sistemica delle diverse aree gestionali: lo schema globale di redditività netta*

L'evidenziazione delle correlazioni tra le diverse aree gestionali – dell'efficienza tecnica, dell'economicità e della struttura finanziaria – consente di ricomporre tutti gli equilibri particolari in uno schema globale, espressivo dell'equilibrio generale, da cui emerge chiaramente la confluenza delle gestioni particolari nell'unitaria gestione aziendale.

Dalla ricomposizione dei risultati delle singole aree gestionali, se ne ricava un indice che esprime sinteticamente la globale attitudine dell'azienda a produrre reddito [35].

Tale indice lo si desume dal rapporto tra due grandezze: il *reddito netto* (*Rn*), ossia il flusso reddituale che promana dalla gestione caratteristica depurato del costo di struttura finanziaria ed integrato con i risultati delle gestioni accessorie; ed il *capitale netto* (*Cn*) che con il reddito netto viene remunerato.

L'indice viene comunemente denominato *Return On Equity* (*ROE*) ed

---

[35] Per un'analisi degli indici di redditività secondo una diversa prospettiva di analisi e con riferimento alla teoria finanziaria dell'impresa si vedano: R. SILVI, *Analisi di bilancio: la prospettiva manageriale*, McGraw-Hill Italia, Milano, 2006; E. CANTONI, *La capacità segnaletica degli indici di bilancio. Riscontri empirici in condizioni di disequilibrio gestionale*, Franco Angeli, Milano, 2007.

esprime, come già detto, il grado di redditività netta della gestione così come segue:

$$\text{ROE} = \frac{Rn}{Cn}$$

Il valore segnaletico dell'indice si amplia notevolmente quando l'analisi viene indirizzata a comprendere in che modo le singole aree gestionali concorrono a determinare la redditività netta, considerandone l'attitudine a permanere nel tempo, il carattere strutturale e non congiunturale e la capacità di ulteriore miglioramento.

In sintesi, dunque, i principali fattori che determinano la redditività netta aziendale sono da ricercarsi nella:

– redditività operativa, espressa dal ROI, laddove emerge chiaramente che la capacità di generare un flusso reddituale all'interno della gestione caratteristica è strettamente correlata con la capacità di generare un flusso reddituale netto;
– struttura finanziaria prescelta, esprimente un certo grado di onerosità che assorbe una parte di reddito operativo e che dipende dalle scelte operative riguardanti la ottimale combinazione di capitale di rischio e capitale di terzi;
– gestioni accessorie; (patrimoniale e straordinaria), i cui risultati si sommano algebricamente a quello della gestione caratteristica al netto degli oneri finanziari.

Mentre la redditività operativa viene espressa dal ROI, la struttura finanziaria può essere efficacemente rappresentata dalla relazione tra capitale acquisito con il vincolo del debito e capitale acquisito con il vincolo del rischio, ovvero, tra il rapporto tra capitale acquisito totale e una delle due precedenti categorie.

Secondo quest'ultima impostazione di analisi si perviene alla determinazione di un indice molto significativo: il *leverage*, rappresentato così come segue:

$$Leverage = \frac{Ci}{Cn}$$

È evidente che il capitale investito può essere sostituito, poiché coincidente, con il capitale acquisito nella creazione del rapporto che esprime l'incidenza del capitale proprio sul totale delle fonti di finanziamento e, indirettamente, anche l'incidenza dell'indebitamento.

Per concludere, l'incidenza delle gestioni accessorie può essere espressa in termini di rapporto tra il reddito netto e i risultati che derivano da tali gestioni, ovvero il risultato che deriva dalla gestione caratteristica; infatti, il reddito netto può essere disaggregato evidenziando le sue componenti elementari come segue:

$$Rn = Ro - exgfin \pm exgpat \pm exgstr$$

La scomposizione del reddito netto evidenzia, oltre che il suo rapporto diretto con il risultato della gestione operativa, un rapporto diretto con i risultati delle gestioni accessorie; di conseguenza, rapportando il reddito netto al risultato operativo, si ottiene un indicatore utile per determinare l'incidenza delle gestioni accessorie sulla formazione del reddito netto, così come segue:

$$\text{Tasso di incidenza degli oneri e proventi extragestione} = \frac{Rn}{Ro}$$

Dall'analisi sistemica dei tre indici (di redditività operativa, della struttura finanziaria e dell'incidenza delle gestioni accessorie) si evidenziano i fattori che influiscono sulla formazione del ROE come di seguito esposto:

$$\frac{Ro}{Ci} \times \frac{Ci}{Cn} \times \frac{Rn}{Ro} = \frac{Rn}{Cn} = \text{ROE}$$

I collegamenti evidenziati dal rapporto matematico esistente tra i diversi indicatori, possono essere ulteriormente analizzati riprendendo le diverse analisi di dettaglio di ognuno dei tre indicatori, pur seguendo una logica unitaria della gestione.

Ad iniziare dall'analisi del ROI, si è visto che i fattori che lo determinano sono riconducibili alla redditività delle vendite, espressa dal ROS, ed alla velocità di circolazione degli investimenti. L'analisi mostra chiaramente che il ROI deriva dagli indici di economicità che, a loro volta, derivano dall'area dell'efficienza tecnica; è chiaro, infatti, il loro collegamento diretto con il processo produttivo svolto, con la scelta della combinazione produttiva, con le scelte tecniche e tecnologiche, tutti elementi strettamente connessi con l'area dell'efficienza tecnica.

Analogamente, il *leverage* trova origine nella articolazione della struttura finanziaria, nelle scelte di composizione degli impieghi e delle fonti di finanziamento e, soprattutto, nelle correlazioni che tra loro si instaurano.

Infine, considerando la marginalità delle extragestioni in una situazione di fisiologia aziendale, si tralascia l'esame di dettaglio dell'indice che esprime il loro grado di incidenza.

La rappresentazione dell'azione congiunta dei tre indici, e delle aree che rappresentano, consente di pervenire alla definizione di uno schema sinottico di analisi della redditività netta, così come segue (Fig. 14):

Emerge chiaramente come tutte le aree gestionali, e gli indici che le rappresentano, siano legate da forti vincoli e correlazioni che possono essere sintetizzate nel modo seguente:

– l'area dell'efficienza è strettamente correlata con quella dell'economicità; si è evidenziato infatti come, in un'ottica di lungo periodo, il raggiungimento di un elevato livello di economicità non può prescindere dal mantenimento di un elevato livello di efficienza tecnica; il passaggio dall'area di efficienza

Figura 14 – **Schema globale di composizione degli indici**

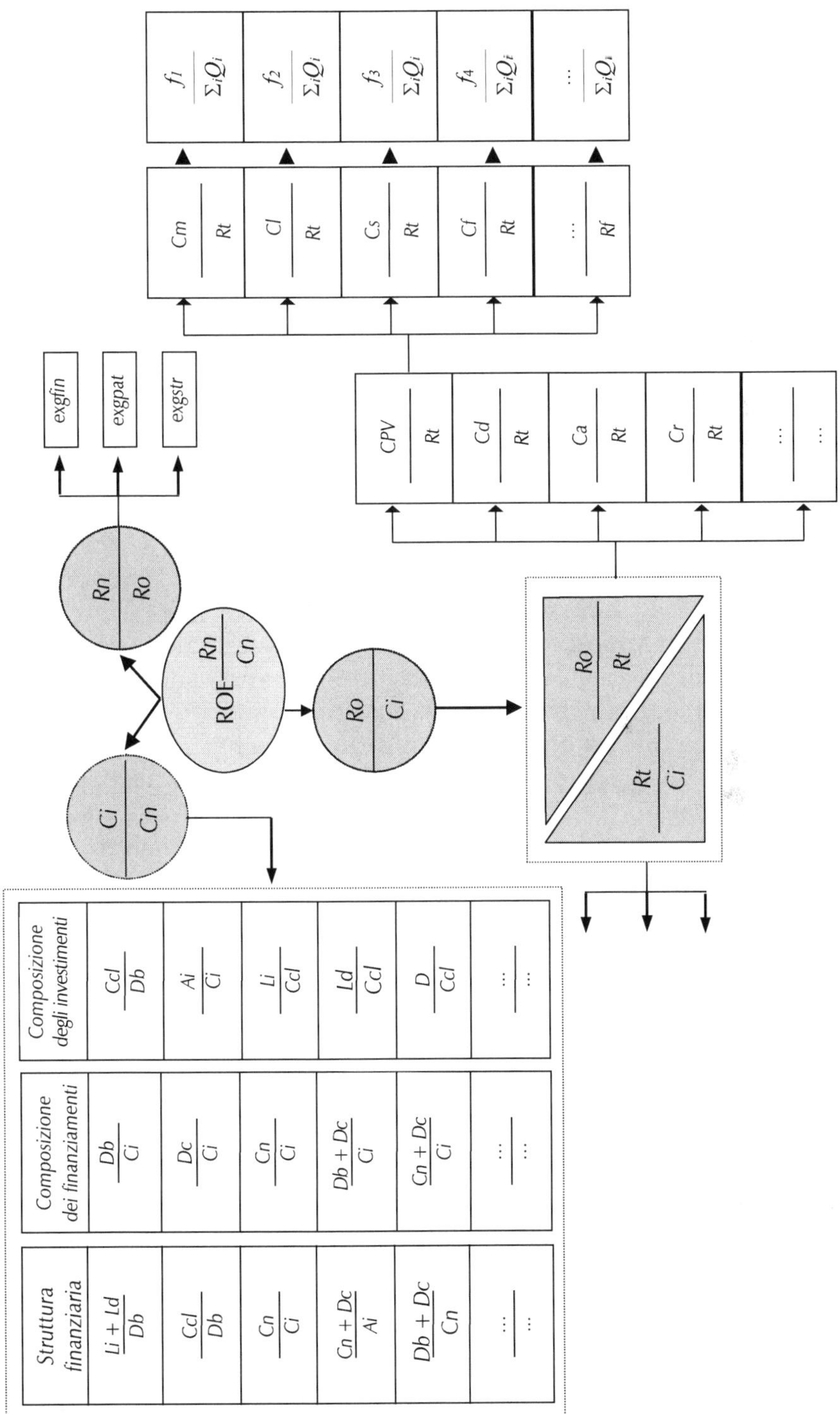

tecnica a quella di economicità è fortemente condizionato dalle ragioni di scambio dei mercati, ma nel lungo periodo si può consolidare il vantaggio competitivo acquisito solo grazie all'azione congiunta di elevati livelli di funzionalità del processo tecnico e di rendimento dei fattori produttivi;

– l'area dell'efficienza tecnica riguarda le scelte di processo che, chiaramente, condizionano il fabbisogno finanziario e, conseguentemente, l'acquisizione delle fonti di copertura;

– l'area dell'economicità, che fonda le proprie radici nel livello di efficienza tecnica, condiziona fortemente l'area della gestione finanziaria poiché il flusso di reddito operativo, che da essa promana, è caratterizzato da un vario grado di compatibilità con l'onerosità della struttura finanziaria;

– l'area dell'economicità, ancora, influenza notevolmente la formazione del flusso di endofinanziamento, attraverso il reiterarsi dei cicli investimento/realizzo, e, conseguentemente, condiziona l'entità e l'andamento del fabbisogno finanziario netto e la relativa copertura;

– l'area finanziaria, è strettamente correlata con quella dell'efficienza tecnica e dell'economicità poiché la disponibilità di risorse finanziarie ed il loro grado di onerosità influenza le scelte d'investimento e, di conseguenza, il processo tecnico-produttivo svolto;

– l'area delle extragestioni è correlata con l'area finanziaria, in termini di onerosità, ed all'area dell'economicità, che tale onerosità deve assorbire; in particolare, per quanto riguarda l'extragestione patrimoniale, essa riguarda la gestione della disponibilità temporanea di risorse finanziarie eccedenti il fabbisogno e, per questo, liberate dalla gestione caratteristica; riguardo l'extragestione straordinaria, essa produce una influenza al momento della formazione della redditività netta, non essendo, per sua natura, né programmabile, né controllabile.

6. *I limiti dell'analisi di bilancio per indici dovuti alla staticità e all'assenza di dinamicità*

Le analisi di bilancio per indici hanno da sempre costituito la fonte primaria dei dati relativi agli andamenti economico-finanziari. Tuttavia, tali indici presentano dei limiti segnaletici che dipendono in modo vincolante dai criteri di valutazione applicati per la redazione dei bilanci.

Gli indici di bilancio sono inoltre fortemente condizionati dalle riclassificazioni dei prospetti di bilancio adottate dagli analisti finanziari. In tale contesto non è universalmente riconosciuto uno schema predefinito di riclassificazione dello Stato Patrimoniale e del Conto Economico; anzi, tali schemi dipendono dalle peculiarità dell'azienda oggetto di analisi. Se si utilizzano due schemi differenti di una stessa azienda, il sistema degli indicatori di bilancio che da tali fonti raccoglie informazioni risulta fuorviante.

Per comprendere la situazione finanziaria, oltre a quella reddituale, non è sufficiente riclassificare ed analizzare i bilanci attraverso gli indici, ma è necessario disporre di altre informazioni che non sono desumibili dalle parti tabellari del bilancio.

Da ciò l'esigenza di attivare un sistema che, considerata la liquidità come risorsa finanziaria di riferimento, consenta di analizzare la provenienza e la destinazione dei flussi che ne hanno originato una variazione.

Per soddisfare tale informativa, è rilevante effettuare un'analisi dei flussi di cassa che, attraverso una comparazione quali-quantitativa delle entrate e delle uscite monetarie, indichi quali siano state le variazioni all'interno di un periodo amministrativo.

Tali flussi monetari sono, per definizione, dinamici e afferiscono ad un intero periodo. A seconda delle criticità del *business* si rende opportuno effettuare un'analisi dei flussi finanziari relativamente ad un periodo più breve di quello tipico annuale, al fine di monitorare costantemente la dinamica finanziaria.

Occorre, innanzitutto, verificare se le grandezze patrimoniali e finanziarie hanno subito una variazione all'interno dell'esercizio e, di seguito, se tali variazioni hanno avuto un impatto sulla liquidità.

Si consideri, ad esempio, un incremento della macro-voce "Immobilizzazioni materiali": tale variazione può essere causata dall'acquisto di un macchinario (o di un impianto o altro fattore materiale a fecondità ripetuta), ma può anche accadere che, contestualmente all'operazione di acquisto, si sia verificata la vendita di un altro asset tangibile. È indispensabile, pertanto, analizzare il mastrino contabile di ogni singola immobilizzazione materiale per comprendere la causa della variazione e verificare se sono avvenute variazioni di liquidità.

7. *L'analisi di bilancio per la stima dell'insolvenza: alcuni modelli*

L'analisi di bilancio in ottica previsionale è particolarmente utile ai fini della stima della situazione economico-finanziaria delle imprese in stato di insolvenza. Negli anni '60, la prassi professionale, unitamente ai contributi dottrinali in tema di crisi d'impresa, ha prodotto alcuni studi basati sull'elaborazione di modelli statistici, all'interno dei quali le analisi di bilancio, attraverso la predisposizione di adeguati indici, hanno perseguito l'obiettivo di stimare la probabilità di fallimento aziendale.

I primi modelli sono stati l'analisi di Beaver (1966), con la metodologia univariata di analisi di un singolo indicatore, e lo Z-score di Altman (1968), con la metodologia multivariata, attraverso l'aggregazione di più indici di bilancio. Pertanto, Beaver ha analizzato singolarmente i diversi indicatori su un campione di 79 aziende anomale, con l'obiettivo di far emergere le debolezze che potevano pregiudicare lo sviluppo futuro di una specifica attività. Egli riuscì a dimostrare che un'azienda è destinata a cessare la propria attività quando registra uno dei seguenti risultati:

- incapacità di estinguere i propri debiti di medio-lungo termine;
- presenza di scoperti sui conti bancari;
- incapacità di pagare i dividendi sulle azioni privilegiate.

Altman ha utilizzato, al contrario di Beaver, una metodologia multivariata, denominata Z-Score, che enfatizzava la rilevanza dell'aggregazione sistemica di alcuni dei principali indici utilizzati nelle analisi di bilancio, su un campione di 66 aziende manifatturiere statunitensi, la metà delle quali fallita durante il periodo 1946-1965. Tale metodologia ha rappresentato lo strumento maggiormente in grado di prevedere l'insolvenza aziendale.

Il modello considerava i 5 anni precedenti il fallimento, attraverso il calcolo di cinque indicatori economico-finanziari che furono introdotti nel modello fungendo da "diagnostici":

- X1 _ Liquidità (equilibrio finanziario);
- X2 _ Capacità di autofinanziamento (equilibrio patrimoniale);
- X3 _ Produttività (equilibrio operativo-reddituale);
- X4 _ Leverage (solvibilità);
- X5 _ Competitività (redditività delle vendite)

Il principale vantaggio dello Z-score è rappresentato dalla capacità di minimizzare il rischio di distorsione di analisi statistica che molto spesso avviene mettendo a confronto diverse imprese, in particolare quando queste presentano una notevole diversità dimensionale dal punto di vista dei ricavi o dell'attivo patrimoniale.

Negli anni successivi a Beaver ed Altman si sono alternati numerosi studiosi che hanno fornito altri modelli di previsione dell'insolvenza, tra cui: modello di Edmister (1972), modello di Moyer (1977), modello di Ohlson (1980), modello di Zmijewski (1984), modello di Holmen (1988), modello EM Score di Altman applicato ai paesi emergenti (2005), Altman, Danovi e Falini (2013) [36].

---

[36] R. EDMISTER, *An empirical test of financial ratio analysis for small business failure prediction*, in *Journal of Financial and Quantitative Analysis*, 7, 1972, pp. 1477-1493; R.C. MOYER, *Forecasting financial failure: A re-examination*, in *Financial Management*, 6, 1977, pp. 11-17; J.A. OHLSON, *Financial ratios and the probabilistic prediction of bankruptcy*, in *Journal of Accounting Research*, 18, 1980, pp. 109-131; M.E. ZMIJEWSKI, *Methodological issues related to the estimation of financial distress prediction models*, in *Journal of Accounting Research*, 22, 1984, pp. 59-82; J.S. HOLMEN, *Using financial ratios to predict*

Numerosi sono stati anche gli studiosi italiani che hanno trattato l'argomento della probabilità di insolvenza aziendale; data l'importanza del fenomeno, si ritiene di menzionarli in nota per poter effettuare utili approfondimenti su tali tematiche, in continua evoluzione [37].

---

bankruptcy: An evaluation of classic models using recent evidence, in *Akron Business and Economic Review*, 19, 1988, pp. 52-63; E.I. ALTMAN, *An emerging market credit scoring system for corporate bonds*, in *Emerging Market Review*, 6, 2005, pp. 311-323; E.I. ALTMAN-A. DANOVI-A. FALINI, *Z-Score Models'application to Italian companies subject to extraordinary administration*, paper SSRN, 2015.

[37] A. ALBERICI, *Analisi di bilanci e previsione delle insolvenze*, Isedi, Milano, 1975; E.I. ALTMAN *Financial ratios, discriminant analysis and the prediction of corporate bankruptcy*, in *The Journal of Finance*, 23(4), 1968, pp. 589-609, 1968; G. BERTOLI, *Crisi d'impresa, ristrutturazione e ritorno al valore*, Egea, Milano, 2000; A. DANOVI, *Crisi d'impresa e risanamento finanziario nel sistema italiano*, Giuffrè, Milano, 2003; A. DANOVI-A. QUAGLI, *Crisi aziendali e processi di risanamento*, Ipsoa, Milano, 2012; F. DI MARZIO, *La crisi d'impresa*, Cedam, Padova, 2010; M. FAZZINI, *La crisi d'azienda nella prospettiva reddituale: analisi, indicatori e driver di intervento*, in *Amm. & Fin.*, 5, 2010, pp. 51-59; G. FORESTIERI, *Aspetti aziendali e finanziari della crisi d'impresa*, in *Bancaria*, 11, 1997; E. GIACOSA, *Il fenomeno della crisi aziendale: un modello di percezione del fenomeno della crisi aziendale nel sistema impresa*, Franco Angeli, Milano, 2016; M.C. GIORGINO. *Crisi aziendale e prevenzione. Metodologie e modelli per prevedere il prevedibile*, Franco Angeli, Milano, 2016; L. GUATRI, *Crisi e risanamento delle imprese*, Giuffrè, Milano, 1986; J.S. HOLMEN, *Using financial ratios to predict bankruptcy: An evaluation of classic models using recent evidence*, in *Akron Business and Economic Review*, 19, 1988, pp. 52-63; A. JORIO-G. LUDICA-P. ZATTI, *Le crisi d'impresa, il fallimento*. Giuffrè, Milano, 2000; R.C. MOYER, *Forecasting financial failure: A re-examination*, in *Financial Management*, 6, 1977, pp. 11-17; G.B. NARDECCHIA, *Crisi d'impresa, autonomia privata e controllo giurisdizionale: gli accordi di ristrutturazione dei debiti, il piano attestato di risanamento, il concordato fallimentare*; Ipsoa, Milano, 2007; J.A. OHLSON, *Financial ratios and the probabilistic prediction of bankruptcy*, in *Journal of Accounting Research*, 18, 1980, pp. 109-131; T. PENCARELLI, *Le crisi d'impresa. Diagnosi, previsione e procedure di risanamento*, Franco Angeli, Milano, 2013; M. POZZOLI-F. PAOLONE, *An Overlook at Bankruptcy Prediction in Italy in 2016: An Application of the Altman's Model on Failed Italian Manufacturing Companies In The 2016-First Quarter*, in *International Journal of Accounting and Financial Reporting*, 6(2), 2016, pp. 293-309; M. POZZOLI-F. PAOLONE, *Corporate Financial Distress: A Study of the Italian Manufacturing Industry*, Springer, 2017; A. QUAGLI-A. DANOVI, *Gestione della crisi aziendale e dei processi di risanamento. Prevenzione e diagnosi, terapie, casi aziendali*, Ipsoa, Milano, 2008; M. POLLIO, *Dal Decreto Crescita le norme per evitare il fallimento*, in *Amm. & Fin.*, 1(25), 2013; R. RANALLI, *Gli indicatori di allerta nel testo del disegno di legge delega della riforma fallimentare approvato dalla camera; esame critico; rischio per il sistema delle imprese. Crisi d'impresa e fallimento*, 2017. Scaricabile: *http://blog.ilcaso.it/libreriaFile/934.pdf*.

Capitolo V

Il bilancio consolidato: teorie e metodi

di Michelina Venditti *

1. *Introduzione*

Il bilancio consolidato trova la sua ragion d'essere nel gruppo aziendale rappresentandone la relativa situazione economica, finanziaria e patrimoniale. La formazione del bilancio di gruppo presenta aspetti e problemi legati alla necessità di dover considerare le componenti dei bilanci delle singole imprese appartenenti al gruppo come entità unica. In tal senso la individuazione dell'area di consolidamento, l'omogeneizzazione dei valori, l'eliminazione delle operazioni infragruppo e il consolidamento delle partecipazioni costituiscono alcuni degli aspetti maggiormente rilevanti nella fase di redazione del consolidato. Tale bilancio, in quanto bilancio del gruppo aziendale, è deputato anche a fornire informazioni alle diverse tipologie di *Stakeholder*. Purtuttavia, come osservato da autorevole dottrina, esso ha una funzione informativa non esaustiva [1] rispetto ad una pluralità di soggetti interessati e all'interno di un quadro informativo ben più ampio.

Obiettivo del presente lavoro è l'analisi del bilancio consolidato dei gruppi aziendali con riguardo, negli aspetti essenziali, alla normativa e ai principi di riferimento, alle teorie di consolidamento, ai relativi metodi di consolidamento al contenuto e alla struttura del bilancio consolidato.

---

* Ordinario di Economia Aziendale dell'Università G. d'Annunzio di Chieti-Pescara.

[1] Cfr. G. PAOLONE, *Il bilancio di esercizio delle imprese in funzionamento*, Giappichelli, Torino, 1998, p. 375. Sulla capacità informativa del bilancio consolidato, si rinvia ad A. AMADUZZI, *Sulla capacità segnaletica del bilancio consolidato*, in *RIREA*, 1, 1976.

2. *Il bilancio consolidato e il gruppo di imprese*

Il bilancio consolidato è la rappresentazione finanziaria, patrimoniale ed economica di un gruppo di imprese.

Nel quadro di riferimento italiano, il D.Lgs. n. 127/1991 e successive modifiche, all'art. 26, riprendendo in parte quanto stabilito dal 2359 c.c., considera controllate:

– le imprese in cui un'altra ha la maggioranza dei voti esercitabili nell'assemblea ordinaria;

– le imprese in cui un'altra ha voti sufficienti per esercitare un'influenza dominante nell'assemblea ordinaria;

– le imprese su cui un'altra ha il diritto, in funzione di un contratto o di una clausola statutaria, di esercitare un'influenza dominante, quando la normativa applicabile consenta tali contratti o clausole;

– le imprese in cui un'altra, in base ad accordi con altri soci, controlla da sola la maggioranza dei diritti di voto.

Le motivazioni che spingono le imprese ad aggregarsi sono state rappresentate in due approcci teorici: *Strategic Management* e Transazionale [2].

L'approccio strategico identifica le ragioni della cooperazione nell'interesse al miglioramento della posizione competitiva.

L'approccio transazionale identifica, invece, le ragioni della cooperazione in termini di giudizi di convenienza economica [3].

Nel gruppo le aziende mantengono l'autonomia giuridica e perdono quella economica, in virtù del tipo di legame instaurato, con la presenza di un solo soggetto economico e di esercizio del controllo.

All'interno dei gruppi di imprese si registrano diverse forme in rapporto al legame e alla tipologia di struttura che si concretizza tra le varie aziende facenti parte del gruppo.

Essi possono essere esaminati sotto vari aspetti (integrazione strategica, attività svolta dalla capogruppo, configurazione del controllo) dai quali derivano diverse configurazioni teoriche [4].

---

[2] Cfr. L. D'Amico-T. Di Cimbrini, *Le aggregazioni di imprese e la formazione dei gruppi*, in L. Marchi-M. Zavani-S. Branciari, *Economia dei gruppi e bilancio consolidato – Una interpretazione degli andamenti economici e finanziari*, III ed., Giappichelli, Torino, 2010, p. 13 e segg.

[3] Cfr. L. D'Amico-T. Di Cimbrini, *Le aggregazioni di imprese e la formazione dei gruppi*, cit., p. 14.

[4] Sul tema dei gruppi di imprese la letteratura è ampia e qualificata. Senza pretesa di esaustività, per gli approfondimenti, si rinvia a: L. Azzini, *I gruppi*, Giuffrè, Milano, 1968; Id., *I gruppi aziendali*, Giuffrè, Milano, 1968; P. Bastia, *Gli accordi tra imprese*, Clueb, Bologna, 1989; S. Beretta *Il controllo dei gruppi aziendali*, Egea, Milano, 1990;

• In base al livello di integrazione strategica si distinguono il:

– Gruppo economico.

Tale gruppo presenta unità economica se si caratterizza con un disegno imprenditoriale e una direzione unitaria dell'insieme di imprese che lo formano. Questa impostazione implica l'effettivo esercizio del coordinamento e non la potenzialità del (potere di) controllo.

– Gruppo finanziario.

In tale gruppo si registra un controllo per mezzo del possesso di partecipazioni e/o da vincoli contrattuali che può non concretizzarsi sempre in un coordinamento di gruppo come entità economica unica.

• Secondo l'attività svolta dalla capogruppo si distinguono la:

– *Holding* pura.

Se non sono presenti attività produttive e accentramento delle funzioni di pianificazione controllo e finanza.

– *Holding* mista.

Se sono presenti funzioni di pianificazione, controllo finanza e produttiva.

• In base alla configurazione del controllo si registrano i:

– Gruppi a struttura semplice.

In essi vi sono partecipazioni dirette della società capogruppo (*Holding*) nella o nelle diverse società controllate. Gli schemi di suddette strutture sono rappresentati nelle Figure 1 e 2.

– Gruppi a struttura complessa.

In essi vi sono forme di partecipazione articolate su diversi livelli. La *Holding* controlla direttamente una società che, a sua volta, ha partecipa-

---

G. Brunetti, *Gruppi e pianificazione aziendale*, in *Saggi di economia aziendale per Lino Azzini*, Giuffrè, Milano, 1987; P.E. Cassandro, *I gruppi aziendali*, Cacucci, Bari, 1988; E. D'Amico, *Economia dei gruppi aziendali*, Cedam, Padova, 2006; L. D'Amico-T. Di Cimbrini, *Le aggregazioni di imprese e la formazione dei gruppi*, in L. Marchi-M. Zavani-S. Branciari, *Economia dei gruppi e bilancio consolidato – Una interpretazione degli andamenti economici e finanziari*, III ed., Giappichelli, Torino, 2010; E. Di Carlo, *I gruppi aziendali tra economia e diritto*, Giappichelli, Torino, 2009; P. Di Toro, *Sul governo dell'«azienda gruppo»*, Cedam, Padova, 2004; L. Caselli-P.M. Ferrando-A. Gozzi, *Il gruppo nell'evoluzione del sistema aziendale*, Franco Angeli, Milano, 1990; F. Galgano, *I gruppi di società*, Utet, Torino, 2001; E. Giustarelli, *Il gruppo e la sua valutazione*, in *Finanza Marketing Produzione*, 3, 1991; E. Holzmiller-G. Rebecca, *Gruppi societari e holding*, Il Sole 24 Ore, Milano, 2008; L. Massari, *Gruppi aziendali e proposta modificata di settima direttiva comunitaria sul bilancio consolidato*, Cacucci, Bari, 1979; R. Moro Visconti, *La* governance *nei gruppi e nelle reti di imprese*, Etas Libri, Milano, 2001; G. Paolone, *Il bilancio di esercizio delle imprese in funzionamento*, Giappichelli, Torino, 1998; B. Passaponti, *I gruppi e le altre aggregazioni aziendali*, Giuffrè, Milano, 1994; P. Pisoni, *Gruppi aziendali e bilanci di gruppo*, Giuffrè, Milano, 1983; S. Sarcone, *I gruppi aziendali*, Giappichelli, Torino, 1999.

zioni in altre realtà. In tale struttura, la società capogruppo detiene il controllo indiretto anche su tutte le unità legate "a cascata" e facenti parte del gruppo. Lo schema di detta struttura è rappresentato nella Figura 3.

– Gruppi a struttura a catena.

In essi vi sono partecipazioni articolate in modo vario come ad esempio nelle forme di controllo reciproco o incrociato. Lo schema di detta struttura è rappresentato nella Figura 4 [5].

Figura 1 – **Gruppo a struttura semplice**

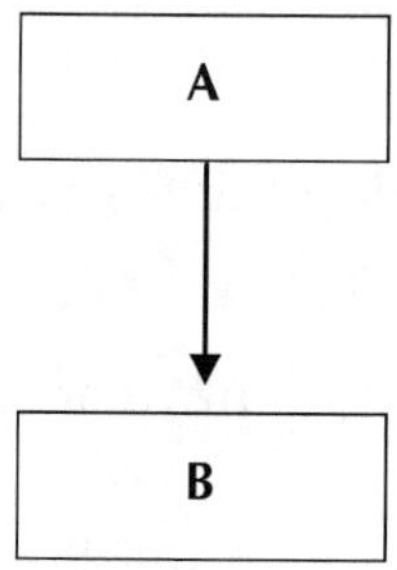

Figura 2 – **Gruppo a struttura semplice**

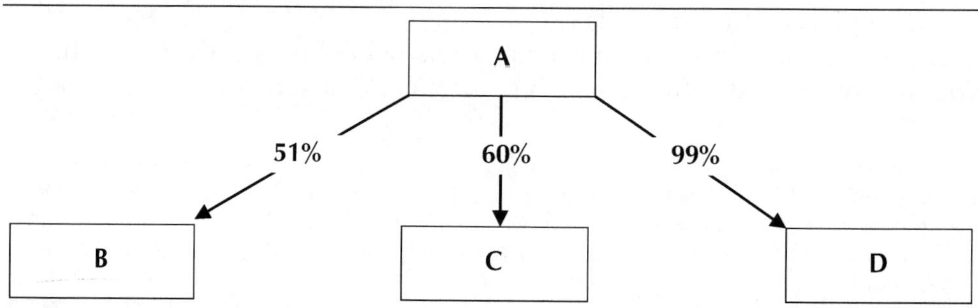

[5] Le configurazioni presentate sono tratte da OIC Organismo Italiano di Contabilità, Principi Contabili del Consiglio Nazionale dei Dottori Commercialisti e del Consiglio Nazionale dei Ragionieri modificati dall'OIC in relazione alla riforma del diritto societario, Il bilancio consolidato, OIC 17, 16 settembre 2005.

Figura 3 – **Gruppi a struttura complessa**

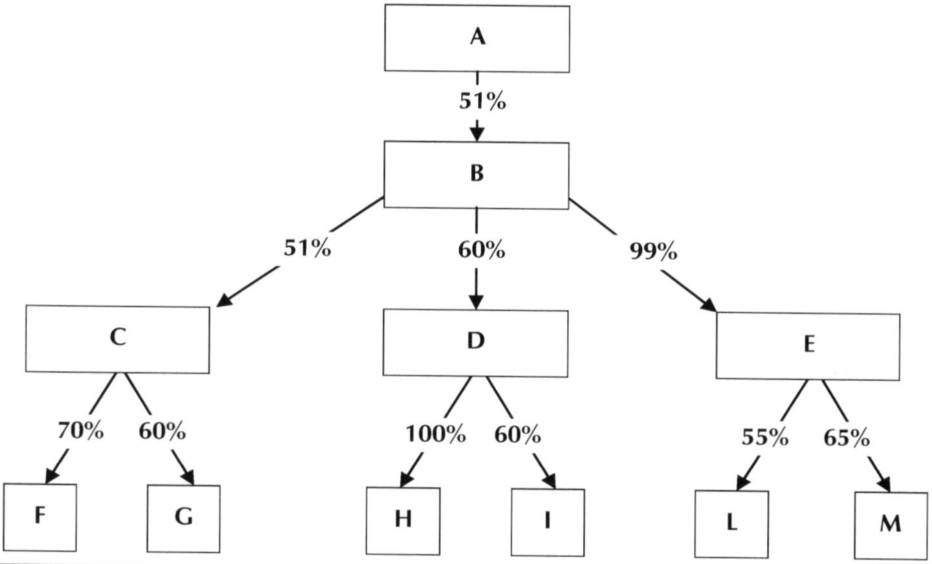

Figura 4 – **Gruppi a catena**

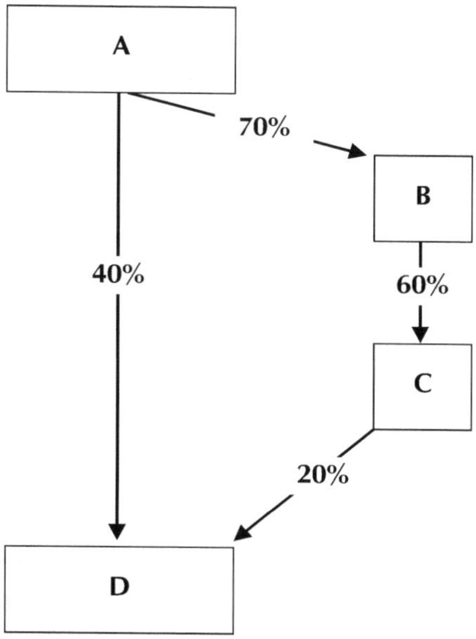

3. *La normativa e i principi di riferimento per il bilancio consolidato*

In ordine al quadro legislativo e ai principi di riferimento, il bilancio consolidato è disciplinato da:

- D.Lgs. n. 127/1991 e successive modifiche e integrazioni.
- Organismo italiano di contabilità (OIC) 17, Bilancio consolidato e metodo del patrimonio netto.
- Principi contabili internazionali.

In particolare, il D.Lgs. n. 127/1991, attuativo delle Direttive CEE 78/660 (bilancio d'esercizio) e 83/349 (bilancio consolidato), disciplina il bilancio consolidato, al Capo III, artt. 25-44. In base all'art. 25 il bilancio consolidato, redatto dagli amministratori dell'impresa controllante, è formato dallo stato patrimoniale, dal conto economico dal rendiconto finanziario e dalla nota integrativa. Ai sensi dell'art. 25 debbono, obbligatoriamente, redigere il consolidato:

- le società per azioni, in accomandita per azioni e a responsabilità limitata;
- gli enti pubblici aventi finalità economiche, le società cooperative e le mutue assicuratrici che controllano società per azioni, in accomandita per azioni o a responsabilità limitata.

Non sono obbligate a redigere il bilancio consolidato (art. 27) le imprese controllanti che insieme alle controllate, non abbiano superato, per 2 esercizi consecutivi:

- 20.000.000,00 € di totale attivi degli stati patrimoniali;
- 40.000.000,00 € di totale di ricavi delle vendite e prestazioni;
- 250 dipendenti mediamente occupati durante l'esercizio.

L'esonero previsto non si applica se l'impresa controllante o una delle imprese controllate è un ente di interesse pubblico.

In base all'art. 27 del su citato decreto, modificato dal D.Lgs. n. 139/2015, non sono soggette all'obbligo di redigere il consolidato le imprese controllate quando la controllante sia titolare di oltre il novantacinque per cento delle azioni o quote dell'impresa controllata o, in difetto di questa condizione, quando la redazione del consolidato non sia richiesta da tanti soci che rappresentino almeno il 5% del capitale almeno sei mesi prima della fine dell'esercizio.

Non sono soggette all'obbligo indicato anche le imprese che controllano solo imprese che, individualmente e nel loro insieme, sono irrilevanti ai fini della rappresentazione della situazione finanziaria, patrimoniale e dei risultati economici dell'intero gruppo nonché le imprese che controllano solo imprese che possono essere escluse dal consolidamento in base a quanto stabilito dell'art. 28 del D.Lgs. n.127/1991.

L'esonero previsto è, inoltre, subordinato alle condizioni di seguito indicate: l'impresa controllante, soggetta al diritto di uno Stato membro dell'Unione europea, redige e sottopone a controllo il bilancio consolidato secondo quanto stabilito dalla normativa in oggetto ovvero secondo il diritto di altro Stato membro dell'Unione europea o in conformità ai principi contabili internazionali adottati dall'Unione europea; l'impresa controllata non abbia emesso valori mobiliari ammessi alla negoziazione in mercati regolamentati italiani o dell'Unione europea.

Le ragioni dell'esonero debbono essere inserite nella nota integrativa al bilancio d'esercizio che, sempre ai sensi dell'art. 27 del D.Lgs. n. 127/1991, deve indicare la denominazione e la sede della società controllante che redige il bilancio consolidato e una copia dello stesso, della relazione sulla gestione nonché della relazione dell'organo di controllo, espressi in lingua italiana o nella lingua comunemente utilizzata negli ambienti della finanza internazionale, debbono essere depositati presso l'ufficio del registro delle imprese del luogo dove vi è la sede dell'impresa controllata.

L'Organismo Italiano di Contabilità (OIC) ha revisionato più volte il Principio contabile 17, del marzo 1996, redatto dal Consiglio Nazionale dei Dottori Commercialisti e del Consiglio Nazionale dei Ragionieri.

Il principio n. 17, riformulato nel 2016 ed aggiornato con gli emendamenti pubblicati il 29 dicembre 2017 definisce le regole tecnico-contabili alla base della predisposizione del bilancio consolidato, nel rispetto dei principi stabiliti dalla legge. In particolare, al fine di fornire un riferimento tecnico per la costruzione di bilanci consolidati, definisce:

- le finalità del principio OIC 17;
- l'ambito di applicazione;
- una serie di definizioni;
- l'esonero dall'obbligo di redazione del bilancio consolidato;
- i criteri generali per la redazione del bilancio consolidato;
- la composizione e la struttura del bilancio consolidato;
- i criteri di redazione del bilancio consolidato;
- il metodo di consolidamento integrale
- il metodo di consolidamento proporzionale;
- La traduzione dei bilanci non espressi in euro;
- la nota integrativa;
- la sezione del patrimonio netto;
- gli esempi di schemi di bilancio consolidato;
- le linee guida generali per la determinazione dei valori correnti delle principali attività.

Con il decreto del febbraio 2005, n. 38 vi è l'obbligo per le società quotate e la facoltà per quelle non quotate, di redigere i bilanci nel rispetto dei principi contabili internazionali. I principi contabili internazionali che disciplinano il bilancio consolidato sono: IFRS 3, Aggregazioni aziendali, IFRS 10, Bilancio consolidato; IFRS 11, Accordi a controllo congiunto., IFRS 12, Informativa sulle partecipazioni in altre entità, IAS 28, Partecipazioni in società collegate e joint venture e altri principi contabili internazionali che impattano sulla a redazione del bilancio consolidato.

In estrema sintesi, le società italiane obbligate alla redazione del bilancio consolidato possono così dividersi:

1. società *obbligate* a redigere il bilancio consolidato in conformità ai Principi IAS/IFRS;
2. società che *scelgono* di redigere il bilancio consolidato in conformità ai Principi IAS/IFRS;
3. società che *scelgono* di redigere il bilancio consolidato in conformità alla disciplina nazionale;
4. società *obbligate* a redigere il bilancio consolidato in conformità alla disciplina nazionale [6].

4. *Le teorie di consolidamento*

In letteratura [7] diversi sono i contributi proposti sul concetto di consolidamento differenziati in base all'obiettivo da raggiungere attraverso il bilan-

[6] Cfr. A. VIGANÒ, *Il gruppo di imprese. Aspetti giuridici ed economico-aziendali*, in A. PRENCIPE-P. TETTAMANZI-C. MANCINI (a cura di), *Bilancio Consolidato*, IV ed., Egea, Milano, 2017, p. 20; C. MANCINI, *Il bilancio consolidato*, in A. PROVASOLI-M. PINI-A. VIGANÒ, Financial accounting, *rilevazioni per il bilancio di esercizio e il bilancio consolidato*, McGraw-Hill, Milano, 2010, p. 806.

[7] Numerosi sono i contributi sulle teorie del consolidamento in particolare e sul bilancio consolidato in generale. Senza pretesa di completezza si rinvia a: P. ANDREI, *Il bilancio consolidato nei gruppi internazionali*, Giuffrè, Milano, 1994; V. ANTONELLI, *Il bilancio consolidato*, Il Sole 24 Ore, Milano, 2007; P. BASTIA, *La formazione del bilancio consolidato*, Clueb, Bologna, 1991; G. BRUNETTI (a cura di), *Il bilancio consolidato, VII direttiva comunitaria e principi contabili*, Cedam, Padova, 1985; M. CARATOZZOLO, *Il bilancio consolidato di gruppo*, Giuffrè, Milano, 1994; M. CARATOZZOLO, *Il bilancio consolidato di gruppo*, Giuffrè, Milano, 2002; P.E. CASSANDRO-S. SARCONE, *Il bilancio consolidato di gruppo*, in AA.VV., *L'impresa. Economia controllo, bilancio, gestione straordinaria*, III, Giuffrè, Milano, 1991; F. DEZZANI-P.P. BIANCONE-D. BUSSO, *IAS/IFRS*, Ipsoa, Milano, 2010; N. DI CAGNO, *Il bilancio consolidato di gruppo*, Cacucci, Bari, 1993; M. FROLI, *I metodi di consolidamento e i criteri di valutazione delle partecipazioni*, in L. MARCHI-M. ZAVANI-S. BRANCIARI, *Economia dei gruppi e bilancio consolidato – Una interpretazione degli andamenti economici e finanziari*, III ed., Giappichelli, Torino, 2010; ID., *L'analisi preliminare dei bilanci delle singole società*, in L. MARCHI-M. ZAVANI-S. BRANCIARI, *Economia*

cio consolidato inteso o come estensione del bilancio della *Holding* o come bilancio autonomo del gruppo di società.

In particolare si distinguono:

1. la teoria della proprietà (*Proprietary theory)*;
2. la teoria dell'entità (*Entity concept)*;
3. la teoria finanziaria o della capogruppo (*Parent company theory)*;
4. la teoria modificata della capogruppo (modified *Parent company theory*)[8].

La teoria della proprietà si basa sul presupposto che il gruppo sia di proprietà della *Holding*. In tal senso la teoria della proprietà considera il consolidato come ampliamento del bilancio della *Holding* e il metodo di consolidamento più "idoneo" è quello proporzionale. Pertanto, in base a tale metodo le attività e passività delle controllate sono contabilizzate a *fair value* per la percentuale detenuta dalla capofila, gli interessi di minoranza non sono esposti nel consolidato e gli utili provenienti da transazioni interne sono depurati solo per la percentuale di possesso della controllante"[9].

La teoria dell'entità si basa sul presupposto che il bilancio consolidato sia riferito ad un'entità economica a cui convergono diverse tipologie di proprietari. In questo caso "Le aziende del gruppo sono vincolate nelle loro decisioni agli interessi di un'unica entità economica: in questo caso il bi-

---

dei gruppi e bilancio consolidato – Una interpretazione degli andamenti economici e finanziari, III ed., Giappichelli, Torino, 2010; Ipsoa-Francis Lefebvre, *Memento Pratico, Bilancio consolidato*, 2011; F. LENOCI-E. ROCCA, *Il bilancio consolidato*, Ipsoa, Milano, 2008; C. MANCINI, *Il bilancio consolidato*, in A. PROVASOLI-M. PINI-A. VIGANÒ, *Financial accounting, rilevazioni per il bilancio di esercizio e il bilancio consolidato*, McGraw-Hill, Milano, 2010; P. MELLA, *Il bilancio consolidato*, Isedi, Torino, 1985; M. MOONITZ, *The Entity Theory of Consolidated Statements*, The Foundation Press, Brooklyn, 1951; OIC – Organismo Italiano di Contabilità, *OIC 17. Il bilancio consolidato*, 2005; G. PAOLONE, *Il bilancio di esercizio delle imprese in funzionamento*, Giappichelli, Torino, 1998; G. PAVAN, *Il bilancio consolidato gestionale: omogeneità e differenziazioni con il bilancio consolidato civilistico*, in *Problemi di gestione dell'impresa*, 14, 1992; E. PENROSE, *The Theory of the Growth of the Firm*, Oxford University Press, New York, 1959; F. PEPE, *"Holdings", gruppi e bilanci consolidati*, Giuffrè, Milano, 1968; P. PISONI, *I bilanci consolidati di gruppo*, Giuffrè, Milano, 1994; P. PISONI-D. BUSSO, *Il bilancio consolidato*, Giuffrè, Milano, 2005; M. PIZZO, *L'area di consolidamento nei bilanci di gruppo*, Cedam, Padova, 1989; A. PRENCIPE-P. TETTAMANZI (a cura di), *Bilancio consolidato – Tecniche di redazione e di analisi secondo i nuovi principi internazionali*, Egea, Milano, 2009; A. PROVASOLI, *L'area di consolidamento nella redazione dei bilanci di gruppo. Le prospettive di regolazione comunitaria*, in *Riv. dott. comm.*, 4, 1979; B. QUATRARO-S. D'AMORA, *Il bilancio di esercizio e consolidato*, Giuffrè, Milano, 1998; S. SARCONE, *Bilanci consolidati di gruppo*, Ipsoa, Milano, 1980; C. TEODORI, *Il bilancio consolidato*, Giuffrè, Milano, 2003; S. TERZANI, *Il bilancio consolidato*, Cedam, Padova, 1992.

[8] Cfr. M. CAMERAN, *Le teorie di consolidamento*, in A. PRENCIPE-P.TETTAMANZI-C. MANCINI (a cura di), *Bilancio Consolidato*, IV ed., Egea, Milano, 2017, p. 24 e segg.

[9] Cfr. *Ibidem*, p. 25.

lancio consolidato non esprime più solamente la posizione dei soci della holding, ma anche quella di tutti gli altri azionisti" [10]. In tal senso, la teoria dell'entità considera il consolidato come bilancio autonomo del gruppo e il metodo di consolidamento più "idoneo" è quello integrale con il *fair value* al 100% di tutti i valori del passivo e dell'attivo delle partecipate. Si considerano, quindi, le eventuali differenze da consolidamento anche per le quote degli interessi di minoranza e si attua la eliminazione totale delle operazioni infragruppo. " In questo caso, quindi, il capitale del gruppo è pari a quello della controllante più quello di pertinenza degli azionisti di minoranza delle controllate" [11].

La teoria finanziaria o della capogruppo (*Parent company theory*) si basa sul presupposto che il bilancio consolidato sia redatto al fine di fornire agli azionisti della *Holding* il valore reale della partecipazione che detengono. È questa una teoria affine a quella della proprietà. Il consolidamento si ha con il metodo integrale e i valori del passivo e dell'attivo delle controllate sono realizzati a *fair value* per la parte riferibile alla maggioranza "gli interessi di minoranza, indicati separatamente nel conto economico e nella situazione patrimoniale-finanziaria (tra le passività) sono calcolate sul patrimonio netto contabile della controllata (non riespresso, dunque, a *fair value*); le rettifiche per le operazioni infrasocietarie sono, comunque, attuate integralmente" [12].

La teoria modificata della capogruppo (modified *Parent company theory*) è una variante della precedente. Pertanto, differentemente dalla teoria della capogruppo, gli interessi di minoranza sono calcolati sul patrimonio netto a *fair value* come accade per la teoria dell'entità [13]. Di seguito si riportano esemplificazioni sulle modalità di consolidamento delle partecipazioni in base alle teorie su riportate [14].

"Il 31/12/X la società Alfa acquista una partecipazione del 70% nella società Beta, per un costo di 3.000. Gli Stati Patrimoniali di Alfa e Beta al *31/12/X* sono riportati nel foglio di lavoro. Tenendo conto che unicamente con riferimento nelle immobilizzazioni materiali di Beta è possibile ravvisare un valore a *fair value* differente da quello iscritto in contabilità, in quanto lo stesso è pari a 3.500, si riportano di seguito i bilanci consolidati al 31/12/X redatti in ossequio alle diverse teorie precedentemente delineate.

---

[10] Cfr. *Ibidem*, p. 26.

[11] Cfr. *Ibidem*, p. 26.

[12] Cfr. *Ibidem*, p. 26.

[13] Cfr. *Ibidem*, p. 27.

[14] Le esemplificazioni sono riprese integralmente da M. CAMERAN, *Le teorie di consolidamento*, cit., pp. 27-33.

(...), da un punto di vista tecnico per redigere il bilancio consolidato occorre partire dalla redazione di un "bilancio aggregato", detto anche "bilancio somma", in cui il valore di ciascuna voce corrisponde alla somma degli importi che la stessa ha nei bilanci delle singole società. La colonna "aggregato" nella tabella utilizzata per l'esemplificazione (denominata anche foglio di lavoro) non fa altro che riportare la somma dei valori corrispondenti alla voce rappresentata nelle diverse righe per le due società di cui si vuole redigere il consolidato, Alfa e Beta. La colonna aggregato costituisce, così, il punto di partenza per le successive rettifiche di consolidamento che consentiranno di ottenere il bilancio consolidato, secondo le differenti teorie precedentemente illustrate. In particolare, le rettifiche di consolidamento dovranno essere riportate nelle singole colonne poste successivamente all'aggregato. Il bilancio consolidato (l'ultima colonna del foglio di lavoro) accoglierà semplicemente la somma algebrica dci valori riportati su una singola riga, a partire dalla colonna aggregato sino alla colonna che accoglie l'ultima rettifica di consolidamento.

Foglio di lavoro

	Alfa	*Beta*	*Aggregato*	*(1)*	*(2)*	*Consolidato*
Situazione patrimoniale-finanziaria						
Attività						
Immobili, impianti e macchinari	12.000	3.000	15.000			
Avviamento						
Altre immobilizzazioni immateriali	2.000		2.000			
Partecipazioni	3000		3.000			
Attività fiscali differite						
Rimanenze	1.000	1.500	2.500			
Crediti commerciali	9.000	2,000	11.000			
Disponibilità liquide	500	150	650			
Altre attività	200	100	300			
Totale attività	*27.700*	*6.750*	*34.450*			
Patrimonio netto e passività						
Patrimonio netto						
Capitale sociale	15.000	3.000	18.000			
Riserve	2.400	500	2.900			
Passività						
Debiti	8.800	2.500	11.300			
Fondi	1.100	650	1.750			
Passività fiscali differite						
Altre passività	400	100	500			
Totale patrimonio netto e passività	*27.700*	*6.750*	*34.450*			

La teoria della proprietà

	Alfa	*Beta*	*Aggregato*	*(1)*	*(2)*	*Consolidato*
Situazione patrimoniale-finanziaria						
Attività						
Immobili, impianti e macchinari	12.000	3.000	15.000	-900	350	14.450
Avviamento					200	200
Altre immobilizzazioni immateriali	2.000		2.000			2.000
Partecipazioni	3.000		3.000		-3.000	0
Attività fiscali differite						
Rimanenze	1.000	1.500	2.500	– 450		2.050
Crediti commerciali	9.000	2.000	11.000	– 600		10.400
Disponibilità liquide	500	150	650	– 45		605
Altre attività	200	100	300	– 30		270
Totale attività	*27.700*	*6.750*	*34.450*	*– 2.025*	*– 2.450*	*29.975*
Patrimonio netto e passività						
Patrimonio netto						
Capitale sociale	15.000	3.000	18.000	– 900	– 2.100	15.000
Riserve	2.400	500	2.900	– 150	– 350	2.400
Passività						
Debiti	8.800	2.500	11.300	– 750		10.550
Fondi	1.100	650	1.750	– 195		1.555
Passività fiscali differite						
Altre passività	400	100	500	– 30		470
Totale patrimonio netto e passività	*27.700*	*6.750*	*34.450*	*– 2.025*	*– 2 450*	*29.975*

(...) Con riferimento alla teoria della proprietà la rettifica (1) elimina la quota di attività, passività e patrimonio netto corrispondente alla partecipazione di terzi (30%), che secondo la teoria della proprietà non deve essere inclusa nel consolidato. Questo, infatti, deve rappresentare unicamente la quota di attività, passività e patrimonio netto di pertinenza del capogruppo. Pertanto, poiché il punto di partenza per la redazione del bilancio consolidato è costituito dal bilancio aggregato, che accoglie la somma (al 100%) dei valori riportati nei bilanci di Alfa e Beta, occorre stornare dall'aggregato In percentuale di tali valori da escludere dal consolidato (vale a dire in quota di terzi), in quanto. si ribadisce, secondo la teoria della proprietà, le attività e passività debbono essere esposte nel consolidato (cioè l'ultima colonna del foglio di lavoro, che si ottiene come somma algebrica di tutti i valori riportati sulla riga) per la percentuale posseduta dalla capofila. Il totale delle rettifiche apportate all'attivo deve, per la logica bilanciante sottostante tutto il sistema, essere pari al totale delle rettifiche concernenti passivo e patrimonio netto (il che, dal punto di vista dell'utilizzo del foglio di lavoro, significa che lo stesso, se correttamente utilizzato, "quadra" non solo per riga, ma anche per colonna rispetto ai totali intermedi "totale attività" e "totale PN e passività").

La rettifica (2) consiste nell'elisione della partecipazione in Beta contro la relativa quota di patrimonio netto riespresso pro-quota a *fair value*, con attribuzione della differenza residua ad avviamento (...) per evitare valori duplicati.

Il segno algebrico delle rettifiche riportate risponde alla logica, (...), che permette di passare dal "bilancio somma" o aggregato al bilancio consolidato. In particolare, l'eliminazione del valore della partecipazione comporta la necessità di sottrarre 3.000 alla riga dell'attivo di SP che rappresenta la voce in questione, in modo da ottenere nella colonna consolidato un valore pari a zero. La conseguente necessaria elisione della quota di PN contabile della partecipata di pertinenza della partecipante comporta una variazione complessiva di 2.450 (3.500 × 0,7 = 2.450) a diminuzione del PN, di cui 2.100 relativa al capitale sociale e 350 a riserve. La differenza (3000-2450) è data dal fatto che le immobilizzazioni sono esposte nel bilancio della partecipata per 3.000, mentre il loro *fair value* è superiore (3.500). Il prezzo pagato per la partecipazione terrà conto del *fair value* e, dunque, pro quota, di un valore pari a 350 (500 × 0,7), da portare a incremento delle immobilizzazioni della partecipata. L'ulteriore differenza (differenza da consolidamento), che è pari a 3000 – 2450 – 350 (200) è attribuibile ad avviamento e, dunque, comporta l'iscrizione di un'attività patrimoniale precedentemente non iscritta.

Infine, si noti che il PN è stato ridenominato "PN della capogruppo", in ossequio alla logica sottostante la teoria della proprietà.

La teoria dell'entità

	Alfa	*Beta*	*Aggregato*	*(1)*	*Consolidato*
Situazione patrimoniale-finanziaria					
Attività					
Immobili, impianti e macchinari	12.000	3.000	15.000	500	15.500
Avviamento				286	286
Altre immobilizzazioni immateriali	2.000		2.000		2.000
Partecipazioni	3.000		3.000		0
Attività fiscali differite					
Rimanenze	1.000	1.500	2.500	– 450	2.500
Crediti commerciali	9.000	2.000	11.000	– 600	11.000
Disponibilità liquide	500	150	650	– 45	650
Altre attività	200	100	300	– 30	300
Totale attività	*27.700*	*6.750*	*34.450*	*– 2.025*	*32.236*
Patrimonio netto e passività					
Patrimonio netto					
Capitale sociale	15.000	3.000	18.000	– 3.000	15.000
Riserve	2.400	500	2.900	– 500	2.400
Passività				*1.286*	
Debiti	8.800	2.500	11.300		11.300
Fondi	1.100	650	1.750		1.750
Passività fiscali differite					
Altre passività	400	100	500		500
Totale patrimonio netto e passività	*27.700*	*6.750*	*34.450*	*– 2.214*	*32.236*

Con riferimento alla teoria dell'entità la rettifica (1) consiste nell'elisione della partecipazione in Beta contro la relativa quota di patrimonio netto a *fair value* , con attribuzione della differenza ad avviamento, nonché nella attribuzione della quota di patrimonio netto di pertinenza dei terzi.

Secondo la teoria dell'entità, è necessario considerare per la redazione del bilancio consolidato non solo il 100% del *fair value* degli elementi del PN della partecipata, ma anche la differenza da consolidamento (qui avviamento) di pertinenza dei terzi. Per il calcolo di quest'ultimo occorrerà in primo luogo determinare quale sarebbe stato il prezzo di cessione della partecipazione nell'ipotesi che la transazione avesse riguardato il 100% di Beta e non solo il 70%. Per conoscere tale valore occorre impostare la seguente proporzione:

$$0,7 : 3.000 = 1 : X$$

il risultato, arrotondato, è pari a 4.286. Il PN a *fair value* di Beta è pari a 4.000 (3.500 il contabile, oltre a 500 che si riferiscono alla circostanza che, considerando il *fair value* delle immobilizzazioni materiali, si ha un valore per queste ultime di 3.500 e non di 3.000, come risultante dal bilancio aggregato). La differenza di consolidamento (4.286 – 4.000) è da considerarsi avviamento. Per quanto concerne il PN, la quota di pertinenza di terzi è 1.286, vale a dire il 30% del PN di Beta a *fair value* (4.000 × 0,3 = 1.200) a cui va aggiunto il 30% della differenza da consolidamento, riconducibile ad avviamento (286 × 0,3 = 86).

Per quanto concerne i segni attribuiti a ciascuna rettifica si rimanda alla spiegazione data nell'esemplificazione relativa alla teoria della proprietà. Si noti che nel caso della teoria dell'entità occorre anche imputare il PN di pertinenza di terzi (1286), per cui parte del PN risultante dall'aggregato (70% di 3.500) va stornato per l'elisione della partecipazione in Beta e parte va imputato a terzi (quindi stornato dal PN aggregato e attribuito ai terzi, tenendo conto anche del *fair value* e dell'avviamento di loro competenza: 1050 quota PN contabile + 150 quota *fair value* su immobilizzazioni immateriali + 86 quota avviamento).

Si noti che il PN è stato ridenominato "PN del gruppo", distinguendo al suo interno la parte che si riferisce alla capogruppo, dagli interessi di terzi.

La teoria della capogruppo

	Alfa	*Beta*	*Aggregato*	*(1)*	*Consolidato*
Situazione patrimoniale-finanziaria					
Attività					
Immobili, impianti e macchinari	12.000	3.000	15.000	350	15.350
Avviamento				200	200
Altre immobilizzazioni immateriali	2.000		2.000		2.000
Partecipazioni	3.000		3.000	-3.000	0
Attività fiscali differite					
Rimanenze	1.000	1.500	2.500		2.500
Crediti commerciali	9.000	2.000	11.000		11.000
Disponibilità liquide	500	150	650		650
Altre attività	200	100	300		300
Totale attività	*27.700*	*6.750*	*34.450*	*-2.450*	*32.000*
Patrimonio netto e passività					
Patrimonio netto					
Capitale sociale	15.000	3.000	18.000	-3.000	15.000
Riserve	2.400	500	2.900	-500	2.400
Passività					
Interessi di terzi				1.050	1.050
Debiti	8.800	2.500	11.300		11.300
Fondi	1.100	650	1.750		1.750
Passività fiscali differite					
Altre passività	400	100	500		500
Totale patrimonio netto e passività	*27.700*	*6.750*	*34.450*	*-2 450*	*32.000*

Con riferimento alla teoria della capogruppo la rettifica (1) consiste nell'elisione della partecipazione in Beta contro la relativa quota di patrimonio netto a *fair value*, con attribuzione della differenza ad avviamento, nonché nell'attribuzione della quota di PN di spettanza di terzi.

Il *fair value* degli elementi del PN della partecipata è in questo caso considerato solo per la quota della maggioranza (per i relativi calcoli si rimanda alla stessa esemplificazione condotta per la teoria della proprietà) e l'avviamento è quello relativo alla differenza tra prezzo effettivamente pagato (3.000) e PN riespresso pro-quota a *fair value* (4000 × 0,7 = 2.800).

Gli interessi di terzi sono calcolati come il 30% del PN contabile della partecipata (non riespresso a *fair value*), vale a dire il 30% di 3.500.

Si noti che gli interessi di terzi sono esposti tra le passività.

La teoria modificata della capogruppo

	Alfa	*Beta*	*Aggregato*	*(1)*	*Consolidato*
Situazione patrimoniale-finanziaria					
Attività					
Immobili, impianti e macchinari	12.000	3.000	15.000	350	15.500
Avviamento				200	200
Altre immobilizzazioni immateriali	2.000		2.000		2.000
Partecipazioni	3.000		3.000	-3.000	0
Attività fiscali differite					
Rimanenze	1.000	1.500	2.500		2.500
Crediti commerciali	9.000	2.000	11.000		11.000
Disponibilità liquide	500	150	650		650
Altre attività	200	100	300		300
Totale attività	*27.700*	*6.750*	*34.450*	*-2.300*	*32.150*
Patrimonio netto e passività					
Patrimonio netto					
Capitale sociale	15.000	3.000	18.000	-3.000	15.000
Riserve	2.400	500	2.900	-500	2.400
Passività				*1.200*	*1.200*
Interessi di terzi					
Debiti	8.800	2.500	11.300		11.300
Fondi	1.100	650	1.750		1.750
Passività fiscali differite					
Altre passività	400	100	500		500
Totale patrimonio netto e passività	*27.700*	*6.750*	*34.450*	*-2.300*	*32.150*

Con riferimento alla teoria modificata della capogruppo la rettifica (1) consiste nell'elisione della partecipazione in Beta contro il patrimonio netto riespresso per il 100% a *fair value* , con attribuzione della differenza ad avviamento, nonché nell'attribuzione della quota di spettanza di terzi.

La teoria modificata della capogruppo si differenzia dalla teoria della capogruppo in quanto considera che nel calcolo degli interessi di terzi si debba tener conto dell'intero *fair value* degli elementi dell'attivo e del passivo della partecipata. In questo caso, dunque, sarà necessario calcolare gli interessi in questione come il 30% di 4.000 (PN di Beta a *fair value*), con iscrizione nell'attivo dell'intero *fair value* delle immobilizzazioni materiali di Beta e differenza di consolidamento, riconducibile ad avviamento, da imputarsi solo per la quota spettante alla maggioranza.

Dall'analisi comparativa dei risultati cui si giunge applicando le diverse teorie, effettuata nella precedente esemplificazione, emerge che:

- il metodo di consolidamento utilizzato è quello integrale o globale per tutte le teorie considerate, a eccezione della teoria della proprietà per cui si utilizza il metodo proporzionale;
- gli interessi di minoranza sono:

– non presenti nel bilancio consolidato redatto secondo la teoria della proprietà (in tal caso, infatti, si elimina dal consolidato la quota di attività, passività e patrimonio netto di pertinenza di terzi);

– calcolati sul patrimonio netto della partecipata interamente espresso a *fair value* , secondo la teoria dell'entità e modificata della capogruppo;

– calcolati sul patrimonio netto contabile, senza tener conto dei *fair value* , secondo la teoria della capogruppo;

• la differenza di consolidamento va calcolata come differenza tra il valore della partecipazione e la frazione di PN della partecipata a *fair value* per tutte le teorie considerate, a eccezione della teoria dell'entità (per la quale si ricostruisce anche la parte di avviamento imputabile alle minoranze)" [15].

5. *Il metodo di consolidamento integrale*

Il bilancio consolidato rappresenta:

1. le attività e passività consolidate, comprensive dei plus/minusvalori attribuiti alle attività e passività delle controllate in fase di allocazione della differenza da annullamento risultante dal consolidamento delle partecipazioni;
2. il capitale sociale, la riserva legale e il sovrapprezzo dei titoli azionari della società controllante;
3. gli utili indivisi e le altre riserve di patrimonio netto della società controllante e le corrispondenti variazioni delle relative voci di patrimonio netto delle controllate, limitatamente a quelle realizzate successivamente alla data del consolidamento;
4. l'utile o la perdita dell'esercizio consolidato;
5. la quota del patrimonio netto e del risultato d'esercizio di spettanza dei soci di minoranza.

Il procedimento di consolidamento integrale dei bilanci è realizzato attraverso dalle fasi di seguito indicate [16]:

– rettifiche per adeguamento ai principi contabili di gruppo e ad eventuali altre rettifiche necessarie ai fini del consolidamento;

– aggregazione dei bilanci da consolidare indipendentemente, comunque, dalla percentuale di partecipazione;

---

[15] Cfr. *ibidem*, p. 33.

[16] Cfr. Organismo Italiano di Contabilità, OIC 17, *Bilancio consolidato e metodo del patrimonio netto*, Testo del principio contabile emenato nel dicembre 2016 ed aggiornato con gli emendamenti pubblicati il 29 dicembre 2017.

– eliminazione degli importi d'iscrizione delle partecipazioni nelle controllate, inclusi nel bilancio d'esercizio della controllante e, se presenti, nei bilanci d'esercizio delle altre imprese del gruppo, a fronte delle quote del patrimonio netto dell'impresa controllata di pertinenza del gruppo;

– eliminazione delle operazioni e dei saldi tra le imprese incluse nell'area di consolidamento e degli utili e perdite infragruppo o interni;

– rilevazione nel bilancio consolidato di eventuali imposte differite e/o anticipate, in linea con quanto stabilito dal principio OIC 25 Imposte sul reddito

– analisi dei dividendi consolidati e loro trattamento contabile, evitando la doppia contabilizzazione degli utili delle società partecipate;

– trattamento contabile per le azioni proprie della controllante detenute dalle controllate, in linea con quanto stabilito dal principio OIC 28 Patrimonio netto;

– determinazione della parte del patrimonio netto consolidato e del risultato d'esercizio consolidato di spettanza dei soci di minoranza delle partecipate consolidate, al fine della loro evidenziazione nel bilancio consolidato;

– valutazione nel bilancio consolidato delle partecipazioni di controllo non consolidate, delle partecipazioni di collegamento e a controllo congiunto;

– analisi e giusta rappresentazione in bilancio dell'acquisizione di altre quote di partecipazione in società consolidate e della cessione di partecipazioni senza o con perdita del controllo e delle altre variazioni dell'area di consolidamento;

– predisposizione degli schemi di bilancio consolidato.

6. *Il metodo di consolidamento proporzionale*

Il D.Lgs. n. 127/1991, art. 37, recita che, se una società inserita nell'area di consolidamento mantiene il controllo, insieme a terzi soci e in base ad accordi, di una partecipazione consistente in una percentuale non inferiore al venti per cento, dieci percento se la società partecipata ha titoli quotati in borsa, la società partecipata, joint venture, può essere inclusa nell'area di consolidamento secondo il metodo di proporzionale, ovvero attraverso il consolidamento delle diverse attività e passività della partecipata per un importo pari alla percentuale di partecipazione tenuta dalla società partecipante.

Ai fini del consolidamento proporzionale si possono utilizzare, in alternativa, le modalità, equivalenti, di seguito inserite:

– la società partecipante aggrega, per ogni linea, la quota di ciascuna attività, passività, ricavi e costi della joint venture alle voci rispettive del proprio bilancio;

– il bilancio consolidato della partecipante comprende, esponendole in voci separate, aggregate generalmente per classi, la quota parte di passività, attività, costi e ricavi della società assoggettata al controllo congiunto.

Attraverso il consolidamento proporzionale[17] si evidenzia la sola quota del valore della partecipata di proprietà del gruppo e non il suo valore complessivo. A fronte del valore delle partecipazioni si elimina solo la quota di patrimonio netto di pertinenza del gruppo. In tal senso si esclude dal bilancio consolidato la evidenziazione del patrimonio netto e del risultato economico relativi alle interessenze di terzi.

Gli utili e le perdite infragruppo si cancellano proporzionalmente e anche tutte le altre rettifiche di consolidamento si compiono su base proporzionale.

Nel caso di annullamento di debiti e crediti rispetto alle joint venture, per il consolidamento proporzionale si inserisce la parte del debito o credito di competenza di terzi tra i debiti e crediti verso terzi.

Le differenze, eventuali, risultanti dal consolidamento si trattano come nel consolidamento integrale.

7. *Il metodo del patrimonio netto*

L'art. 2426, comma 4, c.c., prevede che le immobilizzazioni finanziarie in termini di partecipazioni controllate o collegate possano essere valutate con il metodo del patrimonio netto[18] al posto di quello del costo. In particolare esse possono essere valutate con il metodo del patrimonio netto *"per un importo pari alla corrispondente frazione del patrimonio netto risultante dall'ultimo bilancio delle imprese medesime, detratti i dividendi ed operate le rettifiche richieste dai principi di redazione del bilancio consolidato nonché quelle necessarie per il rispetto dei principi indicati negli artt. 2423 e 2423 bis.*

Quando la partecipazione è iscritta per la prima volta in base al metodo del patrimonio netto, il costo di acquisto superiore al valore corrispondente del patrimonio netto riferito alla data di acquisizione o risultante dall'ultimo bilancio dell'impresa controllata o collegata può essere iscritto nell'attivo, purché ne siano indicate le ragioni nella nota integrativa. La differenza, per la parte attribuibile a beni ammortizzabili o all'avviamento, deve essere ammor-

[17] *Ibidem.*

[18] *Ibidem.*

tizzata. Negli esercizi successivi le plusvalenze, derivanti dall'applicazione del metodo del patrimonio netto, rispetto al valore indicato nel bilancio dell'esercizio precedente sono iscritte in una riserva non distribuibile".

Il D.Lgs. n. 127/1991, all'art. 36, riprende la su citata normativa stabilendo, però *"che la differenza positiva tra il valore calcolato con tale criterio e il valore iscritto nel bilancio precedente, per la parte derivante da utili, è iscritta in apposita voce del conto economico"*.

Il metodo del patrimonio netto è la modalità di valutazione di una partecipazione di controllo o di collegamento con la quale il costo originario della stessa si modifica nei periodi successivi all'acquisizione al fine di tener conto delle quote di pertinenza degli utili e delle perdite e delle altre variazioni del patrimonio netto della partecipata. Attraverso questo metodo si prescinde dal fatto che gli utili siano o meno distribuiti e che le perdite vengano o meno portate a diminuzione del capitale della partecipata. In sostanza, il costo originario sostenuto per l'acquisizione di una partecipazione in altra tipologia di società, viene rettificato, positivamente o negativamente, per riflettere, nel bilancio della società partecipante, sia la quota spettante degli utili o delle perdite alla partecipante sia le variazioni del patrimonio netto della partecipata nei periodi seguenti alla data di acquisizione.

Tale metodo determina gli stessi effetti sul patrimonio netto e sul risultato dell'esercizio rispetto agli effetti prodotti dal metodo del consolidamento integrale sul risultato e sul patrimonio netto di pertinenza del gruppo. La differenza tra il consolidamento integrale ed il metodo del patrimonio netto risiede nel fatto che solo attraverso il consolidamento integrale gli effetti sono, in modo analitico, rilevati in ogni voce del bilancio con rappresentazione del risultato e del patrimonio netto di terzi. Con il consolidamento integrale, infatti, si incorporano nel bilancio della partecipante tutti i conti della partecipata; con il metodo del patrimonio netto, invece, si riflette nel valore della partecipazione il patrimonio netto della partecipata.

8. *Contenuto e struttura del bilancio consolidato nel quadro di riferimento italiano*

Il bilancio consolidato, nella normativa nazionale *ex* art. 29 del D.Lgs. n. 127/1991, è costituito dallo Stato Patrimoniale, dal Conto Economico, dal Rendiconto finanziario e dalla Nota integrativa. Nella redazione del suddetto bilancio sono ripresi integralmente tutti gli elementi dell'attivo, del passivo, i proventi e gli oneri inseriti nel processo di consolidamento. Sono, invece, escluse le partecipazioni inserite nel consolidamento e frazioni del patrimonio netto delle imprese consolidate, i debiti e i crediti tra imprese consolidate, gli oneri e i proventi riferiti a operazioni concluse tra le imprese facenti parte del consolidamento. Tali elementi possono, tuttavia, non essere eliminati se irrilevanti e previa indicazione della motivazione nella nota integrativa. Sono, altresì, esclusi gli utili e le perdite a seguito di operazioni tra le imprese del gruppo, relative a importi inseriti nel patrimonio, diversi dai lavori in corso su ordinazione di soggetti terzi. Purtuttavia, tale elemento può non essere eliminato se riferito a operazioni aventi natura corrente e concluse a condizione di mercato normale e se la loro esclusione comporta il sostenimento di sproporzionati costi [19].

I prospetti di stato patrimoniale, conto economico e rendiconto finanziario derivano da quelli imposti civilisticamente per i bilanci di esercizio delle società che fanno parte del consolidamento ad eccezione degli adeguamenti necessari.

Lo Stato Patrimoniale consolidato è un prospetto che rappresenta la situazione patrimoniale e finanziaria del gruppo.

Nella tavola di seguito presentata si riporta lo schema di Stato Patrimoniale consolidato secondo l'impostazione nazionale [20].

Schema di **STATO PATRIMONIALE CONSOLIDATO**

ATTIVO	PASSIVO
A) *CREDITI VS SOCI PER VERSAMENTI DOVUTI* Parte richiamata Parte non richiamata *TOTALE CREDITI VS SOCI A)*	A) *PATRIMONIO NETTO DI GRUPPO* I Capitale II Riserva da sovrapprezzo delle azioni III Riserve di rivalutazione IV Riserva legale V Riserve statutarie VI Altre riserve: – Riserva di consolidamento – Riserva da differenza di traduzione – Altre VII Riserva per operazioni di copertura dei flussi finanziari attesi VIII Utili (perdite) portati a nuovo IX Utile (perdita) dell'esercizio X Riserva negativa per azioni proprie in portafoglio *Totale patrimonio netto di gruppo* Patrimonio netto di terzi: XI Capitale e riserve di terzi XII Utile (perdita) di terzi *Totale patrimonio netto di terzi* *TOTALE PATRIMONIO NETTO CONSOLIDATO A)*

segue

[19] Cfr. art. 31, D.Lgs. n. 127/1991.

[20] Il prospetto è tratto da F. LENOCI-E. ROCCA, *Bilancio consolidato*, Ipsoa Guide Operative, Milano, 2017, pp. 400-402.

B) IMMOBILIZZAZIONI I. Immobilizzazioni immateriali: 1) Costi di impianto e di ampliamento 2) Costi di sviluppo 3) Diritti di brevetto industriale e utilizzazione opere dell'ingegno 4) Concessioni, licenze, marchi e diritti simili 5) Avviamento 6) Immobilizzazioni in corso e acconti 7) Altre *Totale immobilizzazioni immateriali* II. Immobilizzazioni materiali: 1) Terreni e fabbricati 2) Impianti e macchinari 3) Attrezz. industriali e commerciali 4) Altri beni 5) Immobilizzazioni in corso e acconti 6) Immobilizzazioni concesse in locazione finanziaria *Totale immobilizzazioni materiali* III. Immobilizzazioni finanziarie: 1) Partecipazioni in: a) imprese controllate b) imprese collegate c) imprese controllanti d) imprese sottoposte delle controllanti d-*bis*) altre imprese 2) Crediti: * a) verso imprese controllate b) verso imprese collegate c) verso imprese controllanti d) imprese sottoposte al controllo delle controllanti d-*bis)* verso altri 3) Altri titoli 4) Strumenti finanziari derivati attivi *Totale immobilizzazioni finanziarie* *TOTALE IMMOBILIZZAZIONI B)*	*B) FONDI PER RISCHI ED ONERI* 1) Per trattamento di quiescenza e obblighi simili 2) Per imposte, anche differite *2-bis)* Fondo di consolidamento per rischi ed oneri futuri 3) Strumenti finanziari derivati passivi *TOTALE FONDI PER RISCHI ED ONERI B)*
C) ATTIVO CIRCOLANTE I. Rimanenze: 1) Materie prime, sussidiarie e di consumo 2 Prodotti in corso di lavorazione e semilavorati 3) Lavori in corso su ordinazione 4) Prodotti finiti e merci 5) Acconti *Totale rimanenze* II. Crediti: ** 1) verso clienti 2) verso imprese controllate 3) verso imprese collegate 4) verso imprese controllanti 5) verso imprese sottoposte al controllo delle controllanti	*C) TRATTAMENTO DI FINE RAPPORTO DI LAVORO SUBORDINATO*

segue

5-bis) Crediti tributari *5-ter)* Imposte anticipate *5-quater)* verso altri *Totale crediti* III. Attività finanziarie non immobilizzate: 1) Partecipazioni in imprese controllate 2) Partecipazioni in imprese collegate 3) Partecipazioni in imprese controllanti 3-*bis*) Partecipazioni in imprese sottoposte al controllo delle controllanti 4) Altre partecipazioni 5) Strumenti finanziari derivati attivi 6) Altri titoli *Totale attività finanziarie non immobilizzate* IV. Disponibilità liquide: 1) Depositi bancari e postali 2) Assegni 3) Denaro e valori in cassa *Totale disponibilità liquide* *TOTALE ATTIVO CIRCOLANTE C)*	
	*D) DEBITI*** 1) Obbligazioni 2) Obbligazioni convertibili 3) Debiti verso soci per finanziamenti *4)* Debiti verso banche 5) Debiti verso altri finanziatori 6) Acconti 7) Debiti verso fornitori 8) Debiti rappresentati da titoli di credito 9) Debiti verso imprese controllate 10) Debiti verso imprese collegate 11) Debiti verso imprese controllanti 11-*bis*) Debiti verso imprese sottoposte al controllo delle controllanti 12) Debiti tributari 13) Debiti verso istituti di previdenza e di sicurezza sociale 14) Altri debiti *TOTALE DEBITI D)*
D) RATEI E RISCONTI ATTIVI	*E) RATEI E RISCONTI PASSIVI*
TOTALE ATTIVO	**TOTALE PASSIVO**
* Fornire separata indicazione degli importi esigibili entro l'esercizio successive. ** Fornire separata indicazione degli importi esigibili oltre l'esercizio successivo.	

Anche il prospetto di Conto Economico consolidato rispecchia ciò che è previsto per i bilanci di esercizio delle imprese considerate nel consolidamento. Esso, redatto in forma scalare, rappresenta la situazione economica del gruppo. Pure in questo caso le implicazioni del processo di consolidamento comportano adeguamenti, sia pure di minima portata, relativi all'utile o perdita di esercizio di pertinenza di terzi, all'utile o perdita di esercizio di pertinenza del gruppo e all'inserimento della voce rivalutazione delle partecipazioni apprezzate con il metodo del patrimonio netto.

Nella tavola di seguito presentata si riporta lo schema di Conto Economico consolidato secondo l'impostazione nazionale [21].

Schema di CONTO ECONOMICO CONSOLIDATO

CONTO ECONOMICO
A) VALORE DELLA PRODUZIONE 1) Ricavi delle vendite e delle prestazioni 2) Variazioni delle rimanenze di prodotti in corso di lavorazione, semilavorati e finiti 3) Variazioni dei lavori in corso su ordinazione 4) Incrementi di immobilizzazioni per lavori interni 5) Altri ricavi e proventi: — contributi in conto esercizio — altri TOTALE A) B) COSTI DELLA PRODUZIONE 6) Per materie prime, sussidiarie, di consumo e merci 7) Per servizi 8) Per godimento di beni di terzi 9) Per il personale: a) salari e stipendi b) oneri sociali c) trattamento di fine rapporto d) trattamento di quiescenza e simili e) altri costi 10) Ammortamenti e svalutazioni: a) ammortamento immobilizzazioni immateriali b) ammortamento immobilizzazioni materiali c) altre svalutazioni delle immobilizzazioni d) svalutazione dei crediti compresi nell'attivo circolante e delle disponibilità liquide 11) Variazioni delle rimanenze di materie prime, sussidiarie, di consumo e merci 12) Accantonamenti per rischi 13) Altri accantonamenti 14) Oneri diversi di gestione TOTALE B)
Differenza tra valore e costi della produzione (A – B)
C) PROVENTI E ONERI FINANZIARI
15) Proventi da partecipazioni: - dividendi ed altri proventi, con separata indicazione di quelli da imprese controllate, collegate e controllanti e da imprese sottoposte al controllo delle controllanti - altri 16) Altri proventi finanziari: a) da crediti iscritti nelle immobilizzazioni, con separata indicazione di quelli da imprese controllate, collegate e controllanti e da imprese sottoposte al controllo delle controllanti b) da titoli iscritti nelle immobilizzazioni che non costituiscono partecipazioni c) da titoli iscritti nell'attivo circolante che non costituiscono partecipazioni

segue

[21] *Ibidem*, pp. 402-404.

d) proventi diversi dai precedenti, con separata indicazione di quelli da imprese controllate collegate e controllanti e da imprese sottoposte al controllo delle controllanti
17) Interessi e altri oneri finanziari, con separata indicazione di quelli da imprese controllate collegate e controllanti e da imprese sottoposte al controllo delle controllanti
17-bis) Utili e perdite su cambi
TOTALE C)
D) RETTIFICHE DI VALORE DI ATTIVITÀ E PASSIVITÀ FINANZIARIE
18) Rivalutazioni:
a) di partecipazioni, incluse le quote di utili delle partecipate non consolidate
b) di immobilizzazioni finanziarie
c) di titoli iscritti nell'attivo circolante
d) di strumenti finanziari derivati
19) Svalutazioni: A
a) di partecipazioni, incluse le quote di perdite delle partecipate non consolidate
b) di immobilizzazioni finanziarie
c) di titoli iscritti nell'attivo circolante
d) di strumenti finanziari derivati
TOTALE D)
Risultato prima delle imposte (A – B +-C +-D)
20) Imposte sul reddito dell'esercizio: C
– correnti
– differite/anticipate
21) Utile (perdita) dell'esercizio
– Risultato di pertinenza del gruppo
– Risultato di pertinenza dei terzi

La nota integrativa deve indicare, *ex* art. 38 del D.Lgs. n. 127/1991:

– i criteri di valutazioni applicati;

– i criteri e i tassi applicati nella conversione dei bilanci espressi in moneta non avente corso legale nello Stato;

– i movimenti delle immobilizzazioni, specificando per ogni voce: il costo; le rivalutazioni precedenti, gli ammortamenti e le svalutazioni; le acquisizioni, gli spostamenti tra le voci, le alienazioni avvenute nell'esercizio; le rivalutazioni, gli ammortamenti e le svalutazioni realizzati nell'esercizio; il totale delle rivalutazioni delle immobilizzazioni esistenti alla chiusura dell'esercizio;

– le delle variazioni significative avutesi nella consistenza delle altre voci dell'attivo e del passivo;

– la composizione delle voci "costi di impianto e ampliamento" e "costi di sviluppo";

– distintamente per ciascuna voce, l'ammontare dei crediti e dei debiti di durata residua superiore a cinque anni, e dei debiti assistiti da garanzie reali su beni di imprese incluse nel consolidamento, con specifica indicazione della natura delle garanzie;

– la composizione delle voci "ratei e risconti" e degli "altri accantonamenti" dello stato patrimoniale,

– gli importi degli oneri finanziari considerati nell'esercizio ai valori iscritti nell'attivo dello stato patrimoniale, distintamente per ciascuna voce;

– l'importo totale degli impegni, delle garanzie e delle passività potenziali non risultanti dallo stato patrimoniale, con indicazione della natura delle garanzie reali prestate; gli impegni in essere in materia di trattamento di quiescenza e simili;

– la suddivisione dei ricavi delle vendite e delle prestazioni in base alle categorie di attività e aree geografiche;

– la suddivisione degli interessi e degli altri oneri finanziari tra prestiti obbligazionari, debiti verso banche ed altri;

– l'importo e la natura delle singole voci di ricavo o di costo di entità o incidenza eccezionali;

– il numero medio, suddiviso per categorie, dei dipendenti delle imprese incluse nel consolidamento, con separata indicazione di quello relativo alle imprese incluse ai sensi dell'art. 37 del D.Lgs. n. 127/1991;

– cumulativamente per ciascuna categoria, l'importo dei compensi, delle anticipazioni e dei crediti concessi agli amministratori e ai sindaci dell'impresa controllante per lo svolgimento di tali funzioni anche in altre imprese incluse nel consolidamento, precisando il tasso d'interesse, le principali condizioni e gli importi eventualmente rimborsati, cancellati o oggetto di rinuncia, nonché gli impegni assunti per loro conto per effetto di garanzie di qualsiasi tipo prestate, precisando il totale per ciascuna categoria.

– per ciascuna categoria di strumenti finanziari derivati il loro *fair value* e informazioni sulla loro entità e natura;

– per le immobilizzazioni finanziarie iscritte a un valore superiore a quello del *fair value* , ad esclusione delle partecipazioni in società controllate e collegate e delle partecipazioni in Joint venture: il valore contabile e il *fair value* di ogni attività o raggruppamenti con evidenziazione del motivo per il quale il valore contabile non è stato ridotto;

– le operazioni realizzate con parti correlate, puntualizzando l'importo, la natura del rapporto e tutte le informazione necessarie per la comprensione del bilancio rispetto a queste operazioni, se non concluse a normali condizioni di mercato;

– la natura e l'obiettivo economico di accordi che non risultano dallo stato patrimoniale, con indicazione dei loro riflessi patrimoniali, finanziari ed economiche, a condizione che i rischi e i benefici da essi derivanti siano significativi e la loro indicazione sia necessaria per valutare la situazione patrimoniale e finanziaria e il risultato economico consolidati;

– separatamente, l'importo dei corrispettivi per l'attività del revisore legale o alla società di revisione legale per la revisione dei conti consolidati, per gli altri servizi di verifica, di consulenza fiscale e per altri servizi diversi dalla revisione legale forniti al gruppo;

– il nome e la sede legale dell'impresa che produce il bilancio consolidato dell'insieme più grande di imprese di cui l'impresa fa parte in quanto

impresa controllata e il luogo in cui è disponibile la copia del bilancio consolidato;
- il nome e la sede legale dell'impresa che redige il bilancio consolidato dell'insieme più piccolo di imprese di cui l'impresa fa parte in quanto impresa controllata e il luogo in cui è disponibile la copia del bilancio consolidato;
- la natura e l'effetto patrimoniale, finanziario ed economico dei fatti di rilievo avvenuti dopo la data di riferimento del bilancio consolidato).

La nota integrativa deve, inoltre, contenere: l'elenco delle imprese incluse nel consolidamento col metodo integrale ai sensi dell'art. 26; l'elenco delle imprese incluse nel consolidamento col metodo proporzionale ai sensi dell'art. 37; l'elenco delle partecipazioni valutate con il metodo del patrimonio netto ai sensi del comma 1 dell'art. 36; l'elenco delle altre partecipazioni in imprese controllate e collegate.

Sempre nel D.Lgs. n. 127/1991 è inoltre precisato che per le definizioni di strumento finanziario, strumento finanziario derivato, *fair value* e parte correlata il riferimento è ai principi contabili internazionali adottati dall'Unione europea.

Il bilancio consolidato deve essere accompagnato da una relazione sulla gestione consolidata contenente, *ex* art. 40 del D.Lgs. n. 127/1991, *"un'analisi fedele equilibrata ed esauriente della situazione dell'insieme delle imprese incluse nel consolidamento e dell'andamento e del risultato della gestione nel suo insieme e nei vari settori, con particolare riguardo ai costi, ai ricavi e agli investimenti, nonché una descrizione dei principali rischi e incertezze cui le imprese incluse nel consolidamento sono esposte"*. Nella relazione sulla gestione debbono essere, inoltre, indicati le attività di ricerca e sviluppo, gli aspetti relativi all'andamento prevedibile gestionale, il valore nominale e numero di quote o azioni possedute dalla società controllante o delle controllate.

Il bilancio consolidato, come previsto dall'art. 41 del D.Lgs. n. 127/1991, è assoggettato alla revisione legale il cui obbligo è in capo al soggetto incaricato della revisione legale del bilancio di esercizio della società che redige a sua volta il consolidato.

Il rendiconto finanziario consolidato è obbligatorio dal primo gennaio 2016 ed è stato introdotto a seguito del D.Lgs. n. 139/2015 e consente di fornire informazioni sui flussi finanziari che permettono ai fruitori del bilancio di avere la possibilità di valutare la capacità dell'entità di produrre risorse e i relativi fabbisogni.

Nella tavole di seguito presentate si riportano gli schemi di Rendiconto finanziario consolidato dei flussi di liquidità con i metodi indiretto e diretto[22].

---

[22] *Ibidem*, pp. 405-408.

Schema di RENDICONTO FINANZIARIO CONSOLIDATO DEI FLUSSI DI LIQUIDITÀ – metodo indiretto

A. Flussi finanziari derivanti dall'attività operativa (metodo indiretto)
Utile (perdita) dell'esercizio Imposte sul reddito Interessi passivi (interessi attivi) (Dividendi) (Plusvalenze) minusvalenze derivanti dalla cessione di attività **1. Utile (perdita) dell'esercizio prima d'imposte sul reddito, interessi, dividendi e plus/ minusvalenze da cessione** *Rettifiche per elementi non monetari che non hanno avuto contropartita nel capitale circolante netto* Accantonamenti ai fondi Ammortamenti delle immobilizzazioni Svalutazioni per perdite durevoli di valore Rettifiche di valore di attività e passività finanziarie di strumenti finanziari derivati che non comportano movimentazioni monetarie Altre rettifiche per elementi non monetari IN **2. Flusso finanziario prima delle variazioni del CCN** *Variazioni del capitale circolante netto* Decremento (incremento) delle rimanenze Decremento (incremento) dei crediti verso clienti Incremento (decremento) dei debiti verso fornitori Decremento (incremento) ratei e risconti attivi Incremento (decremento) ratei e risconti passivi Altre variazioni del capitale circolante netto **3. Flusso finanziario dopo le variazioni del CCN** *Altre rettifiche* Interessi incassati (pagati) (Imposte sul reddito pagate) Dividendi incassati (Utilizzo dei fondi) *Altri incassi/pagamenti*
Flusso finanziario dall'attività operativa (A)
B. Flussi finanziari derivanti dall'attività d'investimento
Immobilizzazioni materiali (Investimenti) Disinvestimenti *Immobilizzazioni immateriali* (Investimenti) Disinvestimenti *Immobilizzazioni finanziarie* (Investimenti) Disinvestimenti *Attività finanziarie non immobilizzate* (Investimenti) Disinvestimenti *Acquisizione di società controllate al netto delle disponibilità liquide* *Cessione di società controllate al netto delle disponibilità liquide*
Flusso finanziario dall'attività di investimento (B)
C. Flussi finanziari derivanti dall'attività di finanziamento
Mezzi di terzi Incremento (decremento) debiti a breve verso banche Accensione finanziamenti (Rimborso finanziamenti)

segue

Mezzi propri Aumento di capitale a pagamento (Rimborso di capitale) Cessione (acquisto) di azioni proprie Dividendi (e acconti su dividendi) pagati
Flusso finanziario dall'attività di finanziamento (C)
INCREMENTO (DECREMENTO) DELLE DISPONIBILITÀ LIQUIDE (A ± B ± C)
Effetto cambi sulle disponibilità liquide
DISPONIBILITÀ LIQUIDE ALL'INIZIO DELL'ESERCIZIO di cui: Depositi bancari e postali Assegni Denaro e valori in cassa
DISPONIBILITÀ LIQUIDE ALLA FINE DELL'ESERCIZIO di cui: Depositi bancari e postali Assegni Denaro e valori in cassa

Schema di RENDICONTO FINANZIARIO CONSOLIDATO DEI FLUSSI DI LIQUIDITÀ – metodo diretto

A. Flussi finanziari derivanti dall'attività operativa (metodo diretto) Incassi da clienti Altri incassi (Pagamenti a fornitori per acquisti) (Pagamenti a fornitori per servizi) (Pagamenti al personale) (Altri pagamenti) (Imposte pagate sul reddito) Interessi incassati (pagati) Dividendi incassati
Flusso finanziario dall'attività operativa (A)
B. Flussi finanziari derivanti dall'attività di investimento
Immobilizzazioni materiali (Investimenti) Disinvestimenti *Immobilizzazioni immateriali* (Investimenti) Disinvestimenti *Immobilizzazioni finanziarie* (Investimenti) Disinvestimenti *Attività finanziarie non immobilizzate* (Investimenti) Disinvestimenti *Acquisizione di società controllate al netto delle disponibilità liquide* *Cessione di società controllate al netto delle disponibilità liquide*
Flusso finanziario dall'attività di investimento (B)

segue

C. Flussi finanziari derivanti dall'attività di finanziamento
Mezzi di terzi Incremento (decremento) debiti a breve verso banche Accensione finanziamenti (Rimborso finanziamenti) *Mezzi propri* Aumento di capitale a pagamento (Rimborsi di capitale) Cessione (acquisto) di azioni proprie Dividendi (e acconti su dividendi) pagati
Flusso finanziario dall'attività di finanziamento (C)
INCREMENTO (DECREMENTO) DELLE DISPONIBILITÀ LIQUIDE (A ± B ± C)
Effetto cambi sulle disponibilità liquide
DISPONIBILITÀ LIQUIDE ALL'INIZIO DELL'ESERCIZIO di cui: Depositi bancari e postali Assegni Denaro e valori in cassa
DISPONIBILITÀ LIQUIDE ALLA FINE DELL'ESERCIZIO di cui: Depositi bancari e postali Assegni Denaro e valori in cassa

Capitolo VI

I bilanci straordinari degli istituti della cessazione aziendale

di Claudia Salvatore *

1. *Premessa*

I repentini mutamenti causati dalle variabili ambientali agiscono continuamente sul sistema-azienda influenzando i fattori interni che ne seguono la vita e lo sviluppo e perturbando le instabili condizioni di equilibrio aziendale. Ciò richiede un continuo riadeguamento del sistema in risposta al dinamismo ambientale al fine di migliorare o ripristinare le precedenti condizioni di equilibrio e scongiurare così il deterioramento progressivo dell'intero sistema-azienda [1].

L'esistenza e il funzionamento delle aziende dipendono, infatti, da uno stato di equilibrio generale del sistema da mantenersi e migliorarsi nel tempo, in quanto ogni sua alterazione può essere considerata sintomo disfunzionale che, se non adeguatamente sanato, può determinare una situazione di grave instabilità patologica, distruttrice di ricchezza, denominata crisi d'impresa [2].

---

* Ordinario di Economia Aziendale dell'Università degli Studi del Molise.

[1] Tale deterioramento può portare alla crisi di impresa quale alterazione delle condizioni di equilibrio generale del sistema-azienda e quale processo logico di trasformazione del rischio in crisi. Per i relativi approfondimenti, si veda: N. PATI, *L'azione dei fattori e dei profili sul processo di trasformazione del rischio in crisi d'impresa*, in *RIREA*, 5-6, 1993, pp. 287-301.

[2] Lo stato di crisi rappresenta una condizione dinamica che può assumere caratteri di precarietà e di mutevolezza e può tradursi in dissesto. Si consulti: G. PAOLONE, *Gli istituti della cessazione aziendale. Cause originatrici e forme di manifestazione*, Franco Angeli, Milano, 2008, pp. 20-22; N. PATI, *L'azione dei fattori e dei profili sul processo di trasformazione del rischio in crisi d'impresa*, cit., pp. 287-301.

Più precisamente, l'equilibrio generale del sistema-azienda trae origine dall'armoniosa composizione degli equilibri particolari (economico, patrimoniale e finanziario-monetario) e dalle interrelazioni instaurabili fra le sue componenti interne ed esterne, queste ultime appartenenti al sistema-ambiente. Ogni alterazione delle condizioni di equilibrio aziendale, sia essa connessa alla mancata coordinazione tra i fattori interni al sistema o all'azione perturbativa degli elementi ambientali, può essere considerata come un segnale di disfunzione aziendale che, in assenza di adeguati e tempestivi provvedimenti correttivi, può dare origine alla crisi [3].

Le aziende, istituite e funzionanti, possono quindi perdere nel tempo la loro originaria vitalità e venire a cessare in senso *relativo* al soggetto aziendale (*cessazione relativa*) o in senso *assoluto*, quando la crisi si è diffusa all'interno dell'azienda (*cessazione assoluta*) [4].

Nella *cessazione relativa*, l'azienda pur permanendo nel suo nucleo essenziale come sistema, viene a cessare relativamente al suo soggetto economico e/o giuridico dando origine ad ipotesi di *cessione*, di *conferimento*, di *fusione*, di *scissione* e di *trasformazione*. Attraverso l'attivazione degli istituti della cessazione relativa, pertanto, è possibile ripristinare le condizioni di normale funzionalità aziendale (Figura 1).

Figura 1 – **Gli istituti della cessazione relativa**

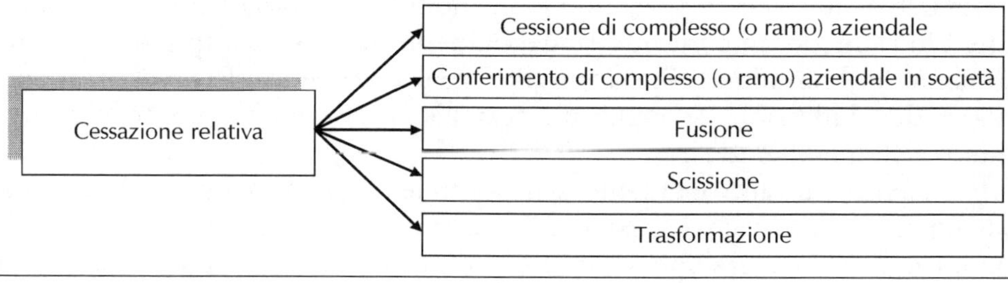

Nella *cessazione assoluta*, invece, il sistema-azienda si disintegra nelle sue componenti materiali ed immateriali pervenendo alla disgregazione del patrimonio aziendale e dell'unità sistemica. Tale cessazione si verifica nella fase terminale della vita aziendale e si ha con la *liquidazione* dell'azienda che può essere *volontaria* o *concorsuale* (Figura 2).

---

[3] Si veda ancora: G. PAOLONE, *Gli istituti della cessazione aziendale. Cause originatrici e forme di manifestazione*, 2008, cit., p. 15.

[4] Per ulteriori approfondimenti si veda: G. PAOLONE, *Gli istituti della cessazione aziendale. Cause originatrici e forme di manifestazione*, 2008, cit., p. 60; E. VIGANÒ, *La natura del valore economico del capitale di impresa e le sue applicazioni*, Giannini, Napoli, 1967, pp. 92-93; E. PAVAN-P. PAGLIETTI, *Il valore dell'impresa nelle operazioni straordinarie*, Maggioli, Santarcangelo di Romagna, 2017.

Figura 2 – **Gli istituti della cessazione assoluta**

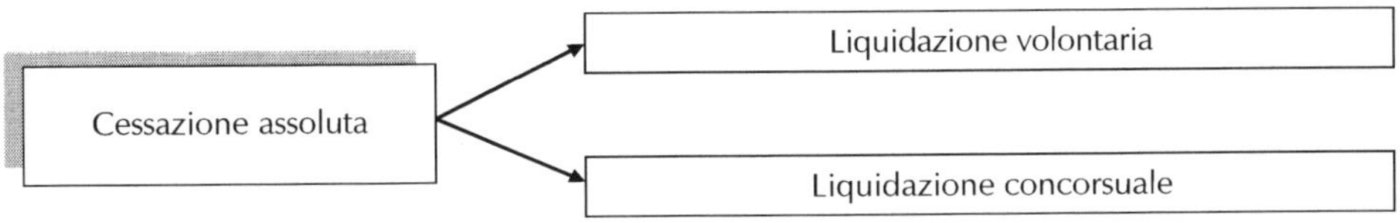

Le disfunzioni aziendali possono, dunque, rappresentare agenti propulsori di rafforzamento dell'equilibrio aziendale (e dare luogo ad operazioni straordinarie di *cessazione relativa* [5]), ovvero fattori promozionali di situazioni di crisi aziendali che se incontrollate conducono alla *cessazione assoluta* dell'azienda. Infatti, il rischio d'impresa [6], quale condizione di vita e di esistenza delle aziende che sovrasta tutte le concrete manifestazioni della stessa vita aziendale, può tramutarsi in eventi positivi (che portano al successo aziendale [7]) o in eventi negativi (che portano alla crisi).

Con la *cessazione assoluta*, l'azienda cessa di esistere come tale, in quanto è impossibilitata a ripristinare le condizioni di normale funzionalità e di equilibrio e non è più in grado di esprimere un valore economico unitario. Di conseguenza, l'azienda dà origine a realizzi disgiunti del suo patrimonio attraverso le *gestioni liquidatorie* [8].

In altre parole, a causa dell'incapacità, ovvero dell'impossibilità, da parte dell'azienda di generare un'efficace ed opportuna azione reattiva, la progressiva propagazione della disfunzione aziendale crea ulteriori squilibri

---

[5] Infatti, gli istituti della cessazione relativa (*cessione*, *conferimento*, *fusione*, *scissione* e *trasformazione*) possono consentire di ripristinare le condizioni di equilibrio aziendale, anche rafforzandole, implementando strategie rivolte alla riconfigurazione economica della dimensione e dell'assetto organizzativo dell'azienda.

[6] Per le considerazioni sul rischio aziendale, si veda: U. BERTINI, *Introduzione allo studio dei rischi nell'economia aziendale*, Giuffrè, Milano, 1987.

[7] Pertanto, le variabili aziendali che influiscono sugli equilibri particolari possono configurarsi alternativamente quali parametri di successo aziendale o fenomeni antifunzionali di insuccesso. Si veda: A. CONSORTI, *Il successo dell'azienda. Schema di analisi*, Giappichelli, Torino, 1994, pp. 26-36.

[8] G. PAOLONE, *L'economia aziendale e la ragioneria nella teoria e nelle specializzazioni*, Franco Angeli, Milano, 2007, pp. 58-59 e 69-70. Secondo l'Autore, il capitale è un "sistema di valori", all'interno del quale la valutazione del singolo bene è funzione del suo possibile inserimento nella combinazione produttiva. Tuttavia, l'intensità del legame tra i componenti del patrimonio può essere diversa nei vari momenti della vita aziendale: in sede di costituzione, essa risulta attenuata, poiché la combinazione produttiva non è stata ancora perfezionata; analogamente ciò avviene nel momento della cessazione e della liquidazione, quando la combinazione dei fattori viene dissolta.

settoriali attraverso un processo di graduale trasmissione all'interno del sistema [9].

Generalmente, il processo di deterioramento comincia con il manifestarsi di un iniziale segnale negativo della *crisi potenziale* non ancora espressione di un fenomeno di prima disfunzione (*stadio di incubazione*).

Il manifestarsi, invece, dell'iniziale disfunzione dà origine ad una *crisi latente* (*stadio di preallarme*), la quale può essere efficacemente arginata attraverso una puntuale e mirata azione preventiva. Proprio tale intervento è rivolto a bloccare l'avanzamento e, quindi, la diffusione delle disfunzioni aziendali che provocano squilibri settoriali, originando la vera *crisi d'impresa*, grave e diffusa. In tale stadio, la crisi è ancora controllabile e sanabile attraverso una gestione reattiva e repulsiva che può condurre al risanamento e, quindi, al riequilibrio del sistema aziendale.

Contrariamente, una tardiva o mancata (o inefficace) azione di risanamento, genera la cosiddetta *crisi acuta*, incontrollabile e ineliminabile, coincidente con lo squilibrio globale causato dalla disfunzione generalizzata. Tale situazione conduce, perciò, alla cessazione assoluta dell'azienda [10] che è posta in essere attraverso la liquidazione *volontaria* e *concorsuale*.

Alla luce di tale disamina, risulta evidente come la difficoltà del *management* aziendale risieda nell'individuazione dei primi sintomi di inefficienza ai quali spesso corrispondono squilibri che si manifestano nel settore economico (le cosiddette perdite gestionali), o in quello finanziario (dovuto alla mancata correlazione tra investimenti e fonti di finanziamento) o in quello monetario (creando situazioni di illiquidità).

Tali squilibri agiscono negativamente sul patrimonio aziendale e sulla sua integrità. Infatti, il crescere e l'intensificarsi delle perdite di gestione generano l'incapacità dell'azienda di far fronte agli impegni assunti con la conseguente determinazione dello stato di insolvenza a cui spesso fa seguito il dissesto, quale situazione di permanente incapacità dell'attivo di fronteggiare il passivo [11].

Nel presente capitolo, dopo una breve panoramica sulle cause originatrici della crisi d'impresa e sul processo di risanamento aziendale, viene affrontata l'analisi della cessazione aziendale, relativa e assoluta, che può portare a diverse tipologie di operazioni di gestione straordinaria ravvisabili nella cessione, nel conferimento, nella fusione, nella scissione, nella tra-

---

[9] Per approfondimenti sulle gestioni straordinarie in ipotesi di cassazione assoluta si veda: G. PAOLONE, *Le gestioni straordinarie – Aspetti normativi ed economico-aziendali*, Giappichelli, Torino, 2004, pp. 329-339.

[10] Si veda: G. PAOLONE, *Le gestioni straordinarie – Aspetti normativi ed economico-aziendali*, 2004, cit., pp. 17-19.

[11] G. PAOLONE, *Gli istituti della cessazione aziendale. Cause originatrici e forme di manifestazione*, 2008, cit., pp. 24-25.

sformazione e nella liquidazione. Tali operazioni vengono esaminate negli aspetti giuridico-civilistici, economico-aziendali, contabili e di bilancio anche in riferimento alle disposizioni dei principi contabili nazionali dell'Organismo Italiano di Contabilità (OIC) e dei principi contabili internazionali.

2. *Le cause originatrici della crisi aziendale*

La cessazione aziendale, sia essa relativa o assoluta, è stata studiata da diversi aziendalisti che hanno individuato le cause originatrici determinanti varie ipotesi di disfunzione e di crisi (sanabili o non) [12].

La *crisi d'impresa* costituisce una situazione patologica che può manifestarsi durante l'iter gestionale dell'azienda e trae origine da disfunzioni fisiologiche che si sono diffuse, senza un'opportuna e tempestiva reazione, all'interno del sistema-azienda modificandone il normale equilibrio. La crisi può essere ricondotta ad uno sviluppo non controllato della stessa, a elementi di rigidità interna che ne ostacolano l'adattamento a modifiche ambientali e di mercato, al decadimento della combinazione prodotto-mercato-tecnologia e a sfasamenti della struttura finanziaria dell'azienda. Tali configurazioni di crisi, nella realtà non si presentano ben individuate (o facilmente individuabili), ma spesso risultano tra loro interconnesse [13].

Più precisamente, le cause che danno origine alla cessazione aziendale, nelle varie accennate manifestazioni, possono essere *interne* al sistema-azienda (*cause aziendali*), relative al suo andamento economico-tecnico, ed *esterne (cause extra-aziendali*), legate a circostanze estranee a tale andamento per lo più dipendenti dalla volontà del soggetto economico, dal suo decesso, nonché da fattori ambientali quali il mercato, il progresso tecnologi-

---

[12] Si evidenzia che il tema della crisi aziendale, che tradizionalmente è stato oggetto di attenzione negli studi economico-aziendali, ha suscitato, negli ultimi anni, un rinnovato interesse da parte degli aziendalisti, a causa della recessione economica globale che ha decretato una drammatica attualità dei dissesti aziendali. Tra i lavori più recenti sulla crisi aziendale si vedano, tra gli altri: G. ABATECOLA, *Crisi d'impresa. Elementi di teoria ed evidenze empiriche*, Aracne, Roma, 2007; M. AMEDEO, *La gestione d'impresa tra vitalità e rischio di crisi*, Cacucci, Bari, 2006; G. CESTARI, *La diagnosi precoce della crisi aziendale. Analisi del processo patologico e modelli predittivi*, Giuffrè, Milano, 2009; A. DANOVI-A. QUAGLI (a cura di), *Gestire la crisi d'impresa: processi e strumenti di risanamento*, Wolters Kluwer, Assago, 2015; E. GIACOSA, *Il fenomeno della crisi aziendale: un modello di percezione del fenomeno della crisi aziendale nel sistema impresa*, Franco Angeli, Milano, 2016; G. MIGLIACCIO, *Squilibri e crisi nelle determinazioni quantitative d'azienda. Il contributo della dottrina*, Franco Angeli, Milano, 2012.

[13] Si consulti: G. PAOLONE, *Gli Istituti della cessazione aziendale. Cause originatrici e forme di manifestazione*, 2008, cit., pp. 20-22.

co e finanziario e lo stato delle istituzioni. Le cause aziendali possono poi assumere carattere *fisiologico*, vale a dire insite nella naturale evoluzione della vita dell'impresa (raggiungimento dell'obiettivo aziendale, volontà del soggetto aziendale di mutare investimento), oppure *patologico*, inerenti al mancato funzionamento del sistema aziendale (disfunzioni nell'andamento economico, patrimoniale e finanziario-monetario).

Quando gli stati patologici sono tali da compromettere le condizioni di minimo equilibrio aziendale, essi portano inevitabilmente alla cessazione assoluta (liquidazione) dell'impresa in difficoltà. Qualora, invece, gli stati patologici corrispondano a disfunzioni temporanee, possono essere sanati; è questo il caso di uno squilibrio finanziario dovuto alla carenza di liquidità che, prima che possa determinare ripercussioni sull'andamento economico e patrimoniale (destinate a sfociare in una crisi irreversibile), può essere sanato grazie all'intervento di un terzo soggetto finanziatore [14].

Come verrà evidenziato nel successivo paragrafo 4, esiste un rapporto di tendenziale connessione tra le *cause* (interne ed esterne) e le *forme* di rappresentazione della cessazione aziendale. L'individuazione delle cause originatrici del fenomeno disfunzionale, siano esse interne o esterne al sistema-azienda, è essenziale per valutarne la gravità e la portata, al fine di stabilire l'irreversibilità o meno del fenomeno [15].

3. *Il risanamento aziendale e la predisposizione di un piano di intervento*

Il fenomeno della crisi aziendale può essere osservato nei suoi principali momenti così distinti: previsione e prevenzione dello stato di crisi, accertamento dello stato di crisi e processo di risanamento aziendale [16]. Quest'ultimo momento, nello specifico, riguarda lo stadio più avanzato della crisi (insolvenza) in grado di minacciare la funzionalità durevole dell'azienda [17]; il risanamento quindi, concerne le strategie e gli strumenti posti

---

[14] Si veda ancora: G. PAOLONE, *Gli Istituti della cessazione aziendale. Cause originatrici e forme di manifestazione*, 2008, cit., p. 61.

[15] Per quanto sopra esposto si veda: G. PAOLONE, *Le gestioni straordinarie – Aspetti normativi ed economico-aziendali*, 2004, cit., pp. 17-20; G. PAOLONE-L. D'AMICO, *La Ragioneria nei suoi principi applicativi e modelli contabili*, Giappichelli, Torino, 2002, pp. 241-269.

[16] Si veda per tutti: A. DANOVI-A. QUAGLI (a cura di), *La gestione della crisi e dei processi di risanamento*, cit.; E. PAVAN-P. PAGLIETTI, *Il valore dell'impresa nelle operazioni straordinarie*, cit.

[17] Si veda: S. SCIARELLI, *La crisi d'impresa*, Cedam, Padova, 1995.

in essere dalla *governance* aziendale per intervenire in tempo [18], al fine di fronteggiare la crisi conclamata [19] e ricondurre (se possibile) l'azienda in situazioni di equilibrio, al fine di evitare la liquidazione.

Si evidenzia che, prima dell'individuazione della strategia di risanamento e della relativa realizzazione, è molto importante conoscere le cause che hanno determinato la crisi e avere consapevolezza delle risorse che si possiedono nonché valutare i costi e i benefici connessi alla stessa strategia risanatoria [20].

Il processo di risanamento aziendale presuppone il coinvolgimento dei creditori, in particolare del sistema creditizio (quali banche e società finanziarie) [21] che ha più volte nel tempo dimostrato la sua capacità di concorrere al superamento delle crisi di grandi complessi industriali, attraverso adeguati piani di ristrutturazione [22]. Tali piani sono volti ad evitare la disgregazione dei patrimoni aziendali (o di parti di essi) a cui si perviene, invece, mediante le procedure di liquidazione. Il sistema bancario, infatti, ha recepito l'esigenza del rispetto della continuità aziendale che consente il mantenimento in vita delle risorse intangibili (idee, esperienze, *know-how*, ecc.) necessarie per avviare un'efficace azione risanatoria.

Un processo di risanamento, di concerto con il sistema creditizio, ha inizio con la predisposizione di un *piano di intervento*, da sottoporre all'attenta valutazione degli istituti bancari al fine di ottenere un giudizio sull'affidabilità dello stesso e sulle concrete prospettive di risanamento [23].

Alla base della solidità del piano di intervento (*business plan*) vi è la ve-

---

[18] In proposito si veda: S. MIGLIORI, *Crisi d'impresa e corporate governance*, Franco Angeli, Milano, 2013.

[19] Si consulti: P. BOGARELLI, *Competenze manageriali e professionali per il fronteggiamento delle crisi nelle imprese di minori dimensioni*, in *Economia Aziendale Online*, 6.2, 2015, pp. 79-98.

[20] Per approfondimenti sulle strategie di risanamento si consultino: S.A. BOOTH, *Crisis management strategy: competition and change in modern enterprises*, Routledge, New York, 2015; A. DELL'ATTI, *I piani di risanamento nelle operazioni di ristrutturazione d'impresa*, Franco Angeli, Milano, 2012, pp. 65-85.

[21] Talvolta, peraltro, l'insolvenza può dipendere anche da fattori esterni all'impresa, tra cui la difficoltà di ottenere il credito bancario per ragioni legate alla scarsa liquidità dei mercati. Si consulti: A. DI CARLO-M. BISOGNO (a cura di), *Crisi e risanamento d'impresa in una prospettiva internazionale: analisi economica e strumenti giuridici*, Franco Angeli, Milano, 2012, p. 21.

[22] Sui piani di risanamento finalizzati alla continuità aziendale delle imprese in crisi si vedano, tra gli altri: A. DELL'ATTI, *I piani di risanamento nelle operazioni di ristrutturazione d'impresa*, cit.; M. RUTIGLIANO (a cura di), *Superare la crisi con i piani di risanamento e gli accordi di ristrutturazione dei debiti*, Giuffrè, Milano, 2010.

[23] Sul ruolo del sistema bancario nel processo di risamento aziendale si veda: G. PAOLONE, *Gli Istituti della cessazione aziendale. Cause originatrici e forme di manifestazione*, cit., pp. 55-59.

rifica prospettica delle condizioni di economicità dell'azienda da risanare, espressa in termini di produttività e di redditività. Tali condizioni di economicità presuppongono l'esistenza in azienda di un patrimonio di idee e di conoscenze, destinato a perdurare e rafforzarsi nel tempo, supportato da condizioni ambientali esterne favorevoli e da risorse materiali disponibili, tecnologicamente avanzate. Tuttavia, è indispensabile che la predisposizione del piano di intervento e la sua presentazione al sistema bancario interessato avvenga nel rispetto della massima trasparenza e che, inoltre, siano comunicate in modo tempestivo tutte quelle informazioni idonee a fornire una completa rappresentazione della situazione aziendale. Si evidenzia che queste informazioni, spesso, non emergono dal bilancio e dalle relazioni a esso allegate, ma si desumono da elementi qualitativi (o profili) capaci di identificare l'azienda non solo nei momenti di crescita e sviluppo, ma anche in situazioni perturbative di crisi cicliche risolvibili [24].

Il fattore *tempo* costituisce, dunque, una variabile fondamentale del processo di risanamento aziendale, in quanto, esso agisce positivamente sulle possibilità di ripristino delle condizioni di funzionalità, se ci si posiziona all'inizio del processo evolutivo della crisi, quando si evidenziano i primi sintomi; viceversa, il *tempo* sancisce l'insanabilità della crisi, qualora l'intervento avvenga in momenti successivi a fronte di situazioni aziendali di difficile soluzione. Un intervento tempestivo, infatti, rende maggiormente possibile l'azione di risanamento, la quale ha inizio con la raccolta dei dati e delle informazioni, si sviluppa con la redazione del piano da sottoporre alla valutazione del sistema bancario, per concludersi con l'esecuzione, il controllo e la revisione dello stesso [25].

Diversi soggetti partecipano, direttamente o indirettamente, al processo di prevenzione-diagnosi-risanamento delle aziende in crisi: l'*imprenditore*, il quale è il primo ad essere persuaso che la crisi che minaccia la propria azienda sia superabile; il *consulente*, nella figura del commercialista, che si occupa dei problemi specifici riguardanti particolari settori (per lo più fiscali) della vita aziendale, ovvero nella figura dell'aziendalista, che è chiamato all'occorrenza a valutare l'efficienza globale dell'impresa per avvertire gli squilibri settoriali, comprenderne le cause promozionali e proporre soluzioni di rimedio [26]; il *creditore* (tra cui le banche), il quale tende a preoc-

---

[24] Si confronti con: G. PAOLONE, *L'economia aziendale e la ragioneria nella teoria e nelle specializzazioni*, 2007, cit., p. 105.

[25] Si veda ancora: G. PAOLONE, *Gli Istituti della cessazione aziendale. Cause originatrici e forme di manifestazione*, 2008, cit., p. 56.

[26] L'eventuale coincidenza delle due figure nella stessa persona (con, inoltre, l'affiancamento di un legale) consentirebbe di individuare con notevole anticipo le difficoltà insite nella gestione aziendale, prevenendo processi dissolutori ed evitando il ricorso ad azioni risanatorie.

cuparsi più della salvaguardia della propria posizione creditoria (anche prescindendo dalle altre posizioni creditorie) piuttosto che della valutazione delle prospettive di ripristino e di sviluppo delle condizioni di tendenziale equilibrio dell'azienda. Altri soggetti interessati ai processi di crisi d'impresa e all'evoluzione della situazione di crisi sono: le *associazioni di categoria* (degli imprenditori e dei lavoratori), le *istituzioni pubbliche territoriali* (locali, regionali e nazionali), la *massa dei debitori*, l'*utenza finale* (clienti e consumatori) [27].

Si rende necessaria una particolare intesa, soprattutto tra imprenditori, consulenti e banche; inoltre, il coinvolgimento dei diversi *stakeholders* dovrebbe poter favorire la valutazione della situazione di crisi, consentendo la ricerca delle cause promotrici da rimuovere e ponendo in essere l'azione di risanamento traducibile in un piano operativo finalizzato al perseguimento dell'obiettivo di recupero dell'efficienza aziendale compromessa.

L'avvio di questo processo richiede la disponibilità di nuove risorse finanziarie; ciò implica, come spesso si verifica (a causa dell'insufficienza di mezzi liquidi propri), il ricorso al prestito bancario che tende a costituire la principale fonte di intervento, laddove, invece, sarebbe auspicabile che le risorse necessarie alla realizzazione del processo di risanamento provenissero non solo dalla fonte del capitale di terzi, ma anche da quella del capitale proprio. Ne deriva che l'ottenimento del prestito bancario condiziona la concreta applicazione del piano di risanamento; questa condizione, pertanto, rafforza la necessità di prevedere un processo di autofinanziamento generabile, in prospettiva, dal ripristino dell'equilibrio economico perseguibile con l'azione risanatoria.

Il sistema bancario riveste, dunque, un importante ruolo di supporto all'azienda in crisi durante la complessa attività di risanamento, in quanto, è chiamato a dover rinunciare alle proprie pretese creditorie e, oltretutto, a erogare nuove risorse finanziarie indispensabili per consentire la prosecuzione della funzionalità aziendale. Di conseguenza, la possibilità che l'azienda possa uscire dalla crisi risulta legata, prima che alla valutazione positiva del piano di risanamento, al grado di *fiducia* che il sistema bancario ripone sulla figura dell'imprenditore, in termini di correttezza, abilità, creatività ecc., e su quella del gruppo di consulenti impegnati nel ripristino delle condizioni di equilibrio [28].

Il rapporto fiduciario banca-impresa inizia, quindi, nel momento in cui l'impresa in difficoltà utilizza le linee di credito concesse dal sistema bancario, il quale può sorvegliare l'attività dell'impresa affiliata e valutare il

---

[27] Sulla rilevanza degli *stakeholders* nei processi di crisi d'impresa si veda: S. MIGLIORI, *Crisi d'impresa e corporate governance*, cit., p. 57 e segg.

[28] Si veda: G. PAOLONE, *Gli Istituti della cessazione aziendale. Cause originatrici e forme di manifestazione*, 2008, cit., p. 57.

merito creditizio, svolgendo una funzione di orientamento verso l'attività di consolidamento del passivo, di ricerca di nuovi soci per sottoscrizioni di aumenti di capitale di rischio, di assunzione immediata di quote partecipative attraverso le *merchant banks*, ecc. L'impresa in difficoltà, inoltre, deve seguire una corretta esecuzione del piano di risanamento e non deve consentire l'attivazione di comportamenti che mirino alla tutela di un proprio interesse personalistico (ad esempio, per ottenere nuove garanzie) e che aggraverebbero ulteriormente la crisi fino alla disgregazione del patrimonio aziendale.

In altre parole, l'efficacia dell'intervento di risanamento richiede un'azione concertata tra il sistema bancario, l'impresa in disfunzione e i suoi consulenti; inoltre, si rende necessario l'intervento congiunto dell'intero sistema bancario che, nel rispetto delle posizioni delle singole banche dello stesso sistema e del definito piano di risanamento, si ponga il duplice obiettivo di ripristinare le condizioni di equilibrio aziendale e di consentire la copertura delle proprie esposizioni creditorie. Ciò in quanto il deterioramento della situazione di crisi dell'azienda arrecherebbe un danno maggiore alle stesse banche creditrici.

In conclusione, il successo di un piano di risanamento si fonda proprio sull'intervento congiunto dell'intero sistema bancario volto alla sanabilità dell'azienda in crisi.

4. *Le forme di cessazione aziendale nella connessione con le cause originatrici*

Come accennato nella premessa del presente capitolo, la cessazione coincide con un particolare periodo della vita di una azienda in funzionamento, durante il quale questa può perdere l'ordinaria vitalità in risposta all'evoluzione del suo ambiente (in termini di cause *interne* ed *esterne* originatrici di disfunzioni aziendali), venendo a cessare in relazione al soggetto aziendale, in senso *assoluto* o *relativo*. La cessazione aziendale dà luogo, quindi, a operazioni di gestione straordinaria che possono consistere sia in processi di rideterminazione della configurazione organizzativa e della dimensione dell'azienda [29] (*cessazione relativa*), sia in processi di disgregazione del patrimonio aziendale nelle sue componenti materiali e immateriali (*cessazione assoluta*).

In particolare, la cessazione relativa dà luogo alle operazioni straordinarie di *cessione* (di aziende o di quote di partecipazione), di *conferimento*, di

---

[29] Si veda: G. Savioli, *Le operazioni di gestione straordinaria*, Giuffrè, Milano, 2012.

fusione di un'azienda societaria con altra(e), di *scissione* da un'azienda societaria verso altra(e) e di *trasformazione* dell'azienda di un tipo di società in azienda di società di altra specie. In tutte queste forme di gestione straordinaria, infatti, l'azienda permane nel suo nucleo essenziale come sistema di forze economiche operanti in un dato ambiente, benché venga a cessare relativamente al suo soggetto, sia giuridico, sia economico, oppure solamente in relazione al soggetto giuridico o, ancora, solamente in relazione al soggetto economico [30].

La cessazione assoluta, invece, dà luogo alle operazioni straordinarie di *liquidazione* che, a differenza delle altre forme di gestioni straordinarie (quelle originanti dalla cessazione relativa), provoca un annullamento dell'unità del sistema-azienda che, pertanto, si disintegra. Infatti, l'istituto della *liquidazione* viene concordemente definito dalla dottrina aziendalistica [31] come quella particolare forma di cessazione (assoluta) attraverso la quale il complesso aziendale viene disgregato nelle sue componenti elementari consentendo, con il realizzo monetario derivante dalla vendita disgiunta dei beni, di estinguere gli eventuali debiti aziendali [32].

In relazione alle diverse modalità di liquidazione del patrimonio aziendale e ai soggetti a ciò preposti, la disciplina civilistica individua la tipica distinzione fra *liquidazione volontaria* (o ordinaria) e *liquidazione forzata* (o giudiziale) ravvisabile nella *liquidazione concorsuale*.

In particolare, la prima (*liquidazione volontaria*) indica quella attuata per libera volontà del soggetto aziendale di porre fine alla propria attività o di dare una diversa destinazione al proprio investimento iniziale.

La seconda (*liquidazione forzata*), invece, dipendente da cause di forza maggiore, è disposta dall'autorità giudiziale in virtù di impedimenti di legge, sentenze fallimentari e provvedimenti coattivi che danno origine a varie

---

[30] Si veda: G. PAOLONE, *Gli Istituti della cessazione aziendale. Cause originatrici e forme di manifestazione*, 2008, cit., p. 60.

[31] Si consultino, sull'istituto in esame, i seguenti principali lavori: M. DE SARNO, *Economia dell'impresa in liquidazione*, Cedam, Padova, 1997; G. FOSSATI, *La liquidazione delle società. Tutti gli adempimenti contabili e fiscali con riferimento anche alle imprese individuali*, Pirola, Milano, 1995; M. FRASCARELLI, *La liquidazione delle società*, Fag, Milano, 1995; I. MENGHI, *Liquidazione di società personale e morte del socio*, in *Giur. comm.*, 1985; G. e R. MORO VISCONTI, *La liquidazione delle società*, Buffetti, Roma, 1996; T. ONESTI, *Problemi valutativi nella liquidazione della quota del socio uscente nelle società di persone e nelle società di capitali*, Giappichelli, Torino, 1991; G. PAOLONE, *La cessazione aziendale nelle sue tipiche forme di manifestazione*, 2008, cit., pp. 337-367; G. PAOLONE-L. D'AMICO-P. GIANSANTE, *Le rilevazioni contabili nelle gestioni straordinarie*, Cacucci, Bari, 1998, pp. 231-268; M. SIRTOLI, *Liquidazione e cessazione di società ed imprese individuali*, Pirola, Milano, 1985; A. SPADA, *Scioglimento della società. Cancellazione dal registro delle imprese*, in *Rass. Imp.*, 1985; R. WEIGMANN, *La liquidazione delle società davanti al giudice del lavoro*, Giuffrè, Milano, 1985.

[32] G. PAOLONE, *Gli istituti della cessazione aziendale. Cause originatrici e forme di manifestazione*, 2008, cit., p. 207.

forme di liquidazione forzata o concorsuale fra le quali la liquidazione fallimentare[33]. Quest'ultima rappresenta l'estrema soluzione di un patologico stato di malessere funzionale che, se protratto nel tempo, può condurre a una grave lesione dei diritti dei creditori aziendali.

In generale, l'analisi degli istituti della cessazione assoluta deve partire dalla consapevolezza dell'esistenza di sintomi premonitori di stati disfunzionali che conducono all'individuazione del momento decisionale dell'atto volontario di liquidazione (*liquidazione volontaria*) o a disposizioni della volontà giudiziale di liquidare l'attività aziendale (*liquidazione concorsuale*).

La liquidazione, qualunque carattere abbia e qualunque sia la causa originatrice, tende a protrarsi nel tempo più o meno lungo, ripartendosi solitamente in tre distinte e collegate fasi: l'*apertura*, lo *sviluppo*, la *chiusura*[34].

In particolare, nella prima fase (l'*apertura*), in cui si procede alla redazione di uno Stato Patrimoniale (*bilancio iniziale di liquidazione*[35]) che segna l'inizio dell'iter di liquidazione, l'azienda perde il carattere di unità sistemica per disgregarsi nelle varie componenti elementari[36].

Nella fase dello *sviluppo*, che consiste nella globale gestione della liquidazione, si concretizzano gli atti relativi all'accertamento delle posizioni debitorie e creditorie e al conseguente realizzo delle attività necessario per l'estinzione del passivo, con l'eventuale riparto finale agli aventi diritto.

Infine, la fase della *chiusura* attiene alla formazione del rendiconto finale (*bilancio finale di liquidazione*[37]) e alla sua approvazione, nonché alla

---

[33] *Ibidem*, pp. 207-209; G. SAVIOLI, *Le operazioni di gestione straordinaria*, cit., p. 577.

[34] G. PAOLONE, *Gli istituti della cessazione aziendale. Cause originatrici e forme di manifestazione*, 2008, cit., pp. 208-209.

[35] Si veda: E. VIGANÒ, *La natura del valore economico del capitale di impresa e le sue applicazioni*, cit., pp. 96-104. Secondo Viganò, la liquidazione volontaria, infatti, richiede innanzitutto la compilazione di un bilancio all'inizio della procedura, dove vengono rilevati i componenti attivi e passivi del capitale come risultano al momento in cui la liquidazione viene decisa dagli organi competenti. Questo bilancio si compila sulla base del valore di presunto realizzo di ciascun bene, senza tener conto dell'eventuale loro valore complesso. Tale bilancio è, di conseguenza, un *bilancio straordinario di liquidazione*.

[36] Alcune delle quali, pur avendo un valore nell'unità produttiva, non hanno motivo di esistere nella nuova realtà disgregante; altre, invece, sono idonee ad essere vendute per stralcio o, con minore ricorrenza, coordinate in complessi aziendali di grado inferiore (ad esempio i fattori materiali). G. PAOLONE, *Gli istituti della cessazione aziendale. Cause originatrici e forme di manifestazione*, 2008, cit., p. 209.

[37] Si veda: E. VIGANÒ, *La natura del valore economico del capitale di impresa e le sue applicazioni*, cit., pp. 96-104. Qualunque sia la durata della liquidazione, il liquidatore deve compilare il bilancio finale di liquidazione, cioè un rendiconto che dia dimostrazione delle operazioni effettuate e dei risultati conseguiti per il totale realizzo del capitale esistente all'inizio della procedura. Se la liquidazione dura oltre un anno, è necessario che il liquidatore rediga anche dei bilanci per ogni periodo amministrativo. Tali bilanci si riferiscono ad un periodo di tempo e non ad un istante e si compongono di due prospetti numerici: il primo che dimostra la struttura del capitale; il secondo che dimostra

formazione, approvazione ed esecuzione del piano di riparto finale.

In sintesi, la cessazione aziendale, sia essa relativa o assoluta, può condurre alla modifica delle configurazioni organizzative e della dimensione dei sistemi aziendali o può comportare la disgregazione del patrimonio aziendale dando luogo a varie tipologie di operazioni di gestione straordinaria (cessione, conferimento, fusione, scissione, trasformazione e liquidazione) [38].

Tali operazioni hanno delle peculiarità in relazione al dettato legislativo e alle scelte strategiche effettuate per far fronte ai mutamenti dell'ambiente esterno e per migliorare la posizione competitiva dell'azienda al fine di generare valore [39]. Infatti, tutti "i processi attuativi delle operazioni straordinarie indistintamente, anche quelli della liquidazione, se vengono progettati adeguatamente accrescono le conoscenze, rinnovano la cultura aziendale, modificano le combinazioni economiche in atto al fine di massimizzare il capitale investito" [40].

Le forme di rappresentazione della cessazione aziendale, come definite nel presente paragrafo, presentano un rapporto di tendenziale connessione con le relative cause (interne ed esterne) originatrici.

Tale connessione va ricercata nel fatto che l'azienda, intesa nella sua unitarietà sistemica, è in grado di esprimere un valore superiore a quello derivante dalla somma delle sue singole parti; in virtù di questa circostanza, il complesso aziendale rappresenta un potenziale oggetto di scambio il cui valore, che risiede nella capitalizzazione del reddito medio prospettico, si traduce in un valore effettivo nel momento in cui viene ad essere richiesto sul mercato. Ciò significa che l'attività aziendale può essere proseguita anche da un soggetto diverso, il quale entra in possesso dell'unitario complesso aziendale, ad esempio attraverso l'istituto della cessione o quello della fusione, dando luogo, quindi, a ipotesi di cessazioni relative. Qualora, invece, l'azienda non sia più in grado di esprimere un valore economico uni-

---

le differenze tra la previsione di realizzo e la vendita materiale. In sintesi, i bilanci che si compilano durante la procedura e quello finale hanno tutti i caratteri dei bilanci ordinari.

[38] Per una bibliografia più recente sulle operazioni di gestione straordinaria si vedano, tra gli altri: P. BASTIA-R. BROGI, *Operazioni societarie straordinarie e crisi d'impresa*, Ipsoa, Milano, 2016; M. CONFALONIERI, *Trasformazione, fusione, conferimento, scissione e liquidazione delle società. Aspetti civilistici, contabili e fiscali delle operazioni straordinarie*, Il Sole 24 Ore, Milano, 2018; C. CORSI-P. FARINON, *Le operazioni straordinarie d'impresa*, Giappichelli, Torino, 2018; L. POTITO, *Le operazioni straordinarie nell'economia delle imprese*, Giappichelli, Torino, 2016.

[39] Tale considerazione è tratta da: L. POTITO, *Le operazioni straordinarie nell'economia delle imprese*, Giappichelli, Torino, 2009, pp. 1-4.

[40] Si veda ancora: L. POTITO, *Le operazioni straordinarie nell'economia delle imprese*, 2009, cit., pp. 1-4.

tario, si avrà una disgregazione delle sue componenti che daranno origine a realizzi disgiunti attraverso l'istituto della liquidazione; pertanto, l'esistenza dell'unitario complesso cesserà di esistere come tale, in senso assoluto [41].

Da questi presupposti è possibile derivare le specifiche relazioni cause-forme di cessazione aziendale.

Infatti, prendendo ad esame la causa fisiologica del raggiungimento dell'obiettivo aziendale, è possibile osservare come la stessa tenda a produrre, in modo naturale, l'effetto della disgregazione aziendale, quale conseguenza della cessazione assoluta, attraverso la forma della *liquidazione* che produrrà la vendita dei singoli elementi del patrimonio aziendale per consentire l'estinzione dei debiti ed eventualmente il rimborso del capitale investito [42].

Prendendo ad esame, poi, la causa fisiologica della volontà del soggetto aziendale di mutare investimento, si osserva che questa trova il suo naturale modo di cessazione nella *cessione* che produrrà la vendita in blocco dell'azienda a un potenziale acquirente, nell'ipotesi in cui il relativo realizzo giustifichi economicamente il nuovo investimento. Un'osservazione simile può essere fatta anche per la *fusione* e per la *scissione*.

Considerando, inoltre, le cause patologiche inerenti alla presenza di disfunzioni nell'andamento economico, patrimoniale e/o finanziario del sistema aziendale, si osserva come la relazione causa-forma di cessazione dipenda, invece, dalla possibilità di risanare o meno la circostanza disfunzionale che si è determinata [43].

Infine, la cessazione dovuta a cause esterne al sistema aziendale, quali la volontà del soggetto economico o il suo decesso, può dare origine alle forme della *cessione* o della *liquidazione*, a seconda della possibilità o meno di mantenere in vita l'unitario complesso aziendale e trovare acquirenti disposti a corrispondere un valore complessivo. Anche la causa dei fattori ambientali (il mercato, il progresso tecnologico e lo stato delle istituzioni) perturbanti l'equilibrio aziendale può dare luogo a forme diverse di cessazione, a seconda della possibilità o meno di porvi rimedio [44].

---

[41] G. Paolone, *Gli istituti della cessazione aziendale. Cause originatrici e forme di manifestazione*, 2008, cit., p. 62.

[42] In questo caso, la liquidazione non ha luogo per effetto di una qualche disfunzione (economica o finanziaria) dell'azienda, ma a seguito del conseguimento dell'obiettivo aziendale che costituisce un termine naturale dell'esistenza aziendale.

[43] Infatti, nel caso di uno squilibrio finanziario che non ha compromesso l'andamento economico, può essere che l'acquirente sia disposto a rilevare in blocco l'azienda (attraverso un'operazione di *cessione*, o di *fusione* o di *scissione*) corrispondendo un prezzo maggiore rispetto al presunto realizzo di liquidazione; al contrario, se la disfunzione ha compromesso l'andamento economico ed è, perciò, insanabile, si dovrà procedere naturalmente al realizzo disgiunto dei beni del patrimonio attraverso la *liquidazione*.

[44] Infatti, se possibile, il ripristino delle condizioni di equilibrio potrà realizzarsi at-

5. *I bilanci straordinari*

Le operazioni straordinarie implicano la determinazione del valore economico del capitale dei complessi aziendali coinvolti [45] e la rappresentazione contabile dei fatti aziendali accompagnata dalla redazione di bilanci straordinari [46].

I bilanci straordinari (o intermedi) sono volti a stabilire il valore del capitale d'impresa [47] a seconda del fine da raggiungere e si compongono di un solo prospetto (Stato Patrimoniale) che mette in evidenza quel valore e i suoi componenti senza che abbia importanza, come per i bilanci ordinari, la rilevazione in un arco temporale annuale delle variazioni subite dal capitale per effetto della gestione [48].

Ai fini della rappresentazione delle operazioni straordinarie nei bilanci delle società si deve tener conto degli aspetti giuridico-civilistici e fiscali, dei principi contabili nazionali dell'Organismo Italiano di Contabilità (OIC) [49], del principio contabile internazionale IFRS 3 sulle *Business Combinations* [50] *(aggregazioni aziendali)* e dei principi della dottrina economico-

---

traverso una delle forme di cessazione relativa (*cessione, fusione, scissione o trasformazione*); diversamente, sarà inevitabile procedere alla *liquidazione* e, quindi al realizzo dei singoli elementi del patrimonio.

[45] Per approfondimenti: R. Perrotta-G.M. Garegnani, *Le operazioni di gestione straordinaria*, Giuffrè, Milano, 1999; G. Savioli, *Le operazioni di gestione straordinaria*, cit.

[46] Si veda: E. Viganò, *La natura del valore economico del capitale di impresa e le sue applicazioni*, cit., pp. 87-146. Secondo l'Autore, la differenza tra bilanci ordinari (o bilanci d'esercizio) e bilanci straordinari è una differenza di *scopo*, dalla quale deriva anche una differenza di *criteri di valutazione* da adottarsi. Senza la fissazione del fine, infatti, la funzione di valutazione non sarebbe possibile. In ipotesi di cessione, ad esempio, il valore che si attribuisce al capitale è il più grande che possa assegnarsi e viene espresso dalla coordinazione che lega i diversi beni che compongono il capitale dell'azienda. All'estremo opposto, in ipotesi di liquidazione per fallimento, quella coordinazione tra i beni non esiste e il valore attribuito a ciascun bene è estremamente basso.

[47] Per approfondimenti si veda: A. Pavan-P. Paglietti, *Il valore dell'impresa nelle operazioni straordinarie*, cit.

[48] Il bilancio ordinario d'esercizio, infatti, è volto alla determinazione del reddito di periodo e viene redatto al termine di un esercizio. Il bilancio straordinario, invece, intende fornire la valutazione del capitale in un istante in cui sorgono esigenze non ricorrenti che interrompono l'ordinario svolgimento della gestione aziendale. E. Viganò, *La natura del valore economico del capitale di impresa e le sue applicazioni*, cit., pp. 87-146.

[49] Il Principio contabile n. 4 dell'OIC si occupa della fusione e scissione; il principio contabile 5 dei bilanci di liquidazione; il principio contabile 30 dei bilanci intermedi.

[50] Si sottolinea che nel 2004 lo IAS 22 è stato sostituito dall'IFRS 3, documento dello IASB che si occupa delle aggregazioni aziendali. Inoltre, nel gennaio 2008, è stato emanato l'IFRS 3 *revised* al fine di consentire un unico metodo di contabilizzazione per tutte le *Business Combinations*, vale a dire il c.d. *acquisition method* o metodo dell'acquisizione del controllo. Le *Business Combinations* consistono nell'acquisto e nel conferimento d'azienda,

aziendale. In particolare, questi ultimi riguardano le motivazioni strategiche che inducono alla ridefinizione dei confini aziendali e le conseguenti problematiche valutative, contabili e di bilancio [51].

Inoltre, per quanto riguarda gli istituti della cessazione assoluta (*liquidazione volontaria* e *liquidazione concorsuale*), occorre considerare i relativi aspetti giuridico-civilistici, economico-aziendali nonché contabili e di bilancio anche in riferimento alle disposizioni del principio contabile nazionale dell'OIC 5 sui bilanci delle liquidazioni [52].

Infatti, le operazioni straordinarie di liquidazione, volontaria e concorsuale, al fine di pervenire all'esatta determinazione della consistenza della situazione patrimoniale, attiva e passiva, dell'azienda in liquidazione danno origine alla redazione di bilanci straordinari di liquidazione [53].

A tal proposito, è opportuno sottolineare le differenze esistenti tra il *capitale finale di liquidazione,* determinato in ipotesi di cessazione assoluta, il *capitale economico* (o valore economico del capitale), determinato nei casi di operazioni straordinarie che riguardano gli istituti di cessazione relativa (cessione, conferimento, fusione, scissione e trasformazione) e il *capitale netto di funzionamento*.

Il *capitale netto di funzionamento* è un "sistema di valori" nel quale l'at-

---

nello scambio di partecipazioni e nelle fusioni e scissioni di società. Le altre operazioni straordinarie previste dall'ordinamento italiano sono la trasformazione e la liquidazione che non sono disciplinate dall'IFRS 3 in quanto non considerate aggregazioni aziendali. Per approfondimenti si veda: M. CARATOZZOLO, *I bilanci straordinari*, Giuffrè, Milano, 2009; G. DE MARTINO, *La contabilizzazione delle aggregazioni aziendali tra l'IFRS 3 e l'IFRS 3 revised*, in *RIREA*, 7-8, 2008, pp. 493-509; R. PEROTTA, *L'applicazione dei principi contabili internazionali alle* Business Combinations. *Confronto con la disciplina interna*, Giuffrè, Milano, 2006; P. TARTAGLIA POLCINI, *La rappresentazione in bilancio delle* business combinations. *Problematiche relative ai non* controlling interests, Giappichelli, Torino, 2008.

[51] Si consulti ancora: L. POTITO, *Le operazioni straordinarie nell'economia delle imprese*, 2009, cit., pp. 1-4.

[52] Per un approfondimento sulle scritture contabili correlate alle operazioni straordinarie si veda: M. CONFALONIERI, *Trasformazione, fusione, conferimento, scissione e liquidazione delle società. Aspetti civilistici, contabili e fiscali delle operazioni straordinarie*, cit. Si consulti anche: M. MANCIN-U. SOSTERO-E.M. BAGAROTTO-V. SIMONATO-A. BRUGNOLI-M. FASAN-C. MARCON, *Operazioni straordinarie e aggregazioni aziendali: Risvolti contabili, civilistici e fiscali*, Giappichelli, Torino, 2016.

[53] Si veda: E. VIGANÒ, *La natura del valore economico del capitale di impresa e le sue applicazioni*, cit., pp. 89-96. La differenza sostanziale tra i due tipi di bilanci (ordinari e straordinari) riguarda il fatto che il bilancio ordinario dimostra le variazioni subite dal capitale per effetto della gestione e mostra, quindi, la struttura del capitale derivato da tali variazioni. Esso si riferisce ad un periodo di tempo (l'esercizio) e si compone di due prospetti numerico-tabellari. Il bilancio straordinario, invece, esprime la misura che può assegnarsi direttamente al capitale in relazione ad un fine particolare, si riferisce ad un istante e si compone di un solo prospetto contabile. Nella letteratura economico-aziendale, è importante, quindi, la diversa natura degli scopi che si possono perseguire con i due tipi di bilancio.

tribuzione di un valore alla singola grandezza è funzione del valore attribuito alle altre. Esso è, quindi, determinato in funzione del reddito che si prospetta in forza dei soli investimenti già effettuati, seguendo un criterio prudenziale. Tale capitale può, inoltre, essere valutato per conoscere il suo pieno valore economico [54] in ipotesi di cessazione relativa, quale la cessione del complesso aziendale.

Il *valore economico del capitale* rappresenta, infatti, il valore riconosciuto all'azienda in funzionamento, derivato dall'attualizzazione del flusso dei redditi futuri attesi e determinato per orientare il prezzo di cessione/acquisizione.

Se, invece, il patrimonio dell'azienda di produzione è oggetto di liquidazione si ha una radicale trasformazione degli elementi del patrimonio: da condizioni di produzione a beni oggetto di scambio. Di conseguenza, il *capitale finale di liquidazione* è ottenuto per sommatoria dei valori di scambio che l'impresa riuscirà a realizzare vendendo per stralcio i beni in suo possesso ed estinguendo gli eventuali debiti residui. Esso risulta costituito, nella fase iniziale, da beni di natura monetaria (denaro) e finanziaria (crediti) e da beni di natura economica. Tali beni non essendo più legati dal vincolo di complementarità sono destinati ad essere ceduti attraverso operazioni di realizzo diretto sul mercato per essere trasformati in risorse monetarie, ciò al fine di consentire il pagamento di tutti i debiti assunti e, residuandone una parte, la restituzione dei mezzi conferiti con il vincolo della proprietà [55].

In particolare, ai fini della valutazione dei componenti attivi e passivi del capitale finale di liquidazione, la dottrina aziendalistica individua, quali criteri di stima: il *valore di realizzo per stralcio* per gli elementi attivi che non sono già in forma liquida (crediti, beni materiali e immateriali), che corrisponde al prezzo realizzabile con la loro vendita sul mercato; il *valore di estinzione* per tutti i componenti passivi del patrimonio, ossia il valore corrispondente all'importo necessario per estinguerli [56].

In sintesi, il capitale finale di liquidazione, determinato in ipotesi di cessazione assoluta, differisce fortemente nei suoi caratteri strutturali e funzionali dal capitale netto di funzionamento, determinato al termine della

---

[54] Si veda: E. CAVALIERI-R. FERRARIS FRANCESCHI, *Economia aziendale*, vol. I, *Attività aziendale e processi produttivi*, Giappichelli, Torino, 2000, pp. 303-316; G. PAOLONE, *L'economia aziendale e la ragioneria nella teoria e nelle specializzazioni*, 2007, cit., pp. 69-70; G. PAOLONE-L. D'AMICO, *L'economia aziendale nei suoi principi parametrici e modelli applicativi*, Giappichelli, Torino, 1994, p. 126.

[55] Si veda: G. AIROLDI-G. BRUNETTI-V. CODA, *Economia aziendale*, Il Mulino, Bologna, 1994; G. PAOLONE-L. D'AMICO, *L'economia aziendale nei suoi principi parametrici e modelli applicativi*, 1994, cit., p. 126.

[56] Si veda: M. CARATOZZOLO, *I bilanci straordinari*, cit., pp. 176-179.

gestione amministrativa di fine periodo, e dal capitale economico, determinato in ipotesi di cessazione relativa. La sua principale prerogativa risiede proprio nel carattere straordinario ed "urgente" della circostanza in cui si perviene alla determinazione della sua consistenza, ossia la liquidazione dell'azienda. Precisamente, in virtù della rapidità con cui i componenti patrimoniali devono essere realizzati, si assiste a una generale riduzione del valore dei componenti positivi, in quanto diventa prioritaria in sede di liquidazione la rapida commutazione in forma liquida delle attività aziendali al fine di procedere alla tempestiva estinzione delle obbligazioni assunte. Inoltre, lo stato di liquidazione implica spesso l'inclusione di alcuni elementi negativi legati a un valore di estinzione dei debiti maggiore rispetto al valore nominale con cui gli stessi sono stati iscritti in bilancio o a interessi e commissioni aggiuntive dapprima non contabilizzate.

Ciò premesso, nei paragrafi che seguono vengono esaminati i principi dei bilanci delle operazioni di gestione straordinaria che comportano sia la *cessazione relativa* dell'azienda (la cessione, il conferimento, la fusione, la scissione e la trasformazione) sia la *cessazione assoluta* (liquidazione volontaria e liquidazione concorsuale).

5.1. *Il bilancio di cessione di complesso (o ramo) aziendale*

Nell'ambito della "cessazione relativa", la *cessione* aziendale si manifesta allorché un soggetto (impresa individuale o societaria) trasferisce ad altro soggetto la propria azienda nel suo complesso, oppure un ramo di essa, a fronte di un corrispettivo tipicamente costituito da denaro[57]. Nel primo caso, l'oggetto del trasferimento è rappresentato dall'insieme coordinato di beni, tra loro complementari, che costituiscono l'intero patrimonio aziendale utilizzato dall'imprenditore per l'esercizio della propria impresa; nel secondo caso (cessione di ramo aziendale), il trasferimento concerne una sola parte dell'intero complesso aziendale, cioè un nucleo di beni legati da una comune destinazione produttiva suscettibile di autonoma attività economica. In entrambe le ipotesi, trattasi del trasferimento di *beni congiunti* (aziende o rami aziendali). Nella realtà operativa, tuttavia, l'articolata casistica dei trasferimenti può riguardare anche *beni disgiunti* (impianti, attrezzature, scorte, ecc.) dando così origine a casi di "vendita", con corri-

---

[57] Il corrispettivo della cessione potrebbe anche essere rappresentato da beni diversi dal denaro, come ad esempio, da altre aziende, da immobili oppure da azioni o quote di partecipazione in società, dando luogo, in tali casi, ad una permuta di beni in natura. Ciò, comunque, non influisce sulla qualificazione dell'istituto della cessione e sulla connessa disciplina giuridica e fiscale. Si veda: G. SAVIOLI, *Le operazioni di gestione straordinaria*, cit., p. 19.

spettivo formato da denaro (e/o mezzi sostitutivi) oppure da altri beni dando luogo a ipotesi di "permuta". Infine, la cessione può anche avere ad oggetto il trasferimento di *partecipazioni sociali* (quote o azioni) con corrispettivo solitamente rappresentato dal denaro [58]. Le varie combinazioni dell'*oggetto* del trasferimento e del relativo *corrispettivo*, le quali danno origine alle diverse ipotesi di cessione, sono da considerarsi in relazione alla natura e alle esigenze dei *soggetti* coinvolti nell'operazione, che possono essere individuali (imprenditori o persone fisiche) o societari, con un'ampia varietà di collegamenti e conseguenti configurazioni di cessione [59].

Giuridicamente, l'istituto della cessione, prescindendo dai soggetti che la attuano, riveste la natura di contratto di compra-vendita disciplinato dall'art. 2556 e segg. c.c., da provarsi per iscritto e da depositarsi a cura delle parti per l'iscrizione nel registro delle imprese [60].

In tale ambito, per poter correttamente esprimere il concetto di "cessione d'azienda", è necessario che i beni componenti il complesso (o ramo) siano legati da un vincolo di unitarietà e che la volontà dei contraenti sia di trasferirli come tali [61].

Sotto il profilo economico-aziendale, la cessione di complesso (o ramo) d'azienda, che può essere considerata il prototipo delle operazioni di con-

[58] Nel caso in cui il corrispettivo è anch'esso rappresentato da azioni, ci si trova di fronte all'istituto dello *scambio di partecipazioni mediante permuta* dando luogo ad una permutazione patrimoniale, mediante la quale un'attività (le azioni proprie già detenute) viene sostituita da un'altra attività (le azioni acquisite). In tale operazione, a differenza dello "scambio di partecipazioni mediante conferimento", come verrà illustrato nel paragrafo successivo, le azioni non derivano da un aumento di capitale sociale per cui non si procede ad un incremento patrimoniale da parte della società acquirente. Per approfondimenti si veda: G. SAVIOLI, *Le operazioni di gestione straordinaria*, cit., pp. 147-155.

[59] Per approfondimenti G. PAOLONE, *Gli istituti della cessazione aziendale. Cause originatrici e forme di manifestazione*, 2008, cit., pp. 70-73.

[60] Sui caratteri tecnico-giuridici del contratto di cessione si fa, in particolare, rinvio alle seguenti pubblicazioni: O. AMORUSO BATTISTA, *Trasferimento d'azienda e successione nel contratto di somministrazione: in margine all'art. 2558 c.c.*, in *Giur. merito*, 1984; D. BALDUCCI, *La cessione d'azienda*, Fag, Milano, 1996; C. BASSANI, *Cessione di azienda e conferimento in società*, Pirola, Milano, 1995; D. BONDAVALLI, *Operazioni societarie straordinarie. Analisi dei casi di cessione e conferimento d'azienda, scambio di azioni e/o partecipazioni, fusioni e scissioni, nuova normativa antielusiva*, Giuffrè, Milano, 1999; A. BORTOLUZZI, *L'azienda e i suoi modi di trasferimento a titolo oneroso*, Giappichelli, Torino, 1996; G.F. CAMPOBASSO, *Diritto commerciale*, II, *Diritto delle società*, in *Il sistema giuridico italiano*, Utet, Torino, 2000; A. DI SABATO, *Manuale delle società*, Utet, Torino, 1990; F. FERRARA, *La teoria giuridica dell'azienda*, Giuffrè, Milano, 1982; M. PETROCCHI, *Cessioni, conferimenti e scissioni: gestione contabile, tecnica finanziaria, obiettivi strategici*, Ebc, Torino, 1995; C. VINCI-M. GAGLIARDI, *Il trasferimento di azienda*, Pirola, Milano, 1990.

[61] Infatti, il trasferimento, totale o parziale, dei beni che compongono il complesso aziendale non comporta sempre e necessariamente la contemporanea cessione dell'azienda stessa, ma dà luogo alla semplice vendita di beni disaggregati (beni disgiunti).

centrazione aziendale, si fonda su presupposti economici legati a motivazioni strategiche e razionali finalizzate alla generazione e al miglioramento del valore complessivo dell'azienda [62]. Infatti, l'alienante e l'acquirente ricorrono a tale operazione straordinaria attuando precisi programmi strategici rispettivamente di disinvestimento e di investimento, con finalità speculari ed opposte. In particolare, le motivazioni dell'acquirente sono riconducibili ad una crescita dimensionale e allo sfruttamento delle economie di scala (concentrazione orizzontale), alla ricerca di una maggiore economicità attraverso l'incorporazione di fasi di lavorazione o di commercializzazione precedentemente svolte da fornitori o da clienti (concentrazione verticale), alla riduzione del rischio aziendale attraverso la diversificazione dell'attività svolta o all'eliminazione di un concorrente. Viceversa, le motivazioni alla cessione aziendale da parte dell'alienante possono derivare dalla necessità di fronteggiare situazioni di crisi, da scelte di riallocazione dei propri investimenti in settori giudicati maggiormente competitivi, da motivazioni di carattere soggettivo.

La cessione aziendale comporta la necessità di quantificare il *capitale economico*, cioè il valore dell'azienda intesa come complesso unitario, al fine di determinare il "valore teorico" di riferimento utile all'avvio della negoziazione tra le parti contraenti. La contrattazione, poi, condurrà alla fissazione del definitivo "prezzo di cessione". La scelta dei metodi applicabili per la stima del capitale economico dipende dalle caratteristiche dell'azienda oggetto di stima. In generale, i criteri di valutazione più ricorrenti indicati dalla dottrina e applicati nell'ambito operativo e professionale sono individuabili in quelli basati sui flussi di reddito o sui flussi finanziari producibili dalla gestione, ritenuti idonei a meglio rappresentare la realtà aziendale in considerazione della visione prospettica dei risultati e della loro attualizzazione. Pertanto, accogliendo il metodo reddituale come criterio più confacente all'ipotesi di cessione, il trasferimento del complesso aziendale comporta la preliminare assegnazione unitaria del suo valore economico, tenendo conto dei redditi di futura conseguibilità [63]. Si tratta, in definitiva, di procedere all'attualizzazione del *reddito medio* presunto degli esercizi futuri, stabilendo un determinato *saggio* e una presumibile *durata* [64].

---

[62] Sulle finalità dell'operazione di cessione si vedano fra gli altri: L. POTITO, *Le operazioni straordinarie nell'economia delle imprese*, Giappichelli, Torino, 2004, pp. 11-12; G. SAVIOLI, *Le operazioni di gestione straordinaria*, cit., pp. 20-24.

[63] G. PAOLONE, *Gli istituti della cessazione aziendale. Cause originatrici e forme di manifestazione*, 2008, cit., p. 75.

[64] Sui metodi di valutazione del complesso aziendale oggetto di trasferimento si vedano, tra gli altri: A. AMADUZZI, *L'azienda, nel suo sistema e nei suoi principi*, Utet, Torino, 1978 (ristampa 1992); D. BALDUCCI, *La valutazione dell'azienda. Metodi operativi e prassi professionale*, Fag, Milano, 1992; C. CARAMIELLO, *La valutazione dell'azienda*, Giuffrè, Milano, 1993; G. CERIANI, *Il trasferimento dell'impresa in economia aziendale*, Ce-

Dal punto di vista contabile, le scritture da effettuare in occasione dell'operazione di cessione d'azienda (o di ramo aziendale) consistono nella rilevazione del trasferimento patrimoniale dal soggetto cedente al soggetto cessionario e del relativo corrispettivo. Preliminarmente, occorre determinare il risultato economico della gestione relativa al periodo compreso fra l'inizio dell'esercizio e la data in cui ha effetto la cessione, pervenendo alla redazione della situazione patrimoniale che segna l'inizio delle rilevazioni di cessione [65].

Nella contabilità del *soggetto cedente* saranno, pertanto, rilevate le seguenti scritture iniziali conseguenti alla determinazione del risultato di periodo:

Diversi	a	S.P. di inizio cessione
per apertura dei conti accesi alle attività, come da situazione patrimoniale al 31.12.		
....		
....		

S.P. di inizio cessione	a	*Diversi*
per apertura dei conti accesi alle passività e al capitale netto, come da situazione patrimoniale al 31.12	a	....
	a	....
	a	....

Occorrerà poi procedere alla eliminazione di quelle poste (fondi) esprimenti rettifiche di attività patrimoniali (quali immobilizzazioni, scorte,

dam, Padova, 1990; cfr. V. CODA, *Introduzione alle valutazioni dei capitali economici d'impresa*, Giuffrè, Milano, 1963, p. 55; G. FRATTINI, *Valore di acquisizione delle imprese in funzionamento*, Giuffrè, Milano, 1983; M. FROLI, *La valutazione di azienda. Principi e metodi. L'applicazione nelle operazioni di cessione, fusione, conferimento e liquidazione*, cit.; P. GALBIATI, *Conferimenti e scissioni. Aspetti normativi, fiscali e di valutazione*, Egea, Milano, 1995; M. GALEOTTI, *La valutazione strategica nell'ipotesi di cessione dell'azienda*, Giuffrè, Milano, 1995; L. GUATRI, *La valutazione delle aziende. Teoria e pratica a confronto*, Giuffrè, Milano, 1987; M. MASSARI, *Il valore di mercato delle aziende. Approfondimenti teorici e metodi di stima*, Giuffrè, Milano, 1984; L. OLIVOTTO, *La valutazione economica dell'impresa*, Cedam, Padova, 1983; P. ONIDA, *Economia d'azienda*, Utet, Torino, 1971; O. PAGANELLI-F. LAMBERTINI, *Valutazioni di cessione delle aziende in esercizio*, Clueb, Bologna, 1986; A. PROVASOLI, *Il bilancio d'esercizio destinato a pubblicazione*, Giuffrè, Milano, 1974, p. 35 e segg.; N. ROSSI, *Contributi allo studio del capitale-valore nelle imprese*, Utet, Torino, 1965, p. 61 e segg.

[65] G. PAOLONE, *Gli istituti della cessazione aziendale. Cause originatrici e forme di manifestazione*, 2008, cit., pp. 84-87.

crediti, titoli, ecc.)[66], per pervenire alla valutazione dei beni che produrrà variazioni aumentative e/o diminutive da apportare ai valori di bilancio, rilevabili attraverso il funzionamento di un particolare conto denominato "Rettifiche di cessione".

Così, supponendo che alle poste "Impianti" e "Scorte" venga rispettivamente attribuito un maggiore e un minore valore, occorrerà effettuare le seguenti rettifiche:

Impianti	a	Rettifiche di cessione
per maggior valore attribuito agli impianti		
Rettifiche di cessione	a	Scorte
per minor valore attribuito alle scorte		

Il conto "Rettifiche di cessione" avrà anche la funzione di provvedere all'annullamento di quelle poste – per lo più rappresentate da oneri pluriennali – che non hanno più ragione di esistere, attraverso la seguente scrittura:

Rettifiche di cessione	a	Oneri pluriennali da ammortizzare
per annullamento oneri pluriennali		

Occorrerà poi procedere alla rilevazione dell'eventuale valore di avviamento, risultante dalla differenza tra il prezzo di cessione e il valore contabile del capitale netto[67], la cui scrittura sarà:

---

[66] Le scritture di rettifica di attività patrimoniali sono le seguenti:

Fondo ammortamento impianti	a	Impianti
Fondo ammortamento edifici	a	Edifici
Fondo svalutazione crediti	a	Crediti
Fondo svalutazione scorte	a	Scorte finali

[67] Al patrimonio netto a valori contabili si contrappone, infatti, il valore attribuito allo stesso in sede di negoziazione, ossia il prezzo corrispondente al corrispettivo della cessione. Il valore di cessione, dunque, può essere più elevato di quello del patrimonio netto contabile (in tal caso dall'operazione emergerà una plusvalenza da cessione), oppure minore (minusvalenza da cessione). Si tratta di componenti straordinarie che concorreranno a formare il reddito dell'esercizio, confluendo nella classe E del Conto Economico. G. SAVIOLI, *Le operazioni di gestione straordinaria*, cit., p. 31.

Avviamento	a	Rettifiche di cessione

per la rilevazione del valore di avviamento quale differenza tra il prezzo di cessione e il valore netto del patrimonio ceduto

I conti delle poste del patrimonio netto, unitamente al saldo del conto "Rettifiche di cessione" (solitamente incrementativi del netto) saranno girati al conto riassuntivo "Capitale netto di cessione" dando origine alla seguente rilevazione:

Diversi	a	Capitale netto di cessione

per giroconto delle poste del netto e del saldo "Rettifiche di cessione" al capitale netto di cessione

Capitale netto [68]
Utile di periodo
Rettifiche di cessione

A tale scrittura farà seguito la rilevazione del trasferimento al cessionario (Sig. "Y" o "Società Beta") delle attività (ivi compreso l'eventuale avviamento o plusvalenza da cessione) e delle passività come segue:

Sig. Y c/cessione (oppure Società Beta c/cessione)	a	*Diversi*
per cessione delle attività aziendali		
	a	Crediti
	a	Impianti
	a	Scorte
	a	Edifici
	a	....
	a	Avviamento
Diversi	a	Sig. Y c/cessione (oppure Società Beta c/cessione)
per cessione delle passività aziendali		
Debiti		
Mutui		
Fondo indennità licenziamento		
....		

[68] Capitale sociale, riserva legale ed altre eventuali riserve, se il soggetto trasferente è una società di capitali.

A questo punto, il Bilancio straordinario (Stato Patrimoniale[69]) di cessione del "complesso" oggetto di trasferimento esprimerà i valori già rettificati ed evidenzierà l'avviamento quale maggior valore ottenibile dall'operazione, come segue:

BILANCIO STRAORDINARIO DI CESSIONE
DEL CEDENTE (SIG. "X" OPPURE "SOCIETÀ ALFA")

Crediti (rettificati)	Debiti (rettificati)
Impianti (rettificati)	Mutui (rettificati)
Scorte (rettificate)	Fondo indennità licenziamento (rettificato)
Edifici (rettificati)	
....	....
Avviamento (nuovo valore)	....
	Capitale netto di cessione

Il saldo del conto "Sig. Y c/cessione" (o "Società Beta c/cessione") verrà chiuso con l'incasso del prezzo di trasferimento del complesso aziendale, dando origine alla seguente scrittura:

Cassa (o Banca c/c)	a	Sig. Y c/cessione (oppure Società Beta c/cessione)
per riscossione del prezzo di cessione		

Gli unici due conti rimasti accesi – "Capitale netto di cessione" e "Cassa" – esprimeranno il rimborso del capitale al soggetto trasferente e verranno chiusi con la seguente scrittura finale:

Capitale netto di cessione	a	Cassa (o Banca c/c)
per rimborso del capitale netto e chiusura dei conti		

Il *soggetto cessionario*, impresa individuale o societaria, rileverà nella propria contabilità l'accoglimento del "complesso" ricevuto dal cedente (Sig. "X" o "Società Alfa") e il pagamento del prezzo a tacitazione, con le seguenti scritture:

---

[69] Si ricorda che il bilancio straordinario è costituito dal solo Stato Patrimoniale e non dal Conto Economico e dalla Nota Integrativa, come il bilancio ordinario di esercizio.

Diversi	a	Sig. X c/cessione (oppure Società Alfa c/cessione)
per ricevimento delle attività aziendali		
Crediti		
Impianti		
Scorte		
Edifici		
....		
Avviamento		
Sig. X c/cessione (oppure Società Alfa c/cessione)	a	*Diversi*
per accollo delle passività aziendali		
	a	Debiti
	a	Mutui
	a	Fondo indennità licenziamento
	a	....
	a	(*badwill*) [70]
Sig. X c/cessione (oppure Società Alfa c/cessione)	a	Cassa (o Banca c/c)
per il pagamento del prezzo di cessione		

Secondo le indicazioni dell'IFRS 3, le modalità di contabilizzazione dell'operazione di cessione seguono lo schema dell'*acquisition method*, in quanto il corrispettivo, tipicamente in denaro, è oggettivamente quantificabile e il valore da attribuire all'avviamento scaturisce dalla differenza tra il prezzo pagato dall'acquirente (corrispondente al "prezzo di cessione") e il valore corrente netto delle attività, passività e passività potenziali acquisite [71]. Pertanto, in generale, non sussistono significative differenze con il contesto internazionale, a meno che dall'operazione di cessione non emerga un *badwill* (avviamento negativo). In tal caso, infatti, nel modello nazio-

[70] Nel caso in cui l'avviamento, inteso come attualizzazione dei futuri risultati positivi attesi dall'azienda, fosse negativo (*badwill*), il cessionario dovrà rilevare tale differenziale tra i fondi rischi e oneri insieme alle passività. Il *badwill* (o avviamento negativo) rappresenta l'attualizzazione delle future perdite attese (o dei minori redditi rispetto a quelli medi-normali) poiché l'azienda acquisita non è ancora in grado di produrre redditi normali. Si tratta, in tal caso, del minor prezzo, rispetto alla somma algebrica dei valori correnti delle attività e passività aziendali, che il cessionario corrisponderà al cedente. G. SAVIOLI, *Le operazioni di gestione straordinaria*, cit., pp. 34-36.

[71] La determinazione dell'avviamento (*goodwill*) riguarda sempre l'azienda acquisita.

nale, come evidenziato nelle scritture contabili, il cessionario contabilizzerà il *badwill* fra i fondi rischi e oneri nelle passività per imputarlo gradualmente a Conto Economico durante gli esercizi in cui si prevede il recupero delle perdite dell'azienda acquisita [72]. L'IFRS 3, invece, ne prevede l'integrale imputazione come componente positivo al Conto Economico dell'esercizio di acquisizione.

5.2. *Il bilancio di conferimento di complesso (o ramo) aziendale in società*

Il *conferimento* d'azienda rappresenta una forma particolare di cessione con la quale un'azienda conferente (individuale o societaria) apporta un complesso (o ramo) aziendale [73] a titolo di capitale in una società di nuova costituzione o già costituita [74], ricevendo in cambio azioni o quote [75] rappresentanti il capitale sociale della conferitaria. A seguito del conferimento, quindi, il conferente diviene socio della società destinataria [76]. Quest'ul-

---

[72] G. SAVIOLI, *Le operazioni di gestione straordinaria*, cit., p. 473.

[73] L'oggetto del conferimento in società può anche essere un bene o un diritto singolo (denaro, beni immobili, crediti, partecipazioni); ciò tuttavia non comporta un'operazione straordinaria perché l'azienda non cessa di esistere relativamente al soggetto, ma acquisisce soltanto partecipazioni in altra società.

[74] In questo secondo caso, si tratta di aumento di capitale sociale.

[75] Sul conferimento d'azienda si vedano, in particolare, i seguenti lavori specifici: C. BASSANI, *Cessione di azienda e conferimento in società*, Pirola, Milano, 1995; A. BOMPANI, *Il conferimento d'azienda*, Ipsoa, Milano, 1980; D. BONDAVALLI, *Operazioni societarie straordinarie. Analisi dei casi di cessione e conferimento d'azienda, scambio di azioni e/o partecipazioni, fusioni e scissioni, nuova normativa antielusiva*, cit.; G. CERIANI, *Il trasferimento dell'impresa in economia aziendale*, Cedam, Padova, 1990; M. FROLI, *La valutazione di azienda. Principi e metodi. L'applicazione nelle operazioni di cessione, fusione, conferimento e liquidazione*, cit.; P. GALBIATI, *Conferimenti e scissioni. Aspetti normativi, fiscali e di valutazione*, Egea, Milano, 1995; M. PETROCCHI, *Cessioni, conferimenti e scissioni: gestione contabile, tecnica finanziaria, obiettivi strategici*, Ebc, Torino, 1995; C. VINCI-M. GAGLIARDI, *Il trasferimento di azienda*, Pirola, Milano, 1990.

[76] Ciò che distingue il conferimento dalla cessione è proprio la natura diversa del corrispettivo ricevuto a fronte del trasferimento. Infatti, nell'operazione di cessione il cedente trasferisce la propria azienda (o ramo di questa) ricevendo in cambio denaro (e/o altri beni) e rimanendo, in sostanza, escluso dalla partecipazione al capitale della società cessionaria. In pratica, il cedente, a differenza del conferente, esce completamente dal *business* riconvertendo l'investimento in forma liquida. Nel conferimento, invece, il soggetto conferente tramuta le attività aziendali conferite in attività finanziarie (partecipazioni sociali). Si vedano, fra gli altri: G. PAOLONE, *Gli istituti della cessazione aziendale. Cause originatrici e forme di manifestazione*, cit., p. 87 e segg.; L. POTITO, *Le operazioni straordinarie nell'economia delle imprese*, 2004, cit., p. 131; G. SAVIOLI, *Le operazioni di gestione straordinaria*, cit., p. 85 e segg.

tima, quindi, può essere solo un'impresa societaria, laddove invece il conferente può essere un qualsiasi soggetto giuridico, persona fisica o società. In particolare, se il soggetto conferente è rappresentato da una società, l'istituto in esame assume più propriamente la denominazione di *scorporo* o di *concentrazione*. Il conferimento nella "forma di scorporo", dal punto di vista della combinazione produttiva, consiste nel distacco di un complesso aziendale, dotato di autonoma capacità di reddito, da altro di maggiori dimensioni, permettendo di espellere un suo ramo o più rami. Nello specifico, il soggetto conferente desidera ridisegnare i confini del sistema aziendale per renderlo più competitivo e più stabile, decentrando tutta l'azienda o parte di essa [77].

Specularmente, il conferimento nella "forma di apporto" rappresenta una forma di *concentrazione* presso il destinatario del complesso aziendale [78]. Infatti, in tale circostanza, la volontà del soggetto che riceve il complesso aziendale è di costruire combinazioni economiche di maggiori dimensioni e complessità ed è riconducibile alla realizzazione di strategie di crescita e di sviluppo competitivo, con obiettivi analoghi a quelli che sono alla base di un'operazione di fusione [79].

Dal punto di vista economico-aziendale, quindi, l'operazione del conferimento si presta ad essere uno strumento per la realizzazione di diversi disegni strategici di carattere organizzativo, industriale e finanziario, a seconda degli obiettivi di fondo del soggetto che scorpora o di quello che ri-

---

[77] Le motivazioni della decentralizzazione possono essere ricondotte alla volontà di separare anche sul piano giuridico unità di *business* già autonome sotto il profilo strategico; di concentrasi sull'attività principale allo scopo di consolidare una posizione ritenuta di successo, di gestire separatamente delle aree considerate più deboli anche al fine di fronteggiare il rischio complessivo del sistema aziendale. Sulle finalità economiche del conferimento si veda L. POTITO, *Le operazioni straordinarie nell'economia delle imprese*, 2004, cit., pp. 132-134.

[78] Si precisa che una modalità particolare di concentrazione aziendale è rappresentata dallo *scambio di partecipazioni mediante conferimento*. L'operazione, infatti, è rivolta a determinare un ampliamento della sfera di influenza del soggetto economico della società acquirente. Ad essa sono estensibili le considerazioni in tema di conferimento d'azienda, dal quale però si discosta per il differente oggetto di scambio: nel conferimento d'azienda si ha scambio di patrimonio aziendale contro azioni; nello scambio di partecipazioni mediante conferimento si ha scambio di azioni contro azioni. Per approfondimenti si veda G. SAVIOLI, *Le operazioni di gestione straordinaria*, cit., pp. 133-145.

[79] Il conferimento d'azienda è un'operazione straordinaria di rilevante interesse poiché può rappresentare una valida alternativa alla fusione e alla scissione (rispettivamente nelle ipotesi di concentrazione e di scorporo). Essa, infatti, consente un adattamento della dimensione aziendale sia in senso "decrementativo" (con lo scorporo), sia in senso "incrementativo (con l'apporto o concentrazione). Si veda: S. CORONELLA, *Profili economico-aziendali, civilistici e fiscali del conferimento d'azienda: un'operazione straordinaria da rivalutare*, in *RIREA*, 7-8, 2008, pp. 418-433.

ceve l'apporto[80]. Con l'apporto, quindi, si sposta l'attenzione a quanto accade presso il destinatario.

L'istituto del conferimento non è espressamente previsto dal nostro ordinamento giuridico; il codice civile, infatti, detta norme specifiche in materia di conferimento di singoli beni per i quali è richiesta la stima di quelli in natura da parte di un perito nominato dal Presidente del Tribunale[81].

A differenza della cessione, infatti, dove il valore assegnato all'azienda scaturisce dalla contrattazione tra le parti, nel conferimento, quando il soggetto destinatario è una società di capitali[82], il valore dell'apporto è stabilito da un esperto. Date le obiettive difficoltà di definizione del valore economico, la prassi e la dottrina giuridica, in disaccordo con quella aziendalistica, si orientano per l'accoglimento del principio di valutazione analitica dei singoli beni componenti il complesso da conferire. La relazione di stima deve comunque contenere la descrizione dei beni oggetto del conferimento, i valori ad essi attribuiti, i criteri di valutazione adottati, nonché l'attestazione che il valore assegnato non è inferiore al valore nominale. Le valutazioni relative ai beni conferiti devono poi essere controllate dagli amministratori e dai sindaci della società conferitaria entro sei mesi, con possibilità di modificare alcuni valori in presenza di fondati motivi.

I criteri per la valutazione del conferimento possono essere liberamente scelti dall'esperto e la perizia di stima deve fare riferimento al concetto di capitale economico. Tuttavia, la soluzione all'esigenza di conciliare valutazioni di tipo analitico-patrimoniale con l'applicazione di eventuali criteri sintetici necessari alla corretta quantificazione del valore attribuibile all'oggetto di stima, può essere quella di ricorrere a criteri misti reddituali-patrimoniali che consentono di pervenire alla stima del valore del complesso mediante la congiunta considerazione della consistenza patrimoniale e della futura capacità di reddito. In verità, la presenza di metodi patrimoniali e di metodi sintetici consente all'esperto di assegnare un valore analitico ad ogni elemento patrimoniale, incluso l'avviamento valutato come grandezza autonoma, pur attribuendo al complesso il valore determinato in

---

[80] Nel panorama nazionale si ricorda il caso di conferimento utilizzato per procedere alla concentrazione aziendale e alla costituzione della *joint venture* "ENIMONT" quando, nel settore chimico, il gruppo privato Montedison e quello pubblico ENI conferirono i propri rami d'azienda in una nuova società (ENIMONT) ricevendone in cambio quote di partecipazione paritaria.

[81] Tale stima è maggiormente richiesta se l'oggetto del conferimento è rappresentato da un'azienda o da un ramo di essa.

[82] Nel caso di apporto in società di persone, la valutazione avviene come per ogni altra cessione d'azienda, in quanto le parti sono libere di seguire le modalità ritenute più opportune. L. Potito, *Le operazioni straordinarie nell'economia delle imprese*, 2004, cit., p. 135.

applicazione del solo criterio sintetico (metodo reddituale o finanziario) ritenuto più appropriato allo scopo [83].

Dal punto di vista contabile, le rilevazioni già esaminate per la cessione aziendale non vengono a modificarsi fino al trasferimento del complesso, nelle sue componenti attive e passive, alla società conferitaria [84]; il bilancio di conferimento del soggetto (impresa individuale) che entra a far parte della compagine sociale ricevendo quote o azioni, sarà il seguente:

BILANCIO STRAORDINARIO DI CONFERIMENTO
DEL SIG. X (CONFERENTE)

Crediti	Debiti
Fabbricati	Trattamento di fine rapporto
Macchinari	....
Mobili	....
Scorte	....
....	Capitale netto di conferimento
Avviamento	

La scrittura che caratterizza l'operazione del conferimento è quella esprimente il corrispettivo richiesto a tacitazione (rappresentato da quote o azioni invece del denaro) che darà luogo, nella contabilità del *soggetto conferente* (in questo caso impresa individuale), alla seguente rilevazione:

Quote (o Azioni) Società Beta	a	Società Beta c/conferimento
per ricevimento n. ... quote (o azioni) del valore di		

Le quote (o azioni) emesse dalla società conferitaria verranno assegnate al *soggetto conferente*, dopo avergli attribuito il capitale netto di conferimento, con la seguente scrittura:

Sig. X c/conferimento	a	Quote (o Azioni) Società Beta
per assegnazione delle quote (o azioni) al Sig. X conferente		

[83] G. SAVIOLI, *Le operazioni di gestione straordinaria*, cit., pp. 99-103.

[84] In pratica, come per la cessione, anche nel conferimento il soggetto conferente dovrà effettuare le scritture di integrazione e rettifica relative ai beni oggetto di trasferimento al fine di procedere alla rilevazione del trasferimento dei beni alla società conferitaria e alla rilevazione della partecipazione acquisita nella stessa. G. SAVIOLI, *Le operazioni di gestione straordinaria*, cit., p. 110.

La *società conferitaria,* dopo aver contabilizzato la normale sottoscrizione del capitale iniziale o l'aumento di capitale, rileverà l'apporto del complesso aziendale da parte del Sig. X con la seguente scrittura:

Diversi	a	*Diversi*
per ricezione dell'apporto da parte del Sig. X		
Crediti		
Fabbricati		
Macchinari		
Mobili		
Scorte		
....		
Avviamento		
	a	Debiti
	a	Trattamento di fine rapporto
	a	....
	a	Socio X c/sottoscrizione

Nell'ipotesi di *concentrazione* aziendale, invece, l'apporto di un complesso (o ramo) aziendale è effettuato da una società ad un'altra società dietro corrispettivo rappresentato da quote o da azioni emesse dalla società concentrataria e con la conseguente sopravvivenza della apportante, pur con il suo oggetto modificato per sottrazione. Quindi, elemento distintivo è lo scorporo dell'azienda o di un ramo di attività dalla concentrante e il contestuale conferimento nella concentrataria dietro assegnazione alla prima, che continua ad esistere, di quote o azioni rappresentanti il corrispettivo dell'apporto.

Riguardo agli aspetti contabili, dopo aver rilevato il risultato di periodo e aver effettuato le rettifiche ai cespiti per lo più originatori di rivalutazioni, occorrerà procedere alla rilevazione del passaggio delle attività e passività alla società concentrataria.

Successivamente, la concentrante dovrà contabilizzare la partecipazione nella società concentrataria a fronte dell'apporto effettuato e ciò darà luogo alla seguente scrittura:

Partecipazione della Società Alfa in Beta	a	Società Beta c/concentrazione
per sottoscrizione della partecipazione nella società Beta		

Secondo l'IFRS 3, il costo dell'aggregazione è dato dal *fair value* delle azioni o quote emesse dalla conferitaria alla data dello scambio [85]. Pertanto,

[85] Nel caso di società quotate, il *fair value* delle azioni emesse è dato dal prezzo di quotazione al momento dell'emissione.

nel caso di "acquisizione inversa", cioè quando è il soggetto conferente che acquisisce il patrimonio della società conferitaria assumendone il controllo, il costo dell'aggregazione non è più costituito dal *fair value* delle azioni emesse dalla società conferitaria (che rappresenta il soggetto acquisito), ma da quello delle azioni del soggetto conferente. Ne consegue che l'operazione dovrà essere contabilizzata in modo opposto rispetto all'impostazione civilistica [86].

5.3. *Il bilancio di fusione di società*

La *fusione* è un'operazione straordinaria che si realizza tra due o più aziende giuridicamente autonome e con veste legale societaria di vario tipo, allorché queste decidono di assumere lo stesso soggetto economico e giuridico [87]. Le modalità attuative dell'istituto in esame individuano due forme di fusione.

La prima forma consiste nella *fusione per generazione* o *per unione* (o *concentrazione*) o *fusione propriamente detta* e ha luogo quando tutte le società partecipanti all'operazione, venendo a cessare relativamente al proprio soggetto, generano contestualmente una società formalmente nuova. Con essa le aziende coinvolte perdono la loro individuale identità giuridica ed economica [88] confluendo nel sistema aziendale di una società di nuova costituzione.

La seconda forma di fusione, peraltro prevalentemente la più diffusa, è la *fusione per incorporazione* o *per assorbimento*, in cui una o più società confluiscono le loro compagini sociali, che vengono assorbite o incorporate, in un'altra società preesistente (società incorporante) la quale conserva la sua autonomia giuridica [89]. Tale tipologia di fusione costituisce, unitamente alla *concentrazione* [90], un tipico strumento di riorganizzazione di

---

[86] G. SAVIOLI, *Le operazioni di gestione straordinaria*, cit., p. 475.

[87] G. PAOLONE, *Gli istituti della cessazione aziendale. Cause originatrici e forme di manifestazione*, 2008, cit., p. 94.

[88] G. SAVIOLI, *Le operazioni di gestione straordinaria*, cit., p. 197.

[89] Nella realtà operativa la fusione per incorporazione è la forma di fusione, individuata dal codice civile, più diffusa in quanto, oltre che più semplice e meno onerosa rispetto alla fusione per unione, è più facile che si verifichi che una società solitamente preminente (società controllante) assuma l'iniziativa di integrare nel proprio sistema aziendale le altre società partecipanti alla fusione. Si veda L. POTITO, *Le operazioni straordinarie nell'economia delle imprese*, 2004, cit., pp. 56-57.

[90] Della concentrazione o conferimento nella "forma di apporto" si è parlato nel par. 3 al quale si rimanda. La fusione per incorporazione si differenzia dalla *concentrazione* in quanto, pur avendo di questa i tratti caratteristici, porta alla scomparsa, con lo scioglimento della società, del soggetto che confluisce nell'azienda incorporante, laddove

gruppi societari poiché consente a società che detengono pacchetti di controllo in imprese affiliate di attuare strategie di crescita dimensionale assorbendo le imprese controllate[91].

Nell'ambito della fusione per incorporazione, poi, è inquadrabile la *fusione inversa*, istituto in cui è la società controllata ad incorporare la propria controllante[92].

Con l'istituto della fusione, dunque, le società coinvolte realizzano una stretta *integrazione* proseguendo l'attività economica in una nuova sistemazione organizzativa, con veste giuridica e struttura diversa da quella assunta originariamente[93], determinando la continuità dei rapporti di partecipazione dei soci[94].

Giuridicamente, la fusione di società è disciplinata dal codice civile[95] in relazione alle due forme previste (unificazione di più società mediante la costituzione di una nuova o mediante la incorporazione in una preesistente)[96]. Inoltre, una vasta letteratura giuridica ed aziendalistica[97] si è occupata della fusione.

---

nella concentrazione vi è la sopravvivenza del soggetto conferente. Per approfondimenti si veda: G. PAOLONE, *Gli istituti della cessazione aziendale. Cause originatrici e forme di manifestazione*, 2008, cit., pp. 94-95.

[91] *Ibidem*, p. 96. Un esempio in tal senso, nel panorama nazionale è offerto dal caso Unicredit in cui la fusione per incorporazione nella capogruppo delle banche di segmento ha rappresentato lo strumento per la ristrutturazione del gruppo stesso. Si veda: G. SAVIOLI, *Le operazioni di gestione straordinaria*, cit., pp. 205-206.

[92] Per approfondimenti sulla fusione inversa si vedano fra gli altri: F. DEZZANI, *La fusione inversa*, in *RIREA*, 9-10, 2010, pp. 585-602; T. ONESTI-M. ROMANO, *La fusione inversa. Aspetti di rappresentazione contabile nella prospettiva degli Ias/Ifrs*, in *RIREA*, 9-10, 2007, pp. 467-476.

[93] L. POTITO, *Le operazioni straordinarie nell'economia delle imprese*, 2004, cit., pp. 56-57.

[94] Infatti, ai soci delle società fuse o incorporate, che cessano di esistere, sono attribuite le azioni o quote del capitale della nuova società risultante dalla fusione o di quella incorporante. G. SAVIOLI, *Le operazioni di gestione straordinaria*, cit., p. 198.

[95] Al Capo X del Titolo V, Sezione II, artt. 2501-2505 *quater*.

[96] In relazione alla natura giuridica dell'operazione di fusione si sono sviluppati in dottrina due diversi indirizzi. In particolare, secondo un'interpretazione tradizionale, la fusione dà luogo all'estinzione delle società fuse o incorporate, con la conseguente successione dei relativi rapporti giuridici da parte della società risultante dalla fusione. Invece, indirizzi più recenti, inquadrano la natura della fusione in una forma di riorganizzazione societaria (in luogo dell'estinzione/costituzione), che attraverso la modifica dell'atto costitutivo delle società partecipanti all'operazione, individua, in tal modo, la prosecuzione dell'attività, oltre che sul piano economico anche su quello giuridico. L. POTITO, *Le operazioni straordinarie nell'economia delle imprese*, 2004, cit., p. 57; G. SAVIOLI, *Le operazioni di gestione straordinaria*, cit., pp. 159-160.

[97] Tra i lavori di più proficua consultazione, si citano: F. BARONI, *Le fusioni di società*, Maggioli, Santarcangelo di Romagna, 1995; P. BASTIA, *Fusioni e scissioni aziendali. Problemi di valutazione e di bilancio*, Clueb, Bologna, 1994; U. BELVISIO *et al.*, *Fusioni e scissioni di società*, a cura di A. PATRONI GRIFFI (Collana LUISS di Roma – *Studi giuridi-*

La fase preparatoria della fusione si esplica nella predisposizione del progetto di fusione, della situazione patrimoniale, della relazione dell'organo amministrativo, della relazione degli esperti, nonché nel deposito degli atti. A ciò fanno seguito la deliberazione di fusione e l'atto di fusione che devono essere depositati per l'iscrizione nell'ufficio del registro delle imprese [98] e pubblicati per estratto nella *Gazzetta Ufficiale*.

---

ci, 27), Giuffrè, Milano, 1995; L.A. BIANCHI, *Il giudizio "di congruità" nel rapporto di cambio nella fusione*, Università di Trento, 1993; D. BONDAVALLI, *Operazioni societarie straordinarie. Analisi dei casi di cessione e conferimento d'azienda, scambio di azioni e/o partecipazioni, fusioni e scissioni, nuova normativa antielusiva*, cit.; G. BRUNI, *Fusioni & scissioni. Profili economici, strategici ed istituzionali*, Giuffrè, Milano, 1997; G.F. CAMPOBASSO, *Diritto commerciale*, II, *Diritto delle società*, in *Il sistema giuridico italiano*, Utet, Torino, 2000; G. COLOMBO, *Fusioni, acquisizioni e scorpori. Economia delle concentrazioni aziendali*, Egea, Milano, 1992; M. CONFALONIERI, *Fusioni e scissioni societarie. Profili civilistici, contabili e fiscali. La normativa italiana antitrust*, Pirola, Milano, 1995; S. DAMMACCO, *La fusione e la scorporazione delle società*, III ed., Pirola, Milano, 1990; F. DEZZANI-P. PISONI-L. PUDDU, *Fusioni, scissioni, trasformazioni e conferimenti. Scritture contabili*, Giuffrè, Milano, 1995; A. DI SABATO, *Manuale delle società*, Utet, Torino, 1990; A. FOSSATI, *Fusione di società*, Ipsoa, Milano, 1997; F. GALGANO, *Le società*, in *Diritto commerciale*, Zanichelli, Bologna, 1986; F. GARDI, *Fusioni ed altre combinazioni di imprese. Finalità e tecniche di realizzazione*, Ist. studi sulle borse valori A. Lorenzetti, Egea, Milano, 1990; P. GUALTIERI, *Le fusioni di società quotate. La recente esperienza italiana*, in *Studi finanziari e bancari*, Il Mulino, Bologna, 1990; M. MAINARDI, *Gestioni straordinarie d'azienda. La fusione*, in *Dip. scienze aziendali* – Univ. di Firenze, Cedam, Padova, 1995; E. MARIANI, *La fusione di società* (*Collana Cosa & Come – Società*), Giuffrè, Milano, 1995; S. MULEO, *Le operazioni straordinarie*, Maggioli, Santarcangelo di Romagna, 1995; R. NASI, *Nuovi testi unici: fusioni, liquidazioni e trasformazioni*, Ipsoa, Roma, 1987; V. PALEA, *Il rapporto di cambio nelle operazioni di fusione e di scissione*, Giappichelli, Torino, 2000; R. PERROTTA-G.M. GAREGNANI, *Le operazione di gestione straordinaria*, Giuffrè, Milano, 1999; S. SARCONE, *Le fusioni societarie. Aspetti economico-aziendali, civilistici contabili e fiscali*, Giuffrè, Milano, 1996; A. SERRA, *La trasformazione e la fusione delle società*, in P. RESCIGNO (a cura di), *Trattato di diritto privato*, Utet, Torino, 1985; A. SERRA-M.S. SPOLIDORO, *Fusioni e scissioni di società* (commento al D.L. 16 gennaio 1991, n. 22), in *Quaderni di diritto commerciale europeo*, Giappichelli, Torino, 1994; G. TANTINI, *Trasformazione e fusione delle società*, in F. GALGANO (a cura di), *Trattato di diritto commerciale e di diritto pubblico dell'economia*, Cedam, Padova, 1985; C. VINCI-M. GAGLIARDI, *Fusioni di società*, Ipsoa, Milano, 1988.

[98] È stato recentemente pubblicato nella *Gazzetta Ufficiale* 3 agosto 2012, n. 180, il D.Lgs. 22 giugno 2012, n. 123, recante "*Attuazione della direttiva 2009/109/CE, che modifica le direttive 77/91/CEE, 78/855/CEE e 82/891/CEE e la direttiva 2005/56/CE per quanto riguarda gli obblighi in materia di relazioni e di documentazione in caso di fusioni e scissioni*". Con tale decreto, al fine di ridurre gli oneri amministrativi e, in particolare, gli obblighi di pubblicazione e documentazione gravanti sulle società, vengono introdotte novità in materia di pubblicità del progetto di fusione e di scissione. Tale progetto, infatti, potrà essere pubblicato – in alternativa alla sua iscrizione nel registro delle imprese – sul sito internet delle società coinvolte nell'operazione con modalità atte a garantire la sicurezza del sito medesimo, l'autenticità dei documenti e la certezza della data di pubblicazione. La pubblicazione sul sito internet presenta dei vantaggi: è immediata e a costo zero, per cui risulterà molto più conveniente rispetto all'iscrizione nel registro delle imprese che prevede un'imposta di bollo ed altri diritti.

Sotto l'aspetto economico-aziendale, in virtù dell'attuazione di specifiche strategie [99], la fusione è giustificabile nella ricerca del maggior valore che il nuovo sistema aziendale (creato per effetto dell'integrazione) assumerebbe rispetto al valore che le partecipanti all'operazione avrebbero avuto rimanendo autonome. Infatti, la fusione, comportando la continuazione in comune dell'attività precedentemente svolta da distinte società, consente di creare nuove condizioni [100] economiche per la realizzazione di economie di scala, per una maggiore competitività anche attraverso l'incremento delle quote di mercato e, più in generale, per una migliore razionalizzazione delle risorse impiegate finalizzate ad accrescere la redditività complessiva. In particolare, sulla base delle strategie economiche sottese all'operazione, si è soliti individuare tre diverse forme di integrazione che danno luogo a: *fusioni orizzontali*, se l'aggregazione avviene tra aziende operanti negli stessi settori o in segmenti di mercato attigui; *fusioni verticali*, se le aziende coinvolte operano in stadi produttivi contigui e si desidera acquisire il controllo delle forniture o delle aziende clienti; *fusioni conglomerali*, infine, se l'operazione avviene tra aziende operanti in mercati differenti al fine di consentire la conseguente diversificazione delle attività svolte [101].

La valutazione economica del capitale d'impresa in ipotesi di fusione presuppone la concezione unitaria del complesso, quale valore che la società incorporante, o quella risultante dalla fusione, deve riconoscere come corrispettivo delle quote o delle azioni di propria emissione da assegnare alla (e) società incorporata (e) o a quelle fuse.

La determinazione del "prezzo" viene pertanto a coincidere con l'indi-

---

Ovviamente, sarà necessario garantire in ogni caso la sicurezza del sito dove viene pubblicato il progetto di fusione e scissione, l'autenticità dei documenti pubblicati e la certezza della data di pubblicazione.

[99] Le strategie aziendali sottese all'operazione di fusione possono essere diverse: finalità di crescita dimensionale ed economica, obiettivi prettamente di carattere finanziario o interessi personali e/o di investimento di azionisti di maggioranza. Sulle finalità economiche della fusione si vedano, fra gli altri, G. Paolone, *Gli istituti della cessazione aziendale. Cause originatrici e forme di manifestazione*, 2008, cit., pp. 96-105; L. Potito, *Le operazioni straordinarie nell'economia delle imprese*, 2004, cit., pp. 58-64; G. Savioli, *Le operazioni di gestione straordinaria*, cit., pp. 197-211.

[100] Legate all'aumento delle dimensioni, all'acquisizione e all'utilizzo in comune di nuove risorse e conoscenze, alle potenzialità di sviluppo di nuove capacità e competenze. L. Potito, *Le operazioni straordinarie nell'economia delle imprese*, 2004, cit., pp. 58-64 e 132-134. Sulle finalità economiche della fusione si veda anche: G. Savioli, *Le operazioni di gestione straordinaria*, cit., pp. 197-211.

[101] Si veda L. Potito, *Le operazioni straordinarie nell'economia delle imprese*, 2004, cit., pp. 60-63. Tra gli elementi che concorrono alla formazione del valore, vi è da considerare la redditività prospettica del gruppo che viene a formarsi e la composizione quali-quantitativa dei patrimoni aziendali oggetto di stima.

viduazione del "rapporto di cambio" tra le azioni o quote delle società incorporate o fuse e quelle della società incorporante o risultante dalla fusione [102].

Nella fusione, quindi, la valutazione economica del capitale delle società partecipanti all'operazione è rivolta alla determinazione del "rapporto di cambio", cioè del numero delle azioni o quote di partecipazione al capitale del nuovo complesso da attribuire ai soci delle società fuse. In generale, tutti i metodi noti in dottrina possono ritenersi validi [103]; si deve però tener conto che a differenza della cessione, nella fusione non si tratta di stabilire il valore dell'azienda in sé, quanto piuttosto il valore relativo di ciascuna azienda in rapporto all'altra [104]. Infatti, ciò che conta e che giustifica la necessità di adottare criteri omogenei di valutazione, è conoscere il reciproco rapporto esistente tra i valori delle aziende coinvolte [105].

Le scritture contabili da redigere in occasione di un'operazione di fusione hanno la funzione di rilevare il trasferimento del patrimonio delle società incorporate o fuse nella società incorporante o risultante dalla fusione. In particolare, l'analisi che segue viene limitata alla sola ipotesi dell'incorporazione, sia perché la fusione propriamente detta è ormai caduta in disuso [106], sia per la stretta analogia contabile esistente tra le due forme di fusione.

Pertanto, si suppone che la società per azioni Alfa incorporante assorba la società per azioni Beta (incorporata) [107]. Le scritture contabili di Beta, sono rivolte innanzitutto a rilevare il risultato economico pre-fusione della

---

[102] Sui rapporti di cambio, si veda: G. PAOLONE, *La cessazione aziendale*, cit., pp. 146-148.

[103] In dottrina e nella prassi, date le difficoltà di stima, è accolto il principio di adozione di una pluralità di criteri di valutazione privilegiando la modalità *"stand-alone"* secondo cui si tiene conto dell'autonomia operativa dell'azienda senza considerare lo specifico contributo che la stessa apporterebbe alla futura redditività del nuovo complesso. G. SAVIOLI, *Le operazioni di gestione straordinaria*, cit., pp. 220-221.

[104] Lo scopo delle valutazioni di fusione, in sostanza, è quello di pervenire alla ripartizione dei diritti di partecipazione al capitale del nuovo complesso risultante dalla fusione. G. SAVIOLI, *Le operazioni di gestione straordinaria*, cit., p. 219.

[105] Per approfondimenti sulle problematiche valutative delle aziende partecipanti alla fusione e sul calcolo del rapporto di cambio si vedano: G. PAOLONE, *Gli istituti della cessazione aziendale. Cause originatrici e forme di manifestazione*, 2008, cit., pp. 101-105; L. POTITO, *Le operazioni straordinarie nell'economia delle imprese*, 2004, cit., pp. 65-73; G. SAVIOLI, *Le operazioni di gestione straordinaria*, cit., pp. 213-248.

[106] G. PAOLONE, *Gli istituti della cessazione aziendale. Cause originatrici e forme di manifestazione*, 2008, cit., p. 126.

[107] Si escluda l'esistenza di un eventuale rapporto di partecipazione tra le due società e si consideri che il rapporto di concambio delle azioni non dia origine a conguagli in denaro (per quelle azioni che non possono essere concambiate in quanto non raggiungono il quantitativo minimo previsto dal rapporto di cambio).

frazione di esercizio fino alla data dell'operazione e a redigere il bilancio di chiusura [108]. Successivamente, ci saranno le seguenti scritture:

Diversi	a	S.P. di inizio fusione
per apertura dei conti accesi alle attività come da bilancio di chiusura		
....		
....		
....		
S.P. di inizio fusione	a	*Diversi*
per apertura dei conti accesi alle passività e al netto come da bilancio di chiusura		
	a	....
	a	....
	a	....

Occorrerà, di seguito, eliminare le voci (fondi di ammortamento e fondi rischi) esprimenti rettifiche di valori patrimoniali attivi.

Diversi	a	*Diversi*
per giroconto dei fondi di ammortamento ai corrispondenti cespiti attivi		
Fondo ammortamento immobili		
Fondo ammortamento impianti		
....		
	a	Immobili
	a	Impianti
	a	....
Fondo svalutazione crediti	a	Crediti
per annullamento crediti inesigibili		

[108] Secondo le disposizioni dell'OIC 4 su *Fusione e scissione: "nessuna norma di legge prescrive la redazione di un bilancio di chiusura per le società incorporate o fuse, ma non è ammissibile che un periodo di vita di una società possa non essere oggetto di rendicontazione e quindi essere dimenticato"*. Inoltre, sempre l'OIC 4 dispone che per la redazione di tale bilancio, *"trattandosi di bilancio ordinario infrannuale, risultano applicabili i criteri di redazione previsti nel Principio contabile 30 sui Bilanci intermedi"*. Si veda il principio contabile nazionale OIC 4 su Fusione e scissione, parte prima, par. 4.3.2.

Successivamente, per passare dai valori contabili a quelli attuali occorrerà accendere un conto denominato "Rettifiche di fusione" dando origine alle seguenti scritture:

Rettifiche di fusione a *Diversi*
per rettifiche diminutive di attività e/o aumentative di passività
a ....
a ....

Diversi a Rettifiche di fusione
per rettifiche aumentative di attività e/o diminutive di passività
....
....

Lo stesso conto sarà utilizzato per annullare le poste (es. oneri pluriennali) che nel bilancio di fusione non hanno più ragione di esistere e per rilevare il valore dell'avviamento, con i seguenti articoli:

Rettifiche di fusione a Oneri pluriennali
per annullamento oneri pluriennali

Avviamento a Rettifiche di fusione
per plusvalore riconosciuto alla società

Il saldo del conto "Rettifiche di fusione", unitamente ai conti del capitale netto, vanno epilogati al conto "Capitale netto di fusione", con la seguente scrittura [109]:

Diversi a Capitale netto di fusione
per giroconto delle poste del netto e del saldo del conto rettifiche di fusione
Capitale sociale
Riserva ordinaria
....

Utile di periodo
Rettifiche di fusione

Il bilancio di fusione, prima del passaggio delle attività e delle passività rettificate alla società incorporante, presenterà la seguente forma:

---

[109] Se la rettifica è incrementativa del capitale netto.

BILANCIO STRAORDINARIO DI FUSIONE
DELLA SOCIETÀ INCORPORATA "BETA" AL ....

Attività rettificate Avviamento	Passività rettificate Capitale netto di fusione

A questo punto, occorrerà contabilizzare il passaggio degli elementi patrimoniali attivi e passivi alla società incorporante e il ricevimento da quest'ultima delle azioni da scambiare, con le seguenti scritture:

Diversi a *Diversi*
per passaggio delle attività e delle passività alla società incorporante

Passività
Società Alfa c/fusione
a Attività

Azioni Società Alfa a Società Alfa c/fusione
per ricevimento azioni emesse dall'incorporante

Le azioni ricevute verranno consegnate ai soci dell'incorporata in sostituzione delle loro azioni annullate, dopo aver proceduto al riparto del capitale netto di fusione agli stessi. Le scritture finali saranno le seguenti:

Capitale netto di fusione a Azionisti c/azioni da cambiare
per riparto del netto risultante dalla fusione agli azionisti

Azionisti c/azioni da cambiare a Azioni società Alfa
per consegna ai soci di nuove azioni in sostituzione delle azioni annullate

La scrittura della *società incorporante* riguardo all'accoglimento del complesso apportato dalla società assorbita, successiva all'aumento di capitale sociale conseguente all'operazione di fusione, sarà la seguente:

Diversi a *Diversi*
per accoglimento degli elementi patrimoniali della incorporata
Attività
a Passività
a Società Beta c/fusione

Stando alle prescrizioni dell'IFRS 3, il costo dell'operazione di fusione deve essere misurato al *fair value* delle attività in essa investite (contanti, altri beni) o delle passività assunte o delle azioni emesse [110].

5.4. *Il bilancio di scissione di società*

L'istituto della *scissione* si realizza con il trasferimento da parte di una società (scissa) dell'intero (o di parte del) suo patrimonio a più società beneficiarie (o a una di esse) preesistenti o di nuova costituzione, con conseguente assegnazione di nuove azioni o quote ai soci della società scissa [111].

---

[110] L. Potito, *Le operazioni straordinarie nell'economia delle imprese*, 2004, cit., p. 94. L'IFRS 3 utilizza il criterio *dell'acquisition method* o metodo dell'acquisizione del controllo. Indipendentemente dalla tipologia di operazione di *Business Combination*, vi è sempre un'entità acquirente ed una acquisita. L'acquirente determina, in luogo del valore del *business* (o complesso di attività), il *fair value* delle singole attività (acquisite) e passività (assunte) rilevabili come se ciascuna di esse fosse acquistata individualmente. Inoltre, per quanto riguarda il principio della prevalenza della sostanza sulla forma, l'IFRS 3 non fa esplicito riferimento ad una operazione straordinaria in particolare, ma parla in generale di "aggregazione aziendale", per cui per la corretta contabilizzazione secondo le prescrizioni del principio, sarà necessario guardare alla sostanza dell'operazione privilegiandola rispetto alla forma giuridica della stessa.

[111] Sull'argomento, la copiosa bibliografia è caratterizzata dai seguenti principali lavori specifici: F. Baroni, *Le fusioni di società*, cit.; P. Bastia, *Fusioni e scissioni aziendali. Problemi di valutazione e di bilancio*, cit.; U. Belvisio *et al.*, *Fusioni e scissioni di società*, a cura di A. Patroni Griffi (Collana Luiss di Roma – *Studi giuridici*, 27), cit.; L.A. Bianchi, *Il giudizio "di congruità" nel rapporto di cambio nella fusione*, cit.; D. Bondavalli, *Operazioni societarie straordinarie. Analisi dei casi di cessione e conferimento d'azienda, scambio di azioni e/o partecipazioni, fusioni e scissioni, nuova normativa antielusiva*, cit.; G. Bruni, *Fusioni & scissioni. Profili economici, strategici ed istituzionali*, Giuffrè, Milano, 1997; G.F. Campobasso, *Diritto commerciale*, II, *Diritto delle società*, in *Il sistema giuridico italiano*, Utet, Torino, 2000; G. Colombo, *Fusioni, acquisizioni e scorpori. Economia delle concentrazioni aziendali*, Egea, Milano, 1992; M. Confalonieri, *Fusioni e scissioni societarie. Profili civilistici, contabili e fiscali. La normativa italiana antitrust*, cit.; S. Dammacco, *La fusione e la scorporazione delle società*, cit.; F. Dezzani-P. Pisoni-L. Puddu, *Fusioni, scissioni, trasformazioni e conferimenti. Scritture contabili*, Giuffrè, Milano, 1995; A. Di Sabato, *Manuale delle società*, Utet, Torino, 1990; A. Fossati, *Fusione di società*, Ipsoa, Milano, 1997; F. Galgano, *Le società*, in *Diritto commerciale*, Zanichelli, Bologna, 1986; F. Gardi, *Fusioni ed altre combinazioni di imprese. Finalità e tecniche di realizzazione*, cit.; P. Gualtieri, *Le fusioni di società quotate. La recente esperienza italiana*, cit.; M. Mainardi, *Gestioni straordinarie d'azienda. La fusione*, cit.; E. Mariani, *La fusione di società* (*Collana Cosa & Come – Società*), cit.; S. Muleo, *Le operazioni straordinarie*, Maggioli, Santarcangelo di Romagna, 1995; R. Nasi, *Nuovi testi unici: fusioni, liquidazioni e trasformazioni*, Ipsoa, Roma, 1987; V. Palea, *Il rapporto di cambio nelle operazioni di fusione e di scissione*, Giappichelli, Torino, 2000; G. Paolone-L. D'Amico-P. Giansante, *Le rilevazioni contabili nelle gestioni straordinarie*, Cacucci, Bari, 1998, pp. 113-181; G. Paolone, *La cessazione aziendale nelle sue tipiche forme di manifestazione*, cit.; R. Perrotta-G.M.

Con tale operazione i soci della società scissa subentrano nelle compagini sociali delle società destinatarie (o della società destinataria) del patrimonio trasferito [112] ricevendo da queste(a) ultime(a) nuove azioni o quote.

Dalla definizione si evince che la scissione di società può avvenire in due modi a seconda che la società scissa trasferisca l'intero patrimonio oppure solo una parte di esso. In particolare, nel primo caso (*scissione totale*), la società scissa si estingue dopo aver frazionato il proprio patrimonio per trasferirlo a due o più società beneficiarie [113] e, contestualmente, i soci della società estinta ricevono le azioni o quote delle società destinatarie, rappresentative del patrimonio trasferito. Nel secondo caso (*scissione parziale*), invece, la società scissa trasferisce solo una parte del suo patrimonio a una o a più società beneficiarie continuando la propria operatività con il restante patrimonio non trasferito [114]. Anche in tale ipotesi, vi è la contestuale assegnazione ai soci della società scissa di nuove azioni o quote emesse dalla(e) società destinataria(e).

Le società beneficiarie, inoltre, possono essere già costituite oppure di nuova costituzione; pertanto, nel primo caso il patrimonio ricevuto dalla società scissa andrà ad aumentare il capitale sociale preesistente, mentre nel secondo caso farà parte del capitale iniziale di costituzione. Infine, le nuove azioni o quote emesse possono essere assegnate ai soci della società scissa in proporzione (*scissione proporzionale*) alle azioni o quote dagli stessi detenute oppure in maniera non proporzionale (*scissione non proporzionale*) [115].

Giuridicamente, l'istituto della scissione è disciplinato dal codice civile [116]

GAREGNANI, *Le operazione di gestione straordinaria*, Giuffrè, Milano, 1999; M. PETROCCHI, *Le fusioni di società. Disciplina civilistica e tributaria. Adempimenti e prassi contabile. Aggiornato con la legge n. 724/1994 e il D.L. n. 41/1995*, Lo Scriba, 1995; S. SARCONE, *Le fusioni societarie. Aspetti economico-aziendali, civilistici contabili e fiscali*, Giuffrè, Milano, 1996; A. SERRA, *La trasformazione e la fusione delle società*, in P. RESCIGNO (a cura di), *Trattato di diritto privato*, Utet, Torino, 1985; A. SERRA-M.S. SPOLIDORO, *Fusioni e scissioni di società (commento al D.L. 16 gennaio 1991, n. 22)*, in *Quaderni di diritto commerciale europeo*, Giappichelli, Torino, 1994; G. TANTINI, *Trasformazione e fusione delle società*, cit., 1985; C. VINCI-M. GAGLIARDI, *Fusioni di società*, cit., 1988.

[112] G. PAOLONE, *Gli istituti della cessazione aziendale. Cause originatrici e forme di manifestazione*, cit., p. 136.

[113] L. POTITO, *Le operazioni straordinarie nell'economia delle imprese*, 2004, cit., p. 153.

[114] La scissione parziale che consiste in una forma di scorporazione non comporta l'estinzione della società originaria, ma ne determina una riduzione delle sue dimensioni.

[115] G. PAOLONE, *Gli istituti della cessazione aziendale. Cause originatrici e forme di manifestazione*, cit., pp. 137-138.

[116] Artt. dal 2506 al 2506 *quater* della Sezione III, Capo X del Titolo V.

relativamente alle due diverse forme (totale e parziale), al progetto di scissione con i relativi documenti accompagnatori (situazione patrimoniale, relazione degli amministratori e relazione degli esperti), all'atto di scissione da stipularsi in forma pubblica, da depositarsi per l'iscrizione nel registro delle imprese e da pubblicarsi per estratto nella *Gazzetta Ufficiale*.

Sotto il profilo economico-aziendale, l'operazione di scissione si presta all'attuazione di strategie simili a quelle perseguibili con il conferimento e, quindi, ad una generale riconfigurazione del sistema aziendale, oltre che a una diversa ridefinizione della posizione dei soci e dei loro reciproci rapporti [117]. Pertanto, le finalità economiche sottese all'istituto in esame, molteplici e difficilmente riconducibili a un orientamento uniforme, sono da ricollegarsi, da un lato, a situazioni di sviluppo del sistema aziendale e dei suoi subsistemi; ovvero, dall'altro, a ipotesi di risanamento di sistemi aziendali in crisi [118].

Nella prima prospettiva, la scissione rappresenta un potenziale strumento di sviluppo dimensionale e di crescita aziendale, attraverso l'acquisizione di combinazioni produttive esterne e attraverso la ridefinizione delle aree d'affari, con caratteristiche sue proprie che consentono soluzioni non attuabili con altri istituti giuridici similari [119]. Nella seconda prospettiva, con la scissione si rende attuabile il processo di separazione di attività operative in perdita, non più risanabili, da quelle in possesso di capacità prospettiche di produrre reddito.

L'istituto della scissione, inoltre, può risultare molto utile per costituire nuovi organismi societari preposti all'espletamento di nuove attività eco-

---

[117] Nella scissione, a differenza del conferimento, sono i soci della società scissa che vedono frazionarsi la loro partecipazione iniziale in più partecipazioni in società diverse, cioè nelle società beneficiarie. Nel conferimento, invece, le azioni emesse dalla conferitaria sono attribuite direttamente alla società conferente che resta integra, verificandosi solo una mutazione qualitativa del suo patrimonio. Inoltre, ulteriore differenza è che la scissione implica sempre il distacco netto e definitivo del complesso trasferito, laddove con il conferimento è conservato il legame funzionale rappresentato dalle azioni o quote che il soggetto conferente riceve a titolo di corrispettivo. L. POTITO, *Le operazioni straordinarie nell'economia delle imprese*, 2004, cit., pp. 154-156. Si veda anche G. SAVIOLI, *Le operazioni di gestione straordinaria*, cit., p. 372.

[118] Sulle finalità economiche della scissione si vedano fra gli altri: G. PAOLONE, *Gli istituti della cessazione aziendale. Cause originatrici e forme di manifestazione*, cit., pp. 139-142; L. POTITO, *Le operazioni straordinarie nell'economia delle imprese*, 2004, cit., pp. 155-157; G. SAVIOLI, *Le operazioni di gestione straordinaria*, cit., pp. 371-393.

[119] G. PAOLONE, *Gli istituti della cessazione aziendale. Cause originatrici e forme di manifestazione*, cit., p. 139. Vista dalla parte della società beneficiaria, infatti, la scissione consente di perseguire strategie di concentrazione e di integrazione aziendale, rappresentando uno strumento alternativo all'acquisto di azienda, alla fusione e al conferimento in ipotesi di soluzioni non attuabili con tali istituti. Si veda: G. SAVIOLI, *Le operazioni di gestione straordinaria*, cit., p. 388.

nomiche ad alto rischio; per conferire autonomia giuridica ad un settore di attività prima di procedere ad una sua dismissione; per riorganizzare gruppi di imprese; per facilitare (nel settore pubblico) il processo di privatizzazione degli enti di gestione a partecipazione statale e degli enti pubblici economici; per ridisegnare l'assetto proprietario di una compagine sociale non omogenea e conflittuale a seguito di precedenti politiche di concentrazione o di situazioni ereditarie.

Per quanto riguarda la valutazione economica del capitale d'impresa, le valutazioni in tema di scissione prendono spunto da considerazioni di carattere generale valide per la fusione e si adattano alle varie forme di scissione con connotazioni a volte diverse. Le considerazioni di massima sono rinvenibili nella finalità ultima della valutazione ravvisabile nella determinazione dei rapporti di cambio fra le azioni o quote della società scissa e quelle delle società beneficiarie. Pertanto, le problematiche valutative sottese alla scissione [120], connesse alla complessità e alla varietà dell'operazione, sono rinvenibili nella ricerca di valori omogenei confrontabili tra loro, pur se con alcuni necessari adattamenti; tali valori sono diversi a seconda della forma di scissione [121].

Dal punto di vista contabile, nelle varie ipotesi di scissione, i passaggi dei valori degli elementi attivi e passivi componenti i rami da trasferire saranno ispirati al principio della continuità e, quindi, non subiranno rettifiche. La società beneficiaria prenderà in carico i valori degli elementi attivi e passivi così come risultano dalla contabilità della società scissa.

In caso di *scissione totale*, la *società scissa*, dovrà preliminarmente procedere alla rilevazione del risultato economico dall'inizio dell'esercizio fino alla data in cui l'operazione produce i suoi effetti e alla chiusura di tutti i conti a seguito della sua estinzione.

Il bilancio straordinario (Situazione Patrimoniale) della società scissa "Alfa", prima del trasferimento dei due rami aziendali, presenterà sinteticamente la seguente struttura [122]:

---

[120] Per approfondimenti sulle problematiche valutative della scissione si vedano fra gli altri: G. PAOLONE, *Gli istituti della cessazione aziendale. Cause originatrici e forme di manifestazione*, cit., pp. 142-148; L. POTITO, *Le operazioni straordinarie nell'economia delle imprese*, 2004, cit., pp. 157-160; G. SAVIOLI, *Le operazioni di gestione straordinaria*, cit., pp. 395-401.

[121] Sulle fattispecie che in concreto si possono prospettare al riguardo, si veda: G. PAOLONE, *La cessazione aziendale*, cit., pp. 203-206; G. PAOLONE, *Gli istituti della cessazione aziendale. Cause originatrici e forme di manifestazione*, 2008, cit., pp. 144-148.

[122] La Situazione Patrimoniale di scissione è un vero e proprio bilancio straordinario che dovrà evidenziare le operazioni in corso ispirandosi ai principi che regolano la redazione del bilancio di esercizio. Poiché la sua data di riferimento non presenta rilievo sostanziale, si ritiene che non si è obbligati ad operare in contabilità le rettifiche dei dati

BILANCIO STRAORDINARIO DELLA SOCIETÀ SCISSA ALFA

Attività	1° ramo aziendale	2° ramo aziendale	Totali
....	....	....	....
....	....	....	....
....	....	....	....
....	....	....	....
....	....	....	....
Totali			
Passività	**1° ramo aziendale**	**2° ramo aziendale**	**Totali**
....	....	....	....
....	....	....	....
....	....	....	....
....	....	....	....
....	....	....	....
Totali	....	....	....
Eccedenza attiva	....	....	....
Patrimonio netto			....
Totali			

Le scritture contabili da parte della società scissa, una volta contabilizzato il reddito di periodo, consistono nello storno dei conti accesi agli elementi patrimoniali oggetto di trasferimento, nella rilevazione e assegnazione delle azioni o quote emesse dalle società beneficiarie ai soci della scissa, nell'annullamento dei conti al netto [123].

Supponendo che le società beneficiarie siano Beta S.p.A. e Gamma S.r.l. e che i soci della società scissa siano "A" e "B", le scritture della società scissa "Alfa" con riparto proporzionale saranno le seguenti:

---

contabili procedendo alla chiusura e alla riapertura dei conti. Il bilancio di chiusura della società scissa ha rilievo solo quando essa viene ad estinzione a seguito della scissione totale. Si veda G. PAOLONE, *Le gestioni straordinarie, aspetti normativi ed economico-aziendali*, Giappichelli, Torino, 2004, pp. 194-200.

[123] G. PAOLONE, *Gli istituti della cessazione aziendale. Cause originatrici e forme di manifestazione*, cit., p. 155.

Diversi a *Diversi*

per trasferimento degli elementi attivi e passivi alla società Beta per azioni

Elementi passivi

Società "Beta" c/scissione

a Elementi attivi

Diversi a *Diversi*

per trasferimento degli elementi attivi e passivi alla società Gamma a responsabilità limitata

Elementi passivi

Società "Gamma" c/scissione

a Elementi attivi

Diversi a *Diversi*

per rilevazione delle azioni e delle quote delle società beneficiarie

Azioni società "Beta"

Quote società "Gamma"

a Società "Beta" c/scissione

a Società "Gamma" c/scissione

Socio "A" società scissa a *Diversi*

per assegnazione proporzionale al socio "A" delle azioni e quote delle società beneficiarie

a Azioni società "Beta"

a Quote società "Gamma"

Socio "B" società scissa a *Diversi*

per assegnazione proporzionale al socio "B" delle azioni e quote delle società beneficiarie

a Azioni società "Beta"

a Quote società "Gamma"

Diversi a *Diversi*

per annullamento dei conti al capitale netto e dei conti accesi ai due soci

Capitale Sociale

Riserve

Utile di periodo

a Socio "A" società scissa

a Socio "B" società scissa

Le *società beneficiarie* dovranno rilevare nelle loro contabilità il recepimento delle attività e delle passività costituenti i due rami trasferiti dopo aver proceduto all'aumento di capitale (o alla costituzione); le scritture saranno le seguenti:

– per la beneficiaria "Beta" S.p.A.:

Azionisti c/sottoscrizione	a	Capitale sociale
per sottoscrizione iniziale di capitale sociale da parte dei soci "A" e "B" della società "Alfa" scissa		
Diversi	a	*Diversi*
per rilevazione del ramo aziendale ricevuto dalla società scissa Alfa		
Elementi attivi		
	a	Elementi passivi
	a	Società "Alfa" c/scissione
Società "Alfa" c/scissione	a	Azionisti c/sottoscrizione
per assegnazione delle azioni ai soci "A" e "B" della società scissa		

– per la società beneficiaria "Gamma" S.r.l.:

Quotisti c/sottoscrizione	a	Capitale Sociale
per sottoscrizione di capitale da parte dei soci "A" e "B" della società "Alfa" scissa		
Diversi	a	*Diversi*
per rilevazione del ramo aziendale ricevuto dalla società scissa		
Elementi attivi		
	a	Elementi passivi
	a	Società "Alfa" c/scissione
Società "Alfa" c/scissione	a	Quotisti c/sottoscrizione
per assegnazione delle quote ai soci "A" e "B" della società scissa		

Le scritture delle società beneficiarie sopra evidenziate non hanno tenuto conto delle eventuali differenze di scissione rilevabili nel caso in cui l'aumento di capitale sociale della beneficiaria non coincida con il valore netto contabile del patrimonio ricevuto dalla società scissa. In particolare, se il ramo aziendale ricevuto dalla società scissa ha un valore netto patrimoniale superiore all'aumento del capitale sociale della beneficiaria si dovrà rilevare una differenza di scissione denominabile "avanzo da concambio"; se, invece, il valore netto contabile del patrimonio ricevuto dalla società estinta è inferiore all'aumento di capitale della beneficiaria si dovrà rilevare un "disavanzo da concambio". Le relative scritture saranno:

Diversi a *Diversi*

per rilevazione del ramo aziendale ricevuto dalla società scissa di valore netto patrimoniale superiore all'aumento del capitale sociale della beneficiaria

Elementi attivi

a Elementi passivi

a Società "Alfa" c/scissione

a Avanzo da concambio

Diversi a *Diversi*

per rilevazione del ramo aziendale ricevuto dalla società scissa di valore netto patrimoniale inferiore all'aumento del capitale sociale della beneficiaria

Elementi attivi

Disavanzo da concambio

a Elementi passivi

a Società "Alfa" c/scissione

Oltre all'avanzo/disavanzo da concambio vi possono essere anche delle differenze di scissione da annullamento [124]. Quest'ultime emergono nel caso in cui la società beneficiaria preesistente detenga una partecipazione (di controllo o di collegamento) nel capitale della società scissa. Si avrà un "avanzo di scissione da annullamento", se il valore di costo della partecipazione è inferiore al valore della quota-parte del patrimonio netto contabile trasferito; in caso contrario, si avrà un "disavanzo da annullamento" [125].

Le relative scritture contabili saranno:

Diversi a *Diversi*

per rilevazione del patrimonio netto ricevuto e annullamento della partecipazione con avanzo

Elementi attivi

a Elementi passivi

a Partecipazione nella società "Alfa"

a Avanzo da annullamento

[124] Le differenze di scissione (avanzi e disavanzi) possono essere sia da concambio, sia da annullamento. Esse, avendo un significato diverso, possono emergere anche contemporaneamente in capo allo stesso soggetto beneficiario, ma la loro rilevazione contabile deve avvenire disgiuntamente. Si veda G. PAOLONE, *Gli istituti della cessazione aziendale. Cause originatrici e forme di manifestazione*, cit., p. 158. Sul trattamento contabile delle differenze di scissione si veda anche l'OIC 4, parte seconda, par. 4.3.3.

[125] G. PAOLONE, *Gli istituti della cessazione aziendale. Cause originatrici e forme di manifestazione*, cit., p. 147.

Diversi	a	*Diversi*
per rilevazione del patrimonio netto ricevuto e annullamento della partecipazione con disavanzo		
Elementi attivi		
Disavanzo da annullamento		
	a	Elementi passivi
	a	Partecipazione nella società "Alfa"

Il disavanzo da annullamento può essere utilizzato per rivalutare i beni appartenenti al ramo aziendale trasferito, con eventuale iscrizione di una posta a titolo di avviamento; la relativa scrittura sarà [126]:

Diversi	a	Disavanzo da annullamento
per destinazione del disavanzo come segue		
Beni patrimoniali		
Avviamento		

In caso di *scissione parziale*, la società scissa, continuando a vivere con il ramo aziendale non trasferito alla(e) società beneficiaria(e), dovrà preliminarmente procedere alla formazione di un bilancio evidenziante il risultato periodico, per poi rilevare il trasferimento delle attività e delle passività alla costituenda (o costituita) società destinataria [127].

5.5. *Il bilancio di trasformazione di società*

L'istituto della *trasformazione* occupa una posizione particolare nell'ambito delle operazioni di gestione straordinaria poiché non comporta alcun trasferimento aziendale (di complesso o di ramo). Esso consiste nel mutamento del tipo di società determinato dall'esigenza di adattare la veste giuridica all'evoluzione della realtà dell'impresa [128]. Spesso si accompagna ad

---

126 *Ibidem*, p. 158.

127 Le rilevazioni contabili di tale ipotesi di scissione sono pressoché analoghe a quelle riferibili alla scissione totale.

128 Sulla trasformazione, si consultino proficuamente i seguenti lavori: S. ARGILLA, *La trasformazione di forma giuridica*, in *Rivista Dottori Commercialisti*, 1977; O. CAGNASSO, *Le trasformazione delle società. Artt. 2498-2500* (Collana *Il Codice civile-Commentario*, diretto da P. Schlesinger), Giuffrè, Milano, 1990; V. CONTE, *La trasforma-*

altre forme di cessazione (quali lo scorporo e la scissione) nell'ambito di un globale disegno strategico tendente a modificare l'assetto del gruppo di società interessate a tali operazioni [129].

Dal punto di vista giuridico, la disciplina civilistica sulla trasformazione ha subìto, in seguito all'entrata in vigore del D.Lgs. n. 6/2003, una profonda revisione che ne ha ampliato sensibilmente il campo di applicazione; in passato, invece, il codice civile si era limitato a disciplinare in modo organico le sole trasformazioni di società di persone in società di capitali. Infatti, la nuova disciplina contenuta negli artt. dal 2498 al 2500 *novies*, riferita innanzitutto agli aspetti generali dell'istituto in esame, contempla le differenti fattispecie della *trasformazione di società di persone in società di capitali* (c.d. trasformazione *omogenea evolutiva*), della *trasformazione di società di capitali in società di persone* (c.d. trasformazione *omogenea involutiva*) e delle *trasformazioni eterogenee* [130].

Quest'ultime, in particolare, rappresentano una novità assoluta introdotta dal legislatore e sono innanzitutto quelle trasformazioni che consentono alle società di capitali di trasformarsi in consorzi, società consortili, associazioni non riconosciute, fondazioni e comunioni, nonché in società coo-

---

zione delle società. Caratteri economici, giuridici, contabili e fiscali, in *Il Sapere*, 1997; S. DAMMACCO, *La trasformazione delle società. Aspetti civilistici, contabili e fiscali. Formule e tabelle*, in *Impresa e professioni '97*, Maggioli, Santarcangelo di Romagna, 1996; M. FRASCARELLI, *Trasformazione di società*, Fag, Milano, 1998; G. PAOLONE-L. D'AMICO-P. GIANSANTE, *Le rilevazioni contabili nelle gestioni straordinarie*, cit., pp. 77-109; G. PAOLONE, *La cessazione aziendale, nelle sue tipiche forme di manifestazione*, cit., pp. 227-335; M. PAOLONI, *La trasformazione delle società. Aspetti civilistici, contabili, economico-aziendali e fiscali*, Giappichelli, Torino, 1988; S. PATRIARCA, *Trasformazione regressiva e principio di maggioranza*, Cedam, Padova, 1988; M. PETROCCHI, *Trasformazione di società. Disciplina civilistica e tributaria. Adempimenti e prassi contabile*, Ergon Business Comunication, Milano, 1992; F. SCARDULLA, *La trasformazione e la fusione delle società*, in *Trattato di diritto civile e commerciale*, tomo II, 30, Giuffrè, Milano, 1989; A. SERRA, *La trasformazione e la fusione delle società*, cit.; M. SIRTOLI, *La trasformazione della forma societaria*, Buffetti, Roma, 1996; G. TANTINI, *Trasformazione e fusione delle società*, in F. GALGANO (a cura di), *Trattato di diritto commerciale e di diritto pubblico dell'economia*, Cedam, Padova, 1985.

[129] G. PAOLONE, *Gli istituti della cessazione aziendale. Cause originatrici e forme di manifestazione*, 2008, cit., p. 163.

[130] Nell'ambito delle trasformazioni di società commerciali (le c.d. *trasformazioni omogenee*), oltre all'originaria trasformazione di società di persone in società di capitali, vengono, quindi, attualmente disciplinate anche le trasformazioni di società di capitali in società di persone. Inoltre, nelle nuove disposizioni civilistiche trovano esplicita disciplina anche le trasformazioni di società ed enti al di fuori dell'ambito commerciale (trasformazioni *eterogenee*). Sull'esame degli aspetti giuridici della trasformazione si vedano fra gli altri: G. PAOLONE, *Gli istituti della cessazione aziendale. Cause originatrici e forme di manifestazione*, cit., pp. 177-190; L. POTITO, *Le operazioni straordinarie nell'economia delle imprese*, 2004, cit., pp. 177-179; G. SAVIOLI, *Le operazioni di gestione straordinaria*, cit., pp. 497-524.

perative (art. 2500 *septies*)[131]. Tali trasformazioni, pertanto, si dicono *eterogenee* in quanto coinvolgono società lucrative e non, ovvero soggetti non societari, in contrapposizione alle trasformazioni cosiddette *omogenee* che, invece, sono attuate nell'ambito delle società commerciali[132].

In definitiva, la casistica delle tipologie di trasformazione è abbastanza ampia e può sinteticamente riunirsi in due gruppi di casi[133].

1° gruppo (che interessa l'ambito delle società commerciali):
- trasformazione di società di persone in società di capitali;
- trasformazione di società di capitali in società di persone;
- trasformazione nell'ambito delle società di persone;
- trasformazione nell'ambito delle società di capitali.

2° gruppo (riguardante anche società ed enti al di fuori dell'ambito commerciale) (trasformazioni eterogenee):
- trasformazione di società ed enti non commerciali (consorzi, società consortili, società cooperative, associazioni non riconosciute, fondazioni e comunioni) in società commerciali e viceversa.

In generale, il contenuto del nuovo art. 2498 c.c. riprende il vecchio testo civilistico secondo il quale la trasformazione non comporta l'estinzione di una società preesistente e la nascita di una nuova società, ma afferma la *continuità* dei rapporti giuridici in ipotesi di trasformazioni societarie, stabilendo la conservazione dei diritti e degli obblighi facenti capo al "soggetto" trasformato e la prosecuzione dei rapporti processuali[134].

La trasformazione, inoltre, è ammessa anche in pendenza di procedure concorsuali (art. 2499).

L'introduzione dei nuovi modelli di trasformazione da parte del legislatore esprime una maggiore attenzione alla necessità di adottare forme giuridiche che siano sempre adatte e conformi alle condizioni di esistenza delle aziende, nel loro evolversi e mutare nel tempo[135]. Infatti, sotto il profilo economico-aziendale, la rilevanza strategica della trasformazione risiede nella possibilità di riadattare la forma giuridica assunta originariamente,

---

[131] Per approfondimenti si veda G. PAOLONE, *Gli istituti della cessazione aziendale. Cause originatrici e forme di manifestazione*, 2008, cit., pp. 183-184.

[132] L. POTITO, *Le operazioni straordinarie nell'economia delle imprese*, 2004, cit., pp. 177-179.

[133] G. PAOLONE, *Gli istituti della cessazione aziendale. Cause originatrici e forme di manifestazione*, 2008, cit., p. 184. Per l'esame dei vari casi di trasformazioni societarie, si veda: G. PAOLONE, *La cessazione aziendale*, cit., p. 232 e segg.

[134] G. PAOLONE, *Gli istituti della cessazione aziendale. Cause originatrici e forme di manifestazione*, 2008, cit., p. 185.

[135] L. POTITO, *Le operazioni straordinarie nell'economia delle imprese*, 2004, cit., p. 178.

plasmandola alle sopraggiunte mutate condizioni di vita e di sviluppo[136]. Alla base del mutamento della veste giuridica, pertanto, vi è la riconsiderazione delle ragioni che avevano determinato la scelta iniziale del tipo di società, in virtù di nuove esigenze strategiche ed operative.

Nonostante la trasformazione non comporti alcuna modifica del patrimonio o della compagine sociale, ma solo un mutamento della veste legale della società, il legislatore (art. 2500 *ter* c.c.) prevede, a tutela dei creditori, la valutazione del capitale risultante dalla trasformazione (di società di persone). Tale valutazione deve essere determinata sulla base dei "valori attuali" degli elementi dell'attivo e del passivo e deve risultare da una relazione di stima peritale[137].

Le rilevazioni contabili acquistano particolare configurazione nei casi di passaggio da società di persone a società di capitali, e viceversa; ciò sia per ragioni di ordine fiscale (modifica del regime di tassazione) sia a causa del mutamento della struttura qualitativa (sostituzione di quote con azioni) e quantitativa (revisione dei valori) del capitale sociale[138].

L'iter contabile ha inizio, quindi, con la rilevazione delle scritture di rettifica al fine di determinare il risultato, positivo o negativo, attribuibile al periodo infrannuale anteriore alla trasformazione[139].

---

[136] I fattori di vita, di impulso e di sviluppo, influenzanti il raggiungimento delle condizioni di equilibrio aziendale, ai quali fare riferimento per la scelta del tipo di società più conveniente, possono essere legati a condizioni interne all'azienda e/o relative al contesto ambientale. In particolare, le condizioni interne sono riconducibili alle caratteristiche dell'attività economica svolta (grado di rischio e dimensione); al fattore umano (caratteristiche personali, attitudini e aspettative e situazioni patrimoniali individuali dei soci) e alla natura e al volume delle risorse finanziarie necessarie all'avvio o allo sviluppo dell'azienda. I fattori ambientali, invece, sono identificabili nel mercato, nel progresso tecnologico e nello stato delle istituzioni. Sulle motivazioni economico-aziendali della trasformazione di società si vedano fra gli altri: A. CASALENA, *Brevi note sui caratteri economico-aziendali della trasformazione d'azienda e le sue finalità strategiche*, in *RIREA*, 11-12, 2010, pp. 808-819; G. PAOLONE, *Gli istituti della cessazione aziendale. Cause originatrici e forme di manifestazione*, 2008, cit., pp. 164-177; L. POTITO, *Le operazioni straordinarie nell'economia delle imprese*, 2004, cit., pp. 175-177; G. SAVIOLI, *Le operazioni di gestione straordinaria*, cit., pp. 525-540.

[137] Si tratta, in pratica, di esprimere una revisione dei valori degli elementi patrimoniali presenti nel bilancio ordinario (redatto di norma in una data infrannuale) al fine di avere una valutazione del patrimonio (capitale) che risponda al principio della continuità dell'attività di funzionamento e che esprima la capacità di produrre redditi prospettici. G. PAOLONE, *Gli istituti della cessazione aziendale. Cause originatrici e forme di manifestazione*, 2008, cit., pp. 181 e 193.

[138] Per l'esame di due casi concreti di trasformazione, in tal senso, si veda: G. PAOLONE-L. D'AMICO-P. GIANSANTE, *Le rilevazioni contabili nelle gestioni straordinarie*, cit., pp. 77-105.

[139] Tale risultato è ripartibile (se positivo) o copribile (se negativo) ai/dai soci in proporzione delle loro rispettive quote di partecipazione.

Successivamente occorrerà procedere, se del caso, alla revisione dei valori degli elementi patrimoniali a seguito della relazione di stima peritale [140].

Per ricondurre i valori contabili a quelli revisionati è necessario comporre le scritture di rettifica [141] e di integrazione [142], precedute dall'eventuale eliminazione di alcune poste [143].

Si perviene, quindi, alla configurazione contabile del capitale netto di trasformazione attraverso l'epilogo dei conti del "netto" e del saldo del conto "Rettifiche di trasformazione", con la seguente scrittura:

---

[140] I valori della stima peritale rappresentano limiti superiori al di sotto dei quali è possibile attestarsi.

[141] In particolare, le scritture di rettifica sono del tipo:

Diversi	a	Rettifiche di trasformazione (o Plusvalenze di trasformazione)
per maggiore/minore valore attribuito alle attività/passività		
....		
....		

Rettifiche di trasformazione (o Minusvalenze di trasformazione)	a	*Diversi*
per minore/maggiore valore attribuito alle attività/passività		
		....
		....

[142] Le scritture di integrazione sono del tipo:

Rettifiche di trasformazione	a	*Diversi*
per integrazione dei seguenti fondi:		
	a	Fondo indennità licenziamento
	a	Fondo imposte e tasse

[143] Sono per lo più quelle rettificative (Fondi ammortamento, Fondo svalutazione crediti, ecc.). In verità, restando immutato il soggetto aziendale, non dovrebbe procedersi alla loro eliminazione; si perviene al loro storno per ragioni di praticità, al fine di agevolare il confronto tra i valori netti contabili e quelli peritati. La scrittura sarà del tipo:

Diversi	a	Rettifiche di trasformazione
per eliminazione delle seguenti poste rettificative		
Fondo ammortamento		
Fondo svalutazione crediti		

Diversi	a Capitale netto di trasformazione
per giroconto delle poste (positive) del netto e del saldo (positivo) del conto "rettifiche"	
Capitale sociale	
Riserve	
Utile di periodo	
Rettifiche di trasformazione	

Il capitale netto di trasformazione così determinato viene ripartito tra i soci alla condizione che non si alterino i propri rapporti di partecipazione al capitale sociale.

Il bilancio straordinario di trasformazione è costituito da uno Stato Patrimoniale (attivo e passivo) per la redazione del quale occorre osservare i principi generali sanciti negli artt. 2217 (evidenza e verità) e 2423 (chiarezza, verità e correttezza)[144]. Il patrimonio netto risultante dal bilancio di trasformazione, il cui valore non necessariamente coinciderà con quello risultante dalla stima peritale[145], rappresenterà il capitale iniziale della nuova società trasformata[146] e costituirà la base per la determinazione delle posizioni dei soci.

5.6. *Il bilancio di liquidazione volontaria di società*

La *liquidazione volontaria* costituisce una soluzione estrema di una situazione insanabile; tuttavia, essa scaturisce da valutazioni di ordine economico-aziendale relative all'azienda osservata nel suo ambito, nelle sue relazioni con l'esterno e alle condizioni che presiedono il suo normale funzionamento.

Attraverso la liquidazione volontaria è possibile, infatti, arginare il deteriorarsi di una situazione patologica irreversibile, prima che si incorra in una procedura giudiziaria di tipo concorsuale, evitando che la protrazione

[144] G. Paolone, *Gli istituti della cessazione aziendale. Cause originatrici e forme di manifestazione*, 2008, cit., p. 202.

[145] Il capitale stimato dal perito a norma dell'art. 2500 *ter* c.c. esprime per lo più il valore economico dell'impresa. Non necessariamente esso coinciderà con il patrimonio netto risultante dal bilancio straordinario di trasformazione, data la possibilità di assegnare valori più bassi alle attività e passività accolte nel documento, spesso per ragioni di natura fiscale. G. Paolone, *Gli istituti della cessazione aziendale. Cause originatrici e forme di manifestazione*, 2008, cit., pp. 199-203.

[146] Il bilancio di trasformazione rappresenterà, quindi, il bilancio di apertura della nuova società evidenziante la struttura quali-quantitativa del patrimonio sociale, che trova nella stima peritale il suo limite superiore. G. Paolone, *Gli istituti della cessazione aziendale. Cause originatrici e forme di manifestazione*, 2008, cit., p. 202.

temporale dello stato di squilibrio aziendale porti all'ulteriore distruzione di ricchezza [147].

Sotto il profilo giuridico, la liquidazione volontaria di complessi a veste societaria può essere definita come il procedimento conseguente allo scioglimento dell'unità collettiva, attraverso il quale vengono regolati i rapporti sorti nell'esercizio dell'attività economica. La nozione giuridica della liquidazione è finalizzata alla divisione tra i soci del patrimonio netto residuo risultante dal realizzo delle attività, dopo aver dato copertura al passivo societario [148].

Le disposizioni civilistiche si soffermano ad individuare le cause della liquidazione [149] e a definire la relativa procedura fissando dei principi a cui i liquidatori devono necessariamente attenersi.

Dal punto di vista contabile, dopo l'atto deliberativo di scioglimento e messa in liquidazione da parte dell'organo societario, gli amministratori dovranno redigere e presentare ai liquidatori una *situazione dei conti alla data di effetto dello scioglimento* e il *conto della gestione.*

L'obbligo per gli amministratori di redigere la *situazione dei conti alla data di effetto dello scioglimento* è espressamente previsto per le società di capitali (art. 2487 *bis*) [150]. Tale documento consiste in una situazione contabile che riporta i saldi attivi e passivi di tutti i conti, patrimoniali ed economici, previsti nel piano dei conti della società, così come sancito anche dall'Organismo Italiano di Contabilità (OIC) [151].

Il *conto della gestione o rendiconto sulla gestione* degli amministratori, anch'esso obbligatorio per le società di capitali, è un vero e proprio bilancio ordinario infrannuale che riguarda la frazione di esercizio intercorrente tra la data di chiusura del precedente bilancio e la data di pubblicazione della nomina dei liquidatori.

---

147 La decisione della liquidazione volontaria non dovrebbe essere presa quando ormai lo squilibrio abbia determinato la distruzione del capitale investito e vi sia la minaccia del fallimento, ma quando si accerta che lo squilibrio è dovuto a fattori che agiscono con continuità sul sistema aziendale e che tendono, pertanto, a perdurare nel tempo, compromettendo ineluttabilmente le sue prospettive di vita futura. Sugli aspetti economico-aziendali della liquidazione si veda G. PAOLONE, *Gli istituti della cessazione aziendale. Cause originatrici e forme di manifestazione*, 2008, cit., pp. 210-221.

148 *Ibidem*, pp. 221-224.

149 Riconducibili al decorso del termine, al conseguimento dell'oggetto sociale, alla sopravvenuta impossibilità di conseguirlo od ad altre cause.

150 Tale documento rappresenta, infatti, una novità introdotta dalla nuova disciplina sulla liquidazione delle società di capitali (D.Lgs. n. 6/2003).

151 *"Trattasi, quindi, di una schematizzazione aggiornata del patrimonio (una sorta di fotografia), come risultante dalla contabilità generale che, cristallizzata alla data di effetto dello scioglimento, permetta di individuare oggettivamente le operazioni compiute prima e dopo lo scioglimento della società"*. Si veda, l'OIC 5 *Bilanci di liquidazione*, par. 3.3.

La dottrina economico-aziendale e quella giuridica prevalente, nonché la prassi professionale, sono concordi nel ritenere che tale documento debba avere la forma e il contenuto del bilancio d'esercizio (Stato Patrimoniale, Conto Economico e Nota integrativa), così come i criteri di valutazione debbano essere quelli adottati dall'azienda in normale funzionamento, nonostante si tratti di un documento redatto immediatamente prima della liquidazione [152].

Inoltre, si dovrà procedere alla redazione dell'*inventario* di liquidazione o *bilancio iniziale di liquidazione* che rappresenta quello che in dottrina viene generalmente definito come "bilancio straordinario di liquidazione" [153]. Quest'ultimo è costituito da una situazione patrimoniale ed è privo di conto economico [154]; le sue finalità sono strettamente legate alla funzione economica e giuridica della liquidazione, consistente nella trasformazione in denaro delle attività, nell'estinzione delle passività e nella distribuzione fra i soci dell'attivo netto residuo [155]. Proprio tale prospettiva in chiave "estintiva" assunta nella redazione del documento fa sì che esso differisca dal conto della gestione per la cui elaborazione, invece, si devono considerare i criteri redazionali previsti in ipotesi di normale funzionamento [156].

Pertanto, per redigere il bilancio iniziale di liquidazione (o inventario iniziale), i liquidatori saranno tenuti ad apportare ai valori degli elementi sorti durante la fase di funzionamento societario tutte quelle rettifiche richieste dall'applicazione dei criteri prudenziali di presunto realizzo delle attività e di presunta estinzione delle passività [157]. La conversione dei valori di funzionamento in valori di liquidazione avviene, quindi, contabilmente utilizzando un particolare conto ("Rettifiche di liquidazione") evidenziante

---

[152] Si veda l'OIC 5 *Bilanci di liquidazione*, par. 3.4 e G. SAVIOLI, *Le operazioni di gestione straordinaria*, cit., pp. 609-612.

[153] G. SAVIOLI, *Le operazioni di gestione straordinaria*, cit., p. 613. La redazione di tale documento è espressamente prevista per le società di persone (da parte dei liquidatori e degli amministratori congiuntamente); mentre, a seguito del D.Lgs. n. 6/2003, non è più richiesta per le società di capitali. Tuttavia, l'OIC 5 ritiene necessaria la formazione di un bilancio iniziale di liquidazione anche per le società di capitali da redigersi ad esclusiva competenza dei liquidatori. Per approfondimenti su tali aspetti e in relazione alla struttura, al contenuto e ai criteri di valutazione del bilancio iniziale di liquidazione si veda l'OIC 5 *Bilanci di liquidazione*, par. 4.

[154] Ciò è sancito dall'OIC 5 *Bilanci di liquidazione*, par. 4.3.

[155] L'OIC 5 *Bilanci di liquidazione*, al par. 4.2, ritiene che le finalità informative di tale bilancio consistono nella determinazione dell'attivo e del passivo allo scopo di conoscere il capitale di liquidazione.

[156] G. SAVIOLI, *Le operazioni di gestione straordinaria*, cit., pp. 614-615.

[157] G. PAOLONE, *Gli istituti della cessazione aziendale. Cause originatrici e forme di manifestazione*, cit., p. 226 e segg.; G. SAVIOLI, *Le operazioni di gestione straordinaria*, cit., p. 616. Per ulteriori approfondimenti si veda anche l'OIC 5 *Bilanci di liquidazione*, par. 4.3.

le rettifiche aumentative e/o diminutive apportate alle poste attive e passive, il cui saldo andrà girato al conto "Capitale netto di liquidazione".

Le relative scritture saranno:

Diversi	a	*Diversi*
per apertura dei conti come da stato patrimoniale finale di funzionamento		
Elementi attivi		
	a	Elementi passivi
Rettifiche di liquidazione	a	*Diversi*
per minor/maggior valore attribuito alle attività/passività e per l'eliminazione di alcuni elementi attivi		
	a	....
	a	....
Diversi	a	Rettifiche di liquidazione
per minor/maggior valore attribuito alle passività/attività e per l'eliminazione di alcuni elementi passivi		
....		
....		
Diversi	a	Capitale netto di liquidazione [158]
per determinazione del capitale netto di liquidazione		
Capitale sociale		
Riserve		
Utile di periodo		
Rettifiche di liquidazione		

Poiché la liquidazione dell'impresa ha generalmente durata pluriennale, si dovrà procedere alla fine di ogni esercizio, alla redazione di un *bilancio intermedio (annuale) di liquidazione* [159] avente lo scopo di accertare periodicamente la situazione del patrimonio sociale, che costituisce la garanzia

[158] In sede di liquidazione è più ricorrente la seguente scrittura:

Capitale sociale	a	*Diversi*
	a	Capitale netto di liquidazione
	a	Perdita di periodo
	a	Rettifiche di liquidazione

[159] In relazione ai criteri di redazione per la stesura del bilancio intermedio di liquidazione si veda il par. 5 dell'OIC 5 *Bilanci di liquidazione.*

per i creditori aziendali, con le caratteristiche di un vero e proprio documento contabile di fine anno[160].

Particolare contenuto poi dovrà avere il *primo bilancio intermedio di liquidazione* in quanto dovrà illustrare chiaramente l'informativa economica e patrimoniale relativa al primo esercizio durante il quale la società è stata posta in liquidazione. Lo Stato Patrimoniale dovrà evidenziare i valori e i beni esistenti alla data di riferimento. Il Conto Economico, invece, dovrà contenere i costi e i ricavi relativi alla normale gestione attuata dall'impresa nella parte di esercizio anteriore alla liquidazione (già evidenziati nel conto della gestione); inoltre, dovrà evidenziare i costi e i ricavi derivanti dall'attività liquidatoria svolta sino alla chiusura dell'esercizio. La nota integrativa dovrà indicare le variazioni intervenute nei criteri di valutazione adottati rispetto all'ultimo bilancio approvato. L'OIC 5, infine, propone di inserire anche una tabella illustrativa che meglio evidenzi per ciascuno dei due prospetti contabili un chiaro quadro informativo[161].

Il liquidatore procederà, dunque, alla monetizzazione dell'intero patrimonio aziendale (attraverso la vendita dei beni) e all'estinzione delle passività, sino al riparto finale del residuo attivo fra i soci.

Le relative scritture del riparto e del conseguente rimborso ai soci saranno:

Capitale netto di liquidazione	a	Diversi
per ripartizione del netto residuo ai soci		
	a	Socio A c/liquidazione
	a	Socio B c/liquidazione
	a	....
Diversi	a	C/c di liquidazione
per rimborso ai soci		
Socio A c/liquidazione		
Socio B c/liquidazione		
....		

Una volta compiuta la liquidazione, i liquidatori procederanno alla redazione del *bilancio finale di liquidazione* il quale sarà articolato in due distinte parti: il *bilancio finale in senso stretto*, evidenziante gli esiti economici, finanziari e patrimoniali delle operazioni di liquidazione e il *piano* o

[160] G. PAOLONE, *Gli istituti della cessazione aziendale. Cause originatrici e forme di manifestazione*, cit., p. 227.

[161] Si veda G. SAVIOLI, *Le operazioni di gestione straordinaria*, cit., pp. 627-628. Per approfondimenti si veda l'OIC 5 *Bilanci di liquidazione*, par. 5.2.2.

prospetto di riparto, indicante la parte spettante a ciascun socio nella divisione dell'attivo [162].

5.7. *Il bilancio delle liquidazioni fallimentari*

Il ricorso alle *liquidazioni fallimentari,* quali forme di liquidazioni concorsuali (forzate), avviene allorché la crisi aziendale, divenuta insanabile, aggrava sempre più la situazione esponendo l'azienda al rischio dell'insolvenza e, quindi, dell'incapacità di far fronte ai propri impegni [163].

Con il fallimento si tende, mediante la liquidazione del patrimonio aziendale, a soddisfare i creditori entro i limiti del possibile realizzo [164]. Si tratta di un istituto attraverso il quale si procede alla vendita dei beni del soggetto dichiarato fallito e alla ripartizione del realizzo netto fra i creditori, tenendo conto dei diritti di ciascuno di essi; tutte queste operazioni avvengono sotto il controllo dell'autorità giudiziaria. Il fallimento è articolato nelle fasi dell'accertamento dello stato passivo, della liquidazione dell'attivo e della distribuzione (o ripartizione) dell'attivo.

Dal punto di vista giuridico, le disposizioni normative disciplinanti le liquidazioni forzate, contenute nella legge fallimentare, sono state oggetto di recenti interventi di riforma [165] che hanno "ridisegnato" le procedure di liquidazione concorsuale [166] in un'ottica di risanamento e di superamento della crisi. Ciò al fine di conservare il carattere della combinazione produt-

---

[162] Per approfondimenti, si veda l'OIC 5 *Bilanci di liquidazione*, par. 6.

[163] Si veda: G. PAOLONE-L. D'AMICO, *La Ragioneria nei suoi principi applicativi e modelli contabili*, Giappichelli, Torino, 2002, pp. 241-269.

[164] Si veda sull'argomento, la seguente bibliografia: AA.VV., *Codice del fallimento*, a cura di P. PAJARDI, Giuffrè, Milano, 1997; A. BONSIGNORI, *Diritto fallimentare*, Utet, Torino, 1992; G. DE FERRA, *Manuale di diritto fallimentare*, Giuffrè, Milano, 1998; F. FERRARA JR.-A. BORGIOLI, *Il fallimento*, Giuffrè, Milano, 1995; P. PAJARDI, *Radici e ideologie del fallimento*, Giuffrè, Milano, 1992; G. PAOLONE, *La cessazione aziendale nelle sue tipiche forme di manifestazione*, cit., pp. 369-385; G. PAOLONE-L. D'AMICO-P. GIANSANTE, *Le rilevazioni contabili nelle gestioni straordinarie*, cit., pp. 271-310; S. SATTA, *Diritto fallimentare*, Cedam, Padova, 1996.

[165] Le riforme della Legge fallimentare sono il D.Lgs. 14 marzo 2005, n. 35, convertito nella legge 14 maggio 2005, n. 80; il D.Lgs. 9 gennaio 2006, n. 5; il D.Lgs. 12 settembre 2007, n. 169 (cosiddetto decreto correttivo) e successivi interventi di dettaglio. Per approfondimenti si vedano, fra gli altri: S. BONFATTI-G. FALCONE (a cura di), *La nuova legge fallimentare "Rivista e corretta"*, Giuffrè, Milano, 2008; S. FORTUNATO, *La riforma della legge fallimentare*, Giuffrè, Milano, 2011.

[166] Le procedure di liquidazione concorsuale sono procedure giudiziali con le quali l'autorità giudiziaria provvede alla liquidazione del patrimonio aziendale (dell'impresa che versa nello stadio di "crisi acuta") al fine di soddisfare i creditori attraverso la garanzia della parità di trattamento. Oltre al fallimento, le altre procedure di liquidazione concorsuale previste dalla Legge fallimentare sono il *Concordato preventivo* e la *Liquidazione coatta amministrativa*.

tiva aziendale, assicurarne ove possibile la sopravvivenza o comunque tentare di accrescere la garanzia patrimoniale dei creditori.

Pertanto, a seguito delle riforme, si è assistito a un generale rinnovamento della disciplina della crisi d'impresa. A tal proposito si segnala l'introduzione di nuovi strumenti, diversi dal fallimento, di composizione concordata della crisi fra il debitore e i creditori che limitano o evitano l'intervento dell'autorità giudiziaria, quali i piani di risanamento.

La procedura fallimentare si apre con la sentenza dichiarativa di fallimento pronunciata dal Tribunale la quale contiene, tra l'altro: la nomina del giudice delegato e del curatore; l'ordine al fallito di depositare i libri contabili, i bilanci degli ultimi due esercizi ed un elenco analitico dei debiti; l'assegnazione a tutti i creditori di un termine per presentare la domanda di insinuazione al passivo; la fissazione della data per l'esame delle domande presentate e la formazione dello stato passivo.

È opportuno sottolineare che in seguito alle riforme, i compiti e i poteri del giudice delegato sono stati considerevolmente ridimensionati; di contro, sono stati potenziati il ruolo e le funzioni degli organi non giurisdizionali del fallimento: il comitato dei creditori e il curatore.

In particolare, il giudice delegato non svolge più la funzione di direzione delle operazioni di fallimento, ma solo funzioni di vigilanza e di controllo sulla regolarità della procedura.

Il comitato dei creditori, inoltre, ha il potere di autorizzare gli atti di straordinaria amministrazione prima di competenza del giudice delegato.

Le funzioni del curatore possono riassumersi nell'accertamento e nella custodia dell'attivo, nell'accertamento del passivo e dei diritti dei terzi, nella liquidazione e nella ripartizione dell'attivo, nella chiusura del fallimento. Il curatore deve, quindi, soddisfare i creditori del fallito ed amministrare il patrimonio fallimentare.

Ciascuna fase della procedura fallimentare è stata interessata da importanti modificazioni rispetto alla disciplina previgente. Infatti, nella fase della liquidazione dell'attivo, rivolta alla monetizzazione delle attività facenti parte del patrimonio del soggetto fallito, sono previste forme di liquidazione meno rigide rispetto alle procedure di espropriazione forzata previste in passato. Inoltre, una volta dichiarato il fallimento, il curatore può decidere se disporre la liquidazione dell'azienda attraverso la vendita disgiunta dei beni patrimoniali oppure, in alternativa, ordinarne la continuazione mediante strumenti conservativi del patrimonio stesso quali l'esercizio provvisorio e l'affitto d'azienda[167].

---

[167] Si precisa che la continuazione dell'azienda, compatibilmente con la finalità del fallimento di pervenire al maggior soddisfacimento dei creditori, può essere realizzata sia attraverso l'esercizio provvisorio (dell'attività d'impresa) da parte degli organi fallimentari competenti, sia attraverso l'affidamento dell'azienda a terzi soggetti mediante stipula di un contratto di affitto, anche limitatamente a specifici rami. A tal proposito, si

Dal punto di vista contabile, la liquidazione fallimentare tende innanzitutto ad individuare il *deficit* iniziale, emergente dalla contrapposizione dell'inventario della curatela (attività) con lo stato passivo del fallimento reso esecutivo dal giudice delegato (passività); per poi passare al *deficit* rettificato, per effetto di azioni revocatorie e insinuazioni tardive; per concludersi con il *deficit* finale, corrispondente alla massa debitoria rimasta scoperta dopo aver realizzato l'attivo fallimentare, aver dato copertura alle spese di procedura e dopo aver effettuato il riparto ai creditori.

Pertanto, dovranno innanzitutto essere redatte le scritture di passaggio dalla contabilità dell'impresa in funzionamento alla contabilità della curatela [168]; successivamente verrà redatto lo stato attivo e passivo di inizio procedura [169] che presenterà la seguente struttura:

STATO ATTIVO E PASSIVO DI INIZIO PROCEDURA

Attività rettificate	Creditori privilegiati
	Creditori pignoratizi
	Creditori chirografari
Deficit patrimoniale	Creditori ammessi con riserva

Le scritture della gestione fallimentare si concluderanno, infine, con una perdita di liquidazione [170] e con un saldo rettifiche originate dall'ammissione di nuovi debiti, da insinuazioni tardive, da maggiori o minori valori realizzati dalla vendita dei beni. Tali conti verranno girati al conto *Deficit patrimoniale*, come segue:

Deficit patrimoniale	a	*Diversi*
per giroconto della perdita e del saldo del conto rettifiche		
	a	Perdita di liquidazione
	a	Rettifiche allo stato attivo e passivo

evidenzia che la nuova disciplina fallimentare ha esplicitamente previsto tale istituto fra le norme sul fallimento, per rispondere a finalità conservative dell'impresa, in alternativa all'esercizio provvisorio.

[168] Con le quali si contabilizzano le rettifiche emergenti dalla contrapposizione dei valori di funzionamento con l'inventario dei beni redatto dal curatore (attraverso il conto "Rettifiche ai valori di funzionamento") e si accertano le posizioni dello stato passivo (attraverso l'accensione dei conti "Creditori privilegiati", "Creditori pignoratizi", "Creditori chirografari", "Creditori ammessi con riserva").

[169] Si sottolinea che il bilancio straordinario redatto in caso di liquidazione fallimentare non presenta quella coordinazione che lega i diversi beni che compongono il capitale d'impresa e la stima dei singoli beni, isolatamente considerati, è capace di raggiungere valori estremamente bassi. Si veda E. VIGANÒ, *La natura del valore economico del capitale di impresa e le sue applicazioni*, cit., pp. 96-104.

[170] Quale risultato economico negativo della gestione fallimentare.

Una volta pagati i creditori [171] secondo l'ordine di prelazione, la parte dei debiti normalmente non assistiti da diritti di prelazione verrà girata per mancato pagamento al conto deficit patrimoniale, come segue:

Creditori chirografari	a	Deficit patrimoniale

per chiusura del fallimento e mancato pagamento dei debiti chirografari

Il rendiconto finale di liquidazione predisposto dal curatore, si presenterà come segue:

RENDICONTO FINALE DI LIQUIDAZIONE

PARTE PRIMA: STATO PATRIMONIALE

ATTIVITÀ	PASSIVITÀ
Fondi disponibili	Curatore c/competenze
	Creditori privilegiati
	Creditori pignoratizi
Deficit patrimoniale	Creditori chirografari

PARTE SECONDA: CONTO ECONOMICO

COMPONENTI NEGATIVI	COMPONENTI POSITIVI
Spese di liquidazione	Ricavi da vendita beni
Compenso curatore	Interessi attivi
Beni in rimanenza	
Altri costi	Perdita di liquidazione

[171] Di norma, in misura totale i debiti assistiti da garanzia e, in prededuzione, le competenze al curatore; in misura parziale, i debiti chirografari.

Capitolo VII

L'analisi dei dati per la determinazione dei costi aziendali

di Riccardo Palumbo *

1. *Premessa: l'economicità aziendale e il sistema di controllo interno*

L'azienda viene istituita per ottimizzare il processo di trasformazione di risorse originarie in nuove risorse [1]. Tale obiettivo può essere tradotto in un indicatore denominato *economicità aziendale* o *equilibrio economico* [2]: le risorse originariamente investite determinano un flusso di costi, le

---

* Ordinario di Economia Aziendale dell'Università degli Studi "G. d'Annunzio" di Chieti-Pescara.

[1] "A seconda della prospettiva adottata, è possibile osservare la rigenerazione di input in output, di flussi monetari in entrata in flussi monetari in uscita, di finanziamenti in erogazioni, di prezzi-costo in prezzi-ricavo, di investimenti in realizzi, di conoscenze applicate – esperienze e apprendimento – in conoscenze sedimentate, e via discorrendo"; R. PALUMBO, *Il subsistema gestionale (o decisionale) nell'individuazione dei suoi collegati aspetti e dei relativi modelli rappresentativi*, in G. PAOLONE-L. D'AMICO (a cura di), *L'economia aziendale nei suoi principi parametrici e modelli applicativi*, Giappichelli, Torino, 2001, p. 118.

[2] Sull'analisi dell'equilibrio aziendale e la sua scomposizione in equilibri particolari, si vedano: A. AMADUZZI, *L'impresa nelle condizioni prospettiche del suo equilibrio*, Bozzi, Genova, 1948; A. AMADUZZI, *L'Azienda, nel suo sistema e nell'ordine delle sue rilevazioni*, Utet, Torino, 1978; A. AMADUZZI, *Il sistema degli studi aziendali sulla base di princìpii*, in *RIREA*, 1-2, 1990; S. BRANCIARI, *Riflessioni sull'equilibrio economico dell'impresa: le ragioni di un possibile allargamento del concetto*, in *RIREA*, 1991, p. 489; E. GIANNESSI, *Le aziende di produzione originaria*, I, *Le aziende agricole*, Colombo Cursi, Pisa, 1960, pp. 72-73; sulla corrispondenza dei concetti di economicità e di equilibrio economico, si veda F. RANALLI, *Considerazioni sul tema dell'economicità aziendale*, Clua, Pescara, 1988, pp. 19-29.

risorse rigenerate determinano un flusso di ricavi, il grado di economicità aziendale è dato dalla relazione esistente tra il primo e il secondo di questi flussi.

In un'economia monetaria, il "sacrificio" che gli operatori sono disposti a sostenere per beneficiare dell'utilità riconosciuta ai beni economici oggetto di scambio è espresso da *prezzi-costo* e *prezzi-ricavo*.

Le condizioni di economicità aziendale sono soddisfatte quando si realizza un'adeguata correlazione tra il flusso dei costi e il flusso dei ricavi:

$$\text{Economicità} = \frac{\text{Flusso dei ricavi}}{\text{Flusso dei costi}}$$

Tale condizione viene sovente espressa in termini differenziali con la seguente equazione:

$$\Sigma\ Costi + \alpha = \Sigma\ Ricavi$$

dove α è il *margine di economicità* [3].

L'espressione di un giudizio sul grado di economicità raggiunto (soddisfacente/non soddisfacente) è soggettiva; deve essere riferita alle aspettative del *soggetto economico*. Tali aspettative costituiscono il sistema di obiettivi aziendali e sono definite essenzialmente in funzione delle seguenti variabili:

- entità dei capitali investiti;
- entità del rischio accollato;
- distanza temporale tra i flussi monetari in uscita e in entrata;
- grado di economicità raggiunto dalle aziende concorrenti.

Si può, dunque, affermare che il raggiungimento di un soddisfacente livello di economicità presuppone una correlazione tra il flusso dei costi e il flusso dei ricavi *"adeguata" rispetto alle aspettative del soggetto economico, date le condizioni che qualificano gli investimenti e i realizzi aziendali, confrontate con quelle della concorrenza*.

L'espressione di un giudizio presuppone, pertanto, un *primo confronto* tra valori-obiettivo che il soggetto economico si prefigge di raggiungere e valori effettivamente raggiunti dalle aziende concorrenti ed un *secondo confronto* tra determinazioni interne preventive (valori-obiettivo) e consuntive (valori effettivi).

Il *sistema del controllo* (o informativo) presuppone la realizzazione di un processo circolare:

Sulle diverse accezioni del concetto di economicità in funzione dei diversi paradigmi aziendali si veda il primo capitolo della seconda parte del presente lavoro.

[3] A seconda del paradigma contabile accolto e dalla connessa configurazione di costo da contrapporre ai ricavi, α viene a rappresentare il *reddito*, il *valore aggiunto* ovvero il *valore autogenerato*.

– il processo inizia con la *definizione degli obiettivi* in funzione delle condizioni interne (aziendali) ed esterne (ambientali)[4];

– prosegue con l'*assunzione delle decisioni*[5] e la *conduzione delle azioni;*

– si realizza nella *misurazione dei risultati* e nella *ricerca delle cause che hanno provocato eventuali scostamenti* significativi tra questi ultimi e gli obiettivi di partenza[6].

Tale processo è rappresentato nella figura che segue (Figura 1).

Figura 1 – **Il processo di pianificazione e controllo**[7]

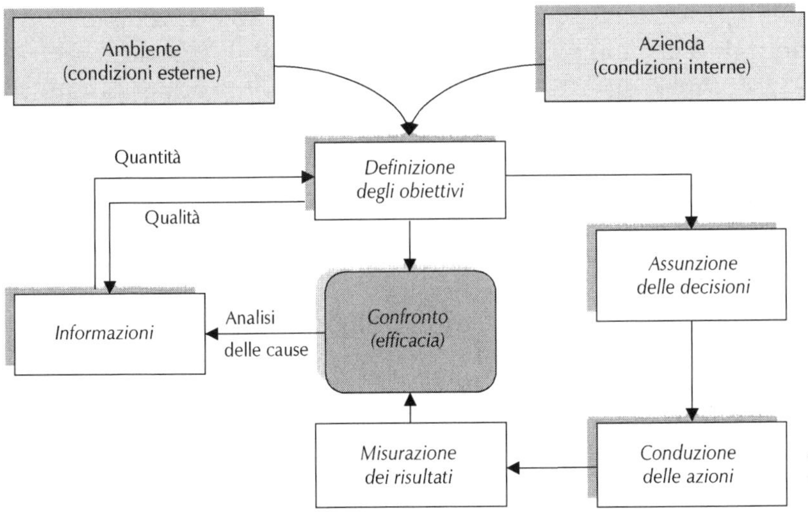

[4] Tra i modelli proposti dalla letteratura aziendalistica degli ultimi anni, merita di essere citato quello delle "cinque forze" elaborato da Michael Porter. L'Autore, infatti, al fine di analizzare il grado di competitività, introduce un modello basato sulle seguenti cinque forze che, insieme, determinano il tasso di redditività del settore:

1. concorrenti;
2. possibili nuovi entranti;
3. produttori di beni/servizi sostitutivi;
4. acquirenti;
5. fornitori.

Cfr. M.E. PORTER, *Il vantaggio competitivo*, Edizioni Comunità, Milano, 1987, p. 10 e segg. (ed. or.: *Competitive Advantage. Creating and Sustaining Superior Performance*, The Free Press, New York, 1985).

[5] Sulla dinamica del processo decisionale, si veda P. MIOLO VITALI, *Il sistema delle decisioni aziendali – Analisi introduttiva*, Giappichelli, Torino, 1993.

[6] Si osservi che gli obiettivi da raggiungere (nell'aspetto qualitativo) determinano il tipo di informazioni da produrre.

[7] Lo schema è adattato da: R. PALUMBO, *L'università nella sua dimensione economico-aziendale. Evoluzione sistemica e modelli razionalizzanti*, Giappichelli, Torino, 1999, p. 184.

L'intero sistema poggia, dunque, sul confronto tra obiettivi prefissati e risultati conseguiti. La distanza tra le due grandezze misura il grado di *efficacia* gestionale.

A ben vedere lo scostamento tra dati consuntivi e dati-obiettivo non presenta alcuna utilità se non si approfondisce la conoscenza delle cause che lo hanno determinato. Solo grazie a tale conoscenza è possibile orientare in modo *consapevole* e *razionale* la definizione di nuovi obiettivi e l'attuazione delle azioni correttive che eventualmente dovessero rendersi necessarie.

La distinzione tra un dato e un'informazione risiede, infatti, nel diverso grado di utilità presentato: a differenza dei dati, *le informazioni sono idonee a supportare un processo decisionale consapevole, razionalizzandolo*.

Un primo modo per individuare le cause di possibili scostamenti è quello di analizzare i momenti in cui è stato scomposto il processo; in tal senso le cause di inefficacia possono risiedere in uno o più dei seguenti passaggi:

- fissazione degli obiettivi;
- conversione degli obiettivi in decisioni;
- conduzione delle azioni;
- misurazione dei risultati.

L'obiettivo aziendale oggetto del controllo può consistere nel grado di economicità aziendale. Applicando il *metodo di analisi per scomposizione* [8], è possibile individuare diverse determinanti che agiscono sul livello di economicità ed approfondirne la conoscenza attraverso la "messa a fuoco" sui singoli elementi e sulle *relazioni* che permangono a differenziare il sistema rispetto alla somma delle parti [9].

Sotto un primo angolo di osservazione, è utile scomporre l'economicità in un livello di *efficienza interna* (o tecnica), che induce allo studio della "funzione di produzione", e in un livello di *efficienza esterna*, riferita quest'ultima all'area delle ragioni di scambio attraverso le quali vengono valorizzate le utilità acquisite (prezzi-costo degli *input*) e le utilità cedute (prezzi-ricavo degli *output*) [10].

La figura che segue fornisce una rappresentazione grafica di tale prima scomposizione (Figura 2) [11].

---

[8] Sul contributo della teoria generale dei sistemi nelle scienze sociali si veda U. BERTINI, *Il sistema d'azienda. Schema di analisi*, Giappichelli, Torino, 1990, pp. 11-18.

[9] Cfr. R. PALUMBO, *Il subsistema gestionale*, cit., p. 127 e segg.

[10] Si può osservare che, in *condizioni astratte di concorrenza perfetta*, avendosi sempre prezzi di equilibrio, il principio di economicità viene a coincidere con la massimizzazione dell'efficienza interna. Cfr. R. PALUMBO, *Il subsistema gestionale*, cit., p. 124 e segg.

[11] *Ibidem*, p. 128.

Figura 2 – **Una prima scomposizione del grado di economicità aziendale: efficienza interna ed efficienza esterna**

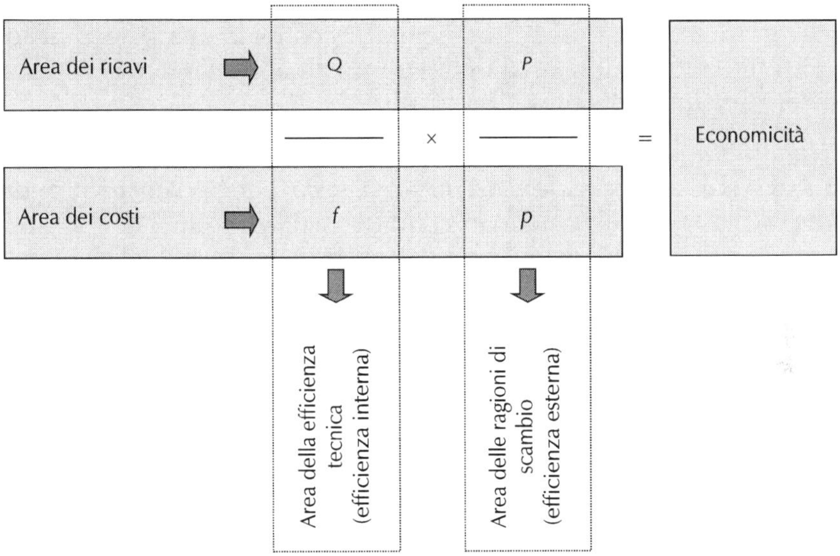

dove:

P indica i prezzi-ricavo;
p indica i prezzi-costo;
Q indica le quantità fisiche degli output ceduti;
f indica le quantità fisiche degli input acquisiti.

Efficienza interna ed esterna sono condizioni entrambe necessarie ma da sole non sufficienti affinché si raggiunga un soddisfacente grado di economicità e risultano definite dalle seguenti relazioni [12]:

$$\text{Efficienza interna} = \frac{Q}{f}$$

$$\text{Efficienza esterna} = \frac{P}{p}$$

Il livello di efficienza interna può essere riferito – a parità di altre condizioni (relative ad esempio ai livelli qualitativi degli *input* e degli *output*) – a singoli *input* (obiettivo di massimizzazione del volume di *output* ottenibile con una data quantità dell'*input* considerato) ovvero a singoli *output* (obiet-

[12] *Ibidem*, p. 128 e segg.

tivo di minimizzazione del volume di *input* impiegati per ottenere una data quantità di *output*).

Secondo una *diversa prospettiva*, il livello di economicità può essere scomposto attraverso la determinazione di costi e ricavi riferiti ad oggetti circoscritti (determinazioni analitiche) piuttosto che all'intera gestione aziendale (determinazioni di sintesi).

La *contabilità analitica*, a differenza di quella generale, persegue l'*obiettivo di individuare le singole determinanti agenti sul grado di economicità aziendale e di misurarne in modo attendibile il contributo*.

Sebbene le proprietà sistemiche dell'azienda inducano a riconoscere il *vincolo di unitarietà della gestione* (in aperto contrasto con la sua scomposizione), *qualora venga posta enfasi sulle relazioni*, l'analisi degli elementi di cui il sistema si compone (scomposizione) diviene compatibile con l'approccio sistemico.

Attraverso la contabilità analitica viene attuato un processo di controllo economico consistente nella scomposizione del grado di economicità aziendale, che consente di riferire i costi e i ricavi agli *"attori"*, alle *"azioni"* e ai *"risultati"* del processo tecnico di trasformazione posto in essere.

2. *Il controllo riferito agli "attori", alle "azioni" e ai "risultati" del processo tecnico di trasformazione*

Con il termine *"attori"* ci si riferisce alle persone che intervengono nelle varie fasi del processo di trasformazione, il cui contributo viene pianificato e controllato nel rispetto dei principi che informano il subsistema organizzativo [13].

Rispondendo ad esigenze di distribuzione dei flussi di *autorità* e *responsabilità* all'interno della struttura, la progettazione organizzativa trova un importante momento di contatto con la funzione del controllo nell'"architettura" dei *centri di responsabilità*, ossia delle unità organizzative cui è riconosciuto un grado più o meno ampio di autonomia decisionale (*decentramento*) [14].

---

[13] "L'organizzazione può essere definita semplicemente come il complesso delle modalità secondo le quali viene effettuata la divisione del lavoro in compiti distinti e quindi viene realizzato il coordinamento tra tali compiti"; H. MINTZBERG, *La progettazione dell'organizzazione aziendale*, Il Mulino, Bologna, 1996, p. 37 (ed. or.: *Structure in Fives. Designing Effective Organizations*, Englewood Cliffs, Prentice Hall, 1983).

[14] Per ragioni riconducibili alla incapacità di un unico soggetto di assumere tutte le decisioni, alla necessaria velocità di risposta alle condizioni locali e alla efficacia motivazionale. Cfr. H. MINTZBERG, *La progettazione dell'organizzazione aziendale*, cit., pp.

La contabilità analitica riferita agli "attori", oltre alle funzioni di supporto del processo decisionale, svolge, pertanto, funzioni motivazionali legate alla responsabilizzazione della struttura organizzativa.

In tale accezione il controllo di gestione è rappresentato da quelle *attività volte ad indurre le persone che operano all'interno dell'azienda (e talvolta all'esterno) a tenere comportamenti coerenti con gli obiettivi generali prefissati.*

Non si tratta di un modello meccanicistico di trattamento delle informazioni [15], bensì di un modello comportamentale, in cui l'attività valutativa viene ad incidere sul linguaggio impiegato all'interno dell'organizzazione e sui rapporti di potere [16]. In particolare, nella progettazione del sistema informativo non si deve commettere l'errore di trascurare le "naturali" resistenze al "cambiamento culturale" connesso all'introduzione e all'evoluzione dei sistemi di controllo/valutazione.

Con il termine *"azioni"* ci si riferisce alle singole attività od operazioni poste in essere e ai loro aggregati, i quali, riuniti a sistema, danno vita alla gestione aziendale [17].

La gestione, infatti, è definita dal *susseguirsi di processi aziendali di trasformazione composti da classi di operazioni economiche teleologicamente ordinate* [18]:

– *economiche*, in quanto frutto di scelte tra diverse alternative di impiego delle risorse;

– *teleologicamente ordinate*, in quanto le interrelazioni tra le operazioni

---

166-168. L'Autore chiarisce inoltre che l'accentramento è, invece, motivato soprattutto dal desiderio di potere e dalla necessità di coordinamento.

[15] Non è possibile – o conveniente –, infatti, trattare le risorse personali alla stregua di "macchine semplici", delle quali, dati gli input, è possibile predeterminare con estrema precisione il comportamento (*output*). Sul concetto di macchina semplice e sulle sue implicazioni, si veda H. VON FOERSTER, *Sistemi che osservano*, Astrolabio, Roma, 1987, pp. 128-129.

[16] "Il controllo di gestione è, pertanto, un meccanismo operativo in grado di influenzare i comportamenti degli individui e da questi influenzato. L'induzione, nelle persone che operano all'interno dell'organizzazione, di talune azioni piuttosto di altre costituisce, in effetti, l'oggetto stesso del controllo. Nello stesso tempo, però, l'uomo, con il suo sistema di valori e le sue caratteristiche, in termini anche di predilezioni, gelosie, opportunismi, capacità relazionali ed obiettivi individuali, è in grado di incidere fortemente sulle linee evolutive, sui tratti, nonché sul successo stesso del controllo in azienda"; A. RICCABONI *et al.*, *La stima dei costi delle diverse attività istituzionali delle università. Rapporto finale del gruppo di ricerca*, MURST, *Osservatorio per la valutazione del sistema universitario*, Roma, aprile 1999, p. 41.

[17] Sulla transizione verso le logiche di processo si veda: T.H. DAVENPORT, *Innovazione dei processi. Riprogettare il lavoro attraverso l'information technology*, Franco Angeli, Milano, 1997 (ed. or.: *Process Innovation. Rengineering Work through Information Technology*, Harvard Business School Press, Boston, Mass., USA, 1993).

[18] Cfr. R. PALUMBO, *Il subsistema gestionale*, cit., p. 123 e segg.

possono essere spiegate solo in funzione dell'obiettivo che le accomuna: il grado di economicità aziendale.

Con un gioco di aggregazioni successive, le *operazioni economiche* (raggruppamenti significativi di azioni elementari)[19] vengono riunite in *cicli produttivi*, ognuno dei quali può essere definito come "uno schema di svolgimento atto a ripetersi"[20]; il reiterarsi di cicli produttivi omogenei nella specie e nell'oggetto dà luogo ad un *processo produttivo*; l'aggregazione di processi produttivi considerati nei reciproci vincoli di complementarità e di interdipendenza dà origine alla unitaria *gestione aziendale*.

Un *primo modello* di classificazione delle operazioni aziendali è quello che le raggruppa, in base al loro fine, in *aree gestionali*.

Le aree gestionali, che "esauriscono" il sistema delle operazioni aziendali, sono le seguenti[21]:

- la *gestione economica*, comprendente tutte le operazioni inquadrabili nel modello investimenti-realizzi; ossia tutte quelle operazioni tese a massimizzare la distanza tra i valori acquisiti e i valori ceduti, a loro volta così classificabili:
  - *attività caratteristiche* (o tipiche);
  - *attività accessorie* (o patrimoniali);
  - *attività straordinarie*;
- la *gestione finanziaria*, volta a dare copertura al fabbisogno finanziario generato dalla gestione economica;
- la *gestione monetaria* (o di tesoreria), volta alla corretta sincronizzazione tra entrate ed uscite monetarie generate dalle precedenti gestioni. Si tratta di una gestione trasversale rispetto alle altre, cui non è associabile alcun risultato economico diretto.

Un *secondo modello* di classificazione è quello noto col nome di *"catena del valore"* elaborato da Michael Porter[22]. L'Autore ha scomposto la catena del valore aziendale in nove categorie generiche di *attività* "tecnologica-

---

[19] "L'elemento primo di analisi delle combinazioni economiche è l'operazione, unità composta da azioni elementari non utilmente distinguibili tra di loro ai fini delle analisi generali di economia aziendale. In tale contesto, ad esempio, si giudica significativa una 'operazione di vendita' e non le numerose singole azioni che la compongono (trattative, stipulazione di contratti, emissioni di documenti, spedizioni, ricezioni e relativi controlli, ecc.); così per le 'operazioni di acquisto', per le 'operazioni di negoziazione dei prestiti', per le 'operazioni di riscossione' e di 'pagamento' e così via"; G. AIROLDI-G. BRUNETTI-V. CODA, *Lezioni di economia aziendale*, Il Mulino, Bologna, 1989, p. 118.

[20] Cfr. F. SUPERTI FURGA, *Reddito e capitale nel bilancio di esercizio*, Giuffrè, Milano, 1987, p. 38.

[21] Cfr. R. PALUMBO, *Il subsistema gestionale*, cit., p. 129 e segg.

[22] Cfr. M.E. PORTER, *Il vantaggio competitivo*, cit.

mente e strategicamente distinte ma interdipendenti". Le categorie di attività possono suddividersi in 2 grandi gruppi (si veda la Figura 3):

- *attività primarie*, impegnate nella creazione fisica del prodotto e nella sua vendita e trasferimento al compratore, oltre che nell'assistenza post-vendita; a loro volta distinte in:
  - *logistica in entrata*, associata al ricevimento, al magazzinaggio e alla distribuzione degli input al prodotto;
  - *attività operative*, associate alla trasformazione degli input nella forma del prodotto finale;
  - *logistica in uscita*, associata alla raccolta, immagazzinamento e distribuzione fisica del prodotto ai compratori;
  - *marketing e vendite*, orientate a procurare i mezzi mediante i quali i compratori possono acquistare il prodotto e sono indotti a farlo;
  - *servizi*, correlate alla fornitura di servizi atti a migliorare o a mantenere il valore del prodotto;
- *attività di supporto*, a sostegno delle attività primarie; a loro volta distinte in:
  - *approvvigionamento*, relative all'acquisto degli input impiegati nei processi aziendali;
  - *sviluppo della tecnologia*, finalizzate al miglioramento del prodotto e del processo;
  - *gestione delle risorse umane*, relative alla ricerca alla assunzione, all'addestramento, allo sviluppo e alla mobilità di tutti i tipi di personale;
  - *attività infrastrutturali*, che lavorano a sostegno dell'intera catena del valore e non di singole attività (quali la direzione generale, la pianificazione, l'amministrazione, la finanza, il legale, gli affari generali).

Figura 3 – **La catena del valore**

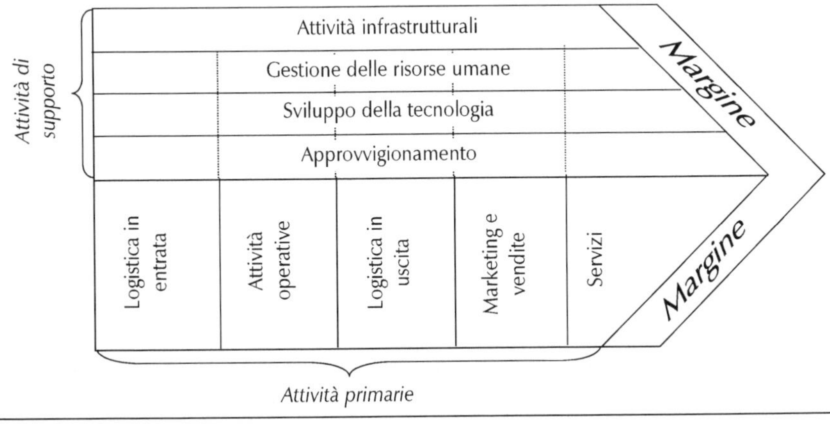

Seguendo il primo modello, si perviene a determinazioni analitiche di costo, di ricavo e di risultato riferite alle singole aree gestionali [23]; seguendo il secondo modello, è possibile determinare il contributo (in termini di valore aggiunto) delle singole attività e di loro aggregati (*centri di attività* o *activity cost pools*) al risultato economico finale (margine).

Con il termine *"risultati"* del processo produttivo ci si riferisce ai prodotti – beni e servizi – ottenuti a seguito della combinazione dei fattori produttivi secondo una ben precisa funzione di produzione.

In tal caso le determinazioni analitiche hanno ad oggetto il costo riferibile al singolo prodotto da contrapporre, nelle sue diverse configurazioni, al ricavo associabile al prodotto medesimo.

In tale contesto, un ulteriore oggetto analitico di determinazione può consistere in un *"centro di costo"* intermedio attraverso il quale è possibile effettuare determinazioni più accurate ed attendibili [24].

Da quanto finora sostenuto, può desumersi che gli *obiettivi assegnati al controllo di gestione*, pur mutabili nelle loro specificità temporali, possono essere così sintetizzati:

– *funzione informativa*, che conduce alla razionalizzazione del processo decisionale (consapevolezza nell'assunzione delle decisioni, ossia decisioni assunte sulla base di informazioni attendibili);

– *funzione organizzativa* o *comportamentale*, che conduce alla responsabilizzazione della struttura (induzione di un comportamento coerente con il sistema di obiettivi aziendali attraverso leve motivazionali).

3. *La contabilità analitica e la contabilità generale: esame comparato e collegamenti*

La contabilità analitica è uno degli strumenti del controllo di gestione; fa proprie, pertanto, le sue funzioni – informativa ed organizzativa – cui si aggiungono scopi specifici quali la valutazione delle rimanenze di magazzino e di altri elementi del patrimonio aziendale ai fini della redazione del bilancio d'esercizio.

---

[23] Per una analisi della economicità aziendale attraverso la scomposizione del risultato economico per aree gestionali, si veda: G. Paolone-L. D'Amico-R. Palumbo, *Le analisi di bilancio*, Cacucci, Bari, 2001.

[24] La ragione, come vedremo, è da ricercare nella presenza di costi che, sebbene siano indiretti rispetto ai prodotti, risultano diretti se riferiti a centri di costo opportunamente configurati.

Infatti, nel sistema del reddito (e nei sistemi da questo derivati) la contabilità generale non è in grado di pervenire autonomamente a determinazioni analitiche di costo e di ricavo perché fondata sul principio di unitarietà della gestione.

Le due contabilità risultano fortemente differenziate, tanto da risultare complementari; non si devono dunque ignorare i collegamenti che uniscono l'una all'altra.

Accanto al *diverso grado di sinteticità/analiticità legato alle diverse funzioni svolte* [25], gli elementi idonei a caratterizzare le due distinte contabilità sono i seguenti:

– nella contabilità generale i costi vengono *classificati per natura*, rispondendo in tal modo ad un modello di interpretazione dei fatti gestionali fondato sulla oggettività dei prezzi-costo e dei prezzi-ricavo, laddove nella contabilità analitica i costi sono *classificati per destinazione*, dovendo essere riferiti agli oggetti di calcolo che ne hanno beneficiato (prodotti o centri);

– le rilevazioni di contabilità generale sono disciplinate, insieme al bilancio, dalla normativa civilistica e da quella fiscale e sono oggetto di principi e standard contabili di generale accettazione (*obbligatorietà delle rilevazioni*), laddove le rilevazioni di contabilità analitica risultano assolutamente facoltative ed assoggettate al vincolo di convenienza: il beneficio da esse prodotto (razionalizzazione del processo decisionale e responsabilizzazione) deve risultare maggiore rispetto al costo per esse sostenuto (personale addetto, strumentazione informatica, burocratizzazione, ecc.);

– la contabilità generale ha un orizzonte temporale annuale, laddove quella analitica si riferisce ad *intervalli temporali infrannuali* (generalmente mensili) legati all'uso delle informazioni prodotte;

– la contabilità generale tratta prevalentemente dati consuntivi, laddove la contabilità analitica può essere tenuta a *dati consuntivi* e a *dati standard*;

– la contabilità generale rileva durante l'esercizio soltanto i fatti che hanno avuto manifestazione finanziaria, laddove la contabilità analitica rileva tutti i fatti connessi alla utilizzazione delle risorse produttive;

– la rilevazione dei dati nella contabilità generale (durante l'esercizio) deve rispondere a criteri di oggettività, laddove la contabilità analitica, per ragioni legate alla tempestività delle informazioni, può sacrificare la precisione dei dati;

– la contabilità generale è tenuta con l'ausilio di conti bilancianti movimentati seguendo le regole della partita doppia, laddove la contabilità analitica, sebbene sia legata prevalentemente all'uso del conto, può essere tenuta anche extracontabilmente.

---

[25] Ricordiamo che la contabilità generale si riferisce all'unitaria gestione aziendale, laddove quella analitica può essere riferita agli "attori", alle "azioni" e ai "risultati" singolarmente considerati o raggruppati in classi omogenee.

Ragioni legate al grado di complementarità e di opportuna integrazione tra le due contabilità suggeriscono l'impiego del metodo della partita doppia anche per la contabilità analitica.

In tal caso i collegamenti tra le due contabilità, comunque esistenti, risultano particolarmente evidenti.

Nei limiti entro i quali i dati elementari offerti dalla contabilità generale siano utilizzabili da quella analitica, al fine di evitare la duplicazione delle medesime rilevazioni e limitare al contempo gli errori di rilevazione, è opportuno realizzare un collegamento tra le due distinte contabilità. Tale collegamento può avvenire attraverso uno dei seguenti sistemi[26]:

1. sistema unico indiviso;
2. sistema unico diviso;
3. sistema duplice contabile;
4. sistema duplice misto.

Con il *sistema unico indiviso* la contabilità generale e la contabilità analitica fanno parte contemporaneamente di un unico sistema contabile in cui la seconda è parte integrante della prima.

Si tratta di un sistema funzionante secondo la logica patrimoniale, mediante conti accesi ai singoli elementi del patrimonio.

Mantenendo la terminologia propria del sistema del capitale e del risultato economico (settori, variazioni e conti finanziari ed economici), le variazioni finanziarie negative (relative ad esempio ai conti accesi ai *Fornitori*, agli *Operai c/ salari*, ecc.) misurano costi di acquisto dei fattori (ad esempio nei conti accesi alle *Materie*, agli *Impianti*, alla *Manodopera*, ai *Servizi industriali*, ecc.), i quali sono classificati per destinazione e riferiti alle diverse lavorazioni in corso (imputazione nei diversi *conti Lavorazione*). Man mano che le lavorazioni giungono a termine, i costi dei prodotti finiti vengono accreditati nei conti Lavorazione (scarico) e contestualmente addebitati nei conti accesi al *Magazzino prodotti* (carico); man mano che i prodotti finiti vengono venduti, i relativi costi vengono accreditati nei conti Magazzino prodotti (scarico) ed addebitati nei *conti Gestione* (carico). Gli stessi conti *Gestione* accolgono in avere i ricavi di vendita dei prodotti venduti, misurati da variazioni finanziarie positive (ad esempio nei conti accesi ai *Clienti*) e transitati per i conti accesi ai *Ricavi*.

Al termine di un qualsiasi periodo di riferimento risulteranno così determinati:

– le rimanenze dei fattori produttivi a fecondità semplice e ripetuta (dai saldi dei conti accesi ai relativi Costi);

---

[26] Per delle esemplificazioni si rimanda a G. PAOLONE-L. D'AMICO-R. PALUMBO, *Le rilevazioni di contabilità industriale*, Cacucci, Bari, 1998, pp. 23-44.

– le rimanenze di lavori in corso (dai saldi dei conti Lavorazione);
le rimanenze di prodotti finiti (dai saldi dei conti Magazzino prodotti);
– i risultati analitici (dai saldi dei conti Gestione);
– le rimanenze finali passive (dai saldi dei conti accesi ai Ricavi).

I saldi dei conti *Gestione* esprimono i risultati economici delle differenti linee produttive, variamente configurati a seconda degli elementi di costo in essi accolti (configurazione di costo), i quali, successivamente, saranno stornati in un unico conto *Profitti e Perdite*.

Con il *sistema unico diviso* si ricorre (in un unico sistema contabile) a due distinti gruppi di conti destinati, l'uno, allo svolgimento della contabilità generale, l'altro, allo svolgimento della contabilità analitica.

Il primo gruppo di conti è collegato al secondo per mezzo di un conto *Collegamento contabilità analitica*, nel quale vengono addebitati i costi dei fattori da impiegare nel processo produttivo ed accreditati i costi di produzione dei prodotti venduti.

Il secondo gruppo di conti è collegato al primo tramite il conto *Collegamento contabilità generale*, nel quale vengono accreditati i costi dei fattori destinati alle lavorazioni ed addebitati i costi delle produzioni ottenute in contropartita dell'accreditamento dei conti *Magazzino Prodotti*.

Con il *sistema duplice contabile* (il più utilizzato) la contabilità generale e quella analitica sono separate e rispondenti, la prima, alla logica reddituale, con classificazione dei costi per natura, la seconda, a quella patrimoniale, con classificazione dei costi per destinazione.

Sia la contabilità generale sia quella analitica sono tenute con l'ausilio di conti bilancianti movimentati secondo le regole della partita doppia.

Al fine di analizzare il funzionamento della contabilità analitica, è utile considerare una possibile classificazione dei conti in essa movimentati.

Questi possono essere raggruppati nel seguente modo:

– conti di *Collegamento*, attraverso i quali vengono ripresi dalla contabilità generale i valori di costo e di ricavo che in quella sono stati misurati da variazioni finanziarie rispettivamente negative e positive;

– conti *Transitori*, con i quali vengono effettuate rettifiche ed integrazioni dei valori ripresi dalla contabilità generale al fine di consentire la transizione dal principio di competenza temporale (tipico delle rilevazioni continuative di contabilità generale) al principio di competenza economica;

– conti ai *Centri*, con i quali i costi e i ricavi, già classificati per natura, vengono riclassificati in base alla loro destinazione;

– conti alle *Lavorazioni commerciali*, con i quali vengono rilevati i costi delle lavorazioni in corso e delle lavorazioni ultimate;

– conti al *Magazzino*, con i quali vengono rilevati i costi relativi ai prodotti finiti ovvero alle materie prime;

– conti alle *Lavorazioni interne* e alle *Immobilizzazioni*, con i quali vengono rilevati i costi sostenuti per le costruzioni in economia o per altre simili "commesse interne";

– conti alle *Variazioni diverse*, con cui rilevare rettifiche dovute all'impiego di costi predeterminati (utilizzati per ragioni di semplicità e tempestività) ovvero a cali fisici ed eccedenze non riscontrabili contabilmente, revisioni di prezzi ed altre variazioni;

– conti *Gestione*, con i quali vengono determinati, per ciascuna linea di prodotto, risultati analitici variamente configurati [27].

Con il *sistema duplice misto*, a fronte di una contabilità generale tenuta secondo la logica reddituale e con metodologia contabile, la "contabilità" analitica viene tenuta con metodologia extra-contabile.

Anche in tal caso deve realizzarsi un collegamento tra le due contabilità; in particolare dovranno essere raccolti periodicamente i dati di costo e di ricavo rilevati dalla contabilità generale, i quali saranno successivamente rettificati ed integrati per renderli rispondenti al principio di competenza economica.

Le differenze tra il sistema in esame e quello duplice contabile sono solo formali; il sistema duplice misto presenta una maggiore flessibilità, i calcoli e le rilevazioni possono essere spinti fin dove è necessario ai fini informativi della specifica azienda. Ne consegue che tra i due sistemi può essere differente lo stadio di elaborazione dei dati [28].

4. *Le determinazioni analitiche e la classificazione dei costi nel tempo e nello spazio*

Mentre, salvo casi particolari, la destinazione dei ricavi ai prodotti non presenta difficoltà di rilievo [29], la destinazione dei costi risulta sempre oltremodo soggettiva per la presenza di costi comuni a più prodotti o centri e a più periodi di riferimento delle determinazioni analitiche.

Così, se il costo dei fattori produttivi acquisiti da terze economie può essere determinato in modo diretto, ossia moltiplicando il prezzo-costo uni-

---

[27] Di questa categoria di conti fa parte anche il conto *Profitti e Perdite* di contabilità analitica, che accoglie i saldi dei conti gestione ed, eventualmente, altre voci di costo e di ricavo a questi non imputate per esprimere il risultato economico d'azienda realizzato nel periodo di riferimento.

[28] Cfr. G. Paolone-L. D'Amico-R. Palumbo, *Le rilevazioni di contabilità industriale*, cit., p. 44.

[29] A meno che non vi siano ricavi conseguiti congiuntamente per più prodotti, dovuti, ad esempio, a particolari promozioni commerciali.

tario (*p*) per la quantità di fattore acquisita (*f*), il costo riferibile ai prodotti e ai centri (di responsabilità, di attività, di costo) si ottiene mediante un *processo indiretto*, ossia mediante la ripartizione (o classificazione) nel tempo e nello spazio dei costi originari dei fattori [30].

Ne deriva che, per determinare i valori di costo riferiti ad oggetti analitici variamente configurati, i costi originari dei fattori – quantità negoziate, dunque oggettive – devono essere sottoposti ad un processo di *classificazione nel tempo* (se sostenuti per fattori a fecondità ripetuta), per ottenere i costi riferiti all'intervallo temporale prescelto, e ad un successivo processo di *classificazione nello spazio*, attraverso il quale "destinare" i costi di periodo dei fattori a fecondità ripetuta e i costi dei fattori a fecondità semplice ai singoli prodotti o centri.

La *dimensione temporale* viene analizzata osservando la relazione intercorrente tra l'impiego dei fattori produttivi e l'intervallo temporale di riferimento delle determinazioni; tale relazione può essere o meno esclusiva, nel senso che il fattore produttivo può essere utilizzato nell'ambito di un unico periodo, come *necessariamente* avviene per i *fattori a fecondità semplice*, che cedono interamente la loro utilità in un unico ciclo produttivo, ovvero per più periodi, come *normalmente* avviene per i *fattori a fecondità ripetuta*, che cedono la loro utilità gradualmente partecipando a numerosi cicli della produzione.

Analogamente, nella *dimensione spaziale* è possibile osservare la relazione esistente tra i fattori produttivi e i prodotti (o i centri). Anche tale relazione può essere o meno esclusiva, nel senso che un singolo fattore produttivo può essere impiegato per l'ottenimento di un solo prodotto (o a beneficio di un solo centro) ovvero per l'ottenimento di prodotti distinti (o a beneficio di diversi centri).

Il costo sostenuto per il fattore produttivo si dirà *speciale* nel primo caso (relazione esclusiva o immediata), *comune* nel secondo (relazione non esclusiva o mediata) [31].

La distinzione appena presentata assume un rilievo centrale nell'analisi dei costi per le determinazioni analitiche in quanto spiega la presenza ineliminabile di valori fortemente soggettivi all'interno del sistema contabile.

Infatti, sebbene i costi originari dei fattori siano *valori negoziati*, dunque oggettivi [32], i costi ripartiti (o calcolati), ossia le singole quote in cui sono

---

[30] Si osserva che, così come per i prodotti, il costo dei fattori costruiti in economia si ottiene attraverso un processo di determinazione indiretto.

[31] Cfr. R. PALUMBO, *Il subsistema gestionale*, cit., p. 135.

[32] In effetti tale affermazione richiede che siano verificate condizioni di perfetta concorrenza dei mercati, in assenza delle quali i prezzi-costo ed i prezzi-ricavo non sono idonei ad esprimere valori di equilibrio.

scomposti i valori originari, rappresentano *valori congetturati* (o astratti), per i quali non è configurabile in alcun modo una verità oggettiva [33].

4.1. *La classificazione dei costi nel tempo*

La *ripartizione dei costi nel tempo* può avvenire seguendo uno dei seguenti criteri [34]:

– criterio del *tempo fisico*, secondo il quale la ripartizione dei costi comuni a più periodi viene commisurata all'estensione temporale dei singoli periodi;

– criterio del *tempo economico*, secondo il quale la ripartizione va operata alla luce delle vicende economiche che caratterizzano i singoli periodi; in tal caso si deve prendere in considerazione il *"ciclo di vita"* del prodotto, articolato nelle seguenti fasi [35]:

1. *introduzione*, nella quale si assiste a bassi volumi di vendita ad un prezzo spesso piuttosto contenuto (promozionale);
2. *sviluppo*, nella quale si assiste ad una forte crescita del volume delle vendite a prezzi sostenuti;
3. *maturità*, nella quale si assiste ad un rallentamento del tasso di crescita delle vendite a al mantenimento del prezzo pieno;
4. *saturazione*, nella quale si assiste ad una progressiva riduzione dei volumi di vendita e ad una prima rettifica del prezzo;
5. *declino*, nella quale si assiste ad una riduzione costante dei volumi di vendita fino ad esaurimento della vita utile del prodotto e ad una ulteriore riduzione dei prezzi.

---

[33] La natura dei *valori congetturati* non deve essere confusa con quella dei *valori stimati*; "I valori congetturati, a differenza di quelli stimati, non possono essere verificati; non vi è, in altri termini, la possibilità di individuare un'unica configurazione del valore ripartito né al momento in cui viene effettuata la determinazione, né in momenti successivi. Ne deriva che, mentre i valori stimati, benché soggettivi, possono approssimarsi ad un valore "vero" che si conoscerà in un momento successivo, per i valori congetturati non è configurabile in alcun modo una verità oggettiva"; R. PALUMBO, *Il subsistema gestionale*, cit., p. 201.

Sulla distinzione tra quantità negoziate, stimate ed astratte, si veda P. ONIDA, *La logica e le determinazioni quantitative d'azienda*, Giuffrè, Milano, 1960.

[34] Cfr. P. ONIDA, *Economia d'azienda*, cit., p. 600 e segg.; ID., *Natura e limiti delle politiche di bilancio*, in *Rivista dei Dottori Commercialisti*, 1974, p. 895 e segg.; R. PALUMBO, *Il subsistema gestionale*, cit., pp. 200-201; G. PAOLONE-L. D'AMICO, *L'economia aziendale nei suoi principi parametrici e modelli applicativi*, cit., p. 139 e segg.

[35] Cfr. R. PALUMBO, *Il subsistema gestionale*, cit., p. 200.

4.2. *La classificazione dei costi nello spazio*

La *ripartizione dei costi nello spazio* è legata alla distinzione tra *costi diretti* e *costi indiretti*.

Sono indiretti tutti i costi che non possono essere imputati direttamente ai prodotti (costi comuni) e quella parte di costi speciali per i quali una tale imputazione, pur risultando tecnicamente possibile, non si ritiene conveniente [36].

I motivi per i quali alcuni costi speciali vengono trattati contabilmente alla stregua di quelli comuni, assoggettandoli ad un processo di ripartizione, possono essere ricondotti essenzialmente ai seguenti:

- alla limitata incidenza del costo da imputare su quello del prodotto;
- agli elevati oneri derivanti dalla attribuzione diretta dei costi.

Si può, pertanto, affermare che, mentre la distinzione tra costi speciali e costi comuni attiene alla relazione che lega gli input agli output del processo produttivo, quella tra costi diretti e costi indiretti attiene al procedimento di calcolo, a sua volta dipendente dalla possibilità tecnica di attribuire direttamente i costi dei fattori ai prodotti (rinvenibile per i soli costi speciali), e dalla convenienza economica a procedere in tal modo [37].

Ne consegue che, come evidenziato dalla figura che segue (Figura 4), mentre i costi comuni sono sempre indiretti, i costi speciali possono essere diretti o indiretti.

Figura 4 – **Costi speciali/comuni e costi diretti/indiretti**

[36] *Ibidem*, p. 202.

[37] *Ibidem*, pp. 202-203.

Chiaramente la distinzione tra costi diretti ed indiretti è relativa alla definizione dell'oggetto di riferimento (o destinazione).

Così costi indiretti rispetto ad un prodotto possono risultare diretti se riferiti a centri opportunamente configurati.

È, inoltre, una distinzione relativa agli strumenti di rilevazione impiegati [38], che ha senso solo quando la produzione sia diversificata.

Una volta definito l'oggetto di destinazione del costo originario dei fattori a fecondità semplice, ovvero della quota di ammortamento dei fattori a fecondità ripetuta, sarà evidente il tipo di relazione esclusiva o non esclusiva che lega le risorse al medesimo oggetto di destinazione.

I costi comuni saranno necessariamente oggetto di imputazione indiretta; i costi speciali potranno essere oggetto di attribuzione diretta ovvero di imputazione indiretta.

I costi indiretti vengono divisi in quote da assegnare a ciascun oggetto analitico di determinazione che ne ha beneficiato.

Benché qualsiasi procedimento di ripartizione (o imputazione) conduca inevitabilmente a valori congetturati, ci si chiede quale sia il principio da seguire per ottenere i valori maggiormente attendibili.

In generale, la logica che guida le imputazioni dei costi indiretti è quella di individuare uno o più parametri idonei ad esprimere l'utilità che i differenti oggetti hanno tratto dai costi da imputare, in base al quale o ai quali procedere alla ripartizione.

Questi parametri, denominati *"cost drivers"* o *"basi di imputazione"* [39], devono poter essere misurati sempre in modo oggettivo [40] e possono essere determinati in via consuntiva (valori effettivi) ovvero, per ragioni legate alla tempestività e alla semplificazione del processo informativo, in via preventiva (valori standard).

Una volta individuata una base di imputazione, questa viene normalmente impiegata per una *ripartizione proporzionale* del costo indiretto tra gli oggetti di destinazione. In altre parole si accoglie l'ipotesi che il costo indiretto da ripartire vari in modo proporzionale rispetto al parametro scelto come base di imputazione (relazione lineare tra la variabile "costo indiretto da ripartire" e la variabile "base di imputazione") [41].

---

[38] Così, ad esempio, la forza motrice comporta un costo comune in presenza di un solo contatore per più linee produttive; dà luogo ad un costo speciale nel caso in cui i consumi di ciascuna linea di produzione vengano misurati da apparecchi dedicati.

[39] Cfr. R. PALUMBO, *Il subsistema gestionale*, cit., p. 203.

[40] Per non minare l'attendibilità dei risultati.

[41] Si consideri il seguente esempio (adattato da G. PAOLONE-L. D'AMICO-R. PALUMBO, *Le rilevazioni di contabilità industriale*, cit., pp. 87-88):

– un'impresa industriale produce i beni *A*, *B*, *C* e *D*;

Per tale ragione, la migliore base di imputazione, ossia quella che conduce alle determinazioni maggiormente attendibili, è la determinante che riesce a spiegare la maggior parte della variabilità del "costo indiretto da ripartire" (variabile dipendente), massimizzando in tal modo il grado di dipendenza tra le variabili. In altri termini si cerca una base di ripartizione rispetto alla quale la variabile "costo" mantenga una relazione di massima proporzionalità.

Graficamente, tale dipendenza aumenta quanto più la nube di punti del *diagramma di dispersione*, che rappresenta la relazione tra la variabile dipendente (costo indiretto) e quella indipendente (base di imputazione), si presenta allungata[42].

– nel periodo di riferimento, tale impresa ha sostenuto costi indiretti di competenza per manutenzioni per un ammontare complessivo pari a 4.230,00 €.

Tale impresa, trovandosi nelle condizioni ottimali per ripartire i costi sulla base del numero di *ore-macchina* (base di imputazione), le ha rilevate con riferimento alle singole produzioni:

Prodotti	*N. di ore-macchina*
A	1.630
B	840
C	2.960
D	1.550
Totale	*6.980*

Per procedere alla ripartizione dei costi indiretti, si determinano i *coefficienti di imputazione* (*ci*) dividendo i dati riferiti ai singoli prodotti per il totale riferito al complesso delle produzioni:

Prodotti	*N. di ore-macchina*	*ci*
A	1.630	0,233524
B	840	0,120344
C	2.960	0,424069
D	1.550	0,222063
Totale	*6.980*	*1*

A questo punto è possibile ripartire il totale dei costi indiretti (4.230,00 €) moltiplicandolo per i coefficienti di imputazione:

Prodotti	*N. di ore-macchina*	*ci*	*Ct*
A	1.630	0,233524	987,81
B	840	0,120344	509,06
C	2.960	0,424069	1.793,81
D	1.550	0,222063	939,33
Totale	*6.980*	*1*	*4.230,00*

[42] Cfr. R. PALUMBO, *Il subsistema gestionale*, cit., p. 203 e segg. Il metodo grafico di

L'analisi della variabilità e delle *determinanti di costo*, ossia dei fattori in grado di condizionarne l'andamento, diviene, pertanto, uno strumento indispensabile per individuare una o più basi di imputazione attendibili.

Le più rilevanti determinanti di costo sono state efficacemente classificate nel seguente modo [43]:

- *determinanti strutturali*, ossia legate alle scelte relative alla struttura economica di base, riconducibili principalmente alle seguenti:
  - scala produttiva (o volume);
  - grado di integrazione verticale (o campo di attività);
  - esperienza;
  - tecnologia;
  - complessità (legata alla diversificazione della produzione);
- *determinanti operative*, ossia legate alla capacità della singola impresa di operare con successo, riconducibili principalmente alle seguenti:
  - grado di partecipazione della forza lavoro (coinvolgimento);
  - tensione organizzativa verso la qualità totale;
  - grado di utilizzo della capacità produttiva;
  - efficienza del layout;
  - configurazione del prodotto;
  - sfruttamento dei collegamenti con gli operatori a monte e a valle della propria catena del valore.

Chiaramente le determinanti di costo summenzionate *agiscono congiuntamente* e rappresentano solo una *esemplificazione non esaustiva* di tutti i casi possibili che vanno di volta in volta verificati [44].

In linea generale, dopo aver individuato una determinante, il costo di un fattore si dice *variabile* quando subisce modificazioni (al limite proporzionali) in relazione a modificazioni del parametro; si dice *fisso*, quando la variazione del parametro non comporta modificazione del costo [45].

---

analisi utilizza un *diagramma di dispersione* sulle cui ordinate vengono riportati i dati di costo e sulle cui ascisse i differenti livelli relativi al *cost driver* prescelto. Normalmente i punti vengono poi interpolati con una retta con il metodo dei minimi quadrati; pertanto la previsione dell'andamento dei costi viene interpretata da una funzione del tipo $y = ax + b$.

[43] In proposito si veda D. RILEY, *Competitive Cost Based Investment Strategies for Industrial Companies*, in *Manufacturing Issues*, Booz, Allen & Hamilton, New York, 1987.

Sulle determinanti di costo come tema specifico dello Stategic Cost Management, si veda J.K. SHANK-V. GOVINDARAJAN, *La gestione strategica dei costi. Contabilità direzionale e vantaggio competitivo*, Il Sole 24 Ore, Milano, 1996 (ed. or.: *Strategic Cost Management. The New Tool for Competitive Advantage*, The Free Press, 1993).

[44] Sulle formule logaritmiche per la stima delle determinanti di costo si veda J.K. SHANK-V. GOVINDARAJAN, *La gestione strategica dei costi*, cit., pp. 187-189.

[45] Cfr. R. PALUMBO, *Il subsistema gestionale*, cit., p. 206.

Tradizionalmente, la determinante rispetto alla quale discriminare i costi nelle due predette classi è stata individuata nel volume produttivo (o scala produttiva).

Accanto a tale determinante hanno ricevuto una indubbia attenzione nella letteratura aziendalistica sia l'*esperienza* sia, in tempi più recenti, la *complessità*. Quest'ultima ha condotto alla elaborazione di metodologie di analisi dei costi *activity-based*[46].

4.3. *L'analisi della variabilità dei costi in funzione del volume produttivo*

L'*analisi costi-volumi* poggia sulla scelta del volume produttivo (o variabili che lo approssimano)[47] come base di imputazione e presuppone che sia possibile distinguere tra costi fissi e costi variabili. La significatività di tale analisi dipende dal rispetto delle seguenti condizioni[48]:

- intervallo (orizzonte) temporale di breve periodo[49];
- intervallo spaziale (capacità produttiva) definito.

Infatti, si può facilmente constatare che nel lungo periodo e/o per volumi di produzione eccedenti l'attuale capacità produttiva aziendale tutti i costi sono variabili.

La relazione che lega i costi variabili ai volumi di produzione, o legge di variabilità dei costi, può dar luogo a costi variabili delle seguenti tipologie[50]:

---

[46] Si vedano in proposito i seguenti contributi: R. KAPLAN, *Accounting Lag: The Obsolescence of Cost Accounting Systems*, in *California Management Review*, XXVIII, 2, 1986; T. JOHNSON-R. KAPLAN, *Relevance Lost: The Rise and Fall of Management Accounting*, in *Harvard Business School*, Boston, 1987.

[47] Le principali basi di imputazione di tipo volumetrico sono le seguenti:
- costo della manodopera diretta;
- costo delle materie prime dirette;
- costo primo (raggruppamento dei costi diretti);
- ore lavorate;
- ore-macchina;
- quantità di materie prime assorbite;
- peso;
- volume.

[48] Cfr. R. PALUMBO, *Il subsistema gestionale*, cit., p. 206 e segg.

[49] In questa sede per breve periodo deve intendersi l'orizzonte temporale entro il quale si può ragionevolmente prevedere che la capacità produttiva non venga modificata.

[50] Cfr. G. PAOLONE-L. D'AMICO-R. PALUMBO, *Le rilevazioni di contabilità industriale*, cit., p. 55 e segg.

– *costi variabili proporzionali*, che crescono al crescere del volume produttivo in base ad un rapporto (coefficiente angolare) costante;

– *costi variabili progressivi*, che, al crescere del volume produttivo, crescono in modo più che proporzionale;

– *costi variabili degressivi*, che, al crescere del volume produttivo, crescono in modo meno che proporzionale;

– *costi variabili regressivi*, che, oltre un certo livello produttivo, decrescono al crescere della quantità prodotta.

Figura 5.a – **Costi variabili proporzionali**

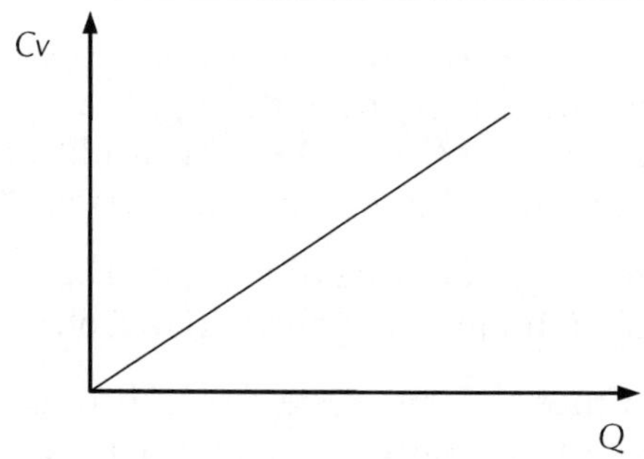

dove:

Cv indica i costi variabili;

Q indica il volume produttivo (produzione ottenuta)

Figura 5.b – **Costi variabili progressivi**

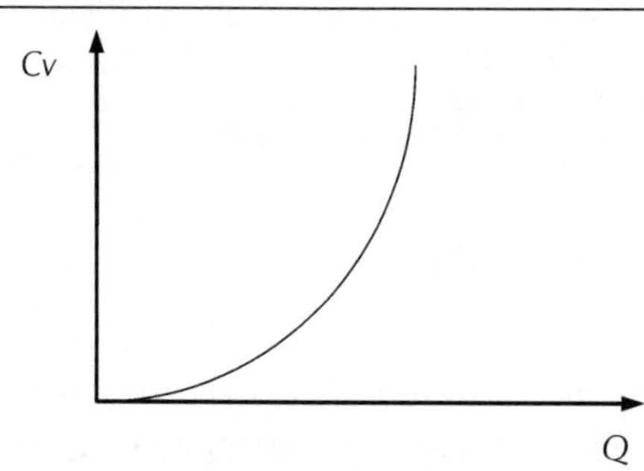

Figura 5.c – **Costi variabili degressivi**

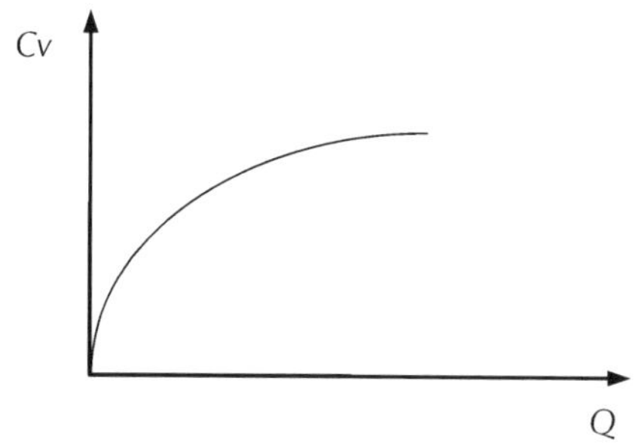

Figura 5.d – **Costi variabili regressivi**

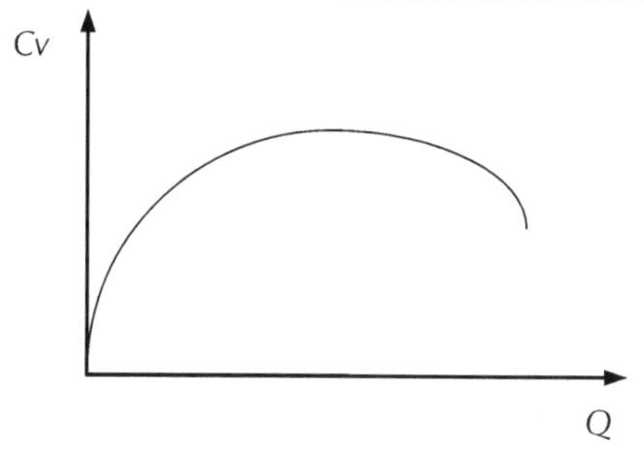

Non tutti i fattori produttivi comportano il sostenimento di costi classificabili nelle predette classi. Numerosi costi presentano, infatti, al contempo, le caratteristiche dei costi fissi e dei costi variabili; si tratta dei *costi semifissi* e dei *costi semivariabili*.

All'interno dell'orizzonte temporale di riferimento, i primi mostrano una variazione "a salti", ciascuno dei quali è contraddistinto da un livello di costo corrispondente ad un dato livello di attività all'interno del quale l'andamento del costo è costante, i secondi seguono direttamente i volumi di attività aziendale a partire da una certa componente fissa di costo.

Le figure che seguono (Figure 6.a, 6.b, 6.c, 6.d) mostrano le rappresentazioni grafiche riferite al breve periodo.

Figura 6.a – **Costi variabili totali proporzionali**

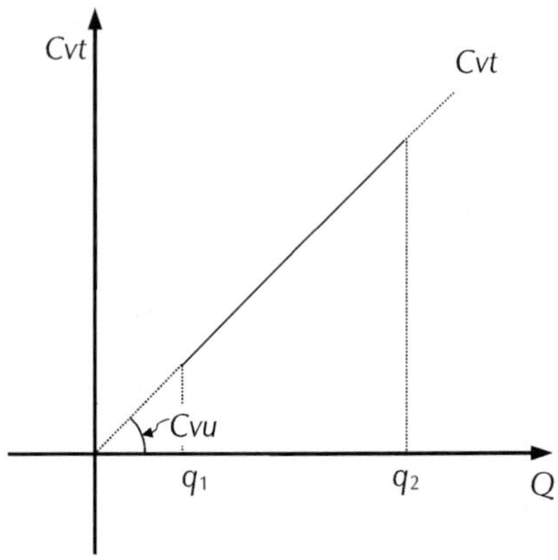

Figura 6.b – **Costi fissi totali**

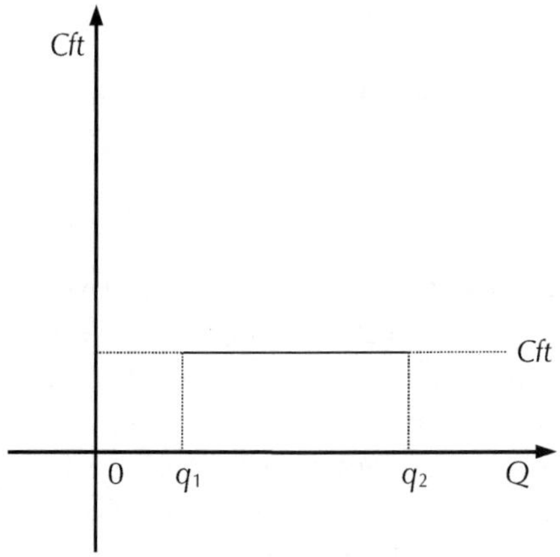

Figura 6.c – **Costi semivariabili totali (proporzionali)**

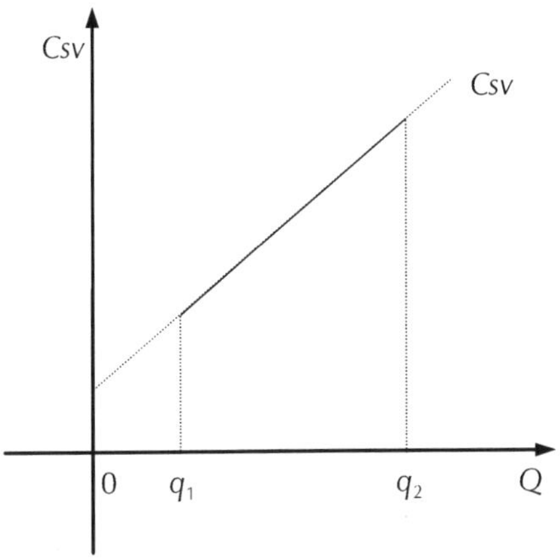

Figura 6.d – **Costi semifissi totali**

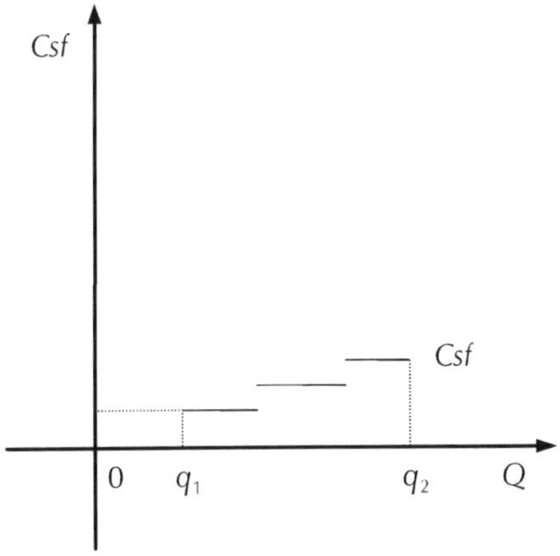

dove:

Cvt = costi variabili totali (proporzionali);
Cft = costi fissi totali;
Cvu = costo variabile unitario;
Csv = costi semivariabili (totali);
Csf = costi semifissi (totali);
Q = volume di produzione.

A questo punto il *costo totale (Ct)* può essere ottenuto per somma delle due componenti (fissa e variabile). In ipotesi di andamento proporzionale dei costi variabili e di assenza di costi semifissi, il costo totale può essere rappresentato nel modo seguente (Figura 7)[51]:

Figura 7 – **Il modello costi-volumi**

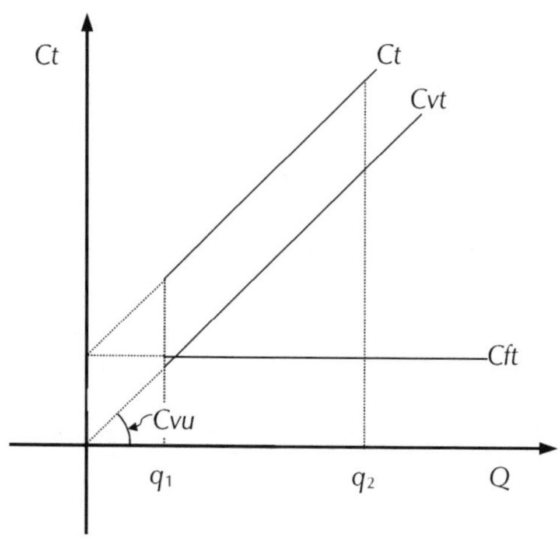

La significatività dell'analisi costi-volumi è legata innanzitutto alla dimostrazione delle *economie di scala*[52].

Passando dalla rappresentazione grafica dei costi totali (fisso, variabile e complessivo) a quella dei *costi unitari* (costi sostenuti per la singola unità di prodotto) (Figure 8.a e 8.b), si osserva che i costi fissi dei fattori produttivi si traducono in costi variabili di prodotto, mentre i costi variabili proporzionali dei fattori produttivi danno luogo a costi fissi di prodotto. L'incidenza dei costi fissi sul costo medio delle singole unità di prodotto, dunque, diminuisce col crescere del volume complessivo della produzione ed aumenta col diminuire della stessa, mentre i costi variabili proporzionali rappresentano componenti costanti del costo unitario di prodotto. Il costo totale unitario (*Ctu*), risultante dalla somma del costo fisso

[51] La linea tratteggiata è stata usata semplicemente per indicare il punto in cui il proseguimento della linea taglia l'asse delle ordinate. Si noti in proposito che la retta dei costi variabili parte sempre dall'origine perché, per volumi produttivi nulli, non si sostengono costi variabili.

[52] Sul tema si veda B. Di Bernardo, *Le dimensioni d'impresa, scala, scopo, varietà*, Franco Angeli, Milano, 1991.

unitario (*Cfu*) decrescente con il costo variabile unitario (*Cvu*) costante[53], risulterà pertanto decrescente.

Figura 8.a – **L'incidenza dei costi variabili unitari**

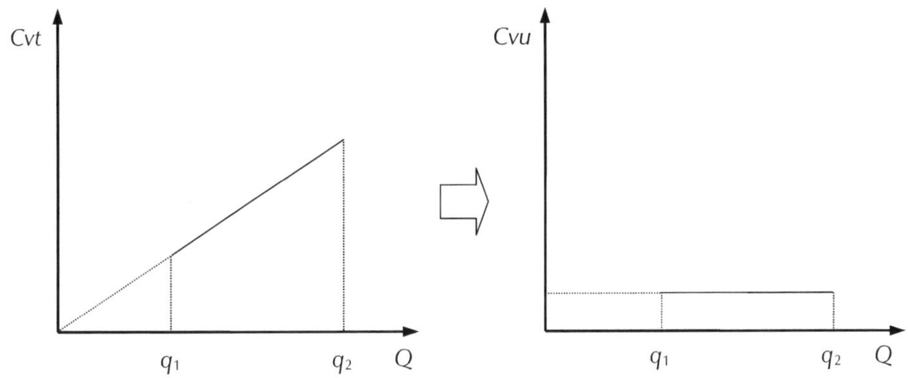

Figura 8.b – **L'incidenza dei costi fissi unitari**

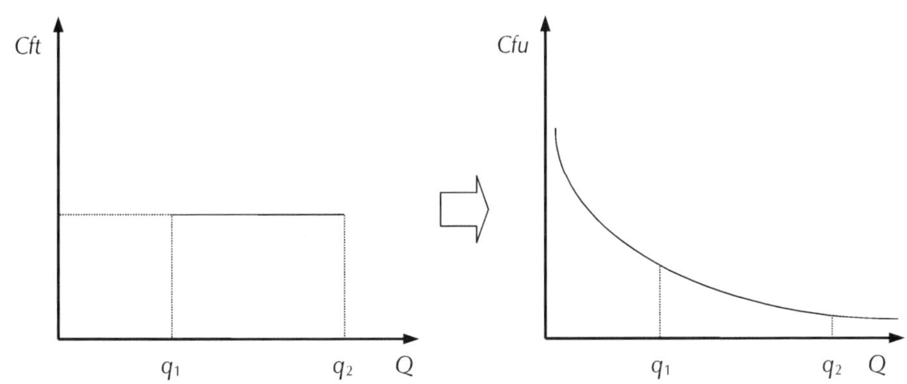

Le *economie di scala* sono, dunque, legate alla presenza di costi fissi e sono realizzate in periodi di espansione del mercato, in relazione ad incre-

[53] Si sottolinea che il costo variabile unitario è costante solo in ipotesi di andamento proporzionale del costo variabile totale.

menti del grado di utilizzazione della capacità produttiva; così come le *diseconomie* sono subite in periodi di recessione [54].

Si deve, però, osservare che il passaggio da logiche di *produzione di massa* (a spinta) a logiche di *produzione snella* (a trazione) [55], spostando l'attenzione dai volumi produttivi (scala) alla varietà della gamma produttiva (complessità), sminuisce l'importanza delle economie di scala a vantaggio delle *economie di estensione* (o di scopo) [56].

Un ulteriore tema sviluppato a partire dall'analisi costi-volumi è quello della *logica decisionale marginalista*, secondo la quale i confronti di convenienza economica comparata nel produrre o non produrre una certa unità di prodotto vanno riferiti alla sola unità aggiuntiva e non alla produzione nel suo complesso, ossia prescindendo dai costi fissi (che vengono considerati costi di periodo) [57].

L'informazione a supporto delle decisioni diviene, dunque, la differenza tra il ricavo e il costo dell'unità aggiuntiva di prodotto (ricavo marginale e costo marginale); definiamo tale differenza *margine unitario di contribuzione* (*mc*).

---

[54] A ben vedere, le economie di scala derivano dalle proprietà di "indivisibilità" degli input del processo produttivo; le "indivisibilità" sono riconducibili, in linea di massima, alla natura discreta delle risorse, al principio dei grandi numeri, al rapporto superfici/volumi e alla replicazione delle conoscenze. Sul tema si veda B. DI BERNARDO, *Le dimensioni d'impresa, scala, scopo, varietà*, cit.

[55] Sulla *lean production* si veda: J.P. WOMACK-D.T. JONES-D. ROOS, *La macchina che ha cambiato il mondo*, BUR, 1993.

[56] Sul concetto si veda B. DI BERNARDO, *Le dimensioni d'impresa, scala, scopo, varietà*, cit., 1991.

Un buon punto di partenza per misurare le economie di estensione è rappresentato dal costo medio incrementale (*CMI*) dell'*i*-esimo prodotto:

$$CMI_i = [C(r_i,r_j) - C(0,r_j)]/r_i$$

dove $C(r_i,r_j)$ è il costo totale di r_i unità del bene i e r_j unità del bene j. L'impatto delle economie di estensione su un'azienda monoprodotto è misurato convenzionalmente attraverso l'indice (costo medio)/(costo marginale). Per estensione, il ritorno delle economie di differenziazione associato all'*i*-esimo prodotto può essere definito come:

$$S_i = CMI_i/(MC/Mr_i)$$

dove *MC* rappresenta il costo marginale associato all'*i*-esimo prodotto.

Una misura delle economie di differenziazione ottenibili da un'azienda che produce sia i che j può essere espressa dal seguente indicatore:

$$S_c = [C(r_i,0) + C(0,r_j) - C(r_i,r_j)]/C(r_i,r_j)$$

In assenza di economie di scopo, $S_c = 0$.

Per approfondimenti cfr. E.E. BAILEY-A.F. FRIEDLANDER, *Market structure and multiproduct industries*, in *Journal of Economic Literature*, 20, 1982, pp. 1024-1048; W. BAUMOL, *On the proper cost tests for natural monopoly in a multiproduct industry*, in *American Economic Review*, 67, 1977, pp. 809-822.

[57] Cfr. R. PALUMBO, *Il subsistema gestionale*, cit., p. 214 e segg.

La logica marginalista prende le mosse dalla constatazione che, per ciascun livello di produzione compreso entro una data capacità produttiva, il costo totale è costituito da una componente fissa ed una variabile, dove la prima è legata alla capacità mentre la seconda al suo utilizzo [58].

Date queste premesse, nei giudizi di convenienza tra scelte alternative, dovendo comparare le variazioni che le grandezze economiche aziendali subirebbero se le decisioni fossero prese, occorre ricercare il *margine di contribuzione* di ciascuna possibile alternativa.

In contabilità il concetto di costo marginale è da riferirsi ai diversi livelli di produzione ottenibili nell'ambito di una ben definita capacità produttiva; è, dunque, pari al *costo medio unitario variabile* che, in presenza di costi variabili proporzionali, è costante [59].

Nell'accezione contabile, derivata da quella economico-aziendale, quindi, un'unità aggiuntiva del volume produttivo, che non causi modificazioni della capacità produttiva, comporta un incremento del costo totale pari al costo marginale, ossia pari al costo variabile.

La logica marginalista considera rilevanti, quindi, i soli costi variabili; i costi fissi vengono riferiti al periodo perché sostenuti a prescindere dall'utilizzo della capacità produttiva [60].

Il *margine di contribuzione unitario* è dato, allora, dalla differenza tra il ricavo di vendita unitario (*Ru*) e il costo variabile unitario (*Cvu*) ed esprime il contributo che ciascun prodotto dà alla copertura dei costi fissi.

Il margine di contribuzione globale, dal canto suo, è dato dalla differenza tra i ricavi di vendita totali (*Rt*) ed i costi variabili totali (*Cvt*) e consente di misurare la capacità che l'azienda ha nel suo complesso di coprire i costi fissi mediante le operazioni di realizzo.

Dalle considerazioni esposte, si evince che il margine di contribuzione unitario (*mc*) rappresenta una grandezza-chiave nella misurazione del grado di elasticità del risultato economico aziendale rispetto al volume produttivo, ossia della *leva operativa* (o *economica*) a partire da un dato *punto di pareggio* (o *break-even point*).

Il *punto di pareggio* corrisponde all'intersezione tra la retta dei ricavi totali (*Rt*) e quella dei costi totali (*Ct*):

$$Rt = Ct \qquad [1]$$

In tal modo esso esprime il grado di rigidità dell'azienda e, quindi, il rischio associato alla dimensione dei costi fissi (struttura produttiva).

---

[58] Cfr. G. PAOLONE-L. D'AMICO-R. PALUMBO, *Le rilevazioni di contabilità industriale*, cit., p. 145 e segg.

[59] In economia generale, invece, non tenendosi conto del vincolo di rappresentato dalla attuale capacità produttiva, il costo marginale è decrescente.

[60] Cfr. R. PALUMBO, *Il subsistema gestionale*, cit., p. 215.

Distinguendo all'interno dei costi totali la componente fissa da quella variabile, è possibile riscrivere l'equazione nel modo seguente:

$$Rt = Cft + Cvt \qquad [2]$$

dove:

Cft = costi fissi totali;
Cvt = costi variabili totali.

I costi variabili totali possono essere scissi, a loro volta, in una componente rappresentata dal costo variabile unitario (Cvu) e in una rappresentata dal volume della produzione ottenuta (Q_o); allo stesso modo, i ricavi totali possono essere scomposti in una componente rappresentata dal ricavo unitario (Ru) e in una rappresentata dal volume di produzione venduta (Q_v) (pertanto $Rt = Ru \times Q_v$).

Effettuando le opportune sostituzioni, è possibile riscrivere la relazione [2] nel seguente modo:

$$Ru \times Q_v = Cft + Cvu \times Q_o \qquad [3]$$

Ipotizzando l'eguaglianza tra il volume della produzione ottenuta e il volume della produzione venduta ($Q = Q_o = Q_v$) – condizione corrispondente alla costanza delle giacenze del magazzino prodotti finiti – è possibile evidenziare il volume produttivo che, vista la condizione iniziale di eguaglianza tra ricavi e costi totali, viene a rappresentare il *volume di equilibrio* (q_e), ossia il volume che, dividendo l'area degli utili dall'area delle perdite, rappresenta il livello minimo-tecnico di produzione:

$$Ru \times q_e - Cvu \times q_e = Cft$$

$$q_e(Ru - Cvu) = Cft$$

$$q_e = \frac{Cft}{(Ru - Cvu)} = \frac{Cft}{mc} \qquad [4]$$

dove *mc* rappresenta appunto il margine di contribuzione unitario.

La figura che segue (Figura 9) illustra la rappresentazione grafica della intersezione tra le funzioni del ricavo totale e del costo totale[61], dove:

Re = risultato economico;
Rt = ricavi totali;
Ct = costi totali;
Ru = ricavo unitario (o marginale);
Cvu = costo variabile unitario (o marginale);
Q_v = produzione venduta;
Q_o = produzione ottenuta;

---

[61] *Ibidem*, p. 216.

b.e.p. = *break-even point*;
q_e = volume produttivo di equilibrio.

Figura 9 – **Rappresentazione grafica del *break-even point***

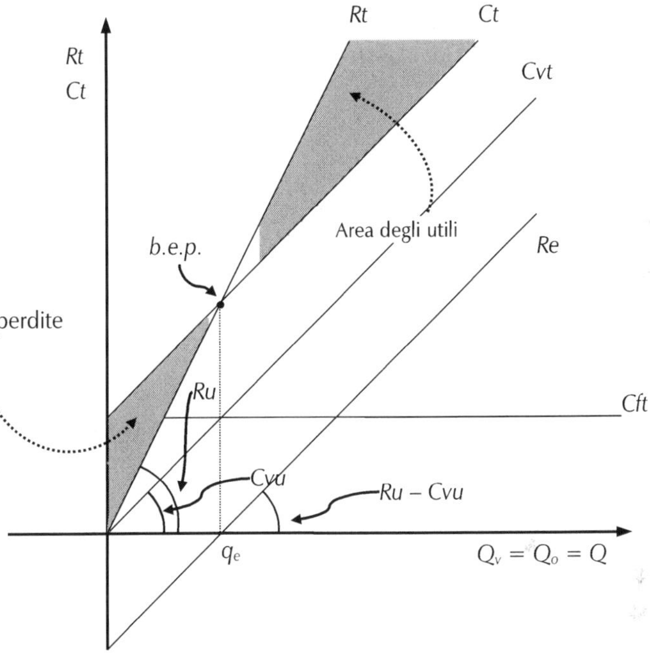

È agevole osservare che l'apertura della forbice, ossia la velocità con la quale l'utile e la perdita crescono al discostarsi dal punto di equilibrio (q_e), dipende dai coefficienti angolari delle due rette (*Cvu* ed *Ru*)[62].

L'*"accelerazione" del risultato economico* espressa in termini assoluti può essere stimata nel seguente modo:

$$\text{Accelerazione del } Re = \frac{\Delta Re}{\Delta Q} \quad [5]$$

$$\text{Accelerazione del } Re = \frac{Ro_1 - Re_0}{Q_I - Q_0}$$

$$\text{Accelerazione del } Re = \frac{mcQ_1 - Cf - mcQ_0 + Cf}{Q_1 - Q_0}$$

[62] Per una esemplificazione si veda: G. Paolone-L. D'Amico-R. Palumbo, *Le analisi di bilancio*, cit., p. 149 e segg.

dove *mc* rappresenta il margine di contribuzione unitario (ipotizzato costante);

$$\text{Accelerazione del } Re = \frac{mc(Q_1 - Q_0)}{Q_1 - Q_0} = mc \qquad [6]$$

La *leva operativa* (o *leva economica*) misura *il grado di elasticità del risultato economico rispetto al volume produttivo*, ossia l'"accelerazione" del primo espressa in termini percentuali in funzione di incrementi percentuali del volume produttivo [63]:

$$\text{Leva operativa} = \frac{\dfrac{\Delta Re}{Re}}{\dfrac{\Delta Q_v}{Q_v}} \qquad [7]$$

dove:

Re = risultato economico;
ΔRe = variazione del risultato economico;
Q_v = volume della produzione venduta;
ΔQ_v = variazione del volume della produzione venduta.

È possibile sostituire il risultato economico con la differenza tra ricavi e costi totali e, separando la componente dei costi fissa da quella variabile, si può sostituire la differenza *Rt* – *Cvt* con il margine lordo di contribuzione totale (*Mc*):

$$Re = Mc - Cft$$

Scomponendo il margine lordo di contribuzione in una componente unitaria moltiplicata per il volume produttivo ($Mc = mc \times Q$), la relazione può essere riscritta nel seguente modo:

$$Re = mc\,Q - Cft \qquad [8]$$

A questo punto la relazione [6] può essere sviluppata come di seguito illustrato:

$$\text{Leva operativa} = \frac{\dfrac{Re_{n+1} - Re_n}{Re_n}}{\dfrac{Q_{n+1} - Q_n}{Q_n}}$$

$$\text{Leva operativa} = \frac{Re_{n+1} - Re_n}{Re_n} \times \frac{Q_n}{Q_{n+1} - Q_n}$$

[63] *Ibidem*, p. 146 e segg. Si osservi che la leva operativa viene spesso riferita alle sole componenti caratteristiche del risultato economico che viene, pertanto, a rappresentare il reddito operativo.

Sostituendo il risultato economico con la relazione [8], nell'ipotesi di margine di contribuzione unitario (*mc*) costante, si ottiene:

$$\text{Leva operativa} = \frac{mcQ_{n+1} - Cf - mcQ_n + Cf}{mcQ_n - Cf} \times \frac{Q_n}{Q_{n+1} - Q_n}$$

$$\text{Leva operativa} = \frac{mcQ_{n+1} - mcQ_n}{mcQ_n - Cf} \times \frac{Q_n}{Q_{n+1} - Q_n}$$

$$\text{Leva operativa} = \frac{mc(Q_{n+1} - Q_n)}{mcQ_n - Cf} \times \frac{Q_n}{Q_{n+1} - Q_n}$$

$$\text{Leva operativa} = \frac{mcQ_n}{mcQ_n - Cf}$$

Dunque, considerando che $Mc_n = mcQ_n$ e che $Ro_n = mcQ_n - Cf$, è possibile riscrivere la [6] nel seguente modo:

$$\text{Leva operativa} = \frac{Mc_n}{Re_n} \qquad [9]$$

Il modello appena esposto presenta notevoli potenzialità normative; tuttavia non è immune da critiche legate ai suoi *limiti informativi*, i principali dei quali possono essere così sintetizzati [64]:

– la distinzione tra costi fissi e costi variabili presuppone il riferimento ad un *dato intervallo del volume produttivo*, in quanto al crescere del volume produttivo oltre l'attuale capacità produttiva tutti i costi sono variabili (anche se a salti);

– la distinzione tra costi fissi e costi variabili presuppone l'ipotesi di riferimento ad un *orizzonte temporale di breve periodo*, in quanto tutti i costi sono variabili nel lungo periodo; ciò vuol dire che il modello produce informazioni che non possono essere impiegate per supportare decisioni di medio/lungo periodo (decisioni strategiche);

– i *mutamenti avvenuti nella struttura dei costi delle imprese a seguito del progresso tecnologico*, che ha condotto alla progressiva meccanizzazione e automazione dei processi produttivi; il progresso tecnologico ha prodotto un incremento dell'incidenza dei costi fissi sui costi totali che induce a ritenere poco significative le informazioni basate sui soli costi variabili;

– il modello considera *una sola determinante di costo* – il volume produttivo – mentre numerosi studi dimostrano la rilevanza anche di altre determinanti agenti sulla variabilità dei costi *strutturali*, ossia legate agli elementi dell'organizzazione, ed *operative*, ossia legate alla funzionalità dell'impresa;

---

[64] Cfr. R. PALUMBO, *Il subsistema gestionale*, cit., pp. 221-222.

– si è ipotizzata la *linearità delle funzioni di costo e di ricavo*, laddove nella realtà si assiste a funzioni non lineari con possibilità di individuazione di più punti di equilibrio [65].

5. *Le configurazioni di costo e la definizione dei risultati analitici*

Il margine di contribuzione appena trattato rappresenta solo uno dei possibili risultati analitici utili ad orientare il processo decisionale e/o a responsabilizzare la struttura organizzativa.

A seconda dell'uso cui il "risultato analitico" è destinato, è possibile scegliere gli elementi analitici di costo che, confrontati con i ricavi analitici, forniscono le informazioni più efficaci.

Tali elementi definiscono le configurazioni (o raggruppamenti) di costo.

I risultati analitici rappresentano una scomposizione del risultato di esercizio secondo le due direttrici temporale e spaziale.

La *dimensione temporale*, ossia la periodicità con la quale determinare i risultati analitici, va definita sulla base delle *condizioni interne ed esterne aziendali* [66].

Le prime sono relative alla durata dei cicli produttivi, la cui osservazione è necessaria per limitare il numero di processi in corso di svolgimento alla

[65] Si deve, infatti, considerare che, "nella realtà aziendale, mentre il ricavo unitario risulta crescente in una prima fase e decrescente superati certi livelli produttivi, i costi fissi tendono ad aumentare oltre una data capacità produttiva ed i costi variabili, dopo un primo andamento degressivo, assumono un andamento progressivo. Ne risulta una analisi non lineare ... [in cui] ... si può osservare la presenza di due punti di pareggio che delimitano l'area dei profitti e due aree delle perdite: la prima imputabile a volumi produttivi (produzione ottenuta e venduta) eccessivamente contenuti in corrispondenza dei quali sono ancora minime le *economie di scala*; la seconda riferibile a volumi produttivi eccessivamente elevati, rispetto alla struttura produttiva aziendale, in corrispondenza dei quali si manifestano in modo crescente delle *diseconomie di scala*"; R. PALUMBO, *Il subsistema gestionale*, cit., p. 222.

Osserva in merito D'Amico che "L'impresa ... non opera, né ha mai operato, nelle condizioni previste dalla teoria economica; essa, al contrario, è parte di un ambiente economico in continua perturbazione; subisce l'influenza di un elevato numero di variabili interne ed esterne; non sempre adeguatamente determinabili, né sempre rispondenti ad una logica deterministica; inoltre, i problemi che si trova ad affrontare hanno, oltre che una dimensione spaziale, anche una dimensione temporale sconosciuta alle astrazioni della economia teorica"; G. PAOLONE-L. D'AMICO, *L'economia aziendale nei suoi principi parametrici e modelli applicativi*, cit., p. 98.

[66] Cfr. G. PAOLONE-L. D'AMICO-R. PALUMBO, *Le rilevazioni di contabilità industriale*, cit., p. 68 e segg.

scadenza di ogni periodo ed il connesso ricorso a valori congetturati.

Le seconde riguardano, invece, il dinamismo ambientale, all'aumentare del quale cresce l'esigenza di disporre di informazioni sempre più tempestive; l'ampiezza dei periodi di riferimento dovrà essere, quindi, tanto minore quanto più l'ambiente si presenta con caratteri di dinamicità, instabilità, turbolenza.

La scelta della *dimensione spaziale* deve rispettare i seguenti principi [67]:

– *significatività economica*, in quanto gli oggetti a base delle determinazioni devono portare a risultati analitici quantitativamente rilevanti in rapporto al risultato economico complessivo;
– *rilevanza strategica*, perché gli stessi oggetti devono condurre a risultati analitici sulla cui base poter valutare il grado di raggiungimento degli obiettivi prefissati.

Il rispetto dei suesposti principi mira ad evitare una eccessiva parcellizzazione aziendale che condurrebbe inevitabilmente a sintesi di costo e di ricavo poco attendibili perché inficiate dalla presenza di congetture che aumentano col numero di oggetti cui riferire le determinazioni.

Nell'individuazione dei *centri di risultato* (o *di profitto*), può essere efficacemente utilizzato uno dei seguenti criteri [68]:

– *dimensione spaziale fondata sulle linee di prodotto*, che conduce a determinazioni attendibili quando le aziende si avvalgono di distinte linee di produzione e di canali di distribuzione differenti per tipo di prodotto;
– *dimensione spaziale fondata sulle divisioni aziendali*, che conduce a determinazioni attendibili quando le aziende hanno un'organizzazione multidivisionale; sono, cioè, costituite da unità operative dotate di un notevole grado di autonomia; all'interno di ciascuna divisione sarà, poi, possibile distinguere differenti centri di profitto sulla base delle diverse linee produttive.

In tutti gli altri casi la definizione spaziale dei centri di profitto sarà meno agevole, dovendo di volta in volta valutare il rispetto dei suddetti principi e la conseguente attendibilità presentata dai risultati analitici, senza poter individuare a priori un elemento discriminante sulla base del quale definire la dimensione spaziale dei risultati medesimi.

Una possibile classificazione delle più significative configurazioni di costo, con i risultati analitici che ne derivano, è la seguente [69]:

---

[67] *Ibidem*, p. 68.

[68] *Ibidem*, p. 70.

[69] Si osservi che sia le configurazioni di costo sia le configurazioni di ricavo devono essere riferite, nello spirito della presente trattazione, ad oggetti di determinazione analitica variamente configurati.

– *costo variabile* (o *direct cost*), che, confrontato con i ricavi, determina il *margine lordo di contribuzione*;

– *costo primo*, dato dal raggruppamento di tutti i costi diretti (generalmente industriali), dunque di determinazione oggettiva, che, confrontato con i ricavi, determina il *margine semilordo di contribuzione*;

– *costo di fabbricazione* (o *industriale*), dato dal raggruppamento dei costi diretti (costo primo) ed indiretti del processo tecnico di trasformazione, dunque comprendente elementi soggettivi di determinazione, che, se confrontato ai ricavi, determina il *risultato analitico lordo*;

– *costo complessivo*, dato dal raggruppamento dei costi di fabbricazione con la parte dei costi generale ed amministrativi imputabile ai processi industriali (si inserisce un'ulteriore componente soggettiva), che, se confrontato ai ricavi, determina il *risultato analitico semilordo*;

– *costo aziendale* (o *costo pieno* o *full cost*), dato dal raggruppamento di tutti i costi effettivamente sostenuti per il prodotto (costo complessivo + costi generali e amministrativi + costi commerciali e distributivi + costi di ricerca e sviluppo), che, se confrontato ai ricavi, determina il *risultato analitico netto*;

– *costo economico-tecnico*, dato dal raggruppamento degli elementi di costo effettivi e di quelli figurativi (interessi di computo, affitti figurativi e salario direzionale), utile se si vogliono effettuare confronti tra costi sufficientemente omogenei o per risolvere taluni problemi di convenienza economica comparata;

– *costo per acquisti esterni*, dato dal raggruppamento dei costi per materie e per servizi [70], che, se confrontato ai ricavi di vendita, determina il *valore aggiunto* (analitico) [71].

La figura che segue (Figura 10) mostra uno schema di sintesi delle configurazioni di costo e dei risultati analitici.

---

[70] Nella scomposizione del sistema produttivo, Bertini individua le seguenti quattro classi esaustive:

– il sottosistema dei materiali;
– il sottosistema degli impianti;
– il sottosistema del lavoro umano;
– il sottosistema del denaro.

"Il sottosistema dei materiali – afferma Bertini – è relativo a quei beni che vengono assorbiti in modo diretto dalla produzione, sia che si 'esauriscano' fisicamente nel processo, trasferendosi al prodotto oppure, no, sia che 'transitino' semplicemente all'interno dell'azienda in vista della loro collocazione sul mercato. ... Il sottosistema degli impianti è relativo a tutti quei beni che fanno parte della 'struttura operativa di base' dell'azienda. Esso costituisce il fondamento del sistema della produzione, del quale definisce anche il funzionamento. ... Il sottosistema del lavoro umano concerne la presenza dell'uomo all'interno della combinazione produttiva"; U. BERTINI, *Il sistema d'azienda. Schema di analisi*, cit., pp. 53-74.

[71] Sul concetto di valore aggiunto si veda: G. BRUNI, *Analisi del valore. Il contributo dell'«Activity Based Management»*, Giappichelli, Torino, 1994.

Figura 10 – **Configurazioni di costo e risultati analitici**

		Configurazioni di costo		*Risultati analitici*
Ricavi	–	S costi variabili (*Direct cost*)	=	*Margine lordo di contribuzione*
Ricavi	–	S costi diretti (industriali) (*Costo primo*)	=	*Margine semilordo di contribuzione*
		+ Costi indiretti industriali		
Ricavi	–	*Costo di fabbricazione*	=	*Risultato lordo*
		+ Costi generali ed amministrativi imputabili ai processi industriali		
Ricavi	–	*Costo complessivo*	=	*Risultato semilordo*
		+ Altri costi sostenuti per il prodotto		
Ricavi	–	*Costo aziendale*	=	*Risultato netto*
		+ Elementi figurativi di costo		
		Costo economico-tecnico		
Ricavi	–	S costi per acquisti esterni	=	*Valore aggiunto*

6. *Le determinazioni analitiche per prodotti e centri*

Si è visto che le principali funzioni del controllo interno fatte proprie dalla analisi dei dati per la determinazione dei costi aziendali sono riconducibili a quella di responsabilizzazione della struttura organizzativa (funzione organizzativa) e a quella di razionalizzazione del processo decisionale (funzione informativa).

L'espletamento della *funzione organizzativa* conduce alla aggregazione degli "attori" del processo produttivo in *"centri di responsabilità"*, che, se oggetto di determinazioni analitiche di risultato, sono anche detti *"centri di profitto"*.

L'individuazione dei centri di responsabilità, dunque, risponde ad esigenze motivazionali di orientamento del comportamento delle persone verso il conseguimento degli obiettivi aziendali.

Per tale ragione, è utile distinguere i costi in *controllabili* e *non controllabili*.

I primi sono quelli la cui entità può essere condizionata in modo significativo dal responsabile del centro e dalle persone con cui collabora; i secondi sono quelli la cui entità non dipende in modo significativo dal comportamento delle persone che collaborano nel centro.

Un costo ripartito, dunque, è un costo non controllabile se il parametro scelto a base delle imputazioni assume valori che non dipendono dal comportamento delle persone che operano nel centro.

Affinché il controllo risulti efficace nella sua funzione motivazionale, è necessario che ai centri di responsabilità vengano imputati i soli costi controllabili (si veda la Figura 11).

Figura 11 – **Destinazione dei costi ai centri di responsabilità**

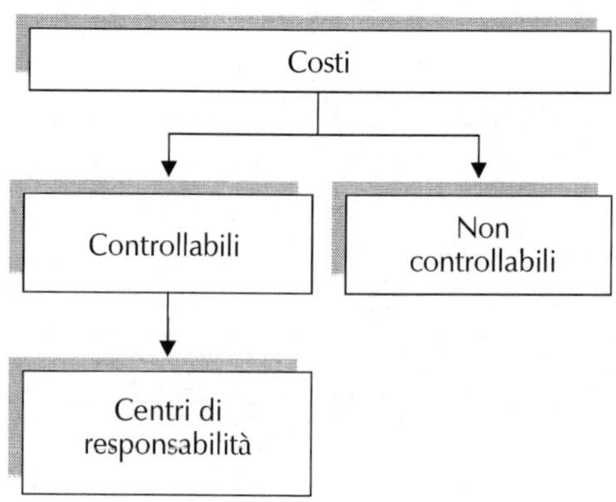

L'espletamento della funzione informativa conduce all'aggregazione delle "azioni" del processo produttivo, per aree gestionali o gruppi di attività, e dei "risultati" del medesimo, per linee di prodotto.

Per semplificare il processo di allocazione dei costi ai prodotti, la cui complessità risiede nella presenza di costi indiretti, la contabilità analitica si avvale di oggetti di destinazione intermedia dei costi denominati *"centri di costo"*.

I centri di costo consentono l'effettuazione di determinazioni più accurate ed attendibili quando accolgono costi ad essi direttamente attribuiti per i quali sia possibile individuare una valida base di imputazione ai prodotti (si veda la Figura 12).

Figura 12 – **Destinazione dei costi ai centri di costo**

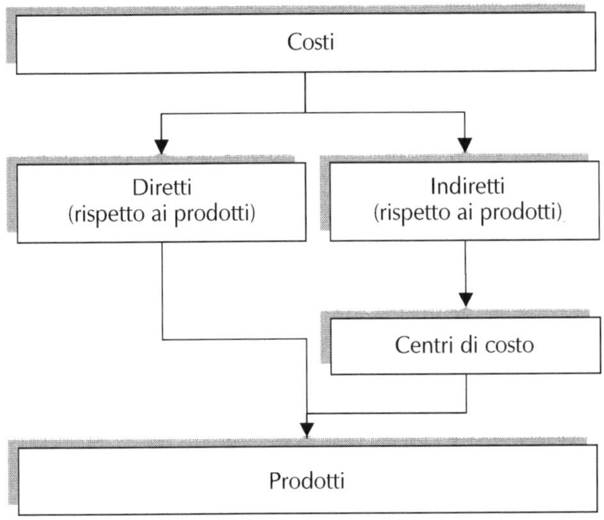

I centri di costo (entità contabili) possono o meno coincidere con le unità organizzative; nel primo caso si sovrapporranno ai centri di responsabilità, nel secondo rappresenteranno centri fittizi.

Nella realtà operativa, viene ideato un unico piano dei centri che svolge insieme le due funzioni anzidette nel rispetto dei seguenti principi [72]:

1. *omogeneità delle operazioni compiute* in ciascun centro;
2. *omogeneità dei fattori produttivi utilizzati* da ciascun centro;
3. *significatività* dei costi sostenuti in ciascun centro;
4. *individuabilità di un responsabile* (centri di responsabilità).

La significatività dei costi sostenuti in ciascun centro va valutata in termini di rilevanza quantitativa. A tal proposito è utile osservare che, se da un lato l'imputazione dei costi indiretti ai centri diviene più facile man mano che aumenta il numero dei centri di costo, perché diviene più facile individuare basi di imputazione attendibili al crescere del grado di omogeneità dei costi in essi accolti, dall'altro il numero crescente di centri di costo fa aumentare l'entità dei costi indiretti rispetto ai prodotti.

Lo *schema unificato* dei centri di costo e di responsabilità può essere rappresentato come segue (Figura 13).

---

[72] Cfr. Cfr. G. PAOLONE-L. D'AMICO-R. PALUMBO, *Le rilevazioni di contabilità industriale*, cit., p. 77.

Figura 13 – **Schema unificato di contabilità analitica**

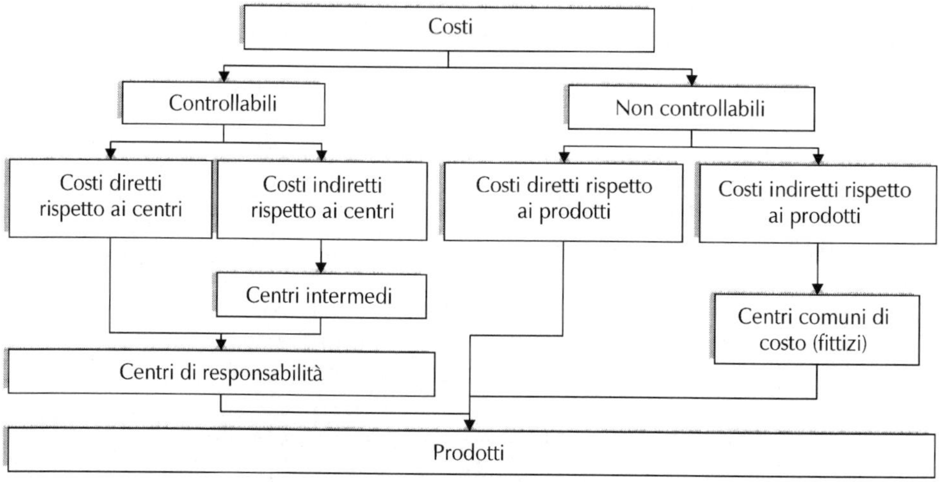

Il *criterio* maggiormente utilizzato per l'individuazione dei centri di costo è quello *funzionale*, per il quale i processi produttivi possono essere raggruppati in relazione alle funzioni svolte in seno alle aziende [73].

Dopo aver individuato le aree, in ciascuna di esse i centri di costo possono essere distinti in [74]:

– *centri principali*, che provvedono direttamente allo svolgimento delle tipiche operazioni del settore al quale si riferiscono;

– *centri di servizio* (o *ausiliari*), che svolgono la loro attività a beneficio dei centri principali;

– *centri comuni* di costo, che accolgono costi di difficile imputazione, o perché è difficile individuarne un collegamento con le operazioni svolte all'interno delle aree funzionali, ovvero perché l'esigua entità di taluni costi non rende conveniente configurare numerosissimi centri.

Infine, la localizzazione dei costi indiretti per centri di costo si articola nelle seguenti fasi:

1. imputazione dei costi indiretti ai centri di costo;
2. ribaltamento dei costi dei centri comuni sui centri accessori e principali;
3. ribaltamento dei costi dei centri accessori sui centri principali;
4. imputazione dei costi dei centri principali ai prodotti.

[73] Chiaramente nella contabilità analitica di un'impresa industriale l'area più significativa è quella *della produzione*. Le altre aree vengono generalmente definite *aree funzionali*.

[74] Cfr. G. PAOLONE-L. D'AMICO-R. PALUMBO, *Le rilevazioni di contabilità industriale*, cit., pp. 78-79.

In considerazione della crescente complessità gestionale, legata ad una progressiva diversificazione della produzione delle imprese, in anni recenti si è diffusa una metodologia di determinazione dei costi di produzione che, abbandonando le logiche di imputazione di tipo volumetrico, effettua la ripartizione dei costi sulla base delle attività svolte.

Tale metodologia è stata denominata *activity based costing* (*ABC*).

Senza entrare nel merito delle singole proposizioni del sistema contabile in esame[75], è opportuno evidenziare il significato dei *costi della complessità*.

Si tratta di costi che variano in funzione della diversificazione della gamma produttiva (varietà) piuttosto che del volume produttivo.

Proprio perché indifferenti al volume produttivo, per evitare il fenomeno del *sovvenzionamento incrociato*[76], i costi della complessità suggeriscono l'abbandono del modello costi-volumi a favore di quello costi-attività.

Le attività infatti, a differenza del volume produttivo, riescono a farsi interpreti della complessità gestionale (con il crescere della varietà e della connessa complessità crescono le attività poste in essere dall'impresa).

Ne deriva una nuova definizione di costo variabile.

L'attenzione alle attività ("azioni" del processo) enfatizza il momento economico del sostenimento dei costi, che si manifesta con l'impiego del fattore produttivo nel processo di trasformazione e conduce al seguente schema di analisi[77]:

---

[75] Tali proposizioni possono essere così sintetizzate:

1. *l'ABC imputa tutti i costi ai prodotti* (con alcune sporadiche eccezioni), in tal senso esso rappresenta una riedizione del *Full Costing*;
2. *l'ABC considera tutti i costi variabili nel lungo periodo*; la logica basata sulla relazione costi-volumi non è più adeguata perché riferita ad un orizzonte temporale sempre più breve; i sostenitori dell'ABC ritengono che la distinzione tra costi variabili e costi fissi nel nuovo contesto aziendale diviene ingiustificata in quanto, ai fini dell'analisi del costo di prodotto, il periodo è sufficientemente lungo da considerare tutti i costi come variabili;
3. *l'ABC sostituisce alla localizzazione dei costi indiretti per centri di costo quella per centri di attività* (*ACP*);
4. *l'ABC sostituisce alle tradizionali basi di imputazione di tipo volumetrico nuovi parametri che esprimono le relazioni che legano le attività ai prodotti* (*cost driver*).

[76] La ripartizione dei costi indiretti finisce per pesare maggiormente sui prodotti maturi (che si producono in grandi quantità) rispetto a quelli di recente introduzione sul mercato. Dunque i prodotti maturi sovvenzionano quelli nuovi in quanto appaiono più costosi di quanto in effetti non siano.

[77] Tra le condizioni aziendali che rendono particolarmente indicata una contabilità *activity based*, si possono annoverare le seguenti:

– l'adesione a filosofie gestionali quali il *Just In Time* ed il *Total Quality Management*;

– il perseguimento di strategie di differenziazione produttiva e la connessa complessità gestionale;

– la presenza di un sistema informativo idoneo a misurare e rilevare i *cost drivers* a costi adeguati ai vantaggi che possono derivarne.

Risorse → Attività → Prodotti

La determinazione del costo di prodotto secondo l'approccio *activity based* si articola nelle seguenti fasi [78]:

1. *mappatura delle attività*, ossia individuazione di tutte le attività che partecipano al processo produttivo (*microattività*);
2. raggruppamento delle microattività in gruppi di attività omogenee, ossia in centri di attività (*ACP – Activity Cost Pools*), nel rispetto del principio di significatività;
3. individuazione delle risorse assorbite da ciascuna attività e conseguente attribuzione diretta delle prime alle seconde;
4. individuazione dei *cost drivers*;
5. ripartizione delle risorse dalle attività ai prodotti.

Il processo di destinazione dei costi ai prodotti presenta un livello di complessità via via crescente quando si passa dalle (1) *attività a livello di unità* (o *Unit-Level Activities*), coinvolte ogniqualvolta si produce una singola unità di prodotto [79]; alle (2) *attività a livello di lotto* (o *Batch-Level Activities*), in relazione diretta con il singolo *lotto di produzione* [80]; alle (3) *attività a livello di prodotto* (o *Product-Level Activities*), in relazione diretta con la singola complessiva produzione [81]; alle (4) *attività a livello di azienda* (o *Facilities Factory-Level Activities*), riferibili all'intera azienda e, per questo, più difficilmente collegabili ai prodotti [82].

L'individuazione dei *cost drivers* (basi di imputazione) è legata alle "transazioni" effettuate; in tal senso le attività possono essere ricondotte alle seguenti classi:

1. *transazioni logistiche*, riguardanti la movimentazione delle materie prime, dei semilavorati, dei prodotti in corso di lavorazione e dei prodotti finiti;
2. *transazioni di bilanciamento*, volte ad assicurare la disponibilità dei fattori produttivi nelle quantità adeguate ai fabbisogni;
3. *transazioni di qualità*, volte ad assicurare il rispetto degli standard qualitativi predeterminati;
4. *transazioni di cambiamento*, volte ad adeguare le condizioni interne aziendali a nuovi processi e/o a nuovi prodotti.

---

[78] Cfr. G. Paolone-L. D'Amico-R. Palumbo, *Le rilevazioni di contabilità industriale*, cit., p. 243.

[79] Pertanto direttamente imputabili ai prodotti senza bisogno di individuare un *cost driver*.

[80] Ad esempio attività relative al trasporto del lotto e all'attrezzaggio delle macchine.

[81] Ad esempio attività di progettazione del prodotto.

[82] Ad esempio attività di manutenzione generale, sicurezza, amministrazione.

Le transazioni suelencate dipendono tutte in misura significativa da alcuni attributi del prodotto volti a differenziarlo dagli altri prodotti presenti sul mercato e, per questo, generatori di complessità (es. qualità, tempestività delle consegne, varietà della gamma) [83].

Infatti, al diversificarsi dei prodotti, dei mercati di sbocco e di quelli di approvvigionamento, cresce il fabbisogno di interventi di progettazione, di programmazione, di emissione di ordini, di attrezzaggio delle macchine, ecc., anche in assenza di variazioni del grado di sfruttamento della capacità produttiva (cioè a parità di volume produttivo).

7. *La contabilità a costi standard e l'analisi degli scostamenti*

Nell'esaminare il processo di controllo, si è enfatizzato il momento del confronto tra dati effettivi (consuntivi) e dati-obiettivo (preventivi) per misurare l'ampiezza degli scostamenti e risalire alle cause che li hanno determinati.

Più in generale, le alternative nella scelta dei dati di riferimento da confrontare con i dati effettivi possono condurre a due tipi di confronto [84]:

1. confronto temporale,
2. confronto spaziale.

Il *confronto temporale*, effettuato con una analisi del trend storico dei dati (consuntivi) riguardanti un dato oggetto, pur essendo di facile attuazione, è di difficile interpretazione, per via dei mutamenti interni aziendali e di quelli ambientali che insieme possono rendere eterogenei i dati riferiti a periodi diversi.

Il *confronto spaziale* dei dati consuntivi può essere effettuato rispetto a due tipi di grandezze:

1. ai *dati stimati*;
2. ai *dati-obiettivo* (o *standard*).

I *dati stimati* sono mere previsioni di accadimenti futuri, il cui impiego mostra un limite nel significato da poter associare agli scostamenti [85].

I dati *standard* rappresentano, per un dato livello di efficienza, delle grandezze-obiettivo basate su previsioni degli accadimenti futuri; essi espri-

---

[83] Cfr. G. Paolone-L. D'Amico-R. Palumbo, *Le rilevazioni di contabilità industriale*, cit., p. 244.

[84] *Ibidem*, p. 173 e segg.

[85] Essi possono misurare l'efficacia con la quale si riescono a prevedere gli accadimenti futuri, non certo l'efficacia delle politiche aziendali.

mono, cioè, non il valore che si ritiene assumeranno i costi o i ricavi in un dato periodo futuro, bensì il valore che questi dovrebbero assumere nel periodo medesimo. Può dirsi, pertanto, che gli scostamenti dei dati consuntivi rispetto ai dati standard misurano il grado di *efficacia* con la quale l'azienda raggiunge quei livelli di *efficienza* posti a fondamento della determinazione degli standard medesimi.

Sia i valori standard sia i valori stimati presentano il limite legato a possibili errori di previsione del volume produttivo; nel caso in cui il volume effettivo (consuntivo) non vada a coincidere con quello stimato (preventivo) e in presenza di basi di imputazione di tipo volumetrico si determina un "sopra" o "sotto-assorbimento" dei costi indiretti.

Mentre, nello svolgimento della contabilità analitica con valori consuntivi, si perviene alle determinazioni analitiche mediante un processo di attribuzione dei costi diretti e di imputazione dei costi indiretti (scomposizione), la contabilità a costi standard giunge a determinazioni di costo attraverso un procedimento di *"composizione"* a ritroso, che parte dal costo standard del singolo prodotto per arrivare, a seguito di successivi accorpamenti, al costo riferito al centro (*budget di centro*) o alla lavorazione o, infine, al costo dell'intera produzione riferita a un certo intervallo temporale (fino alla composizione del *budget d'esercizio*).

La determinazione dei valori standard richiede uno studio rigoroso dei processi produttivi e delle condizioni influenti sul loro svolgimento, sul presupposto che tali processi si prestino a tale studio, ossia presentino delle regolarità nel comportamento atte a ripetersi. In tal caso si dice che i processi sono standardizzabili (o normalizzabili).

Quando, invece, tali caratteristiche non sussistano, tale tipo di contabilità non potrà essere convenientemente impiegata [86].

A seconda del livello di efficienza da raggiungere (obiettivo), posto a base delle determinazioni analitiche, gli standard possono essere così classificati:

– *costi standard normali*, riferiti agli attuali livelli di efficienza;
– *costi standard convenienti*, riferiti ai livelli di efficienza raggiungibili, entro opportuni limiti, attraverso l'eliminazione di sprechi, tempi morti, ritardi, scarti, sottoutilizzazioni della capacità produttiva e di altre cause ordinarie di inefficienza;
– *costi standard ideali*, riferiti alle migliori condizioni di efficienza raggiungibili.

Inoltre, in considerazione del grado di modificabilità, è possibile distinguere le seguenti classi di costo standard:

---

[86] È questo il caso delle produzioni su commessa.

– *costi standard correnti*, che vengono modificati sistematicamente a brevi intervalli di tempo;
– *costi standard di base*, che restano invariati per lunghi periodi di tempo al fine di analizzare l'andamento dei costi di lungo periodo e vengono modificati solo in occasione di profondi mutamenti delle condizioni interne ed esterne d'azienda.

Il costo standard del singolo prodotto si ottiene sommando i costi standard elementari riferiti ai singoli fattori che concorrono alla sua produzione [87].

In particolare, occorre determinare innanzitutto gli standard unitari fisici (fu_s), ossia le quantità standard dei fattori impiegati per unità di prodotto, per poi moltiplicarli per gli standard unitari di prezzo, ossia per i prezzi standard relativi alla singola unità di fattore (pu_s).

Dunque, considerando che è possibile determinare la quantità standard di fattore per unità di prodotto solo con riferimento ai costi variabili (il costo variabile unitario entro i limiti visti può essere considerato costante), i costi fissi non si prestano al procedimento di determinazione appena visto; rispetto ad essi si possono configurare dei *budget*, laddove i costi standard possono essere riferiti alle unità di prodotto, mentre i budget possono essere determinati globalmente per l'intera attività produttiva prevista, entro un dato intervallo temporale, nell'unità di produzione.

È, quindi, necessario distinguere i procedimenti di determinazione degli standard dei costi variabili da quelli riferiti ai costi fissi [88].

I costi standard variabili possono essere determinati attraverso il seguente procedimento:

$$Cu_s = fu_s \times pu_s$$

dove Cu_s è il costo unitario standard; fu_s è lo standard fisico unitario (utile per misurare il grado di efficienza interna); pu_s è il prezzo-costo standard unitario (utile per misurare il grado di efficienza esterna).

È possibile pervenire al costo standard totale (Ct_s) moltiplicando il costo standard unitario (Cu_s) per il volume produttivo standard (Q_s):

$$Ct_s = Cu_s \times Q_s$$

In ogni caso si pone il problema della fissazione del livello di efficienza. A tale riguardo si potrà fare riferimento ai concetti di standard normale, conveniente ovvero ideale già illustrati.

Nella determinazione dei costi standard fissi, non essendo possibile riferirli alle singole unità di prodotto, occorre assegnarli ai centri di responsa-

---

[87] Cfr. G. Paolone-L. D'Amico-R. Palumbo, *Le rilevazioni di contabilità industriale*, cit., p. 177 e segg.

[88] Per delle esemplificazioni si veda *Ibidem*, p. 173 e segg.

bilità, determinando in tal modo i budget di centro o costi standard di centro (Cc_s)[89].

Il *budget* può essere rigido o flessibile: nel primo caso le determinazioni sottostanno ad un'unica ipotesi sul grado di efficienza da raggiungere, vale a dire un solo livello di volume produttivo ottenibile nel dato periodo; nel secondo caso si possono prendere a base delle determinazioni, in modo alternativo, diversi livelli di attività raggiungibili nel dato periodo di riferimento.

Fissato il volume produttivo standard da realizzare nel centro (Q_s), il procedimento di determinazione sarà il seguente:

$$Cc_s = fc_s \times pu_s$$

dove Cc_s è il costo standard del fattore considerato riferito al volume produttivo del centro nell'intervallo di tempo considerato (o *budget* di centro); fc_s è lo standard totale fisico del fattore medesimo da impiegare nel centro; pu_s è il prezzo standard unitario[90].

I ricavi totali standard (Rt_s) possono essere agevolmente determinati a partire da un'analisi di mercato che fornisca le informazioni utili per la fissazione dei volumi di produzione standard (Q_s) e attraverso l'applicazione dei prezzi unitari di vendita standard (P_s) che, salvo rare eccezioni, possono essere fissati con limitati margini di manovra:

$$Rt_s = P_s \times Q_s$$

I valori standard – costi e ricavi – consentono di movimentare i conti di contabilità analitica e di pervenire ai risultati-obiettivo assegnati ai centri e ai prodotti (*budget*).

Trascorso l'orizzonte temporale di riferimento delle determinazioni analitiche, è necessario movimentare gli stessi conti con i valori effettivi.

La differenza tra valori effettivi e valori-obiettivo (scostamento) rappresenta in sé un dato privo di utilità.

Per orientare il processo decisionale e prendere provvedimenti organizzativi in modo consapevole, è necessario risalire alle cause che hanno prodotto quegli scostamenti.

Attraverso l'analisi degli scostamenti tra dati effettivi e dati standard si perviene a risultati che presentano un grado di eterogeneità tanto più ampio quanto più le condizioni effettive d'azienda si discostano da quelle ipotizzate. Per poter giungere a risultati significativi e dotati di fondamento è necessario, dunque, che le ipotesi di base si dimostrino aderenti alla realtà.

Nella determinazione dei *costi variabili diretti* effettivi e standard si è

---

[89] *Ibidem*, p. 183.

[90] Trattandosi spesso di costi per fattori a fecondità ripetuta, bisognerà calcolare la quota di ammortamento.

applicato il seguente procedimento (ipotizzando una variabilità di tipo proporzionale):

$$pu_e \times fu_e = Cu_e \qquad Cu_e \times Q_e = Ct_e$$
$$pu_s \times fu_s = Cu_s \qquad Cu_s \times Q_s = Ct_s$$

dove:

pu_e = prezzo unitario effettivo;
fu_e = quantità effettiva di fattore per unità di prodotto;
Cu_e = costo unitario effettivo;
Q_e = volume produttivo effettivo;
Ct_e = costo totale effettivo;
pu_s = prezzo unitario standard;
fu_s = quantità standard di fattore per unità di prodotto;
Cu_s = costo unitario standard;
Q_s = volume produttivo standard;
Ct_s = costo totale standard.

Osservando le formule, si può notare che gli scostamenti del costo standard totale rispetto al costo effettivo totale possono essere causati dal vario comporsi degli scostamenti di prezzo, di efficienza e di volume.

A questo punto occorre distinguere i singoli scostamenti considerati dagli effetti da questi prodotti sullo scostamento del costo unitario ovvero sullo scostamento del costo totale, per indicare questi ultimi verrà utilizzato il termine *"deviazioni"*; la tabella che segue riassume il linguaggio utilizzato [91]:

Scostamenti elementari	*Deviazioni prodotte dagli scostamenti elementari sul costo unitario*	*Deviazioni prodotte dagli scostamenti elementari sul costo totale*
Scostamento di prezzo = $\Delta pu = pu_e - pu_s$	Deviazione di prezzo = DCu_p	Deviazione di prezzo = $DCt_p = DCu_p \times Q_s$
Scostamento di efficienza = $\Delta fu = fu_e - fu_s$	Deviazione di efficienza = DCu_f	Deviazione di efficienza = $DCt_f = DCu_f \times Q_s$
Scostamento di costo unitario = $\Delta Cu = Cu_e - Cu_s$		Deviazione di costo unitario = DCt_{Cu}
Scostamento di volume = $\Delta Q = Q_e - Q_s$		Deviazione di volume = $DCt_Q = \Delta Q \times Cu_e$
Scostamento di costo totale = $\Delta Ct = Ct_e - Ct_s$		

[91] Cfr. G. PAOLONE-L. D'AMICO-R. PALUMBO, *Le rilevazioni di contabilità industriale*, cit., p. 186.

Pertanto, lo scostamento del costo unitario viene analizzato attraverso la seguente relazione:

$$Cu_s + DCu_p + DCu_p = Cu_e$$

Lo scostamento del costo totale viene, a sua volta, analizzato attraverso la seguente relazione:

$$Ct_s + DCt_{Cu} + DCt_Q = Ct_e$$

Prendendo le mosse dall'analisi dello scostamento del costo unitario, è possibile considerare la rappresentazione grafica del costo unitario effettivo ($pu_e \times fu_e = Cu_e$) e del costo unitario standard ($pu_s \times fu_s = Cu_s$) (Figura 14).

Figura 14 – **Rappresentazione grafica del costo unitario effettivo e standard**

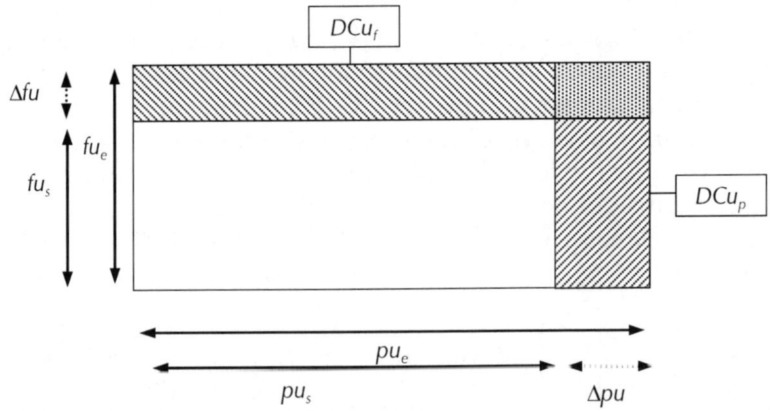

Mentre gli scostamenti elementari possono essere sempre rappresentati da un segmento (coinvolgendo una sola dimensione), le deviazioni da questi prodotte sul costo unitario sono rappresentabili attraverso delle aree (spazio a due dimensioni). Nel grafico tratteggiato, infatti, l'area superiore rappresenta la deviazione del costo unitario (DCu_f) prodotta dallo scostamento di efficienza (Δfu), mentre l'area a destra indica la deviazione del costo unitario (DCu_{pu}) prodotta dallo scostamento di prezzo (Δpu).

Come si può notare nel grafico che segue (Figura 15), se nel calcolo dello scostamento complessivo del costo unitario gli scostamenti parziali di prezzo e di efficienza venissero moltiplicati per i dati standard, rispettivamente fu_s e pu_s, resterebbe escluso il riquadro in alto a destra.

Figura 15 – **Analisi degli scostamenti con esclusione della deviazione mista**

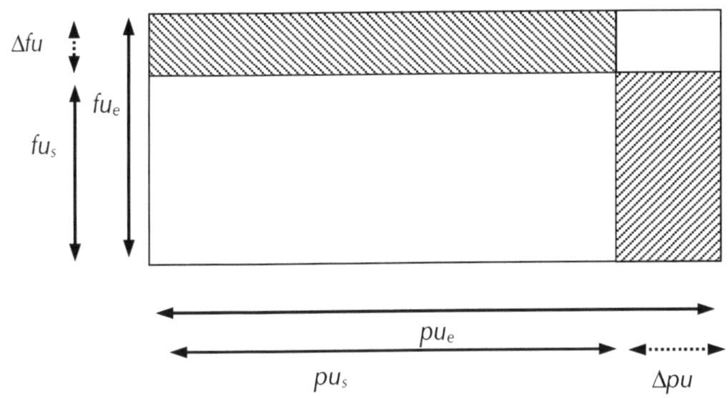

Se, viceversa, i singoli scostamenti venissero moltiplicati per i dati effettivi, la zona medesima verrebbe considerata due volte (Figura 16).

Figura 16 – **Analisi degli scostamenti con duplicazione della deviazione mista**

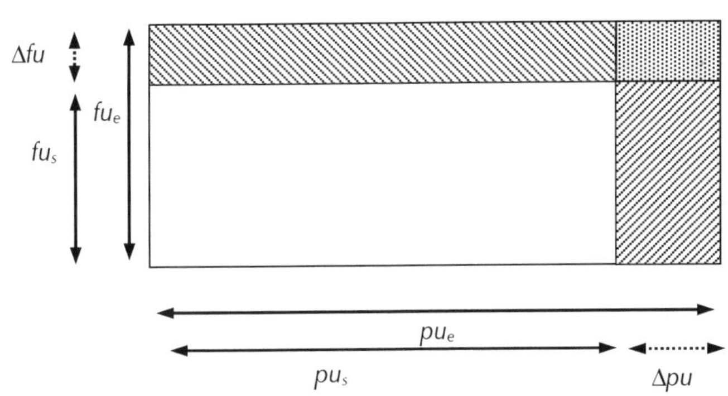

Tale zona rappresenta la *deviazione mista*, prodotta congiuntamente dagli scostamenti di prezzo e di efficienza. Per evitare duplicazioni nel calcolo delle deviazioni prodotte sul costo unitario, si può procedere in uno dei seguenti modi [92]:

1. la deviazione mista viene inclusa arbitrariamente nella deviazione di efficienza;

---

[92] *Ibidem*, p. 188.

2. la deviazione mista viene inclusa arbitrariamente nella deviazione di prezzo;

3. si opera una separazione (sempre arbitraria) delle due deviazioni parziali.

Tra le alternative presentate, è preferibile la prima (Figura 17) per le seguenti ragioni:

– la terza alternativa pone problemi di calcolo;

– è preferibile un pieno controllo della deviazione di efficienza (garantita dalla prima alternativa) rispetto ad un pieno controllo della deviazione di prezzo (garantita dalla seconda alternativa), in quanto quest'ultimo può essere scarsamente influenzato attraverso il comportamento aziendale.

Figura 17 – **Analisi degli scostamenti con deviazione mista assegnata interamente all'efficienza**

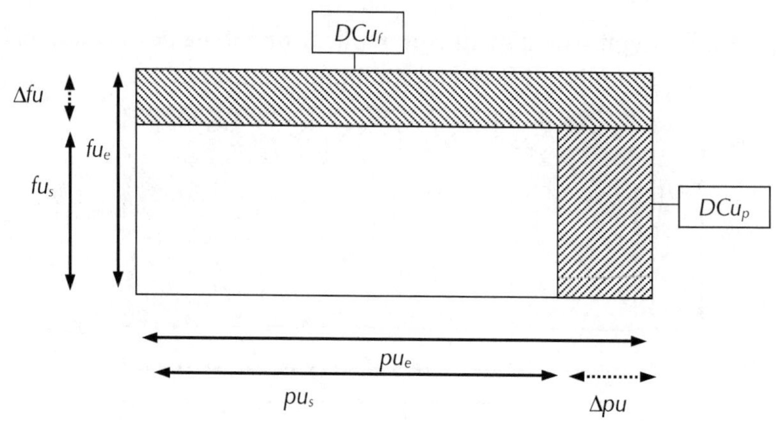

Riassumendo, la figura che segue (Figura 18) presenta le situazioni che si possono presentare.

Figura 18 – **Combinazioni possibili nell'analisi degli scostamenti**

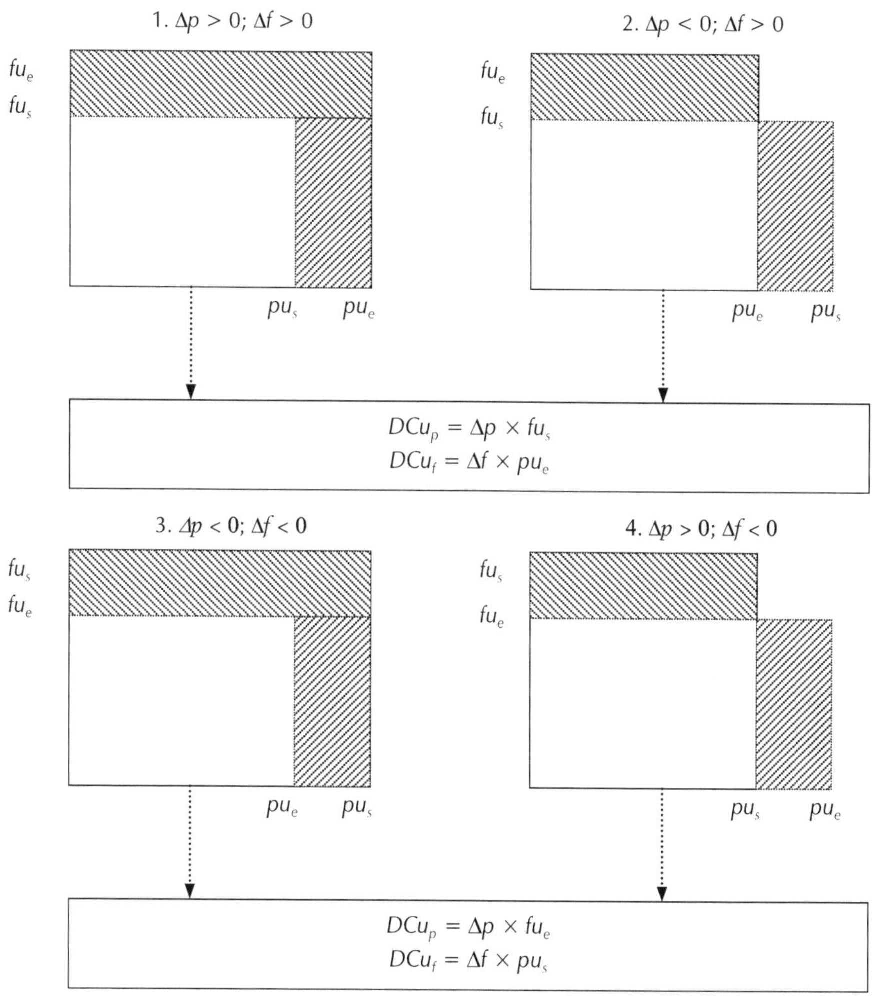

A questo punto è possibile misurare lo scostamento di volume (ΔQ) per analizzare gli effetti provocati da questo sullo scostamento del costo totale (ΔCt).

Per calcolare la deviazione del costo totale provocata da ΔQ (DCt_Q), a rigore si dovrebbe considerare uno spazio con tre dimensioni definite dal prezzo unitario (*pu*), dalla quantità di fattore per unità di prodotto (*fu*) e dal volume produttivo (*Q*):

$$Ct = pu \times fu \times Q$$

Il costo totale standard (Ct_s) potrebbe, quindi, essere rappresentato dal volume del parallelepipedo di seguito disegnato (Figura 19).

Figura 19 – **Rappresentazione tridimensionale del costo totale standard**

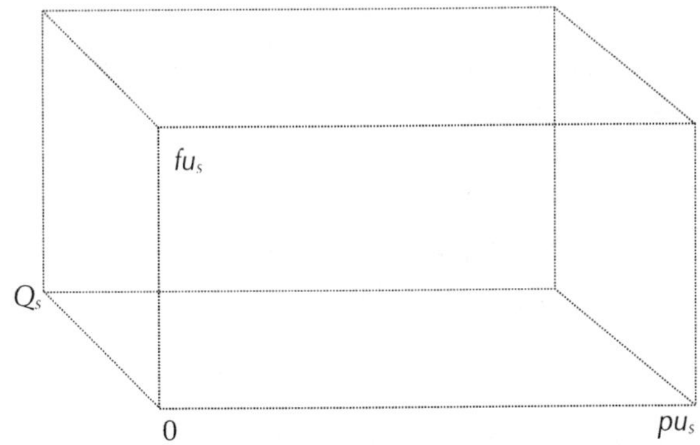

Inserendo in questo spazio il parallelepipedo rappresentante il costo totale effettivo (Ct_e), si giungerebbe alla rappresentazione grafica delle deviazioni parziali e della deviazione mista (Figura 20).

Figura 20 – **Rappresentazione tridimensionale degli scostamenti del costo totale**

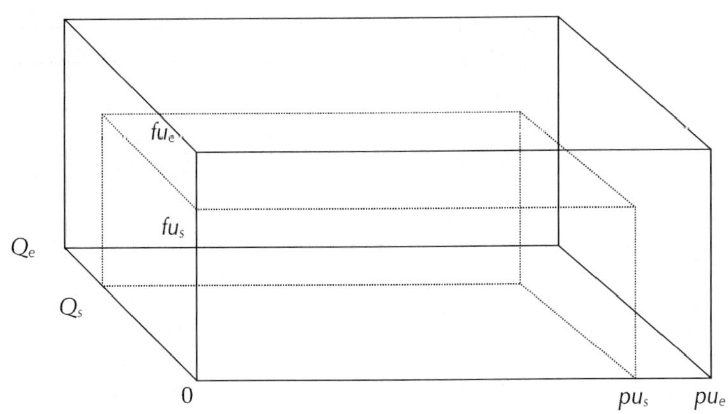

Per evitare le complicazioni derivanti dall'aver introdotto la terza dimensione, essendo già pervenuti alla ricomposizione del costo unitario attraverso il seguente procedimento:

$$Cu_s + DCu_p + DCu_f = Cu_e;$$

risulta conveniente analizzare le cause che hanno condotto allo scostamento del costo totale (ΔCt) a partire dalle deviazioni prodotte dalle sole variabili ΔCu e ΔQ (Figura 21):

$$Ct_s + DCt_{Cu} + DCt_Q = Ct_e.$$

Figura 21 – **Rappresentazione bidimensionale degli scostamenti del costo totale**

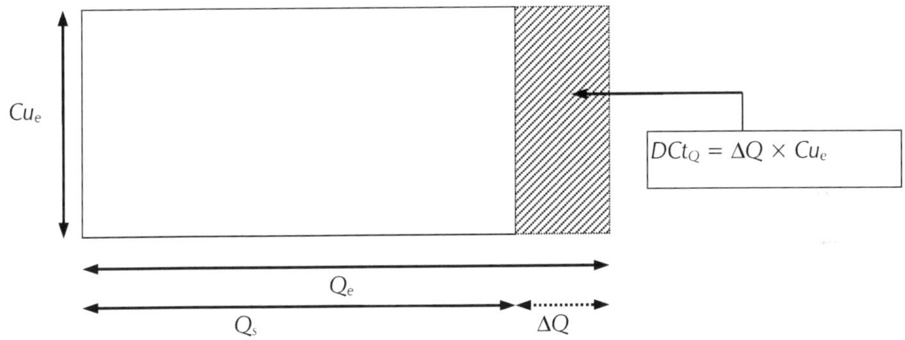

Nel grafico considerato non è stato contemplato il livello del costo unitario standard (Cu_s) perché non era necessario calcolare lo scostamento del costo unitario (ΔCu) e la deviazione sul costo totale da questo provocata (DCt_{Cu}), possedendo già le informazioni relative alle deviazioni di prezzo e di efficienza sul costo unitario. L'intero processo di scomposizione delle cause che determinano lo scostamento del costo totale può esprimersi, infatti, in questo modo:

$$Cu_e \times Q_e = Ct_e.$$

Sostituendo Cu_e con $Cu_s + DCu_p + DCu_f$ si ottiene:

$$(Cu_s + DCu_p + DCu_f) \times Q_e = Ct_e.$$

Inserendo al posto di Q_e la quantità standard Q_s e la deviazione prodotta da ΔQ su ΔCt si può scrivere:

$$((Cu_s + DCu_p + DCu_f) \times Q_s) + DCt_Q = Ct_e.$$

Sostituendo Cu_s con fu_s *x* pu_s e sviluppando l'equazione si ottiene:

$$(fu_s \times pu_s \times Q_s) + (DCu_p \times Q_s) + (DCu_f \times Q_s) + DCt_Q = Ct_e$$

dove:

$$fu_s \times pu_s \times Q_s = Ct_s$$
$$DCu_p \times Q_s = DCt_p$$
$$DCu_f \times Q_s = DCt_f$$

per cui:

$$Ct_s + DCt_p + DCt_f + DCt_Q = Ct_e$$

Per quanto concerne i *costi variabili indiretti*, è già stato osservato che le basi di imputazione di tipo volumetrico possono condurre ad un loro "sopra" o "sotto-assorbimento", dovuto a variazioni intervenute nei volumi produttivi realizzati rispetto a quelli programmati [93].

Passando ai ricavi analitici, considerando che il procedimento di determinazione dei ricavi totali è dato dal prodotto del prezzo unitario di vendita (P) per il volume di produzione venduta (Q) ($Rt = P \times Q$), risulta evidente che gli scostamenti nei ricavi totali possono essere ricondotti agli scostamenti intervenuti nei prezzi di vendita e/o nelle quantità vendute (Figure 22.a e 22.b):

Scostamenti elementari	*Deviazioni prodotte dagli scostamenti elementari sul costo unitario*
Scostamento di prezzo $= \Delta P = P_e - P_s$	Deviazione di prezzo = DRt_P
Scostamento di volume $= \Delta Q = Q_e - Q_s$	Deviazione di efficienza = DRt_Q

Figura 22.a – **Scostamenti dei ricavi aventi lo stesso segno**

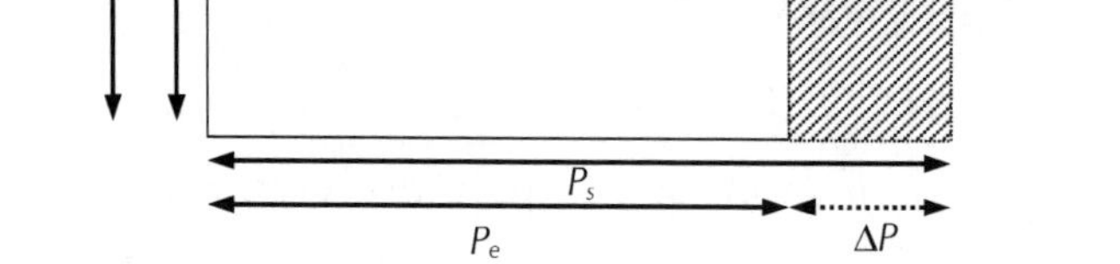

[93] Per una esemplificazione si veda *Ibidem*, p. 185 e segg.

Figura 22.b – **Scostamenti dei ricavi aventi segni differenti**

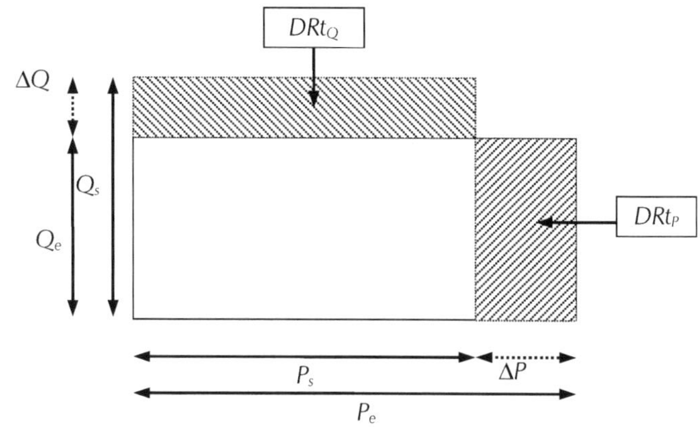

Nel caso in cui, presentandosi scostamenti con lo stesso segno, si manifestasse una deviazione mista, per ragioni analoghe a quelle viste in occasione delle deviazioni del costo unitario, sarebbe preferibile la soluzione che porta ad una sottostima della deviazione di prezzo rispetto alle altre possibili soluzioni.

In conclusione, è opportuno analizzare i *metodi* che possono essere impiegati per l'analisi dei costi e dei ricavi standard. Questi possono distinguersi, al pari di quelli relativi ai costi consuntivi, in contabili ed extracontabili. I primi possono essere, a loro volta, ricondotti ai seguenti [94]:

1. *metodo dello schema parziale* o AISO (*actual-in standard-out*), con il quale i conti Lavorazione vengono addebitati a costi effettivi e accreditati a costi standard di prodotto;
2. *metodo dello schema singolo* o SISO (*standard-in standard-out*), con il quale i conti Lavorazione vengono addebitati e accreditati a costi standard;
3. *metodo dello schema duplice*, con il quale i conti Lavorazione vengono addebitati a costi effettivi e a costi standard di base delle materie, della manodopera e delle spese generali e vengono accreditati a costi effettivi e a costi standard di base dei prodotti finiti ottenuti; a tal fine i conti Lavorazione vengono fatti funzionare a doppie colonne Dare e doppie colonne Avere. Un funzionamento analogo è assegnato ai conti Magazzino materie prime e Magazzino prodotti finiti.

I metodi di cui ai punti 1 e 2 funzionano a costi standard correnti, il metodo di cui al punto 3 funziona a costi standard di base.

[94] *Ibidem*, p. 201 e segg.

Capitolo VIII

Il piano e il budget nella gestione strategica e operativa dell'impresa

di Silvia Angeloni *

1. *Premessa*

Ogni iniziativa imprenditoriale ha sullo sfondo un pensiero e un agire strategico, cioè un orientamento che, se anche non formalizzato, o addirittura nascosto, guida ed ispira la vita delle aziende.

Il successo dell'impresa si fonda su questo disegno strategico, che spesso si avvale di aspetti così intuitivi e creativi da rendere difficile la sua decodificazione e razionalizzazione.

Il presente capitolo intende, invece, illustrare la parte più "razionale" del sistema di scelte in cui si esplica l'attività imprenditoriale [1].

La *pianificazione* e la *programmazione* aiutano a razionalizzare le scelte aziendali, fornendo alcune risposte all'interrogativo che ogni potenziale o effettivo imprenditore dovrebbe porsi in principio e *in itinere*: come perseguire condizioni di successo e di economicità nel tempo [2].

---

* Associato di Economia Aziendale dell'Università degli Studi del Molise.

[1] "L'attività economica, e segnatamente quella di tipo imprenditoriale, si esplica in continue scelte; direi che si risolve fondamentalmente in un"attività di scelte"", P. CAPALDO, *La programmazione aziendale*, Giuffrè, Milano, 1965, p. 5. "La vita dell'azienda di produzione ... si esplica in un sistema di scelte", P. ONIDA, *Economia d'azienda*, Utet, Torino, 1971, p. 55.

[2] "La gestione dell'impresa è determinata, nei contenuti e nei risultati conseguiti, dalle molteplici scelte che vengono assunte ed attuate dai suoi organi ... Sorge quindi l'esigenza di provvedere in modo sistematico e anticipato alla definizione delle circostanze, in termini di vincoli e obiettivi, rispettando le quali le varie scelte di gestione possano essere via via assunte con la ragionevole aspettativa che esse siano fra loro coerenti nel tempo e nello spazio; la *razionalità di una scelta* ... dipende massimamente dal-

Ne consegue che l'analisi è prevalentemente incentrata sulla *pianificazione* a lungo e a breve termine, e cioè sulle modalità con cui "preparare il futuro" e "prepararsi al futuro"[3]. Ma, dato che tali ambiziosi obiettivi trovano forti nessi nella *strategia*, ad essa sono dedicati i primi paragrafi.

Della *strategia* si illustrano i molteplici e non sempre univoci significati, probabilmente addebitabili anche al ritardo con cui il sistema accademico italiano ha percepito l'importanza degli studi strategici, di matrice inizialmente statunitense.

La forte impronta statunitense è suffragata dalla paternità dei principali strumenti di analisi strategica, descritti sempre nella prima parte. È di Michael Porter il modello della "concorrenza allargata", interpretabile come un'acuta "lente di ingrandimento", che consente alle imprese di mettere a fuoco i confini del settore, per poi formulare le più opportune *strategie competitive*. Sono sempre statunitensi le principali matrici di portafoglio che supportano la *strategia aziendale*, come si evince dai nomi dei più noti prototipi (BCG e McKinsey). Con ciò non si vuole ridimensionare il prestigio degli studi strategici italiani, perché, anzi, alla formula imprenditoriale di Vittorio Coda è dedicato uno dei primi paragrafi.

L'acquisizione di alcuni riferimenti tassonomici sulla *strategia* è strumentale a livellare, solo parzialmente, le difficoltà interpretative che circondano la *pianificazione strategica*, cui è dedicata la parte centrale del capitolo.

Letteralmente, la *pianificazione strategica* deriva dalla simbiosi di due termini: la "strategia" e la "pianificazione".

In verità la "compatibilità" dei due termini non è così pacifica, e non si nasconde che la dottrina, dopo aver appurato l'infelice accostamento concettuale, abbia sancito la crisi e, quindi, il tramonto della *pianificazione strategica*.

Indubbiamente, l'argomento è suscettibile di molteplici approcci, che possono dividere gli studiosi e disorientare gli operatori aziendali.

Malgrado i sopraccitati dubbi sul destino della *pianificazione strategica*, e nonostante l'utilità di altre innumerevoli e meritevoli impostazioni, si è preferito attingere un suo autentico significato direttamente da una delle fonti più autorevoli sull'argomento: Peter Lorange.

---

la coerenza fra essa e tutte le altre scelte di gestione … Aspetto comune ad ogni processo di pianificazione o programmazione, inteso ad agevolare in tal senso la razionalità delle scelte, è dunque lo sforzo sistematico volto: ad individuare le più rilevanti *relazioni di connessione* fra date classi di scelte, ad '*anticipare*' la conoscenza della dinamica interna ed esterna che più direttamente ne condiziona le conseguenze, a formulare ipotesi *alternative* e a valutarne gli effetti, così da definire in modo anticipato circostanze di coerenza per le scelte considerate", A. RUGIADINI, *La pianificazione d'impresa: aspetti metodologici e organizzativi*, Franco Angeli, Milano, 1974, pp. 31-32.

[3] "Qualunque sia il tipo di azienda, essa non può essere istituita se non si scruta, entro i limiti della possibilità, un futuro lontano", ALDO AMADUZZI, *L'azienda nel suo sistema e nell'ordine delle sue rilevazioni*, Utet, Torino, 1963, p. 517.

Il sofisticato modello teorico, divulgato da Lorange nel 1980, per quanto criticato in alcuni aspetti, non pare abbia subito segni di cedimento scientifico così rilevanti da metterne in discussione il suo valore paradigmatico.

Dopo tale inquadramento teorico, la *pianificazione strategica* viene, quindi, analizzata nel suo profilo più concreto, consistente nell'allestimento del *piano*.

Il primo anno del piano pluriennale è il punto di sutura tra la *pianificazione strategica* e la *programmazione operativa*, che si serve del *budget* per razionalizzare le scelte di breve periodo. Sul *budget*, cui è dedicato l'ultimo blocco del capitolo, esistono meno incertezze a livello teorico, ma molte soluzioni a livello pratico, giustificate da una diversità tipologica aziendale che è giusto rispettare.

A margine di questa breve introduzione, pare opportuno sottolineare la principale ragione della notevole complessità degli argomenti ivi trattati. La *strategia*, la *pianificazione* e la *programmazione* sono accomunate dal "difficile" compito di accompagnare l'azienda verso il futuro. Ma il futuro, per definizione, è incerto, indeterminato, e può palesarsi in una molteplicità di modi, in funzione soprattutto delle diverse dinamiche ambientali.

Tale poliedricità legittima, quindi, l'esistenza, con riferimento alla *strategia*, alla *pianificazione* e alla *programmazione*, di un ventaglio di soluzioni teoriche e pratiche, tutte egualmente degne di attenzione e di considerazione. Si può, anzi, asserire che tale eterogeneità ha una sua logica (o "razionalità"), perché tenta di catturare quella stessa varietà che contraddistingue il futuro e il panorama aziendale.

2. *La strategia*

La strategia, la cui etimologia greca (στρατηγία) rimanda "all'arte della guerra", è una nozione centrale negli studi aziendali, malgrado non esistano né un'univoca definizione né un sapere codificato [4].

---

[4] Al termine "strategia", infatti, "si attribuiscono tanti e tali significati diversi e non esplicitati da rendere impossibile una univoca valenza del termine stesso. Strategia non come unico significato, ma significante che assume in diversi contesti e in diversi approcci differenti significati: il problema sarà capire quali siano questi diversi significati, il contesto in cui si collocano, le implicazioni che assumono e le relazioni logico-concettuali tra le diverse accezioni; capire cioè la ragione e la validità della diversità di alcuni significati, eliminando le accezioni teoricamente inconsistenti e operativamente poco utili", L. ZAN, *Strategia d'impresa: problemi di teoria e di metodo*, Cedam, Padova, 1985, p. 5. Sulla strategia, oltre agli Studiosi *infra* citati, si vedano: U. BERTINI, *Scritti di politica aziendale*, Giappichelli, Torino, 1990; A. CANZIANI, *La strategia aziendale*, Giuffrè, Milano, 1984; G. DONNA, *La valutazione economica delle strategie d'impresa*, Giuffrè, Mi-

Nella letteratura manageriale il termine "strategia" assume significati che trascendono la sua origine semantica, anche se tracce del significato più antico della parola riaffiorano nel linguaggio comunemente usato dalla dottrina. Infatti, le più classiche teorie sulla strategia ricorrono a termini che, sebbene usati metaforicamente, hanno una chiara matrice militare: competizione, tattica, arena competitiva, barriere, minacce e opportunità, punti di forza e di debolezza.

Tali aspetti sono ivi menzionati per ricordare che la strategia si lega all'esigenza dell'impresa di agire o di re-agire in un "*ambiente*" che, se è eccessivo considerare "nemico", è legittimo considerare "dinamico", "variabile", "complesso", "instabile", "caotico" e, a volte, "avverso".

Dunque, l'azienda ha l'esigenza di capire come "sopravvivere" e "svilupparsi" nell'ambiente, inteso in senso ampio e anche prospettico, ricercando condizioni di "tendenziale equilibrio" nello spazio e nel tempo [5].

Il richiamo al dinamico rapporto fra azienda e ambiente è centrale nella definizione di Eminente, secondo il quale "per strategia aziendale si intende l'insieme delle decisioni atte a consentire all'impresa di evolvere da una situazione data ad una diversa situazione di equilibrio rispetto all'ambiente futuro. Emergono così alcuni aspetti fondamentali della strategia, e cioè: i fattori ambientali attuali e futuri, l'azienda in evoluzione, le modalità di passaggio da un particolare rapporto attuale tra azienda e ambiente ad un futuro rapporto di equilibrio; queste modalità di evoluzione possono essere molteplici, molto spesso in alternativa tra loro e consentono, nella maggior parte dei casi, stanziamenti e collocazioni di risorse" [6].

Quindi, secondo una prima e "ristretta" accezione, la strategia si occupa delle "*modalità*" con cui l'impresa reagisce all'ambiente e utilizza le risorse in vista dei suoi fini: fini che, però, fuoriescono dall'ambito della strategia, che definirebbe solo i "*modi*" con cui perseguire i fini prestabiliti.

Secondo, invece, un'accezione "più ampia", e qui condivisa, la strategia si preoccupa di stabilire non solo i "*modi*", ma anche i "*fini*" dell'operare aziendale.

In tal senso, Chandler asserisce che la "strategia" ha per oggetto "la determinazione delle mete fondamentali e degli obiettivi di lungo periodo di un'impresa, la scelta dei criteri di azione ed il tipo di allocazione delle risorse necessarie alla realizzazione degli obiettivi suddetti" [7].

---

lano, 1992; W.D. GUTH, *La formulazione degli obiettivi e delle strategie*, in *Sviluppo e Organizzazione*, n. 15, gennaio-febbraio 1973, pp. 32-40; G. PELLICELLI, *Strategie d'impresa*, Egea, Milano, 2010; G. PELLICELLI, *Strategie e pianificazione nelle imprese*, Giappichelli, Torino, 1981; M. SAITA, *Economia e strategia aziendale*, Giuffrè, Milano, 2001.

[5] ALDO AMADUZZI, *Valutazioni monetarie nella logica dell'incerto*, in *RIREA*, 1-2, 1991, p. 5.

[6] G. EMINENTE, *La gestione strategica dell'impresa*, Il Mulino, Bologna, 1981, p. 15.

[7] A.D. CHANDLER, *Strategia e struttura: storia della grande impresa americana*, Franco

Esiste, inoltre, un approccio ancora più sistemico, mirante a riconoscere un ruolo (anche se invisibile) alle dimensioni culturali e psicologiche dell'azienda, ragion per cui si può affermare che la strategia definisce "l'*identità* dell'impresa nei rapporti con l'ambiente" [8].

In particolare, secondo Coda, "la strategia definisce l'identità, effettiva o ricercata, dell'impresa evidenziando *che cosa* essa fa o vuole essere, *perché* lo fa o lo vuole fare, *come* lo fa o come lo vuole fare. E questa identità viene progressivamente a definirsi sia in termini di idee, convinzioni, atteggiamenti configuranti l'orientamento strategico di fondo dell'impresa (OSF), sia in termini di indirizzi strategici in cui l'OSF si concretizza ... L'OSF di un'impresa può definirsi come la sua identità "profonda" o, se si preferisce, la parte nascosta e invisibile del suo disegno strategico, che sta al di sotto delle scelte concrete esplicitantesi nel profilo strategico visibile" [9].

Secondo un'impostazione classica, che recupera il contributo di Andrews [10], il processo di formulazione strategica comporta:

– l'identificazione delle *opportunità* e delle *minacce ambientali* che, essendo rispettivamente sfruttabili o schivabili, indicano ciò che l'impresa *"potrebbe fare"* a prescindere dalle risorse disponibili;

– la valutazione dei *punti di forza* e di *debolezza* aziendali, la cui analisi consente di precisare cosa l'impresa *"può fare"* alla luce delle risorse aziendali disponibili;

– il riconoscimento delle *responsabilità sociali* dell'impresa, in funzione delle quali l'impresa desume cosa *"dovrebbe fare"* secondo le attese dei suoi interlocutori sociali;

– l'esplicitazione dei *valori/aspirazioni individuali* del vertice aziendale, che consentono di comprendere cosa l'impresa *"vuole fare"*.

Sotto il profilo "spaziale", si possono distinguere tre diversi livelli di strategia:

– la strategia a livello aziendale (*corporate strategy* o *corporate-level strategy*), che fa riferimento all'azienda nella sua interezza;

– la strategia a livello di area strategica di affari (*business strategy*), che riguarda un sottoinsieme dell'azienda, sufficientemente autonomo per produrre distinti risultati;

– la strategia funzionale, che coinvolge le aree funzionali.

Angeli, Milano, 1976, p. 48 (traduzione dell'opera orig.: *Strategy and structure: chapters in the history of the American industrial enterprise*, Mit Press, Cambridge, 1962).

[8] G. AIROLDI-G. BRUNETTI-V. CODA, *Lezioni di economia aziendale*, Il Mulino, Bologna, 1989, p. 309.

[9] V. CODA, *L'orientamento strategico dell'impresa*, Utet, Torino, 1995, p. 24.

[10] K.R. ANDREWS, *The concept of corporate strategy*, Dow Jones-Irwin, Homewood, 1971; V. CODA, *L'orientamento strategico dell'impresa*, cit., pp. 61-62.

Le aree strategiche di affari (ASA) sono, in genere, identificate da una particolare combinazione "prodotto/mercato/tecnologia". Le ASA sono unità operative caratterizzate da propri definiti sistemi competitivi e si configurano come unità di sintesi a responsabilità reddituale [11].

In linea generale, le imprese di successo sono quelle che riescono a coniugare il conseguimento di obiettivi economico-finanziari, sociali e competitivi [12].

Ne consegue che la strategia aziendale di un'impresa mono-business deriva dal sistema integrato delle seguenti strategie:

- *strategia economico-finanziaria*;
- *strategia sociale*;
- *strategia competitiva*;
- *strategia organizzativa*.

La *strategia economico-finanziaria* è volta a perseguire *obiettivi* di *economicità*, di *liquidità*, di *solidità* e di *sviluppo* [13].

La *strategia sociale* determina le condizioni per conseguire la fiducia e la soddisfazione dei vari interlocutori sociali del cui contributo e consenso l'impresa necessita.

La *strategia competitiva* mira ad acquisire o difendere un vantaggio concorrenziale e, quindi, ad ottenere *obiettivi competitivi*.

La *strategia organizzativa* definisce la struttura organizzativa e il sistema delle relazioni in cui tutte le decisioni strategiche maturano e trovano attuazione.

In presenza di un'impresa multi-business, la strategia aziendale, pur articolandosi sempre nelle quattro strategie sopra elencate, si qualifica soprattutto come una *strategia di portafoglio*, che ha il compito di definire l'allocazione ottimale delle risorse tra le diverse aree strategiche di affari, stabilendo in quali business investire, continuare ad impegnarsi o, eventualmente, disinvestire.

---

[11] "Un'ASA è costituita da una o più combinazioni prodotto/mercato/tecnologia configurantisi come una unità di sintesi a responsabilità reddituale, con una struttura economica sua propria e con esigenze di conduzione strategica differenziata derivanti dalle caratteristiche dalla sua arena competitiva. Fra i concetti di ASA e di sistema competitivo vi è una tendenziale corrispondenza biunivoca, nel senso che ad ogni ASA corrisponde di solito un sistema competitivo: l'impresa monoarea di affari (monobusiness) si misura su una sola arena concorrenziale, l'impresa multibusiness su più arene", V. CODA, *L'orientamento strategico dell'impresa*, cit., pp. 50-51.

[12] G. AIROLDI-G. BRUNETTI-V. CODA, *Lezioni di economia aziendale*, cit., p. 275 e segg.

[13] Per i criteri di indagine, si rinvia a: L. MARCHI-A. PAOLINI-A. QUAGLI, *Strumenti di analisi gestionale: il profilo strategico*, Giappichelli, Torino, 2003.

2.1. *La formula imprenditoriale*

Negli studi di strategia, l'analisi della "formula imprenditoriale", elaborata da Vittorio Coda, occupa una posizione centrale [14].

La valutazione della "formula" (o "impostazione") imprenditoriale è un aspetto cruciale nel governo "strategico" delle imprese.

La gestione "strategica" si differenzia da quella "operativa" perché, invece di assumere come "data" l'impostazione imprenditoriale (curandone essenzialmente il suo efficiente funzionamento), la "mette in discussione", apportando gli opportuni cambiamenti, laddove necessario.

La gestione strategica consiste, quindi, nel diagnosticare l'attuale impostazione imprenditoriale, per poi valutarne la validità e identificare, almeno nelle linee di fondo, le eventuali necessità di rinnovamento della stessa [15].

Ogni impresa ha una sua *"formula imprenditoriale"* (FI). Per comprendere i caratteri distintivi di una formula imprenditoriale "di successo", occorre prima esaminare gli elementi che compongono una qualsiasi formula imprenditoriale.

La Figura 1 schematizza le componenti della FI di un'impresa monobusiness [16].

Figura 1 – **Gli elementi della formula imprenditoriale**

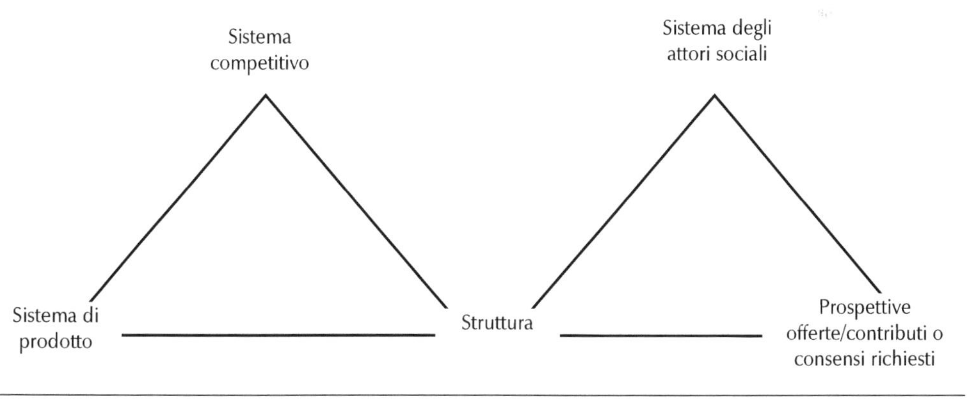

Fonte: CODA, *La valutazione della formula imprenditoriale*, cit., p. 9.

[14] V. CODA, *La valutazione della formula imprenditoriale*, in *Sviluppo e Organizzazione*, n. 82, marzo-aprile, 1984, pp. 7-21.

[15] V. CODA, *Entrepreneurial values and strategic management: essay in management theory*, Palgrave Macmillan, Basingstoke, 2010, p. 65 e segg.

[16] La fattispecie dell'impresa multi-business andrebbe rappresentata mediante tante "formule competitive" quante sono le aree di affari in cui opera l'impresa.

Come si evince dal grafico, la FI è la risultante delle scelte di fondo riguardanti cinque variabili:

– il *sistema competitivo* in cui l'impresa opera, comprensivo del "mercato" cui l'impresa indirizza la propria offerta;
– il *sistema di prodotto* dell'impresa, inteso come "offerta" di prodotti/servizi con cui l'impresa si presenta sul mercato [17];
– la *proposta progettuale* che l'impresa, in modo esplicito o implicito, presenta alle forze economiche e sociali, offrendo determinate "prospettive", e richiedendo determinati "contributi o consensi";
– il *sistema degli attori sociali*, ossia l'insieme degli *stakeholder* (estranei al sistema competitivo) cui è indirizzata la proposta progettuale e che, pur nelle loro diverse vesti (di azionisti, manager, lavoratori, creditori, rappresentanti sindacali, collettività locale ecc.), nutrono aspettative nei confronti dell'impresa e possono influire sulla vita della medesima;
– la *struttura* che consente all'impresa di presentarsi con quel determinato sistema di prodotto nel sistema competitivo e con quella determinata proposta progettuale nel sistema degli attori sociali [18].

Tali cinque variabili, rintracciabili in qualsiasi impresa, sono avvinte da relazioni da cui scaturisce un'unica formula imprenditoriale.

La FI assume la configurazione di due sottoinsiemi a forma circolare, entrambi facenti perno e ruotanti intorno alla struttura, che, mentre sintetizza la storia passata dell'impresa, ne rappresenta la capacità propositiva nei riguardi sia del sistema competitivo sia delle altre forze sociali, cui l'impresa offre i suoi contributi, ricevendone in cambio impulsi, risorse e collaborazioni.

Il primo sottoinsieme esprime il "modo d'essere" dell'impresa in una certa "arena competitiva". Tale primo cerchio riflette la collocazione e la *strategia competitiva* dell'impresa.

---

[17] Il *sistema di prodotto* dipende da una serie di aspetti riguardanti: "i caratteri materiali del prodotto (qualità, gamma, livello tecnologico, affidabilità, ecc.), gli elementi immateriali ad esso connessi (come prestigio, eleganza, salute, sicurezza), il servizio collegato al prodotto (velocità e puntualità di consegna, assistenza pre- e post-vendita, *application engineering*, ecc.), le condizioni più strettamente economiche dello scambio (prezzo, termini e modalità di pagamento, condizioni di trasporto, garanzie, assicurazioni, ecc.)", V. CODA, *La valutazione della formula imprenditoriale*, cit., p. 8.

[18] Il termine "struttura" è inteso "in un'accezione molto lata, sì da ricomprendervi non solo la struttura organizzativa e i meccanismi operativi (come il sistema di programmazione e controllo, i sistemi di gestione del personale, ecc.), ma anche tutte le risorse – umane e non – costituenti il patrimonio tecnologico, commerciale, direzionale ed economico-finanziario dell'impresa", V. CODA, *La valutazione della formula imprenditoriale*, cit., p. 8.

Il secondo sottoinsieme fotografa il "modo d'essere" dell'impresa in una certa "arena sociale". Tale secondo cerchio rispecchia la collocazione e la *strategia sociale* dell'impresa.

"Tra l'arena competitiva e l'arena sociale si trova la struttura aziendale che, attraverso il sistema di risorse e competenze incorporate nel *business model*, definisce l'assetto strategico e operativo dell'impresa nell'arena competitiva e consente di formulare proposte progettuali nell'arena sociale" [19].

Dopo aver chiarito quali siano gli elementi della FI, è importante capire quando una formula imprenditoriale può definirsi "di successo".

La FI delle imprese di successo ha delle connotazioni particolari che sono evidenziate nella Figura 2.

Anche in tale caso, è opportuno focalizzare l'analisi nei due sottoinsiemi.

Nel primo sottoinsieme circolare, l'impresa di successo si presenta con una "FI competitiva", basata su un sistema di prodotto che gode di *"vantaggi concorrenziali"*, funzionali a specifici *"fattori critici di successo"* del mercato. Tali vantaggi concorrenziali sono possibili grazie ad una struttura che, se posta a confronto con quella delle imprese rivali, presenta delle inconfondibili *"competenze distintive"*.

La FI competitiva presenta le seguenti qualità:

– il sistema di prodotto e la struttura sono internamente coerenti;

– il sistema di prodotto si adatta bene sia alle caratteristiche della struttura (di cui sfrutta i punti di forza), sia alle caratteristiche del sistema competitivo (di cui coglie determinate opportunità);

– la struttura è ben dimensionata rispetto al mercato di riferimento ed ha il grado di flessibilità/rigidità necessario per competervi validamente.

---

[19] A. Cardoni, *Strategia e performance nel sistema d'impresa: logiche e strumenti per l'analisi del successo aziendale*, Giappichelli, Torino, 2016, p. 136.

Figura 2 – **Elementi della formula imprenditoriale e loro caratteri distintivi nelle imprese di successo**

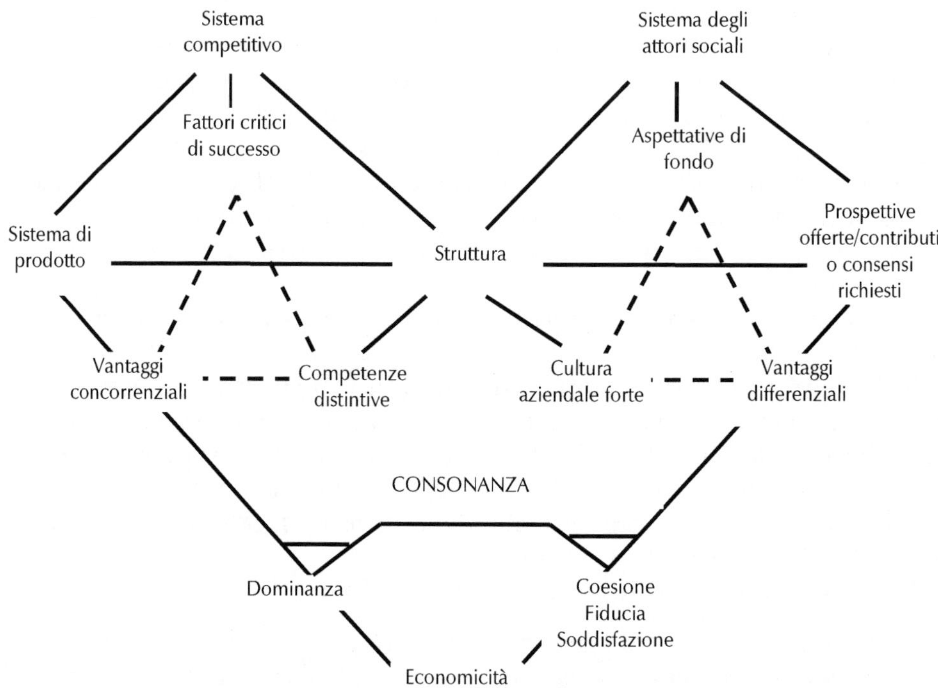

Fonte: CODA, 1984, p. 10.

In sintesi, tutti gli elementi della formula competitiva presentano un elevato grado di *consonanza*. La consonanza degli elementi di una formula competitiva di successo deriva da una valida intuizione imprenditoriale, seguita da un processo di apprendimento imprenditoriale. La coerenza degli elementi della formula competitiva è alla base del *successo competitivo* e del *successo reddituale*, che rispettivamente garantiscono all'impresa un *vantaggio concorrenziale* duraturo (su uno o più *fattori critici di successo*) e l'*economicità*.

In una formula imprenditoriale di successo anche il secondo sottoinsieme circolare, la c.d. "FI sovraordinata", presenta inconfondibili prerogative. In particolare, si osservano i seguenti benefici:

– gli attori sociali percepiscono i *"vantaggi differenziali"* della proposta dell'impresa di successo, considerandola capace di soddisfare le loro *"aspettative di fondo"* meglio di altre eventuali proposte alternative;
– la struttura si contraddistingue per una *cultura aziendale forte*, basata

su valori condivisi, tra i quali si annoverano la continuità, l'autonomia, l'economicità e la socialità;

– la cultura forte, radicata sui valori sopra citati, agisce come una potente *forza motivazionale*, che induce dedizione all'interesse aziendale e che consente all'impresa di attrarre le risorse e le collaborazioni necessarie.

Anche in tale caso, la coerenza che caratterizza gli elementi della FI sovraordinata garantisce una serie di vantaggi, generando "consenso, fiducia, soddisfazione, coesione intorno al progetto strategico dell'impresa, condizioni tutte basilari per consentire all'impresa di assolvere nel migliore dei modi il suo ruolo sociale di centro produttore di ricchezza" [20].

2.2. *La strategia competitiva e il modello delle cinque forze*

Come sopra precisato, la strategia, per potersi definire *competitiva*, deve consentire all'impresa di ottenere o di difendere un significativo vantaggio concorrenziale.

Un vantaggio concorrenziale implica una "superiorità" rispetto ai concorrenti.

Tale affermazione permette di apprezzare un'altra interessante definizione, in base alla quale la strategia (competitiva) riguarda "l'insieme delle decisioni e dei comportamenti aziendali volti ad assicurare stabili posizioni di superiorità nei confronti dei concorrenti nel soddisfare il bisogno di un definito gruppo sociale" [21].

Vale la pena segnalare che la superiorità strategica si ha in presenza di una "diversità" rispetto ai concorrenti, e cioè quando l'impresa ha la capacità di eseguire *attività diverse* rispetto a quelle dei concorrenti, o quando l'impresa ha la capacità di eseguire attività simili a quelle dei concorrenti, ma in *modi differenti.* Ma non solo: la diversità dell'impresa, per essere vincente, deve essere "non imitabile". Se così non fosse, l'imitazione dei concorrenti priverebbe l'impresa di tutti i vantaggi connessi al fatto di occupare un posizionamento strategico *unico* [22].

Si desume, quindi, un altro interessante significato della strategia competitiva, la cui finalità consiste nella creazione di una posizione che, in quanto basata sulla diversità e sulla inimitabilità, è unica e vantaggiosa, ed è preservabile nel tempo.

---

[20] V. Coda, *La valutazione della formula imprenditoriale*, cit., p. 11.

[21] F. Amigoni, *Alcune riflessioni sulla gestione strategica*, in suppl. a *Sviluppo & Organizzazione*, n. 62, novembre-dicembre 1980, p. 5.

[22] G. Invernizzi (a cura di), *Strategia aziendale e vantaggio competitivo*, McGraw-Hill, Milano, 2008, pp. 12-15.

Un ulteriore connotato della strategia di successo è legato alla sua capacità di assicurare la *coerenza* tra le diverse attività, che devono essere configurate in un'ottica integrata e sistemica, secondo una logica di reciproco rafforzamento.

Per una corretta formulazione delle strategie competitive è cruciale effettuare un'accurata analisi della concorrenza del settore in cui opera l'impresa.

Tuttavia, lo studio della concorrenza, per essere il più possibile corretto, non può limitarsi all'esame delle *performance* e delle politiche dei *competitor* attuali, ma deve considerare le possibili pressioni esercitate da altri interlocutori aziendali.

In tale prospettiva, si rivela particolarmente perspicace ed istruttivo il modello elaborato da Michael Porter e illustrato nella Figura 3 [23]. Secondo Porter, la concorrenza in un settore va ben oltre il comportamento degli attori consolidati, poiché, in certe circostanze, i clienti, i fornitori, i prodotti sostitutivi e i potenziali nuovi entranti sono da considerarsi tutti "concorrenti" per le imprese di un settore [24].

Quindi, in base a tale modello, il livello della concorrenza di un settore dipende da *"cinque forze"* competitive (o "fattori concorrenziali"), e cioè: dalla "rivalità interna esercitata dalle imprese esistenti" nel settore, dalle "minacce di nuove entrate", dalle "minacce di prodotti o servizi sostitutivi", dal "potere contrattuale dei fornitori" e dal "potere contrattuale dei clienti".

Questo prototipo è stato ribattezzato dallo stesso Porter come modello della *"concorrenza allargata"*, proprio perché invita a trascendere l'ambito convenzionale dell'arena competitiva, per estendere l'analisi anche ad altri protagonisti che, in modo diverso, possono condizionare l'intensità della concorrenza, la redditività delle imprese impegnate nel settore e, di conseguenza, anche il processo di formulazione strategica.

Se l'effetto combinato di questi cinque fattori è forte, le imprese del settore risultano molto vulnerabili, in quanto subiscono una progressiva erosione dei margini di profitto, a causa sia dell'incremento dei costi, sia della riduzione dei prezzi e dei volumi di vendita.

Le cinque forze non hanno lo stesso peso in tutti i settori: ogni settore ha specifiche caratteristiche ed ha una propria ed unica struttura, soggetta peraltro a continui cambiamenti nel tempo. L'intensità della concorrenza

---

[23] M.E. Porter, *Competitive strategy: techniques for analyzing industries and competitors*, Free Press, New York, 1980 (trad. it.: *La strategia competitiva: analisi per le decisioni*, Tipografia Compositori, Bologna, 1982, pp. 11-39).

[24] Il "settore" è definito da Porter come "un gruppo di imprese che produce beni che sono intercambiabili l'uno rispetto all'altro", M.E. Porter, *La strategia competitiva: analisi per le decisioni*, Tipografia Compositori, Bologna, 1982, p. 13.

dipende dall'impatto esercitato dalle cinque forze competitive. Tale impatto, a sua volta, deriva da una serie di caratteristiche/*determinanti*, qui di seguito esaminate per singola forza competitiva.

Figura 3 – **I fattori fondamentali della concorrenza**

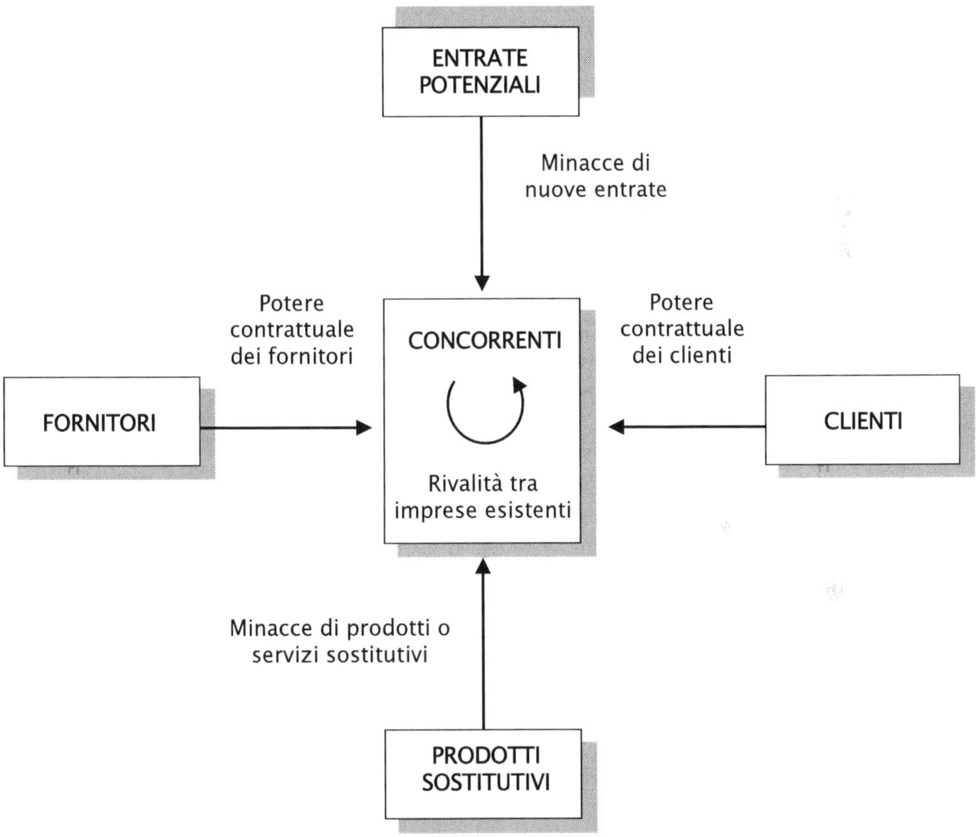

Fonte: PORTER, *La strategia competitiva*, cit., p. 12.

a) *L'intensità della rivalità fra le imprese presenti nel settore*

Le imprese già presenti in un dato settore "si sfidano" economicamente per acquistare o difendere vantaggi competitivi[25]. Gli strumenti con cui si

[25] In tale sede, per evitare pesanti ripetizioni, il termine "settore" (o "comparto") è usato "in senso stretto", per indicare il mercato dove operano i concorrenti consolidati, pur nella consapevolezza che il settore "in senso allargato" ha confini più ampi ed include le cinque forze. Per ragioni analoghe, si usa il riferimento ai "prodotti" (o "beni") in un'ac-

intentano queste sfide sono vari: manovre sui prezzi, campagne pubblicitarie, lancio di nuovi prodotti, miglioramento della qualità, offerta di servizi accessori. Ma tali azioni generano reazioni di difesa o di controffensiva da parte dei concorrenti, creando situazioni di reciproco contrasto, con ripercussioni negative sul tasso di rendimento del settore.

La rivalità dipende da varie *determinanti*:

- dalla numerosità delle imprese appartenenti al settore che, se elevata, genera un'alta pressione competitiva;
- dal tasso di sviluppo del settore, che, se maturo, e cioè in presenza di una domanda stazionaria o addirittura in calo, scatena manovre offensive molto agguerrite;
- dalla presenza di barriere all'uscita, rappresentate, per esempio, dalle spese di riconversione che, se elevate, costringono le imprese a rimanere nel settore, creando una capacità produttiva in eccesso;
- dalla differenziazione dei prodotti che, se bassa, induce a manovre di riduzione dei prezzi di vendita;
- dall'incidenza dei costi fissi e delle economie di scala che, se alta, obbliga a realizzare grandi volumi di produzione, la cui collocazione sul mercato richiede manovre molto offensive.

Un settore caratterizzato da un'aspra rivalità interna implica impegnativi e continui investimenti per tenere il passo dei diretti concorrenti, sostenendo costi che, nel medio periodo, provocano una riduzione della redditività del settore.

Inoltre, per sopravvivere e contendersi la clientela, le imprese concorrenti si sfidano con manovre di ribasso dei prezzi di vendita, innescando così pericolosi e contagiosi processi di assottigliamento della redditività.

b) ***La minaccia dei prodotti sostitutivi***

Le aziende di un settore, anche se a volte ne manca una precisa consapevolezza, sono in concorrenza con aziende di altri comparti, quando queste ultime sono in grado di realizzare prodotti (o servizi) che, per funzione, qualità e prezzo, sono fungibili con quelli del settore.

I fattori *determinanti* che rendono plausibile tale minaccia sono:

- esistenza di aziende capaci di fornire prodotti sostitutivi con rapporti qualità/prezzo "concorrenziali" rispetto ai beni offerti dalle aziende del settore di appartenenza;
- facile propensione dei clienti a sostituire i prodotti tradizionali con beni ad essi equivalenti;

---

cezione ampia, includendo anche la fattispecie in cui le l'*output* del settore sia rappresentato da "servizi".

– esiguità dei costi di riconversione che i clienti devono sostenere, se si rivolgono al fornitore di prodotti sostitutivi.

Quanto più incombente è il pericolo dei prodotti sostitutivi, tanto più le imprese del settore dei prodotti originali subiscono riduzioni della loro redditività. Tali imprese, infatti, per evitare una perdita della domanda, devono vendere i propri prodotti a prezzi almeno pari a quelli degli articoli sostitutivi o devono sforzarsi di differenziare i propri modelli con costose migliorie ed iniziative, in modo da rendere più remoto il rischio di una equivalenza/assimilazione con i prodotti sostitutivi.

Ma, in entrambi i casi, la redditività di medio periodo del settore subisce un'erosione.

c) *La minaccia dei potenziali entranti*

Se nuove imprese entrano in un settore, l'aumento del numero dei concorrenti genera inevitabilmente un inasprimento del clima concorrenziale.

Le *determinanti*, che rendono molto plausibile il rischio di *newcomers*, sono legate all'inesistenza o al basso livello delle "barriere all'entrata".

Le barriere all'entrata risultano basse quando l'ingresso del settore:

– non è ostacolato dalla presenza di brevetti;
– non richiede ingenti sforzi finanziari;
– non postula complesse tecnologie;
– non presuppone curve di esperienza o economie di scala;
– non è condizionato dal possesso di un marchio forte o dalla fedeltà alla marca;
– non implica sforzi di riconversione della clientela;
– non è precluso da difficoltà di accesso ai canali distributivi o ai canali di approvvigionamento degli *input*;
– non scatena ritorsioni o rappresaglie da parte delle aziende già operanti nel settore;
– non è sottoposto a vincoli normativi o a restrizioni (quali concessioni governative o autorizzazioni amministrative).

Inoltre, i tentativi di ingresso dei potenziali entranti sono tanto più probabili quanto più è elevata, e quindi attraente, la redditività del settore.

Per evitare invasioni nel settore, le imprese in esso operanti devono erigere o innalzare le barriere all'entrata, avviando manovre difensive comunque costose. Per esempio, le aziende del comparto possono intraprendere sforzi pubblicitari massicci o accettare livelli di profitto così bassi da dissuadere i potenziali entranti. Entrambe le manovre si traducono in una riduzione della redditività del settore nel medio periodo.

Lo stesso esito si verifica se le imprese del settore rinunciano a qualsiasi manovra difensiva: i potenziali entranti, non trovando alcuna resistenza, hanno facile accesso nel settore, provocando un inasprimento della rivalità interna.

d) *Il potere contrattuale dei fornitori*

I fornitori possono alterare i vantaggi competitivi delle aziende di un dato settore se, godendo nei confronti di queste ultime di un forte potere contrattuale, riescono ad imporre aumenti dei prezzi di approvvigionamento o riduzioni della qualità del bene da essi fornito. Se le imprese acquirenti non hanno la facoltà di traslare sul prezzo di vendita dei propri prodotti gli aumenti di costo subiti, il profitto delle aziende del settore si comprime.

Le situazioni che *determinano* uno sbilanciamento del rapporto a favore dei fornitori sono molteplici, e si verificano quando i fornitori:

– sono pochi in assoluto e sono meno numerosi, in termini relativi, rispetto alle aziende del settore cui vendono;
– realizzano con le aziende del comparto volumi di vendita che non rappresentano una quota rilevante del proprio fatturato;
– vendono beni che sono *input* importanti per le aziende del settore o sono prodotti poco standardizzati, o sostituibili solo con alti costi di riconversione;
– hanno la possibilità di integrarsi verticalmente a valle o riescono a sostituire le aziende del settore con nuovi altri clienti, senza dover affrontare grandi sforzi di riconversione produttiva.

Di fronte a fornitori dotati di un potere contrattuale elevato, le imprese del settore sono costrette a subire condizioni di acquisto sfavorevoli o ad accettare una bassa qualità degli approvvigionamenti, con un inevitabile contenimento della redditività del settore.

e) *Il potere contrattuale dei clienti*

I clienti possono comprimere i vantaggi competitivi delle aziende del settore se, godendo di un forte potere contrattuale nei confronti di queste ultime, pretendono diminuzioni di prezzo e/o aumenti della qualità del prodotto.

Le situazioni che *determinano* uno sbilanciamento del rapporto a favore degli acquirenti sono varie, e si presentano quando i clienti:

– sono pochi e sono meno numerosi, in termini relativi, rispetto alle aziende del settore da cui acquistano;
– possono approvvigionarsi da nuovi fornitori, data l'elevata standardizzazione del prodotto e la modestia dei costi di riconversione;
– effettuano un volume di acquisti che rappresenta una quota significativa del fatturato delle aziende venditrici del comparto;

– acquistano dalle aziende del settore fattori il cui valore incide molto sul totale dei propri costi, circostanza che comporta una grande sensibilità al prezzo e una politica selettiva dei fornitori;
– si rivolgono alle aziende del settore per acquistare beni che non sono critici per la qualità dei propri prodotti/servizi;
– hanno la possibilità di integrarsi verticalmente a monte senza notevoli investimenti.

In presenza di clienti dotati di un forte potere contrattuale, le imprese del settore sono costrette a contenere i prezzi di vendita o ad offrire un prodotto particolarmente sofisticato, con conseguente ridimensionamento, in entrambi i casi, dei margini di profitto nel medio termine.

In sintesi, il modello competitivo di Porter fornisce un semplice, ma efficace, quadro di riferimento per riflettere in modo profondo sulle dinamiche dei settori e per prevedere possibili pressioni concorrenziali, da contrastare con coerenti strategie competitive.

L'impresa deve concentrarsi soprattutto su quelle forze che più compromettono la redditività del settore, per poi individuare le iniziative strategiche con cui conquistare/preservare una posizione di vantaggio competitivo.

Non si esclude che l'effetto negativo provocato dalla pressione di una delle cinque forze possa essere rimosso non tanto contrastando direttamente quella forza (per esempio, la rivalità interna), quanto lavorando sulla costruzione di un nuovo modello di rapporto con gli attori abbinati alle altre forze (fornitori, clienti, potenziali entranti o produttori di articoli sostitutivi)[26].

2.3. *La strategia di portafoglio e le matrici di portafoglio*

In precedenza, si è affermato che la strategia aziendale può essere interpretata come una "strategia di portafoglio".

In effetti, l'impresa può essere vista come un soggetto che, essendo detentore di una serie di risorse (finanziarie, materiali, umane), deve decidere come investirle, cioè dove allocarle.

Il quesito fondamentale diventa dunque il seguente: quali "aree d'affari" o quali "prodotti" o "quali mercati" possiedono gli attributi "giusti" per essere meritevoli dell'investimento di quelle risorse?

Solo dopo aver risposto a tale domanda, sarà possibile costruire un vantaggioso "portafoglio", allocando le risorse nelle ASA o nei prodotti che hanno le migliori potenzialità economico-finanziarie e, eventualmente, abbandonando le ASA o i prodotti che presentano situazioni problematiche.

---

[26] G. INVERNIZZI (a cura di), *Strategia aziendale e vantaggio competitivo*, cit., p. 127.

La strategia di portafoglio è una priorità soprattutto per le aziende multi-business, ma, con le dovute accortezze, è applicabile anche alle aziende mono-business o alle divisioni di un'azienda multi-business, nella misura in cui tali aziende/divisioni gestiscono più di un prodotto e/o più di un mercato. È quindi solo per esigenze espositive che si farà riferimento alle esigenze del "portafoglio ASA", ma molte considerazioni possono essere estese, *mutatis mutandis*, alle fattispecie del "portafoglio prodotti" [27].

Un supporto metodologico alle strategie di portafoglio è fornito dai modelli matriciali, che si sono sviluppati in un preciso contesto geografico e temporale, e cioè negli Stati Uniti, verso la fine degli anni '60. In particolare, dopo l'eccezionale periodo di sviluppo, favorito dalla ricostruzione del secondo dopoguerra, molte imprese diversificate o multi-prodotto si trovarono a fare i conti con gli effetti di una sfrenata competizione, che aveva innescato forti investimenti, con una conseguente caduta dei margini di profitto e, quindi, del livello di autofinanziamento. L'inevitabile ricorso al capitale di debito aveva ulteriormente contribuito ad aggravare, per effetto degli oneri finanziari, una situazione reddituale già molto indebolita. Tali condizioni resero cogente il bisogno di razionalizzare i vari business/prodotti gestiti, riallocando le risorse in modo più oculato ed ottimale.

Nacquero così le prime matrici di portafoglio, realizzate da alcune società di consulenza, e a volte dalle stesse imprese, anche se nel corso degli anni le versioni originali furono ampiamente rivedute, adattate e corrette.

Alla luce del breve *excursus* storico, è facile capire perché la *logica finanziaria* prevalga nelle iniziali versioni delle matrici di portafoglio, concepite proprio per consentire alle imprese di raggiungere un equilibrio finanziario a livello complessivo, evitando un'eccessiva dipendenza da fonti esterne.

La convenienza delle diverse ASA (o dei diversi prodotti) è valutata in funzione del loro specifico posizionamento all'interno delle matrici di portafoglio.

Secondo gli ideatori dei vari modelli, le matrici di portafoglio hanno due tipi di finalità: una finalità di carattere analitico-descrittivo, volta a visualizzare gli equilibri/squilibri reddituali e finanziari connessi ad un determinato assortimento di portafoglio, e una finalità di tipo normativo-precettivo, mirante a suggerire, almeno a grandi linee, come conservare e difendere le attuali posizioni di forza, e come eliminare eventuali punti di debolezza [28].

Dal punto di vista metodologico, si parte dall'assunto di poter classificare le ASA secondo due variabili rilevanti. Di norma, si scelgono parametri

---

[27] Sulle strategie di portafoglio, si veda: P. Haspeslagh, *Portfolio planning approaches and the strategic management process in diversified industrial companies*, Umi, Ann Arbor, 1983.

[28] P. Paniccia, *Strumenti conoscitivi per la pianificazione strategica aziendale*, Giappichelli, Torino, 1989, p. 41.

che rappresentano due dimensioni molto diverse tra loro per natura e per grado di controllabilità.

Un primo parametro descrive le caratteristiche competitive delle ASA in termini di competenze interne ed esprime aspetti che il management può influenzare, perché dipendenti da variabili "aziendali" (per esempio, quota di mercato relativa, redditività, capacità produttiva, ecc.).

Un secondo parametro descrive, invece, le caratteristiche del settore di appartenenza delle ASA e rappresenta una variabile esterna, difficilmente controllabile dal management, in quanto espressiva di una dimensione "ambientale" (per esempio, tasso di sviluppo del mercato, stadio del ciclo di vita del settore, attrattività del settore, ecc.).

Ognuno dei due parametri è misurato secondo vari livelli di intensità, ricorrendo in genere a due alternative di livello (basso, alto) o a tre alternative di livello (basso, medio, alto) o ad un numero di alternative più articolato. I due parametri servono per costruire graficamente i lati della matrice, mentre i diversi livelli dei parametri, nella loro combinazione, definiscono il numero dei "quadranti" della matrice, che possono essere 4 o più.

Una volta costruita la mappa, si procede al collocamento grafico delle ASA all'interno della matrice.

Talvolta, le ASA sono inserite all'interno della griglia tramite cerchi di diversa dimensione, per segnalare visivamente la differente importanza di alcune ASA in relazione ad una determinata variabile. Ad esempio, se la variabile in esame è il fatturato, le singole ASA sono graficamente rappresentate da cerchi aventi una superficie proporzionale ai ricavi generati da ciascuna ASA.

Per completezza, sono qui di seguito analizzate due tra le più note matrici di portafoglio: la matrice del *Boston Consulting Group* e la matrice *McKinsey*.

2.3.1. *La matrice del Boston Consulting Group*

La matrice BCG, che prende il nome dalla società di consulenza che l'ha elaborata (il Boston Consulting Group), intende valutare l'equilibrio finanziario complessivo alla luce delle caratteristiche delle ASA (o "attività") in cui l'impresa ha impiegato le proprie risorse [29].

A tal fine, sono utilizzate due coordinate: la *quota di mercato relativa* e il *tasso di sviluppo del mercato*.

La *quota di mercato relativa* è considerata una dimensione espressiva della "capacità competitiva dell'impresa" e della sottostante capacità di pro-

---

[29] Nuovamente, si ribadisce che la matrice BCG è un utile strumento per rappresentare il portafoglio ASA, ma nulla impedisce che tale matrice possa essere elaborata per rappresentare il portafoglio dei prodotti, delle aree geografiche o dei canali distributivi dell'impresa.

durre flussi di cassa. In particolare, si presume che una maggior quota di mercato, conseguibile mediante maggiori economie di scala e di esperienza, favorisca una maggiore redditività, destinata a trasformarsi in liquidità.

Il *tasso di sviluppo del mercato* è considerato un indicatore espressivo del suo "grado di attrattività" e dipende dal ciclo di vita del settore.

È importante analizzare come ciascuno di questi due parametri sia concretamente quantificato.

La *quota di mercato "relativa"*, riportata sul lato orizzontale della matrice, è misurata rapportando il fatturato del business dell'azienda al fatturato del concorrente dominante. La quota di mercato relativa dell'anno t_1 è, dunque, così determinata:

$$\text{Quota relativa } (t_1) = \frac{\text{Fatturato nel business X dell'impresa } (t_1)}{\text{Fatturato nel business X del concorrente principale } (t_1)}$$

Si noti che tale parametro non è espresso in termini percentuali, poiché indica il rapporto relativo tra il fatturato dell'azienda in un determinato business e il fatturato del concorrente più importante in quel determinato business.

Un valore superiore ad uno indica che l'impresa ha una posizione di *leader* nello specifico mercato; un valore pari ad uno segnala che l'impresa opera in una situazione di parità rispetto al *leader*; un valore inferiore all'unità è sintomo di una posizione (più o meno) dominante del *leader*[30].

La *quota di mercato* è collegata funzionalmente ai ritorni in termini di redditività e di liquidità: una quota di mercato alta implica maggiori volumi di produzione, ma anche costi unitari più bassi, nella misura in cui si riescano a sfruttare i vantaggi connessi alle economie di scala e di esperienza. I più bassi costi unitari, combinati con i grandi volumi di vendita, permettono una redditività più alta e, quindi, una maggior capacità di produrre flussi di cassa.

Il *tasso di sviluppo del mercato*, riportato sul lato verticale della matrice, è espresso in valori percentuali, ed è così determinato:

$$\text{Tasso di sviluppo del mercato } (t_1)\ (\%) = \frac{\text{Mercato tot. } (t_1) - \text{Mercato tot. } (t_0)}{\text{Mercato tot. } (t_0)}$$

Il *tasso di sviluppo del mercato* è un'informazione utile per capire se con-

---

[30] "È da precisare che tale misura non prende in considerazione il grado di concentrazione competitiva all'interno del settore, cioè, ad esempio, non tiene conto del fatto che in esso possano esistere due soli concorrenti con quote di mercato quasi simili oppure molti concorrenti con quote di mercato diverse", S. TERZANI, *Lineamenti di pianificazione e controllo*, Cedam, Padova, 1999, p. 13.

venga effettuare gli investimenti necessari per mantenere e sviluppare la capacità competitiva di una certa ASA.

Se il *tasso di sviluppo* del mercato è modesto, l'impresa ha la possibilità di aumentare la propria quota di mercato solo a spese della concorrenza, intentando manovre aggressive. Peraltro, in presenza di situazioni di fedeltà alla marca, il tentativo di sottrarre i clienti alla concorrenza si rivela un'operazione dagli incerti risultati, oltre che impegnativa in termini di costi, tempi ed energie.

Invece, se il *tasso di sviluppo* del mercato è elevato, l'impresa ha la possibilità di incrementare la propria quota di mercato senza contendersi i clienti con i concorrenti. L'impresa, quindi, dovrà sostenere sforzi finanziari minori, perché nel mercato c'è spazio per una fisiologica crescita delle singole aziende.

In funzione dei valori assunti dai due parametri, è possibile collocare le ASA nei 4 quadranti della celebre matrice "2×2", riportata nella Figura 4.

Figura 4 – **La matrice BCG**

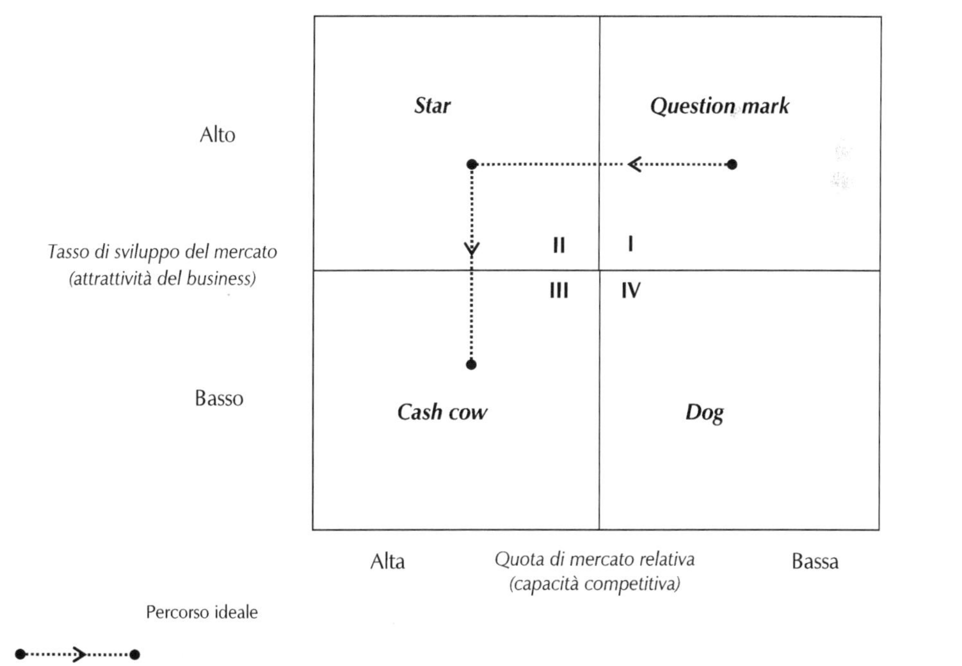

Ogni quadrante, rubricato con nomi simbolici, denota una particolare posizione competitiva del business dal punto di vista finanziario, e suggerirebbe le possibili direzioni da seguire per muoversi lungo un sentiero di successo e per migliorare i ritorni finanziari degli investimenti.

Il ventaglio di situazioni rappresentato dalla matrice è riassumibile nei seguenti termini.

Nel I quadrante, denominato *"question mark"* (o "dilemma" o "enigma" e, più raramente, "wildcat" o "children"), si collocano le ASA "problematiche", che si caratterizzano per una *bassa* quota di mercato e per un *alto* tasso di sviluppo del mercato. Il risultato dei due fattori determina una situazione di dubbio, in quanto le aspettative positive connesse alla situazione di mercato si scontrano con quelle negative derivanti da una posizione di inferiorità rispetto alla concorrenza, che può essere sfidata solo con iniziative costose. Tali ASA, nel complesso, assorbono liquidità, dato che l'impresa deve affrontare forti investimenti sia per migliorare la quota di mercato sia per sfruttare la condizione di crescita del mercato.

Nel II quadrante, denominato *"star"* (o "stella"), si posizionano le ASA connotate da un'*alta* quota di mercato e da un *alto* tasso di sviluppo del mercato. In tali situazioni l'impresa, grazie ad una posizione di *leadership* nel settore, riesce spesso a godere di risultati reddituali positivi. A livello finanziario, tuttavia, è anche possibile che l'ASA presenti un flusso di cassa netto negativo. Infatti, l'impresa deve realizzare ingenti investimenti per difendere la propria quota di mercato e per seguire l'espansione del mercato.

Nel III quadrante, denominato *"cash-cow"* (o "vacca da mungere"), si posizionano le ASA contrassegnate da un'*alta* quota di mercato e da un *basso* tasso di sviluppo del mercato. Si tratta di situazioni in cui le prospettive di crescita del mercato sono ormai limitate, ma la posizione competitiva, conquistata tramite i vantaggi di costo derivanti dalla curva di esperienza, assicura, in modo quasi inerziale, soddisfacenti ritorni reddituali, che si traducono anche in flussi di cassa netti positivi. Gli investimenti richiesti sono solitamente modesti, dal momento che la posizione consolidata dell'impresa si abbina ad una scarsa attrattività del business, la cui staticità rende quieti i rivali.

Nel IV quadrante, denominato *"dog"* (o "cane"), si posizionano le ASA contraddistinte da una *bassa* quota di mercato e da un *basso* tasso di sviluppo del mercato. Queste aree di affari si associano spesso a risultati reddituali negativi, anche per via di condizioni di inefficienza rispetto ai concorrenti. Dal punto di vista finanziario, tali ASA presentano, in genere, flussi di cassa netti prossimi allo zero, poiché le ridotte esigenze di investimento limitano i fabbisogni finanziari. Si tratta comunque di ASA di cui occorre valutare attentamente la dismissione, perché comportano uno spreco di risorse, che potrebbero essere meglio impiegate altrove (non a caso, "spugna" o "zavorra" sono altri termini alternativi con cui si denomina il quadrante "dog").

Stanti i profili competitivi di ciascun quadrante, è facile evincere quali siano le indicazioni strategiche scaturenti dalla matrice BCG. Un portafoglio equilibrato si compone di:

– *star*, in quanto si tratta di business in crescita, che non destano preoccupazioni di sorta circa un loro imminente declino, e dove l'impresa è in grado di occupare una posizione dominante;
– *cash cow*, in quanto si tratta di aree d'affari capaci di produrre risorse finanziarie, utili per coprire i fabbisogni finanziari di altre ASA;
– *question mark*, in quanto si tratta di ASA che, se correttamente gestite, potranno evolvere in *star*, riservando percorsi di crescita per l'impresa.

Per contro, nel portafoglio ideale del BCG non c'è spazio per i *dog*: sono attività che, anzi, è bene abbandonare, perché l'assenza di prospettive di sviluppo ne renderebbe azzardata e infruttuosa qualsiasi operazione di investimento.

Quindi, in un percorso evolutivo "ideale" (evidenziato nel grafico con una linea tratteggiata e con frecce che ne indicano la direzione), un'attività strategica dovrebbe esordire come "enigma", evolvere quindi in "stella", per poi trasformarsi "in vacca da mungere", senza mai degenerare nella condizione di "cane".

In verità, si preferisce ridimensionare il valore precettivo del modello BCG, che invece conserva una sua validità se inteso come strumento analitico ed interpretativo, che aiuta a ragionare e ad ordinare le informazioni [31].

Ad impedire un uso troppo disinvolto della matrice BCG sono le "ipotesi" semplificatrici sottese al modello, tra cui: l'assunzione che esista sempre una correlazione positiva tra quota di mercato e *performance* reddituali; la supposizione generale che la curva di esperienza abbia come effetto automatico la riduzione dei costi unitari di produzione [32]; la considerazione che

---

[31] G. INVERNIZZI, *Il sistema delle strategie a livello aziendale*, McGraw-Hill, Milano, 1999, p. 122.

[32] Il concetto di "curva di esperienza" deriva dagli studi ingegneristici sulla "curva di apprendimento". Secondo tali studi, al ripetersi di un'attività produttiva, l'esperienza acquisita con la fabbricazione delle prime unità rende più facile la produzione delle unità successive. Di conseguenza, si è indotti a prevedere che il costo unitario diretto per manodopera e materie prime abbia un andamento decrescente in funzione del numero di unità via via prodotte nel tempo, cioè diminuisca in funzione del volume produttivo cumulato (si parla, infatti, di esperienza "cumulata"). La diminuzione dei costi unitari all'aumentare della produzione cumulata ha indotto alcuni studiosi a considerare la quota di mercato come una variabile importantissima per individuare la forza competitiva di un *business*. I sostenitori di questa tesi propongono la seguente catena di rapporti "causa ed effetto": quota mercato elevata ⇒ volume cumulato elevato ⇒ costo unitario ridotto ⇒ redditività elevata. In realtà, tale automatismo va considerato con grandi cautele. In primo luogo, il concetto di esperienza è valido per lo più per i prodotti indifferenziati, per i quali la competizione avviene prevalentemente in base al prezzo, e dove quindi è essenziale conseguire la *leadership* di costo.

i settori abbiano un ciclo di vita lineare e regolare, con la conseguenza di ignorare l'eventualità (in verità molto plausibile) che settori maturi possano non cadere in declino, ma trovare occasioni per rinnovarsi e rivitalizzarsi.

Inoltre, la quota di mercato e il tasso di sviluppo del mercato non possono considerarsi misure esaustive per accertare la forza competitiva di un'area strategica. In alcuni segmenti, per definire il carattere strategico di un posizionamento, possono risultare più significative altre misure alternative, quali la qualità della R&S, le modalità di utilizzo delle risorse energetiche, la solidità delle relazioni costruite con i lavoratori o con le istituzioni pubbliche, ecc.

Per tale motivo, le altre matrici di portafoglio, elaborate successivamente, hanno utilizzato differenti variabili per misurare l'"attrattività del settore" (in luogo del "tasso di sviluppo del mercato") e la "capacità competitiva" (in luogo della "quota di mercato") [33].

È doveroso comunque ricordare che la matrice BCG ha avuto un immediato ed enorme successo, sia per la semplicità della sua struttura, sia per la razionalità della rappresentazione, tanto da divenire il capostipite di tutta una serie di successivi "modelli di portafoglio", tra cui quello qui di seguito illustrato.

2.3.2. *La matrice McKinsey*

Alcune semplificazioni concettuali insite nel modello BCG sono superate dalla matrice McKinsey, elaborata dalla società di consulenza McKinsey & Company e adottata dalla società multi-business General Electric [34].

Analogamente al modello precedente, la matrice McKinsey mira ad analizzare la posizione competitiva di un'impresa diversificata, per poi suggerire un'eventuale migliore allocazione delle risorse fra le varie attività in portafoglio [35].

In altri contesti, invece, la curva di esperienza assume un rilievo marginale. In secondo luogo, esistono settori che vivono cambiamenti tecnologici così frequenti e repentini da impedire alle imprese che vi operano di beneficiare degli effetti positivi della curva di esperienza. In terzo luogo, l'esperienza non è l'unico *cost driver*, esistendo altre determinanti che incidono sulla dinamica dei costi (per esempio, economie di scala, economie di scopo, innovazioni tecnologiche). Per maggiori dettagli, si rinvia a: R.N. ANTHONY-V. GOVINDARAJAN-D.M. MACRÌ, *Management control systems: tecniche e processi per implementare le strategie*, McGraw-Hill, Milano, 2006, p. 53. Sull'argomento, si veda anche: G. SCIFO, *Le curve di apprendimento*, in *Sviluppo e Organizzazione*, n. 28, marzo-aprile 1975, pp. 29-37.

[33] V. Coda-G. INVERNIZZI-P. RUSSO, *La strategia aziendale*, McGraw-Hill, Milano, 2017, p. 535.

[34] Per tale motivo, il modello è anche noto come matrice "McKinsey-GE".

[35] D. BORSIC-A. DEL CASTILLO-G. DONNA, *Teoremi di strategia*, in *L'Impresa*, 6, 1979, p. 21 e segg.

A tal fine, le singole attività dell'impresa sono classificate secondo due dimensioni: la *posizione competitiva dell'impresa* e l'*attrattività del settore*.

Il modello, tuttavia, si differenzia dalla matrice BCG, da cui è derivata, per la sua maggiore flessibilità, completezza ed organicità. Infatti, i fattori considerati per valutare la posizione competitiva dell'impresa e l'attrattività del settore non sono rappresentati "semplicemente" dalla quota di mercato relativa e dal tasso di sviluppo del mercato, ma prendono in considerazione anche altre variabili considerate strategicamente rilevanti, benché poi siano ricondotte sempre a due soli parametri.

Le variabili da usare nella matrice McKinsey devono essere selezionate in relazione alle caratteristiche dell'impresa e del settore, poiché i fattori critici potrebbero, di volta in volta, essere diversi.

I fattori che, generalmente, sono presi in considerazione per valutare *la capacità competitiva* dell'azienda sono i seguenti [36]:

- quota di mercato (assoluta e relativa) e sua evoluzione;
- dimensione e capacità finanziaria;
- redditività (ROI, ROS, ecc.);
- rischio;
- potenziale di marketing (immagine e reputazione);
- efficienza dei processi e qualità dei prodotti;
- capacità innovativa e *know-how* tecnico;
- capacità di negoziazione con i clienti e i fornitori;
- competenze e *know-how* del management;
- ecc.

I fattori più frequentemente utilizzati per valutare l'*attrattività del settore* sono i seguenti:

- saggio di sviluppo e dimensione del mercato;
- redditività (ROI, ROS, ecc.) del settore e sua stabilità nel tempo;
- posizione nel ciclo di vita del mercato;
- livello tecnologico e potenziale innovativo;
- intensità di capitale;
- intensità e struttura della competizione;
- numero e struttura dei potenziali acquirenti;
- possibilità di sostituzione del prodotto;
- possibilità di interruzione nell'approvvigionamento dei fattori produttivi;
- situazione ambientale (fattori economici, politici, sociali);
- ecc.

---

[36] G. Hinterhuber, *La direzione strategica dell'impresa industriale: le funzioni del direttore generale*, Isedi, Torino, 1979, pp. 46-47.

Per selezionare le variabili più significative in un determinato business sono richieste grandi conoscenze e competenze professionali.

Una volta individuati i fattori strategici più rilevanti per ciascuna delle due dimensioni, occorre procedere ad una loro sintesi, in modo da disporre di due soli parametri, essenziali per la costruzione della matrice [37].

Tale sintesi può essere il frutto di una valutazione quantitativa o qualitativa.

Nel primo caso, si opera una media ponderata delle variabili, dopo averle opportunamente quantificate e pesate.

Nel secondo caso, i responsabili delle *strategic business unit* (SBU) [38], dopo aver attribuito ad ogni variabile un diverso grado di importanza, esprimono la loro valutazione complessiva.

Infine, ogni parametro sintetico viene declinato secondo una scala articolata in tre livelli. Sull'asse verticale sono evidenziati i diversi livelli di attrattività del settore (bassa, media, alta), mentre sull'asse orizzontale sono riportati i diversi livelli della posizione competitiva dell'impresa (bassa, media, alta). Da ciò deriva una matrice composta da nove celle.

Dopo tali passaggi, si dispone di tutti gli elementi necessari per procedere al collocamento delle ASA nella matrice "3x3", traendone alcune indicazioni strategiche.

Un prototipo di matrice McKinsey è riportato nella Figura 5 [39].

In relazione alle diverse combinazioni tra il livello della posizione competitiva e il grado di attrattività del settore, si possono effettuare le seguenti considerazioni:

- quando l'ASA si posiziona in un livello medio-alto in entrambe le dimensioni (si vedano le celle 2, 3, 6), si è in presenza di una unità strategica che ha un futuro promettente e che dovrebbe essere sviluppata e rinforzata, destinando ad essa più risorse;
- quando l'ASA ricade in uno dei quadranti della diagonale che parte dall'alto a sinistra (si vedano le celle 1, 5, 9), è consigliabile reperire infor-

---

[37] R.M. Grant, *Contemporary strategy analysis*, John Wiley & Sons, Chichester, 2010, p. 432.

[38] La *"strategic business unit"* (SBU), in italiano "unità strategica di affari" (USDA), è l'unità "organizzativa" responsabile dell'attività di una o più ASA. La *"strategic business area"* (SBA), in italiano "area strategica di affari" (ASA), è invece un preciso segmento dell'ambiente nel quale l'azienda svolge (o può svolgere) la propria attività. Gli elementi che identificano un'ASA sono: il tipo di bisogno soddisfatto, la tipologia dei clienti serviti, la tecnologia utilizzata e il mercato geografico. La matrice McKinsey, in genere, è rappresentata in termini di SBU, ma per semplicità il modello è ivi commentato in termini di ASA.

[39] Per maggiori approfondimenti sulla matrice McKinsey, si rinvia a: G. Hinterhuber, *La formazione delle strategie industriali sulla base del metodo del portafoglio*, in *Sviluppo e Organizzazione*, n. 38, novembre-dicembre 1976, pp. 23-34; G. Hinterhuber, *La direzione strategica dell'impresa industriale: le funzioni del direttore generale*, cit., pp. 44-55.

mazioni aggiuntive prima di assumere decisioni estreme, ma, nella situazione di attesa, l'impresa dovrebbe continuare ad allocare al business sufficienti risorse per difendere l'attuale livello di attività;

– quando l'ASA si posiziona in livelli medio-bassi in entrambe le dimensioni (si vedano le celle 4, 7, 8), si sarebbe in presenza di un'attività dotata di prospettive così povere da consigliare di disinvestire e di non destinare risorse aggiuntive al business.

In sintesi, la matrice McKinsey, di fronte alle esigenze di colui che deve decidere come allocare le risorse, fornirebbe le seguenti raccomandazioni:

– investire le risorse nelle ASA collocate nella parte medio-alta a destra (celle con i numeri 2, 3, 6), perché l'elevata capacità competitiva e l'elevata attrattività del settore consigliano la realizzazione di *"strategie di sviluppo e investimento"*;

– operare un'attenta selezione delle ASA collocate lungo la diagonale con origine dall'angolo in alto a sinistra (celle con i numeri 1, 5, 9), perché la presenza di situazioni ibride suggerisce l'adozione di *"strategie selettive"*;

– prelevare le risorse dalle ASA collocate nella parte medio-bassa a sinistra (celle con i numeri 4, 7, 8), perché la bassa capacità competitiva e la scarsa attrattiva del settore raccomandano il ricorso a *"strategie di realizzo o disinvestimento"*, in modo da procurarsi la liquidità necessaria per investire in altre attività.

Rispetto al modello BCG, la matrice McKinsey si caratterizza per una maggiore scrupolosità scientifica, poiché, contemplando la flessibilità delle variabili, interpreta il profilo strategico di un certo business non solo in chiave economico-finanziaria, ma in un modo più complesso e, quindi, più realistico.

Tuttavia, i pregi di tale matrice sono, paradossalmente, anche i suoi limiti. La maggiore criticità riguarda l'eccessivo grado di arbitrarietà e di soggettività con cui le diverse variabili possono essere scelte e sintetizzate da chi applica il modello. L'elevata discrezionalità concessa all'utilizzatore della matrice rischia di inficiare l'affidabilità delle considerazioni strategiche e, inoltre, si presta a non poche manipolazioni.

Ciò induce a ribadire che anche tale modello, forse ancora più della matrice BCG, andrebbe apprezzato e utilizzato soprattutto come uno schema interpretativo e ricognitivo, da cui avere spunti di riflessione, mentre è arduo interpretarlo come uno strumento con funzioni normative.

Da ultimo, non si nasconde che l'approccio schematico delle matrici di portafoglio (BCG e McKinsey) ha incrinato persino la loro popolarità di strumenti analitici. Oltre alla discutibilità dei parametri impiegati per identificare la capacità competitiva e l'attrattiva del settore, un aspetto debolmente affrontato dalle matrici riguarda la definizione e la perimetrazione del settore. Un limite ancora più grave è rappresentato dall'assunzione, come ipotesi di base, che i diversi business nel portafoglio siano tra loro indipendenti, distorcendo così la realtà delle aziende, dove in verità le varie attività sono avvinte da forti legami sinergici.

Figura 5 – **La matrice McKinsey**

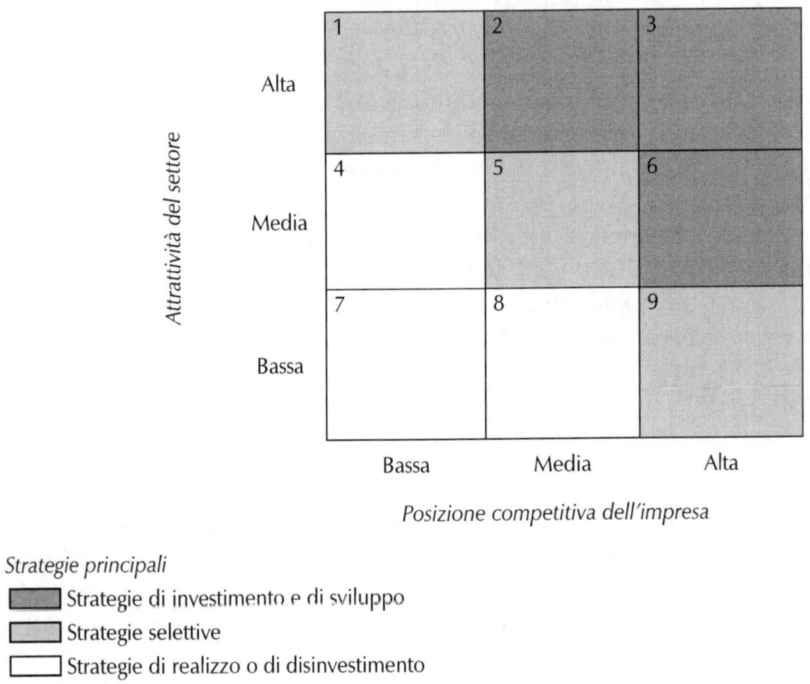

3. *La pianificazione, la programmazione e le previsioni*

La pianificazione e la programmazione sono due attività di cui è difficile stabilire un netto *distinguo*, perché la letteratura ha interpretato i due termini, a volte, come sinonimi, e, altre volte, in modo diverso, con significati che variano da autore ad autore. Tuttavia, in funzione di una loro diversa connotazione temporale e contenutistica, i due termini possono essere interpretati nella seguente maniera.

La "pianificazione" si occupa della dimensione *strategica* della gestione ed ha orizzonti temporali di *lungo termine*.

La "programmazione" riguarda le scelte di gestione *operativa*, tipicamente di *breve* periodo.

In tal senso, si può più opportunamente parlare di "pianificazione strategica" e di "programmazione operativa" [40].

La pianificazione a lungo termine (o *pianificazione strategica*) è il processo che, previa definizione degli obiettivi, sfocia nell'elaborazione dei *piani*, strumentali all'attuazione delle strategie aziendali [41]. La *programmazione operativa* è la fase che si perfeziona con la predisposizione del *budget*, che ha il fine di assicurare il rispetto nel breve termine delle indicazioni contenute nei piani.

La *pianificazione* precede il *budget*, fornendo il quadro di riferimento all'interno del quale esso viene annualmente redatto [42]. Ovviamente, la pianificazione e la programmazione hanno elementi di contiguità, continuità e correlazione così forti che sarebbe azzardato "scindere totalmente i due processi, poiché calibrati collegamenti migliorano l'efficienza nell'impiego delle risorse e poiché comunque sussistono aspetti comuni ed inevitabili connessioni" [43].

Infatti, benché siano diversi l'oggetto delle scelte e l'orizzonte temporale, simile è l'attività mentale esercitata nei due processi. "Tale attività consiste nel definire gli obiettivi da raggiungere e nel decidere ciò che si deve fare in un futuro più o meno lontano, affinché l'impresa, date certe previsioni e assunzioni, e definiti i risultati desiderati, proceda costantemente nella direzione desiderata" [44].

---

[40] L'impostazione adottata in tale sede aderisce alla ben argomentata ricostruzione di: A. Bubbio, *La guida del Sole 24 Ore al budget: principi e soluzioni tecnico-strutturali per tipi d'impresa, modelli e casi per affrontare la complessità gestionale, i legami con la balanced scorecard*, Il Sole 24 Ore, Milano, 2013, pp. 7-12. Dello stesso parere, S. Frova, *Pianificazione*, Giuffrè, Milano, 1986, p. 7 e segg. Ma si vedano anche: R.L. Ackoff, *La programmazione aziendale: principi, metodi, tecniche, obiettivi*, Franco Angeli, Milano, 1973, p. 16 e segg.; E. Santesso, *La contabilità direzionale*, Franco Angeli, Milano, 1987, p. 9.

[41] "La *pianificazione strategica* è il processo attraverso il quale si decidono cambiamenti negli obiettivi di un'impresa, nelle risorse che debbono essere utilizzate nel perseguimento di questi obiettivi e nelle politiche che governano l'acquisizione e l'utilizzo di queste risorse", R.N. Anthony, *Planning and control systems*, Harvard Business School Press, Boston, 1965, p. 16.

[42] R.N. Anthony-V. Govindarajan-D.M. Macrì, *Management control systems: tecniche e processi per implementare le strategie*, McGraw-Hill, Milano, 2006, p. 282.

[43] A. Rugiadini, *La pianificazione d'impresa: aspetti metodologici e organizzativi*, cit., pp. 161-162. Un certo scetticismo sull'utilità di contrapporre la pianificazione strategica alla programmazione operativa è espresso anche da Amigoni, secondo il quale "fare strategia non vuol dire soltanto prendere grandi decisioni, ma significa piuttosto curare con continuità e con attenzione i fattori che pongono l'impresa nella condizione di dominare un mercato", F. Amigoni, *Alcune riflessioni sulla gestione strategica*, in Supplemento a *Sviluppo & Organizzazione*, n. 62, novembre-dicembre, 1980, p. 5.

[44] A. Bubbio, *La guida del Sole 24 Ore al budget: principi e soluzioni tecnico-strutturali per tipi d'impresa, modelli e casi per affrontare la complessità gestionale, i legami con la balanced scorecard*, cit., p. 10.

Se, quindi, a livello concettuale, si può riscontrare una contiguità tra pianificazione e programmazione, altrettanto non può dirsi della previsione, di cui la pianificazione e la programmazione si servono, senza però identificarsi in essa.

La previsione è un'attività strumentale alla pianificazione e alla programmazione, ma non sufficiente per la loro realizzazione. La previsione, infatti, si limita a descrivere i fenomeni futuri con uno scopo puramente conoscitivo e con un atteggiamento neutro [45].

Per contro, la pianificazione e la programmazione implicano l'esercizio di un ruolo "propositivo" nell'affrontare il futuro.

Mentre la previsione individua semplicemente ciò che si ritiene più probabile che possa verificarsi in futuro, le attività di pianificazione e di programmazione presuppongono l'assunzione di un atteggiamento "attivo" nei confronti dei risultati che si vogliono conseguire. Infatti, tramite la pianificazione e la programmazione, l'azienda "decide" come intervenire sul futuro, plasmandolo, manipolandolo, e cercando di volgere il corso degli eventi a proprio favore.

Non a caso, la pianificazione e la programmazione sono da inquadrarsi entrambe come strumenti di supporto alla *direzione* per l'assunzione di decisioni [46].

Di seguito, si analizzano i principali elementi della pianificazione strategica, intesa come processo esplicito, cioè come "pianificazione formale" [47],

---

[45] A. PROVASOLI, *Aspetti introduttivi ad una teoria della pianificazione e della programmazione d'impresa*, in *Scritti in onore di Giordano Dell'Amore*, Giuffrè, Milano, 1969, pp. 1189-1229.

[46] "La contabilità per l'Alta direzione è strumento informativo complessivo, prevalentemente di natura quantitativa, contabile ed extra-contabile, predisposto al fine di orientare e controllare le scelte strategiche e operative dell'impresa nell'ambito del sistema economico in cui essa opera. La contabilità direzionale delle imprese si organizza ai fini del processo decisionale che compete all'Alta direzione aziendale. Tale processo riguarda: la pianificazione della gestione allo scopo di definire le strategie, gli obiettivi e le politiche aziendali; la valutazione e il controllo della gestione allo scopo di apprezzare i risultati conseguiti, correggere gli indirizzi, riproporre nuove scelte; il rendiconto dell'operato amministrativo allo scopo di rappresentare fedelmente il quadro aziendale nei suoi aspetti patrimoniali, finanziari ed economici", G. BRUNI, *Contabilità per l'Alta direzione: il processo informativo funzionale alle decisioni di governo dell'impresa*, Etas, Milano, 1990, p. 136.

[47] Con l'espressione "pianificazione formale" si intende "quel processo organizzativo per mezzo del quale, in occasioni e con modalità definite, il management mira a razionalizzare il comportamento competitivo dell'impresa e dei suoi concorrenti, a definire le linee d'azione future, a prendere decisioni coerentemente con le vie d'azione prescelte, per giungere a formalizzare tutto ciò in un documento di piano", A. CAGLIO, *Il processo formalizzato di pianificazione strategica: l'approccio di Lorange*, in F. AMIGONI-A. CAGLIO (a cura di), *Programmazione e controllo: sistemi di pianificazione e controllo*, Egea, Milano, 2003, p. 69.

diversa dalla semplice pianificazione informale, quasi sempre presente nelle imprese.

4. *La pianificazione strategica*

La pianificazione strategica (talvolta denominata semplicemente "pianificazione" o "programmazione a lungo termine") è "il processo mediante il quale si decide quali programmi intraprendere e l'ammontare, sia pure approssimativo, di risorse da allocare a ciascun programma in un arco temporale pluriennale" [48].

La pianificazione strategica è un tema che ha conosciuto un periodo di grande fermento nel trentennio che va dagli anni '50 alla fine degli anni '70, e cioè quando le grandi aziende complesse statunitensi sentirono l'esigenza di modellare meglio il proprio processo di sviluppo, nel convincimento che il mercato non dovesse essere subìto, ma potesse essere opportunamente governato. Non stupisce, quindi, che la pianificazione sia una materia nata e costruita sul modello delle grandi multinazionali.

Durante quel trentennio il concetto di pianificazione è stato ampiamente approfondito, rivisitato e, successivamente, persino criticato [49].

Secondo alcuni Studiosi, se la superiorità competitiva nasce da salti di discontinuità e da fenomeni anche irrazionali, la pianificazione strategica perderebbe la sua ragion d'essere, dato che la strategia aziendale mal si concilia con gli angusti ambiti della pianificazione, che tendenzialmente mira a formalizzare, ordinare e razionalizzare le azioni future [50].

Inoltre, come affermano le più recenti teorie sulla "caoticità" e sulla "casualità", un moderato disordine è condizione per alimentare il cambiamen-

---

[48] R.N. ANTHONY-W. GOVINDARAJAN-D.M. MACRÌ, *Management control systems: tecniche e processi per implementare le strategie*, cit., p. 232.

[49] Per una disamina delle ragioni che hanno indotto alcuni Studiosi a sostituire la "pianificazione strategica" (*strategic planning*) con la "gestione strategica" (*strategic management*) o, in taluni casi, con la "gestione del cambiamento" (*management of change*), si rinvia a: F. AMIGONI-L. SONGINI (a cura di), *Programmazione e controllo*, Cuem, Milano, 1997; A. BUBBIO (a cura di), *Contabilità analitica per l'attività di direzione*, Unicopli, Milano, 1989, p. 37 e segg.; A. CONSORTI, *L'approccio strategico e l'eccellenza imprenditoriale*, in G. PAOLONE-L. D'AMICO (a cura di), *L'Economia Aziendale nei suoi principi parametrici e modelli applicativi*, Giappichelli, Torino, 2011, p. 405 e segg.; A. POGGI, *Pianificazione e controllo strategico in una logica di apprendimento dinamico*, Giuffrè, Milano, 1998, p. 21 e segg.; L. ZAN, *Quali spazi rimangono per la pianificazione formale*, in V. CONCA (a cura di), *Pianificazione e management*, Cusl, Milano, 1988, pp. 165-175.

[50] H.I. ANSOFF, *Corporate strategy*, McGraw-Hill, New York, 1965; H.I. ANSOFF-R.P. DECLERCK-R.L. HAYES, *From strategic planning to strategic management*, Wiley, New York, 1976; H.I. ANSOFF, *Strategic management*, McMillan Press Ltd, London, 1979.

to, l'innovazione e la creatività, così come la casualità degli eventi è una circostanza ineliminabile, che sempre turberà le prospettiche condizioni dell'equilibrio aziendale [51].

Quindi, a livello interpretativo, terminologico, metodologico e contenutistico, esistono demarcazioni così forti da rendere l'analisi, ma anche la sintesi, dei vari approcci un lavoro non solo arduo e complesso, ma anche inconciliabile con la finalità del presente contributo, il cui scopo è quello di fornire i "principi" della pianificazione strategica [52].

Per aderire a tale proposito, si ritiene che, per chi si accinga ad esplorare un così vasto e complesso argomento, non vi possa esser miglior "sentiero" se non quello delineato da Lorange, che (prima insieme a Vancil [53] e, in seguito, in autonomia [54]) ha apportato un contributo significativo agli studi sulla pianificazione strategica.

L'impostazione di Peter Lorange, pur non essendo esente da critiche, rimane un modello teorico ampiamente condiviso e costituisce ancora oggi un valido e fondamentale punto di riferimento [55].

---

[51] G. PAOLONE, *La concezione sistemica dell'azienda*, in G. PAOLONE-L. D'AMICO (a cura di), *L'Economia Aziendale nei suoi principi parametrici e modelli applicativi*, Giappichelli, Torino, 2011, pp. 43-48; G. PAOLONE, *Il determinismo debole nel pensiero di Aldo Amaduzzi*, in *RIREA*, 3/4, 2011, pp. 115-127.

[52] A titolo puramente esemplificativo, non è un aspetto di poco conto (ed è, in verità, un punto controverso) la questione se la formulazione della strategia vada compresa o meno all'interno della pianificazione. Nel primo caso, la pianificazione non si limiterebbe a garantire la concreta realizzazione della strategia, ma sarebbe luogo di concepimento della stessa. Favorevole a tale soluzione è uno Studioso, secondo cui la pianificazione è "un processo che consiste nel fissare gli obiettivi che si intendono raggiungere, nello scegliere le possibili alternative che si possono seguire per realizzarli e nel coordinare l'uso delle risorse lungo le alternative prescelte", G. EMINENTE, *Pianificazione e gestione strategica dell'impresa*, Il Mulino, Bologna, 1986, p. 120. Di parere contrario, L. BRUSA, *Mappa strategica e business plan*, Giuffrè, Milano, 2011, p. 4.

[53] P. LORANGE-R.F. VANCIL, *Strategic planning in diversified companies*, in *Harvard Business Review*, Jan.-Feb. 1975; P. LORANGE-R.F. VANCIL, *How to design a strategic planning system*, in *Harvard Business Review*, 54, 1976, pp. 75-81; P. LORANGE-R.F. VANCIL, *Strategic planning systems*, Prentice Hall, Englewood Cliffs, 1977.

[54] P. LORANGE, *Corporate planning: An executive viewpoint*, Prentice Hall, Englewood Cliffs, 1980, mentre per l'edizione italiana, con presentazione di Franco Amigoni, si veda: P. LORANGE, *Pianificazione strategica*, McGraw-Hill Libri Italia, Milano, 1990. Si veda anche P. LORANGE (edited by), *Implementation of strategic planning*, Prentice Hall, Englewood Cliffs, 1982.

[55] M. AGLIATI, *Il budget e l'attività di programmazione e controllo per aree funzionali*, in F. AMIGONI, *Misurazioni d'azienda*, II, Giuffrè, Milano, 1988, p. 43 e segg.; S. BARALDI-C. DEVECCHI (a cura di), *I sistemi di pianificazione, programmazione e controllo*, II, Giappichelli, Torino, 1995, p. 233 e segg.; G. FARNETI, *Processi e strumenti di programmazione d'impresa*, Giappichelli, Torino, 2007, p. 9; P. ROFFIA, *Strumenti di pianificazione, controllo e reporting direzionale*, Giappichelli, Torino, 2003, p. 569 e segg.

4.1. *Il modello di Lorange*

Lorange ha una visione molto unitaria e compatta della *pianificazione strategica*, pur nella vastità dei suoi contenuti.

Secondo Lorange, i processi di pianificazione vanno analizzati in relazione al processo di formulazione della strategia.

Tale processo coinvolge tre livelli organizzativi: la direzione generale (che si occupa della strategia d'impresa o aziendale), la direzione divisionale (che si occupa della strategia dell'area di affari), la direzione funzionale (che si occupa della strategia funzionale). Parallelamente, i processi di pianificazione, che conducono alla formulazione di tali strategie, possono essere definiti come: *pianificazione d'impresa o aziendale*, *pianificazione della divisione* e *pianificazione funzionale*.

Ai massimi livelli si fissano gli obiettivi aziendali. La pianificazione aziendale, che conduce alla formulazione della strategia aziendale, è il processo mediante il quale: *i*) si decidono gli obiettivi e si decide anche in quali e quante aree d'affari impegnarsi; *ii*) si acquisiscono le risorse necessarie per realizzare tali obiettivi; *iii*) si ripartiscono le risorse fra le varie aree d'affari, al fine di consentire il raggiungimento degli obiettivi.

A livello di divisione, invece, si formula la strategia di business, individuando l'ambito di competenza dell'area di affari, i suoi specifici obiettivi e le modalità per realizzare tali obiettivi. In tale ambito prevale la preoccupazione di competere con successo in una particolare area di affari.

A livello di sezioni o di funzioni, infine, si elabora una serie di programmi strategici per implementare la strategia divisionale[56].

Non vi è dubbio che una simile stratificazione fa sì che, a tutti i livelli, i dirigenti dedichino del tempo alla riflessione strategica.

---

[56] "Più precisamente, risultano delineati tre differenti livelli. Al livello corporate, troviamo il compito di formulare e implementare le strategie di portafoglio, finalizzate al perseguimento dell'equilibrio tra le varie attività d'impresa: il problema centrale a questo livello consiste nell'allocazione delle risorse sulle varie aree d'affari al fine di realizzare la strategia globale di portafoglio desiderata. A livello di divisione, si enfatizza, invece, l'obiettivo di competere con successo in una particolare area d'affari: anche in questo caso il problema centrale consiste nell'allocazione delle risorse, ma le scelte strategiche si focalizzano su obiettivi più puntuali. Il terzo livello di strategia riguarda i dipartimenti funzionali: in questo caso, il compito consiste nello sviluppo di programmi strategici per l'implementazione di una particolare strategia di area d'affari. Quest'ultimo livello di strategia differisce dagli altri per almeno tre punti importanti: in primo luogo, la strategia a livello di corporate e di divisione implica un'angolazione di osservazione tipica di una direzione generale, mentre alla base della programmazione strategica vi è un'ottica specializzata e funzionale; secondariamente, un programma strategico di funzione ha natura molto più temporanea rispetto alle attività strategiche relative al portafoglio e all'area d'affari; infine, la programmazione strategica riguarda la definizione delle modalità di implementazione, e non la formulazione, di una direzione strategica decisa ai livelli più alti", A. CAGLIO, *Il processo formalizzato di pianificazione strategica: l'approccio di Lorange*, cit., p. 70.

La nozione di pianificazione strategica proposta da Lorange è estremamente interessante e robusta, lasciandosi apprezzare per i suoi notevoli pregi. Nell'impostazione dello Studioso la pianificazione strategica è:

– un meccanismo che coinvolge tre livelli: il livello aziendale, il livello divisionale e il livello funzionale;
– un processo scandito in tre principali fasi, caratterizzate da precise priorità: la fase della *definizione degli obiettivi*, la fase della *programmazione strategica* e la fase della *formulazione del budget*. Le tre fasi, a loro volta, sono continuamente "sorvegliate" da altre due fasi: la fase del *controllo* e la fase degli *incentivi manageriali*;
– un supporto al processo di innovazione e di cambiamento, da cui l'importante conseguenza che la pianificazione strategica non è affatto un freno alla creatività, ma è anzi uno stimolo al cambiamento, che però necessita di essere ordinato, razionalizzato, indirizzato, organizzato, coordinato e condiviso;
– un "processo di assunzione delle decisioni", caratterizzato da un flusso di informazioni continuo e pluridirezionale;
– uno schema fortemente incentrato sul principio di "coerenza", dato che la coerenza deve esistere tra la struttura strategica e la struttura organizzativa, tra le variabili esterne e quelle interne e, in generale, tra tutte le attività che, per quanto diverse, devono rafforzarsi reciprocamente e mirare al conseguimento di un obiettivo globale;
– un meccanismo capace di coniugare l'esigenza della delega con l'esigenza dell'unitarietà di indirizzo;
– un processo dinamico e interattivo, dove procedure, tempi, attori e contenuti sono minuziosamente definiti e collegati;
– un "bisogno" che, potenzialmente, appartiene a "tutte" le aziende, anche se poche ne sono consapevoli, e ancora meno sono quelle in grado di trarne i massimi benefici;
– un fattore che, già in sé, "è" e "fornisce" un "vantaggio competitivo", se le imprese sanno farne un buon uso.

Si precisa che Lorange ha costruito il suo modello teorico avendo come punto di riferimento la realtà dell'impresa divisionale, operante in un contesto nazionale e con divisioni ben distinte, impegnate per lo più in attività industriali. Tale limite è sollevato, ma anche apparentemente risolto, dallo stesso Autore, che suggerisce le modalità con cui adattare il modello generale alle altre casistiche (impresa multinazionale o impresa mono-prodotto) [57].

---

[57] Secondo Lorange, un'impresa monoprodotto potrebbe essere equiparata ad una divisione, alla quale andrebbe assimilata anche per i compiti di pianificazione strategica. Di conseguenza, l'impresa monoprodotto avrebbe solo due livelli di pianificazione strategica, e non più tre. In tale versione ridotta, quindi, verrebbe eliminato il livello strategico di portafoglio.

La pianificazione strategica, quindi, con i dovuti adattamenti, è fondamentale e vantaggiosa per ogni azienda.

Infatti, usando le stesse argomentazioni di Lorange, si può dire che la pianificazione strategica è utile per soddisfare almeno quattro fabbisogni:

– per decidere l'*allocazione* di risorse "strategiche" (intese non solo come risorse finanziarie, ma anche come capacità manageriali, *know-how* tecnologico, ecc.) su cui l'azienda ha la discrezionalità;

– per consentire l'*adattamento*, poiché la pianificazione strategica sprona l'azienda a selezionare le migliori alternative per rispondere alle opportunità/minacce del proprio ambiente;

– per facilitare l'*integrazione*, dato che la pianificazione strategica stimola l'azienda a valorizzare le proprie forze e a minimizzare le proprie debolezze per selezionare, tramite un lavoro di profonda introspezione, le più idonee alternative strategiche;

– per sviluppare le *capacità manageriali*, poiché la pianificazione strategica postula non solo l'esplicitazione e la comunicazione della strategia ai manager, ma richiede anche un loro contributo attivo, essendo essi costantemente sollecitati ad affinare i processi con cui raggiungere gli obiettivi prefissati. Tale coinvolgimento favorisce lo sviluppo della razionalità, della creatività, della professionalità, della condivisione, e, da ultimo, un apprendimento continuo e sistematico.

La pianificazione strategica, dunque, è uno strumento di supporto alla direzione per "l'assunzione di decisioni strategiche" e ha il fine di realizzare nell'impresa un soddisfacente processo di innovazione e di cambiamento. Un sistema formale di pianificazione strategica, che non puntasse sull'innovazione e sul cambiamento, sarebbe inutile, oltre che destinato all'insuccesso.

La pianificazione strategica, inoltre, risponde all'esigenza dell'impresa di *adattarsi* alle opportunità e/o minacce ambientali e di *integrare* le proprie attività operative in modo efficiente, capitalizzando i punti di forza interni ed attenuando i punti di debolezza.

L'articolato modello teorico di Lorange è illustrato nella Figura 6.

Come si deduce dal grafico, la pianificazione strategica può essere analizzata secondo una dimensione *orizzontale*, scandita da precisi "cicli" temporalmente ordinati, e secondo una dimensione verticale, in relazione ai diversi "livelli" organizzativi e direzionali. Ad ogni livello organizzativo corrispondono diversi organi direttivi, ciascuno dei quali ha differenti, ma integrati e convergenti, compiti strategici.

La direzione generale ha il compito di sviluppare un'accorta strategia di portafoglio per contemperare un equilibrato rapporto rischio/redditività, individuando un valido insieme di aree d'affari o di business in cui competere.

Il direttore di divisione ha il compito strategico di migliorare il successo e la posizione competitiva dell'area di affari in cui l'azienda opera [58].

Il direttore di funzione (per esempio, il direttore della R&S, della produzione, della distribuzione, del marketing) ha il compito di contribuire all'implementazione della strategia divisionale, supportando con le proprie competenze specialistiche il successo competitivo dell'area d'affari, anche grazie ad una stretta collaborazione interfunzionale.

Ovviamente esistono punti di contatto, di intersezione e anche di accavallamento tra i vari livelli di strategia. Per esempio, la scelta della direzione generale sulle aree di affari condiziona l'area di competenza strategica delle divisioni, così come la definizione dei mercati da parte del direttore di divisione diventa un vincolo per le scelte strategiche di pertinenza della direzione di marketing.

Figura 6 – **Il modello teorico del processo di pianificazione strategica**

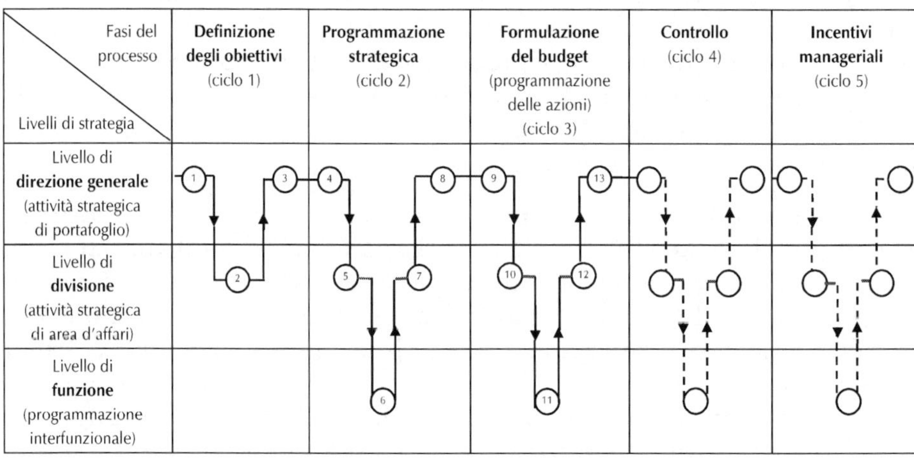

Fonte: LORANGE, *Pianificazione strategica*, cit., p. 71.

Spostando l'attenzione lungo la dimensione orizzontale, si nota che il processo di pianificazione strategica si snoda attraverso una sequenza continua di "cicli" che, come si vedrà oltre, sono articolati in vari "*step*".

Nel ciclo I, denominato fase della "definizione degli obiettivi", lo scopo primario consiste nell'identificare gli obiettivi (globali e divisionali) e le più pertinenti alternative strategiche per conseguirli.

[58] L'area di affari, in genere, comprende più di un prodotto o di un mercato, ragion per cui la strategia della divisione può essere interpretata come una strategia di portafoglio di prodotti e/o mercati, cioè una strategia di portafoglio, simile a quella dell'impresa.

Questo momento di orientamento strategico deve svilupparsi sia a livello di *direzione generale*, sia a livello di *responsabili divisionali* (come si nota dalla Figura 6).

Le alternative strategiche più pertinenti sono individuate alla luce delle opportunità e delle minacce che caratterizzano l'impresa nel suo complesso e le singole aree di affari, nel rispetto della funzione di *adattamento* sopra ricordata.

A livello d'impresa, l'individuazione di minacce e opportunità è indispensabile per realizzare un'innovativa strategia di portafoglio, ossia per maturare decisioni di investimento in nuove aree di attività e/o decisioni di disinvestimento da aree di affari non più strategicamente rilevanti.

Solo esplorando e scrutando l'ambiente è possibile capire quale sia il miglior modo per adattarsi ad esso. Tramite tale analisi, che sfocia nella definizione degli *obiettivi aziendali* e degli *obiettivi divisionali*, l'impresa definisce il proprio orientamento strategico, e cioè *"dove ha deciso di andare"*. In assenza di questa fase, tutte le fasi successive del processo di pianificazione strategica risulterebbero compromesse nella loro affidabilità. Si puntualizza che l'"adattamento" alle circostanze dinamiche non va interpretato come un atteggiamento passivo, nulla escludendo che si possano promuovere azioni con cui "anticipare" e "provocare" le forze che agiscono nel sistema economico, sfruttandole a proprio vantaggio. In tale ciclo, la direzione generale chiede alle divisioni di redigere i propri *piani divisionali* strategici di lungo termine.

Nel ciclo II, denominato fase della *"programmazione strategica"*, si elaborano i *programmi strategici*, ossia i *piani*[59]. Tali programmi sono riferiti alle singole aree di affari e devono specificare le modalità di realizzazione degli obiettivi definiti nella fase precedente. Se nella prima fase l'impresa decide dove vuole andare, con la seconda fase l'impresa decide *"come arrivarci"*.

Per risultare competitiva, l'impresa deve sfruttare i propri punti di forza e compensare i propri punti di debolezza, nel rispetto della funzione di *integrazione* sopra ricordata.

I *programmi strategici* delle singole aree di affari sono proiettati su un orizzonte temporale esteso e sono sviluppati in una logica interfunzionale. Lo sviluppo dei *programmi strategici* si fonda, quindi, soprattutto sulle competenze specialistiche e sulle abilità collaborative dei direttori di fun-

---

[59] Illustrando la fase di programmazione strategica di Lorange, uno Studioso così scrive: "Si tratta di elaborare programmi strategici che, in quanto riferiti alle singole aree di affari, si sviluppano a livello divisionale. È infatti in sede di programmazione strategica che gli indirizzi di ordine generale vengono tradotti in piani di azione o progetti che, oltre a proiettarsi in un intervallo temporale comprendente più periodi amministrativi, troveranno attuazione attraverso specifiche strategie elaborate a livello funzionale", M. AGLIATI, *Il budget e l'attività di programmazione e controllo per aree funzionali*, cit., pp. 45-46.

zione che operano all'interno di ciascuna area divisionale, chiamati ad elaborare i *programmi* (o *piani*) *strategici di funzione*. Tali *piani*, in cui si articola il *piano divisionale*, non devono essere eccessivamente dettagliati per non precludere un approccio implementativo di tipo creativo e innovativo.

Ogni responsabile di divisione e i suoi responsabili di funzione devono trovare un accordo preliminare sui *programmi strategici*. La divisione coordina i *programmi strategici* sviluppati in logica interfunzionale e sceglie quelli più consoni agli obiettivi della divisione.

I *programmi strategici*, molteplici per numero e per natura, possono riguardare: attività già esistenti (per esempio, programmi di marketing per rilanciare una linea di prodotto già esistente); nuove attività (per esempio, programmi di ricerca per realizzare nuovi prodotti o nuovi processi); attività di supporto (per esempio, programmi informativi per agevolare le funzioni direzionali); miglioramenti dell'efficienza (per esempio, programmi produttivi per migliorare l'efficienza dei processi di produzione).

Nel ciclo III, denominato fase della *"programmazione delle azioni"*, si elabora il budget, ossia una serie più dettagliata di *"programmi di azioni"*, articolati per funzioni e riguardanti il successivo periodo amministrativo. Tale fase consiste nella definizione delle attività da eseguire nel breve termine per *implementare* i programmi strategici.

Il *budgeting* comporta l'attribuzione alle varie unità organizzative e ai relativi gruppi direttivi degli specifici compiti da svolgere e, congiuntamente, l'assegnazione delle risorse finanziarie necessarie per implementare i programmi funzionali, secondo un ben definito quadro di responsabilizzazione formale [60].

Tra il *budgeting* e la *programmazione strategica* esiste una stretta correlazione: infatti, solo dopo aver definito un insieme di *programmi strategici*, è possibile fissare una più dettagliata serie di *programmi d'azione* per l'anno a venire. In altri termini, "i budget dovrebbero rappresentare il naturale complemento dei programmi strategici, riformulando le conseguenze di breve periodo dei programmi lungo dimensioni funzionali" [61].

Il processo di pianificazione strategica si completa e si rinforza con altre due fasi, che in verità sono simultanee e continue rispetto alle tre precedenti fasi. Si tratta della fase del *controllo* e della fase degli *incentivi manageriali*.

---

[60] "Il momento conclusivo del processo di pianificazione strategica è costituito dal processo di *budgeting* in cui i programmi di azione strategica, riferiti alle singole aree di affari, sviluppati in logica interfunzionale e generalmente proiettati su intervalli temporali estesi, vengono tradotti in budget o programmi funzionali e obiettivi volti ad orientare la gestione nel breve periodo", M. AGLIATI, *Il budget e l'attività di programmazione e controllo per aree funzionali*, cit., pp. 45-46.

[61] P. LORANGE, *Pianificazione strategica*, McGraw-Hill Libri Italia, Milano, 1990, p. 63.

La fase del *controllo* (o di *monitoring*) ha il fine di misurare, mediante un monitoraggio continuo, i progressi conseguiti nelle tre precedenti fasi, per quanto concerne il conseguimento degli *obiettivi*, la realizzazione dei *programmi strategici* e l'esecuzione del *budget*.

Tale fase, deputata ad analizzare in ottica anche critica i risultati raggiunti nei tre precedenti stadi, deve registrare e gestire eventuali scostamenti rispetto alla direzione desiderata, tramite un costante e tempestivo processo auto-correttivo. Determinate deviazioni, rispetto a quanto prestabilito, possono suggerire modifiche e revisioni degli obiettivi, dei programmi strategici o dei budget.

Si sottolinea che la bontà del processo di pianificazione strategica scaturisce proprio dall'attivazione di un ciclo iterativo di retroazione, che sarà tanto più efficace quanto più equilibrato è il grado di interattività tra tutti i soggetti variamente coinvolti.

Affinché il sistema di controllo non assuma una natura fiscale o coercitiva, è importante discutere e concordare con ogni responsabile gli obiettivi sfidanti loro affidati, così da garantire che i criteri utilizzati per promuovere la partecipazione dei singoli siano stimolanti, ma non frustranti.

La fase degli *incentivi manageriali* è, invece, finalizzata a garantire la massima motivazione e determinazione dei manager nel contribuire all'elaborazione e all'implementazione della strategia.

Gli incentivi con cui potenziare l'impegno del management possono essere monetari (ricompense, *bonus*, diritti di opzione), non monetari (benefici accessori, promozioni, esercizio di nuove mansioni e/o maggiori spazi di autonomia) e comportamentali (lodi formulate in sede riservata, elogi pubblici, ma anche critiche costruttive).

Naturalmente, tra i vari cicli deve esistere una coerenza complessiva, onde evitare ostacoli e disfunzionalità nella progettazione e nell'implementazione del sistema di pianificazione strategica. Per migliorare la consapevolezza, la comprensione, la condivisione e il successo del processo, è essenziale che all'interno dell'organizzazione, durante le varie fasi, vi sia un fitto e continuo scambio di informazioni, sia dall'alto verso il basso, sia dal basso verso l'alto.

Per maggiore chiarezza, è utile ripercorrere gli "step" che caratterizzano i tre principali cicli della pianificazione strategica, coincidenti con le fasi di *definizione degli obiettivi*, *programmazione strategica*, *formulazione del budget* (Figura 6).

Nel ciclo di *definizione degli obiettivi* (ciclo I) si ha il punto di partenza di tutto il processo di pianificazione strategica. Il CEO (*chief executive office* o amministratore delegato), sulla base di ipotesi di scenario, prospetta, a livello aziendale, i possibili obiettivi di lungo termine, anche alla luce delle opportunità e delle minacce ambientali, e dei punti di forza e di debolezza aziendali (step 1).

Successivamente, ogni direttore di divisione predispone il documento dell'area di affari, motivando l'attrattività della propria combinazione prodotto/mercato. Propone, inoltre, una serie di obiettivi della divisione, in termini di posizionamento competitivo desiderato, anche alla luce delle minacce e delle opportunità intraviste nell'ambiente di riferimento. Procede, infine, ad una stima del fabbisogno di risorse necessarie per raggiungere il posizionamento strategico desiderato (step 2).

Dopo aver ricevuto dalle divisioni i vari rapporti, il CEO definisce la strategia di portafoglio, che può prevedere anche l'acquisizione di nuove aree di affari. Tale ciclo si chiude con l'approvazione degli obiettivi a livello di impresa e di divisione (step 3).

Il ciclo della *programmazione strategica* (ciclo II) è attivato nuovamente dal CEO, che chiede alle varie divisioni di predisporre i *programmi strategici* (*piani*) con cui intendono perseguire gli obiettivi specifici delle loro aree d'affari (step 4).

Ogni direttore di divisione illustra ai propri responsabili di funzione la strategia dell'area di affari, gli obiettivi generali e gli obiettivi specifici. Chiede, inoltre, ai responsabili delle funzioni di predisporre *programmi strategici* alternativi (step 5).

A questo punto, i responsabili delle funzioni stilano vari *programmi strategici* alternativi, che possono evidenziare anche l'opportunità di sviluppare un nuovo prodotto o di rinnovare il processo tecnologico. Tali *programmi strategici*, che sono frutto di una collaborazione interfunzionale, sono presentati al direttore della divisione (step 6).

Il direttore della divisione seleziona i programmi strategici che risultano più meritevoli, purché in linea con gli obiettivi della divisione. Predispone, quindi, un "pacchetto" di programmi strategici in grado di soddisfare gli obiettivi della divisione. Il pacchetto dei programmi strategici, comprensivo delle stime dei flussi finanziari attesi, è proposto al CEO (step 7).

Il CEO valuta i pacchetti presentati dai responsabili delle divisioni, rapportandoli alla strategia di portafoglio. Il CEO decide, quindi, le modalità di allocazione delle risorse tra i vari programmi strategici divisionali di lungo termine, senza precludersi la facoltà di destinare una parte dei fondi all'acquisizione di nuove aree di affari (step 8).

Il *ciclo di budgeting* (ciclo III) è avviato sempre dal CEO, che chiede ai manager divisionali di predisporre i budget di divisione, ricordando loro l'esigenza di garantire uno svolgimento delle attività di breve termine in conformità e in vista degli obiettivi di lungo termine (step 9).

I direttori divisionali comunicano i programmi strategici e gli obiettivi divisionali ai responsabili delle rispettive funzioni, chiedendo loro di predisporre i *budget funzionali* (step 10).

I responsabili delle funzioni preparano i budget richiesti, sottoponendoli poi al direttore della divisione per l'approvazione (step 11).

Il direttore della divisione coordina, revisiona e approva i *budget funzionali*, che vengono poi integrati nel *budget della divisione*, presentato al CEO per l'approvazione centrale (step 12).

Il CEO, dopo essersi sincerato che le azioni di breve termine siano strumentali all'implementazione della strategia di portafoglio, consolida i *budget divisionali* all'interno del *budget complessivo* dell'impresa, oggetto anche esso di approvazione (step 13).

Ovviamente, il rispetto di un'agenda così fitta di impegni si fonda sulla suddivisione dei compiti e sulla "gerarchizzazione" dei processi decisionali, perché, come già precisato, la direzione generale è responsabile della strategia di portafoglio, la direzione di divisione è responsabile della strategia dell'area di affari, la direzione di funzione deve supportare la strategia dell'area di affari.

Tale distribuzione di ruoli favorisce la specializzazione e la professionalità all'interno dell'organizzazione.

La pianificazione strategica deve garantire l'integrazione, e cioè la coerenza dei piani di diversa durata e di natura parziale, privilegiando l'ottica di un *piano generale* con una proiezione nel futuro più estesa possibile. Tale armonizzazione è garantita proprio dal coinvolgimento di molteplici manager. Inoltre, la pianificazione deve possedere i caratteri della *continuità* e della *flessibilità*. Il carattere delle *continuità*, oltre a quanto già detto, implica che la pianificazione deve essere un'attività sistematica, e non un'attività episodica, sporadica o transitoria. Il carattere della *flessibilità*, strettamente connesso alla dimensione della continuità, implica che i piani non devono essere rigidi ed immutabili, ma suscettibili di tempestive modifiche, grazie ad un circuito informativo molto fluido, dinamico e reattivo [62].

4.2. *La redazione dei piani*

I *piani* sono i documenti che formalizzano le azioni da intraprendere nel medio-lungo termine.

Di norma, tali documenti coprono un arco temporale di 3-5 anni.

Oltrepassare tale orizzonte temporale sarebbe imprudente, poiché i fenomeni futuri verrebbero delineati e quantificati in un modo così vago da rendere l'esercizio di pianificazione del tutto inutile o inaffidabile. Di converso, utilizzare un orizzonte temporale inferiore al triennio è penalizzante, perché impedirebbe di considerare tutti gli effetti di programmi strategici che, in genere, hanno conseguenze lungo l'arco di più anni [63].

---

[62] I. MARCHINI, *La pianificazione strategica a lungo termine nell'impresa industriale*, Giappichelli, Torino, 1967, pp. 30-33.

[63] Sulla pianificazione, si vedano: ANTONIO AMADUZZI, *La pianificazione nell'economia*

Il *piano*, pur essendo pluriennale, è articolato in "N" periodi annuali.

Trascorso il primo anno del *piano*, si procede annualmente al suo aggiornamento, non solo per rivedere la correttezza delle previsioni per le annualità non ancora trascorse, ma anche per aggiungere le previsioni di un ulteriore anno, in modo da garantire la costanza degli anni (3 o 5) coperti dal *piano*.

I documenti in cui si formalizza il processo di pianificazione possono assumere varie forme, ma devono comunque garantire la rappresentazione (parziale e globale) degli aspetti economici, finanziari e patrimoniali connessi alle azioni programmate nell'orizzonte temporale prescelto.

Per quantificare in via preventiva tali effetti, occorre partire dagli *obiettivi globali* d'impresa e prefigurare le attività necessarie per il loro conseguimento.

Gli obiettivi *globali* di lungo termine (o obiettivi *finali* o obiettivi di I livello) devono essere successivamente articolati in obiettivi *intermedi* (o subobiettivi o obiettivi *strumentali* o obiettivi di II, III, IV, ... livello).

Gli *obiettivi globali* si riferiscono all'azienda nel suo complesso, mentre gli obiettivi *intermedi* riguardano le divisioni, le funzioni, i reparti, ecc.

Gli obiettivi di livello superiore "determinano" gli obiettivi di livello immediatamente inferiore che, a loro volta, devono "convalidare" e "realizzare" gli obiettivi del livello immediatamente superiore [64].

Gli *obiettivi globali* esplicitati nei *piani* di impresa riguardano soprattut-

---

dell'azienda industriale, Giappichelli, Torino, 1961; B. CAMPEDELLI, *Il piano di impresa: dall'ideazione strategica all'implementazione nei processi direzionali di pianificazione e controllo*, Giappichelli, Torino, 2004; R. D'ANNA, *Sistemi decisionali e strumenti di programmazione: il metodo degli scenari strategici*, Giappichelli, Torino, 2004; F. FONTANA, *I piani e programmi di impresa*, Cedam, Padova, 1984; S. ORSI-L. SANTORO, *Pianificazione e controllo: modelli e strumenti operativi*, Il Sole 24 Ore, Milano, 2007; G. PAOLONE, *L'economia aziendale e la ragioneria nella teoria e nelle specializzazioni*, Franco Angeli, Milano, 2011, pp. 223-235; V. RIVA, *Pianificazione aziendale: planning, marketing strategico, budgeting*, Gruppo editoriale Jackson, Milano, 1986; A. RUGIADINI, *Quattro modi di «non» pianificare*, in *Sviluppo e Organizzazione*, n. 23, maggio-giugno, 1974, pp. 9-22.

[64] "Posto l'obiettivo globale 'ottenere in cinque anni un reddito pari all'8%-10% del capitale investito', si studierà se e come esso possa essere raggiunto. Si potrà così metter in luce che, con gli obiettivi di funzione 'incrementare le vendite del prodotto X al tasso del 15% l'anno', 'migliorare l'efficienza della funzione commerciale e ridurre così la percentuale del costo di tale funzione rispetto alle vendite', 'ridurre i costi industriali del 2% in cinque anni', ecc., si otterrà un rapporto reddito/capitale del 9% ed in questo senso verrà convalidato e definito l'obiettivo globale. Se, anziché il 9%, gli obiettivi di funzione portassero ad un risultato previsto del 6%, si potrà o modificare l'obiettivo globale originale, oppure cercare altri obiettivi di funzione che consentano il raggiungimento dell'obiettivo globale nella sua espressione originale. E così via in un flusso di reazioni bidirezionali fino alla definitiva fissazione dell'obiettivo globale e degli obiettivi di funzione", S. CARNAROLI, *Tecnica della programmazione aziendale a lungo termine*, Franco Angeli, Milano, 1972, p. 90.

to la dimensione *"economico-finanziaria"* e sono sovente enunciati in termini di[65]:

- soddisfacente tasso di rendimento a lungo termine del capitale investito nell'impresa;
- massimizzazione della redditività del capitale investito;
- massimizzazione del valore di mercato dell'impresa;
- massimizzazione del valore economico dell'impresa;
- incremento o massimizzazione della quota di mercato;
- sviluppo dell'impresa;
- sopravvivenza dell'impresa;
- mantenimento dell'occupazione;
- ecc.

Gli *obiettivi intermedi* espressi a livello di ASA (o divisioni) sono molto simili agli *obiettivi globali*, ma sono formulati e declinati a livello di specifico business presidiato, ferma restando la necessità di una loro coerenza e strumentalità in vista del raggiungimento degli *obiettivi globali*.

Gli *obiettivi intermedi* delle singole *funzioni* sono esplicitati in modo quantitativo (tempi, volumi, risorse) e, a volte, qualitativo, e variano in relazione alle diverse aree funzionali. In particolare, tali *obiettivi intermedi* possono essere espressi:

- per la *funzione "commerciale"* in termini di: volumi di vendita, livelli di fatturato, quota di mercato per singolo prodotto, immagine di mercato, ecc.;
- per la *funzione "produzione"* in termini di: volumi di produzione, capacità produttiva, qualità dei prodotti, livello di efficienza, ecc.;
- per la *funzione "ricerca e sviluppo"* in termini di: realizzazione di nuovi prodotti/processi, sviluppo di nuove conoscenze scientifiche, politica dei brevetti, ecc.;
- per la *funzione "organizzazione"* in termini di: valorizzazione delle risorse umane, miglioramento delle competenze, riduzione dei livelli di assenteismo e di *turn over*, reperimento delle migliori professionalità per le posizioni chiave, ecc.;
- per la *funzione "finanza"* in termini di: struttura e situazione finanziarie, tasso di indebitamento, distribuzione dei dividendi, ecc.;
- per la *funzione "amministrativa"* in termini di: adeguatezza degli strumenti informativi, tempestività delle procedure contabili, ecc.

---

[65] L. BRUSA-F. DEZZANI, *Budget e controllo di gestione*, Giuffrè, Milano, 1983, p. 23 e segg. Gli Autori precisano che la quantificazione dell'obiettivo globale di "soddisfacente tasso di rendimento a lungo termine del capitale investito" è influenzato sia dalle *motivazioni-attese* dei soggetti che partecipano al processo produttivo aziendale sia dalla *responsabilità sociale* dell'impresa, che deve dimostrare di concorrere alla soluzione di rilevanti problemi sociali.

Gli *obiettivi funzionali*, pur essendo di natura molto diversa, devono essere formulati in modo fortemente integrato.

Ogni *piano funzionale* deve contenere, oltre agli specifici obiettivi, le previsioni dei ricavi e/o dei costi, nonché degli investimenti.

Nel caso di un'azienda mono-business, le grandezze monetarie espresse nei singoli *piani funzionali* sono opportunamente consolidate e sintetizzate nel *piano generale*, approvato generalmente dall'alta direzione [66].

La Figura 7 sintetizza graficamente i contenuti, i collegamenti e le fasi di elaborazione del *piano globale*, ipotizzando una copertura temporale di 5 anni.

Il *piano generale*, detto anche *piano globale*, in quanto riguarda l'impresa nel suo complesso, si compone dei seguenti piani [67]:

1. *piano economico*;
2. *piano degli investimenti*;
3. *piano finanziario*;
4. *piano patrimoniale*.

Il *piano economico* sintetizza i costi ed i ricavi delle singole funzioni ed esprime i risultati economici che l'azienda prevede di realizzare in ciascuno degli anni del *piano*.

Il *piano degli investimenti* espone, per ogni singolo anno, gli impieghi in capitale fisso previsti dalle singole funzioni per raggiungere gli obiettivi programmati.

Il *piano finanziario* quantifica, per ogni singolo anno, i fabbisogni finanziari e le relative fonti.

Il *piano patrimoniale*, infine, evidenzia, per ogni singolo anno, gli effetti delle azioni pianificate sulle attività, sulle passività e sul patrimonio netto aziendale.

Il primo anno del *piano* trova un momento di più puntuale perfezionamento/attuazione nell'elaborazione del budget.

Ovviamente, il sistema di pianificazione, per conservare la sua validità senza autodistruggersi, necessita di una continua manutenzione, oltre che di personalizzate configurazioni.

In funzione sia del contesto ambientale, sia delle dimensioni e delle complessità aziendali, il fabbisogno della pianificazione andrà variamente soddisfatto. Tuttavia, è innegabile che l'esercizio della pianificazione sia connaturato all'essenza stessa dell'attività di impresa, il cui economico go-

---

[66] In tale sede si esamina solo il caso delle aziende mono-business. Si precisa però che, nel caso di aziende divisionali, i piani funzionali vengono consolidati a livello di divisione, mantenendo un'articolazione funzionale. I piani delle divisioni sono poi sintetizzati a livello aziendale.

[67] S. CARNAROLI, *Tecnica della programmazione aziendale a lungo termine*, cit., p. 162.

Figura 7 – **La struttura dei piani**

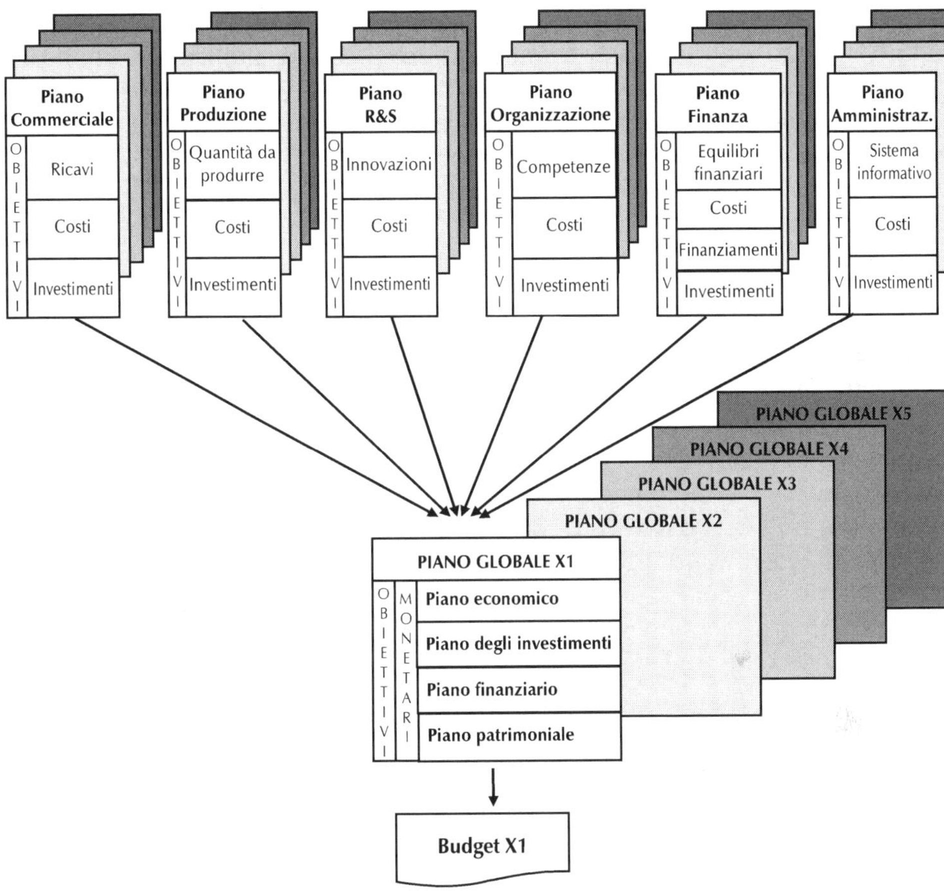

Fonte: Adattamento da CARNAROLI, *Tecnica della programmazione aziendale a lungo termine*, cit., p. 163.

verno richiede la capacità di prevedere certi mutamenti, nonché la capacità di organizzare i mezzi internamente disponibili per sfruttare tali mutamenti a vantaggio della continuità nel lungo andare.

In definitiva, si reputa che la pianificazione strategica, a prescindere dai modelli di riferimento o dalle specificità aziendali, non sia un paradigma destinato a tramontare, ma anzi uno strumento indispensabile per assicurare la competitività e la sopravvivenza delle aziende in un ambientale segnato da crescenti elementi di dinamismo, volatilità, turbolenza, incertezza e complessità.

5. *La programmazione operativa e il budget*

La presente sezione ha il fine di illustrare le finalità, il processo e i documenti del budget, che ha stretti collegamenti con la pianificazione. Il primo anno del piano pluriennale è, infatti, il punto di sutura tra la pianificazione strategica e la programmazione operativa, che si serve del budget per razionalizzare le scelte di breve periodo.

Dopo alcune nozioni di carattere generale, volte ad inquadrare il budget come uno strumento "multi-obiettivo" e "multiforme", si spiegano le sottostanti tecniche di costruzione.

Si premette che gli aspetti più tecnici sono esaminati privilegiando l'ottica di un'azienda manifatturiera.

Tale precisazione è d'obbligo, perché nella redazione del budget esistono, a livello pratico, diverse soluzioni, giustificate da una diversità tipologica e da una complessità aziendale che è giusto rispettare.

Come già menzionato, la *programmazione operativa* ha il compito di tradurre gli obiettivi di medio-lungo termine, definiti in sede di *pianificazione strategica*, in obiettivi di breve termine, cioè in obiettivi ancorati ad un arco temporale di riferimento più ristretto e ravvicinato.

Il budget rappresenta quindi il momento di attuazione e di implementazione di quanto previsto nel primo anno del piano.

Ne consegue che, dal punto di vista contenutistico, la programmazione deve definire, in linea con quanto previsto nei piani, gli *obiettivi* economici, finanziari e patrimoniali da raggiungere a *livello globale* nel *breve periodo* [68].

In sede di programmazione, i risultati da raggiungere nel breve termine sono riconducibili a:

– *obiettivi* di *redditività*, che possono essere rappresentati da: reddito netto, reddito operativo aziendale (ROA o EBIT, *earnings before interest and taxes*), margine operativo lordo (MOL o EBITDA, *earnings before interest, taxes, depreciation and amortization*), redditività dei mezzi propri (ROE, *re-*

[68] "Il punto di partenza 'logico' del processo di formazione del budget aziendale è la chiara definizione degli obiettivi generali che si vogliono raggiungere per il prossimo esercizio. Questi obiettivi, a loro volta, discendono da quelli della pianificazione strategica, rispetto ai quali hanno una funzione strumentale. In altre parole, l'azienda si propone di realizzare certi obiettivi per l'anno di budget, in modo tale da rendere possibile il raggiungimento degli obiettivi della pianificazione. Gli obiettivi di budget sono, come quelli del piano, di varia natura. Tuttavia essi debbono essere sintetizzati in termini economico-finanziari; a questo proposito occorre rammentare che, partendo da certi obiettivi con elevato grado di sintesi e scomponendoli in sub-obiettivi via via più analitici, è possibile costruire un *quadro organico* degli obiettivi economico-finanziari della gestione d'impresa, che lega in forma di sistema i vari traguardi particolari ritenuti importanti per garantire l'equilibrio di gestione", L. BRUSA-F. DEZZANI, *Budget e controllo di gestione*, Giuffrè, Milano, 1983, pp. 105-106.

turn on equity), redditività del capitale investito (ROI, *return on investment*), redditività delle vendite (ROS, *return on sales*), indice di copertura degli oneri finanziari (ICR, *interest coverage ratio*, dato dal rapporto tra EBIT e *interest expense*), ecc.;

– *obiettivi* di *liquidità*, che sono riconducibili a: indici di liquidità primaria e secondaria, margine di tesoreria, capitale circolante netto, posizione finanziaria netta, flusso di cassa operativo (*operating cash flow*), ecc.;

– *obiettivi* di *solidità*, espressi da: indice di indipendenza finanziaria, indice di copertura delle immobilizzazioni, margine di struttura, ecc.;

– *obiettivi* di *sviluppo*, rappresentati da: tasso di variazione del capitale investito, tasso di variazione dei mezzi propri, tasso di variazione delle vendite, ecc.

Gli obiettivi di breve termine possono essere formulati in termini assoluti (per esempio, definendo l'ammontare dell'utile da raggiungere) oppure, come più spesso avviene, in termini relativi e in forma di percentuali (per esempio, stabilendo il raggiungimento di un ROE del 7%, e/o di un ROI del 10%, ecc.).

Si sottolinea, inoltre, che nella prassi hanno assunto un'importanza crescente gli indicatori di natura finanziaria, anche per via di una contrattualistica bancaria sempre più stringente e vincolante per le imprese che desiderano accedere ai finanziamenti.

Gli *obiettivi globali di breve termine*, variamente formulati, costituiscono il "punto di partenza" per tutta la fase di programmazione, che trova una sua concreta espressione nel budget.

Tramite il budget, l'azienda programma le azioni da intraprendere nel *breve termine*, perseguendo l'efficacia e l'efficienza a livello di sistema.

Il budget si propone, quindi, come strumento di perseguimento dell'ottimo a livello globale, operato per mezzo della sintesi di una serie di ottimizzazioni ricercate localmente. Infatti, gli *obiettivi globali* aziendali sono tradotti e scomposti in obiettivi *intermedi e/o parziali* che le varie unità organizzative, in cui risulta articolata l'azienda, devono raggiungere tramite le risorse loro assegnate. L'unitarietà aziendale viene garantita dall'alta direzione tramite l'integrazione e il coordinamento delle attività poste in essere dalle diverse unità organizzative.

Ne consegue che uno dei presupposti per l'utilizzo del budget è l'articolazione dell'azienda per *centri di responsabilità*.

Il *centro di responsabilità* "è definibile come un segmento dell'azienda governato da un manager che ha la responsabilità delle attività che vi si svolgono e del raggiungimento di uno specifico obiettivo economico" [69].

---

[69] F. AMIGONI-A. CAGLIO, *Budget*, Egea, Milano, 2017, pp. 55-56. Il centro di responsabilità è stato definito anche come una "unità organizzativa guidata da un capo che ha

I criteri in base ai quali segmentare l'azienda per definire i *centri di responsabilità* sono molteplici e fanno principalmente riferimento alle funzioni, ai prodotti/linee di prodotto/servizi offerti, ai clienti e ai canali distributivi, alle aree geografiche di mercato.

Per una migliore comprensione del budget, è opportuno chiarirne:

- le definizioni;
- le funzioni;
- gli aspetti contabili;
- gli aspetti tecnici;
- gli aspetti organizzativi.

5.1. *Le definizioni del budget*

Nella prassi e nella dottrina, il termine "budget" ricorre con una pluralità di significati.

In un'accezione tecnica, il budget indica "un programma di gestione aziendale, tradotto in termini economico-finanziari, che guida e responsabilizza i manager verso obiettivi di breve periodo, definiti nell'ambito di un piano strategico o di lungo periodo" [70].

Secondo una nozione più teorica, il budget è inteso come "sistema", ossia come "l'espressione quantitativa di un insieme coordinato di obiettivi derivati da specifici programmi di attività" [71].

Altre volte, il termine è adoperato per indicare "il documento finale, nel quale si traducono in termini quantitativo-monetari i programmi di azione e se ne verifica l'impatto sull'assetto economico, finanziario e patrimoniale dell'impresa" [72].

In un'accezione circoscritta, invece, il budget identifica il singolo prospetto con cui ogni unità organizzativa quantifica in modo dettagliato il programma di attività necessario per il raggiungimento dei propri specifici obiettivi. In tale caso, i budget, intesi come documenti analitici e parziali, propedeutici all'elaborazione del documento di sintesi finale, sono accom-

---

l'autorità di governare le risorse che gli sono affidate e che è ritenuto responsabile del raggiungimento di un obiettivo finale", F. AMIGONI, *Le misure economiche nella gestione per obiettivi*, in F. AMIGONI (a cura di), *Misurazioni d'azienda*, I, Giuffrè, Milano, 1988, p. 382.

[70] L. BRUSA, *Sistemi manageriali di programmazione e controllo*, Giuffrè, Milano, 2000, p. 84.

[71] M. AGLIATI, *Il budget e l'attività di programmazione e controllo per aree funzionali*, in F. AMIGONI, *Misurazioni d'azienda*, II, Giuffrè, Milano, 1988, p. 49.

[72] A. BUBBIO, *La guida del Sole 24 Ore al budget: principi e soluzioni tecnico-strutturali per tipi d'impresa, modelli e casi per affrontare la complessità gestionale, i legami con la balanced scorecard*, cit., p. 80.

pagnati da specifici riferimenti: *budget delle vendite, budget della produzione, budget degli investimenti, budget di tesoreria,* ecc.

In altre occasioni ancora, il termine è usato per identificare il "processo formale con cui i diversi organi d'impresa raggiungono un accordo sull'impiego e sull'allocazione delle risorse disponibili, definiscono gli obiettivi che ciascuno di essi deve perseguire e analizzano le differenze tra obiettivi e risultati, al fine sia di valutare le prestazioni di ogni singolo organo, sia di migliorare il processo decisionale" [73]. In tale caso, si parla più propriamente di "budgeting".

5.2. *Le funzioni del budget*

Il budget è uno strumento multi-obiettivo, poiché assume diverse funzioni, tra loro strettamente collegate.

Innanzitutto, il budget ha il fine di supportare la *programmazione*, elaborando i *programmi di azione* con cui perseguire l'obiettivo globale aziendale di breve termine.

Il budget svolge, inoltre, un'importante funzione di *guida*, cioè di orientamento, del management. Infatti, tramite il budget, i singoli responsabili delle unità organizzative si vedono assegnati gli obiettivi da raggiungere, le risorse con cui conseguirli, e le relative responsabilità.

Il budget è anche usato come una leva di *motivazione* in quanto, se la definizione degli obiettivi si accompagna all'attribuzione di precise responsabilità economiche, favorisce l'interiorizzazione e la condivisione degli obiettivi, che devono essere il più possibile "difficili", purché concretamente "raggiungibili". Per motivare i manager nel perseguimento delle finalità istituzionali, si utilizza il meccanismo della "gestione per obiettivi" (*management by objectives*), che si avvale delle politiche degli incentivi e delle ricompense per riconoscere benefici monetari e non monetari sulla base dei risultati raggiunti. Quindi, il budget, se correttamente predisposto e adeguatamente collegato ad un sistema di premi e sanzioni, si rivela un efficace strumento per influenzare il comportamento dei singoli, spingendoli ad agire in coerenza con gli obiettivi aziendali.

Il budget si configura anche come un potente meccanismo di *coordinamento* e di *integrazione*, favorendo la convergenza prospettica delle attività che le diverse unità organizzative dovranno svolgere in un determinato periodo. Il budget, per costruzione (molteplicità di collegamenti tra le singole unità organizzative, stimolate ad interfacciarsi le une con le altre) e per finalità (disaggregazione degli obiettivi generali in obiettivi parziali, senza

---

[73] F. AMIGONI, *I sistemi di controllo direzionali: criteri di progettazione e di impiego*, Giuffrè, Milano, 1979, p. 188.

tuttavia mai perdere di vista la priorità degli obiettivi generali), obbliga le varie aree e i diversi livelli dell'organizzazione ad un continuo sforzo di raccordo, di concertazione e di superamento delle conflittualità, in ragione del raggiungimento di un più alto e comune traguardo [74].

Il budget si rivela anche un importante strumento di *controllo* in quanto, sebbene esso esprima dati previsionali, implicitamente postula il confronto fra gli obiettivi (ossia, i risultati previsti) e i risultati ottenuti, permettendo così di valutare l'adeguatezza dell'operato dei manager [75]. Il confronto tra obiettivi e risultati, generalmente effettuato in sede di *reporting*, consente di giudicare il grado di efficacia e di efficienza con cui si è svolta la gestione aziendale, migliorando le future gestioni. Il budget stimola possibili azioni di miglioramento anche "in corso d'opera", segnalando l'opportunità di tempestivi interventi correttivi, qualora i risultati in fase di conseguimento dovessero giudicarsi insoddisfacenti.

Si deduce che il budget risponde anche ad un'importante funzione di *apprendimento* e di *formazione*. Infatti, la successiva costante azione di controllo degli scostamenti tra gli obiettivi assegnati e i risultati effettivamente conseguiti induce i manager a ricercare le cause delle deviazioni, per evitarne la ripetizione. Ciò favorisce l'apprendimento dall'esperienza e una crescita delle competenze.

Inoltre, l'apprendimento si sostanzia in una maggiore comprensione dei complessi rapporti di causa ed effetto che legano le azioni dei singoli alle azioni svolte in altre parti del sistema e, per tale via, ai risultati economici, patrimoniali e finanziari dell'azienda nel suo complesso.

La funzione educativa del budget è, quindi, duplice: da una parte, tramite il periodico confronto dei dati consuntivi con i dati preventivi, le persone sono messe nelle condizioni di imparare dal passato, usando la logica e l'esperienza per ridurre la frequenza e il margine di errore; dall'altra parte, grazie ai forti nessi interaziendali che il budget esplicita a livello formale, le persone si abituano a ragionare in termini sistemici e a visualizzare ogni fenomeno in modo più profondo, ampio, interconnesso e completo.

---

[74] Sull'armonizzazione in via anticipata dei comportamenti dei vari organi, si veda: M. Paoloni, *Obiettivi d'impresa, motivazioni imprenditoriali e sistema decisionale*, Giappichelli, Torino, 1990, p. 190 e segg.

[75] "Il budget rappresenta il documento mediante il quale un manager e il suo superiore definiscono, sulla base di una negoziazione condotta in maniera più o meno partecipativa, i risultati gestionali che il primo dovrà impegnarsi a raggiungere nell'esercizio futuro. Nell'ambito di tali dati prospettici, che di solito riguardano una molteplicità di profili di attività e di voci di risultato, vengono individuati alcuni indicatori particolarmente significativi; sulla base di questi, il responsabile sarà oggetto di valutazione in termini di confronto tra i risultati attesi e quelli effettivi, ed eventualmente verrà premiato o punito in termini monetari e/o di prospettive di carriera", A. Riccaboni, *Performance ed incentivi*, Cedam, Padova, 1999, p. 129.

Il budget rappresenta anche un momento di *comunicazione* della strategia individuata dal vertice aziendale alle parti più basse della piramide organizzativa. L'insieme delle attività necessarie per l'elaborazione del budget postula, infatti, il coinvolgimento e la partecipazione dei manager di diverso livello gerarchico. Ciò favorisce un graduale processo di trasferimento a tutte le unità operative delle indicazioni contenute nel *piano strategico*. Di conseguenza, le informazioni aventi rilevanza strategica diventano patrimonio comune di tutti coloro che possono fornire un contributo significativo nel conseguimento degli obiettivi stabiliti in sede di *pianificazione strategica*.

Il budget costituisce anche un'occasione di *perfezionamento* del *processo di pianificazione strategica*. Infatti, stante il carattere interattivo e circolare del suo flusso informativo, il budget può essere interpretato come uno strumento che promana dall'azione combinata di tutti gli individui operanti all'interno dell'azienda. Non si esclude, allora, che lo sviluppo di nuove strategie emerga dalle intuizioni/proposte dei responsabili operativi che, per posizione occupata, sono in condizione di intravvedere con più tempismo e realismo le minacce e le opportunità dell'ambiente di riferimento.

Peraltro, è molto plausibile che, quando si predispone il budget, siano disponibili ulteriori informazioni rispetto a quelle considerate in sede di *pianificazione strategica*. Alla luce di tali nuovi elementi informativi (o di inaspettati sviluppi dello scenario di riferimento), potrebbe manifestarsi la necessità di rivedere alcuni elementi del *piano strategico*.

Più in generale, quindi, il processo di elaborazione del budget offre l'opportunità per un concreto esame delle indicazioni contenute nel *piano strategico*, soprattutto in termini di coerenza complessiva e di fattibilità operativa.

In tal senso, il budget rappresenta un test di prova molto importante per i manager di livello gerarchico superiore, che potrebbero avvertire l'esigenza di una rivisitazione critica del processo di formulazione strategica, rimettendo in discussione alcuni suoi presupposti.

5.3. *Gli aspetti contabili del budget*

Il budget è uno strumento fondamentale per supportare il processo di direzione dell'impresa.

La redazione del budget trova punti di riferimento e di collegamento nelle seguenti fonti informative:

– nei piani di lungo termine;

– nelle previsioni di mercato sulle condizioni in cui si svolgerà la futura gestione;

– nell'impianto della contabilità generale (e del correlato bilancio d'esercizio [76]) e della contabilità analitica (con i connessi dati analitici sulle passate gestioni, incluse le serie storiche dei ricavi per prodotti, per clienti, per zone geografiche, ecc.).

Con riferimento all'ultimo richiamo, occorre sottolineare che il budget, sotto il profilo contabile, si snoda e si perfeziona attraverso una serie di documenti dai notevoli connotati tecnici. Pertanto, le caratteristiche tecnico-ragionieristiche dei sistemi di contabilità generale e di contabilità analitica condizionano fortemente la capacità del budget di conseguire gli scopi che gli sono attribuiti.

La contabilità generale e la contabilità analitica, infatti, svolgono, con riferimento al processo di budgeting, una funzione informativa innanzitutto *ex ante*, fornendo quei dati contabili consuntivi e preconsuntivi fondamentali per un corretto svolgimento della programmazione economico-finanziaria. Nello stesso tempo, però, le contabilità alimentate da valori consuntivi svolgono una funzione informativa *ex post* altrettanto essenziale nei confronti del processo di budgeting, in quanto forniscono una base di raffronto rispetto alla quale andranno comparati i dati di budget in sede di *reporting*.

Si deduce che l'architettura dei sistemi contabili basati sui dati consuntivi influenza notevolmente il livello di analiticità, di completezza e di significatività del budget.

Al di là di questi stretti collegamenti, è altrettanto vero che il budget si differenzia nettamente dalla contabilità generale e dalla contabilità analitica in quanto è un sistema imperniato sui valori "preventivi", che devono essere ragionevolmente stimati.

Per stimare i dati di budget, si possono usare varie tecniche, che presuppongono i seguenti possibili criteri:

– il riferimento ai valori storici;
– il riferimento ai valori standard;
– la tecnica dello "*zero-base budget*".

Il primo criterio implica che l'impresa quantifichi le stime da inserire nel budget sulla base dei valori storici, opportunamente aggiornati. Tuttavia, se si vuole utilizzare il budget quale strumento di misurazione delle *performance* individuali e aziendali, l'impiego di parametri desunti dal pas-

[76] In verità, nel momento in cui prende avvio la preparazione del *budget*, i dati consuntivi del bilancio di esercizio non sono ancora noti, perché determinabili solo ad esercizio concluso. Operativamente, quindi, si utilizza come punto di partenza un "progetto di bilancio" (detto anche "preconsuntivo"), che in genere contiene valori stimati dell'esercizio in chiusura dotati di un buon grado di affidabilità. Ovviamente, i dati del *budget* verranno rettificati e perfezionati in concomitanza con l'approssimarsi della fine del periodo amministrativo, quando i valori del bilancio consuntivo assumeranno un carattere certo e definitivo.

sato potrebbe rivelarsi controproducente e demotivante, soprattutto quando i parametri storici non riflettono obiettivi davvero sfidanti e richiedono un impegno ben al di sotto delle potenzialità prospettiche aziendali. Il mero confronto con il passato, inoltre, ha il grave limite di indurre i manager a disinteressarsi della probabile evoluzione del contesto di riferimento o, aspetto ancor più grave, a non adeguare gli obiettivi (e, dunque il livello di sforzo necessario per conseguirli) ad eventuali incrementi delle risorse disponibili.

Il criterio dei valori standard, invece, implica che l'impresa utilizzi parametri di riferimento che sono espressivi di condizioni ideali di operatività aziendale. Tali parametri sono costruiti assumendo l'ipotesi che l'azienda acquisti ed impieghi i propri fattori produttivi, così come venda i propri prodotti/servizi, in condizioni di efficienza. Pertanto, se si vuole che il budget assolva pienamente alla sua funzione di stimolo al miglioramento, occorre basare le stime sui valori standard, in quanto parametri più "intelligenti" e più idonei a fungere da valori di riferimento.

Come verrà meglio in seguito precisato, a livello teorico, esiste una "moltitudine" di standard, che possono riguardare:

- i coefficienti di impiego dei fattori produttivi che generano costi variabili (quali la materia prima, la manodopera diretta);
- i coefficienti di assorbimento dei fattori produttivi che generano costi fissi (quali le quote di ammortamento);
- i prezzi unitari di ricavo;
- i prezzi unitari di costo;
- ecc.

Un ulteriore metodo di stima si basa sulla tecnica dello "*zero-base budget*" (in italiano, "*budget a base zero*"). Tale metodo svincola la redazione del budget dai dati storici ed attuali dell'impresa. In pratica, ogni anno (o dopo un certo numero di anni), si determinano *ex novo* le grandezze fisiche e monetarie di riferimento, prendendo in considerazione esclusivamente le esigenze e i *desiderata* dell'impresa per la futura gestione.

In tal modo, l'impresa è spronata a rimettere sistematicamente in discussione la propria attività, prestando attenzione esclusivamente agli obiettivi prefissati per il nuovo periodo, senza lasciarsi condizionare dai livelli di attività del passato, che potrebbero nascondere disfunzioni, inefficienze ed altre criticità.

Tale tecnica potrebbe essere applicata anche in modo parziale, e cioè con riferimento a quei costi "non parametrici" e di natura "discrezionale" che, secondo una "malsana" abitudine, sono programmati aggiungendo o sottraendo un certo *quid* allo stanziamento dell'anno precedente [77].

---

[77] Tale "semplicistico" metodo viene in genere riservato ai costi dell'area amministrativa, della ricerca, della gestione del personale e a molte spese discrezionali per cui "è

5.4. *Gli aspetti tecnici del budget*

Il budget copre, generalmente, un periodo di durata annuale, anche se non si esclude che alcune imprese possano redigere budget con un orizzonte temporale inferiore o superiore all'anno [78].

Per favorire l'efficace raggiungimento degli obiettivi prestabiliti, il budget va formulato non solo a livello annuale, ma deve essere ulteriormente articolato in periodi infrannuali, tipicamente mensili.

Questa più analitica articolazione permette di concentrare l'attenzione sulle fasi temporali immediatamente più ravvicinate, senza precludersi la possibilità di ridefinire le azioni o gli obiettivi connessi ai periodi infrannuali non ancora trascorsi, qualora l'analisi dei dati relativi agli intervalli temporali già decorsi ne consigliasse una revisione.

Inizialmente, quindi, la visibilità mensile dei dati potrebbe essere riservata solo ai primi tre mesi, mentre i dati dei restanti mesi potrebbero essere aggregati per trimestre. Decorso il primo mese del primo trimestre, per esempio a febbraio, si potrebbero già elaborare le stime mensili del secondo trimestre, in modo da avere il dettaglio delle previsioni per i mesi più prossimi (da febbraio a giugno). Con la stessa logica, le stime del terzo e del quarto trimestre verrebbero via via mensilizzate.

In relazione alle diverse modalità di "aggiornamento" dell'orizzonte temporale, si possono avere budget "a periodo definito" e budget "scorrevoli".

Il budget "a periodo definito" ha la caratteristica di essere ancorato ad un intervallo temporale (generalmente annuale), con i due momenti di inizio e di fine periodo "bloccati".

Ad esempio, ad ottobre dell'anno t_0, si predispone il budget dell'anno t_1, che copre il periodo che va dal 1° gennaio al 31 dicembre dell'anno t_1. Al decorrere dei mesi dell'anno t_1, si assiste ad una progressiva riduzione dei mesi coperti dal budget. Le problematiche della programmazione sono riaffrontate solo ad ottobre dell'anno t_1, quando si deve definire il budget del periodo t_2.

---

frequente che il budget … s'ispiri ad un 'ragionamento' di questo tipo: 'se l'anno scorso abbiamo speso 100 milioni, per il prossimo anno possiamo stanziare un 10% in più'", L. BRUSA-F. DEZZANI, *Budget e controllo di gestione*, cit., p. 168. Sui vantaggi e sui limiti di tale metodo, si veda *ibidem*, pp. 167-179.

[78] L'orizzonte temporale può essere molto diverso, e varia in funzione delle caratteristiche aziendali. Per esempio, le imprese turistiche soggette ad elevata stagionalità (tipicamente, alcune aziende operanti nelle località sciistiche) usano *budget* trimestrali o quadrimestrali. Le imprese che lavorano nel campo della moda elaborano due *budget* semestrali: uno relativo al periodo collegato alla collezione primavera-estate, ed un altro relativo al periodo collegato alla collezione autunno-inverno. Le società di ingegneria, invece, che operano su progetti ed opere complesse, di durata in genere ultrannuale, si avvalgono di *budget* che hanno un orizzonte temporale superiore ai 12 mesi.

Per contro, il budget "scorrevole" (o "mobile") si caratterizza per il fatto di sottoporre l'azienda ad un continuo sforzo di programmazione, dal momento che il budget in corso viene costantemente aggiornato.

In sostanza, periodicamente, si eliminano dal budget i dati relativi alla frazione temporale (mese, trimestre o quadrimestre) già trascorsa, e, in base ai risultati ottenuti, si procede sia ad aggiornare le stime dei sottoperiodi già precedentemente budgetizzati (ma non ancora trascorsi), sia ad aggiungere le stime di un nuovo intervallo elementare (mese, trimestre o quadrimestre). In tal modo, l'azienda dispone sempre di un budget che copre i successivi 12 mesi.

Inoltre, in funzione del diverso modo di recepire la variazione dei volumi di attività (vendita/produzione), il budget può essere "rigido" o "flessibile".

Si è in presenza di un budget "rigido" quando il medesimo non subisce modificazioni in relazione ad una variazione dei volumi di attività rispetto a quanto originariamente preventivato.

È invece "flessibile" quel budget che contempla una pluralità di ipotesi gestionali, riconducibili per lo più a differenti volumi di vendita/produzione [79]. Il budget flessibile ha il pregio di mantenere una sua significatività in presenza di fluttuazioni del livello di attività. Per esempio, "si possono prevedere due o tre volumi di vendita, ai quali corrispondono diversi ricavi e in base ai quali è necessario dimensionare i relativi costi, non solo quelli diretti e variabili secondo le quantità vendute (che comunque tengono conto anche degli acquisti e degli stock), ma anche di quelli indiretti, nei limiti del possibile" [80].

Il budget flessibile, per essere tecnicamente fattibile, richiede una distinta rilevazione dei costi in funzione della loro variabilità rispetto ai volumi di attività. Un simile accorgimento è importante soprattutto per i costi indiretti, perché per i costi diretti l'adeguamento dei consumi dei fattori alla variazione dei livelli di attività è facilmente applicabile.

Se il budget è impostato in modo da distinguere i costi fissi dai costi variabili, si possono elaborare i singoli budget elementari in funzione dei diversi livelli di attività. In particolare, laddove si prevedesse un livello di attività non compatibile con il livello di capacità strutturale esistente, il budget flessibile potrebbe gestire persino tale ulteriore elemento di complessi-

---

[79] Quindi, "ciò che contraddistingue i budget in relazione alle diverse ipotesi di volume sono unicamente i ricavi complessivi, i costi variabili totali (non quelli unitari) e, solo per ipotesi con volume superiore alla capacità produttiva, l'ammontare complessivo di costi fissi", A. Bubbio, *La guida del Sole 24 Ore al budget: principi e soluzioni tecnico-strutturali per tipi d'impresa, modelli e casi per affrontare la complessità gestionale, i legami con la balanced scorecard*, cit., p. 82.

[80] L. Di Stasi, *Pianificazione e controllo di gestione. Sistemi tradizionali e strumenti innovativi: Activing Based Costing, Balanced Scorecard*, Franco Angeli, Milano, 2003, p. 37.

tà, rimettendo in discussione anche le previsioni dei costi fissi [81]. Il budget flessibile è molto utile in sede di controllo, poiché il budget definitivo esprimerà i costi ed i ricavi relativi al volume di produzione effettivo. Ne consegue che le eventuali differenze fra dati preventivi e dati consuntivi saranno attribuibili non a variazioni di volume, ma a scostamenti di prezzo e/o di efficienza.

5.5. *Gli aspetti organizzativi del budget*

La predisposizione del budget è un processo piuttosto lungo e laborioso, che si snoda secondo una sequenza articolata di fasi.

Dal punto di vista temporale, il processo preparatorio è in genere avviato nel trimestre, nel quadrimestre o nel semestre precedente l'inizio dell'esercizio di riferimento del budget.

Dal punto di vista organizzativo, il processo di elaborazione del budget coinvolge un numero molto elevato di organi aziendali, posizionati a differenti livelli gerarchici e dotati di diverse competenze e funzioni.

Per agevolare il processo di budgeting, le realtà aziendali complesse sono solite istituire lo *staff* di budget, cioè un ufficio che svolge attività di coordinamento, di analisi, di consulenza e di supporto nei confronti dei responsabili di *line*.

Come già menzionato, il punto di partenza del processo di budgeting è costituito dagli obiettivi globali comunicati dal vertice strategico. La finalità del budgeting è proprio quella di disaggregare gli *obiettivi aziendali generali* in sottosistemi di *obiettivi intermedi*, che vengono assegnati a cascata lungo l'intera piramide gerarchica, così da consentire alle singole unità organizzative di realizzarli.

Alla luce di ciò, è normale che l'obiettivo di livello superiore condizioni quello di livello inferiore, anche se ciò non implica affatto un ruolo puramente passivo ed esecutivo delle unità organizzative collocate in una posi-

---

[81] "I budget flessibili riguardano fondamentalmente i costi indiretti industriali. I budget di mano d'opera e di materie prime dirette di norma sono completamente flessibili, atteso che tra il livello di detti costi e i volumi di produzione ottenuta esiste una relazione di proporzionalità. In detti budget le previsioni dei costi sono riferite a un ventaglio di livelli di attività, tra i quali si prevede possa collocarsi quello che effettivamente sarà raggiunto. Le unità nelle quali sono espressi i livelli di attività nei budget considerati sono le ore di mano d'opera, le ore macchina, le unità di servizi e altre ancora. I budget flessibili sono utili perché ai fini del controllo dei costi permettono di disporre dei costi di budget riferiti al livello di attività raggiunto con i quali è possibile confrontare i costi effettivi", L. SELLERI, *Il budget d'esercizio: strumento di programmazione, controllo e motivazione*, Etas, Milano, 1997, p. 64. Si veda anche: R.H. GARRISON-E.W. NOREEN-P.C. BREWER, *Programmazione e controllo:* managerial accounting *per le decisioni aziendali*, McGraw-Hill, Milano, 2008, pp. 380-408.

zione subordinata. Anzi, sono i responsabili di queste ultime che "predispongono" le "bozze" dei budget delle unità da essi dirette, "proponendoli" ai propri superiori gerarchici o allo *staff* di budget.

A questa fase di proposta segue, poi, quello che è considerato il fulcro del processo di programmazione: il momento della *negoziazione*.

In tale fase si assiste ad una discussione volta ad accertare, in primo luogo, la coerenza degli obiettivi assegnati all'unità organizzativa con gli obiettivi di livello superiore e con gli obiettivi delle altre unità organizzative.

In secondo luogo, la fase di negoziazione è volta a verificare l'adeguatezza delle risorse assegnate all'unità organizzativa per il raggiungimento degli obiettivi ad essa assegnati. Ogni singolo manager dovrà mirare ad ottenere un ammontare di risorse congruo rispetto agli obiettivi al medesimo attribuiti.

Tale processo di dialettico confronto può risultare anche piuttosto lungo, soprattutto quando la revisione di alcune variabili comporta la rivisitazione e l'aggiustamento dei programmi di altre unità operative.

Solo dopo aver esaurito tutte le fasi di confronto, indispensabili per assicurare la coerenza e la corrispondenza tra i vari programmi, si procede a consolidare i budget delle singole unità operative nei budget di sintesi.

Il processo si conclude, formalmente, con l'approvazione dell'intero documento di budget da parte dei massimi organi aziendali, e con la sua successiva distribuzione agli interessati.

Da quanto sinora detto, si deduce che un fisiologico processo di budget si basa su un approccio di tipo *top down* ("dall'alto verso il basso"), integrato tuttavia da un approccio di tipo *bottom up* ("dal basso verso l'alto"), essendo previsti momenti di concertazione e discussione del vertice con i vari manager.

Un approccio *top down* di tipo "puro", dove sono i vertici aziendali a stabilire i budget dei manager di livello gerarchico inferiore, funziona di rado, perché normalmente non produce motivazione, consenso e impegno da parte dei responsabili direttamente interessati, che si vedono costretti a "subire" il budget.

Anche un approccio *bottom up* di tipo "puro" potrebbe risultare inefficace, perché, in assenza di uno stretto controllo, i responsabili operativi potrebbero stabilire obiettivi troppi facili da raggiungere o non coerenti con gli obiettivi aziendali complessivi [82].

---

[82] R.N. ANTHONY-V. GOVINDARAJAN-D.M. MACRÌ, *Management control systems: tecniche e processi per implementare le strategie*, McGraw-Hill, Milano, 2006, pp. 293-294.

6. *Il sistema di budget e le fasi del processo*

Prima di procedere ad una più dettagliata analisi del processo di budgeting, è opportuno richiamare l'attenzione sull'estrema complessità del budget, riconducibile ai seguenti punti:

– le fasi in cui si scompone il globale processo di budgeting sono molteplici, variabili per numero, e spesso tra loro accavallate;
– gli attori coinvolti sono anch'essi molteplici;
– i processi e i prospetti di budget possono assumere contenuti e forme molte diverse, dato che non esiste un modello universale;
– la necessità di garantire congiuntamente la fattibilità economica, tecnica e finanziaria della futura gestione può comportare numerose correzioni e rielaborazioni dei vari budget inizialmente predisposti.

L'estrema eterogeneità dei budget deriva da una pluralità di circostanze. In linea di principio, le caratteristiche del budget dipendono dalle seguenti variabili:

– dalle diverse tipologie di imprese, che, per esempio, possono essere manifatturiere o di servizi, con una struttura divisionale o funzionale, con un ciclo produttivo stagionale o regolare;
– dalla maturità e dall'articolazione del sistema organizzativo ed informativo delle imprese;
– dal grado di dinamicità/turbolenza del settore e dell'ambiente di riferimento;
– dalle diverse esigenze informative delle aziende;
– dal livello di sensibilità, cultura e orientamento al budget delle persone deputate a progettarlo e ad implementarlo.

Non deve stupire, quindi, che nella prassi si riscontrino budget alquanto eterogenei per composizione, forma dei prospetti contabili e procedure seguite.

Pertanto, quella che sarà proposta in tale sede è soltanto "una" delle possibili modalità di articolazione del budget, anche se l'impostazione prescelta consente di evidenziare le fasi e le problematiche più comuni del sistema di budget[83].

Si parla di *"sistema di budget"* come insieme coordinato ed integrato di

---

[83] Sul *budget*, si vedano anche: P. BASTIA, *Il budget d'impresa: criteri di formazione e d'impiego*, Clueb, Bologna, 1989; E. FUSA, *Budget e pianificazione aziendale: tecniche, strumenti, obiettivi*, Il Sole 24 Ore, Milano, 2005; G. GANDINI, *La programmazione e il controllo nelle aziende del terzo settore*, Franco Angeli, Milano, 2004; M. SAITA, *Il budget economico finanziario patrimoniale*, McGraw-Hill, Milano, 1990; M. SAITA, *Programmazione e controllo*, Giuffrè, Milano, 1996, pp. 95-318.

budget il cui fine ultimo è quello di prefigurare gli effetti economici, finanziari e patrimoniali del programma d'azione con cui realizzare gli obiettivi generali e globali di breve termine che l'azienda si è posta. Più specificamente, il *sistema di budget* (o *master budget*) è l'insieme coerente e coordinato di tre sottosistemi di *budget*, ciascuno dei quali considera differenti dimensioni dei programmi di attività.

In particolare, come illustrato dalla Figura 8, il *sistema di budget*, pur avendo una struttura unitaria, può essere scomposto nei tre seguenti sottosistemi:

- il *sottosistema dei budget operativi*;
- il *sottosistema del budget degli investimenti*;
- il *sottosistema dei budget finanziari*.

Figura 8 – **Uno schema di sintesi del sistema di budget**

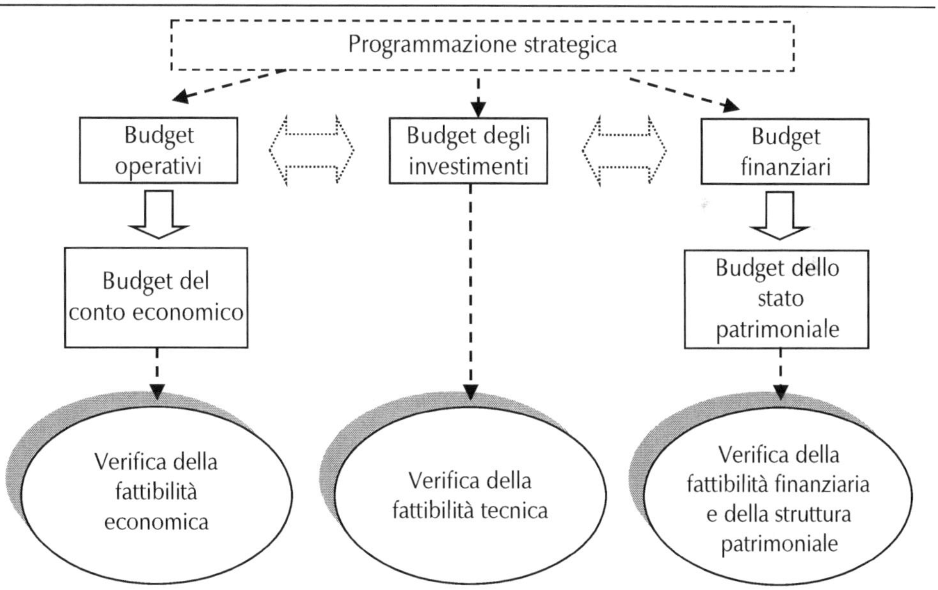

Fonte: AGLIATI, *Il budget e l'attività di programmazione e controllo*, cit., p. 53.

Il *sottosistema dei budget operativi* (a volte definiti budget "settoriali") raggruppa quei budget che, in via prioritaria, servono a prefigurare gli aspetti reddituali dei programmi d'azione elaborati dalle singole aree funzionali.

I *budget operativi* contribuiscono a definire i componenti positivi e negativi di reddito della gestione caratteristica, e sono, quindi, strumentali a verificare la "fattibilità economico-reddituale" della futura gestione.

Il numero, l'articolazione e la forma dei *budget operativi* variano molto in relazione alla complessità e alle esigenze informative delle aziende. I principali *budget operativi* sono:

– il *budget commerciale*, che include il *budget delle vendite* e il *budget dei costi commerciali*;
– il *budget della produzione*, strettamente collegato al *budget degli approvvigionamenti* e ai *budget delle rimanenze*;
– il *budget delle altre aree gestionali*, così denominato perché ha una natura residuale, e comprende i programmi di azione delle "altre" funzioni ("diverse" dalla funzione "commerciale" e dalla funzione di "produzione").

La ragione della suddetta tripartizione dei *budget operativi* risiede nella diversità dei parametri utilizzati nella stima dei costi: i costi "commerciali" sono stimati con riferimento ai volumi di vendita; i costi di "produzione" sono parametrati ai volumi di produzione; i costi delle "altre funzioni" sono "normalmente correlati al periodo di budget, non potendosi stabilire relazioni espressive con i livelli di vendita e di produzione" [84].

Il *sottosistema del budget degli investimenti* ha il fine di definire le operazioni di investimento e di disinvestimento che si rendono necessarie per adeguare la struttura aziendale ai programmi della gestione caratteristica, così da garantirne la loro "fattibilità tecnica". Il *budget degli investimenti* può includere anche gli investimenti (al netto dei disinvestimenti) non direttamente connessi alla gestione caratteristica.

Il *sottosistema dei budget finanziari* ha la funzione di tradurre in termini di flussi monetari e finanziari l'impatto delle politiche definite all'interno dei *budget operativi* e all'interno del *budget degli investimenti*. Tale sottosistema ha il fine di verificare la "fattibilità finanziaria" delle suddette politiche.

Si sottolinea che, dal punto di visto logico, l'elaborazione del budget obbliga a ragionare in termini di operazioni e attività aziendali con un ordine inverso rispetto a quello che ispira il normale funzionamento della contabilità generale.

Nella contabilità generale l'ordine delle rilevazioni riflette la sequenza con cui generalmente si avvicendano le operazioni aziendali. Comunemente, i primi fatti amministrativi ad essere rilevati dalle scritture di esercizio sono quelli afferenti l'acquisizione dei fattori produttivi. Segue, quindi, la fase di trasformazione, grazie alla quale è possibile ottenere i prodotti/servizi che, nel momento della loro cessione sul mercato, alimentano le rilevazioni delle operazioni di vendita.

---

[84] M. AGLIATI, *Il budget e l'attività di programmazione e controllo per aree funzionali*, in F. AMIGONI, *Misurazioni d'azienda*, II, Giuffrè, Milano, 1988, p. 54.

Nel processo di budget si segue un ordine logico esattamente *inverso*, perché uno dei primi elementi ad essere stimato è il livello delle future vendite, dalle quali, grazie ad una serie di correlazioni, si desumono a cascata i consumi dei fattori produttivi e i livelli degli approvvigionamenti necessari per supportare le vendite.

Tale percorso *a ritroso* è del tutto consono alla natura del budget che, dovendo fissare degli obiettivi generali, non può che partire dall'*output* del processo produttivo, e da lì risalire agli *input* che sono a monte.

L'opportunità di rispettare, in linea di principio, l'ordine logico sopra evidenziato discende dalla tipologia degli obiettivi generali fissati in sede di programmazione.

Se, per esempio, l'obiettivo generale fosse l'aumento della quota di mercato, tale obiettivo dovrà tradursi in traguardi di fatturato e, quindi, il punto di partenza del processo di *budgeting* coinciderà con il *budget delle vendite*.

Se, invece, l'obiettivo generale fosse espresso in termini di risultato economico, tale dato diventerebbe il punto di partenza per determinare i subobiettivi, cioè i livelli dei ricavi e dei costi con cui realizzare l'obiettivo di reddito. Ma, di nuovo, essendo la generazione di ricavi legata al fatturato, il processo di *budgeting* troverebbe nel *budget delle vendite* un suo naturale punto di partenza.

Nella Figura 9 si propone una "mappa" semplificata del percorso logico-contabile da seguire per giungere alla elaborazione dei tre documenti di sintesi finali, strumentali a prefigurare gli aspetti economici, finanziari e patrimoniali della futura gestione.

Ipotizzando di privilegiare un'articolazione del budget basata sulle aree funzionali, si possono distinguere varie fasi.

Partendo da quelli che sono gli *obiettivi generali* del *budget*, si formula il *budget delle vendite* che, insieme al *budget dei costi commerciali*, confluisce nel *budget commerciale*.

Sulla base del *budget delle vendite* e del *budget delle rimanenze di prodotti*, si determina il *budget della produzione*, costituito dal *budget dei costi della produzione*.

Il *budget della produzione* determina i contenuti del *budget degli approvvigionamenti*, influenzato anche dal *budget delle rimanenze delle materie*.

Si redige quindi il *budget delle altre aree gestionali*.

I precedenti budget hanno un impatto sul *budget degli investimenti*.

Dopo aver completato la redazione di questo primo blocco di budget (che nel grafico sono raggruppati all'interno di un quadrato più interno, cioè nel 1° quadrato), è possibile procedere alla redazione del *budget di tesoreria* (collocato all'interno del 2° quadrato, perché la sua redazione è influenzata da tutti i budget perimetrati dal 1° quadrato).

La redazione del *budget di tesoreria* consente di completare il quadro delle stime necessarie per redigere i tre documenti previsionali di sintesi:

– il *budget del conto economico*, mirante a prefigurare la dinamica reddituale;
– il *budget delle fonti e degli impieghi* (o *rendiconto finanziario previsionale*), mirante a prefigurare la dinamica monetaria e finanziaria;
– il *budget dello stato patrimoniale*, mirante a prefigurare la situazione patrimoniale-finanziaria.

Tutti i budget (presenti nei tre quadrati) sono costruiti in modo da rispettare e realizzare gli obiettivi di budget.

Per ragioni espositive, i vari budget saranno illustrati con la stessa sequenza con cui sono sopra stati elencati, sebbene nella realtà la loro elaborazione sia iterativa, e proceda non secondo un ordine rigorosamente univoco, ma in modo parallelo ed integrato.

Figura 9 – **Le fasi di formazione del budget**

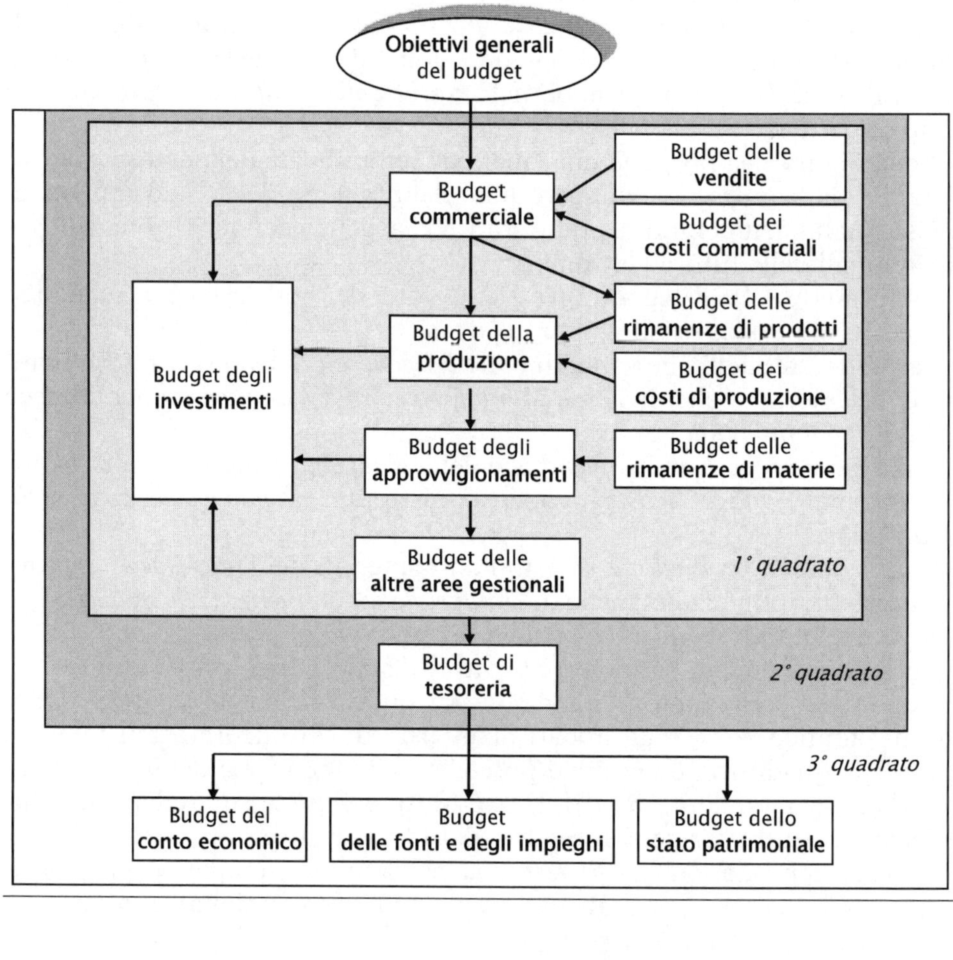

7. *Il budget commerciale*

Il *budget commerciale* è la risultante di due budget tra loro fortemente collegati:

- il *budget delle vendite*;
- il *budget dei costi commerciali*.

7.1. *Il budget delle vendite*

Il *budget delle vendite* costituisce il momento iniziale del processo di budgeting: infatti, solo dopo aver definito il suo contenuto, è possibile impostare il *budget della produzione* [85].

Per ogni prodotto che compone il *mix* di vendita, il *budget delle vendite* esprime l'obiettivo (o sub-obiettivo) dei ricavi, che sono stimati sulla base delle previsioni di due grandezze:

- le quantità vendibili;
- il prezzo-ricavo unitario.

È importante formulare il budget in questione non solo in termini monetari, ma anche in termini di volumi di vendita.

Infatti, il dato sulle quantità da vendere non esaurisce la sua funzione nella determinazione del fatturato, ma è indispensabile per verificare la "fattibilità produttiva" di quanto previsto dalla funzione commerciale, nonché per impostare il *budget della produzione*.

Infatti, il fabbisogno dei fattori produttivi necessari per svolgere il programma di produzione è ancorato alle quantità delle vendite, e non alla loro valorizzazione monetaria.

Per definire le previsioni di fatturato e i correlati traguardi di vendita, occorre analizzare [86]:

- l'andamento passato delle vendite;
- la possibile evoluzione del mercato.

Più precisamente, l'evoluzione del mercato è valutata considerando:

- l'evoluzione della domanda, in base alle caratteristiche dei clienti (at-

---

[85] Per alcune realtà aziendali, il processo di *budget* potrebbe non partire dalle vendite. Ciò avviene per le imprese che sono fortemente "orientate alla produzione" (e non al mercato). In tali casi, il punto di partenza potrebbe essere costituito dalla capacità produttiva.

[86] F. AMIGONI-A. CAGLIO, *Budget*, cit., p. 71.

tuali e potenziali) e alla loro diversa sensibilità alle leve del *marketing mix* (prodotto, prezzo, promozione, distribuzione);

– l'evoluzione della concorrenza, in termini di caratteristiche e di comportamenti dei *competitor* attuali e potenziali;

– il ciclo di vita dei prodotti che l'azienda offre o potrebbe offrire;

– l'evoluzione della situazione economica generale e specifica del settore in cui l'azienda opera o potrebbe operare;

– l'evoluzione degli aspetti legislativi.

Dal punto di vista metodologico, le previsioni di fatturato si basano su analisi di tipo *interno* ed *esterno*.

Tra le analisi di tipo *interno*, sono particolarmente utili quelle volte ad interpretare i *trend* storici di vendita. In particolare, mediante modelli di regressione multivariata, è possibile comprendere "come" e "quali" variabili interne ed esterne hanno influenzato in passato le dinamiche del fatturato. Mediante tecniche statistiche, è possibile estrapolare dai *trend* storici suggerimenti utili per prevedere e condizionare le future vendite. Altre analisi di tipo *interno* consistono nella realizzazione di sondaggi (svolti tramite questionari o interviste) presso i clienti, nonché nella conduzione di interviste e di *focus group* del personale della forza vendita che, avendo un contatto diretto con la clientela, è nelle condizioni migliori per percepire le tendenze del mercato.

Le analisi *esterne*, che hanno una funzione complementare e/o preliminare rispetto alle analisi interne, si basano sui rapporti elaborati da organi governativi e associazioni di categoria, o su ricerche commissionate a società di consulenza specializzate. Tra le analisi *esterne* più ricorrenti, si annoverano le ricerche di mercato, i rapporti sugli scenari macroeconomici, gli studi sulla concorrenza.

Sulla base delle analisi *interne* ed *esterne*, è possibile effettuare con maggiore attendibilità le previsioni di fatturato, determinando le "quantità vendibili" e i "prezzi di vendita".

La determinazione dei "quantitativi di vendita" è un aspetto molto delicato.

Una stima delle vendite in eccesso, rispetto a quelle che saranno poi le vendite effettive, provoca diverse criticità, quali: un incremento indesiderato delle rimanenze di prodotti finiti, un'eccessiva dotazione di fattori produttivi, un peggioramento della liquidità, una costosa dilatazione del capitale circolante e, in alcuni casi, inutili incrementi degli investimenti in capitale fisso.

D'altra parte, però, una stima per difetto dei quantitativi di vendita non è meno dannosa, perché determina l'impossibilità di soddisfare pienamente le richieste della clientela e, quindi, si traduce in una perdita di opportunità economiche e di quote di mercato. Quest'ultima situazione potrebbe manifestarsi anche in presenza di disperati tentativi da parte dell'azienda di realizzare le vendite non inizialmente previste a budget. In tale caso, è verosimile che l'azienda sia costretta ad anomale accelerazioni dei ritmi di produzione, ricorrendo a pressioni sulla forza lavoro o a sovrautilizzi della capacità produttiva. Tali circostanze, però, preludono al peggioramento della qualità del prodotto e alla conseguente perdita della clientela abituale.

Le "quantità vendibili" sono, inoltre, vincolate alla capacità produttiva dell'impresa, seppur mediata dalla politica delle scorte, dato che difficilmente l'impresa potrà dotarsi nel breve periodo di nuovi impianti per soddisfare un'espansione della domanda. Peraltro, una simile situazione sarebbe sintomo di una cattiva pianificazione di medio-lungo periodo che, non essendo stata in grado di prevedere l'aumento delle vendite, non ha nemmeno provveduto per tempo ad effettuare gli investimenti necessari per dotarsi di una maggiore capacità produttiva.

I "prezzi di vendita" sono stimati alla luce di una serie di considerazioni di carattere comparativo.

In linea di principio, i prezzi di vendita dovrebbero essere allineati ai prezzi applicati nel mercato di riferimento, tenendo conto della concorrenza, del settore, del posizionamento strategico e dell'area geografica target.

In fase previsionale, l'utilizzo di prezzi di vendita diversi rispetto a quelli di mercato potrebbe essere giustificato dalla diversa qualità dei prodotti/servizi offerti. In tal caso l'azienda dovrebbe accertarsi che la fissazione di prezzi diversi rispetto a quelli della concorrenza non pregiudichi le proprie condizioni di economicità. I prezzi di vendita andrebbero definiti tenendo conto della loro ripercussione sulle quantità vendibili, e avendo a mente la necessità di garantire nel lungo periodo la copertura dei costi fissi aziendali. Tali verifiche possono essere svolte tramite le "analisi di sensitività" che, in funzione di diversi prezzi di vendita, indicano le diverse quantità vendibili.

Il prezzo di vendita previsionale, inoltre, dovrà essere definito in funzione delle altre variabili del *marketing mix* e, quindi, alla luce delle scelte operate in tema di promozione delle vendite, canali distributivi, servizi di assistenza pre- e post-vendita aggiuntivi, condizioni contrattuali, ecc.

Il dato sulle condizioni contrattuali di incasso è particolarmente importante per redigere non solo il *budget delle vendite*, ma anche i *budget finanziari*.

Infatti, per una corretta conversione del fatturato in termini di flussi nei *budget finanziari*, occorre tener conto della distribuzione temporale dei ricavi, e cioè delle dilazioni di pagamento concesse ai clienti. Inoltre, la corretta quantificazione dei flussi reddituali e finanziari obbliga a considerare altre eventuali condizioni contrattuali, quali sconti, abbuoni o premi di fedeltà [87]. Tali elementi, infatti, consentono di passare dal prezzo a pronti (o

---

[87] Si noti che tali voci, pur avendo la natura di componenti negativi di reddito, sono da interpretarsi come valori rettificativi dei ricavi, ragion per cui si preferisce una loro collocazione nel *budget delle vendite*, e non nel *budget dei costi commerciali*.

prezzo nominale) al prezzo a termine (o a scadenza) e, quindi, al prezzo effettivo (o prezzo netto).

Le conseguenze in termini finanziari dei valori riportati nel *budget delle vendite* possono essere meglio apprezzate avvalendosi di un esempio numerico e di un apposito *format* di raccolta delle informazioni.

A tal fine, la Figura 10 propone un possibile prospetto di articolazione mensile del *budget delle vendite* di un'azienda mono-prodotto che, nell'esempio, prevede di realizzare, nell'ultimo mese del successivo anno, solo due operazioni di vendita.

Ma il prospetto presenta anche altre utili informazioni, inserite in colonne di cui si fornisce una breve spiegazione, secondo l'ordine di sequenza.

Dopo la colonna delle quantità, è riportata l'informazione sul prezzo a pronti, cioè il prezzo di listino praticato dall'azienda per ogni unità di prodotto, nel caso di un pagamento "pronto cassa" e in assenza di condizioni di sconto.

Le successive due colonne sono usate per annotare la dilazione di pagamento concessa ai clienti e il tasso di interesse annuale applicato nel caso di incasso differito (ovviamente, il tasso annuale andrà rapportato ai giorni di dilazione).

Figura 10 – **Prospetto di articolazione mensile del budget delle vendite**

Quantità	Prezzo a pronti	Dilazione in giorni	Tasso di interesse	Prezzo a scadenza[88]	Sconti	Prezzo netto	Fatturato
500	180,00	0	4%	180,00	5%	171,00	€ 85.500,00
5.000	180,00	60	4%	181,20	5%	172,14	€ 860.700,00
5.500							€ 946.200,00

Nell'esempio proposto, l'azienda prevede un incasso immediato per la prima operazione e un incasso differito per la seconda operazione. In tale ultimo caso, il prezzo a scadenza diverge dal prezzo a pronti, perché incorpora gli interessi attivi pretesi dall'azienda per le somme godute dal cliente fino alla data del pagamento. La concessione di eventuali sconti permette, infine, di calcolare il prezzo netto, cioè il prezzo che, moltiplicato per le

[88] Il prezzo a scadenza, usando il riferimento dell'anno commerciale, è così determinato:

prezzo a scadenza = prezzo a pronti + (prezzo a pronti × tasso di interesse × gg. di dilazione)/360.

quantità, determina il valore delle vendite programmate con riferimento ai due clienti.

Sulla base delle due operazioni di vendita, è possibile prevedere due flussi finanziari: una variazione di cassa per la prima operazione di vendita e una variazione dei crediti verso clienti per la seconda operazione di vendita.

Il valore delle vendite della prima operazione affluisce nel *budget di tesoreria*, perché il fatturato si converte subito in un flusso monetario in entrata di pari importo. Inoltre, tale flusso di entrata contribuirà ad alimentare le fonti del *budget delle fonti e degli impieghi*.

Invece, il valore delle vendite della seconda operazione affluisce tra gli impieghi del *budget delle fonti e degli impieghi*, perché il ricavo genera una variazione dei crediti verso clienti, che non si trasforma in flussi monetari entro il periodo di riferimento del budget [89].

Il *budget delle vendite* fornisce, quindi, un fondamentale *input* informativo per la redazione dei *budget finanziari*, grazie all'informazione sui tempi (puntuali o medi) di incasso.

Il *budget delle vendite* può assumere varie forme, in funzione dei fabbisogni informativi dell'azienda.

Per essere davvero efficace, il *budget delle vendite* dovrebbe contemplare una pluralità di criteri di classificazione, ed essere articolato:

- per prodotto o per linea di prodotti;
- per area geografica;
- per canale distributivo;
- per fascia di clientela (quando il target è differenziato);
- per periodi di tempo infrannuali (per esempio, per singoli mesi).

I vari criteri non hanno un carattere alternativo, ma possono coesistere, esigenza ancora più necessaria se le singole dimensioni si abbinano a diverse e precise responsabilità.

La pluridimensionale classificazione delle vendite, se costantemente impiegata, permette all'azienda di disporre di una preziosa banca-dati per meglio programmare le vendite nei futuri esercizi. Infatti, usando una pluriarticolata serie storica di informazioni sulle vendite, l'azienda è in grado di capire, per esempio, quali siano le aree geografiche da privilegiare, o quali siano i clienti/prodotti che necessitano di sconti/promozioni per incentivare gli acquisti.

---

[89] Nell'esempio proposto, per semplicità, si è ignorato l'effetto dell'IVA.

7.2. *Il budget dei costi commerciali*

Il *budget dei costi commerciali* è strettamente collegato al *budget delle vendite*.

Infatti, le quantità vendibili, previste nel *budget delle vendite*, dipendono dagli sforzi commerciali, che trovano una loro quantificazione nel *budget dei costi commerciali*. Tale budget, infatti, ha il fine di determinare *ex ante* il costo di quelle attività che l'azienda intende svolgere per soddisfare i bisogni della clientela, per stimolare la domanda, per acquisire gli ordini, e, in definitiva, per pilotare ed incrementare le vendite.

La dottrina ha elaborato alcuni algoritmi per stimare il collegamento tra il volume delle vendite e le singole tipologie di costo; tali modelli, pur con le dovute cautele, aiutano le aziende ad effettuare scelte più meditate.

Per alcuni costi, il collegamento con il *budget delle vendite* è così stretto da rendere preferibile un loro inserimento all'interno dello stesso *budget delle vendite*. Tale tipo di trattamento è riservato a quei componenti negativi di reddito che, di fatto, determinano minori ricavi, esprimendo le porzioni di fatturato cui l'impresa è disposta a rinunciare per acquisire o fidelizzare i clienti. Tipiche componenti che confluiscono nel *budget delle vendite* (e non nel *budget dei costi commerciali*) sono gli sconti, gli abbuoni, i ribassi e i resi.

All'interno del *budget dei costi commerciali* sono, invece, accolte altre componenti commerciali aventi natura di veri e propri costi, sebbene si tratti di oneri molto difformi tra loro per natura, grado di controllabilità e influenza sul fatturato.

La loro eterogeneità è tale che, a volte, le imprese preferiscono redigere specifici budget per singola tipologia di spesa, rinunciando ad aggregare all'interno di un unico budget voci tra loro molto dissimili. Stante la diversità delle voci inserite nel *budget dei costi commerciali*, occorre distinguere almeno le tre seguenti fattispecie:

- i *costi della distribuzione*;
- i *costi promozionali e pubblicitari*;
- i *costi di innovazione della domanda*.

I *costi della distribuzione* tipicamente comprendono: le spese del personale di vendita (stipendi e provvigioni), di imballaggio, di immagazzinaggio, di logistica in uscita, di spedizione, di trasporto, di gestione dei canali di distribuzione, di assistenza ai clienti, ecc.

La tipologia e l'ammontare di tali costi dipendono da quella vasta area di "scelte" che vanno dal momento in cui il prodotto finito è stato realizzato al momento in cui il prodotto finito viene fisicamente consegnato al cliente.

Tali "scelte", a loro volta, dipendono dal tipo di vantaggio competitivo perseguito dall'impresa, che può optare per una "strategia" di "*leadership* dei costi" o di "differenziazione", riservando, nel secondo caso, una particolare attenzione alla qualità del prodotto offerto e dei servizi ad esso correlati.

In funzione del tipo di strategia prescelta (o prevalente), si avranno ripercussioni molto diverse sui costi della distribuzione e, a cascata, sui *budget finanziari*. Per esempio, un'attenzione alla qualità del servizio distributivo comporta impegni finanziari non irrilevanti, perché vincola l'azienda ad una serie di soluzioni, quali: l'allestimento di abbondanti scorte di prodotti per evadere prontamente gli ordini, l'impiego di imballaggi robusti e sicuri, l'offerta di interessanti servizi pre- e post-vendita, l'utilizzo di una rete di vendita diretta, il ricorso a mezzi di trasporto celeri e affidabili per tempi e modalità di consegna.

Si noti che ciascuna delle opzioni appena menzionate deve essere letta non solo in termini di spese che possono appesantire il *budget dei costi commerciali*, ma anche, e soprattutto, in termini di possibili benefici sul livello delle vendite. È, infatti, indubbio che la gestione diretta del canale di vendita sia una soluzione organizzativa più impegnativa e costosa, ma tale opzione assicura maggiori vendite, permette un controllo sulla qualità dei servizi e, aspetto non trascurabile, dota l'azienda di quei flussi informativi cruciali non solo per definire il *budget delle vendite*, ma anche per meglio programmare il futuro. La corretta allocazione delle risorse richiede, quindi, un'attenta valutazione dei costi e dei benefici di ogni alternativa, individuando soluzioni che perseguano l'efficacia, senza trascurare l'efficienza.

Da ultimo, si precisa che, all'interno del raggruppamento dei *costi della distribuzione*, confluiscono costi con comportamenti molto dissimili per quanto concerne la loro correlazione con le variazioni del volume delle vendite. Alcuni costi della distribuzione sono variabili (per esempio, gli imballaggi o i costi di spedizione, se la logistica in uscita è gestita esternamente[90]); altri costi sono fissi (la maggior parte dei costi legati ai magazzini, siano essi di proprietà o presi in locazione); altri costi sono semivariabili, avendo sia una componente fissa sia una componente variabile (per esempio, i costi legati alla rete di vendita[91] e alla logistica in uscita gestita internamente[92]).

I *costi promozionali e pubblicitari* riguardano, tipicamente, le spese che l'azienda sostiene per manifesti, inserzioni e comunicazioni sui giornali, siti web, canali televisivi.

---

[90] Qualora si decida di esternalizzare la logistica in uscita, il fornitore dei servizi di trasporto potrebbe essere remunerato in base alle quantità da consegnare e ai chilometri da percorrere.

[91] Il personale della forza vendita è in genere remunerato mediante una componente fissa (lo stipendio) e una componente variabile (le provvigioni, riconosciute alla forza vendita in funzione delle vendite realizzate).

[92] Qualora si decida di internalizzare la logistica in uscita, l'azienda potrebbe sostenere dei costi fissi (per esempio, per la remunerazione del relativo personale) e dei costi variabili (per esempio, per l'eventuale remunerazione aggiuntiva riconosciuta al personale in base al numero delle consegne effettuate).

Tali costi, oltre ad essere prevalentemente fissi, sono di carattere "discrezionale". L'entità di tali spese è decisa in base alle valutazioni di merito degli organi direttivi, che potrebbero addirittura integralmente sopprimerle, anche se è difficile che un'impresa possa fare a meno delle attività promozionali o pubblicitarie senza mettere a repentaglio i volumi di vendita. Anzi, la consapevolezza del grande impatto esercitato dai costi di comunicazione sui volumi di vendita pone le imprese di fronte al "dilemma" di "quante" risorse allocare in tale voce di spesa.

Si è usato non casualmente il termine "dilemma", perché in tale ambito mancano algoritmi totalmente affidabili e, malgrado gli sforzi della dottrina, permangono ancora molte incertezze nella definizione del livello ottimale di risorse da destinare ai *costi promozionali e pubblicitari*. Ciò che è noto è soltanto il "pericolo" di mantenersi "al di sotto" o "al di sopra" di certe soglie.

Infatti, sono da evitare livelli di spesa troppo bassi, perché le evidenze empiriche hanno dimostrato la loro assoluta inutilità nel determinare incrementi, anche solo minimi, delle vendite.

Parimenti, sono da sconsigliare importi di spesa eccessivi, perché, da certi livelli in poi, per effetto di un beneficio marginale decrescente, si affievolirebbe di molto l'impatto positivo sui volumi di vendita.

Con riferimento alle spese pubblicitarie, esiste un'alea di incertezza anche sul momento del ritorno temporale degli investimenti. A volte, il ritardo tra il momento di lancio di una campagna pubblicitaria e il momento della positiva reazione della clientela è tale da suggerire il trattamento di tali spese come oneri pluriennali, con il conseguente loro più appropriato inserimento all'interno del *budget degli investimenti*. Tuttavia, è anche vero che, rispetto al passato, le moderne tecnologie hanno contribuito a migliorare le previsioni dell'impatto esercitato dalle azioni commerciali sulle vendite. Si osserva, inoltre, che è una prassi aziendale molto frequente quella di stimare i *costi promozionali e pubblicitari* come percentuale (per esempio il 5%) dei ricavi di vendita.

Da ultimo, può esservi la necessità di programmare i *costi di innovazione della domanda*, che riguardano quelle attività di ricerca sostenute dall'azienda per sondare i possibili cambiamenti nei consumi e nei mercati (tramite ricerche di mercato), la commercialità delle innovazioni di processo o di prodotto (tramite test di prodotto), la convenienza ad aprire nuovi canali distributivi. Tali studi, che possono essere svolti in proprio o commissionati all'esterno, generano costi di natura fissa.

Da ultimo, si segnala l'importanza di distinguere nel *budget dei costi commerciali* i componenti negativi che variano al variare delle quantità di produzione vendute (costi variabili) e i componenti negativi che invece risultano relativamente costanti (costi fissi).

Questa accortezza consente di migliorare la programmazione aziendale e la ricchezza informativa del *budget economico*, che potrà evidenziare anche il "margine di contribuzione commerciale".

8. *Il budget della produzione e i budget collegati*

Il punto di partenza per la predisposizione del *budget della produzione* è costituito dalle informazioni contenute nel *budget delle vendite*, tramite il quale la funzione commerciale comunica alla funzione produttiva il proprio fabbisogno complessivo in termini di varietà e numero di unità da produrre.

L'*output* informativo del *budget delle vendite* costituisce, quindi, un primo *input* informativo per la redazione del *budget della produzione*, la cui stesura richiede alcune fasi preliminari.

Per redigere il *budget della produzione*, sono necessari i seguenti passaggi:

- formulare un programma delle scorte di prodotti da tenere in magazzino, elaborando il *budget delle rimanenze di prodotti*;
- verificare la fattibilità tecnica del *budget delle vendite*;
- prevedere un'articolazione dei *costi della produzione* in base alla loro natura *diretta* e *indiretta*.

Per maggior chiarezza, i singoli punti vengono trattati separatamente.

8.1. *Il budget delle rimanenze di prodotti*

Un elemento che complica la redazione del *budget della produzione* è il suo necessario, anche se solo "eventuale", collegamento con il *budget delle rimanenze di prodotti finiti, semilavorati, in corso di lavorazione* (d'ora in poi semplicemente "*budget delle rimanenze dei prodotti*")[93].

Il collegamento è solo "eventuale", perché il problema della programmazione delle "scorte" di prodotti (e quindi del relativo budget) non sussiste, per esempio, in presenza di imprese di servizi[94].

In altri casi, invece, la natura merceologica dei beni prodotti dall'impresa e la relativa filosofia produttiva ben potrebbero conciliarsi con una poli-

---

[93] Per le peculiartià del *budget* delle imprese che lavorano su commessa, si veda: A. BUBBIO, *La guida del Sole 24 Ore al budget: principi e soluzioni tecnico-strutturali per tipi d'impresa, modelli e casi per affrontare la complessità gestionale, i legami con la balanced scorecard*, cit., pp. 259-275.

[94] In tale sede, si usa il termine "scorte" per segnalare le "quantità" di magazzino e il termine "rimanenze" per segnalare la loro "valorizzazione" monetaria.

tica delle scorte di prodotti finiti; tale politica è, anzi, per molti versi vantaggiosa.

Infatti, la disponibilità di un certo ammontare di prodotti finiti, nel rispetto della capacità fisica dei magazzini, consente all'azienda di conseguire diversi vantaggi. In particolare, la politica delle scorte di prodotti finiti è usata dalle imprese per fronteggiare le punte di domanda, per attutire la stagionalità delle vendite, per stabilizzare i ritmi della produzione, per sfruttare al meglio la capacità produttiva disponibile, per garantire tempestive consegne ai clienti, per coprirsi da possibili rischi di improvvise interruzioni delle linee produttive, per tutelarsi da eventuali periodi di irreperibilità o di maggiore onerosità dei fattori produttivi impiegati nella realizzazione dei beni.

Ovviamente, occorrerà valutare anche gli svantaggi di una politica delle scorte di prodotti finiti, che può essere fonte di diseconomie per una serie di circostanze, quali: la deperibilità fisica e i rischi di obsolescenza economica dei prodotti; l'onerosità della gestione dei magazzini; l'aumento del capitale circolante, con conseguente assorbimento di risorse finanziarie.

Alla luce dei "pro" e dei "contro", si dovrà individuare il dimensionamento ottimale dei prodotti da tenere in magazzino, cercando il più possibile di sfruttare quella relazione che, prima ancora che un'equazione, esprime la capacità del programma delle scorte di integrare le esigenze commerciali con le esigenze della produzione.

Infatti, tra l'area del commerciale e l'area della produzione esiste una sorta di fisiologica conflittualità, ascrivibile alla diversità dei loro specifici obiettivi e ruoli.

Il responsabile commerciale, che per missione ha il compito di conquistare nuovi clienti e di non perdere quelli storici, è disposto ad offrire prodotti/servizi personalizzati, pur di soddisfare efficacemente le esigenze dei consumatori.

Il responsabile della produzione, per contro, ricerca la regolarità temporale e l'omogeneità del processo produttivo, in modo da garantire maggiori livelli di efficienza produttiva.

Queste due antitetiche posizioni possono essere parzialmente armonizzate mediante il programma delle scorte di prodotti.

In particolare, ragionando in termini mensili, vale la seguente relazione:

	Volume di vendita programmato
+	Scorte finali di prodotti programmate
–	Scorte iniziali di prodotti
=	Volume di produzione programmato

Dalla relazione si deduce che il *budget delle rimanenze di prodotti* è predisposto insieme al *budget della produzione*, tenendo conto dei programmi di vendita.

L'ordine con cui sono scritti i membri della relazione segnala che il volume di produzione programmato *dipende* dal volume di vendita programmato, dalle scorte iniziali dei prodotti e dalle scorte finali di prodotti programmate, intese queste ultime come il quantitativo di prodotti che l'impresa *desidera* avere alla fine di ogni sottoperiodo di budget. In alcuni casi, le aziende, piuttosto che definire livelli puntuali, stabiliscono un *range* di valori (un minimo e un massimo) per le scorte finali mensili dei prodotti [95].

Al di là dei diversi metodi di calcolo, l'ammontare desiderato delle scorte finali diventa vincolante per stabilire il programma mensile di produzione.

Si noti che nella formula si è usato non casualmente il riferimento "mensile", e non annuale. Anche il *budget delle rimanenze di prodotti*, come la maggior parte dei *budget operativi*, richiede un'articolazione dei dati per sottoperiodi [96].

Inoltre, il *budget delle rimanenze di prodotti*, similmente al *budget delle vendite*, deve essere espresso non solo in termini di quantità fisiche, ma anche in termini monetari. La sua conversione monetaria richiede una preliminare definizione del criterio di valorizzazione prescelto (LIFO, FIFO, costo medio ponderato). Inoltre, anche in tale caso, è possibile applicare valori standard.

8.2. *Il programma di produzione e la fattibilità tecnica*

Per redigere il *budget della produzione*, è necessario disporre di informazioni quantitative e quantitativo-monetarie con un dettaglio almeno mensile. L'informazione sulle quantità da prodursi è essenziale per verificare la "fattibilità tecnica" del programma di produzione, mentre l'informazione sui costi della produzione serve a verificare la sua "fattibilità economico-reddituale ed economico-finanziaria" [97].

La questione della "fattibilità tecnica" può essere meglio apprezzata tramite un esempio numerico.

Con riferimento al primo trimestre del periodo di budget, il prospetto

---

[95] I. MARCHINI, *La contabilità preventiva di esercizio e la contabilità dei costi nell'impresa industriale*, Giappichelli, Torino, 1988, pp. 121-130.

[96] Questo aspetto è molto importante soprattutto per le aziende che durante l'anno hanno flussi di vendita irregolari o svolgono un'attività stagionale, con alti picchi di vendita in determinati periodi dell'anno. Laddove possibile, tali aziende cercano di stabilizzare la produzione dei singoli sottoperiodi facendo leva sulle rimanenze, che diventano alte nei periodi di bassa stagione, e basse nei periodi di alta stagione.

[97] C. TEODORI, *Le tecniche di costruzione del budget*, in S. BARALDI-C. DEVECCHI-C. TEODORI (a cura di), *I sistemi di pianificazione, programmazione e controllo*, Giappichelli, Torino, 2003, p. 340.

sottostante indica il volume mensile delle vendite previste dall'area commerciale e il numero massimo di prodotti che il reparto produttivo può mensilmente realizzare.

Il confronto dei dati all'interno di ciascun intervallo temporale agevola immediatamente alcune considerazioni.

	Gennaio	*Febbraio*	*Marzo*
Volume di vendita previsto dal budget commerciale (in unità)	500	700	300
Capacità produttiva massima (in unità)	600	600	600

Nei mesi di gennaio e di marzo si nota che l'azienda, attenendosi al *budget delle vendite*, dovrebbe produrre rispettivamente un volume di 500 e 300 unità di prodotto, quantitativi entrambi sintomatici di condizioni di sotto-assorbimento dei fattori produttivi, cioè di un inadeguato tasso di impiego della capacità produttiva, idonea a realizzare al massimo 600 unità mensili.

Il mese di febbraio, per contro, presenta una situazione diametralmente opposta: le quantità previste dal *budget delle vendite* sono 700, ma la produzione è in grado di realizzarne solo 600 unità. Tale ultima fattispecie è quella che genera una situazione di *non* "fattibilità tecnica", per via dell'incompatibilità tra i quantitativi di vendita previsti dal *budget commerciale* e i quantitativi realizzabili con la capacità produttiva attuale dell'azienda.

Il divario, riconducibile al sotto-dimensionamento della capacità produttiva, può essere risolto dall'impresa usando una delle seguenti 5 possibili soluzioni:

1. far leva sulle *politiche delle scorte di prodotti*, producendo nel mese di gennaio 600 unità, 100 delle quali da destinare a magazzino, in modo da poter evadere per il mese di febbraio l'ordinativo delle 700 unità. Tuttavia, nel caso in cui la politica delle scorte di prodotti non fosse possibile (per esempio, perché l'azienda è un'impresa di servizi) o risultasse solo parzialmente risolutiva (circostanza che potrebbe verificarsi nel caso in cui il volume delle vendite previste per il mese di febbraio fosse non di 700, ma di 750 unità), occorrerebbe valutare, solo o anche, le successive alternative;
2. effettuare *nuovi investimenti*, in modo da ampliare la capacità produttiva esistente, anche se va precisato che una simile soluzione: *i*) potrebbe essere difficilmente realizzabile nel breve periodo; *ii*) se anche realizzabile, potrebbe generare nel medio periodo una rigidità strutturale e un aggravio di costi (quote di ammortamento, manutenzione, ecc.) da valutare con attenzione;
3. ricorrere a *lavorazioni esterne*, anche se a volte l'esigenza di controllare la qualità del processo produttivo rende tale alternativa poco gradita e, tra l'altro, non sempre economicamente vantaggiosa;
4. cercare di *spostare* una parte delle vendite di febbraio (cioè 100 unità)

al mese successivo (periodo in cui la capacità produttiva è sottodimensionata), ma non è detto che i clienti siano disposti ad accettare un dilazionamento della consegna/erogazione del prodotto/servizio;

5. ridurre il quantitativo previsto nel *budget delle vendite* (portandolo da 700 a 600), sebbene tale soluzione andrebbe opzionata solo *in extremis*, dato che, oltre a determinare nell'immediato una perdita di opportunità economiche, è rischiosa per il futuro. Infatti, i clienti potrebbero decidere di continuare a rifornirsi presso i concorrenti diretti dell'azienda, concorrenti inizialmente scelti per ripiego, ma poi rivelatisi sufficientemente validi per essere riconfermati per i successivi acquisti.

8.3. *L'articolazione del budget della produzione*

Una volta verificato o risolto il presupposto della fattibilità tecnica, l'azienda deve affrontare le questioni di ordine monetario, stimando i "costi" di produzione. Infatti, il *budget della produzione* è strettamente condizionato non solo dal *budget delle vendite*, ma anche dai *budget finanziari*, dato che i fabbisogni finanziari collegati alla futura produzione devono trovare un'adeguata e conveniente copertura finanziaria.

Per migliorare la verifica della fattibilità economico-reddituale e della fattibilità economico-finanziaria, il *budget della produzione* dovrebbe essere articolato in base a varie dimensioni, e cioè:

- per periodi di tempo infrannuali (per esempio, per singoli mesi);
- per prodotti o famiglia di prodotti;
- per stabilimento o per reparto o per linea di produzione.

Inoltre, una corretta costruzione del *budget della produzione* richiede la distinzione tra *costi diretti* e *costi indiretti*.

I *costi diretti* riguardano i fattori produttivi i cui processi di consumo e di impiego possono essere misurati con riferimento al singolo prodotto/servizio sulla base di relazione dirette.

I *costi indiretti* si riferiscono a quei fattori che evidenziano solo relazioni mediate con il prodotto/servizio e possono essere, quindi, parametrati sull'unità di prodotto/servizio unicamente mediante un procedimento di computo indiretto, fondato sull'applicazione di basi di ripartizioni convenzionali [98].

Essendo differenti i processi di stima, è opportuno distinguere il *budget dei costi diretti di produzione* dal *budget dai costi indiretti di produzione*.

---

[98] M. AGLIATI. *La contabilità direzionale. Metodologie di misurazione dei costi di produzione*, Cusl, Milano, 1987, p. 160 e segg.

a) *Il budget dei costi diretti di produzione*

Il *budget dei costi diretti di produzione* riguarda quei fattori produttivi che sono specificatamente ed esclusivamente riferibili al singolo prodotto e, in quanto tali, risultano quantificabili rispetto ad esso tramite un procedimento diretto.

Sono da considerarsi diretti i costi delle materie prime, delle materie sussidiarie, dei semilavorati, della manodopera diretta, delle lavorazioni esterne.

I costi diretti sono determinati con riferimento a una unità di prodotto sulla base di un consumo (o fabbisogno) unitario del fattore produttivo. Conviene distinguere la stima dei "costi diretti della materia prima" dalla stima dei "costi della manodopera diretta", essendo diverse le modalità di quantificazione del consumo unitario.

Per stimare il costo mensile della materia prima, direttamente consumata nel programma di produzione mensile, occorre conoscere i seguenti dati:

1. il volume di produzione mensilmente previsto;
2. il consumo unitario di materia prima, ossia la quantità di fattore produttivo necessaria per realizzare un'unità fisica di prodotto (il c.d. *"fabbisogno unitario"*);
3. il prezzo-costo unitario della materia prima (ossia il prezzo di acquisizione della singola unità di fattore produttivo).

Infatti, tramite il prodotto degli elementi di cui ai punti 1) e 2), è possibile determinare il *fabbisogno complessivo*, ossia la quantità fisica di materia prima che si prevede di consumare mensilmente per soddisfare il programma produttivo del mese. Moltiplicando, infine, il fabbisogno complessivo per il prezzo d'acquisto unitario del fattore produttivo, si determina il *costo complessivo* della materia prima mensilmente necessaria per realizzare il programma produttivo.

Preme tuttavia segnalare che i costi totali della materia prima assumeranno valori diversi in funzione del criterio utilizzato per i parametri di cui al punto 2) e al punto 3).

In particolare, il consumo unitario di materia prima per una un'unità di prodotto può essere determinato usando alternativamente uno dei seguenti riferimenti:

- i *dati stimati* sulla base dello storico;
- i *dati standard* (o *dati-obiettivo*) calcolati su base scientifica [99].

---

[99] I costi standard "rappresentano degli obiettivi di prestazione che i responsabili dei vari reparti o stabilimenti dovrebbero raggiungere durante il periodo preso a riferimento nel budget. ... Per questo motivo, il costo standard è determinato non solo con riferimento a

Il coefficiente del consumo storico è utilizzato quando l'impresa non dispone di un ufficio (o *controller*) deputato ad elaborare parametri standard.

In tali casi, il criterio più affidabile resta quello ancorato ai dati storici, che ha il limite però di riflettere condizioni di produzione che potrebbero non essere espressive dei massimi livelli di efficienza, con la conseguenza di privare il budget dell'importante funzione di stimolo al miglioramento.

Per tale motivo, in presenza di un buon sistema di controllo, è preferibile costruire il *budget della produzione* usando come parametro di riferimento il coefficiente standard, calcolando cioè la quantità di materia prima assorbita da un'unità di prodotto sulla base di condizioni di *efficienza interna*.

Parimenti, il prezzo-costo unitario della materia prima può essere determinato utilizzando non un riferimento storico, ma un costo standard unitario, cioè ipotizzando che l'acquisto del fattore produttivo avvenga secondo condizioni di *efficienza esterna* [100].

In sintesi, quando si applica il criterio standard, i costi diretti della materia prima (MP) sono iscritti nel *budget dei costi diretti della produzione* ad un valore così determinato:

Costo standard del mese della MP	=	Volume di produzione mensile del prodotto	×	Coefficiente unitario standard della MP	×	Prezzo unitario standard della MP

Quanto appena descritto con riferimento alla materia prima è valido, salvo il diverso modo di misurare il fabbisogno unitario, per quantificare il

---

ogni prodotto, ma anche rispetto ai reparti o alle altre unità operative nelle quali avvengono le diverse attività di produzione (i cosiddetti *centri di costo*). La determinazione dei costi standard, intesi come costi-obiettivo, presuppone quindi un articolato processo di analisi tecnico-organizzativo. I cicli di lavorazione vengono esaminati per definire i *tempi di lavorazione* (tempo necessario per svolgere ciascuna operazione del ciclo di lavorazione) per prodotto e per reparto. Partendo da tale stima, è possibile identificare la quantità standard di manodopera (il *tempo standard unitario*) per ogni prodotto. Stessa cosa vale per i materiali diretti, per i quali viene specificata nella distinta base la quantità standard (litri, kilogrammi, metri, ecc.) necessaria per la realizzazione di una unità di prodotto", F. AMIGONI-A. CAGLIO, *Budget*, cit., p. 83.

[100] "Per *efficienza in senso stretto* s'intende il rapporto tra la quantità fisica di risorse impiegate ed i volumi produttivi ottenuti. I costi standard, in quanto espressi in valori monetari, derivano da una 'valorizzazione' del livello di efficienza desiderato; questa valorizzazione viene fatta con i *prezzi* di acquisto delle risorse. Pertanto i costi standard presuppongono livelli soddisfacenti non solo di *efficienza* (nell'impiego delle risorse), ma anche di *prezzo* (di acquisto delle medesime). I due aspetti insieme considerati esprimono un concetto di efficienza in *senso ampio* (dove le quantità fisiche di risorse esprimono efficienza *interna* ed i prezzi unitari d'acquisto efficienza *esterna*)", L. BRUSA-F. DEZZANI, *Budget e controllo di gestione*, cit., pp. 134-135.

costo del lavoro diretto. In particolare, per determinare i costi previsionali della manodopera diretta, occorre conoscere:

1. il volume di produzione mensilmente previsto;
2. il *fabbisogno unitario di manodopera*, espresso in genere in (numero o frazione di) ore di lavoro per unità di prodotto;
3. il costo orario del lavoro.

Anche in tale caso, il tempo di lavoro necessario per ogni operazione (o sua fase elementare), cioè, il c.d. *fabbisogno unitario di manodopera*, può essere stimato alla luce delle passate esperienze o usando parametri standard.

Il costo del personale andrà calcolato sulla base della sua composita articolazione (salario base, incentivi, indennità, contributi a carico del datore di lavoro).

Il documento che raccoglie tutte le voci essenziali per definire il consumo standard di un prodotto prende il nome di "distinta base".

A titolo riassuntivo, si propone un esempio numerico. La Figura 11 elenca le informazioni rilevanti per stimare i *costi diretti di produzione* per i prodotti A, B e C.

Per ognuno dei tre prodotti, la Figura 11 indica i volumi di produzione, nonché i coefficienti unitari standard di materia prima (MP) e di manodopera diretta (MOD).

Sono inoltre fornite le informazioni sui prezzi-costo standard unitari dei due fattori produttivi.

Figura 11 – **I dati per la redazione del budget della produzione**

	A	B	C
Volume di produzione	60	50	70
Coefficiente unitario standard di MP (Kg)	0,5	0,2	0,3
Coefficiente unitario standard di MOD (h)	0,2	0,4	0,4
Informazioni comuni per i tre prodotti:			
– costo standard al kg della MP pari a € 8			
– costo orario standard della MOD pari a € 9			

Sulla base delle precedenti informazioni, è possibile determinare i dati fondamentali per il *budget dei costi diretti di produzione*, secondo i calcoli esplicitati nella Figura 12.

Figura 12 – **La determinazione dei costi diretti per il budget della produzione**

		A	B	C	Totale
1.	Volume di produzione	60	50	70	
2.	Coefficiente unitario standard di MP (Kg)	0,5	0,2	0,3	
3.	Fabbisogno complessivo di MP (1 × 2)	30	10	21	61
4.	Prezzo-costo standard unitario di MP	8	8	8	
5.	*Costo complessivo di MP* (3 × 4)	*240*	*80*	*168*	*488*
6.	Coefficiente unitario standard di MOD (h)	0,2	0,4	0,4	
7.	Fabbisogno complessivo di MOD (1 × 6)	12	20	28	60
8.	Prezzo-costo standard unitario di MOD	9	9	9	
9.	*Costo complessivo di MOD* (7 × 8)	*108*	*180*	*252*	*540*
10.	*Totale costi diretti di produzione* (5 + 9)	*348*	*260*	*420*	*1.028*

b) *Il budget dei costi indiretti di produzione*

Il *budget dei costi indiretti di produzione* accoglie le stime relative a quei fattori produttivi i cui processi di consumo e di impiego non sono riferibili, se non in via mediata e indiretta, all'unità di prodotto.

Nel *budget dei costi indiretti di produzione* confluiscono varie voci, quali: i costi delle materie e della manodopera indiretta, gli ammortamenti, i costi delle *utilities* (per esempio, energia elettrica, acqua), altri costi (assicurazioni, manutenzioni e riparazioni, controllo di qualità, supervisione).

Rispetto alla stima dei costi indiretti commerciali, la stima dei costi indiretti di produzione presenta problematiche minori, dato che è più facile rintracciare un collegamento con il volume di produzione.

Tuttavia, i costi indiretti di produzione non possono essere attribuiti in via immediata ai prodotti, ma devono essere preliminarmente attribuiti ai centri di costo di produzione [101] o ai centri di costo ausiliari [102], e successi-

[101] I "centri di costo di produzione" si riferiscono a unità operative in cui sono attuati i processi di trasformazione fisico-tecnica e in cui è possibile "individuare relazioni relativamente oggettive e misurabili tra l'ammontare delle risorse impiegate e i livelli di attività attuati ... La natura propria ai centri di costo fa sì che i costi ad essi attribuiti siano parametrizzabili unicamente agli oggetti finali del calcolo dei costi. Rispetto ad essi non si pongono dunque problemi di allocazione dei costi – connessi con l'esplicitazione dei collegamenti funzionali con altri centri di costo – ma esclusivamente problemi di imputazione all'unità di prodotto/servizio variamente determinata", M. AGLIATI. *La contabilità direzionale. Metodologie di misurazione dei costi di produzione*, cit., p. 220. Costituiscono esempi di centri di costo di produzione i reparti produttivi.

[102] I "centri di costo ausiliari" si riferiscono, invece, "a unità operative che – sebbene funzionalmente collocate nell'area della produzione – tuttavia forniscono le rispettive utilità al processo e non invece agli oggetti ultimi. ... In altri termini, vengono classificati come ausiliari i centri di costo che sviluppano attività di supporto ai processi di trasformazione fisica, e come tali evidenziano relazioni solo mediate con i livelli di attività

vamente imputati, tramite vari coefficienti di imputazione o di allocazione, all'unità di prodotto/servizio.

Per una migliore predisposizione di tale budget, è però opportuno distinguere i *costi indiretti variabili* (per esempio, i costi dei materiali ausiliari usati nel processo produttivo), i *costi indiretti semivariabili* (per esempio, i costi dell'energia elettrica, i costi di manutenzione) e i *costi indiretti fissi* (per esempio, lo stipendio del direttore del reparto produttivo, gli ammortamenti di macchinari ed impianti, i costi di sorveglianza dello stabilimento).

I *costi indiretti variabili*, essendo legati all'utilizzo della struttura produttiva, sono stimati non in base ai prodotti ottenuti, ma in base all'attività di produzione necessaria per ottenerli.

I *costi indiretti semivariabili* sono stimati applicando varie tecniche statistiche, tra cui il "metodo dell'interpolazione grafica" o il "metodo dei minimi quadrati" [103].

I *costi indiretti fissi*, essendo, entro certi limiti, indipendenti dai volumi di produzione, sono stabili nel tempo e sono, quindi, stimati partendo dai costi storici (a meno che non siano previste variazioni, per esempio, negli investimenti in infrastrutture produttive, nella politica degli ammortamenti, o nella remunerazione del personale di supervisione o di sorveglianza). Anche per i costi indiretti, è preferibile il ricorso a valori standard.

9. *Il budget degli approvvigionamenti*

Il *budget degli approvvigionamenti* riguarda il programma degli acquisti delle materie prime, dei materiali di consumo, delle materie sussidiarie (per semplicità, delle "materie"), e cioè di tutti quei fattori necessari per lo svolgimento del programma di produzione e per il dimensionamento desiderato delle rimanenze di materie [104].

---

attuati", M. AGLIATI. *La contabilità direzionale. Metodologie di misurazione dei costi di produzione*, cit., p. 220. Costituiscono esempi di centri di costo ausiliari le unità operative dedite alla manutenzione o al controllo qualità.

[103] Mediante il "metodo dei minimi quadrati" applicato ai valori storici, si ottiene l'equazione:

$$Y = a + bX$$

In tale equazione, Y sono i costi indiretti semivariabili totali di produzione, X sono i volumi di produzione, a è l'importo totale della parte fissa e b è l'importo unitario della parte variabile. "Quest'ultimo ammontare viene moltiplicato per i volumi di produzione, definiti nel budget di produzione, per il calcolo dei costi indiretti variabili totali di budget", F. AMIGONI-A. CAGLIO, *Budget*, cit., p. 87.

[104] Nel caso di aziende che commercializzano i prodotti di terzi, e cioè acquistano e vendono merci, "vi è un collegamento diretto tra budget delle vendite e degli approvvigionamenti, in quanto l'area produttiva non è interessata. Punto di partenza è l'area

Non rientra, invece, nel contenuto nel *budget degli approvvigionamenti* il fattore della forza-lavoro.

Al pari di quanto già osservato per gli altri *budget operativi*, è opportuno che il *budget degli approvvigionamenti* venga elaborato sia in base alle quantità fisiche, sia in base a valori monetari, preferibilmente usando i prezzi-costo standard.

La redazione del *budget degli approvvigionamenti* richiede due tipi di abilità: a) saper selezionare bene i fornitori, negoziando anche buone condizioni contrattuali; b) saper convenientemente definire "quanto" e "quando" acquistare.

Tali abilità sono cruciali non solo per soddisfare le esigenze della produzione, ma anche per garantire i livelli desiderati delle scorte di materie [105].

Infatti, i fattori produttivi, il cui acquisto è previsto mediante il *budget degli approvvigionamenti*, sono suscettibili di generare rimanenze alla fine del periodo amministrativo, alimentando il *budget delle rimanenze di materie prime, sussidiarie, di consumo*" (per semplicità, "*budget delle rimanenze di materie*"). Per quanto concerne il *budget delle rimanenze di materie*, valgono, con le dovute differenze, le considerazioni già formulate per il *budget delle rimanenze di prodotti*. Anche per le scorte di materie, vi sono vari criteri di valorizzazione a budget.

In tale sede, preme, invece, sottolineare che il *budget degli approvvigionamenti* è formulato tenendo conto sia dei consumi di materie prime (e simili) previsti dal programma di produzione, sia delle quantità stimate per il *budget delle rimanenze di materie prime* (e simili). In particolare, con riferimento ad un determinato mese, le "quantità" di materie da acquistare sono così determinabili:

	Fabbisogno di materie per la produzione
+	Scorte finali di materie programmate
–	Scorte iniziali di materie
=	Quantità di materie da acquistare

commerciale, attraverso la determinazione del grado di assorbimento del mercato: con tale informazione si predispone il budget delle vendite, sempre articolato per periodo infrannuale. Secondo elemento è la politica delle scorte che, congiuntamente ai volumi di vendita, determina le quantità da acquistare. L'algoritmo è analogo a quello presentato per la determinazione del programma di produzione, senonché in luogo di quest'ultimo si determina un programma di approvvigionamento", C. TEODORI, *Le tecniche di costruzione del budget*, cit., p. 354.

[105] Il livello ideale delle scorte può essere definito in termini quantitativi in base al dimensionamento ottimo del lotto di approvvigionamento o in base alla determinazione del punto di riordino. In proposito, si veda: A. BUBBIO, *La guida del Sole 24 Ore al budget: principi e soluzioni tecnico-strutturali per tipi d'impresa, modelli e casi per affrontare la complessità gestionale, i legami con la balanced scorecard*, cit., p. 187 e segg.

La precedente relazione evidenzia che gli approvvigionamenti mensili dipendono dalla quantità di materie necessarie per svolgere il programma produttivo e dalla variazione delle scorte di materie. Tale variazione, a sua volta, dipende dalle scorte finali programmate di materie e dalle scorte iniziali di materie.

Se i consumi delle materie possono considerarsi una variabile "esogena" (in quanto determinata dal programma di produzione), la variazione delle scorte è un dato che potrebbe essere lasciato alla discrezionalità del responsabile degli acquisti, che dovrà cercare di minimizzare i costi di approvvigionamento [106], senza tuttavia rischiare di assottigliare il livello delle scorte di materie.

L'ultima osservazione si ricollega al problema del "quando" approvvigionarsi. Per rispondere a tale quesito, occorre sottolineare che gli approvvigionamenti del mese riguardano le quantità che devono essere "disponibili" per il periodo, e "non" già quelle che devono essere "ordinate" nel periodo.

Sarà quindi compito del responsabile degli acquisti emettere per tempo gli ordini ai fornitori, tenendo conto dei normali periodi di tempo che intercorrono tra il momento dell'ordine e il momento della consegna. L'effettiva disponibilità delle materie dipenderà dal tempo impiegato dai fornitori per evadere gli ordini.

Inoltre, per decidere "quando" acquistare, il responsabile degli approvvigionamenti dovrà attentamente ponderare anche i tempi che intercorrono tra il momento della disponibilità delle materie e il momento del loro concreto impiego nel processo produttivo, onde garantire fluidi e continui cicli di produzione.

Da ultimo, la decisione sul "quando" approvvigionarsi dovrà essere assunta alla luce delle previsioni sugli andamenti dei prezzi di acquisto, cercando di sfruttare i momenti di ribasso (tipicamente legati a certi periodi dell'anno, quando la pratica degli sconti e l'abbondanza dell'offerta favoriscono il contenimento dei prezzi).

10. *Il budget delle altre aree gestionali*

La complessiva gestione di impresa si avvale non solo delle attività espletate dalla funzione commerciale o dalla funzione produttiva, ma anche delle attività svolte da unità organizzative deputate a presidiare altre aree gestionali.

I costi previsionali di tali unità sono rilevati mediante il *"budget delle al-*

---

[106] L'approvvigionamento comporta una serie di costi, legati alle attività di emissione degli ordini, di ricevimento della merce, di immagazzinaggio, di trasporto, ecc.

tre aree gestionali" (talvolta anche denominato "*budget delle spese generali e amministrative*", "*budget dei servizi centrali*", "*budget dei costi di struttura*").

All'interno del *budget delle altre aree gestionali* confluiscono i costi previsionali che non hanno trovato collocazione nei precedenti budget, perché si riferiscono ad unità organizzative che svolgono attività "di supporto" alle attività operative.

Tale budget include i costi delle seguenti aree o funzioni:

- direzione generale;
- amministrazione, controllo e finanza;
- sistemi informativi;
- risorse umane;
- ricerca e sviluppo.

Quindi, il *budget delle altre aree gestionali* comprende i costi per gli stipendi del personale dirigenziale e impiegatizio, per la formazione e l'aggiornamento, per le utenze telefoniche, per la cancelleria, per le consulenze professionali, per gli oneri assicurativi, per le spese legali, per gli ammortamenti di mobili e macchine d'ufficio, per gli affitti passivi, per i canoni di leasing, ecc. [107].

La stima di tali costi, per lo più fissi ed indiretti, è di difficile quantificazione, non essendo possibile il ricorso ad algoritmi che colleghino le risorse ai volumi di attività previsti per l'esercizio di budget.

All'interno di tali costi fissi si dovrebbero, tuttavia, distinguere i costi di *struttura*, che sono difficilmente modificabili (per esempio, gli stipendi del personale, gli ammortamenti degli uffici e delle relative attrezzature), e i costi di *politica* che, essendo *discrezionali*, sono modificabili (per esempio, i costi di formazione del personale, i costi di consulenza).

Nella prassi, i costi inseriti nel *budget delle altre aree gestionali* sono stimati sulla base dei valori storici, adeguati alla luce degli effetti inflattivi e di eventuali nuove attività. In sostanza, si applica un "approccio incrementale", che consiste nel definire, per ogni unità organizzativa, un livello massimo di spesa, determinato maggiorando di una certa percentuale i valori contabili a consuntivo o gli stanziamenti dell'anno precedente [108].

Al di là dei criteri previsionali utilizzati, la redazione del *budget delle altre aree gestionali* non andrebbe sottovalutata per i seguenti motivi:

– perché i costi amministrativi sono spesso di entità notevole e, di conseguenza, finiscono per incidere sensibilmente sui risultati di gestione;

---

[107] Considerata la crucialità della risorsa umana, peraltro risorsa rigida e costosa, non è infrequente la prassi di affrontare il costo del personale separatamente, redigendo il *budget del personale*.

[108] F. AMIGONI-A. CAGLIO, *Budget*, cit., p. 90.

– perché dietro i costi amministrativi sovente si annidano fenomeni di sprechi e di inefficienze;

– perché, a livello simbolico ed educativo, è importante che i massimi organi gerarchici siano i primi a dare l'esempio di una rigorosa e convinta applicazione delle metodologie di controllo dei costi e, quindi, di *budgeting*.

11. *Il budget degli investimenti*

Il *budget degli investimenti* accoglie le stime dei costi per l'acquisto (o la produzione interna) di fattori ad *utilità pluriennale*, la cui convenienza economico-finanziaria dovrebbe essere valutata mediante i metodi di *"capital budgeting"* [109].

L'elaborazione del *budget degli investimenti* è strettamente dipendente da quanto previsto dal *piano strategico*, da cui eredita i dati dell'anno temporalmente più prossimo. In particolare, il *budget degli investimenti* riproduce solo la prima porzione annuale degli investimenti che il *piano strategico* ha previsto e dettagliato con riferimento ad un arco temporale della durata, in genere, di 3-5 anni.

Ciò non vuol dire che il *budget degli investimenti* venga redatto semplicemente traslando i valori previsti per il primo anno del *piano strategico*.

---

[109] Si forniscono alcuni minimali riferimenti circa tali metodi, utilizzati per orientare le scelte di investimento in presenza di diverse alternative.

Il metodo del *periodo di recupero* (o *payback period*) valuta in quanto tempo (anni e mesi) i flussi di cassa in entrata eguaglieranno i flussi di cassa in uscita sostenuti per l'investimento iniziale. In altri termini, si calcola quanto tempo impiega il capitale investito per "ritornare in forma liquida". In base a tale tecnica, viene privilegiato l'investimento con un periodo di recupero inferiore.

Il metodo del *valore attuale netto* (VAN) calcola il valore attuale di tutti i flussi di cassa in entrata generati dall'investimento (o progetto), utilizzando un tasso di rendimento minimo desiderato. Il VAN è la differenza tra il valore attuale dei flussi di cassa in entrata e l'investimento iniziale. L'investimento è conveniente se il VAN è positivo. In presenza di diverse alternative di investimento, si privilegia l'investimento che presenta il VAN maggiore.

Il metodo del *tasso di rendimento interno* (TIR) o *internal rate of return* (IRR) valuta gli investimenti in base a quel tasso di attualizzazione che rende i flussi di cassa in entrata scontati, derivanti dall'investimento, "uguali" all'investimento iniziale. Quindi, il tasso di attualizzazione (il TIR) è quel tasso d'interesse in corrispondenza del quale il VAN è uguale a zero. Sono da evitare gli investimenti il cui TIR è inferiore al tasso di rendimento minimo desiderato, mentre, tra vari progetti alternativi, si predilige l'investimento che ha il TIR maggiore.

Sulle tecniche di *capital budgeting*, tra i tanti, si rinvia a: C.T. HORNGREN-G. SUNDEM-W.O. STRATTON-D. BURGSTAHLER-J. SCHATZBERG-M. AGLIATI-A. DITILLO, *Programmazione e controllo*, Pearson, Milano, Torino, 2011, p. 349 e segg.

Infatti, non si esclude che:

– alcune operazioni di investimento inserite nel primo anno del *piano strategico* possano essere annullate o rinviate, e quindi siano escluse dal *budget degli investimenti*;
– alcune operazioni di investimento previste dal *piano strategico* per i periodi successivi al primo anno siano anticipate nella loro esecuzione, e quindi siano incluse nel *budget degli investimenti*;
– alcune operazioni di investimento, pur non essendo contemplate in nessuno degli anni del *piano strategico*, siano rilevate dal *budget degli investimenti*, perché, per esempio, si tratta di investimenti che, per varie ragioni, non erano stati intercettati dalla pianificazione.

Quanto precisato non inficia il fatto che la pianificazione trovi un suo momento di continuità, di implementazione e di attuazione nel budget.

Il *budget degli investimenti* accoglie i costi delle immobilizzazioni tecniche (impianti, macchinari, fabbricati, automezzi, ecc.) e delle immobilizzazioni immateriali (brevetti, marchi), da assoggettare in linea di massima al processo di ammortamento [110].

Tale budget può essere strutturato usando, anche in modo congiunto, una suddivisione per [111]:

– tipologia di investimento;
– aree di destinazione;
– dimensione temporale.

Interpretando il criterio della "tipologia di investimento" sulla falsariga della classificazione civilistica, è possibile distinguere i costi previsionali degli investimenti immateriali, materiali e finanziari. In base, invece, alla diversa finalità economica, si possono articolare le spese per investimenti di rinnovo, di ampliamento, di ammodernamento, di razionalizzazione, di ristrutturazione, di riconversione, di diversificazione.

Nel *budget degli investimenti* articolato per "aree di destinazione", i costi stimati di natura pluriennale sono attribuiti alle unità organizzative beneficiarie dei futuri investimenti. Le future spese di natura pluriennale, quindi, potranno essere raggruppate distinguendo le seguenti aree di destinazione: l'area *produttiva* (per esempio, quando l'investimento riguarda l'apertura di un nuovo reparto o l'acquisto di attrezzature e impianti); l'area *commercia-*

---

[110] La tendenza prevalente è di non includere nel *budget degli investimenti* gli impieghi che non riguardano la gestione "tipica", e cioè le immobilizzazioni finanziarie (partecipazioni) e gli immobili ad uso civile. Tali impieghi dovrebbero quindi essere considerati in sede di redazione dei *budget finanziari*. In tal senso, L. BRUSA-F. DEZZANI, *Budget e controllo di gestione*, cit., p. 179.

[111] C. TEODORI, *Le tecniche di costruzione del budget*, cit., p. 367 e segg.

le (se l'investimento consiste nell'apertura di nuove filiali commerciali); l'area della *ricerca e sviluppo* (se l'investimento ha ad oggetto lo studio di nuove applicazioni e progetti sperimentali); l'area dei *servizi centrali* (quando l'investimento concerne l'apertura di una nuova sede amministrativa, o l'acquisto di software e macchine d'ufficio).

Tenendo conto, invece, della "dimensione temporale," il *budget degli investimenti* potrà essere articolato dettagliando, per ogni investimento, tre rilevanti momenti:

– il momento dell'impegno, che identifica la fase in cui l'investimento, dopo essere stato deciso, riceverà la necessaria autorizzazione;
– il momento di attuazione o contabilizzazione, che considera la fase in cui l'investimento verrà rilevato nella contabilità aziendale;
– il momento finanziario/monetario, che è cruciale per la redazione dei *budget finanziari*. In particolare, si dovranno distinguere: gli investimenti contabilizzati in anni precedenti, ma per i quali non si è ancora concluso il ciclo monetario; gli investimenti che saranno contabilizzati nel periodo del budget e di cui occorrerà specificare il tipo di variazione (uscita monetaria e/o insorgenza di un debito verso fornitori); gli investimenti che, pur essendo contabilizzati in periodi successivi a quelli del budget, origineranno nel periodo di budget un credito verso il fornitore e un'uscita monetaria per la corresponsione di un anticipo.

Il monitoraggio degli aspetti monetari e finanziari è fondamentale per predisporre sia il *budget di tesoreria* sia il *budget delle fonti e degli impieghi*. In particolare, il *budget delle fonti e degli impieghi* dovrà esplicitare con quali fonti si è deciso di coprire il fabbisogno finanziario connesso alle operazioni di investimento, così come dovrà specificare in che modo si prevede di impiegare le risorse finanziarie liberate da eventuali operazioni di disinvestimento.

Inoltre, il *budget degli investimenti* fornisce le informazioni fondamentali per determinare i valori delle immobilizzazioni da inserire nel *budget dello stato patrimoniale* [112]. Infatti, gli investimenti e i disinvestimenti del periodo rappresentano quelle variazioni che occorre algebricamente sommare ai saldi delle immobilizzazioni di inizio periodo per stimare i valori delle immobilizzazioni da inserire nel *budget dello stato patrimoniale* [113].

Infine, il *budget degli investimenti* ha delle ricadute anche per il *budget del conto economico*. In particolare, le quote di ammortamento degli inve-

---

[112] Il valore delle immobilizzazioni da inserire nel *budget dello stato patrimoniale* è reperibile anche dal *budget delle fonti e degli impieghi*, la cui redazione presuppone comunque la stesura del *budget degli investimenti*.

[113] I saldi iniziali del *budget dello stato patrimoniale* coincidono con i valori presenti nella situazione patrimoniale finale provvisoria riferita all'anno precedente l'inizio del periodo di *budget*.

stimenti tecnici andranno inserite nel costo del venduto. Inoltre, eventuali processi di disinvestimento potranno generare plusvalenze e minusvalenze da imputare, nuovamente, *nel budget del conto economico*.

12. *Il budget del conto economico*

Il *budget del conto economico* riassume i costi che devono essere sostenuti e i ricavi che devono essere conseguiti nel successivo esercizio per raggiungere un determinato risultato economico di competenza. Tale budget si costruisce consolidando i dati provenienti dai *budget operativi*, integrati dagli oneri e proventi finanziari determinati tramite i *budget finanziari* e, in particolare, mediante il *budget di tesoreria*.

Dal punto di vista concreto, occorre quindi riepilogare i ricavi e i costi programmati in sede di elaborazione dei *budget operativi* e di altri budget.

Ovviamente, qualora dalla sintesi delle informazioni di costo e di ricavo, contenute nei *budget operativi* e in altri budget, dovesse emergere un risultato economico previsionale non soddisfacente, sarà opportuno riesaminare i budget di partenza per individuare possibili spazi di intervento e, nel caso, modificare alcuni dei valori inizialmente stimati [114].

Non diversamente dal conto economico consuntivo, anche il *budget del conto economico* può essere redatto secondo vari schemi, in relazione soprattutto al grado di dettaglio utilizzato nella redazione dei *budget operativi* e in funzione dei diversi fabbisogni conoscitivi.

In particolare, si possono adottare almeno uno o più dei seguenti schemi:

– il *budget di conto economico "a costo del venduto"* (basato sull'evidenziazione dei costi delle *diverse funzioni* e sulla conseguente rilevazione del *reddito operativo della gestione caratteristica*);

– il *budget di conto economico "a margine lordo di contribuzione"* (basato sull'evidenziazione dei *costi fissi* e dei *costi variabili*, e sulla conseguente determinazione dei *margini di contribuzione*);

– il *budget di conto economico "a valore della produzione e valore aggiunto"* (basato sulla distinzione tra *costi esterni* e *costi interni*, con la conseguente determinazione del *valore aggiunto*).

Come chiarito in premessa, la trattazione del budget affrontata in tale sede è stata ispirata prevalentemente dall'approccio per "aree funzionali", circostanza che ha condizionato la tipologia dei *budget operativi* analizzati,

---

[114] Per esempio, i *budget operativi* potrebbero essere modificati prevedendo minori spese amministrative, minori costi di pubblicità o maggiori quantità (o prezzi di unitari) di vendita.

riconducibili all'area commerciale, all'area della produzione e alle altre aree gestionali.

Per coerenza con tale scelta iniziale, si riporta nella Figura 13 uno schema di *budget di conto economico "a costo del venduto"*, che è appunto organizzato in base alle aree funzionali.

I risultati intermedi di maggiore interesse sono così determinati.

Innanzitutto, dai *ricavi di vendita* stimati si sottrae il *costo di produzione del venduto*.

Il *costo di produzione del venduto* è determinato rettificando il *costo del prodotto ottenuto* con la variazione delle rimanenze di *prodotti finiti*, valorizzati con una configurazione di costo pieno industriale[115].

Dalla differenza tra i *ricavi di vendita* e il *costo di produzione del venduto* si ottiene l'*utile lordo industriale*.

Sottraendo dall'*utile lordo industriale* alcuni *costi di periodo* (costi commerciali, costi di ricerca e sviluppo, costi generali), si determina il *reddito operativo della gestione caratteristica* che, come indicato nella Figura 13, è un risultato parziale scaturente dalle informazioni presenti nei *budget operativi*.

Il *reddito operativo della gestione caratteristica* è un risultato che non tiene conto delle componenti di reddito derivanti dalla gestione accessoria e dalla gestione finanziaria. Per stimare il contributo della gestione finanziaria e della gestione accessoria/complementare, è necessario considerare le previsioni contenute nei *budget finanziari*.

Si anticipa che il *budget di tesoreria* viene redatto per gestire situazioni di *deficit* o *surplus* monetari mediante la formulazione di opportune scelte di copertura e di investimento. In particolare, la copertura dei *deficit* di liquidità si tradurrà nel sostenimento di (ulteriori) oneri finanziari, mentre l'investimento delle eccedenze di cassa alimenterà i proventi delle gestioni accessorie e complementari.

Le ultime considerazioni evidenziano le forti indipendenze del sistema di budget: non si può redigere il *budget del conto economico* se non dopo aver completato la redazione anche dei *budget finanziari* e, in particolare, del *budget di tesoreria*.

Una volta stimati gli oneri e i proventi previsionali della gestione finanziaria e della gestione accessoria/complementare, è possibile calcolare il *reddito di competenza*, che in genere coincide con il *reddito ante imposte*, essendo piuttosto rara l'evidenziazione della gestione straordinaria nel conto economico previsionale.

---

[115] Il *costo di produzione del venduto* è ottenuto sottraendo o aggiungendo al *costo del prodotto ottenuto*, rispettivamente, le variazioni incrementative o decrementative delle rimanenze di prodotti finiti.

Figura 13 – **Il budget del conto economico**

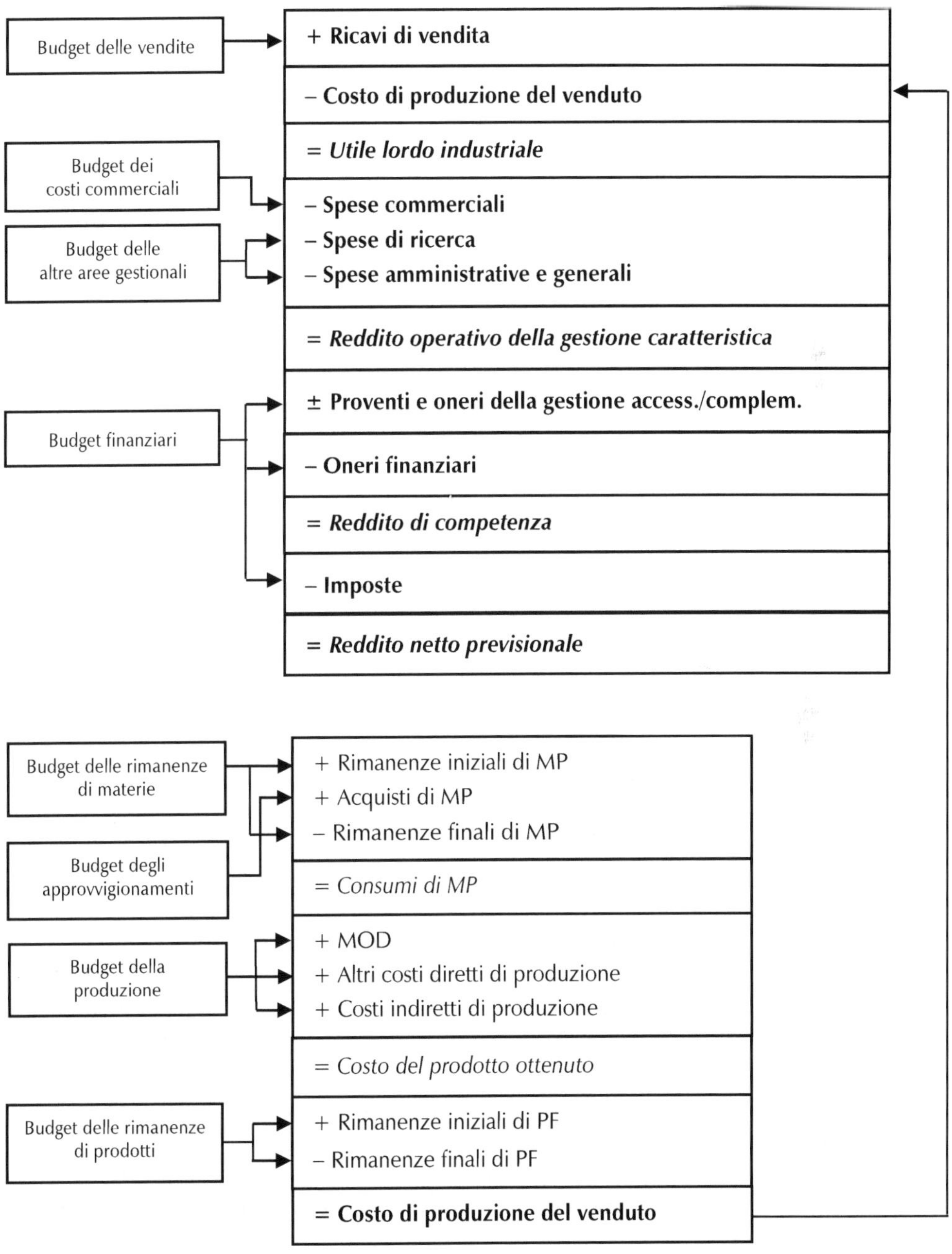

Infatti, anche se non si esclude la presenza di valori afferenti l'area della gestione straordinaria (composta da plusvalenze/minusvalenze non rientranti nella gestione ordinaria, sopravvenienze attive e passive, insussistenze dell'attivo e del passivo), di norma si preferisce omettere l'indicazione di grandezze numeriche che potrebbero risultare aleatorie ed incerte, per il carattere sovente eccezionale e imprevedibile dei sottostanti fenomeni aziendali.

Qualora, tuttavia, vi fosse l'esigenza di evidenziare alcuni componenti straordinari, tali stime verrebbero inserite "dopo" il *reddito di competenza*, per poi determinare il *reddito ante imposte*.

L'inserimento, infine, delle imposte (stimate in via provvisoria nel *budget di tesoreria*) permette di completare la stesura del *budget di conto economico*, che si chiude con l'indicazione del *reddito netto previsionale*.

13. *I budget finanziari*

I budget finora analizzati, per quanto tra loro diversi, hanno la caratteristica comune di rilevare innanzitutto la dimensione economica (connessa alla dinamica dei costi e dei ricavi) delle operazioni programmate e, solo indirettamente, la loro dimensione finanziaria.

I *budget finanziari* si redigono proprio per passare dalla dimensione economica, tipica dei *budget operativi* e dei *budget degli investimenti*, alla dimensione finanziaria.

La dimensione finanziaria è un aspetto fondamentale per l'economicità, dato che anche la risorsa finanziaria è un fattore scarso e, di conseguenza, oneroso.

I *budget finanziari* costituiscono un punto cruciale del processo di budgeting, perché permettono di verificare la coerenza sostanziale e la "fattibilità finanziaria" dell'insieme dei programmi d'azione aziendali.

Attraverso i *budget finanziari* si valuta la dinamica finanziaria dei prescelti programmi operativi e dei progetti di investimento, quantificando "l'entità dell'eventuale fabbisogno finanziario, dato dall'intrecciarsi di decisioni di investimento in capitale circolante e in capitale fisso, di decisioni di disinvestimento e decisioni di distribuzioni di dividendi" [116].

Occorre, cioè, verificare da quali fonti è possibile recuperare le risorse finanziarie per supportare i programmi operativi e i progetti di investimento, accertandosi soprattutto che la *quantità*, la *qualità*, i *tempi*, e i *costi* dei

---

[116] A. BUBBIO, *La guida del Sole 24 Ore al budget: principi e soluzioni tecnico-strutturali per tipi d'impresa, modelli e casi per affrontare la complessità gestionale, i legami con la balanced scorecard*, cit., p. 242.

finanziamenti siano compatibili con l'economicità della gestione [117].

Qualora si dovesse riscontrare la non fattibilità finanziaria di quanto programmato, occorrerà rivedere i programmi della gestione caratteristica (ridimensionando certe attività e/o riformulando certi obiettivi) o reperire nuove fonti o ridurre certi impieghi (per esempio, evitando la distribuzione di dividendi).

I *budget finanziari*, quindi, hanno la funzione di risolvere tutte quelle problematiche connesse ai cicli dei finanziamenti, che sono strettamente e continuamente intrecciati con i cicli degli investimenti.

I *budget finanziari* costituiscono "strumenti essenziali per la formulazione di decisioni di natura finanziaria, ossia di tutte quelle decisioni che presiedono all'investimento e alla raccolta di mezzi finanziari, ma, soprattutto, che debbono tendere al mantenimento di un equilibrio tra varie categorie di investimenti, tra varie categorie di finanziamenti e, infine, tra fonti di finanziamento e impieghi di mezzi finanziari" [118].

Secondo la dottrina maggioritaria [119], vanno ricondotti alla "famiglia" dei *budget finanziari* i seguenti preventivi:

– il *budget di tesoreria*;
– il *budget delle fonti e degli impieghi* (o "prospetto delle fonti e degli impieghi");
– il *budget dei flussi del capitale circolante netto*;
– il *budget dello stato patrimoniale*.

Rispettando l'ordine sopra elencato, i prossimi tre paragrafi sono rispettivamente dedicati all'analisi del *budget di tesoreria* e del *budget delle fonti e degli impieghi* (che si possono definire *budget finanziari* "in senso stretto"), nonché del *budget dello stato patrimoniale*. Non verrà, invece, analizzato il *budget dei flussi del capitale circolante netto* [120].

---

[117] "La *'qualità'* riguarda la struttura finanziaria dell'impresa, cioè il 'tipo' di finanziamento più adatto per coprire un certo 'tipo' di fabbisogno (così, per fare investimenti in capitale fisso, è opportuno disporre di capitali 'permanenti', come il capitale proprio ed il capitale di credito a medio-lungo termine). Il *costo* del capitale è un fattore di primaria importanza, per non compromettere l'equilibrio economico della gestione (tipicamente in relazione agli interessi passivi). Il fattore *tempo* va attentamente considerato, in modo che i mezzi finanziari risultino disponibili nel momento 'giusto' e si evitino, così, situazioni critiche dal punto di vista della liquidità e della possibilità di dare corso ai programmi operativi", L. BRUSA, *Sistemi manageriali di programmazione e controllo*, cit., pp. 143-144.

[118] I. MARCHINI, *La contabilità preventiva di esercizio e la contabilità dei costi nell'impresa industriale*, cit., p. 203.

[119] M. AGLIATI, *Il budget e l'attività di programmazione e controllo per aree funzionali*, cit., p. 98; V. ANTONELLI-R. D'ALESSIO, *Guida operativa alla contabilità direzionale*, Il Sole 24 Ore, Milano, 2004, p. 270; C. TEODORI, *Le tecniche di costruzione del budget*, cit., p. 374.

[120] Il *budget dei flussi del capitale circolante netto* non è analizzato, in quanto è basato

14. *Il budget di tesoreria*

Il *budget di tesoreria* è anche denominato *"budget di cassa"*, ma è preferibile la prima denominazione, dal momento che il budget in questione si preoccupa di individuare i flussi che impattano sulla "liquidità", anche se tale termine deve essere ulteriormente indagato e precisato.

Infatti, la risorsa di riferimento utilizzata dal *budget di tesoreria* può assumere varie configurazioni, sollevando tutta una serie di questioni molto simili a quelle che circondano la redazione del rendiconto finanziario [121].

Senza entrare nella complessità della tematica, in questa sede ci si limita a ricordare che il *budget di tesoreria* può essere redatto assumendo, per esempio, come risorsa di riferimento le "disponibilità liquide" (prevalentemente, cassa e banche attive, se si usa il riferimento all'OIC 10) [122], o le "disponibilità liquide nette" (saldo di cassa e banche attive e passive) [123], o le "disponibilità liquide e mezzi equivalenti", eventualmente al netto degli scoperti bancari rimborsabili a vista (se si usa la risorsa di riferimento indicata dal principio contabile internazionale IAS 7) [124].

---

su una riclassificazione dei flussi finalizzata ad evidenziare il *capitale cicolante netto*, che è una grandezza finanziaria non più utilizzata nella prassi. Non a caso, a livello consuntivo, il legislatore civilistico e i principi contabili nazionali hanno recentemente optato per la redazione del rendiconto finanziario che ha come risorsa finanziaria di riferimento le "disponibilità liquide".

[121] Il *budget di tesoreria* è strumentale alla stesura del *budget delle fonti e degli impieghi*, che, al pari del rendiconto finanziario non obbligatorio per legge, può essere diversamente configurato in funzione della risorsa di riferimento.

[122] L'OIC 10 (intitolato *"Rendiconto finanziario"*) è il principio contabile nazionale emesso dall'Organismo Italiano di Conabilità (OIC) per disciplinare i criteri di redazione e di presentazione del rendiconto finanziario. Come chiarito dall'OIC 10, par. 11, le "disponibilità liquide" sono "rappresentate dai depositi bancari e postali, dagli assegni e dal denaro e valori in cassa. Le disponibilità liquide comprendono anche depositi bancari e postali, assegni e denaro e valori in cassa espressi in valuta estera (cfr. OIC 14 "Disponibilità liquide")". Il richiamo all'OIC 10 è d'obbligo alla luce della recente introduzione nel codice civile dell'art. 2425-*ter*, rubricato *"Rendiconto finanziario"*. Maggiori dettagli sull'argomento sono forniti nel paragrafo successivo.

[123] Tale grandezza è privilegiata nella redazione del rendiconto finanziario da: M. Allegrini-F. Giorgetti-G. Greco, *Il rendiconto finanziario: logiche di costruzione e di interpretazione*, Giappichelli, Torino, 2014.

[124] Il rendiconto finanziario è trattato dall'*International Accounting Standard* (IAS) 7, intitolato *"Statement of Cash Flow"*. La risorsa di riferimento richiamata dallo IAS 7 è costituita dalle "disponibilità liquide e mezzi equivalenti" (*cash and cash equivalent*). Secondo lo IAS 7, par. 7, le "disponibilità liquide equivalenti sono quelle possedute per soddisfare gli impegni di cassa a breve termine, invece che per investimento o per altri scopi. Perché un investimento possa essere considerato come disponibilità liquida equivalente esso deve essere prontamente convertibile in un ammontare noto di denaro e deve essere soggetto a un irrilevante rischio di variazione del valore. Perciò, un investimento è classificato, solitamente, come disponibilità liquida equivalente solo

In tale sede, laddove non diversamente specificato, si userà il termine "liquidità" (o "cassa") in senso lato, per indicare sia le "disponibilità liquide" sia le "disponibilità liquide e mezzi equivalenti".

Per operare la trasposizione dalla dimensione economica, tipica dei *budget operativi* e del *budget degli investimenti*, alla dimensione monetaria, cui mira il *budget di tesoreria*, è essenziale, come in precedenza sottolineato, che la tempistica e le condizioni di incasso e di pagamento siano esplicitate dai budget non strettamente finanziari.

Mediante il *budget di tesoreria*, si prefigura la dinamica monetaria connessa sia alle operazioni di investimento e disinvestimento della gestione operativa, sia alle operazioni non direttamente connesse alla gestione operativa (distribuzione di dividendi, rimborso/accensione di mutui, riduzioni/aumenti di capitale sociale).

Il *budget di tesoreria* ha la peculiarità di verificare in via preventiva la fattibilità monetaria di quanto programmato a livello aziendale, concentrandosi sulla gestione della liquidità. In altri termini, tale budget ha il fine di accertare l'esistenza di condizioni di equilibrio finanziario nel breve termine, prestando particolare attenzione alle modalità con cui le entrate e le uscite monetarie si distribuiscono e si avvicendano nei periodi e sottoperiodi dell'anno [125].

In particolare, il fine del *budget di tesoreria* è quello di sviluppare una metodologia di programmazione a breve termine volta a [126]:

– prevenire situazioni di temporanee eccedenze di liquidità che, se inutilizzate, priverebbero l'azienda delle risorse conseguibili con forme di impiego alternative;

---

quando esso è a breve scadenza, cioè, per esempio, a tre mesi o meno dalla data d'acquisto". Inoltre, lo IAS 7 precisa che, nel calcolo della risorsa di riferimento, gli scoperti bancari che sono rimborsabili a vista siano portati in deduzione delle "disponiblità liquide e mezzi equivalenti".

[125] "La prefigurazione dei flussi monetari in entrata e in uscita consente, innanzitutto, di individuare quando devono essere fronteggiati esborsi finanziari relativi a particolari impegni (dividendi, interessi, imposte, nuovi investimenti durevoli), e, indi, di porre in evidenza quando, per quale durata e in quale misura la gestione produttiva possa essere accompagnata da una carenza di mezzi monetari o, viceversa, possa liberare nuovi mezzi monetari eccedenti il fabbisogno per investimenti nella produzione. Questi due fondamentali ordini di informazione consentiranno di preordinare opportunamente sia i modi con cui procurare la copertura del deficit di cassa (manovra del credito mercantile, finanziamento bancario ecc.), sia la destinazione da attribuire alle disponibilità eccedenti (pagamenti anticipati di debiti di fornitura con ottenimento di sconti, acquisti anticipati di materie a prezzi favorevoli, investimenti disponibili ecc.)", I. MARCHINI, *La contabilità preventiva di esercizio e la contabilità dei costi nell'impresa industriale*, cit., pp. 193-194.

[126] M. AGLIATI, *Il budget e l'attività di programmazione e controllo per aree funzionali*, cit., p. 98 e segg.

– consentire all'azienda di coprire temporanei *deficit* di cassa nei modi e nei tempi convenienti;

– bilanciare nel breve termine i *surplus* e i *deficit* di cassa, sia mediante la compensazione delle entrate con le uscite monetarie, sia mediante la concomitante manovra sulle fonti di finanziamento di breve termine.

Tali scopi possono essere raggiunti dal punto di vista metodologico predisponendo due documenti elementari distinti:

– il *prospetto analitico delle entrate monetarie*, schematizzato nella Figura 14, in cui i flussi monetari in entrata relativi al periodo di budget sono articolati in base alla "gestione di provenienza" e alla "cadenza temporale";

– il *prospetto analitico delle uscite monetarie*, schematizzato nella Figura 15, in cui i flussi monetari in uscita relativi al periodo di budget sono articolati in base alla "gestione di destinazione" e alla "cadenza temporale".

La compilazione dei suddetti prospetti analitici è propedeutica alla stesura del *budget di tesoreria*.

Figura 14 – **Prospetto analitico delle entrate monetarie**

Prospetto delle Entrate		Gennaio			Feb.	Mar.	2° tr.	3° tr.	4° tr.	Totale
		I	II	III						
1.	Entrate da vendite									
2.	Entrate da riscossione di crediti									
3.	Entrate da altri ricavi della gestione caratteristica									
A.	*Totale entrate della gestione caratteristica corrente* (1 + 2 + 3)									
4.	Entrate da disinvestimenti tecnici (materiali e immateriali)									
B.	*Totale entrate della gestione caratteristica non corrente* (4)									
5.	Entrate da interessi attivi (non da gestione della tesoreria)									
6.	Entrate da fitti attivi/disinvestimenti immobili civili									
7.	Entrate per incasso di dividendi da partecipazioni									
8.	Entrate da disinvestimenti finanziari									
C.	*Totale entrate della gestione complem./acces.* (5 + 6 + 7 + 8)									
9.	Aumenti di capitale sociale									
10.	Ottenimento nuovi mutui									
D.	*Totale entrate della gestione finanziaria* (9 + 10)									
11.	Entrate per rimborsi tributari									
E.	*Totale entrate della gestione tributaria* (11)									
	Totale entrate (A + B + C + D + E)									

Poiché tali prospetti costituiscono la base per formulare gli interventi correttivi sulla dinamica monetaria di breve termine, è importante che tali prospetti siano articolati con un minuzioso livello di dettaglio, sia in termini dell'area gestionale di "provenienza/destinazione" dei flussi, sia in termini di "cadenza temporale" (cioè di sotto-periodi temporali) in cui quei flussi si distribuiranno.

Per quanto riguarda la "provenienza/destinazione" delle entrate/uscite monetarie, è opportuno accorpare i flussi secondo le seguenti aree gestionali [127]:

– *gestione caratteristica corrente*, che accoglie i flussi della gestione tipica, cioè i flussi riconducibili al ciclo economico-tecnico (acquisto, trasformazione e vendita);

– *gestione caratteristica non corrente*, che accoglie i flussi, di carattere non corrente, riguardanti alcuni fattori impiegati nella gestione caratteristica (tipicamente i flussi derivanti dalle operazioni di disinvestimento o di investimento in immobilizzazioni materiali e immateriali strumentali alla gestione caratteristica);

– *gestione complementare/accessoria*, che accoglie i flussi derivanti da operazioni di gestione accessoria degli immobili civili, delle partecipazioni, dei titoli mobiliari;

– *gestione finanziaria*, che accoglie i flussi connessi alle operazioni di reperimento e di rimborso delle risorse finanziarie;

– *gestione tributaria*, che accoglie i flussi relativi all'imposizione diretta e indiretta.

Figura 15 – **Prospetto analitico delle uscite monetarie**

Prospetto delle Uscite		Gennaio			Feb.	Mar.	2° tr.	3° tr.	4° tr.	Totale
		I	II	III						
1.	Uscite per acquisti									
2.	Uscite per pagamento di debiti									
3.	Uscite per costo del lavoro (MOD)									
4.	Uscite per altri costi della gestione caratteristica									
A.	*Totale uscite della gestione caratt. corrente* (1 + 2 + 3 + 4)									
5.	Uscite per costi di ricerca e sviluppo									
6.	Uscite per costi di formazione									
7.	Uscite per costi commerciali									
B.	*Totale uscite discrezionali della gest. car. corr.* (5 + 6 + 7)									
8.	Uscite per investimenti tecnici (materiali e immateriali)									
C.	*Totale uscite gestione della caratteristica non corrente* (8)									
9.	Uscite per costi/investimenti in immobili civili									
10.	Uscite per investimenti finanziari									
D.	*Totale uscite della gestione complementare accessoria* (9 + 10)									
11.	Riduzioni di capitale sociale									
12.	Rimborso di mutui									
13.	Uscite per distribuzione di dividendi									
14.	Uscite per oneri finanziari (su debiti di medio-lungo termine)									
15.	Uscite per altri oneri finanziari									
E.	*Totale uscite della gestione finanziaria* (11 + 12 + 13 + 14 + 15)									
16.	Uscite per il pagamento di imposte e tasse									
F.	*Totale uscite della gestione tributaria* (16)									
	Totale uscite (A + B + C + D + E + F)									

[127] C. TEODORI, *Le tecniche di costruzione del budget*, cit., p. 381.

L'articolazione sopra suggerita facilita l'individuazione delle aree gestionali che, presentando squilibri monetari, potrebbero essere oggetto di interventi correttivi. Inoltre, all'interno di ciascuna gestione, è opportuno evidenziare la natura discrezionale o meno dei costi che originano le uscite, in modo da poter tamponare eventuali carenze di liquidità con l'eliminazione o col differimento delle spese di natura discrezionale (quali, per esempio, le spese di pubblicità).

Si precisa che i prospetti analitici saranno compilati, inizialmente, solo in modo provvisorio, fungendo da base di ragionamento per intraprendere le azioni di gestione della tesoreria ritenute più appropriate.

Si sottolinea, altresì, che gli interessi attivi e passivi di breve periodo sono flussi non compresi nei prospetti analitici delle entrate e delle uscite monetarie, in quanto possono essere stimati solo in sede di redazione del "prospetto sintetico" del *budget di tesoreria*, quando si decide come utilizzare/affrontare il *surplus/deficit* di liquidità.

Per quanto riguarda, invece, il dettaglio "temporale", i prospetti analitici delle entrate e delle uscite monetarie sono concepiti in modo da consentire la rilevazione di flussi relativi alle decadi per il primo mese dell'anno di budget.

L'utilizzo di sottoperiodi della durata mensile (sottoperiodi normalmente utilizzati nell'elaborazione degli altri budget) potrebbe rivelarsi una soluzione informativa insufficiente, e addirittura fuorviante, per consentire al *budget di tesoreria* di espletare correttamente la sua funzione di sincronizzazione dei flussi monetari.

Infatti, il *budget di tesoreria* è il preventivo che, per eccellenza, deve essere formulato per periodi di tempo brevi, per evitare pericolosi "vuoti di liquidità".

Un esempio numerico può meglio chiarire il concetto. Se il *budget di tesoreria* si limitasse ad indicare che le entrate e le uscite monetarie del mese di gennaio sono rispettivamente di 5.000 e di 4.000 euro, si potrebbe dedurre che il mese in questione presenti una situazione di equilibrio monetario, registrando un saldo monetario positivo di 1.000 euro. Tale conclusione potrebbe, tuttavia, rivelarsi del tutto errata, qualora i flussi monetari in uscita fossero condensati tutti nella prima decade del mese, mentre i flussi in entrata fossero concentrati tutti nella terza decade. Una simile successione temporale rivelerebbe la presenza di un *deficit* monetario di 4.000 euro all'interno della prima decade, sollevando di conseguenza tutta una serie di questioni circa le possibili modalità di copertura.

Dall'esemplificazione appena riferita si deduce la necessità di articolare il *budget di tesoreria* non per mesi, ma per periodi più brevi (la decade, la settimana, ecc.). Tuttavia, tale necessità deve essere contemperata con l'esigenza di disporre di previsioni affidabili. Infatti, la disaggregazione dei flussi monetari per sottoperiodi eccessivamente piccoli richiederebbe sforzi previsionali così puntuali da risultare di scarsa attendibilità.

Per conciliare le due esigenze (necessità di conoscere con maggior dettaglio la collocazione temporale dei flussi e necessità di disporre di stime affidabili), il *budget di tesoreria* potrebbe presentare un frazionamento per sottoperiodi (per esempio, per decadi) solo per il primo mese di budget, dato che la prossimità temporale rende più significative le stime.

Si potrebbe poi ricorrere al riferimento mensile per i due mesi immediatamente successivi (febbraio e marzo), lasciando una ripartizione trimestrale per la restante parte dell'anno del budget [128]. Al decorrere del tempo, la stessa logica di dettaglio andrebbe applicata con riferimento al mese di budget immediatamente successivo, quando la gestione programmata sta materialmente per concretizzarsi.

I prospetti analitici supportano la redazione del *budget di tesoreria*. Solo quando si saranno assunte le decisioni sull'impiego del *surplus* di cassa o sulla copertura del *deficit* di cassa, si potrà procedere alla stima e all'inserimento di quei flussi che, insieme agli altri, consentono di completare la stesura del *budget di tesoreria*.

Per esempio, se la compilazione provvisoria delle entrate e delle uscite monetarie dovesse far emergere un *deficit* di cassa che si è deciso di coprire mediante un (ulteriore) indebitamente bancario a breve termine, sarà solo in sede di assunzione di quella decisione che si potranno stimare gli importi dei correlati flussi in uscita per gli interessi passivi collegati a quella decisione di copertura.

Una volta deciso come gestire il *deficit/surplus* di cassa, è possibile predisporre il prospetto sintetico del *budget di tesoreria*, di cui si riporta un estratto nella Figura 16, avvalendosi di un esempio numerico [129].

---

[128] Per i mesi di *budget* più lontani, la previsione dei flussi per sottoperiodi "mensili" potrebbe risultare difficoltosa o, addirittura, aleatoria, ragion per cui è preferibile utilizzare il riferimento ai trimestri. Tuttavia, in presenza di stime affidabili, è possibile articolare i flussi di *budget* su base mensile. Si precisa anche che, nella prassi, i saldi di liquidità relativi ai sottoperiodi di *budget* non ancora trascorsi vengono periodicamente aggiornati e "ristimati" alla luce di quelli che sono i saldi di liquidità "effettivi" dei sottoperiodi di *budget* già trascorsi. Infatti, col decorrere del tempo, diventano noti, ossia certi, i saldi di liquidità dei sottoperiodi del *budget* appena trascorsi, con la conseguenza che quelle informazioni "consuntive" sono utilizzate per riaggiornare le restanti "previsioni" del *budget di tesoreria*, secondo una logica di tipo scorrevole, tipica dei *rolling budget*.

[129] Prospetto ripreso, con modifiche, da M. AGLIATI, *Il budget e l'attività di programmazione e controllo per aree funzionali*, cit., p. 104, e da C. TEODORI, *Le tecniche di costruzione del budget*, cit., p. 379. Si tratta di un "estratto" perché, per questioni di spazio, sono rappresentati solo i primi due mesi del *budget di tesoreria*.

Figura 16 – **Prospetto sintetico del budget di tesoreria**

Budget di tesoreria (prospetto di sintesi)		Gennaio			Febbraio
		I	II	III	
1.	Saldo di inizio periodo delle disponibilità liquide	100	300	100	200
2.	Totale entrate (da prospetto delle entrate)	2.000	500	900	1.100
3.	Totale disponibilità liquide (1 + 2)	2.100	800	1.000	1.300
4.	Totale uscite (da prospetto delle uscite)	500	1.000	400	900
5.	Saldo parziale di disponibilità liquide (3 – 4)	1.600	(200)	600	400
6.	Disponibilità iniziale desiderate	300	100	200	150
7.	Saldo totale di disponibilità liquide (5 – 6)	1.300	(300)	400	250
8.	Saldo banche c/c passivo di inizio periodo	(2.500)	(1.200)	(1.500)	(1.150)
9.	Interessi attivi su c/c				
10.	Interessi passivi su c/c			(50)	(40)
11.	Saldo banche c/c passivo di fine periodo (7 + 8 – 9 +10)	(1.200)	(1.500)	(1.150)	(940)

Il *budget di tesoreria* si costruisce partendo dal "saldo iniziale delle disponibilità liquide" del periodo/sottoperiodo.

Il "saldo iniziale delle disponibilità liquide" viene, rispettivamente, aumentato e diminuito delle "entrate" e "uscite" monetarie previste per il medesimo periodo/sottoperiodo, determinate nei prospetti della Figura 14 e della Figura 15 (come si deduce dai punti 2 e 4 della Figura 16).

In tal modo, si ottiene un "saldo parziale di disponibilità liquide" che deve essere confrontato con le "disponibilità liquide desiderate".

Se il "saldo parziale di disponibilità liquide" è positivo, a tale saldo si dovranno sottrarre le "disponibilità liquide desiderate" per ottenere il "saldo totale di disponibilità liquide".

Se, invece, il "saldo parziale di disponibilità liquide" è già negativo, a tale saldo andranno sommate le "disponibilità liquide desiderate" per ottenere il "saldo totale di disponibilità liquide".

Al "saldo totale di disponibilità liquide" occorrerà sommare algebricamente il "saldo banche c/c passivo di inizio periodo" e gli "interessi passivi" liquidati mensilmente per stimare il "saldo banche c/c passivo di fine periodo" [130].

Al di là degli aspetti numerici, l'esempio conferma che il *budget di tesoreria*, in virtù delle sottostanti decisioni su come utilizzare/affrontare il *surplus/deficit* di liquidità, consente di quantificare gli interessi attivi e passivi "complessivi" da inserire nel *budget del conto economico* e nel *budget delle fonti e degli impieghi*.

Dopo la stesura del *budget di tesoreria* (inserito nel 2° quadrato dalla Fi-

---

[130] Nell'esempio numerico si ipotizzano una liquidazione mensile degli interessi passivi e una liquidazione annuale degli eventuali interessi attivi.

gura 9), è possibile redigere i tre documenti di sintesi: il *budget del conto economico*, il *budget delle fonti e degli impieghi*, e il *budget dello stato patrimoniale* (inseriti nel 3° quadrato della Figura 9).

Poiché il *budget del conto economico* è già stato precedentemente illustrato, di seguito si analizzano i due ultimi documenti di sintesi: il *budget delle fonti e degli impieghi* e il *budget dello stato patrimoniale*.

15. *Il budget delle fonti e degli impieghi*

Il *budget delle fonti e degli impieghi* analizzato in tale sede ha come risorsa finanziaria di riferimento le "disponibilità liquidità". Tale budget (a volte denominato *"preventivo finanziario"* o *"rendiconto finanziario previsionale"*) ha il fine di verificare la fattibilità finanziaria globale della gestione programmata per il successivo esercizio, spiegando le cause di variazione della liquidità.

Anche quando il *budget delle fonti e degli impieghi* utilizza (come ivi assunto) la "liquidità" (*melius*, le "disponibilità liquide") come risorsa finanziaria di riferimento, tale budget non può essere considerato alternativo al *budget di tesoreria*, che invece è l'unico strumento per gestire la liquidità nel breve e nel brevissimo periodo.

La redazione del *budget di tesoreria* è propedeutica e antecedente rispetto alla predisposizione del *"budget delle fonti e degli impieghi"*. Infatti, il *budget delle fonti e degli impieghi*, "rende manifesta la fattibilità finanziaria di un programma di gestione a *livello globale annuo*, ma non dice nulla sul modo di avvicendarsi delle entrate e delle uscite di mezzi liquidi nel *corso* del medesimo periodo" [131].

Quindi, le imprese che elaborano il *budget delle fonti e degli impieghi* della liquidità elaborano anche il *budget di tesoreria*.

I due budget, per quanto colgano entrambi l'aspetto monetario della gestione, hanno scopi diversi.

Il *budget di tesoreria* fornisce informazioni sui "tempi" nei quali si conseguiranno le entrate e si effettueranno le uscite. L'informazione della distribuzione temporale di flussi di cassa all'interno dell'anno coperto dal budget è un aspetto peculiare solo del *budget di tesoreria* [132].

Il *budget delle fonti e degli impieghi*, per contro, esplicita, da un lato, le fonti di mezzi monetari (in termini di flussi generati dalla gestione caratte-

---

[131] L. BRUSA-F. DEZZANI, *Budget e controllo di gestione*, cit., p. 201.

[132] L. SELLERI, *Il budget d'esercizio: strumento di programmazione, controllo e motivazione*, cit., p. 256 e segg.

ristica, dai disinvestimenti delle immobilizzazioni, dai nuovi finanziamenti) e, dall'altro, gli impieghi (in termini di flussi assorbiti dalla gestione caratteristica, dai nuovi investimenti, dai rimborsi di debiti e di capitale, dalla distribuzione di dividendi) con riferimento all'"intero anno" coperto dal budget (e non per sottoperiodi).

In sintesi, il *budget delle fonti e degli impieghi* prevede i fabbisogni e le fonti di finanziamento della gestione complessiva "annuale", mentre il *budget di tesoreria* fornisce informazioni "puntuali" sui tempi nei quali si conseguiranno le entrate monetarie e si sosteranno le uscite monetarie.

Dal punto di vista formale, il *budget delle fonti e degli impieghi* può essere redatto come un prospetto a sezioni divise e contrapposte, secondo la struttura evidenziata nella Figura 17 [133].

Tale schema evidenzia separatamente:

– gli *investimenti* (o *impieghi*) "annuali" che l'impresa dovrà realizzare nel periodo di budget;
– i *finanziamenti* (o *fonti*) "annuali" su cui l'impresa potrà fare affidamento nel periodo di budget.

Figura 17 – **Il budget delle fonti e degli impieghi**

Impieghi		Fonti	
	€		€
Investimenti in capitale circolante	...	Autofinanziamento	...
Investimenti in capitale fisso	...	Finanziamento con capitale di terzi	...
Rimborsi di debiti	...	Finanziamento con capitale proprio	...
Rimborsi di capitale proprio	...	Disinvestimenti	...
Totale	X	*Totale*	X

Più precisamente, gli *impieghi* previsti dal *budget delle fonti e degli impieghi* sono riconducibili alle seguenti fattispecie:

– investimenti in capitale circolante (cioè incrementi della cassa, dei crediti verso clienti, delle rimanenze di magazzino);
– investimenti in capitale fisso (cioè, incrementi del capitale fisso);
– rimborsi del capitale di terzi (a breve e a lungo termine);
– rimborsi del capitale sociale e distribuzione di dividendi.

Le *fonti* di finanziamento considerate dal *budget delle fonti e degli impieghi* sono riconducibili alle seguenti categorie:

---

[133] L. BRUSA-F. DEZZANI, *Budget e controllo di gestione*, cit., p. 200 e segg.

– autofinanziamento (cioè, fonti generate dalla gestione reddituale);
– finanziamenti mediante il capitale di terzi (cioè, incrementi del capitale di debito);
– finanziamenti mediante il capitale proprio (cioè, incrementi del capitale proprio);
– disinvestimenti di capitale fisso o di capitale circolante (cioè riduzioni del corrispondente capitale esistente all'inizio del periodo).

In alternativa, il *budget delle fonti e degli impieghi* può essere redatto in forma scalare, e cioè in conformità a quanto previsto dall'art. 2425-*ter* per il rendiconto finanziario di natura consuntiva [134]. In base al vigente codice civile, dal rendiconto finanziario devono risultare i flussi finanziari dell'esercizio derivanti dall'attività operativa [135], dall'attività di investimento [136] e dall'attività di finanziamento [137].

Coerentemente, il *budget delle fonti e degli impieghi* (o preventivo finanziario) potrebbe assumere la struttura evidenziata dalla Figura 18.

Il flusso di cassa operativo potrà essere calcolato con il c.d. "metodo diretto" (contrapponendo i soli ricavi e costi "monetari") o con il c.d. "metodo indiretto".

In base al "metodo indiretto", il flusso di cassa operativo si ottiene partendo dal risultato netto (evidenziato nel *conto economico previsionale*), cui occorre aggiungere i costi "non monetari" [138], sottrarre i ricavi "non moneta-

---

[134] L'art. 2425-*ter* c.c, rubricato *"Rendiconto finanziario"* (articolo introdotto nel codice civile dall'art. 6, comma 7 del D.Lgs. 18 agosto 2015, n. 139), così recita: *"Dal rendiconto finanziario risultano, per l'esercizio a cui è riferito il bilancio e per quello precedente, l'ammontare e la composizione delle disponibilità liquide, all'inizio e alla fine dell'esercizio, ed i flussi finanziari dell'esercizio derivanti dall'attività operativa, da quella di investimento, da quella di finanziamento, ivi comprese, con autonoma indicazione, le operazioni con i soci"*. Per il rendiconto finanziario *"il codice civile non prevede uno schema specifico, rinviando implicitamente al principio contabile italiano, l'OIC n. 10"*, C. TEODORI, *Analisi di bilancio: lettura e interpretazione*, Giappichelli, Torino, 2017, p. 118.

[135] Secondo l'OIC 10, par. 26, i "flussi finanziari dell'attività operativa comprendono generalmente i flussi che derivano dall'acquisizione, produzione e distribuzione di beni e dalla fornitura di servizi, anche se riferibili a gestioni accessorie, e gli altri flussi non ricompresi nell'attività di investimento e di finanziamento".

[136] Secondo l'OIC 10, par. 32, i "flussi finanziari dell'attività di investimento comprendono i flussi che derivano dall'acquisto e dalla vendita delle immobilizzazioni materiali, immateriali e finanziarie e delle attività finanziarie non immobilizzate".

[137] Secondo l'OIC 10, par. 38, i "flussi finanziari dell'attività di finanziamento comprendono i flussi che derivano dall'ottenimento o dalla restituzione di disponibilità liquide sotto forma di capitale di rischio o di capitale di debito".

[138] Tipici esempi di costi "non monetari" sono gli ammortamenti di immoblizzazioni e gli accantonamenti ai fondi rischi e oneri, le svalutazioni per perdite durevoli di valore delle immobilizzazioni.

Figura 18 – **Il budget delle fonti e degli impieghi (in forma scalare)**

	Voci	€
+/–	Utile netto/perdita netta del conto economico previsionale	...
+/–	Costi non monetari/Ricavi non monetari	...
–/+	Variazioni incrementative/decrementative di crediti verso clienti	...
–/+	Variazioni incrementative/decrementative di rimanenze	...
+/–	Variazioni incrementative/decrementative di debiti verso fornitori	...
=	*Flusso finanziario dell'attività operativa (A)*	...
–	Investimenti	...
+	Disinvestimenti	...
=	*Flusso finanziario dell'attività di investimento (B)*	...
+/–	Accensioni/rimborsi prestiti	...
+/–	Aumenti/riduzioni di capitale	...
–	Pagamenti per interessi	...
=	*Flusso finanziario dell'attività di finanziamento (C)*	...
=	*Incremento (decremento) delle disponibilità liquide (A ± B ± C)*	...

ri"[139], sottrarre/aggiungere le variazioni incrementative/decrementative dei crediti verso clienti e delle rimanenze, aggiungere/sottrarre le variazioni incrementative/decrementative dei debiti verso fornitori[140]. Inoltre, il risultato netto previsionale è rettificato dei componenti di reddito connessi ad operazioni i cui effetti sono ricompresi tra i flussi dell'attività di investimento e di finanziamento[141].

Il flusso di cassa operativo è molto importante per capire se le operazioni connesse all'acquisizione, produzione e vendita di prodotti/servizi, anche se riferibili a gestioni accessorie, siano in grado di produrre non solo un reddito auspicabilmente positivo, ma anche la liquidità.

16. *Il budget dello stato patrimoniale*

Il *budget dello stato patrimoniale* è il documento che chiude l'*iter* della programmazione, che era stato aperto dal *budget delle vendite*.

---

[139] Costituisce un esempio di ricavo "non monetario" la plusvalenza da rivalutazione.

[140] Il risultato netto previsionale andrebbe rettificato anche delle "variazioni" di ratei e risconti "connesse ai ricavi e oneri di natura operativa".

[141] Per esempio, il risultato netto previsionale andrà ridotto/incrementato del valore delle plusvalenze/minusvalenze derivanti dalla cessione di attività.

Il preventivo dello stato patrimoniale ha una valenza informativa che trascende il periodo di budget, poiché esprime i vincoli e le opportunità poste alla gestione futura in un orizzonte temporale che oltrepassa il breve termine.

Il *budget patrimoniale* è ottenuto apportando alla situazione patrimoniale consuntiva provvisoria [142], relativa all'esercizio precedente il periodo di budget, quelle variazioni indotte dalla gestione programmata e desumibili da vari budget.

Occorre ricordare che il *budget dello stato patrimoniale* evidenzia i valori assunti dalle attività e dalle passività *alla fine* del periodo di budget. Le singole grandezze-fondo (o grandezze stock) finali da iscrivere nel *budget dello stato patrimoniale* derivano dalle corrispondenti grandezze fondo (o grandezze stock) iniziali, esposte nel "preconsuntivo dello stato patrimoniale", rettificate (in aumento e in diminuzione) di una serie di variazioni (o grandezze flusso) desumibili da altri budget.

Dal punto di vista pratico, i valori finali dello stato patrimoniale possono essere calcolati con il sussidio di un foglio di lavoro composto da cinque colonne, deputate ad accogliere rispettivamente: la descrizione analitica delle poste patrimoniali; i valori dello stato patrimoniale preconsuntivo; le variazioni in aumento; le variazioni in diminuzione; i valori del *budget patrimoniale* (valori ottenuti sommando ai valori del preconsuntivo le variazioni in aumento e sottraendo le variazioni in diminuzione). Si riporta qui di seguito un possibile *format* di tale foglio di lavoro.

Voci patrimoniali	Preconsuntivo t_0 (al 31/12)	Δ in aumento	Δ in diminuzione	Budget t_1 (al 31/12)
Attivo				
Passivo				

Dal punto di vista operativo, quindi, la predisposizione del *budget dello stato patrimoniale* si basa su una serie di variazioni e di informazioni, che

[142] Si ricorda che il processo di elaborazione del *budget* viene avviato prima dell'inizio del periodo coperto dal *budget* (in genere, nel mese di ottobre, se il *budget* annuale coincide con l'anno solare). Pertanto, il *budget* è redatto in un periodo in cui non è ancora disponibile il bilancio dell'esercizio in corso. Quindi, è necessario costruire una situazione patrimoniale provvisoria, cioè un documento preconsuntivo, redatto prima che l'esercizio di riferimento si sia, di fatto, concluso. Mediante una serie di ipotesi, il preconsuntivo patrimoniale "tenta" di determinare quella che potrebbe essere la situazione patrimoniale consuntiva di fine periodo.

sono derivate dai *budget operativi*, dal *budget degli investimenti*, dai *budget di tesoreria*, dal *budget delle fonti e degli impieghi*, dal *budget del conto economico*, secondo i collegamenti evidenziati nella Figura 19.

Oltre a riportare i relativi budget di collegamento per le varie voci patrimoniali, la Figura 19 propone uno schema di *budget di stato patrimoniale*, dove le attività e le passività sono esposte secondo il criterio "della liquidità e dell'esigibilità" (noto anche come criterio "finanziario").

In base a tale criterio, l'attivo patrimoniale è suddiviso in *liquidità immediate, liquidità differite, disponibilità* e *immobilizzazioni nette*, mentre il passivo patrimoniale è articolato in *passività a breve, passività consolidate* e *mezzi propri*.

Il *budget dello stato patrimoniale*, così riclassificato, si rivela un documento molto utile per valutare in prospettiva il rispetto degli equilibri patrimoniali e finanziari. Tale analisi può essere utilmente condotta tramite la costruzione di diversi margini e rapporti.

Dall'esame congiunto del *budget delle fonti e degli impieghi*, del *budget del conto economico* e *del budget dello stato patrimoniale* potranno essere ricavate altri interessanti dimensioni.

Di conseguenza, l'azienda potrà "legittimamente", "credibilmente" e "fiduciosamente" affermare di avere buone probabilità di raggiungere nel successivo esercizio gli obiettivi desiderati (ROE, ROI, ecc.), se quegli obiettivi sono basati su budget di sintesi e relativi programmi che, se ben costruiti, devono "soltanto" essere eseguiti.

Alla fine del periodo di budget, l'impresa dovrà verificare la bontà sia del suo processo di programmazione sia della gestione di periodo. Tale cruciale verifica è svolta tramite il *"controllo budgetario"*, che confronta i dati di budget (espressivi dell'esecuzione desiderata degli indirizzi prescelti) con i dati di rilevazione consuntiva (espressivi delle modalità con cui quegli indirizzi sono stati di fatto realizzati), avvalendosi dell'*"analisi per varianti"* (o *"analisi degli scostamenti"*) [143].

In conclusione, sulla base di quanto esposto, è facile intuire i grandi vantaggi che l'azienda può trarre dall'impostare l'attività amministrativa in modo "anticipato".

L'analisi del budget ha permesso di evidenziare il grande tecnicismo della materia, complicato dal fatto che dal punto di vista tassonomico, contenutistico, procedurale e formale esistono vari spazi di elasticità.

---

[143] Sull'argomento, si vedano: F. AMIGONI, *Le forme di* reporting *e l'analisi degli scostamenti*, in F. AMIGONI, *Misurazioni d'azienda*, II, Giuffrè, Milano, 1988, pp. 111-149; G. BRUNETTI, *Aspetti organizzativi del controllo budgetario*, in *Riv. dott. comm.*, 1972, pp. 514-546; L. BRUSA, *Sistemi manageriali di programmazione e controllo*, cit., pp. 171-199; G. PAOLONE-S. MIGLIORI, *Introduzione alla contabilità industriale*, Franco Angeli, Milano, 2011, pp. 142-164.

Figura 19 – **Il budget dello stato patrimoniale**

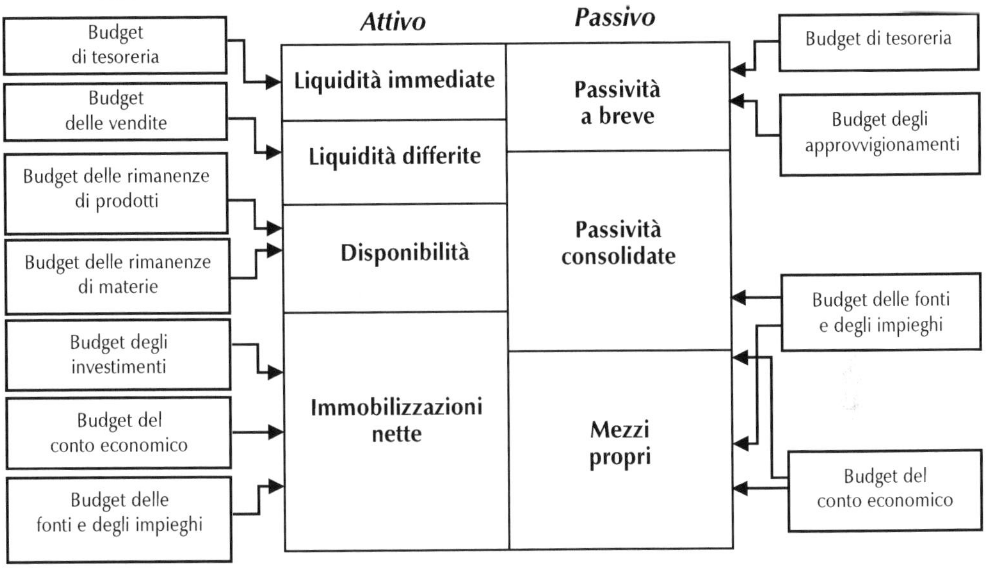

Liquidità immediate
- *Budget di tesoreria* per "cassa", "banca c/c attivi" e "titoli" considerati *"cash equivalent"*

Liquidità differite
- *Budget delle vendite* (con indicazione dei tempi di incasso) per i "crediti verso clienti"

Disponibilità
- *Budget delle rimanenze di prodotti* (da *budget della produzione*) per le "rimanenze di PF"
- *Budget delle rimanenze di materie* (da *budget degli approvvigionamenti*) per le "rimanenze di MP"

Immobilizzazioni nette
- *Budget degli investimenti* per gli investimenti e i disinvestimenti in "immobilizzazioni materiali e immateriali"
- *Budget del conto economico* per gli "ammortamenti" delle immobilizzazioni
- *Budget delle fonti e degli impieghi* per gli investimenti e i disinvestimenti in "immobilizzazioni finanziarie"

Passività a breve
- *Budget di tesoreria* per "banca c/c passivi"
- *Budget degli approvvigionamenti* (con indicazione dei tempi di pagamento) per i "debiti verso fornitori"

Passività consolidate
- *Budget delle fonti e degli impieghi* per i "rimborsi dei finanziamenti preesistenti", per l'"ottenimento di nuovi finanziamenti" e per gli "utilizzi dei fondi"
- *Budget del conto economico* per gli "accantonamenti ai fondi"

Mezzi propri
- *Budget del conto economico* per il "reddito netto previsionale"
- *Budget delle fonti e degli impieghi* per le "variazioni del capitale sociale" e per la "distribuzione di dividendi"

Tuttavia, a prescindere dalle scelte di tipo tecnico – scelte comunque importanti, perché dalla loro accuratezza dipende la qualità degli *output* informativi – si ritiene che il vero valore della programmazione vada ricercato al di là dei singoli documenti e delle specifiche soluzioni procedurali.

Il maggiore merito consiste, infatti, nell'opportunità che offre all'impresa di osservare e di riflettere, per conoscere e quindi agire.

Cogliere questi stimoli è importante per ogni azienda, perché proiettarsi nel futuro crea le condizioni per poterlo anche realizzare.

Conclusioni

di Giuseppe Paolone

Il sistema aziendale, unitario e complesso, viene a scomporsi in "particolari subsistemici" che, a loro volta, rappresentano sistemi di ordine inferiore legati da un nesso di causalità che conduce alla loro integrazione e che li pone in un certo rapporto di complementarietà rispetto al primo.

Il primo livello di scomposizione è quello che considera, in chiave subsistemica, i tre tradizionali momenti dell'amministrazione aziendale, vale a dire il subsistema dell'organizzazione (od organizzativo), il subsistema della decisione (o decisionale) e il subsistema della rilevazione (o informativo o del controllo). I subsistemi di secondo livello discendono dalla considerazione dei diversi e collegati aspetti della gestione aziendale, vale a dire i subsistemi degli aspetti economico, finanziario, monetario e patrimoniale.

La necessaria integrazione tra il subsistema organizzativo e quello gestionale, dà origine al *subsistema operativo* con il quale si collega il *subsistema informativo o del controllo*.

Del primo subsistema si occupa l'*economia aziendale* con i suoi principi parametrici, sempre riuniti a sistema, riferibili ad un universo astratto, applicabili sia alle aziende che producono che a quelle erogatrici, private e pubbliche, discutibili sul piano scientifico e variabili in relazione alle mutevoli condizioni ambientali; del secondo si occupa la *ragioneria*, con i suoi principi correlabili con quelli dell'economia aziendale, riferibili alle varie procedure di rilevazione attuabili con diverse finalità di controllo.

I principi della ragioneria sono stati descritti, nella parte seconda del presente volume, dai vari autori che, attraverso il loro contributo, ne hanno consentito un inquadramento sistemico per una più proficua correlazione con i principi, anch'essi sistemici, dell'economia aziendale.

Così, il principio della contabilità generale viene rappresentato come preposto al compimento delle sintesi delle rilevazioni amministrative strutturate per la conoscenza dei risultati attribuibili all'esercizio, mentre quello delle contabilità settoriali come finalizzato a fornire conoscenze analitiche su particolari specifici settori aziendali.

Vengono, di seguito, evidenziati i principi del bilancio d'esercizio, con la relativa logica di riclassificazione e di analisi , tradotti ed orientati nel perseguimento del suo principale fine che è quello di fornire una rappresentazione quanto più possibile veritiera della situazione aziendale; quelli del bilancio consolidato, con il compito di evidenziare i risultati gestionali del "gruppo" derivanti dall'unitaria composizione degli elementi che definiscono la struttura delle singole società; quelli, infine, dei bilanci straordinari, riguardanti situazioni e finalità speciali di gestione e componibili in ipotesi di cessazione aziendale, assoluta o relativa.

In relazione, poi, agli scopi conoscitivi che si intendono perseguire, notevole importanza assumono i principi dell'analisi dei dati per la determinazione dei costi aziendali, per il controllo ed il contenimento degli stessi e con ricorso anche allo strumento extracontabile.

Da ultimo, un ruolo importante nel processo decisione-azione assumono i principi della programmazione aziendale, la cui affidabilità è legata alla compatibilità con la pianificazione strategica.

A questo punto, appare necessaria una riflessione, oggetto di successivi approfondimenti, sui limiti della ragioneria e dei suoi strumenti, per lo più contabili, di rappresentazione dei fatti aziendali.

La "misurazione" rappresenta la determinazione quantitativa di grandezze che assume un ruolo fondamentale per la conoscenza e per la rappresentazione degli accadimenti aziendali; essa può riguardare sia fatti che si sono verificati nel passato che quelli che, probabilmente, andranno a verificarsi in futuro, come anche può avere una origine interna aziendale od esterna ambientale.

Le informazioni ottenibili dalle rilevazioni contabili ed extracontabili (entrambe quantitative) non sono, però, da sole, bastevoli a delineare un quadro informativo completo ed esaustivo in quanto ogni fatto deve essere anche osservato sotto l'aspetto qualitativo.

Il peso delle descrizioni qualitative viene, pertanto, ad essere rilevante per il processo decisionale e, assai spesso, prevalente sulle rilevazioni quantitative, sia provenienti da fonte contabile che da quella extracontabile.

In altri termini, la conoscenza dei fatti aziendali basata prevalentemente su grandezze numeriche e quantitative si rafforza con il concorso delle descrizioni qualitative che servono meglio ad identificare l'azienda dalle sue origini e nelle sue manifestazioni di vita, nelle sue componenti e nei suoi meccanismi di funzionamento.

Ne consegue che il sistema informativo viene a costituire oggetto di studio sistemico da parte di diverse discipline che concorrono a fornire un quadro più rappresentativo della realtà aziendale. Oltre a quelle di natura quantitativa (la ragioneria, la matematica e la statistica), che si servono dei loro tradizionali strumenti di rilevazione (contabile ed extracontabile), forniscono il loro finalizzato contributo le discipline (la sociologia, la psicologia, la filosofia) preposte alla descrizione qualitativa dei fenomeni aziendali.

In definitiva, i linguaggi di comunicazione finalizzati all'espletamento dell'attività di rilevazione dei fatti aziendali sono molteplici e diversi tra di loro; tutti concorrono congiuntamente a dare del sistema informativo una rappresentazione più vicina alla complessa realtà, mutevole in relazione alla variabilità delle condizioni ambientali. Il livello di conoscenza e di comprensione degli accadimenti aziendali tende ad elevarsi attraverso l'integrazione tra gli strumenti di rappresentazione quantitativa e quelli di descrizione qualitativa.

Bibliografia

AA.VV., *Il bilancio d'esercizio – I principi di formazione secondo la nuova disciplina del codice civile*, Giuffrè, Milano, 1992.

AA.VV., *Il bilancio delle società – Principi aziendali, aspetti civilistici e tributari*, Giuffrè, Milano, 1993.

AA.VV., *Il bilancio di esercizio nell'informativa esterna d'impresa*, Giuffrè, Milano, 1993.

AA.VV. (a cura di M. BUSSOLETTI), *La nuova disciplina dei bilanci delle società*, Giappichelli, Torino, 1993.

AA.VV., *Codice del fallimento*, a cura di P. PAJARDI, Giuffrè, Milano, 1997.

AA.VV., *Il bilancio secondo i principi contabili internazionali IAS*/IFRS, Giappichelli, Torino, 2010.

ABATECOLA G., *Crisi d'impresa. Elementi di teoria ed evidenze empiriche*, Aracne, Roma, 2007.

ACKOFF R.L., *La programmazione aziendale: principi, metodi, tecniche, obiettivi*, Franco Angeli, Milano, 1973.

AGLIATI M.. *La contabilità direzionale. Metodologie di misurazione dei costi di produzione*, Cusl, Milano, 1987.

AGLIATI M., *Il budget e l'attività di programmazione e controllo per aree funzionali*, in AMIGONI F., *Misurazioni d'azienda*, II, Giuffrè, Milano, 1988.

AIROLDI G.-BRUNETTI G.-CODA V., *Economia aziendale*, Il Mulino, Bologna, 1994.

AIROLDI G.-BRUNETTI G.-CODA V., *Lezioni di economia aziendale*, Il Mulino, Bologna, 1989.

ALBERICI A., *Analisi di bilanci e previsione delle insolvenze*, Isedi, Milano, 1975.

ALLEGRINI M., *L'informativa di periodo nella comunicazione economico-finanziaria*, Giuffrè, Milano, 2003.

ALLEGRINI M.-GIORGETTI F.-GRECO G., *Il rendiconto finanziario: logiche di costruzione e di interpretazione*, Giappichelli, Torino, 2014.

ALOI F., *Il capitale circolante: un approccio strategico*, in *Amm. & Fin.*, 7, 1990.

ALTMAN E.I., *An emerging market credit scoring system for corporate bonds*, in *Emerging Market Review*, 6, 2005, pp. 311-323.

ALTMAN E.I., *Financial ratios, discriminant analysis and the prediction of corporate bankruptcy*, in *The Journal of Finance*, 23(4), 1968, pp. 589-609, 1968.

ALTMAN E.I.-DANOVI A.-FALINI A., *Z-Score Models'application to Italian companies subject to extraordinary administration*, paper SSRN, 2015.

AMADUZZI AL., *L'impresa nelle condizioni prospettiche del suo equilibrio*, Bozzi, Genova, 1948.

AMADUZZI AL., *Conflitto ed equilibrio di interessi nel bilancio dell'impresa*, Cacucci, Bari, 1949.
AMADUZZI AL., *L'Azienda, nel suo sistema e nell'ordine delle sue rilevazioni*, Utet, Torino, 1963 e 1978.
AMADUZZI AL., *L'analisi dei sistemi per le rilevazioni aziendali*, Cacucci, Bari, 1970.
AMADUZZI AL., *Sulla capacità segnaletica del bilancio consolidato*, in *RIREA*, 1, 1976.
AMADUZZI AL., *Funzione autorigeneratrice dell'impresa ed evoluzione dei principi*, in *RIREA*, 1-2, 1989
AMADUZZI AL., *Il sistema degli studi aziendali sulla base di princìpii*, in *RIREA*, 1-2, 1990.
AMADUZZI AL., *Valutazioni monetarie nella "logica dell'incerto"*, in *RIREA*, 1-2, 1991.
AMADUZZI AL., *L'azienda, nel suo sistema e nei suoi principi*, Utet, Torino, 1978 (ristampa 1992).
AMADUZZI AL., *Profili dell'impresa*, in *RIREA*, 1-2, 1988.
AMADUZZI AN., *La pianificazione nell'economia dell'azienda industriale*, Giappichelli, Torino, 1961.
AMEDEO M., *La gestione d'impresa tra vitalità e rischio di crisi*, Cacucci, Bari, 2006.
AMIGONI F., *I sistemi di controllo direzionali: criteri di progettazione e di impiego*, Giuffrè, Milano, 1979.
AMIGONI F., *Alcune riflessioni sulla gestione strategica*, in suppl. a *Sviluppo & Organizzazione*, n. 62, novembre-dicembre 1980.
AMIGONI F., *Le forme di* reporting *e l'analisi degli scostamenti*, in AMIGONI F., *Misurazioni d'azienda*, II, Giuffrè, Milano, 1988.
AMIGONI F., *Le misure economiche nella gestione per obiettivi*, in AMIGONI F. (a cura di), *Misurazioni d'azienda*, I, Giuffrè, Milano, 1988.
AMIGONI F.-CAGLIO A., *Budget*, Egea, Milano, 2017.
AMIGONI F.-SONGINI L. (a cura di), *Programmazione e controllo*, Cuem, Milano, 1997.
AMORUSO BATTISTA O., *Trasferimento d'azienda e successione nel contratto di somministrazione: in margine all'art. 2558 c.c.*, in *Giur. merito*, 1984.
ANDREI P., *Il bilancio consolidato nei gruppi internazionali*, Giuffrè, Milano, 1994.
ANDREI P., *Valori storici e valori correnti nel bilancio di esercizio*, Giuffrè, Milano, 2004.
ANDREWS K.R., *The concept of corporate strategy*, Dow Jones-Irwin, Homewood, 1971.
ANSOFF H.I., *Corporate strategy*, McGraw-Hill, New York, 1965.
ANSOFF H.I., *Strategic management*, McMillan Press Ltd, London, 1979.
ANSOFF H.I.-DECLERCK R.P.-HAYES R.L., *From strategic planning to strategic management*, Wiley, New York, 1976.
ANTHONY R.N., *Planning and control systems*, Harvard Business School Press, Boston, 1965.
ANTHONY R.N.-GOVINDARAJAN V.-MACRÌ D.M., *Management control systems: tecniche e processi per implementare le strategie*, McGraw-Hill, Milano, 2006.
ANTONELLI V., *Il bilancio consolidato*, Il Sole 24 Ore, Milano, 2007.
ANTONELLI V.-R. D'ALESSIO, *Guida operativa alla contabilità direzionale*, Il Sole 24 Ore, Milano, 2004.
ARGILLA S., *La trasformazione di forma giuridica*, in *Riv. dott. comm.*, 1977.
AZZALI S., *Il sistema delle informazioni di bilancio nelle aziende di produzione – Il modello dell'International Accounting Standards Commitee*, Giuffrè, Milano, 1996.
AZZINI L., *I gruppi aziendali*, Giuffrè, Milano, 1968.

BAILEY E.E.-FRIEDLANDER A.F., *Market structure and multiproduct industries*, in *Journal of Economic Literature*, 20, 1982.
BALDUCCI D., *La valutazione dell'azienda. Metodi operativi e prassi professionale*, Fag, Milano, 1992.
BALDUCCI D., *La cessione d'azienda*, Fag, Milano, 1996.
BARALDI S.-DEVECCHI C. (a cura di), *I sistemi di pianificazione, programmazione e controllo*, II, Giappichelli, Torino, 1995
BARONI F., *Le fusioni di società*, Maggioli, Santarcangelo di Romagna, 1995.
BASSANI C., *Cessione di azienda e conferimento in società*, Pirola, Milano, 1995.
BASTIA P., *Gli accordi tra imprese*, Clueb, Bologna, 1989.
BASTIA P., *Il budget d'impresa: criteri di formazione e d'impiego*, Clueb, Bologna, 1989.
BASTIA P., *La formazione del bilancio consolidato*, Clueb, Bologna, 1991.
BASTIA P., *Il nuovo bilancio di esercizio – Attuazione della IV direttiva CEE*, Clueb, Bologna, 1993.
BASTIA P., *Fusioni e scissioni aziendali. Problemi di valutazione e di bilancio*, Clueb, Bologna, 1994.
BASTIA P.-BROGI R., *Operazioni societarie straordinarie e crisi d'impresa*, Ipsoa, Milano, 2016.
BAUMOL W., *On the proper cost tests for natural monopoly in a multiproduct industry*, in *American Economic Review*, 67, 1977.
BELVISIO U. *et al.*, *Fusioni e scissioni di società*, a cura di A. PATRONI GRIFFI (Collana LUISS di Roma – *Studi giuridici*, 27), Giuffrè, Milano, 1995.
BERETTA S. *Il controllo dei gruppi aziendali*, Egea, Milano, 1990.
BERLAI E.-DE PADOVA M.-GRAZIOLI D., *La tesoreria nelle imprese industriali*, Etas Libri, Milano, 1993.
BERTINI U., *Introduzione allo studio dei rischi nell'economia aziendale*, Giuffrè, Milano, 1987.
BERTINI U., *Il sistema d'azienda. Schema di analisi*, Giappichelli, Torino, 1990.
BERTINI U., *Scritti di politica aziendale*, Giappichelli, Torino, 1990.
BERTOLI G., *Crisi d'impresa, ristrutturazione e ritorno al valore*, Egea, Milano, 2000.
BIANCHI L.A., *Il giudizio "di congruità" nel rapporto di cambio nella fusione*, Università di Trento, 1993.
BINI M., *La funzione di tesoreria nelle imprese industriali e bancarie – Principi e strumenti*, Giuffrè, Milano, 1984.
BOGARELLI P., *Competenze manageriali e professionali per il fronteggiamento delle crisi nelle imprese di minori dimensioni*, in *Economia Aziendale Online*, 6.2, 2015.
BOMPANI A., *Il conferimento d'azienda*, Ipsoa, Milano, 1980.
BONDAVALLI D., *Operazioni societarie straordinarie. Analisi dei casi di cessione e conferimento d'azienda, scambio di azioni e/o partecipazioni, fusioni e scissioni, nuova normativa antielusiva*, Giuffrè, Milano, 1999.
BONFATTI S.-FALCONE G. (a cura di), *La nuova legge fallimentare "Rivista e corretta"*, Giuffrè, Milano, 2008.
BONSIGNORI A., *Diritto fallimentare*, Utet, Torino, 1992.
BOOTH S.A., *Crisis management strategy: competition and change in modern enterprises*, Routledge, New York, 2015.
BORSIC D.-DEL CASTILLO A.-DONNA G., *Teoremi di strategia*, in *L'Impresa*, 6, 1979.

BORTOLUZZI A., *L'azienda e i suoi modi di trasferimento a titolo oneroso*, Giappichelli, Torino, 1996.

BRANCIARI S., *Riflessioni sull'equilibrio economico dell'impresa: le ragioni di un possibile allargamento del concetto*, in *RIREA*, 9-10 settembre-ottobre, 1991.

BRUGGER G., *L'analisi della dinamica finanziaria dell'impresa*, Giuffrè, Milano, 1980.

BRUGGER G. (a cura di), *La gestione del capitale circolante*, Egea, Milano, 1992.

BRUNETTI G., *Aspetti organizzativi del controllo budgetario*, in *Riv. dott. comm.*, Giuffrè, Milano, 1972.

BRUNETTI G. (a cura di), *Il bilancio consolidato, VII direttiva comunitaria e principi contabili*, Cedam, Padova, 1985.

BRUNETTI G., *Gruppi e pianificazione aziendale*, in *Saggi di economia aziendale per Lino Azzini*, Giuffrè, Milano, 1987.

BRUNETTI G., *Contabilità e bilancio d'esercizio*, Etas, Milano, 1995.

BRUNI G., *Contabilità per l'Alta direzione: il processo informativo funzionale alle decisioni di governo dell'impresa*, Etas, Milano, 1990.

BRUNI G., *Analisi del valore. Il contributo dell'«Activity Based Management»*, Giappichelli, Torino, 1994.

BRUNI G., *Fusioni & scissioni. Profili economici, strategici ed istituzionali*, Giuffrè, Milano, 1997.

BRUSA L., *Sistemi manageriali di programmazione e controllo*, Giuffrè, Milano, 2000.

BRUSA L., *Mappa strategica e business plan*, Giuffrè, Milano, 2011.

BRUSA L.-DEZZANI F., *Budget e controllo di gestione*, Giuffrè, Milano, 1983.

BUBBIO A., *Il sistema degli indici di bilancio e i flussi finanziari. Due strumenti a supporto dell'alta direzione*, Unicopli, Milano, 1984.

BUBBIO A. (a cura di), *Contabilità analitica per l'attività di direzione*, Unicopli, Milano, 1989.

BUBBIO A., *La guida del Sole 24 Ore al budget: principi e soluzioni tecnico-strutturali per tipi d'impresa, modelli e casi per affrontare la complessità gestionale, i legami con la balanced scorecard*, Il Sole 24 Ore, Milano, 2013.

CAGLIO A., *Il processo formalizzato di pianificazione strategica: l'approccio di Lorange*, in F. AMIGONI-A. CAGLIO (a cura di), *Programmazione e controllo: sistemi di pianificazione e controllo*, Egea, Milano, 2003.

CAGNASSO O., *Le trasformazione delle società. Artt. 2498-2500* (Collana *Il Codice civile-Commentario*, diretto da P. Schlesinger), Giuffrè, Milano, 1990.

CAMERAN M., *Le teorie di consolidamento*, in A. PRENCIPE-P. TETTAMANZI-C. MANCINI (a cura di), *Bilancio Consolidato*, IV ed., Egea, Milano, 2017.

CAMPEDELLI B., *Le analisi di bilancio per la revisione aziendale*, Giappichelli, Torino, 1995.

CAMPEDELLI B., *Il piano di impresa: dall'ideazione strategica all'implementazione nei processi direzionali di pianificazione e controllo*, Giappichelli, Torino, 2004.

CAMPOBASSO G.F., *Diritto commerciale*, II, *Diritto delle società*, in AA.VV., *Il sistema giuridico italiano*, Utet, Torino, 2000.

CANTONI E., *La capacità segnaletica degli indici di bilancio. Riscontri empirici in condizioni di disequilibrio gestionale*, Franco Angeli, Milano, 2007.

CANZIANI A., *La strategia aziendale*, Giuffrè, Milano, 1984.

CAPALDO P., *La programmazione aziendale*, Giuffrè, Milano, 1965.

CAPALDO P., *La contabilità delle imprese e la IV Direttiva CEE*, Etas Libri, Milano, 1980.

CARAMIELLO C., *Indici di bilancio – Strumenti per l'analisi della gestione aziendale*, Giuffrè, Milano, 1993.
CARAMIELLO C., *La valutazione dell'azienda*, Giuffrè, Milano, 1993.
CARAMIELLO C., *Il bilancio di esercizio, ieri e oggi: brevi note per un confronto*, Giuffrè, Milano, 1994.
CARAMIELLO C.-DI LAZZARO F.-FIORI G., *Indici di bilancio: strumenti per l'analisi della gestione aziendale*, Giuffrè, Milano, 2003.
CARATOZZOLO M., *Il bilancio consolidato di gruppo*, Giuffrè, Milano, 1994 e 2002.
CARATOZZOLO M., *I bilanci straordinari*, Giuffrè, Milano, 2009.
CARDONI A., *Strategia e performance nel sistema d'impresa: logiche e strumenti per l'analisi del successo aziendale*, Giappichelli, Torino, 2016.
CARNAROLI S., *Tecnica della programmazione aziendale a lungo termine*, Franco Angeli, Milano, 1972.
CASALENA A., *Brevi note sui caratteri economico-aziendali della trasformazione d'azienda e le sue finalità strategiche*, in *RIREA*, 11-12, 2010.
CASELLI L.-P.M. FERRANDO P.M.-GOZZI A., *Il gruppo nell'evoluzione del sistema aziendale*, Franco Angeli, Milano, 1990.
CASSANDRO P.E., *I gruppi aziendali*, Cacucci, Bari, 1988.
CASSANDRO P.E.-SARCONE S., *Il bilancio consolidato di gruppo*, in AA.VV., *L'impresa. Economia controllo, bilancio, gestione straordinaria*, III, Giuffrè, Milano, 1991.
CATTANEO M.A., *Analisi finanziaria e di bilancio*, Etas, Milano, 1973.
CATTANEO M.-MANZONETTO P., *Il bilancio di esercizio – Profili teorici e istituzionali negli anni novanta*, Etas, Milano, 1992.
CAVALIERI E.-FERRARIS FRANCESCHI R., *Economia aziendale*, vol. I, *Attività aziendale e processi produttivi*, Giappichelli, Torino, 2000.
CERIANI G., *Il trasferimento dell'impresa in economia aziendale*, Cedam, Padova, 1990.
CESTARI G., *La diagnosi precoce della crisi aziendale. Analisi del processo patologico e modelli predittivi*, Giuffrè, Milano, 2009.
CHANDLER A.D., *Strategia e struttura: storia della grande impresa americana*, Franco Angeli, Milano, 1976 (traduzione dell'opera orig.: *Strategy and structure: chapters in the history of the American industrial enterprise*, Mit Press, Cambridge, 1962).
CINQUINI L., *La dimensione "tempo" e il sistema dei valori aziendali*, Giuffrè, Milano, 1994.
CODA V., *Introduzione alle valutazioni dei capitali economici d'impresa*, Giuffrè, Milano, 1963.
CODA V., *Quozienti e flussi nella programmazione della gestione*, in AA.VV., *Indici di bilancio e flussi finanziari*, Etas, Milano, 1977.
CODA V., *Gli indici significativi della misura e della composizione dei flussi finanziari*, in AA.VV., *Il bilancio d'esercizio delle aziende di credito*, Iceb, Milano, 1982.
CODA V., *La valutazione della formula imprenditoriale*, in *Sviluppo e Organizzazione*, n. 82, marzo-aprile, 1984.
CODA V., *L'orientamento strategico dell'impresa*, Utet, Torino, 1995.
CODA V., *Entrepreneurial values and strategic management: essay in management theory*, Palgrave Macmillan, Basingstoke, 2010.
CODA V.-INVERNIZZI G.-RUSSO P., *La strategia aziendale*, McGraw-Hill, Milano, 2017.
CODA V.-BRUNETTI G.-BERGAMIN BARBATO M., *Indici di bilancio e flussi finanziari. Strumenti per l'analisi della gestione*, Etas, Milano, 1993.
COLOMBO G., *Fusioni, acquisizioni e scorpori. Economia delle concentrazioni aziendali*, Egea, Milano, 1992.

COLOMBO G.E., *Dalla chiarezza e precisione alla rappresentazione veritiera e corretta*, in A. PALMA (a cura di), *Il bilancio di esercizio e il bilancio consolidato*, Giuffrè, Milano, 1999.

COLOMBO G.E.-PORTALE G.B. (a cura di), *Trattato delle società per azioni*, Utet, Torino, 1994.

CONFALONIERI M., *Fusioni e scissioni societarie. Profili civilistici, contabili e fiscali. La normativa italiana antitrust*, Pirola, Milano, 1995.

CONFALONIERI M., *Trasformazione, fusione, conferimento, scissione e liquidazione delle società. Aspetti civilistici, contabili e fiscali delle operazioni straordinarie*, Il Sole 24 Ore, Milano, 2018.

CONSORTI A., *Qualche riflessione sull'informazione esterna d'impresa*, in *Riv. dott. comm.*, 5, 1975.

CONSORTI A., *Il successo dell'azienda. Schema di analisi*, Giappichelli, Torino, 1994.

CONSORTI A., *I principi contabili ed i principi di revisione*, parte seconda del volume di G. PAOLONE-L. D'AMICO-A. CONSORTI, *La revisione aziendale – Fondamenti, principi e procedure*, Giappichelli, Torino, 2000.

CONSORTI A., *La dimensione economico-reddituale e la dinamica finanziaria dell'azienda: schemi di analisi per indici e per flussi*, Giappichelli, Torino, 2001.

CONSORTI A., *L'evoluzione della funzione informativa del bilancio d'esercizio, dal conto del patrimonio al sistema delle informazioni*, Giappichelli, Torino, 2001.

CONSORTI A., *L'approccio strategico e l'eccellenza imprenditoriale*, in G. PAOLONE-L. D'AMICO (a cura di), *L'Economia Aziendale nei suoi principi parametrici e modelli applicativi*, Giappichelli, Torino, 2011.

CONTE V., *La trasformazione delle società. Caratteri economici, giuridici, contabili e fiscali*, in *Il Sapere*, 1997.

COOPERS & LYBRAND, *Il bilancio delle imprese – La nuova disciplina secondo le norme d'attuazione delle direttive europee*, Il Sole 24 Ore, Milano, 1992.

CORONELLA S., *Profili economico-aziendali, civilistici e fiscali del conferimento d'azienda: un'operazione straordinaria da rivalutare*, in *RIREA*, 7-8, 2008.

CORSI C.-FARINON P., *Le operazioni straordinarie d'impresa*, Giappichelli, Torino, 2018.

CORTESI A., *L'interpretazione del bilancio di esercizio. Guida all'analisi dei risultati d'impresa*, Egea, Milano, 1996.

COTTINO G., *Diritto commerciale*, Cedam, Padova, 1994.

CRUSCA A., *Analisi e interpretazione del bilancio*, Pirola, Milano, 1972.

D'AMICO E., *Economia dei gruppi aziendali*, Cedam, Padova, 2006.

D'AMICO L.-DI CIMBRINI T., *Le aggregazioni di imprese e la formazione dei gruppi*, in L. MARCHI-M. ZAVANI-S. BRANCIARI, *Economia dei gruppi e bilancio consolidato – Una interpretazione degli andamenti economici e finanziari*, III ed., Giappichelli, Torino, 2010.

DAMMACCO S., *La fusione e la scorporazione delle società*, III ed., Pirola, Milano, 1990.

DAMMACCO S., *La trasformazione delle società. Aspetti civilistici, contabili e fiscali. Formule e tabelle*, in *Impresa e professioni '97*, Maggioli, Santarcangelo di Romagna, 1996.

D'ANNA R., *Sistemi decisionali e strumenti di programmazione: il metodo degli scenari strategici*, Giappichelli, Torino, 2004.

DANOVI A., *Crisi d'impresa e risanamento finanziario nel sistema italiano*, Giuffrè, Milano, 2003.

DANOVI A.-QUAGLI A., *Crisi aziendali e processi di risanamento*, Ipsoa, Milano, 2012.

DANOVI A. QUAGLI A. (a cura di), *Gestire la crisi d'impresa: processi e strumenti di risanamento*, Wolters Kluwer, Assago, 2015.

DAVENPORT T.H., *Innovazione dei processi. Riprogettare il lavoro attraverso l'information technology*, Franco Angeli, Milano, 1997 (ed. or.: *Process Innovation. Rengineering Work through Information Technology*, Harvard Business School Press, Boston, Mass., USA, 1993).

DE FERRA G., *Manuale di diritto fallimentare*, Giuffrè, Milano, 1998.

DE FINETTI B., *La logica dell'incerto*, "Il Saggiatore", Mondadori, Milano, 1989.

DELL'ATTI A., *I piani di risanamento nelle operazioni di ristrutturazione d'impresa*, Franco Angeli, Milano, 2012.

DE LUCA F., *I modelli contabili di rilevazione dei fatti gestionali e la classificazione delle scritture*, in AA.VV., *Il sistema delle rilevazioni contabili nelle imprese in funzionamento*, Sistemi Editoriali, Napoli, 2005.

DE LUCA F., *La Corporate Governance*, in G. PAOLONE-G. AITA (a cura di), *Governance, adeguatezza e funzionamento organizzativo delle imprese. I doveri degli organi delegati e del collegio sindacale*, Franco Angeli, Milano, 2008.

DE MARTINO G., *La contabilizzazione delle aggregazioni aziendali tra l'IFRS 3 e l'IFRS 3 revised*, in *RIREA*, 7-8, 2008.

DE SARNO M., *Economia dell'impresa in liquidazione*, Cedam, Padova, 1997.

DE VECCHI C. (a cura di), *Analisi di bilancio*, Giappichelli, Torino, 1993.

DEZZANI F., *La fusione inversa*, in *RIREA*, 9-10, 2010, pp. 585-602.

DEZZANI F.-BIANCONE P.P.-BUSSO D., *IAS/IFRS*, Ipsoa, Milano, 2010.

DEZZANI F.-PISONI P.-PUDDU L., *Il nuovo bilancio d'esercizio*, Giuffrè, Milano, 1993.

DEZZANI F.-PISONI P.-PUDDU L., *Fusioni, scissioni, trasformazioni e conferimenti. Scritture contabili*, Giuffrè, Milano, 1995.

DI BERNARDO B., *Le dimensioni d'impresa, scala, scopo, varietà*, Franco Angeli, Milano, 1991.

DI CAGNO N., *Il bilancio consolidato di gruppo*, Cacucci, Bari, 1993.

DI CAGNO N., *Il bilancio d'esercizio*, Cacucci, Bari, 1994.

DI CARLO A.-BISOGNO M. (a cura di), *Crisi e risanamento d'impresa in una prospettiva internazionale: analisi economica e strumenti giuridici*, Franco Angeli, Milano, 2012.

DI CARLO E., *I gruppi aziendali tra economia e diritto*, Giappichelli, Torino, 2009.

DI MARZIO F., *La crisi d'impresa*, Cedam, Padova, 2010.

DI SABATO A., *Manuale delle società*, Utet, Torino, 1990 e 1992.

DI STASI L., *Pianificazione e controllo di gestione. Sistemi tradizionali e strumenti innovativi: Activing Based Costing, Balanced Scorecard*, Franco Angeli, Milano, 2003.

DI TORO P., *Sul governo dell'«azienda gruppo»*, Cedam, Padova, 2004.

DONNA G., *La valutazione economica delle strategie d'impresa*, Giuffrè, Milano, 1992.

D'ORIANO R., *I conti del nuovo bilancio d'esercizio*, Cedam, Padova, 1995.

EDMISTER R., *An empirical test of financial ratio analysis for small business failure prediction*, in *Journal of Financial and Quantitative Analysis*, 7, 1972.

EMINENTE G., *La gestione strategica dell'impresa*, Il Mulino, Bologna, 1981.

EMINENTE G., *Pianificazione e gestione strategica dell'impresa*, Il Mulino, Bologna, 1986.

FACCHINETTI I., *Le analisi di bilancio. Logica e metodologia delle analisi per margini, indici e flussi per la conoscenza della realtà aziendale*, IV ed., Il Sole 24 Ore, Milano, 2004.

FADDA L.-FONTANA F.-GARELLI R., *Analisi di bilancio*, Giappichelli, Torino, 2008.

FARNETI G., *Processi e strumenti di programmazione d'impresa*, Giappichelli, Torino, 2007.

FAZZINI M., *La crisi d'azienda nella prospettiva reddituale: analisi, indicatori e driver di intervento*, in *Amm. & Fin.*, 5, 2010.

FERRANDINI C.A.-GABBINI E.M., *L'analisi del bilancio*, Franco Angeli, Milano, 1977.

FERRARA F. JR.-BORGIOLI A., *Il fallimento*, Giuffrè, Milano, 1995.

FERRARA F., *La teoria giuridica dell'azienda*, Giuffrè, Milano, 1982.

FERRARA F.-CORSI F., *Imprenditori e società*, Giuffrè, Milano, 1994.

FERRERO G., *Le analisi di bilancio*, Giuffrè, Milano, 1966.

FERRERO G.-DEZZANI F., *Contabilità e bilancio di esercizio*, Giuffrè, Milano, 1992.

FERRERO G.-DEZZANI F.-PISONI P.-PUDDU L., *Le analisi di bilancio, Indici e flussi*, III ed., Giuffrè, Milano, 2003.

FIORI G., *Il principio della "rappresentazione veritiera e corretta" nella redazione del bilancio di esercizio – Considerazioni critiche e profili evolutivi dell'informazione societaria*, Giuffrè, Milano, 1999.

FONTANA F., *I piani e programmi di impresa*, Cedam, Padova, 1984.

FORESTIERI G., *Aspetti aziendali e finanziari della crisi d'impresa*, in *Bancaria*, 11, 1997.

FORTUNATO S., *Bilancio e contabilità d'impresa in Europa*, Cacucci, Bari, 1993.

FORTUNATO S., *La riforma della legge fallimentare*, Giuffrè, Milano, 2011.

FOSSATI A., *Fusione di società*, Ipsoa, Milano, 1997.

FOSSATI G., *La liquidazione delle società. Tutti gli adempimenti contabili e fiscali con riferimento anche alle imprese individuali*, Pirola, Milano, 1995.

FRASCARELLI M., *La liquidazione delle società*, Fag, Milano, 1995.

FRASCARELLI M., *Trasformazione di società*, Fag, Milano, 1998.

FRATTINI G., *Valore di acquisizione delle imprese in funzionamento*, Giuffrè, Milano, 1983.

FROLI M., *La valutazione di azienda. Principi e metodi. L'applicazione nelle operazioni di cessione, fusione, conferimento e liquidazione*, Ebc, Milano, 1992.

FROLI M., *I metodi di consolidamento e i criteri di valutazione delle partecipazioni*, in L. MARCHI-M. ZAVANI-S. BRANCIARI, *Economia dei gruppi e bilancio consolidato – Una interpretazione degli andamenti economici e finanziari*, III ed., Giappichelli, Torino, 2010.

FROLI M., *L'analisi preliminare dei bilanci delle singole società*, in L. MARCHI-M. ZAVANI-S. BRANCIARI, *Economia dei gruppi e bilancio consolidato – Una interpretazione degli andamenti economici e finanziari*, III ed., Giappichelli, Torino, 2010.

FROVA S., *Pianificazione*, Giuffrè, Milano, 1986.

FUSA E., *Budget e pianificazione aziendale: tecniche, strumenti, obiettivi*, Il Sole 24 Ore, Milano, 2005.

GALBIATI P., *Conferimenti e scissioni. Aspetti normativi, fiscali e di valutazione*, Egea, Milano, 1995.

GALEOTTI M., *La valutazione strategica nell'ipotesi di cessione dell'azienda*, Giuffrè, Milano, 1995.

GALGANO F., *I gruppi di società*, Utet, Torino, 2001.

GALGANO F., *Le società*, in *Diritto commerciale*, Zanichelli, Bologna, 1986.

GANDINI G., *La programmazione e il controllo nelle aziende del terzo settore*, Franco Angeli, Milano, 2004.

GARDI F., *Fusioni ed altre combinazioni di imprese. Finalità e tecniche di realizzazione*, Ist. studi sulle borse valori A. Lorenzetti, Egea, Milano, 1990.

GARRISON R.H.-NOREEN E.W.-BREWER P.C., *Programmazione e controllo:* managerial accounting *per le decisioni aziendali*, McGraw-Hill, Milano, 2008.

GIACOSA E., *Il fenomeno della crisi aziendale: un modello di percezione del fenomeno della crisi aziendale nel sistema impresa*, Franco Angeli, Milano, 2016.

GIANNESSI E., *Le aziende di produzione originaria*, I, *Le aziende agricole*, Colombo Cursi, Pisa, 1960.

GIORGINO M.C., *Crisi aziendale e prevenzione. Metodologie e modelli per prevedere il prevedibile*, Franco Angeli, Milano, 2016.

GIUNTA F., *Analisi di bilancio. Riclassificazione, indici e flussi*, Centro Stampa Il Prato, Firenze, 2004.

GIUSTARELLI E., *Il gruppo e la sua valutazione*, in *Finanza Marketing Produzione*, 3, 1991.

GRANT R.M., *Contemporary strategy analysis*, John Wiley & Sons, Chichester, 2010.

GUALTIERI P., *Le fusioni di società quotate. La recente esperienza italiana*, in *Studi finanziari e bancari*, Il Mulino, Bologna, 1990.

GUATRI L., *Crisi e risanamento delle imprese*, Giuffrè, Milano, 1986.

GUATRI L., *La valutazione delle aziende. Teoria e pratica a confronto*, Giuffrè, Milano, 1987.

GUTH W.D., *La formulazione degli obiettivi e delle strategie*, in *Sviluppo e Organizzazione*, n. 15, gennaio-febbraio 1973.

HASPESLAGH P., *Portfolio planning approaches and the strategic management process in diversified industrial companies*, Umi, Ann Arbor, 1983.

HINTERHUBER G., *La direzione strategica dell'impresa industriale: le funzioni del direttore generale*, Isedi, Torino, 1979.

HINTERHUBER G., *La formazione delle strategie industriali sulla base del metodo del portafoglio*, in *Sviluppo e Organizzazione*, n. 38, novembre-dicembre 1976.

HOLMEN J.S., *Using financial ratios to predict bankruptcy: An evaluation of classic models using recent evidence*, in *Akron Business and Economic Review*, 19, 1988.

HOLZMILLER E.-REBECCA G., *Gruppi societari e holding*, Il Sole 24 Ore, Milano, 2008.

HORNGREN C.T.-SUNDEM G.-STRATTON W.O.-BURGSTAHLER D.-SCHATZBERG J.-AGLIATI M.-DITILLO A., *Programmazione e controllo*, Pearson, Milano, Torino, 2011.

INCOLLINGO A., *L'applicazione del principio di* "true and fair view" *nel bilancio di esercizio*, Giuffrè, Milano, 1999.

INVERNIZZI G., *Il sistema delle strategie a livello aziendale*, McGraw-Hill, Milano, 1999.

INVERNIZZI G. (a cura di), *Strategia aziendale e vantaggio competitivo*, McGraw-Hill, Milano, 2008.

IPSOA-FRANCIS LEFEBVRE, *Memento Pratico, Bilancio consolidato*, 2011.

JOHNSON T.-KAPLAN R., *Relevance Lost: The Rise and Fall of Management Accounting*, in *Harvard Business School*, Boston, 1987.

JORIO A.-LUDICA G.-ZATTI P., *Le crisi d'impresa, il fallimento*. Giuffrè, Milano, 2000.

KAPLAN R., *Accounting Lag: The Obsolescence of Cost Accounting Systems*, in *California Management Review*, XXVIII, 2, 1986.

LENOCI F.-ROCCA E., *Il bilancio consolidato*, Ipsoa, Milano, 2008.

LENOCI F.-ROCCA E., *Bilancio consolidato*, Ipsoa Guide Operative, Milano, 2017.

LIZZA F., *Il bilancio in forma abbreviata*, Clua, Ancona, 1993.

LORANGE P., *Corporate planning: An executive viewpoint*, Prentice Hall, Englewood Cliffs, 1980.

LORANGE P. (edited by), *Implementation of strategic planning*, Prentice Hall, Englewood Cliffs, 1982.

LORANGE P., *Pianificazione strategica*, McGraw-Hill Libri Italia, Milano, 1990.

LORANGE P.-VANCIL R.F., *Strategic planning in diversified companies*, in *Harvard Business Review*, Jan.-Feb. 1975.

LORANGE P.-VANCIL R.F., *How to design a strategic planning system*, in *Harvard Business Review*, 54, 1976.

LORANGE P.-VANCIL R.F., *Strategic planning systems*, Prentice Hall, Englewood Cliffs, 1977.

LUPPI F., *Analisi dei bilanci aziendali*, Giuffrè, Milano, 1994.

MAINARDI M., *Gestioni straordinarie d'azienda. La fusione*, in *Dip. scienze aziendali* – Univ. di Firenze, Cedam, Padova, 1995.

MANCA F., *I fini del bilancio nella normativa italiana e nei principi contabili*, Cedam, Padova, 1996.

MANCIN M.-SOSTERO U.-BAGAROTTO E.M.-SIMONATO V.-BRUGNOLI A.-FASAN M.-MARCON C., *Operazioni straordinarie e aggregazioni aziendali: Risvolti contabili, civilistici e fiscali*, Giappichelli, Torino, 2016.

MANCINI C., *Il bilancio consolidato*, in A. PROVASOLI-M. PINI-A. VIGANÒ, Financial accounting, *rilevazioni per il bilancio di esercizio e il bilancio consolidato*, McGraw-Hill, Milano, 2010.

MARCHI L.-PAOLINI A.-QUAGLI A., *Strumenti di analisi gestionale: il profilo strategico*, Giappichelli, Torino, 2003.

MARCHINI I., *La pianificazione strategica a lungo termine nell'impresa industriale*, Giappichelli, Torino, 1967.

MARCHINI I., *La contabilità preventiva di esercizio e la contabilità dei costi nell'impresa industriale*, Giappichelli, Torino, 1988.

MARIANI E., *La fusione di società* (*Collana Cosa & Come – Società*), Giuffrè, Milano, 1995.

MASSARI L., *Gruppi aziendali e proposta modificata di settima direttiva comunitaria sul bilancio consolidato*, Cacucci, Bari, 1979.

MASSARI M., *Il valore di mercato delle aziende. Approfondimenti teorici e metodi di stima*, Giuffrè, Milano, 1984.

MATACENA A., *Il bilancio di esercizio – strutture formali, logiche sostanziali e principi generali*, Clueb, Bologna, 1993.

MELLA P., *Il bilancio consolidato*, Isedi, Torino, 1985.
MENGHI I., *Liquidazione di società personale e morte del socio*, in *Giur. comm.*, 1985.
MIGLIACCIO G., *Squilibri e crisi nelle determinazioni quantitative d'azienda. Il contributo della dottrina*, Franco Angeli, Milano, 2012.
MIGLIORI S., *Crisi d'impresa e corporate governance*, Franco Angeli, Milano, 2013.
MINTZBERG H., *La progettazione dell'organizzazione aziendale*, Il Mulino, Bologna, 1996 (ed. or.: *Structure in Fives. Designing Effective Organizations*, Englewood Cliffs, Prentice Hall, 1983).
MIOLO VITALI P., *Il sistema delle decisioni aziendali – Analisi introduttiva*, Giappichelli, Torino, 1993.
MOONITZ M., *The Entity Theory of Consolidated Statements*, The Foundation Press, Brooklyn, 1951.
MORO VISCONTI G. e R., *La liquidazione delle società*, Buffetti, Roma, 1996.
MORO VISCONTI R., *La* governance *nei gruppi e nelle reti di imprese*, Etas Libri, Milano, 2001.
MOYER R.C., *Forecasting financial failure: A re-examination*, in *Financial Management*, 6, 1977.
MULEO S., *Le operazioni straordinarie*, Maggioli, Santarcangelo di Romagna, 1995.

NARDECCHIA G.B., *Crisi d'impresa, autonomia privata e controllo giurisdizionale: gli accordi di ristrutturazione dei debiti, il piano attestato di risanamento, il concordato fallimentare*, Ipsoa, Milano, 2007.
NASI R., *Nuovi testi unici: fusioni, liquidazioni e trasformazioni*, Ipsoa, Roma, 1987.

OHLSON J.A., *Financial ratios and the probabilistic prediction of bankruptcy*, in *Journal of Accounting Research*, 18, 1980.
OIC 10, *Rendiconto finanziario*, 2016.
OIC 11, *Bilancio di esercizio: finalità e postulati*, 2018.
OIC 12, *Composizione e schemi di bilancio*, 2017.
OIC 15, *Crediti*, 2016.
OIC 17, *Bilancio consolidato e metodo del patrimonio netto*, 2017.
OIC 17, *Il bilancio consolidato*, 2005.
OIC 32, *Strumenti finanziari derivati*, 2017.
OLIVOTTO L., *La valutazione economica dell'impresa*, Cedam, Padova, 1983.
ONESTI T., *Problemi valutativi nella liquidazione della quota del socio uscente nelle società di persone e nelle società di capitali*, Giappichelli, Torino, 1991.
ONESTI T.-ROMANO M., *La fusione inversa. Aspetti di rappresentazione contabile nella prospettiva degli IAS/IFRS*, in *RIREA*, 9-10, 2007.
ONIDA P., *La logica e le determinazioni quantitative d'azienda*, Giuffrè, Milano, 1960.
ONIDA P., *Economia d'azienda*, Utet, Torino, 1971.
ONIDA P., *Natura e limiti delle politiche di bilancio*, in *Riv. dott. comm.*, 1974.
ORSI S.-SANTORO L., *Pianificazione e controllo: modelli e strumenti operativi*, Il Sole 24 Ore, Milano, 2007.

PAGANELLI O., *Analisi di bilancio. Indici e flussi*, Utet, Torino, 1986.
PAGANELLI O.-LAMBERTINI F., *Valutazioni di cessione delle aziende in esercizio*, Clueb, Bologna, 1986.
PAJARDI P., *Radici e ideologie del fallimento*, Giuffrè, Milano, 1992.

PALEA V., *Il rapporto di cambio nelle operazioni di fusione e di scissione*, Giappichelli, Torino, 2000.

PALMA A., *Il bilancio di esercizio e il bilancio consolidato*, Giuffrè, Milano, 1996.

PALUMBO R., *L'università nella sua dimensione economico-aziendale. Evoluzione sistemica e modelli razionalizzanti*, Giappichelli, Torino, 1999.

PALUMBO R., *Il subsistema gestionale (o decisionale) nell'individuazione dei suoi collegati aspetti e dei relativi modelli rappresentativi*, in G. PAOLONE-L. D'AMICO (a cura di), *L'economia aziendale nei suoi principi parametrici e modelli applicativi*, Giappichelli, Torino, 2001.

PALUMBO R., *Il subsistema gestionale (o decisionale) nell'individuazione dei suoi collegati aspetti e dei relativi modelli rappresentativi*, in G. PAOLONE-L. D'AMICO (a cura di), *I principi e i modelli de l'Economia Aziendale*, Giappichelli, Torino, 2017.

PANICCIA P., *Strumenti conoscitivi per la pianificazione strategica aziendale*, Giappichelli, Torino, 1989.

PAOLONE G., *Il bilancio di esercizio delle imprese in funzionamento e dei gruppi societari*, IV ed. riveduta ed ampliata, Giappichelli, Torino, 1998.

PAOLONE G., *Le gestioni straordinarie – Aspetti normativi ed economico-aziendali*, Giappichelli, Torino, 2004.

PAOLONE G., *L'economia aziendale e la ragioneria nella teoria e nelle specializzazioni*, Franco Angeli, Milano, 2007 e 2011.

PAOLONE G., *Gli istituti della cessazione aziendale. Cause originatrici e forme di manifestazione*, Franco Angeli, Milano, 2008.

PAOLONE G., *Il determinismo debole nel pensiero di Aldo Amaduzzi*, in *RIREA*, 3/4, 2011.

PAOLONE G., *La concezione sistemica dell'azienda*, in G. PAOLONE-L. D'AMICO (a cura di), *L'Economia Aziendale nei suoi principi parametrici e modelli applicativi*, Giappichelli, Torino, 2011.

PAOLONE G., *Il sistema informativo aziendale*, in Collana di Studi Aziendali del Dipartimento di Economia Aziendale Università G. d'Annunzio di Chieti-Pescara, Maggioli, Santarcangelo di Romagna, 2012.

PAOLONE G.-D'AMICO L., *L'economia aziendale nei suoi principi parametrici e modelli applicativi*, Giappichelli, Torino, 1994.

PAOLONE G.-D'AMICO L. (a cura di), *La Ragioneria nei suoi principi applicativi e modelli contabili*, Giappichelli, Torino, 2002.

PAOLONE G.-D'AMICO L. (a cura di), *I principi e i modelli de l'Economia Aziendale*, Giappichelli, Torino, 2017.

PAOLONE G.-DE LUCA F., *Le rilevazioni sistematiche in contabilità generale*, Franco Angeli, Milano, 2010.

PAOLONE G.-DE LUCA F., *Il bilancio d'esercizio. Principi, procedure, valutazioni*, Franco Angeli, Milano, 2011.

PAOLONE G.-MIGLIORI S., *Introduzione alla contabilità industriale*, Franco Angeli, Milano, 2011.

PAOLONE G.-D'AMICO L.-GIANSANTE P., *Le rilevazioni contabili nelle gestioni straordinarie*, Cacucci, Bari, 1998.

PAOLONE G.-D'AMICO L.-PALUMBO R., *Le rilevazioni di contabilità industriale*, Cacucci, Bari, 1998.

PAOLONE G.-D'AMICO L.-PALUMBO R., *Le analisi di bilancio*, Cacucci, Bari, 2001.

PAOLONI M., *La trasformazione delle società. Aspetti civilistici, contabili, economico-aziendali e fiscali*, Giappichelli, Torino, 1988.

PAOLONI M., *Obiettivi d'impresa, motivazioni imprenditoriali e sistema decisionale*, Giappichelli, Torino, 1990.

PASSAPONTI B., *I gruppi e le altre aggregazioni aziendali*, Giuffrè, Milano, 1994.

PATI N., *L'azione dei fattori e dei profili sul processo di trasformazione del rischio in crisi d'impresa*, in *RIREA*, 5-6, 1993.

PATRIARCA S., *Trasformazione regressiva e principio di maggioranza*, Cedam, Padova, 1988.

PAVAN E.-PAGLIETTI P., *Il valore dell'impresa nelle operazioni straordinarie*, Maggioli, Santarcangelo di Romagna, 2017.

PAVAN G., *Il bilancio consolidato gestionale: omogeneità e differenziazioni con il bilancio consolidato civilistico*, in *Problemi di gestione dell'impresa*, 14, 1992.

PELLICELLI G., *Strategie e pianificazione nelle imprese*, Giappichelli, Torino, 1981.

PELLICELLI G., *Strategie d'impresa*, Egea, Milano, 2010.

PENCARELLI T., *Le crisi d'impresa. Diagnosi, previsione e procedure di risanamento*, Franco Angeli, Milano, 2013.

PENROSE E., *The Theory of the Growth of the Firm*, Oxford University Press, New York, 1959.

PEPE F., *"Holdings", gruppi e bilanci consolidati*, Giuffrè, Milano, 1968.

PEROTTA R., *L'applicazione dei principi contabili internazionali alle* Business Combinations. *Confronto con la disciplina interna*, Giuffrè, Milano, 2006.

PERROTTA R.-GAREGNANI G.M., *Le operazioni di gestione straordinaria*, Giuffrè, Milano, 1999.

PETROCCHI M., *Trasformazione di società. Disciplina civilistica e tributaria. Adempimenti e prassi contabile*, Ergon Business Comunication, Milano, 1992.

PETROCCHI M., *Cessioni, conferimenti e scissioni: gestione contabile, tecnica finanziaria, obiettivi strategici*, Ebc, Torino, 1995.

PETROCCHI M., *Le fusioni di società. Disciplina civilistica e tributaria. Adempimenti e prassi contabile. Aggiornato con la legge n. 724/1994 e il D.L. n. 41/1995*, Lo Scriba, 1995.

PINI M., *I principi del nuovo bilancio d'esercizio – Le logiche di redazione secondo il D.Lgs. 127/91 in attuazione della IV Direttiva Cee*, Etas, Milano, 1993.

PISONI P., *Gruppi aziendali e bilanci di gruppo*, Giuffrè, Milano, 1983.

PISONI P., *I bilanci consolidati di gruppo*, Giuffrè, Milano, 1994.

PISONI P.-PUDDU L., *Analisi di bilancio*, Giappichelli, Torino, 1992.

PISONI P.-BUSSO D., *Il bilancio consolidato*, Giuffrè, Milano, 2005.

PIZZO M., *L'area di consolidamento nei bilanci di gruppo*, Cedam, Padova, 1989.

PODDIGHE F. (a cura di), *Analisi di bilancio per indici. Aspetti operativi*, Cedam, Padova, 2001.

POGGI A., *Pianificazione e controllo strategico in una logica di apprendimento dinamico*, Giuffrè, Milano, 1998

POLLIO M., *Dal Decreto Crescita le norme per evitare il fallimento*, in *Amm. & Fin.*, 1(25), 2013.

PORTER M.E., *Competitive strategy: techniques for analyzing industries and competitors*, Free Press, New York, 1980 (trad. it.: *La strategia competitiva: analisi per le decisioni*, Tipografia Compositori, Bologna, 1982).

PORTER M.E., *La strategia competitiva: analisi per le decisioni*, Tipografia Compositori, Bologna, 1982.

PORTER M.E., *Il vantaggio competitivo*, Edizioni Comunità, Milano, 1987 (ed. or.: *Competitive Advantage. Creating and Sustaining Superior Performance*, The Free Press, New York, 1985).

POTITO L., *Le operazioni straordinarie nell'economia delle imprese*, Giappichelli, Torino, 2004, 2009 e 2016.

POZZOLI M.-PAOLONE F., *An Overlook at Bankruptcy Prediction in Italy in 2016: An Application of the Altman's Model on Failed Italian Manufacturing Companies In The 2016-First Quarter*, in *International Journal of Accounting and Financial Reporting*, 6(2), 2016.

POZZOLI M.-PAOLONE F., *Corporate Financial Distress: A Study of the Italian Manufacturing Industry*, Springer, 2017.

PRENCIPE A.-TETTAMANZI P. (a cura di), *Bilancio consolidato – Tecniche di redazione e di analisi secondo i nuovi principi internazionali*, Egea, Milano, 2009.

PRIVITERA C., *Manuale di tecnica e analisi di bilancio per giuristi d'impresa*, Giuffrè, Milano, 1993.

PROVASOLI A., *Aspetti introduttivi ad una teoria della pianificazione e della programmazione d'impresa*, in *Scritti in onore di Giordano Dell'Amore*, Giuffrè, Milano, 1969.

PROVASOLI A., *Il bilancio d'esercizio destinato a pubblicazione*, Giuffrè, Milano, 1974.

PROVASOLI A., *L'area di consolidamento nella redazione dei bilanci di gruppo. Le prospettive di regolazione comunitaria*, in *Riv. dott. comm.*, 4, 1979.

QUAGLI A.-DANOVI A., *Gestione della crisi aziendale e dei processi di risanamento. Prevenzione e diagnosi, terapie, casi aziendali*, Ipsoa, Milano, 2008.

QUATRARO B.-D'AMORA S., *Il bilancio di esercizio e consolidato*, Giuffrè, Milano, 1998.

RANALLI F., *Considerazioni sul tema dell'economicità aziendale*, Clua, Pescara, 1988.

RANALLI R., *Gli indicatori di allerta nel testo del disegno di legge delega della riforma fallimentare approvato dalla camera; esame critico; rischio per il sistema delle imprese. Crisi d'impresa e fallimento*, 2017. Scaricabile: *http://blog.ilcaso.it/libreria File/934.pdf.*

REALI F., *Il controllo di gestione della funzione tesoreria nell'impresa industriale*, Cedam, Padova, 1995.

RICCABONI A. *et al.*, *La stima dei costi delle diverse attività istituzionali delle università. Rapporto finale del gruppo di ricerca*, MURST, *Osservatorio per la valutazione del sistema universitario*, Roma, aprile 1999.

RICCABONI A., *Performance ed incentivi*, Cedam, Padova, 1999.

RILEY D., *Competitive Cost Based Investment Strategies for Industrial Companies*, in *Manufacturing Issues*, Booz, Allen & Hamilton, New York, 1987.

RIVA V., *Pianificazione aziendale: planning, marketing strategico, budgeting*, Gruppo editoriale Jackson, Milano, 1986.

ROFFIA P., *Strumenti di pianificazione, controllo e reporting direzionale*, Giappichelli, Torino, 2003.

ROSSI N., *Contributi allo studio del capitale-valore nelle imprese*, Utet, Torino, 1965.

RUGIADINI A., *La pianificazione d'impresa: aspetti metodologici e organizzativi*, Franco Angeli, Milano, 1974.

RUGIADINI A., *Quattro modi di «non» pianificare*, in *Sviluppo e Organizzazione*, n. 23, maggio-giugno, 1974.
RUTIGLIANO M. (a cura di), *Superare la crisi con i piani di risanamento e gli accordi di ristrutturazione dei debiti*, Giuffrè, Milano, 2010.

SAITA M., *Economia e strategia aziendale*, Giuffrè, Milano, 2001.
SAITA M., *Il budget economico finanziario patrimoniale*, McGraw-Hill, Milano, 1990.
SAITA M., *Programmazione e controllo*, Giuffrè, Milano, 1996.
SALAFIA V.-RIZZARDI R.-ONETO C., *Il nuovo bilancio d'esercizio. Principi civilistici, aspetti contabili e profili fiscali*, IST, Bologna, 1992.
SALVIONI D.M., *Il bilancio d'esercizio nella comunicazione integrata d'impresa*, Giappichelli, Torino, 1992.
SANTESSO E., *La contabilità direzionale*, Franco Angeli, Milano, 1987.
SANTESSO E., *Valutazioni di bilancio – Aspetti economico-aziendali e giuridici*, Giappichelli, Torino, 1994.
SARCONE S., *Bilanci consolidati di gruppo*, Ipsoa, Milano, 1980.
SARCONE S., *Le fusioni societarie. Aspetti economico-aziendali, civilistici contabili e fiscali*, Giuffrè, Milano, 1996.
SARCONE S., *I gruppi aziendali*, Giappichelli, Torino, 1999.
SATTA S., *Diritto fallimentare*, Cedam, Padova, 1996.
SAVIOLI G., *Le operazioni di gestione straordinaria*, Giuffrè, Milano, 2012.
SCARDULLA F., *La trasformazione e la fusione delle società*, in *Trattato di diritto civile e commerciale*, Tomo II, 30, Giuffrè, Milano, 1989.
SCIARELLI S., *La crisi d'impresa*, Cedam, Padova, 1995.
SCIFO G., *Le curve di apprendimento*, in *Sviluppo e Organizzazione*, n. 28, marzo-aprile 1975.
SELLERI L., *Il budget d'esercizio: strumento di programmazione, controllo e motivazione*, Etas, Milano, 1997.
SERRA A., *La trasformazione e la fusione delle società*, in P. RESCIGNO (a cura di), *Trattato di diritto privato*, Utet, Torino, 1985.
SERRA A.-SPOLIDORO M.S., *Fusioni e scissioni di società* (commento al D.L. 16 gennaio 1991, n. 22), in *Quaderni di diritto commerciale europeo*, Giappichelli, Torino, 1994.
SHANK J.K.-GOVINDARAJAN V., *La gestione strategica dei costi. Contabilità direzionale e vantaggio competitivo*, Il Sole 24 Ore, Milano, 1996 (ed. or.: *Strategic Cost Management. The New Tool for Competitive Advantage*, The Free Press, 1993).
SILVI R., *Analisi di bilancio: la prospettiva manageriale*, McGraw-Hill Italia, Milano, 2006.
SIRTOLI M., *La trasformazione della forma societaria*, Buffetti, Roma, 1996.
SIRTOLI M., *Liquidazione e cessazione di società ed imprese individuali*, Pirola, Milano, 1985.
SORDINI M., *Il bilancio di esercizio delle imprese secondo la IV direttiva CEE*, Giuffrè, Milano, 1983.
SOSTERO U.-FERRARESE P., *Analisi di bilancio*, Giuffrè, Milano, 2000.
SPADA A., *Scioglimento della società. Cancellazione dal registro delle imprese*, in *Rass. Imp.*, 1985.
SUPERTI FURGA F., *Il bilancio di esercizio italiano secondo la normativa europea*, Giuffrè, Milano, 1994.
SUPERTI FURGA F., *Reddito e capitale nel bilancio di esercizio*, Giuffrè, Milano, 1987.

TANTINI G., *Il bilancio d'esercizio*, Cedam, Padova, 1994.
TANTINI G., *Trasformazione e fusione delle società*, in F. GALGANO (a cura di), *Trattato di diritto commerciale e di diritto pubblico dell'economia*, Cedam, Padova, 1985.
TARTAGLIA POLCINI P., *La rappresentazione in bilancio delle* business combinations. *Problematiche relative ai non* controlling interests, Giappichelli, Torino, 2008.
TEODORI C., *Il bilancio consolidato*, Giuffrè, Milano, 2003.
TEODORI C., *Le tecniche di costruzione del budget*, in BARALDI S.-DEVECCHI C.-TEODORI C. (a cura di), *I sistemi di pianificazione, programmazione e controllo*, Giappichelli, Torino, 2003.
TEODORI C., *L'analisi di bilancio*, Giappichelli, Torino, 2008.
TEODORI C., *Analisi di bilancio: lettura e interpretazione*, Giappichelli, Torino, 2017.
TERZANI S., *Il bilancio consolidato*, Cedam, Padova, 1992.
TERZANI S., *Introduzione al bilancio di esercizio*, Cedam, Padova, 1995.
TERZANI S., *Lineamenti di pianificazione e controllo*, Cedam, Padova, 1999.
TIEGHI M., *Il bilancio di esercizio – Teoria e prassi*, Clueb, Bologna, 1992.
TIZZANO R., *Sulla derivazione scritturale del nuovo bilancio d'esercizio*, Liguori, Napoli, 1993.
TROINA G., *Auditing alla gestione di tesoreria nelle grandi imprese e nei gruppi*, Giappichelli, Torino, 1991.

VERGARA C., *Le determinazioni del capitale circolante*, Giuffrè, Milano, 1984.
VIGANÒ A., *Il gruppo di imprese. Aspetti giuridici ed economico-aziendali*, in A. PRENCIPE-P. TETTAMANZI-C. MANCINI (a cura di), *Bilancio Consolidato*, IV ed., Egea, Milano, 2017.
VIGANÒ E., *La natura del valore economico del capitale di impresa e le sue applicazioni*, Giannini, Napoli, 1967.
VIGANÒ E., *Contenuto e finalità del bilancio*, Cedam, Padova, 2007.
VINCI C. GAGLIARDI M., *Fusioni di società*, Ipsoa, Milano, 1988.
VINCI C.-GAGLIARDI M., *Il trasferimento di azienda*, Pirola, Milano, 1990.
VON FOERSTER H., *Sistemi che osservano*, Astrolabio, Roma, 1987.

WEIGMANN R., *La liquidazione delle società davanti al giudice del lavoro*, Giuffrè, Milano, 1985.
WOMACK J.P.-JONES D.T.-ROOS D., *La macchina che ha cambiato il mondo*, BUR, 1993.

ZAN L., *Quali spazi rimangono per la pianificazione formale*, in CONCA V. (a cura di), *Pianificazione e management*, Cusl, Milano, 1988.
ZAN L., *Strategia d'impresa: problemi di teoria e di metodo*, Cedam, Padova, 1985.
ZMIJEWSKI M.E., *Methodological issues related to the estimation of financial distress prediction models*, in *Journal of Accounting Research*, 22, 1984.

Indice

pag.

Parte Seconda

Il sistema dei modelli delle rilevazioni contabili ed extracontabili

Capitolo I

Il sistema informativo aziendale nelle sue "rappresentazioni quantitative" e nelle sue "descrizioni qualitative"

di *Giuseppe Paolone*

Capitolo II

Le rilevazioni in contabilità generale e nelle contabilità settoriali

di *Francesco De Luca*

Finito di stampare nel mese di ottobre 2018
nella Stampatre s.r.l. di Torino – Via Bologna, 220

Collana di Studi e Ricerche sul Sistema-Azienda

Serie generale

1. GIUSEPPE PAOLONE, *Il bilancio di esercizio delle imprese in funzionamento e dei gruppi societari,* Quarta edizione, 1998, pp. VI-510.
2. GIUSEPPE FARNETI, *Il bilancio dell'ente locale: determinazioni preventive e consuntive,* Terza edizione, 2000, pp. VI-550.
3. GIUSEPPE PAOLONE-FRANCO D'AGOSTINO, *Il bilancio di esercizio delle aziende di credito. Aspetti istituzionali ed operativi,* 1993, pp. VI-262.
4. SALVATORE SARCONE, *I gruppi aziendali. Strutture e bilanci consolidati*, Seconda edizione, 1999, pp. VIII-480.
5. GIUSEPPE PAOLONE, *L'economia delle imprese societarie. Aspetti economico-aziendali e normativi,* 1999, pp. X-466.
6. NICOLA DI CAGNO-STEFANO ADAMO, *L'economia delle aziende di assicurazione. Amministrazione e controllo,* 1994, pp. VIII-368.
7. BETTINA CAMPEDELLI, *Le analisi di bilancio per la revisione aziendale*, 1995, pp. VI-142.
8. PAOLO BASTIA, *Pianificazione e controllo dei risanamenti aziendali*, 1996, pp. X-326.
9. LUCIANO D'AMICO, *L'economia delle imprese associative. Aspetti economico-aziendali e normativi*, 1996, pp. VI-186.
10. GIUSEPPE FARNETI-RICCARDO SILVI *(a cura di)*, *L'analisi e la determinazione dei costi nell'economia delle aziende. Principi, metodi e strumenti*, 1997, pp. XII-516.
11. GIUSEPPE PAOLONE, *La cessazione aziendale nelle sue tipiche forme di manifestazione*, 2000, pp. VI-410.
12. NICOLA DI CAGNO-STEFANO ADAMO, *Amministrazione e controllo delle imprese di assicurazione*, 2000, pp. VI-606.
13. GIUSEPPE PAOLONE-LUCIANO D'AMICO-AUGUSTA CONSORTI, *La revisione aziendale. Fondamenti, principi e procedure*, 2000, pp. XII-384.
14. GIUSEPPE PAOLONE, *Il bilancio di esercizio. Funzione informativa, principi, criteri di valutazione*, 2004, pp. VIII-320.
15. GIUSEPPE PAOLONE, *Assetti di governance e modelli societari*, 2004, pp. XII-392.
16. GIUSEPPE PAOLONE, *Le gestioni straordinarie. Aspetti normativi ed economico-aziendali*, 2004, pp. VI-398.
17. MICHELE BORGIA, *L'evoluzione e l'applicazione dei principi contabili internazionali nelle aziende di credito*, 2006, pp. VI-346.

Serie aziendale

1. GIUSEPPE PAOLONE-LUCIANO D'AMICO, *L'economia aziendale, nei suoi principi parametrici e modelli applicativi*, 1994, pp. VIII-228.
2. AUGUSTA CONSORTI, *Il successo dell'azienda. Schema di analisi*, 1994, pp. X-138.
3. RICCARDO SILVI, *La progettazione del sistema di misurazione della performance aziendale*, 1995, pp. XIV-202.
4. AUGUSTA CONSORTI, *L'economia delle aziende commerciali all'ingrosso, operanti in modo autonomo e in collaborazione con altre aziende*, 1995, pp. VIII-212.
5. MAURIZIO COMOLI, *Le imposte differite nel bilancio d'esercizio. Profili economico-aziendali e principi di Ragioneria*, 1996, pp. X-406.
6. PAOLA GIANSANTE, *L'economia delle imprese di commercio al dettaglio*, 1997, pp. VIII-364.
7. SERGIO BRANCIARI, *I sistemi di controllo nella piccola impresa*, 1996, pp. VIII-312.
8. MICHELE A. REA, *Le aziende sanitarie pubbliche. Profilo economico-aziendale modello contabile e problematiche di bilancio*, 1998, pp. X-346.
9. PIERLUIGI LIZZA, *La qualità del reddito*, 1999, pp. VIII-384.
10. GIUSEPPE SAVIOLI, *Verità e falsità nel bilancio di esercizio. Interpretazione del concetto di falso in bilancio alla luce dei principi dell'economia aziendale*, 1998, pp. XII-224.
11. PIERLUIGI LIZZA, *L'Euro. Riflessi sulle strategie d'impresa e sul bilancio d'esercizio*, 1999, pp. X-278.
12. LUCIANO D'AMICO, *Profili del processo evolutivo negli studi di economia aziendale*, 1999, pp. XIV-178.
13. RICCARDO PALUMBO, *L'università nella sua dimensione economico-aziendale. Evoluzione sistemica e modelli razionalizzanti*, 1999, pp. XIV-274.
14. LARA TARQUINIO, *Le operazioni finanziarie derivate nel bilancio di esercizio delle banche*, 1999, pp. VIII-198.
15. ANTONIO D'ATRI, *Visione istituzionalistica dell'impresa ed evoluzione dei sistemi contabili tra teoria e prassi*, 1999, pp. VI-138.
16. GIUSEPPE PAOLONE, LUCIANO D'AMICO (*a cura di*), *L'Economia Aziendale, nei suoi principi parametrici e modelli applicativi*, 2001, pp. XII-548.
17. AUGUSTA CONSORTI, *L'evoluzione della funzione informativa del*

bilancio d'esercizio. Dal conto del patrimonio al sistema delle informazioni, 2001, pp. X-310.

18. GIUSEPPE PAOLONE, LUCIANO D'AMICO (*a cura di*), *La Ragioneria, nei suoi principi applicativi e modelli contabili,* 2002, pp. X-582.
19. ARMANDO DELLA PORTA, *Gli strumenti della contabilità direzionale: dibattito teorico ed innovazioni tecniche,* 2003, pp. XII-212.
20. RICCARDO PALUMBO, *Profili della teoria del valore negli studi di ragioneria. Dall'affermazione del paradigma bestano alla definizione delle "tendenze nuove",* 2003, pp. XXII-154.
21. ANTONIO GITTO, *Affitto di azienda e usufrutto di azioni e quote. Leve strategiche per il superamento di situazioni di crisi,* 2005, pp. XII-148.
22. ANDREA ZIRUOLO, *Il controllo delle leve di creazione del valore aziendale,* 2005, pp. XII-204.
23. RICCARDO PALUMBO, *Approcci prospettivo, retrospettivo e prudenziale nella elaborazione dei paradigmi contabili. Sviluppo scientifico e conflitti di paradigma,* 2005, pp. VIII-168.
24. STEFANIA MIGLIORI, *L'avviamento nell'evoluzione degli standards contabili internazionali,* 2007, pp. XII-196.
25. GIUSEPPE PAOLONE, LUCIANO D'AMICO (*a cura di*), *L'Economia Aziendale, nei suoi principi parametrici e modelli applicativi,* Terza edizione, 2011, pp. XII-460.
26. GIUSEPPE PAOLONE, LUCIANO D'AMICO (*a cura di*), *La Ragioneria, nei suoi principi e nelle sue procedure di rilevazione,* 2012, pp. X-510.
27. FRANCESCO DE LUCA, *Il percorso di convergenza tra IAS/IFRS e US GAAP. Il ruolo degli attori e del contesto di riferimento,* 2014, pp. XVI-112.
28. GIUSEPPE PAOLONE, LUCIANO D'AMICO (*a cura di*), *I principi e i modelli de l'economia aziendale,* 2017, pp. XIV-410.
29. GIUSEPPE PAOLONE, LUCIANO D'AMICO (*a cura di*), *I principi e i modelli de la Ragioneria,* 2018, pp. X-526.

Serie pubblica amministrazione

1. GIUSEPPE FARNETI, *Introduzione all'economia dell'azienda pubblica. Il sistema, i principi, i valori,* 1995, pp. VIII-300.
2. GIUSEPPE FARNETI-LUCA MAZZARA-GIUSEPPE SAVIOLI, *Il sistema degli indicatori negli Enti locali,* 1996, pp. VIII-408.
3. RICCARDO MUSSARI, *La valutazione dei programmi nelle aziende pubbliche,* 1999, pp. VIII-228.

4. ANDREA ZIRUOLO, *Il supporto informativo-contabile degli enti locali nel processo di programmazione e controllo,* 2000, pp. XIV-362.
5. MASSIMO SARGIACOMO, *Il benchmarking nell'azienda comune. Profilo economico-aziendale, approccio metodologico, sistema di rating delle condizioni di successo e spunti di riflessione dalle ricerche,* 2000, pp. VIII-316.
6. LINO CINQUINI, *Il bilancio consuntivo delle università. Verso una nuova informativa economico-fianziaria,* 2002, pp. XII-164.
7. MASSIMO SARGIACOMO, *Comportamento manageriale* e Best-Practices *nell'azienda USL,* 2003, pp. XII-308.
8. LUCA MAZZARA, *Processi e strumenti di misurazione dei risultati negli enti locali. Profili e schemi di analisi,* 2003, pp. XIV-454.
9. EUGENIO CAPERCHIONE, *Il governo e la gestione delle aziende pubbliche e private di servizio alla persona. Il processo di riforma delle IPAB,* 2004, pp. XVIII-242.
10. MICHELINA VENDITTI, *Il sistema sociale locale nelle sue dimensioni valoriale, strutturale e funzionale,* 2004, pp. XII-236.